I0044037

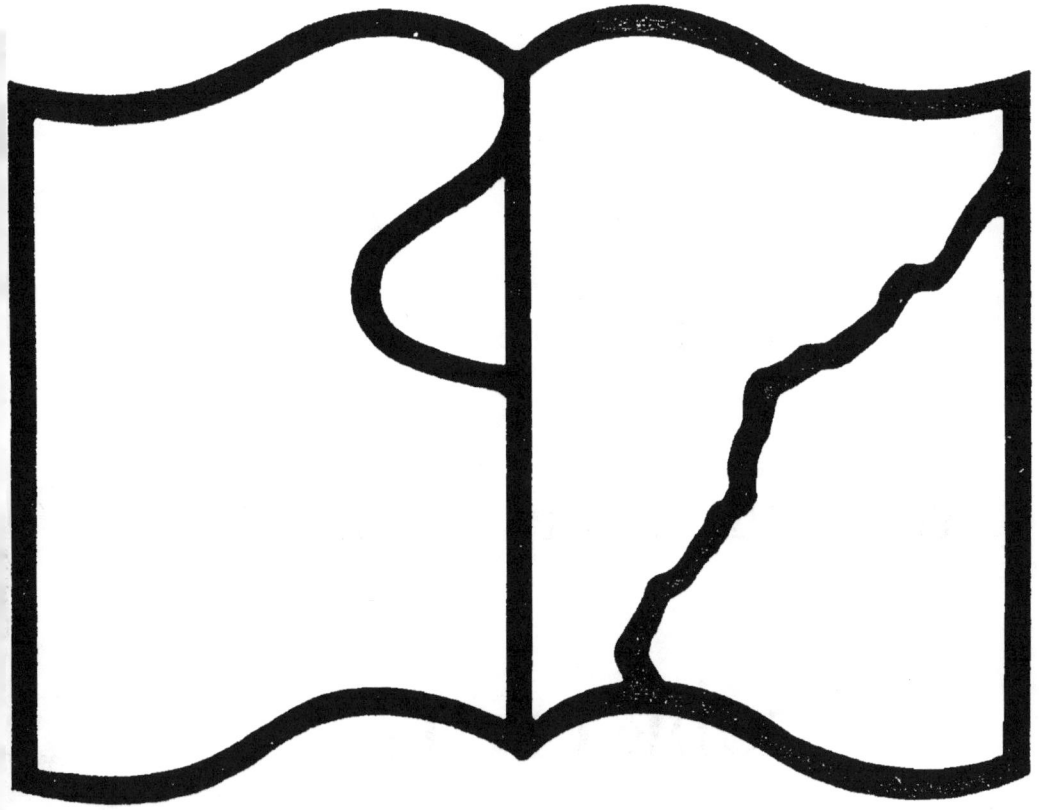

Texte détérioré — reliure défectueuse

NF Z 43-120-11

RECUEIL COMPLET

DES

TRAVAUX PRÉPARATOIRES

DU

CODE CIVIL.

8° F''
43466
8° F.... 17.
(10)

IMPRIMERIE D'HIPPOLYTE TILLIARD,

RUE SAINT-HYACINTHE-SAINT-MICHEL, N° 30.

RECUEIL COMPLET

DES

TRAVAUX PRÉPARATOIRES

DU

 CODE CIVIL,

COMPRENANT, SANS MORCELLEMENT ; 1° LE TEXTE DES DIVERS PROJETS ;
2° CELUI DES OBSERVATIONS DU TRIBUNAL DE CASSATION ET DES TRIBUNAUX
D'APPEL ; 3° TOUTES LES DISCUSSIONS PUISÉES LITTÉRALEMENT TANT DANS LES
PROCÈS-VERBAUX DU CONSEIL-D'ÉTAT QUE DANS CEUX DU TRIBUNAT, ET
4° LES EXPOSÉS DE MOTIFS, RAPPORTS, OPINIONS ET DISCOURS TELS QU'ILS
ONT ÉTÉ PRONONCÉS AU CORPS LÉGISLATIF ET AU TRIBUNAT ;

Par P. A. FENET,

AVOCAT A LA COUR ROYALE DE PARIS.

TOME DIXIÈME.

PARIS,

VIDECOQ, LIBRAIRE, PLACE DU PANTHÉON, 6,
PRÈS L'ÉCOLE DE DROIT.

1836.

DISCUSSIONS,

MOTIFS,

RAPPORTS ET DISCOURS

———◆◆◆———

TOME CINQUIÈME.

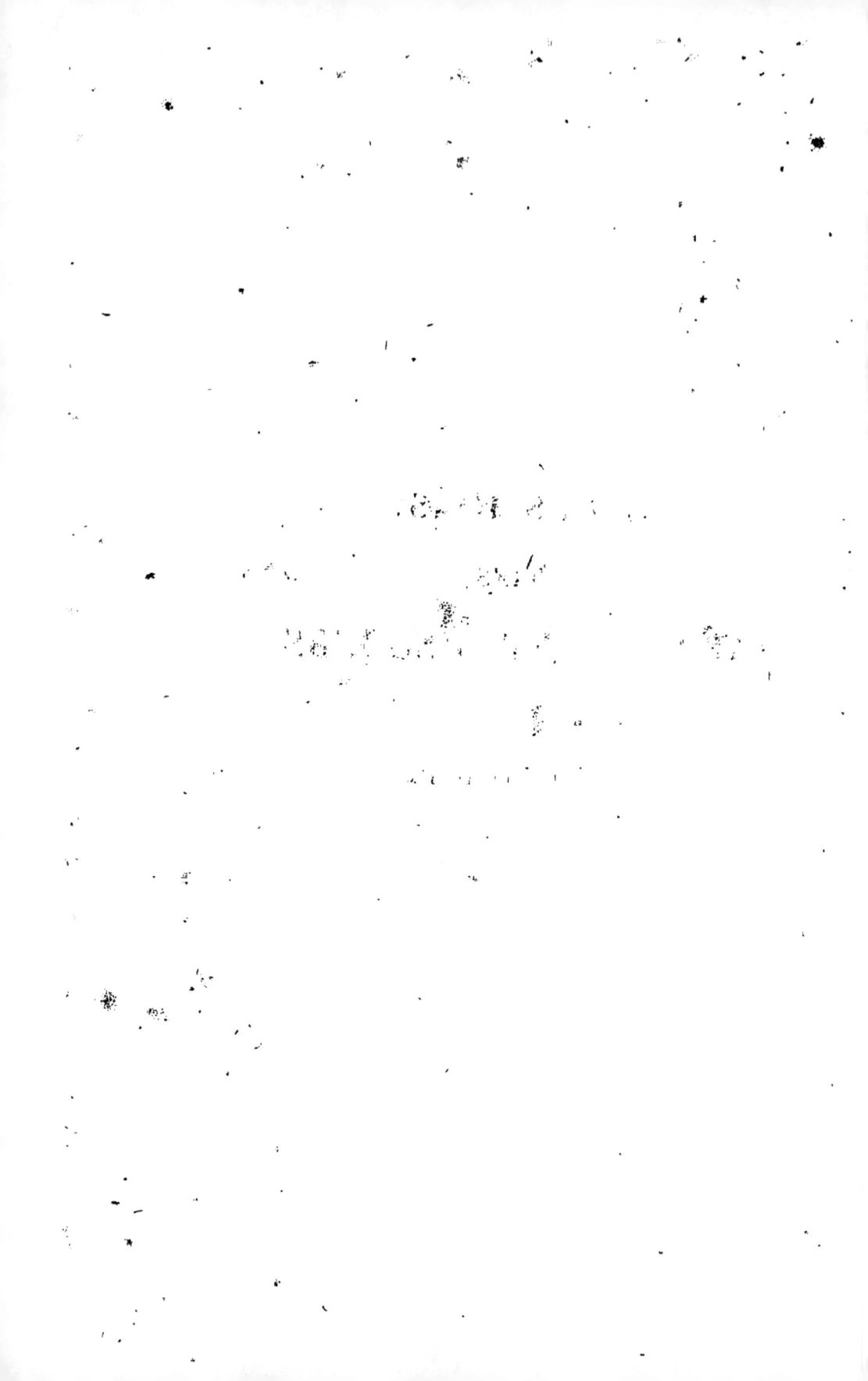

RECUEIL COMPLET

DES

TRAVAUX PRÉPARATOIRES

DU

CODE CIVIL.

●●

DISCUSSIONS,
MOTIFS, RAPPORTS ET DISCOURS.

————◦◦◦————

LIVRE PREMIER.

DES PERSONNES.

TITRE SEPTIÈME.

De la Paternité et de la Filiation.

DISCUSSION DU CONSEIL D'ÉTAT.

(Procès-verbal de la séance du 14 brumaire an X. — 5 novembre 1801.)

M. BOULAY présente le titre *de la Paternité et de la Filiation.*

Le chapitre Ier, intitulé *des Enfans légitimes ou nés dans le mariage,* est soumis à la discussion.

L'article 1er est ainsi conçu:

« L'enfant conçu pendant le mariage a pour père le mari.

« La loi n'admet contre cette paternité, ni l'exception

« d'adultère de la part de la femme, ni l'allégation d'im-
« puissance naturelle ou accidentelle de la part du mari. »

Le Consul Cambacérès dit que cet article rappelle et consacre avec raison la maxime, *pater is est quem justæ nuptiæ demonstrant;* que cette règle étant fondée sur une présomption
légale, son pouvoir doit cesser aussitôt que l'évidence des
faits lui est contraire. Cependant le projet est en opposition
avec cette dernière maxime; il l'est encore avec des dispositions adoptées, et avec d'autres dispositions qu'on propose
d'adopter.

En premier lieu, il est impossible d'admettre que lorsque
l'adultère de la femme aura été constaté et aura produit le
divorce, il ne fera, en aucun cas, exception à la règle générale. A la vérité, il ne suffit pas de prouver l'infidélité de la
mère pour en conclure que le fils est illégitime, *cum possit
et illa (uxor) adultera esse, et impuber defunctum patrem habuisse,* leg. 11, § 9, *ff. ad leg. jul. de adult.* Mais il serait tout
à la fois injuste et absurde qu'un enfant qui, évidemment,
ne peut être celui du mari, acquît ou conservât cette qualité.

En second lieu, la dernière partie de l'article rejette l'allégation d'impuissance, tandis qu'à l'article 4 on admet pour
exception à la règle *pater is est,* l'impossibilité physique des
approches du mari; ce qui comprend nécessairement l'impuissance, l'absence et la maladie.

De ces observations, *le Consul* conclut que l'article 1er devait être réduit à sa première partie, en changeant la rédaction, et en adoptant celle qui se trouve dans les anciens projets : *l'enfant a pour père celui que le mariage désigne.*

M. Boulay répond que les époux étant séparés depuis le
moment de la demande en divorce pour cause d'adultère,
l'enfant conçu après cette demande ne doit pas appartenir
au mari; mais il ne peut y avoir que des doutes sur la légitimité de l'enfant conçu auparavant. La section interprète ces
doutes en faveur de l'enfant.

Quant à l'impossibilité physique dont parle l'article 4, la

section a pensé qu'il ne fallait la faire dépendre que de faits positifs et faciles à prouver. Ce motif l'a portée à exclure l'impuissance, dont la preuve laisse toujours des doutes, et est d'ailleurs scandaleuse.

Le Consul Cambacérès dit que cette réponse ne détruit pas sa première objection ; car, il est possible qu'avant sa plainte en adultère, les époux aient vécu dans une séparation de fait, ou qu'il soit prouvé qu'ils ont été dans l'impossibilité de se fréquenter.

À l'égard de l'impuissance du mari, *le Consul* dit que si les causes d'impuissance ont quelquefois souillé la majesté des audiences publiques, il n'est pas moins vrai que quelques-unes d'entre elles étaient fondées ; d'où il suit que c'est moins par la puissance de la loi que par la puissance de l'opinion, qu'on doit chercher à contenir les personnes qui voudraient introduire des causes de ce genre.

Le Premier Consul (*) dit que lorsqu'il y a adultère, il y

(*) Le Premier Consul : « La conséquence de l'adultère n'est pas toujours un enfant. Si une femme couche avec son mari et avec un autre homme, on doit présumer que l'enfant appartient au mari. Il n'est pas évident qu'il n'est pas de lui, il est très-possible qu'il en soit le père. L'impuissance est un mot vague, elle peut n'être que temporaire. Il ne s'agit pas ici de l'intérêt de la femme, mais de celui de l'enfant. La puissance du mari se prouve par l'existence de l'enfant. Quel médecin pourrait dire quelle est la maladie qui rend impuissant, et assurer qu'il ne reste pas un germe de puissance ? Il en est autrement quand on oppose le fait physique de l'absence du mari ; il n'y a que l'imagination avec laquelle on ne puisse pas faire d'enfans. »

Le Second Consul insiste sur ces deux exceptions dans certains cas.

Le Premier Consul : « Dès qu'il y a possibilité que l'enfant soit du mari, le législateur doit se mettre la main sur les yeux. L'enfant doit être regardé comme un tiers intéressé. »

Le Second Consul s'élève contre l'inflexibilité du principe. Les femmes ne seront plus retenues s'il leur suffit d'alléguer la possibilité.

Le Premier Consul : « Vous, qui avez de l'expérience au barreau, vous n'avez jamais vu d'impuissance. Quand il faudra en venir à la preuve, la femme dira toujours : L'enfant prouve la puissance. Dans ce débat, qui prendra donc l'intérêt de l'enfant, si ce n'est la loi ? Il faut une règle fixe pour lever tous les doutes. On dit que c'est contre les mœurs. Non ; car si le principe absolu n'était pas adopté, la femme dirait au mari : Pourquoi voulez-vous gêner ma liberté ? Si vous soupçonnez ma vertu, a cause de divorce ; mais il ne s'ensuit pas nécessairement que l'enfant soit le fruit de l'adultère : dans le doute la faveur est pour l'enfant : il doit appartenir au mari.

Passant à l'impuissance, *le Consul* dit qu'elle n'est jamais assez certainement absolue pour qu'elle puisse devenir une preuve contre la légitimité de l'enfant. Il en est de même des maladies.

La théorie de la section est raisonnable ; elle s'arrête à un fait physique certain.

LE CONSUL CAMBACÉRÈS dit qu'il est sage de conserver dans toute sa pureté une règle sur laquelle repose la tranquillité des familles ; mais qu'en retrouvant cette règle dans le Code, il ne faut pas l'isoler des exceptions introduites par les précautions de la sagesse, et consacrées par les résultats de l'expérience. Ainsi, outre l'impossibilité physique, on a admis encore dans plusieurs cas l'impossibilité morale comme exception à la règle *pater is est*, et en outre celle qui résulte de l'indivisibilité du titre, c'est-à-dire lorsque les

vous aurez la ressource de prouver que l'enfant n'est pas de vous. Il ne faut point tolérer cela. Le mari doit avoir un pouvoir absolu et le droit de dire à sa femme : Madame, vous ne sortirez pas, vous n'irez pas à la comédie, vous ne verrez pas telle ou telle personne; car les enfans que vous ferez seront à moi. Du reste, si le mari est impuissant et l'allègue, c'est le cas de dire : Il est fort heureux qu'un autre ait fait l'enfant. »

MALEVILLE : « Mais si le mari devient impuissant par une blessure, un coup de feu? Il y en a des exemples. »

LE PREMIER CONSUL : « On pourrait peut-être admettre l'impuissance accidentelle. Mais il faut que cela soit clair comme le soleil. Tout le reste n'est qu'illusion. Vous cherchez toujours l'intérêt du mari, des héritiers. Il n'y a pas compensation entre l'intérêt pécuniaire de quelques individus, et l'existence légale d'un enfant. L'État gagnera un bon sujet, un citoyen, au lieu d'un membre vicieux, parce qu'on l'aurait flétri. Dans ce cas, je refuserais toute action aux héritiers, je ne l'accorderais tout au plus qu'au mari, et je la limiterais à deux ou trois mois après l'accouchement, et encore s'il n'avait pas vécu avec l'enfant, car alors cela vaudrait au moins comme adoption. Quand l'impuissance est produite par suite de blessures, que devient le mariage? Ne serait-ce pas le cas de l'admettre comme cause de divorce? Cela peut s'alléguer; il n'y a rien de malhonnête. Cela pouvait m'arriver. »

(*Tiré des Mémoires de M. Thibaudeau sur le Consulat*, pages 449 à 452.)

preuves qui fixent la maternité détruisent elles-mêmes la paternité. Cette dernière exception a été développée dans la cause de mademoiselle *de Choiseul*, par l'avocat-général *Gilbert*; et quoiqu'elle n'ait point été accueillie, il est peu de bons esprits qui ne l'aient trouvée fondée en raison. *Le Consul* ajoute qu'en resserrant trop la matière, il en résultera plus d'une fois que la disposition de la loi sera en opposition avec le bon sens, et exposera les tribunaux à se placer entre la loi et leur conscience. Il faudrait donc leur laisser une latitude qu'on ne trouve pas dans le projet.

Le Premier Consul dit que l'enfant ne pouvant pas se défendre au moment où son état est attaqué, le législateur doit en prendre soin. Cet enfant est né sous le mariage : cette circonstance décide en sa faveur ; et pour prévenir tout doute, il faut que la règle soit absolue. La maxime contraire affaiblirait l'autorité des maris. Ils doivent avoir un pouvoir absolu sur la conduite de leurs femmes, pour empêcher qu'elles ne leur donnent des enfans étrangers. La loi détruit le principe de ce pouvoir, si elle leur permet d'écarter l'enfant étranger en prouvant qu'ils n'en sont pas les pères.

M. Tronchet dit que l'article s'applique au cas où il y a eu cohabitation continuée : or, dans cette hypothèse, il est impossible de prouver que le mari n'a pas eu commerce avec sa femme. C'est là le principe sur lequel la loi romaine est fondée. L'adultère est sans doute une cause de divorce ; mais cette cause peut être écartée par des fins de non-recevoir : la survenance d'un enfant, jointe à la circonstance de la cohabitation, est une de celles que la femme peut opposer avec le plus de succès.

Il faudrait donc limiter la disposition relative à l'adultère, au cas où les époux habitaient la même maison au moment où l'enfant a été conçu.

Le Premier Consul objecte qu'il est difficile de déterminer le moment de la conception.

M. Tronchet répond que c'est là en effet l'un des plus

impénétrables secrets de la nature ; que cependant la nature
agit ordinairement d'une manière assez uniforme pour qu'il
soit possible aux lois d'établir une règle générale ; que le
projet adopte cette règle, en lui donnant une latitude convenable.

A l'égard de la cause d'impuissance, l'esprit du projet est
de l'anéantir, parce qu'il est difficile et scandaleux de la
prouver. Ce motif n'a pas même permis de l'admettre comme
nullité du mariage : à plus forte raison ne doit-on pas avoir
égard à l'exception tirée de la maladie du mari ; une telle exception serait d'ailleurs démentie par des exemples. Il est
prudent de jeter un voile sur des mystères que l'on ne peut
pénétrer.

M. PORTALIS dit que, dans le système des lois romaines,
l'adultère de la mère ne compromettait pas l'état des enfans.
Cette règle est juste ; et elle ne doit recevoir d'exception que
dans le cas où, pendant la séparation des époux, la femme a
vécu dans un concubinage public : telle était la doctrine des
parlemens ; elle a été consacrée par un grand nombre d'arrêts,
et particulièrement par un arrêt du parlement de Paris, rendu
en 1778 sur les conclusions de l'avocat-général *Seguier*. Mais
il serait dangereux de faire une exception à la règle *pater is
est*, dans tous les cas où il n'y a pas eu de cohabitation continue entre les époux, parce que rien n'est plus équivoque
que ce fait de la cohabitation. Il est en effet des professions
qui tiennent les maris presque continuellement éloignés de
leurs femmes ; telle est par exemple la profession de voitu-
rier, celle de marin et tant d'autres.

Quant à l'impuissance, elle ne peut pas devenir le principe d'une exception, puisque dans la loi sur le mariage, on
n'en a point fait l'objet d'une action en nullité ; et ce silence
absolu de la loi est fondé en raison, car il n'est pas de moyen
de reconnaître avec certitude l'impuissance. Il y a tant de
doute à cet égard, que l'on a vu des tribunaux déclarer le
mari impuissant et ses enfans légitimes, parce que l'impuis-

sance est quelquefois relative. La loi ne doit statuer que sur ce qui est ordinaire ; or, l'impuissance absolue est rare. D'ailleurs comment l'invoquer contre l'état d'un enfant? Ne peut-on pas dire, au contraire, que l'existence de cet enfant est une preuve contre l'impuissance ? Il est possible que le père soit actuellement impuissant, sans qu'il en résulte qu'il l'ait été au moment où l'enfant a été conçu.

Le Premier Consul ajoute à ces observations, que d'ailleurs on conçoit, à la vérité, que la femme ait pu être admise à faire valoir l'impuissance de son mari; mais qu'il est inouï qu'on ait admis le mari à faire valoir sa propre impuissance pour contester l'état de son enfant.

M. Maleville fait lecture de la loi 6 ff. *de his qui sui vel alieni*, etc., laquelle est ainsi conçue : *Filium eum definimus, qui ex viro et uxore ejus nascitur; sed si fingamus abfuisse maritum, v. g. per decennium, reversum anniculum invenisse in domo suá, placet nobis Juliani sententia hunc non esse mariti filium. Non tamen ferendum Julianus ait, eum qui cum uxore suá assiduè moratus, nolit filium adgnoscere quasi non suum. Sed mihi videtur, si constet maritum aliquandiù cum uxore suá non concubuisse, infirmitate interveniente, vel aliá causá vel si ed valetudine pater-familias fuit ut generare non possit, hunc qui in domo natus est, licet vicinis scientibus, filium non esse.*

Cette loi, dit M. *Maleville*, appuie le système du Consul *Cambacérès*, elle est pleine de raison. Le mariage forme une présomption de droit de la paternité, qu'on ne peut pas écarter sans preuves contraires ; mais elle n'exclut pas ces preuves, et le bon sens nous dit assez que, parce qu'une femme mariée sera accouchée, il ne s'ensuit pas nécessairement que son enfant appartienne au mari : seulement, la faveur des enfans et le repos des familles ont dû rendre le législateur très-difficile sur l'admission de ces preuves. Ainsi, quand l'exception du mari est fondée sur l'absence, on a voulu que la distance fût telle que le rapprochement fût impossible ; ainsi la dernière jurisprudence a peut-être sagement rejeté et l'allégation de l'impuissance pour cause de maladie, et celle de l'impuissance habituelle et naturelle ; la première, parce qu'on a vu dans ce genre des exemples si extraordinaires, qu'ils ne laissent pas de base certaine pour asseoir son jugement ; la deuxième, parce que l'homme doit s'imputer de s'être marié dans cet état, et que d'ailleurs le moyen qu'on prenait pour s'en convaincre était véritablement scandaleux.

Mais il est une espèce d'impuissance accidentelle qui peut être survenue depuis le mariage, soit dans les combats, soit par toute autre cause, laquelle ne peut pas laisser le moindre doute, et il ne faudrait pas écarter par une règle absolue les exceptions qu'elle peut produire.

M. Portalis dit qu'il est difficile de supposer qu'un individu mutilé ose présenter à la société le simulacre d'un mariage, et venir ensuite alléguer son impuissance pour désavouer ses enfans. Mais s'il se le permettait, l'enfant n'en profiterait pas moins du contrat de mariage, parce que ce contrat ne laisserait pas de subsister aux yeux de la société. En général, l'impuissance a été ou cause de divorce ou moyen de cassation ; mais elle n'a jamais ébranlé l'état des enfans. L'absence de l'époux et d'autres causes semblables sont les seules qu'on ait crues jusqu'ici assez fortes pour faire douter de la légitimité. Au reste, ces questions d'état s'élèvent rarement pendant la vie des époux : ce ne serait donc qu'après leur mort que des collatéraux avides viendraient remuer, et, pour ainsi dire, réchauffer leurs cendres, pour les accuser d'avoir été froides et inanimées pendant leur vie.

Le Premier Consul dit qu'il serait juste de refuser l'action aux collatéraux. Quand le mari a vécu avec l'enfant, ou il s'en est reconnu le père, ou il l'a adopté ; lui seul devrait avoir le droit de réclamer, et seulement pendant les trois mois qui suivraient l'accouchement.

Le Premier Consul pense qu'il convient de limiter la disposition à l'impuissance accidentelle. Il n'est pas possible de reconnaître l'impuissance naturelle ; or, le législateur ne doit pas essayer de pénétrer dans des secrets que lui cache la nature : d'ailleurs son silence est dans l'intérêt des enfans. L'impuissance accidentelle, au contraire, est un fait physique sur lequel on ne peut se tromper, et que dès lors le législateur ne peut dissimuler. Au reste, une disposition très-sage serait celle qui, dans tous les cas, obligerait le père à adopter l'enfant : en même temps qu'elle viendrait au secours d'un infortuné, elle donnerait à l'État un bon citoyen; car qu'espérer de celui qui n'appartient à personne, et que tous repoussent et abandonnent à la dégradation?

M. REGNAUD (de Saint-Jean-d'Angely) observe que la remarque du *Premier Consul* porte sur l'article 7, qui rejette les réclamations des collatéraux, lorsqu'il n'y a pas eu de désaveu de la part du père.

Cependant il restera à pourvoir à ce que les enfans d'un premier lit n'abusent pas de la faiblesse d'un père mourant, pour se ménager le moyen d'enlever l'état à leurs frères nés d'un second mariage. On préviendrait cet inconvénient en ne donnant aucun effet au désaveu du père, à moins qu'il ne l'ait fait avant la maladie dont il meurt, et qu'il n'ait intenté son action un mois après l'avoir fait.

L'article est adopté avec le retranchement du mot *naturelle*.

Les articles 2, 3 et 4 sont soumis à la discussion ainsi qu'il suit :

Art. 2. « L'enfant né avant le cent quatre-vingt-sixième 314 « jour du mariage, n'est plus présumé l'enfant du mariage.

Art. 3. « Il en est de même de l'enfant né deux cent quatre- 315 vingt-six jours après la dissolution du mariage. »

Art. 4. « La présomption de paternité résultante du ma- 312 « riage cesse encore, 1° lorsque l'éloignement des époux est « tel, qu'il y ait eu impossibilité physique de cohabitation ; « 2° lorsqu'ils ont été séparés de corps et de biens : à moins, « dans ce dernier cas, qu'il n'y ait réunion de fait et récon- « ciliation entre eux. »

LE PREMIER CONSUL (*) dit qu'il est impossible de déterminer, d'une manière précise, le moment de la conception. Au surplus, on paraît partir d'un faux principe ; car il n'y a jamais d'intérêt à priver un malheureux enfant de son état : il n'y en a qu'à forcer ses père et mère à le reconnaître.

M. FOURCROY demande si les articles en discussion sont nécessaires. Il est impossible, dit-il, de reconnaître à des signes certains l'âge d'un enfant qui naît. On n'a sur cela que des aperçus ou équivoques ou trompeurs. La question des nais-

---

(*) § *A quel terme doit naître l'enfant pour être légitime.*

LE PREMIER CONSUL : « Un enfant né à six mois six jours peut-il vivre ? »

FOURCROY : « Il est reçu que non. »

LE PREMIER CONSUL : « On part de données très-vagues. On n'a aucun intérêt à flétrir une créature innocente. Comment sait-on quand un enfant est conçu ? Quand les théologiens croient-ils que l'âme entre dans le corps ? »

FOURCROY : « Les uns à six semaines, d'autres à.... »

LE PREMIER CONSUL : « Cette matière donne lieu à des observations de deux sortes : 1° le terme auquel naît l'enfant ; 2° l'état dans lequel il se trouve en naissant. On dit que le fœtus est formé à six semaines, il peut donc naître à cette époque. Il naîtra mort ; mais il sera né. *Né* est donc une mauvaise expression dont on se sert dans le projet. Il faudrait dire né *vivant*. Il peut aussi naître mort à neuf mois. Qu'est-ce qui constate que l'enfant est viable ou non ? Quand a-t-il vie dans le ventre de sa mère ? »

TRONCHET : « On pourrait dire l'enfant né *à terme avant cent quatre-vingt-six jours*. »

LE PREMIER CONSUL : « Qu'est-ce que *terme* ? »

FOURCROY : « De sept à neuf mois. »

LE PREMIER CONSUL : « Les gens de l'art peuvent-ils connaître si un enfant est né à neuf mois ? »

FOURCROY : « Non. »

LE PREMIER CONSUL : « Un enfant peut-il naître vivant à six mois ? »

FOURCROY : « Oui, mais il ne vit pas. »

LE PREMIER CONSUL : « J'adopterais que le père pourra désavouer l'enfant né avant cent quatre-vingt-six jours, et qui survit un certain temps. Mais quand l'enfant est né mort, il doit toujours appartenir au mariage. Quand les ongles viennent-ils aux enfans ? »

FOURCROY : « Avant six mois. »

LE PREMIER CONSUL : « Si un enfant me naissait à cinq mois, je le prendrais pour être de moi, et je le croirais malgré les médecins. »

(*Tiré des Mémoires de M. Thibaudeau sur le Consulat*, pages 452 et 453.)

sances accélérées et des naissances tardives a donné lieu à des opinions, et même à des décisions judiciaires très-variées en différens temps et en différens lieux. Il présente sur cet objet un précis de la doctrine des meilleurs auteurs de médecine (a).

(a) PRÉCIS PRÉSENTÉ PAR M. FOURCROY,
Sur l'époque de la naissance humaine, et sur les naissances accélérées et tardives.

La question du terme de la naissance humaine, et surtout celle des naissances tardives, ou du terme prolongé des accouchemens, considérées sous le rapport de la législation, sont peut-être, de toutes les questions médico-légales, celles sur lesquelles on a le plus écrit, et qui ont le plus partagé les naturalistes et les médecins, surtout en 1765, époque d'un procès fameux dans ce genre de causes. Il a paru alors à Paris une foule de dissertations sur cet objet; mais, avant d'en faire mention, il ne sera pas inutile d'exposer au Conseil la doctrine des principaux auteurs qui se sont occupés, avant cette époque, de la question des accouchemens retardés, et du terme de la naissance de l'homme.

Doctrine de Paul Zacchias.

Parmi ces auteurs, *Paul Zacchias* est celui qui, dans ses questions médico-légales, a traité le plus méthodiquement et le plus clairement l'objet qui occupe le Conseil. Son mode de discussion faisant le passage entre les auteurs anciens et modernes, et la plupart de ceux qui ont écrit des ouvrages de médecine légale à peu d'intervalle de celui de Zacchias, ne l'ayant qu'imparfaitement imité, il est utile de donner ici un précis de la doctrine de ce savant.

Paul Zacchias a consacré le titre II de son premier livre à la question du *part légitime et viable, de partu legitimo et vitali;* il a divisé le titre en dix questions:

La première, sur le terme naturel de la naissance;
La deuxième, de l'accouchement avant le septième mois;
La troisième, de l'accouchement à sept mois;
La quatrième, de l'accouchement à huit mois;
La cinquième, de l'accouchement à neuf et à dix mois;
La sixième, de l'accouchement au-delà de dix mois.

Les quatre questions suivantes, qui traitent *des signes de l'enfant né sans viabilité, du nombre des fœtus-viables qui peuvent naître d'une seule couche, du jour où le fœtus conçu est animé,* enfin, *de l'accouchement qui doit être considéré comme avortement,* n'ayant point de rapport avec l'objet qui occupe le Conseil, on ne parlera que des six premières.

Le terme de la naissance a été traité par *Paul Zacchias* d'après les données d'*Hippocrate* et d'*Aristote.* Voici comment il discute cette première question: *Aristote* voyant qu'*Hippocrate* avait admis des naissances depuis sept jusqu'à onze mois, en a conclu que l'homme n'avait point de terme fixe pour sa naissance comme les autres animaux. De là, quelques tribunaux ont légitimé même une naissance de treize mois. Une foule d'auteurs et de jurisconsultes ont adopté l'opinion d'Aristote; ils l'ont appuyée sur la diversité des tempéramens, des saisons et des températures; sur la capacité variée de l'*uterus*; sur la quantité diverse du sang; sur la nature tout à la fois *multipare* et *paucipare* de l'espèce humaine, etc., etc. Zacchias réfute longuement toutes ces raisons.

Il n'est pas vrai, suivant lui, que l'homme soit le seul animal dont le tempérament varie: tous les animaux présentent des disparités entre les individus. Pourquoi, d'ailleurs, si la différence de la naissance tenait à celle des tempéramens, cette différence ne serait-elle pas aussi multipliée que celle des tempéramens même?

La grandeur de l'*uterus* varie dans les animaux où l'on n'admet pas la variété de naissance: pourquoi la même femme a-t-elle souvent un accouchement de sept mois et un autre de neuf?

La quantité de sang n'est pas une cause de variété de naissance, puisque toutes les jeunes femmes, qui ont moins de sang, devraient accoucher à neuf mois, et toutes les femmes plus âgées, à sept mois: cependant on n'observe pas cette constance dans le terme comparé de leurs accouchemens.

L'homme n'a point une nature moyenne entre les animaux *multipares* et les *paucipares*: il n'appartient qu'à cette dernière classe. En considérant quelques femmes comme *paucipares*, et quelques autres comme *multipares*, celles-ci devraient toujours accoucher à sept ou huit mois, et celles-là à neuf ou dix; et l'on sait que cette constance de rapport n'existe point.

S'il était vrai, comme le voulait *Aristote*, que l'homme n'eût point un terme fixe de naissance, pourquoi ne naîtrait-il pas des individus au-delà de onze mois, et d'autres avant sept mois? pourquoi n'y aurait-il pas des naissances à deux ou trois mois, comme à deux ou trois ans? En renfermant cette latitude entre sept et dix mois, il est cependant remarquable que les enfans nés à dix mois vivent presque tous, tandis qu'il meurt beaucoup de ceux qui naissent à sept mois.

Zacchias conclut de cette discussion et de beaucoup d'autres raisons tirées des causes finales, qui n'ajoutent rien à la force de ses raisonnemens, que la nature a fixé un terme à la naissance de l'homme, comme à celle de tous les animaux; que ce terme est l'étendue du neuvième et du dixième mois; que la naissance au septième et au huitième mois est un accident ou une maladie;

M. Tronchet répond que les questions que ces articles décident se présentant fréquemment, il est indispensable que

que la naissance avant le septième est une maladie si grave à cause de la faiblesse du fœtus, que
celui-ci ne peut pas vivre; que les enfans nés dans le septième et huitième mois peuvent vivre à
cause de leur organisation plus rapprochée de la perfection; qu'il existe cependant une latitude
de quelques jours en deçà et au-delà du terme naturel pour la naissance de l'homme, comme pour
celle de tous les animaux; enfin, que neuf mois est le terme commun de la naissance humaine,
quoiqu'il y ait plus de ces naissances à sept et à huit mois qu'au-delà de neuf mois.

Zacchias traite avec un soin égal la seconde question relative à la naissance avant le septième
mois; le résultat de cet article présente les propositions suivantes: les enfans nés à trois et à quatre
mois ne peuvent pas vivre; ceux qui naissent avant sept mois ne sont point légitimes, et sont
très-rarement viables. Un accouchement avant sept mois est un avortement: le fœtus qui en pro-
vient n'est pas né, ou est censé né mort. La naissance qui a eu lieu avant le cent quatre-vingt-
deuxième jour de la grossesse ne garantit ni légitimité, ni viabilité de l'enfant.

La troisième question roule sur l'accouchement au septième mois; elle peut être réduite aux
résultats suivans: l'homme naît viable au septième mois; néanmoins, les enfans nés à cette
époque sont souvent faibles, comme imparfaits, et peu susceptibles de vivre. Les médecins et
les jurisconsultes sont d'accord: les premiers en admettent la viabilité, et les seconds la légitimité
à cette naissance précoce; cependant c'est presque toujours par une cause contre nature et vio-
lente que l'accouchement a lieu au septième mois.

L'accouchement à huit mois, sujet de la quatrième question, a plus fait varier les opinions,
relativement aux enfans nés à cette époque, que l'accouchement à sept mois. On a prétendu,
d'après une interprétation d'*Hippocrate*, que les premiers étaient moins viables que les seconds,
parce que le terme de huit mois, moins naturel que celui de sept ou de neuf mois, supposait
une grande fatigue dans le fœtus. *Zacchias* n'admet point cette raison; il pense que l'enfant né
à huit mois, quoique avant terme, est plus fort et plus viable que celui qui naît à sept mois.

La cinquième question, comprenant l'accouchement à neuf et à dix mois, présente le complément de la première, puisqu'elle a rapport au terme naturel de la naissance. *Zacchias* détermine
la latitude de la naissance de l'homme entre le commencement du neuvième mois, et la durée
du dixième tout entier, ou même le commencement du onzième mois: suivant lui, les enfans très-forts
naissent au commencement du neuvième mois; les faibles, entre la fin du neuvième et le commencement du dixième. *Hippocrate* regardait le dixième mois comme l'époque la plus fréquente
de la naissance de l'homme. *Platon* et *Aristote* étaient dans la même opinion. Les livres sacrés admettent le même terme. *Tiraqueau* a recueilli beaucoup d'autorités, d'où il a conclu que le
dixième mois est le terme le plus fréquent et le plus naturel de la naissance.

Enfin, la sixième question traite de l'accouchement au-dessus de dix mois. A travers beaucoup
de détails d'érudition, presque étrangers à l'objet dont il s'agit, on trouve pour résultat unique de
la discussion à laquelle *Zacchias* se livre, que l'enfant peut naître à dix mois et quelques jours,
deux ou trois au-delà; mais qu'à peine il doit être permis d'étendre ce terme jusqu'à dix jours
au delà des dix mois.

On voit par cet extrait fidèle que *Paul Zacchias* est bien persuadé de l'existence d'un terme fixé
par la nature pour l'époque de l'accouchement, et qu'il est bien éloigné d'adopter la possibilité
des naissances tardives.

Doctrine de Haller

Haller, l'un des plus savans et des plus illustres physiologistes du siècle dernier, a consacré,
dans son grand ouvrage de physiologie, deux paragraphes à l'objet qui occupe le Conseil
(livre xxix, *fœtus*; sect. v, *partus*, § viii et ix.). Suivant cet homme célèbre, le temps de l'accouchement doit avoir une certaine latitude, suivant le volume du fœtus, la rapidité de son accroissement, sa descente accélérée, son action sur l'organe qui le renferme, la sensibilité et la
contractibilité de celui-ci; toutes ces causes peuvent l'accélérer, et les causes contraires le retarder. Une chaleur forte augmente l'accroissement du poulet; une faible le retarde. Le ver à soie,
qui éclot en vingt-huit jours dans l'Inde, n'éclot qu'en quarante en Angleterre.

Aussi, quoique l'accouchement au neuvième mois ou à la quarantième semaine révolue soit le
terme le plus constant, et la loi la plus commune de la nature humaine, je crois, dit *Haller*,
que ce terme n'est pas assez fixe pour ne pas admettre une variation un peu en deçà, ou un peu
au-delà de cette époque. Il est certain que l'accouchement peut être accéléré par des causes irri-
tantes, la pléthore, la terreur; et retardé par le chagrin, la langueur, le défaut d'alimens ou
une maladie lente. Les enfans nés à huit mois sont plus viables que ceux qui sont nés à sept.

Pythagore admettait comme terme naturel de la naissance moindre de deux cent dix jours,
ou de sept mois. Cependant, à cause du grand intervalle qui existe entre le septième et le neuvième mois, j'exigerais, dit *Haller*, pour être persuadé d'un accouchement accéléré, la fontanelle du fœtus très-large, la bouche plus fendue, les cheveux peu abondans et pâles, les ongles
mous ou nuls, la stature moindre que ne l'indiquerait celle des parens, les membres plus grêles,
le sommeil plus fréquent, la faiblesse générale, la cécité. En effet, dans le septième mois de la
vie du fœtus, la pupille est encore fermée par la membrane de *Wachendorf*, et l'on n'en voit plus
de traces au neuvième mois.

Avant le septième mois, le fœtus ne peut pas vivre; cependant des académies célèbres, des
médecins habiles, ont reconnu pour terme possible de l'accouchement naturel, le cent quatre-
vingt-deuxième, le cent quatre-vingt-troisième, le cent quatre-vingt quatrième, le cent quatre
vingt-cinquième et le cent quatre vingt-dixième jour. *Polybe* et *Ulpien* ont fixé le cent quatre-vingt-
deuxième jour pour dernier terme naturel de l'accouchement accéléré. Toutes ces décisions ont

la loi donne une règle aux juges. Celle qu'on propose est prise de l'opinion la plus universellement reçue parmi les

paru suspectes à *Haller*, quoiqu'il remarque qu'il est bien plus facile de prononcer dans un ouvrage savant, dont l'auteur n'est mû par aucune passion, par aucun motif d'intérêt, que dans le barreau, où tant de passions et tant d'intérêts agitent les hommes.

La superfétation lui paraît pouvoir donner lieu à des accouchemens accélérés. On a écrit des mémoires pour légitimer des enfans nés à cent soixante-dix-huit, cent soixante-dix-sept, cent soixante-quinze, cent soixante-treize, cent soixante onze, et même à cent soixante-dix jours, pour trois jumeaux nés le cent soixante-huitième jour : il rejette cependant la possibilité de ces naissances, poussées surtout à cent soixante jours; il blâme les prétentions de ces avocats qui ont voulu faire légitimer un enfant né à cette époque. Que penser de la consultation de médecins insérée dans les *Causes célèbres de Pitaval*, tome IX, par laquelle on a voulu défendre la légitimité d'un enfant né à cinq mois ou à cent cinquante jours?

Quant aux naissances tardives, voici comment *Haller* s'exprime : Je ne rejeterais pas, dit-il, une limite de quelques jours et même de quelques semaines; mais il me faudra trouver dans la mère des causes de retard, du chagrin, de la langueur; dans l'enfant, des signes d'une conformation parfaite plus qu'ordinaire, la fontanelle plus resserrée, la bouche plus petite, les cheveux plus longs et plus colorés, les ongles mieux formés, des dents, une stature plus grande, une voix plus forte, une vue plus assurée, des os plus durs. Les Romains accordaient au mécompte de la mère le dixième mois tout entier, mais rien au delà. *Venette* cite un arrêt du parlement de Paris, qui a légitimé une petite fille née au trois cent quatrième jour. *Louis* cite la femme d'un médecin dont les enfans naissaient après le dixième mois. *Sylvius* et *Lamotte* parlent aussi de familles entières nées à sept mois.

La jurisprudence a beaucoup varié à cet égard. Des juges ont rejeté des enfans nés le trois cent neuvième ou le trois cent douzième jour; des tribunaux en ont légitimé qui étaient nés le trois cent onzième : un tribunal danois a légitimé un enfant né à onze mois et quinze jours. Cependant *Ulpien* et *Justinien* rejettent fortement cette naissance tardive.

On trouve des médecins et des tribunaux qui ont poussé l'indulgence jusqu'à douze mois. *Heister* parle d'une femme qui est accouchée deux fois à treize mois. On cite des naissances tardives à quatorze, seize, dix-sept, dix-huit, dix-neuf, vingt, vingt-deux, vingt-trois, vingt-quatre mois, et même jusqu'à trois ans. A la vérité, ces assertions paraissent peu probables à *Haller* : il soupçonne ou des calculs mal faits, ou des erreurs volontaires. Il cite des époques constantes de portées dans les animaux, chez lesquels les passions n'ont aucune influence; il rapporte des faits qui prouvent que les secousses les plus violentes n'ont point dérangé le terme prescrit par la nature : ainsi, il se prononce manifestement pour une durée limitée dans la grossesse, et contre les naissances tardives.

Résultat d'une discussion élevée à Paris, en 1765, sur les naissances tardives.

A la même époque où *Haller* écrivait la partie de l'ouvrage dont on vient de donner l'extrait une cause célèbre fit élever à Paris une grande discussion sur les naissances tardives.

Une femme accoucha dix mois vingt jours après la mort de son mari, qui avait eu une maladie de quarante jours, pendant lesquels il était resté dans son lit presque sans mouvement. Comme il s'agissait d'un grand héritage, il s'éleva, de la part des collatéraux, un procès fameux, dans lequel une foule de médecins furent consultés. Il parut pendant les premiers mois de 1765 un grand nombre de dissertations et de pamphlets, dans lesquels les uns soutenaient, les autres rejetaient la possibilité des naissances tardives. Du milieu de cette masse d'ouvrages, dont la plupart semblaient plutôt propres à augmenter qu'à dissiper l'obscurité de la cause, trois se sont fait surtout remarquer, soit par le mérite qui y brille, soit par la célébrité de leurs auteurs. Ils étaient dus à *Bouvart*, à *Antoine Petit* et à *Louis*. *Bouvart* nia les naissances tardives; *Louis* soutint le même parti; *Antoine Petit* voulut en prouver la possibilité et l'existence. Tous les auteurs de médecine légale, une foule de jurisconsultes furent cités, et les autorités les plus fortes et les plus respectables accumulées pour l'une et pour l'autre opinion. Aux premières consultations de chacun de ces trois antagonistes, succédèrent plusieurs répliques, soit de leur part, soit de celle de leurs amis ou de leurs partisans. Les noms les plus fameux dans l'art furent associés aux premiers dans les consultations successives; et la plus grande partie des médecins les plus célèbres de Paris prit part à cette discussion scientifique, où furent consignées toutes les raisons pour et contre.

Sans vouloir parcourir les nombreuses diatribes dont la plupart n'ont fait que répéter en d'autres termes, ou commenter plus ou moins longuement, ce qui avait déjà été dit auparavant, je me contenterai de parcourir rapidement les deux premières dissertations de *Bouvart* et de *Petit*, parce qu'elles contiennent tout ce qui est essentiel à l'objet de la discussion dont le conseil s'occupe en ce moment.

Bouvart commence par énoncer les jugemens contraires à son opinion, pour en discuter ensuite la valeur. Tels sont : 1° un arrêt du parlement de Paris, du 2 août 1649, cité par *Boutillier* dans la *Somme rurale*, lequel arrêt légitime une fille née onze mois entiers après le départ de son père; 2° un arrêt cité par *Dufresne* dans son Journal des audiences, qui déclare légitime une fille née dix mois neuf jours après l'absence du père; 3° une consultation de la faculté d'Ingolstadt, qui prononce la légitimité d'une naissance à douze mois moins douze jours; 4° un arrêt du 6 septembre 1753, cité par *Dufresne*, qui déclare légitime une fille née onze mois presque révolus après

naturalistes, et même on lui a donné plus de latitude.
Le Premier Consul dit que l'enfant étant formé après en-

la mort de son père ; 5° un fait fameux, décrit par *Schemkins*, sur une femme qui, après avoir eu des douleurs à neuf mois, n'accoucha qu'à dix-huit : fait qui, à cause de sa singularité, fut, dit-on, inscrit sur les registres du parlement de Rouen : 6° tous les jugemens ou tous les prononcés dans lesquels on s'est fondé sur les opinions de quelques anciens, tels qu'*Aristote*, *Galien*, *Pline*, *Avicenne*, etc., qui ne croyaient pas au terme fixe de l'accouchement. La physique des anciens était trop peu avancée pour mériter sa confiance.

Les faits anciens du préteur *Papirius*, qui a légitimé un enfant né à treize mois, et de l'empereur *Adrien*, qui a pris la même décision à l'égard d'un enfant né à onze mois, lui paraissent dus à l'erreur dans laquelle les ont fait tomber les médecins et les philosophes qu'ils ont consultés.

Dufresne s'appuie de l'opinion de beaucoup d'anciens qui voulaient trois cents jours complets pour la perfection de l'accouchement. *Bouvart* remarque que, s'il en était ainsi, presque aucun enfant ne serait parfait : que le nombre de ceux qui naissent dans le dixième mois est très-faible : que d'ailleurs cette opinion exclurait l'accouchement à onze mois. Il cite la loi des Douze Tables et le Digeste, qui n'admettent pas les naissances du onzième mois, même commençant : *Post decem menses mortis natus non admittetur ad legitimam hereditatem*. Les Décemvirs ont fixé le terme le plus long des naissances à dix mois révolus.

Bonaventure d'Urbin, auteur d'une médecine légale, dit que l'accouchement au commencement du onzième mois est illégitime.

Teichmeyer, dans ses *Institutions médico-légales*, range parmi les systèmes, l'opinion des naissances tardives à onze et à douze mois.

Lonv d'Ersfeld, professeur en droit et en médecine à Prague, auteur d'un *Traité complet des questions médico-légales*, regarde les naissances tardives du douzième au vingt-unième mois comme fabuleuses et très-fausses ; il prétend, d'après *Hippocrate* et les jurisconsultes, que le part humain peut être retardé de deux à quatre jours au-dessus de dix mois, mais non de dix et de quinze au-dessus de ce terme.

Après ces citations, *Bouvart* explique et commente les passages d'*Hippocrate*, dont il veut que ses adversaires aient mal interprété le texte. Suivant lui, le médecin grec dit positivement que le plus long terme de l'accouchement est de deux cent quatre-vingts jours ou de quarante semaines, ou neuf mois et dix jours, en prenant le mois de trente jours. Les accouchemens de dix et onze mois cités par *Hippocrate*, n'ont, suivant *Bouvart*, que le même nombre de jours, et ils ne sont estimés à dix ou à onze mois, que parce qu'il a compté pour deux mois la fin du premier, lors de la conception, et le commencement du dernier lors de l'accouchement.

Il discute, entre autres faits relatifs aux naissances tardives qu'il combat, la Consultation de la faculté de Leipsick, citée par *Ammann* dans sa *Med. crit.*, par laquelle on a déclaré légitime un enfant né treize mois après la mort du mari ; il fait voir que cette consultation est d'un style ambigu, embarrassé, et que la conclusion a été dictée par la crainte, et arrachée par la qualité et la puissance de la personne qu'elle concernait ; il motive surtout cet avis, en citant une autre opinion de la même faculté de Leipsick, qui, sept ans avant la précédente, avait refusé, en style très-net, la légitimité à un posthume de dix mois neuf jours ; il pense que les naissances tardives, admises de bonne foi et sans aucun intérêt par les mères, ne proviennent que de leurs mauvais calculs ; il finit par faire observer qu'en supposant même l'existence des accouchemens tardifs, il faudrait les ranger parmi les cas rares, contre nature, comme des exceptions à l'ordre naturel, qui ne doivent pas être adoptées par les tribunaux.

Il consent que, pour ménager l'honneur des mères et pour assurer l'état des enfans, on étende à dix mois quelques jours le terme le plus long de la grossesse.

Louis, le chirurgien, dans un mémoire contre la légitimité des naissances tardives, adopte entièrement le sentiment de *Bouvart*. Son ouvrage, qu'on peut regarder comme un assez long commentaire de la consultation de celui-ci, ne contient presque rien de plus. Il emploie les mêmes autorités, les mêmes citations, les mêmes raisonnemens : il leur donne seulement beaucoup plus de développemens ; mais il n'a rien ajouté à la force des raisons de *Bouvart*. Il s'est fait lire dans le temps, à cause de son style assez agréable, de la clarté de ses idées, et de la méthode qui règne dans sa dissertation : elle paraît avoir été écrite pour les gens du monde.

Antoine Petit, dans une longue consultation signée, comme celle de *Bouvart*, par plusieurs médecins de Paris, plus ou moins habiles et renommés, a soutenu une opinion diamétralement opposée aux deux précédentes. Il commence par citer un grand nombre d'auteurs qui ont adopté les naissances tardives, soit parmi les anciens, soit parmi les modernes ; il range même dans cette liste plusieurs de ceux que *Bouvart* croit plus favorables à sa manière de voir ; il rapproche les décisions données par six facultés d'Allemagne en faveur des accouchemens retardés, et qui ont accordé la légitimité à des naissances de onze, douze et treize mois ; il entremêle ses citations de raisonnemens sur l'absence d'un terme fixe pour les accouchemens, il veut que l'accouchement à sept ou à dix mois, fait sans le secours de l'art, la mère et l'enfant se portant bien, soit un accouchement naturel, quoique non dans l'ordre commun et général. Il avoue donc ici, pour ordre commun et général, la naissance à neuf mois ou dans le courant du dixième.

Pour expliquer les naissances tardives, *Antoine Petit* leur compare les époques de la dentition, de la puberté, de la vieillesse, les crises des maladies qui varient également ; il rappelle les poulets, qui éclosent entre vingt et vingt-cinq jours d'incubation, les graines qui lèvent et les fruits qui mûrissent dans des temps inégaux ; il prétend que la règle que la nature s'est prescrite dans les phénomènes est de n'avoir pas un temps fixe pour ses opérations, et que si neuf mois est le terme commun pour les accouchemens, cette règle souffre des exceptions qu'il est indispensable d'admettre.

viron quarante jours, il peut naître à ce terme, quoiqu'il ne puisse pas conserver la vie; qu'il est donc nécessaire, si on

¹ Quoiqu'un assez grand nombre de médecins éclairés aient adopté l'opinion du docteur *Petit*, on ne peut disconvenir que la réplique dont sa consultation a été suivie n'ait donné à *Bouvart* et à ses sectateurs un avantage marqué dans la défense de l'opinion opposée. Toutes les citations vérifiées ont fait ranger beaucoup d'auteurs dans la classe des copistes serviles, ou dans celle des incertains et des indécis. Les décisions médicales et même judiciaires, examinées d'après les règles d'une saine critique, ont perdu beaucoup de leur force, et la nature, dont la marche est partout constante, régulière, périodique, a été montrée ne s'écartant des limites qu'elle s'est prescrites à elle-même pour le terme de la naissance humaine, que dans la latitude de sept mois à dix mois très-peu de jours.

Aussi, malgré l'existence de deux partis bien prononcés parmi les hommes de l'art sur le fait des naissances tardives, malgré la foule d'écrits en faveur de ces naissances tardives, plus nombreux et plus volumineux que les ouvrages qui les combattaient, l'opinion publique s'est déclarée alors contre la naissance de dix mois vingt jours, qui pouvait, à la vérité, être portée à un an, d'après la durée de cinquante jours de la maladie à laquelle le mari avait succombé.

Doctrine des auteurs les plus modernes de médecine légale.

Depuis le procès fameux de 1765, dont il vient d'être parlé, il paraît que la défense des naissances tardives et prolongées des mois entiers au-delà du terme de deux cent quatre-vingts jours a été généralement abandonnée. Dans le plus grand nombre des ouvrages modernes sur la physiologie, on ne regarde tout au plus que comme des exceptions rares le terme prolongé de l'accouchement. Les auteurs les plus récens de médecine légale suivent tous cette manière de voir ; on n'en citera ici que deux, dont les conclusions doivent être considérées comme le résultat général de l'état actuel des connaissances et des opinions à cet égard.

Baumer, dans sa Médecine du barreau (*Medicina forensis*), publiée à Francfort en 1778, s'exprime ainsi sur le terme de la naissance légitime : « La durée ordinaire de la grossesse est « de neuf mois solaires, depuis la conception (quarante semaines ou deux cent quatre-vingts « jours), ou le cours du dixième mois lunaire (de deux cent quarante-trois à deux cent soixante-« dix jours). L'expérience prouve que des causes particulières, telles que la santé de la mère et « du fœtus, forte ou faible, accélèrent ou retardent ce terme d'une ou deux semaines, mais non « de mois entiers. Des passions vives, de fortes secousses, des purgatifs violens, des maladies, « font accoucher les mères vers la fin du septième mois solaire ou dans le huitième ; l'enfant est « légitime et viable à cette époque. Il faut néanmoins beaucoup de soins pour le conserver dans « le premier cas. » *Bohérius*, dans son *Traité sur les devoirs du médecin du barreau*, dit que, si le terme solennel et naturel de la naissance est la fin du neuvième mois ou le commencement du dixième, le fœtus qui s'éloigne le plus de ce terme est le moins parfait et le moins viable, en général. Les enfans nés à sept et à huit mois sont quelquefois viables, mais assez rarement, surtout quant aux premiers.

L'enfant né avant terme se reconnaît à sa petite stature, à son corps grêle, faible, petit, ridé, maigre, à ses cheveux et ses ongles peu alongés, à sa somnolence, à ses cris faibles, à l'impossibilité de téter, et à la nécessité de le nourrir artificiellement.

Suivant le Digeste, livre 1ᵉʳ, tit. V, § 12, l'enfant né à sept mois est réputé parfait et viable, d'après l'autorité d'*Hippocrate* ; ainsi, l'on doit regarder comme légitime l'enfant né au septième mois de mariage.

Le fœtus né à six mois peut donner quelques faibles signes de vie, mais ne peut continuer de vivre, à cause de son imperfection ; il faut le regarder comme avant terme et non viable. Un enfant né à terme, mais faible par maladie, doit être réputé viable, quoiqu'il meure après sa naissance, comme celui qu'on extrait vivant du sein de sa mère privée de la vie.

Les cas de naissances tardives semblent tenir davantage à des erreurs sur l'époque de la conception, ou à des circonstances politiques, qu'à des faits ou à des phénomènes physiques. Les raisons alléguées par quelques-uns, et tirées de la faiblesse des mères, sont peu sûres, puisque cette faiblesse est plus capable d'avancer leur accouchement, suivant la remarque très-juste de *Ludwig*, dans ses *Institutions de médecine légale*. Il ne répugne point à la physique médicale que des causes retardant l'accroissement du fœtus, comme le chagrin, des pertes, des maladies quelconques, et affaiblissant la mère et le fœtus, puissent retarder le terme de l'accouchement d'une ou deux semaines, mais non des mois entiers. On peut donc étendre la légitimité jusqu'au premier de ces intervalles. Les jurisconsultes accordent aux veuves, pour les raisons alléguées, la légitimité de l'accouchement jusqu'à la fin du dixième mois et au commencement du onzième ; mais les exemples d'enfans nés au onzième, au douzième, au treizième mois, sont faux et ne méritent aucune croyance.

M. *Fodéré*, le dernier des auteurs qui aient écrit en français sur la médecine légale, penche manifestement, à la vérité, pour la légitimité de quelques naissances tardives ; mais il ne les admet qu'avec des restrictions ou des circonstances relatives à la mère, et dont il attribue l'examen aux juges. La liste de quatorze décisions judiciaires, qu'il présente d'après le tome IX de la Collection de jurisprudence, prouve en effet que les circonstances qui accompagnent de pareilles naissances peuvent faire varier l'opinion des juges dans les mêmes époques des naissances tardives, mais non qu'il soit possible d'établir une règle générale sur ces naissances. Ainsi, malgré la tendance du nouvel auteur à croire à la possibilité des naissances tardives, comme il n'ajoute rien à tous les documens recueillis, et comme il ne les admet qu'avec des modifications soumises à se sert de l'expression *enfant viable*, de la définir, et d'expliquer ensuite à quels signes on reconnaît que l'enfant est viable.

M. Bérenger fait observer que ces définitions sont inutiles, parce que dans l'usage le nom d'enfant n'est jamais appliqué au fœtus né par suite d'un avortement. Ainsi la dénomination d'*enfant* renferme celle de *viable*.

M. Regnaud (de Saint-Jean-d'Angely) objecte que la question de savoir si l'enfant a vie influe sur l'ordre des successions. Il faut que l'homme de l'art décide si l'enfant est né vivant ou mort, dans plusieurs cas, pour savoir si le père ou la mère hérite de lui, ou si la succession passera à des collatéraux. Sous cet aspect la question de la filiation tient à celle de la successibilité, et mérite d'être examinée sous ce double rapport.

M. Tronchet dit que l'esprit du projet est de désigner l'enfant né à terme.

Le Conseil adopte cette expression.

Le Premier Consul dit qu'il est nécessaire de définir quel enfant est réputé né à terme.

M. Fourcroy dit que, dans le langage ordinaire, c'est celui qui naît à neuf mois; mais qu'on ne le distingue des autres que parce qu'il vit.

Le Premier Consul dit que ce n'est pas là une circonstance décisive.

M. Tronchet dit que les naturalistes pensent qu'un enfant n'est pas viable à sept mois, quoiqu'en naissant il donne quelques signes de vie.

Si cette opinion était adoptée, on pourrait dire qu'un tel enfant n'étant pas viable, n'est pas réputé appartenir au ma-

---

l'examen des juges, et variables suivant les cas ou les espèces qui pourront se présenter, cela ne doit influer en aucune manière sur la décision du Conseil.

En conséquence, et d'après tous les faits, ainsi que d'après les raisonnemens rassemblés ci-dessus, on doit conclure que l'opinion déjà présentée au Conseil, sur la fixation de cent quatre-vingt-six jours pour les naissances accélérées, et de deux cent quatre-vingt-six jours pour les naissances tardives, ainsi que pour la légitimation des enfans qui proviennent des unes ou des autres, se trouve parfaitement d'accord avec la portion la plus éclairée et la plus sage des physiciens, des naturalistes et des jurisconsultes riage, que néanmoins le père ne pourra le désavouer dans les cas prévus par l'article 5.

LE PREMIER CONSUL dit qu'il ne voudrait pas que, de la naissance d'un enfant qui meurt ensuite, on pût jamais tirer de conséquences contre l'honneur de la femme, parce qu'alors il n'y a rien de prouvé, et qu'on ne sait si l'enfant est né à terme; mais que quand il est né après un terme trop court depuis le mariage, et qu'il vit, le père peut le désavouer.

M. BOULAY propose de dire que l'enfant né avant le cent quatre-vingt-sixième jour du mariage, et qui vit pendant dix jours, peut être désavoué.

LE PREMIER CONSUL adopte cette rédaction, parce qu'en établissant une règle fixe, elle ne fait pas dépendre l'état de l'enfant de l'ignorance d'un accoucheur, qui pourrait se tromper sur les signes d'après lesquels il prononcerait.

M. TRONCHET dit que cette règle prévient aussi les fraudes de la part de la mère, en l'empêchant de s'entendre avec un accoucheur pour faire déclarer l'enfant viable.

LE PREMIER CONSUL demande que le terme soit réduit à cent quatre-vingts jours.

M. RÉAL observe que si l'honneur de la femme est perdu lorsque l'enfant venu avant le terme vit plus de dix jours, et si alors elle doit redouter et l'opinion publique, et le ressentiment de son époux, on peut craindre que le désespoir ne la rende infanticide.

M. TRONCHET dit que l'inconvénient serait le même quand le délai, au lieu d'être de dix jours, serait d'un mois; qu'au surplus, l'opinion publique et celle du mari ne se régleront pas toujours sur la loi, quelle qu'elle soit.

M. PORTALIS dit que le plus sûr moyen d'échapper à toutes ces difficultés, c'est de s'en tenir au droit commun, d'établir la règle *pater is est*, et d'abandonner le reste à la jurisprudence.

M. TRONCHET dit qu'abandonner la décision de ces sortes de procès à l'arbitraire des tribunaux, c'est donner lieu aux jugemens de pure faveur : il faut donc une règle ; or, comme l'opinion commune des naturalistes a été adoptée par la jurisprudence, il n'y a pas d'inconvénient à l'ériger en loi.

Le Premier Consul dit qu'une règle ne paraît pas nécessaire pour diriger la conduite du mari. S'il se tait lorsque l'enfant naît à une époque très-rapprochée du mariage, c'est une preuve qu'il s'en reconnaît le père.

M. Tronchet observe qu'il est des femmes qui parviennent à cacher leur grossesse et leur accouchement, et qui ne font paraître l'enfant qu'après la mort du mari. C'est sur la possibilité de cette fraude que sont fondées plusieurs des dispositions de l'article 5.

M. Regnier dit que, si l'on supprimait l'article 2, il faudrait supprimer également l'article 1er, parce qu'alors cet article deviendrait absolu, et ôterait au père le droit de rejeter l'enfant en aucun cas.

M. Réal observe que la suppression de l'article 2 n'anéantirait pas les questions de conception.

M. Fourcroy dit qu'on trouvera toujours dans l'art des règles pour les décider.

Le Premier Consul dit que la connaissance parfaite de l'art n'est pas assez universelle pour qu'on puisse partout s'en rapporter absolument à ceux qui l'exercent.

M. Regnier dit que la loi serait incomplète, si elle n'expliquait quel enfant elle répute conçu pendant le mariage. A la vérité, la législation ne peut se modifier suivant les jeux si divers de la nature, mais elle peut s'arrêter au procédé le plus commun de la nature, confirmé par l'expérience, et le prendre pour base d'une règle générale : c'est ce qu'ont fait les lois romaines.

Cependant cette règle serait injuste et dangereuse, si elle frappait indistinctement et de plein droit les enfans auxquels elle pourrait être appliquée : aussi n'est-ce pas là ce qu'on propose ; car si le père ne réclame pas, l'enfant sera légitime ; et même la réclamation du père ne suffira pas pour enlever à l'enfant son état : elle sera jugée, l'enfant sera défendu.

LE CONSUL CAMBACÉRÈS dit qu'il est difficile de concilier la disposition qui déclare illégitime l'enfant né avant une époque déterminée, et celle qui oblige le père à plaider ; s'il reste une question à juger, la disposition sur le terme n'a donc plus ses effets.

M. EMMERY répond qu'il est des circonstances que la loi ne saurait prévoir, et qui cependant peuvent être opposées par forme d'exception : tel est le cas où la femme demande à prouver qu'avant le mariage elle vivait avec le mari ; ce sera là l'objet de la contestation.

M. TRONCHET dit qu'il est indispensable d'admettre la femme à défendre son honneur et l'état de son enfant, et de lui permettre d'articuler des faits contre son mari et d'en faire preuve.

LE PREMIER CONSUL propose de rédiger ainsi : « L'enfant « né à terme avant le cent cinquantième jour du mariage « peut être déclaré n'avoir pas été conçu dans le mariage. »

M. TRONCHET préférerait qu'on dît, *peut être désavoué.*

M. PORTALIS voudrait qu'on s'attachât au fait de la naissance plutôt qu'au fait obscur de la conception. Il propose de rédiger ainsi l'article 1er : « L'enfant né pendant le mariage « appartient au mari. » On déciderait ensuite que l'enfant, peut néanmoins être désavoué par le père ; puis on fixerait les cas du désaveu.

LE CONSUL CAMBACÉRÈS pense que la traduction littérale de la roi romaine serait encore préférable ; qu'on pourrait donc dire : « L'enfant a pour père celui que le mariage désigne. »

M. BOULAY trouve qu'il serait dur de s'arrêter au seul fait de la naissance, puisque la conception établit le droit de l'enfant.

M. BÉRENGER dit que, dans cette matière, on ne peut se décider que par des probabilités : or, quand l'enfant naît avant terme depuis le mariage, il est probable que le mariage a été déterminé par la grossesse. Cet enfant appartient donc au mariage; car ou il en est la cause, ou il a été conçu depuis.

LE CONSUL CAMBACÉRÈS dit que ce système aurait encore plus d'inconvéniens que celui de la section : en effet, le mari ne pourrait faire usage des exceptions qu'en prouvant qu'il n'a pas fréquenté son épouse avant le mariage; on le réduirait donc à l'obligation de faire une preuve négative, et par conséquent impossible. Dans le système de la section, au contraire, c'est la femme qui fait la preuve, mais d'un fait positif.

M. BÉRENGER dit que son idée n'est pas d'obliger le mari à prouver; il le laisse user des exceptions de la manière déterminée par la section. La proposition de l'opinant ne concerne que les collatéraux.

M. BOULAY dit que ce système pose sur un principe vicieux; car c'est la conception, et non la naissance, qui constitue la filiation.

M. FOURCROY dit que l'époque de la conception ne peut être connue que par l'époque de la naissance.

M. RÉAL dit que, plus la naissance est rapprochée de l'époque du mariage, et plus il est probable que l'enfant appartient au mari.

M. BOULAY dit qu'en s'arrêtant au fait de la naissance on n'aplanirait pas toutes les difficultés.

M. DEFERMON observe que la règle établie par la loi romaine s'applique également à la conception et à la naissance.

M. PORTALIS dit que cette règle a l'avantage de laisser à l'enfant son état toutes les fois qu'il n'est pas attaqué. Le caractère de la légitimité est propre à l'enfant qui naît pendant le mariage, soit que cet enfant ait été conçu avant ou après ; la loi doit donc d'abord lui imprimer ce caractère.

M. REGNIER dit qu'en s'arrêtant au fait de la naissance, on exclut le désaveu du père et toutes les exceptions; que cependant il est juste de faire, à cet égard, une différence entre l'enfant né et l'enfant conçu pendant le mariage.

M. Portalis dit qu'il ne faut pas commencer par flétrir, comme illégitime, l'enfant né depuis le mariage. C'est cependant ce qui arriverait, si l'on s'arrêtait au fait de la conception ; car la proposition étant alors que l'enfant conçu pendant le mariage est légitime, la proposition contradictoire serait alors que l'enfant conçu avant le mariage n'est pas légitime.

M. Regnier observe que l'objet de la différence serait seulement de mettre l'enfant conçu depuis le mariage à l'abri de tout désaveu, et de donner au père le droit de désavouer l'enfant conçu auparavant.

M. Emmery dit que la loi distingue entre l'enfant qui est conçu et l'enfant qui est né depuis le mariage. Le premier est irrévocablement l'enfant du mari ; le second est seulement présumé l'être : mais comme toute présomption doit céder aux preuves, le père a le droit de prouver que cet enfant ne lui appartient pas. L'article 1er peut donc subsister tel qu'il est ; il s'accorde avec les autres dispositions du projet.

M. Regnaud (de Saint-Jean-d'Angely) dit que c'est la naissance de l'enfant, et non sa conception, qui fait son titre. L'enfant conçu avant le mariage, et né après, est légitime si le père ne réclame pas. L'enfant né après la dissolution du mariage, mais conçu pendant le mariage, est légitime aussi. Donc il ne faut pas dire *né*, il ne faut pas dire *conçu* pendant le mariage, mais *né depuis le mariage contracté*.

Il faut ensuite indiquer les exceptions reçues par la jurisprudence jusqu'aujourd'hui, et qu'on veut proscrire.

Enfin, établir les exceptions qu'on veut admettre.

On pourrait donc rédiger ainsi :

Art. 1er. « La loi reconnaît la paternité en faveur des enfans « nés postérieurement au mariage. »

Art. 2. « La loi n'admet, contre cette présomption de pa- « ternité, ni l'exception d'adultère de la femme, ni l'alléga- « tion d'impuissance du mari. »

Art. 3. « Elle admet contre cette présomption,

« 1°. L'exception résultant de la naissance de l'enfant
« avant le cent quatre-vingtième jour du mariage, s'il vit
« quinze jours après sa naissance ;

« 2°. Celle résultant de la naissance de l'enfant deux cent
« quatre-vingt-dix jours après la dissolution du mariage ;

« 3°. Celle résultant d'un tel éloignement des époux, qu'il
« y ait eu impossibilité physique de cohabitation ;

« 4°. Celle résultant d'une séparation de corps et de biens,
« sans réconciliation et réunion postérieure. »

On ferait suivre les autres exceptions.

On établirait les fins de non-recevoir contre la proposition
des exceptions, soit vis-à-vis du mari, soit vis-à-vis de ses
héritiers directs ou collatéraux.

L'article 2 et les diverses propositions qui ont été faites
sont renvoyés à la section.

M. DEFERMON observe que cette expression de l'article 3,
il en est de même, n'est pas exacte, puisqu'elle ne convient
pas au cas où le père est mort.

M. TRONCHET propose de discuter les modifications de l'article 2 qui sont contenues dans l'article 5, avant de passer à
l'article 3, qui porte sur un cas différent.

Cette proposition est adoptée, et l'article 5 est soumis à la
discussion, ainsi qu'il suit :

314-316 Art. 5. « Dans le cas de l'article 2, le mari ne peut désa-
« vouer l'enfant,

« 1°. S'il est prouvé qu'il a eu connaissance de la gros-
« sesse avant le mariage ;

2°. « S'il a assisté à l'acte de naissance, et si cet acte est si-
« gné de lui, ou s'il contient sa déclaration qu'il ne sait pas
« signer ;

« 3°. Si, se trouvant sur les lieux à l'époque de la naissance
« de l'enfant, il n'a pas réclamé dans le mois ;

« 4°. Si, en cas d'absence, il n'a pas réclamé dans les deux
« mois après son retour.

« Il pourra néanmoins réclamer après ces délais, toutes

« les fois qu'il justifiera qu'on lui a dérobé la connaissance
« de l'accouchement de la femme et de l'existence de l'en-
« fant. »

Le numéro 1er de cet article est adopté sans discussion.

M. Boulay propose de retrancher le numéro 2, attendu
qu'il contrarie la disposition qui a été adoptée, et qui donne
au père le droit de réclamer, dans le mois, contre l'enfant
né avant terme, et qui a survécu dix jours à sa naissance.

M. Tronchet dit que le père peut faire des réserves.

Le numéro 2 est adopté.

Le numéro 3 est adopté sans discussion.

Le numéro 4 est discuté.

M. Regnier observe que, si, dans le cas de la seconde partie de ce numéro, l'on n'assigne un délai aux réclamations du
père, le droit de se pourvoir durera trente ans.

M. Tronchet dit qu'il ne faut pas perdre de vue qu'il s'a-
git ici d'une femme qui parvient à cacher son accouchement
et le fruit de ses désordres.

M. Regnier répond que le délai doit courir depuis le moment où le mari a eu connaissance de l'accouchement de sa
femme. Il ne faut pas brusquer la fin de non-recevoir ; mais
il ne serait pas moins dangereux de laisser l'état de l'enfant
trop long-temps incertain.

Le Consul Cambacérès dit que cependant il est juste de
donner au père, après que le fait est parvenu à sa connaissance, le temps de prendre des renseignemens ; car il voudra,
sans doute, ne faire d'éclat qu'après s'être parfaitement
convaincu.

Le numéro est adopté.

L'article 6 est soumis à la discussion.   318

Art. 6. « Tout acte extrajudiciaire contenant le désaveu
« de la part du mari est inutile, s'il n'est suivi, dans le délai
« d'un mois, d'une accusation en justice, dirigée contre un
« tuteur *ad hoc* donné à l'enfant. »

M. Tronchet propose d'ajouter à l'article que *la mère sera appelée*.

L'article est adopté avec l'amendement.

317   L'article 7 est discuté; il est ainsi conçu :

« Si le mari est décédé sans avoir fait le désaveu, ses héri-
« tiers ne seront point admis à contester la légitimité de
« l'enfant. »

Le Consul Cambacérès dit que le droit à une succession
étant une propriété, on ne peut refuser aux héritiers du mari la
faculté de le faire valoir, et de détruire les obstacles qui en
gênent l'exercice, en constatant l'état des enfans.

M. Boulay dit que la section a pensé que le droit d'attaquer
la légitimité des enfans doit être réservé exclusivement
au mari, qui seul peut avoir la conscience de la paternité.
Si donc il ne désavoue pas l'enfant dans le délai que la loi
lui donne, il est prouvé qu'il s'en reconnaît le père; mais
quand il aurait la conviction que l'enfant ne lui appartient
pas, son silence annonce qu'il a pardonné, ou qu'il a consenti à l'adopter. Pourquoi des collatéraux viendraient-ils
démentir sa générosité?

Le Consul Cambacérès dit qu'il n'a pas entendu parler
des seuls collatéraux, mais de tous les héritiers, quels qu'ils
soient. Il serait permis aux enfans dont l'état serait contesté
de leur opposer, par voie d'exception, le silence du mari; et
l'exception pourrait être admise, quand il serait prouvé que
le mari n'a pas voulu user du droit de réclamer. Pourquoi
des enfans légitimes ne pourraient-ils repousser de la famille
des enfans étrangers, surtout lorsque cette action n'est ouverte que pendant un très-court délai?

M. Boulay dit que ces enfans déshonorent leur propre nom.

Le Premier Consul dit qu'il serait injuste de refuser aux
héritiers du mari mort absent, ou avant le délai pendant lequel la loi l'autorisait à réclamer, le droit que le mari a été
dans l'impossibilité d'exercer lui-même; mais il est juste
aussi de ne pas admettre la réclamation des héritiers, lors-

qu'il est prouvé que le mari a reconnu l'enfant d'une manière quelconque.

M. Tronchet dit que le projet de Code transmettait l'action aux héritiers. Les tribunaux ont réclamé contre cette disposition : les uns veulent exclure absolument la réclamation des collatéraux ; les autres, que ces héritiers ne puissent réclamer que pendant le temps qui reste à expirer du délai accordé au mari. M. *Tronchet* pense que le silence du mari est sans conséquence, tant que le délai de la réclamation n'est pas écoulé, et que, dès-lors, l'action doit passer aux héritiers.

M. Réal observe que la mort du mari enlève à la femme l'avantage des aveux qu'il aurait pu faire.

Le Premier Consul dit que l'article 2 n'est pas dans son opinion, parce qu'il se décide par l'intérêt des enfans : mais puisqu'il est admis que l'état de l'enfant qui naît après six mois de mariage peut être contesté, la présomption, dans ce cas, est contre l'enfant toutes les fois que le mari, qui seul sait s'il en est le père, ne l'a pas reconnu.

M. Réal objecte que, dans le système, l'action passant aux collatéraux, le père ne peut ni pardonner, ni reconnaître tacitement l'enfant.

M. Tronchet répond qu'il y aura un délai après lequel la réclamation du mari ne sera plus reçue, qu'une maladie grave peut surprendre le mari, et le conduire au tombeau avant l'expiration du délai; que comme alors il a été dans l'impossibilité de réclamer, et que le délai n'est pas encore écoulé, on ne peut dire que, par son silence, il a reconnu l'enfant.

M. Boulay dit que, puisque le désaveu est incertain, on doit, dans le doute, décider en faveur de l'enfant.

Le Premier Consul dit qu'on s'écarte de la théorie de la matière : il ne s'agit pas en effet de pardon, mais d'une vérité de fait : il s'agit de savoir si le mari est ou n'est pas le père de l'enfant; en un mot, s'il y a une parenté naturelle.

La proposition du Consul *Cambacérès* et celle de M. *Tronchet* sont adoptées.

312   M. Boulay rappelle que, dans la dernière séance, les dispositions de l'article 4 du chapitre Ier du titre *de la Paternité et de la Filiation* ont été ajournées. Il les présente à la discussion.

Le Consul Cambacérès dit que l'impossibilité physique de cohabitation détruit sans doute la présomption de paternité ; mais, comme cette présomption peut encore être combattue par d'autres circonstances, la loi ne doit pas gêner la conviction du juge, et le réduire à repousser la vérité, lorsqu'elle résulte d'autres faits que l'impossibilité physique de la cohabitation. L'ancienne jurisprudence lui donnait cette latitude : elle admettait diverses exceptions contre la règle *pater is est*; au lieu de se réduire à la seule impossibilité physique, comme on le propose aujourd'hui, la jurisprudence avait admis l'impossibilité morale, et une troisième exception fondée sur l'indivisibilité du titre, c'est-à-dire quand les preuves établissaient en même temps que l'enfant ne pouvait pas être né de l'époux. En un mot, toute la théorie du droit dans cette matière a toujours été de faire prévaloir la présomption de paternité résultant du mariage sur toute autre présomption, et de la faire céder à l'évidence des preuves. S'écarter de cette route, c'est se jeter dans de grands embarras, et placer les juges entre un texte trop rigoureux et le cri de leur conscience.

M. Tronchet dit qu'en effet il a été rendu au parlement de Paris un arrêt qui admettait, contre la règle *pater is est*, l'impossibilité morale, et qui ne réputait pas enfant légitime celui en qui le titre et la possession détruisaient ce caractère, quoiqu'il fût d'ailleurs né dans le mariage ; mais ce jugement

ne fut pas généralement approuvé. M. *Tronchet* pense qu'il
est plus sûr de n'admettre d'autre exception contre la règle
générale, que celle qui résulte de l'impossibilité physique.
L'impossibilité morale est toujours incertaine. Le titre et la
possession contraires peuvent être l'ouvrage d'une mère dénaturée, qui dépouille de son état l'un de ses enfans pour
en favoriser un autre, objet d'une tendresse excessive. En
un mot, on ne peut aller au-delà de l'impossibilité physique
sans tomber dans l'arbitraire et sans donner lieu aux fraudes.
Le seul inconvénient que puisse avoir ce système, c'est de
donner la légitimité à quelques enfans illégitimes ; mais cet
inconvénient n'est pas comparable aux nombreux abus qu'in-
troduirait le système opposé.

Le Premier Consul dit que l'article 5 autorise le père à
désavouer l'enfant dans le cas de l'article 2 ; mais le cas de
l'article 2 n'est pas le seul où ce désaveu doive être permis.

Un enfant naît d'une femme mariée : si elle le fait inscrire
sous le nom de son mari, il y a probabilité qu'il est le fruit
du mariage ; si le mari, instruit de ce fait, ne proteste pas
dans un délai quelconque, la probabilité se convertit en
preuve. Mais si l'enfant n'est inscrit ni sous le nom du mari
ni sous celui de la femme, et que, dix ans après, il se présente pour recueillir une succession, le mari ou ses héritiers
doivent être admis à faire valoir la présomption de fraude
qui s'élève contre cet enfant, et à prouver qu'il n'est pas légitime. Dans cette hypothèse, ce ne sont pas les héritiers qui
réclament contre l'enfant, c'est lui qui vient réclamer une
place dans une famille à laquelle il est inconnu.

M. Boulay fait observer que cette question appartient au
chapitre suivant, parce qu'elle naît presque toujours de la
réclamation que l'enfant fait de son état.

Le Consul Cambacérès dit qu'elle appartient également à
celui-ci. Il est vrai, ajoute-t-il, que les procès de ce genre
s'engagent presque toujours sur la réclamation de l'enfant.
Toutefois, ce n'est pas une raison pour repousser du cha-

pitre Ier l'énumération des exceptions que peut lui opposer la famille. L'état des hommes est une propriété que chacun croit pouvoir défendre. Il est juste, suivant l'esprit de la loi romaine, de multiplier, à cet égard, les exceptions et les preuves; il est juste aussi de laisser une grande latitude à la défense des héritiers légitimes.

LE PREMIER CONSUL voudrait qu'immédiatement après l'article Ier vinssent les dispositions qui en déterminent l'application : on spécifierait ensuite les cas où le père peut la contester avec succès.

M. ROEDERER dit que la jurisprudence qu'a citée M. *Tronchet*, en la désapprouvant, n'était pas tellement certaine qu'on ne pût y opposer de grandes autorités; celle de M. *d'Aguesseau*, par exemple. Ce magistrat ne pensait pas que la protestation du père contre l'enfant dût priver celui-ci de son état; il n'admettait contre la règle générale que l'exception d'une séparation longue et à de grandes distances : mais hors de là, il voulait que le seul fait du mariage assurât l'état de l'enfant, malgré la déclaration du père, malgré l'aveu tacite de la mère, résultant de ce qu'elle avait fait inscrire l'enfant sous de faux noms, malgré même la déclaration de l'amant qui s'en reconnaissait le père.

LE CONSUL CAMBACÉRÈS dit qu'on peut opposer aussi des autorités contraires; il cite l'arrêt rendu en 1765 dans l'affaire de *Rougemont* et de *Halte*.

M. TRONCHET dit qu'on perd de vue le point de la question. L'objet du chapitre Ier est de déterminer le principe d'après lequel on jugera que l'enfant appartient au mariage; l'objet du chapitre II est d'établir les preuves d'après lesquelles l'application du principe sera faite : ces deux choses ne doivent pas être confondues. Il s'agit, dans ce moment, de discuter le principe, lequel est consigné dans l'article 4.

LE PREMIER CONSUL rappelle que, dans les discussions précédentes, on a distingué les formalités dont l'omission autorise la demande en nullité du mariage, et d'autres qui

ne sont par essentiellement nécessaires à sa validité. La
même distinction devrait se retrouver ici. On laisse dans le
doute, par exemple, si, lorsqu'un enfant n'a pas été inscrit
sous le nom du père, celui-ci peut le repousser. Il conviendrait donc d'expliquer d'abord quelles sont les formalités qui
assurent l'état de l'enfant; on ajouterait que, quand elles
n'ont pas été remplies, l'état de l'enfant étant incertain, le
mari peut l'attaquer par toutes les raisons capables de le détruire.

M. PORTALIS dit qu'il y a une différence entre l'article 2 et
l'article 4. L'article 2, dans le cas qu'il suppose, donne au
père le droit de désavouer l'enfant. C'est aller loin; car lorsque les époux habitent la même maison, il est probable que
l'enfant est le fruit de leur union. Si la femme était enceinte
au moment où le mari l'a épousée, il a mauvaise grâce de
venir réclamer. Mais il serait injuste de donner plus d'étendue à la disposition de cet article, et d'en faire profiter les
héritiers. Il n'en est pas de même de l'exception que donne
l'article 4 : elle repose, à la vérité, sur un fait personnel au
père et connu de lui seul; mais quand un autre fait patent,
comme est l'impossibilité physique de la cohabitation, l'appuie, elle doit passer à la famille.

M. TRONCHET propose, pour présenter les dispositions du ^{314 à 318}
projet dans leur ordre naturel, d'en bien distinguer d'abord
les trois objets. Il concerne, 1° les enfans qui naissent prématurément; 2° les enfans qui naissent pendant le mariage
et dans un délai non suspect, mais dont la naissance est accompagnée de circonstances qui peuvent faire douter de leur
légitimité; 3° les enfans qui naissent après le mariage, et à
une époque trop éloignée de la dissolution pour qu'on puisse
les en croire issus.

Il conviendrait donc de placer après l'article 2, qui concerne les naissances prématurées, les articles 5, 6 et 7, qui
en fixent les conséquences et les exceptions : on reviendrait
ensuite à l'article 4, qui concerne le second cas; on passerait

enfin à l'article 3, qui concerne le troisième. La question qu'on agite serait discutée avec l'article 4.

LE PREMIER CONSUL pense qu'y ayant une grande affinité entre les chapitres I et II, il convient de les discuter ensemble.

Discussion du chapitre II, ainsi conçu : *Des preuves de la filiation des enfans légitimes.*

319 Art. 1er. « La filiation des enfans légitimes se prouve par « l'extrait du registre de l'état civil. »

320 Art. 2. « Si les registres sont perdus, ou s'il n'en a point « été tenu, la possession constante de l'état d'enfant légitime « suffit. »

323 Art. 3. « A défaut de titre et de possession constante, la « preuve de la filiation peut se faire par témoins, s'il y a « commencement de preuve par écrit.

« Il en est de même, si l'enfant a été inscrit sous de faux « noms, ou comme né de père et mère inconnus. »

ap. 323 Art. 4. « L'enfant exposé, abandonné, ou dont l'état a été « supprimé, peut employer, comme commencement de « preuve par écrit, le registre civil qui constate la naissance « d'un enfant conçu pendant le mariage, et dont le décès « n'est point prouvé. »

324 Art. 5. « Le commencement de preuve par écrit résulte « des registres et papiers domestiques du père ou de la mère, « ou des actes publics et même privés émanant d'une partie « engagée dans la contestation, ou qui y aurait intérêt si « elle était vivante. »

321 Art. 6. « La possession d'état s'établit par une réunion suf- « fisante de faits qui indiquent le rapport de filiation et de « parenté entre un individu et la famille à laquelle il prétend « appartenir.

« Les principaux de ces faits sont, que l'individu a tou- « jours porté le nom du père auquel il prétend appartenir;

« Que le père l'a traité comme son enfant, et a pourvu, « en cette qualité, à son éducation, à son entretien et à son « établissement;

« Qu'il a été reconnu constamment pour tel dans la société;

« Qu'il a été reconnu pour tel par la famille. »

Art. 7. « Nul ne peut réclamer un état contraire à celui [322]
« que lui donne son titre de naissance et la possession con-
« forme à ce titre. »

« Et réciproquement, nul ne peut contester l'état de celui
« qui a une possession conforme à son titre de naissance. »

Art. 8. « Les tribunaux civils sont seuls compétens pour [325]
« statuer sur les réclamations d'état. »

Art. 9. « L'action criminelle contre un délit qui aurait été [327]
« commis dans une suppression d'état ne pourra commencer
« qu'après le jugement définitif sur la question d'état. »

Art. 10. « L'action en réclamation d'état est imprescrip- [328]
« tible à l'égard de l'enfant. »

Art. 11. « L'action ne peut être intentée par les héritiers [329]
« de l'enfant qui n'a pas réclamé, qu'autant qu'il est décédé
« mineur, ou dans les cinq années après sa majorité. »

Art. 12. « Les héritiers peuvent suivre cette action lors- [330]
« qu'elle a été commencée et non abandonnée par l'enfant. »

Art. 13. « L'abandon résulte ou du désistement formel,
« ou de la cessation des poursuites pendant trois ans, à
« compter du dernier acte de la procédure. »

M. Boulay fait observer, pour mieux fixer les objets de la [ch. 1 et 2]
discussion, que les quatre principales idées sur lesquelles
repose le projet sont de faire dépendre la preuve de la filiation, d'abord de l'inscription sur le registre de l'état civil; à
défaut d'inscription, de la possession d'état; à défaut de
l'une et de l'autre, de la preuve testimoniale appuyée sur
un commencement de preuve par écrit; enfin, de rendre les
tribunaux civils seuls juges dans cette matière.

Le Premier Consul dit que l'article 3 de ce chapitre est
celui qui a le plus de rapports avec le chapitre précédent : il
admet l'enfant qui ne peut justifier de son état ni par les
registres ni par la possession, à l'établir par la preuve testimoniale. C'est donc ici que se place l'amendement du Con-

sul *Cambacérès*. La preuve que l'article accorde à l'enfant contre le père doit lui être refusée lorsqu'elle est contredite par son titre et par sa possession. D'un autre côté, s'il y a fraude de la part de la mère, la présomption *pater is est* doit cesser : non cependant que l'enfant devienne non recevable par cette seule raison, mais il doit être obligé de prouver son état. Il pourrait, au surplus, faire valoir tous les genres de preuves, et par conséquent celles qui résultent d'écrits privés.

M. Tronchet dit que, dans ce système, l'enfant, quoique inscrit sous un autre nom, quoique ayant une possession conforme à son titre, serait admis à prouver qu'il est né de celle qu'il prétend être sa mère : or, on a toujours rejeté cette maxime comme infiniment dangereuse. On a pensé que si les réclamations démenties par le titre et par la possession étaient admises, il faudrait autoriser le réclamant à les soutenir par la preuve testimoniale, laquelle porterait, 1° sur le fait de l'accouchement de la mère; 2° sur l'identité entre l'enfant qui en a été le fruit et l'enfant qui réclame; mais cette preuve a toujours paru très-hasardeuse en matière civile, et jamais on n'en a fait dépendre l'état des citoyens. Les tribunaux l'excluaient même avec tant de sévérité, que, quand le réclamant, pour se la ménager, prenait la voie criminelle, et rendait une plainte en suppression d'état, les tribunaux déclaraient la procédure frauduleuse, et renvoyaient le demandeur à se pourvoir au civil. L'ordonnance de 1667 est fondée sur ces principes; on ne pourrait la modifier sans répandre des alarmes.

Le Premier Consul dit qu'on se méprend sur son idée. Il ne s'occupe pas de la manière dont le réclamant prouvera qu'il est né de la femme, mais de la manière dont il se fera reconnaître pour fils du mari. Si cette preuve dépend entièrement des formalités établies pour constater l'état civil, tout ce qu'a dit M. *Rœderer* reçoit son application; mais si la réclamation de l'enfant doit être écoutée lorsqu'il n'est ni inscrit ni spontanément reconnu, si alors il est admis à prouver qu'il est le fils de la femme, et qu'il réussisse dans cette preuve, s'ensuivra-t-il de plein droit qu'il est le fils du mari? Ce dernier fait n'est certainement pas la conséquence nécessaire du premier : la loi ne doit donc pas l'admettre comme tel; elle doit seulement autoriser le réclamant à soutenir qu'il est le fils du mari comme il l'est de la femme, et permettre aux héritiers de faire la preuve contraire.

Le Consul Cambacérès dit qu'on est enfin arrivé à un terme où il devient évident qu'il est impossible de bien discuter sur cette matière, si l'on n'en embrasse l'ensemble.

Par exemple, dans une des séances précédentes, on s'est arrêté au cas où il y aurait eu cohabitation entre le mari et la femme; et comme il est très-rare que l'enfant né dans de telles circonstances n'appartienne à tous les deux, on a pensé qu'il serait scandaleux de permettre au père de le désavouer : en se bornant à cette manière de voir, il est naturel d'en conclure que l'enfant de la femme est l'enfant du mari : l'hypothèse dans laquelle on s'est placé est assurément la moins commune; il n'est pas ordinaire qu'un mari repousse l'enfant né de son épouse pendant leur mariage; mais il arrive beaucoup plus souvent qu'après la mort du père un enfant apparaît tout-à-coup, et essaie de s'enter sur la famille. Cependant si l'on admet que la règle *pater is est* ne sera modifiée que par l'exception de l'impossibilité absolue de cohabitation, le combat devient très-inégal, et l'enfant intrus a un avantage marqué. En effet, il pourra faire valoir contre les héritiers toutes les raisons, tous les adminicules favorables à sa prétention, tandis qu'ils ne pourront l'écarter que par une exception unique, et qu'ils lui opposeraient inutilement d'autres circonstances qui démontreraient jusqu'à l'évidence qu'il ne peut appartenir au mariage. Le juge voudrait en vain céder à sa conviction, la loi lui défend d'y avoir égard : elle l'enchaîne par une règle absolue

3.

dont elle ne lui permet de s'écarter que dans le cas unique
de l'impossibilité physique de fréquentation.

Tels seraient les inconvéniens de la disposition qui décla-
rerait d'une manière absolue que la cohabitation des deux
époux rend enfant du mariage l'enfant qui naît pendant le
mariage. Pourquoi le fait de la paternité et celui de la maternité seraient-ils indivisibles ? Pourquoi l'individu qui aurait prouvé qu'il est le fils de la femme aurait-il prouvé par
cela seul qu'il est l'enfant du mari ?

Passant au chapitre II, le Consul en attaque simultanément les deux premiers articles.

Le premier ôterait à l'enfant né dans certaines circonstances les preuves de son état. Il en serait ainsi, par exemple, de l'enfant né dans le cours d'une traversée, lorsque
les formes qu'on propose d'établir auraient été négligées ;
car cet enfant ne pouvant prouver son état par les registres
publics, il n'est pas juste qu'on fasse tourner contre lui une
omission qu'on ne peut lui imputer. Il doit donc lui suffire
de représenter l'acte de mariage de son père et de sa mère ;
d'établir, qu'à une époque correspondant à son âge, sa mère
se trouvait embarquée ; de justifier, par le témoignage de
l'équipage, qu'elle est accouchée en mer ; en un mot, de
justifier de sa filiation par tous les moyens capables d'opérer
la conviction.

L'article 2 préjuge que la possession d'état n'a de force
que lorsqu'il n'existe pas de registres ; mais il fallait d'abord
pourvoir au cas où, quoiqu'il existe des registres, l'enfant
n'y aurait pas été inscrit ; au cas où il aurait été inscrit sous
de faux noms. L'omission de l'inscription sera bien moins
rare aujourd'hui que dans le tems où la croyance commune
faisait présenter les enfans au baptême, auprès duquel étaient
placés les registres de leur état. Cet article devrait donc être
retouché pour laisser plus de latitude aux preuves. On pourrait le rédiger dans le sens de la loi romaine, ne pas faire
tout dépendre de la preuve testimoniale, mais admettre

cette preuve pour compléter la conviction qui résulte d'une masse de faits dont la preuve serait ébauchée par des écrits.

A l'égard du droit des héritiers, on ne peut refuser à des enfans légitimes et à des parens les moyens de repousser la fraude de l'individu coupable qui veut se placer parmi eux.

LE PREMIER CONSUL propose de dire : « A défaut de regis- « tres ou d'inscription, les tribunaux pourront prononcer « d'après les circonstances. »

Il est juste, au surplus, d'admettre les héritiers du mari à prouver que l'enfant né de sa femme n'est cependant pas le sien.

M. BOULAY dit que, dans le système du projet, l'état de l'enfant doit être réglé par son titre : à défaut de titre, vient la possession ; à défaut de l'un et de l'autre, l'enfant peut invoquer la preuve testimoniale, s'il a un commencement de preuve par écrit. Il établit qu'il est le fils de la femme : s'il en conclut ensuite qu'il est le fils du mari, les tiers intéressés l'arrêtent là, et lui opposent l'impossibilité physique.

LE PREMIER CONSUL dit qu'aucune famille ne serait en sû- reté, si, lorsqu'il y a fraude, elle ne pouvait écarter, par toute espèce de preuves, l'individu qui réclame l'état d'en- fant : or il y a présomption de fraude quand le père, ayant vécu un certain nombre d'années depuis la naissance de l'enfant, est mort cependant sans le reconnaître. Néanmoins les tribunaux, pour n'être pas obligés de décider formelle- ment que l'enfant appartient à la femme et n'appartient pas au mari, le déclareraient en général mal fondé dans sa de- mande.

M. PORTALIS dit que la fraude pouvant venir du mari comme de la femme, la loi doit la combattre des deux côtés ; et c'est là ce qui prouve qu'il est difficile d'établir une règle générale. Deux causes célèbres démontrent que la fraude peut être également commise par le père et par la mère.

Mademoiselle *de Choiseul* ne connaissait pas son état. Elle trouve le registre d'un accoucheur alors *décédé*, qui atteste

l'accouchement clandestin de celle qu'elle croit sa mère.
L'époque de cet accouchement concorde avec l'âge de mademoiselle *de Choiseul*. La mention faite sur ce registre est
considérée comme un commencement de preuve par écrit ;
la preuve testimoniale est admise, et mademoiselle *de Choiseul* gagne son procès.

Mademoiselle *Ferrant* était née d'un père généralement
connu pour jaloux. Tourmenté par ses défiances, ce père
s'oppose à ce que mademoiselle Ferrant soit inscrite comme
sa fille : l'acte de naissance est supprimé. A quarante ans elle
retrouve la protestation du président Ferrant : elle constate
qu'il était habituellement agité par la jalousie ; elle est reconnue pour sa fille.

Comment, avec de pareils exemples, espérer de trouver
une règle générale ?

Décidera-t-on que l'état de l'enfant sera prouvé par des
titres ; qu'à défaut de titres, il le sera par la possession ?
mais si les titres et la possession se contrarient, il restera
nécessairement des doutes. D'ailleurs, la possession constante est elle-même un titre qui dispense d'en produire aucun autre. Le concours du titre et de la possession est décisif,
non lorsqu'il existe un titre quelconque, mais lorsqu'un
titre digne de confiance constate que l'enfant est né de
l'époux et de l'épouse, et que la possession est aussi authentique que le titre. Mais si l'on ne produit qu'un titre
obscur qui laisse des incertitudes sur le père et sur la mère,
ou que la possession ne soit pas évidente, le concours du
titre et de la possession ne prouve plus rien.

Le projet, afin d'empêcher que les familles ne soient
facilement troublées, exige un commencement de preuve par
écrit pour admettre la preuve testimoniale. C'est être trop sévère. Autrefois on avait égard au concours des circonstances,
lorsqu'il était tel qu'il dût ébranler l'esprit du juge, et lui
faire entrevoir une vérité qu'il devenait nécessaire d'éclaircir. Quel commencement de preuve peut-on espérer dans

cette matière ? Il n'en est pas ici comme en matière de convention : là, les parties existaient au moment où le pacte a été formé ; là, elles ont coopéré à sa formation, elles ont pu se ménager des preuves ; elles ont agi : on peut donc avoir tenu une correspondance avec elles. L'enfant n'a pas eu ces avantages. Cependant la preuve testimoniale seule est trop dangereuse pour qu'elle doive suffire au succès de la demande. L'inconvénient de laisser un enfant dans l'obscurité est moins grand que celui d'exposer toutes les familles à être troublées. Il faut donc exiger un commencement de preuve par écrit, dans les cas très-rares où il est possible de l'obtenir ; que s'il n'existe pas, on doit avoir égard à la masse des faits et des circonstances. Tel est le système de la loi II, au Cod. *de Testibus*, laquelle dit : *Defende causam tuam instrumentis et argumentis quibus potes, soli enim testes ad ingenuitatis probationem non sufficiunt.*

Le Premier Consul dit que la présence du mari et la situation respective des deux époux doivent nécessairement entrer dans cette masse de circonstances dont parle M. *Portalis*. Si l'on prouvait, par exemple, que lors de l'accouchement de la femme, en France, le mari était à la bataille d'Almanza, et que pendant quinze mois il n'a pas quitté les drapeaux, il ne pourrait être regardé comme le père de l'enfant.

M. Boulay demande si l'idée du *Premier Consul* est qu'à défaut de titre et de possession, l'enfant, après avoir prouvé qu'il est né de la femme, soit obligé de prouver qu'il est né aussi du mari.

Le Premier Consul dit que ce n'est pas là son idée. Il pense que l'obligation de faire la preuve doit retomber sur les héritiers du mari. L'enfant prouve qu'il est né de la femme ; les héritiers prouvent que cependant il n'appartient pas au mari : les deux actions marchent simultanément.

M. Tronchet dit que les héritiers peuvent opposer à la réclamation de l'enfant toutes les circonstances qui la combattent. Il leur sera donc permis de soutenir que la preuve de la maternité ne justifie pas que l'enfant appartienne au père, parce que le père était absent. La loi exprimera ce droit des héritiers.

Le Premier Consul dit qu'il ne s'agit pas seulement de l'absence du mari, mais encore d'autres circonstances desquelles il résulte que le mari a ignoré l'accouchement. Elles perdraient cependant leur force lorsque le mari aurait reconnu l'enfant.

M. Tronchet dit que les héritiers doivent être admis à faire valoir toutes les exceptions, et qu'il convient de laisser une grande latitude aux tribunaux. Mais il est difficile de concevoir à quelles circonstances le juge pourra avoir égard dans le système de M. *Portalis*, sans admettre d'abord la preuve testimoniale ; car ces circonstances ne seront que des faits allégués. Ce système établirait donc la preuve testimoniale pour tous les cas, et sans qu'il y ait eu commencement de preuve par écrit.

Le Consul Cambacérès dit que, pour rendre la marche de la loi régulière, il conviendrait de poser d'abord la règle *pater is est ;* de fixer ensuite les cas du désaveu, puis de traiter de l'action en réclamation d'état. Là on déterminerait la latitude des preuves et la latitude des exceptions, et l'on exprimerait positivement que la preuve que l'enfant est né de la femme n'établit pas nécessairement qu'il est né du mari.

M. Regnier pense qu'il est indispensable de s'expliquer sur ce dernier principe, parce que, sans cette précaution, la règle *pater is est* donnerait au mari l'enfant qui serait prouvé appartenir à la femme.

Le Premier Consul dit qu'aucun juge sensé, s'il en a le pouvoir, ne rendra l'état à l'enfant dont l'existence aura toujours été cachée et inconnue au mari.

M. Tronchet regarde l'ignorance dans laquelle le mari est demeuré par rapport à l'accouchement de la femme comme une des plus fortes exceptions contre la règle *pater is est.*

M. Berlier pense qu'il conviendrait, après avoir établi la règle générale de la présomption de paternité, d'exprimer les causes qui la font cesser, et que les parens peuvent opposer par voie d'exception. On comprendrait parmi ces causes le cas où la connaissance de l'accouchement a été dérobée au mari. Une telle disposition pourvoirait également au cas où le père aurait tenté de supprimer l'état de l'enfant.

M. Portalis rappelle que les tribunaux ont demandé que le concubinage public fût mis au rang des exceptions.

M. Réal dit qu'on a vu plusieurs fois des époux dénaturés s'entendre pour supprimer l'état de leur enfant. Ce qui est arrivé peut arriver encore, et ne doit-on pas craindre que l'exception tirée de l'ignorance du père ne facilite un pareil crime?

M. Maleville répond que, d'après le projet, cet enfant aurait le droit de prouver qu'il leur appartient, s'il y avait un commencement de preuve par écrit; mais que d'ailleurs la supposition d'un père et d'une mère qui s'accordent pour supprimer l'état de leur enfant est si peu probable, qu'il serait inutile d'en faire la matière d'une disposition législative.

M. Regnier dit que la principale difficulté porte sur le choix des preuves.

L'espèce qu'on a en vue, dans cette discussion, est celle où un individu se présente tout-à-coup pour réclamer l'état de fils d'un homme auquel il est inconnu sous ce rapport.

Il s'agit ici de celui qui revendique son état, et non de celui à qui l'on veut ôter un état dont il est en possession. L'intérêt de la société doit être, dans ce cas, le motif déterminant; il commande qu'on maintienne en paix les familles, et c'est sur cette vérité que la règle *pater is est* est fondée. Or, dans l'espèce, le rejet de la réclamation ne troublera pas la paix des familles. La loi se tiendra dans les termes de la vérité, si elle admet les héritiers du mari à prouver que le réclamant n'est pas son fils; elle se conciliera avec la bienséance, si elle ne permet pas qu'un intrus se place dans une famille à laquelle il est étranger.

M. Boulay croit qu'un mari et une femme ne s'accorderont jamais à supprimer l'état de leur enfant.

S'ils se le permettaient, ce serait parce que le mari aurait la conviction qu'il n'est pas le véritable père : d'où il conclut qu'en fait général, tous les enfans dont la naissance a été cachée et l'état déguisé sont des enfans adultérins qu'on voudrait rendre héritiers d'un père qui n'est pas le leur; et comme leur réclamation n'est rien moins que favorable, il trouve fort bon qu'on fasse fléchir à leur égard la règle *pater is est*, et qu'on soit admis à leur opposer tous les genres de preuves qui peuvent faire voir qu'ils ne sont pas les enfans du mari de leur mère, ni par conséquent les enfans du mariage; qu'ainsi ils ne doivent point être admis dans la famille.

Le Consul Cambacérès dit que la suppression d'état consentie par les deux époux serait une circonstance favorable à l'enfant.

M. Regnier observe que *Cochin* l'a regardée comme impossible : ce jurisconsulte pense qu'il y aurait toujours de l'opposition de la part de l'un des époux. La suppression d'état aura moins lieu encore, maintenant que les familles ne sont plus dirigées par l'orgueil de la naissance et par l'intérêt de favoriser les mâles et les aînés.

M. Roederer dit qu'il serait scandaleux que les enfans fussent admis à porter contre leur mère une accusation d'adultère, pour établir que la personne qui se prétend leur frère n'est pas le fils de leur père.

Il conteste que l'accouchement d'une femme et l'éducation de son enfant à l'insu de son mari ou loin de ses yeux soient une preuve, ou même un commencement de preuve que ce mari n'est pas le père de l'enfant. Un mari violent qui connaîtra ou soupçonnera un commerce clandestin entre sa femme et un amant pourra la menacer des plus redoutables traitemens, si elle devient grosse dans le temps sur lequel porte ses soupçons. Cependant elle est grosse au moment même de ces menaces : son mari s'absente pour service public, ou pour affaires particulières. Elle, intimidée, cache son accouchement, le dérobe à la connaissance de son mari, quoique l'enfant puisse être de lui comme de l'amant, ou de lui seul, la jalousie seule ayant vu un amant dans l'homme qui n'était qu'un ami. M. *Rœderer* va plus loin : il dit qu'il est possible qu'un enfant très-légitime, mais dont la légitimité n'est pas certaine aux yeux du mari, à plus forte raison qu'un enfant né d'un commerce adultérin, ait été mis au jour et élevé loin des yeux du mari, en vertu d'une convention faite entre les deux époux. Un mari qui se croit trompé, celui qui sait l'être, peuvent dire à leur femme : « L'enfant « dont tu es enceinte n'est pas de moi ; il faut que tu te « gardes de laisser jamais paraître à mes yeux ce fruit de tes « désordres. » On dit que cela est impossible, et l'on cite *Cochin*. L'orateur répond que cela est très-possible, et il cite d'*Aguesseau*, qui lui-même cite ce mot d'Ovide, *omnia tuta timens*, pour prouver qu'une femme intimidée est capable de toutes sortes de réticences ; et qui dit ailleurs, dans son vingt-troisième plaidoyer, *qu'un père peut très-bien désavouer son propre fils, et vouloir venger sur le fils l'affront qu'il a reçu de la mère.*

M. Portalis demande qu'on se borne à dire, à l'article 3, *sans commencement de preuve*, parce que l'expression *preuve par écrit* s'applique aux preuves qui ont été acquises contradictoirement entre les deux contendans.

Le Premier Consul fait relire l'article 4 du chapitre Ier ; il propose d'y ajouter l'exception résultant de la grossesse cachée.

Le Consul Cambacérès propose de rédiger ainsi l'amendement : « Lorsque le mari, par le fait de sa femme, n'aura « pas eu connaissance de l'accouchement. »

Le Conseil adopte cette exception, et celle de l'impossibilité physique de cohabitation.

La discussion de l'exception résultant de la séparation est ouverte.

Le Consul Cambacérès dit qu'il est difficile d'adopter cette exception, parce que la séparation de corps n'établit pas entre les époux l'impossibilité de cohabitation. Il n'est pas ordinaire qu'ils se fréquentent ; cependant cet événement est possible. Mais si l'exception est admise, il conviendra, pour ne pas se contredire, de supprimer le mot *physique* dans la disposition qui établit l'exception de l'impossibilité de cohabitation.

Le Premier Consul dit qu'en effet les rapprochemens que ménageront entre les époux ceux qui tenteraient de les réconcilier peuvent leur donner lieu d'avoir commerce ensemble, sans être cependant suivis d'une réconciliation définitive.

M. Boulay dit que la circonstance de la séparation est une forte présomption contre la paternité ; qu'elle ne doit céder qu'à l'évidence des preuves. Il serait dur, en effet, que la femme pût donner librement des enfans étrangers au mari.

Le Premier Consul dit que cette réflexion prouve qu'il est nécessaire, avant de prononcer, de traiter la matière de la séparation. Comment se fixer, lorsqu'on ignore si l'enfant de la femme séparée de corps portera le nom du mari, si, en certains cas, la séparation ne sera pas suivie de la clôture?

M. Tronchet croit l'ajournement d'autant plus nécessaire, qu'après la matière du divorce on arrivera à un chapitre de fins de non-recevoir, qui résout la plupart de ces questions.

L'ajournement est proposé.

L'article 3 du chapitre II est mis en délibération comme base.

Le Conseil l'adopte en principe avec les amendemens du Consul *Cambacérès* et de M. *Portalis*.

Le Conseil adopte également en principe que les héritiers

du mari seront admis à la preuve qu'il n'est pas le père de l'enfant, quoique celui-ci ait justifié qu'il est né de la femme pendant le mariage.

(Procès-verbal de la séance du 24 brumaire an X. — 15 novembre 1801.)

Le chapitre III, intitulé *des Enfans nés hors mariage*, est soumis à la discussion.

La section première, sur la *légitimation de ces enfans*, est d'abord discutée.

L'article 1er est adopté ainsi qu'il suit :   331

« Les enfans nés hors mariage, d'un père et d'une mère « libres, pourront être légitimés. »

L'article 2 est discuté ; il est ainsi conçu :   Ib.

« Ils seront légitimés par le mariage subséquent de leurs « père et mère, lorsque ceux-ci les auront légalement re- « connus avant leur mariage, ou qu'ils les reconnaîtront dans « l'acte même de célébration. »

Le Ministre de la Justice fait observer que cet article semble refuser à la reconnaissance faite postérieurement au mariage l'effet de légitimer les enfans nés avant que le père et la mère fussent mariés. Il est cependant possible que la pudeur, que l'intérêt, de ne pas aliéner des parens austères, aient empêché les époux de reconnaître leurs enfans, soit avant, soit lors de la célébration de leur mariage ; et alors il n'est plus en leur pouvoir de rendre l'état civil aux fruits pré- maturés de leur union. Cependant, la légitimation est l'effet nécessaire du mariage ; la déclaration des père et mère, et toutes les formalités, ne servent qu'à déterminer l'applica- tion de ce principe.

M. Regnier dit que le système du Ministre faciliterait la fraude des époux qui, pour s'assurer une succession, ou par d'autres motifs, s'accorderaient à reconnaître un enfant qui leur est étranger.

Le Ministre répond que, comme ce serait là une fraude,

les tiers intéressés seraient admis à contester la reconnaissance.

M. Defermon ajoute que d'ailleurs ce genre de fraude serait difficile, puisque deux époux ne pourraient le tenter qu'autant qu'ils trouveraient un enfant qui n'appartiendrait à personne.

M. Tronchet dit que l'objection du Ministre vient de ce qu'il confond les effets que le mariage subséquent avait sous l'ancienne jurisprudence, et ceux qu'il a aujourd'hui. Autrefois le mariage subséquent légitimait de plein droit les enfans, sans qu'il fût besoin d'une reconnaissance antérieure ou faite lors de la célébration, parce que la filiation pouvait être prouvée, même à l'égard du père; mais la recherche de la paternité étant abrogée, la filiation ne peut plus être prouvée que par la reconnaissance du père : or, l'article s'applique à l'enfant qui n'a pas été reconnu. Cette reconnaissance ne peut être constatée que par un titre. L'article veut que, quand il n'en existe pas avant le mariage, il soit rédigé au moment de sa célébration.

Le Ministre de la Justice fait observer que ce n'est pas sous ce rapport qu'il attaque l'article; que jusqu'ici le mariage subséquent a emporté avec lui la légitimation; que cet effet du mariage est encore conservé par le projet dont il s'agit; qu'il est bien évident que cet effet suppose une reconnaissance des conjoints; que la seule question est de savoir si cette reconnaissance ne doit pas avoir la même force après la célébration qu'auparavant ou au moment même, et qu'on ne voit pas de raisons suffisantes pour lui refuser cet effet.

M. Tronchet dit que l'enfant ne doit pas obtenir la légitimation, si son état n'a été fixé avant le mariage; autrement, on faciliterait l'introduction des enfans étrangers, ou du moins d'un seul des époux, qui, par des menaces, pourrait obtenir l'aveu de l'autre. La fausse pudeur qui empêcherait de reconnaître ses enfans naturels au moment où l'on en épouse la mère ne doit être d'aucune considération pour le législateur.

M. Boulay fait observer que l'adoption sera un moyen de suppléer la reconnaissance postérieure au mariage ; mais cette reconnaissance entraînerait de grands abus. D'ailleurs, il est de principe que le mariage subséquent légitime les enfans. Mais l'application de ce principe ne peut se faire qu'au moment où le mariage se célèbre. C'est dans ce moment seul qu'il produit cet effet de la légitimation.

Le Ministre de la Justice répond que c'est ce principe même qui donne aux enfans un droit imprescriptible qu'ils acquièrent par le seul fait du mariage, et que rien n'est capable de leur enlever. Si les deux époux, au moment de la célébration du mariage, privaient leurs enfans nés antérieurement de l'état que leur rend naturellement le mariage, ce serait une injustice à l'égard de ces enfans, qu'on ne peut ôter aux époux la faculté de réparer. Autrement, ceux qui, par un contrat légitime, auraient sanctifié une union anticipée seraient traités plus rigoureusement que ceux qui restent dans des liens illégitimes, auxquels le projet accorde, à toutes les époques, la faculté de reconnaître leurs enfans naturels.

M. Portalis dit que la légitimation par mariage subséquent n'est pas l'effet naturel du mariage, mais un bénéfice de la loi. Elle n'a pas été adoptée en Angleterre, parce qu'on l'y a considérée comme favorisant le concubinage. Cependant, comme elle est reçue depuis long-temps en France, où elle a été introduite, non par le droit civil, mais par le droit canonique, les rédacteurs du projet de Code ont cru devoir la maintenir. Néanmoins, parce que les enfans nés hors mariage n'ont qu'une existence équivoque, puisqu'ils n'ont pour eux aucune présomption, il faut que le témoignage qui leur donne un état soit rendu dans un temps non suspect. Des exemples prouvent que les reconnaissances faites après le mariage ont quelquefois introduit dans les familles des enfans étrangers, de la même manière qu'eût fait l'adoption : on a donc cru devoir les écarter comme suspectes de fraude. Autrefois même elles n'étaient pas admises ; car il y avait des cérémonies publiques placées au moment du mariage, et dont l'omission privait les enfans de la légitimité : quelle raison y a-t-il de leur donner aujourd'hui plus de faveur? Est-ce la fausse pudeur des parens? quand on obéit à la fois à la nature et à sa conscience, on ne peut compromettre son honneur.

LE MINISTRE DE LA JUSTICE soutient que la facilité d'adopter détruit tous les inconvéniens des déclarations postérieures au mariage. Il n'est plus besoin de fraudes quand la loi donne un moyen d'obtenir l'effet qu'on désire.

Il n'est pas présumable, d'ailleurs, que des pères et mères qui ont des enfans veuillent leur associer des étrangers; et, s'ils n'en ont pas, les réclamations de leurs collatéraux pourraient déjouer la fraude.

Au reste, la reconnaissance postérieure au mariage ne favorise pas plus le concubinage que celle qui est faite au moment de la célébration; mais elle peut être nécessaire pour ménager l'honneur d'une jeune personne, dont la vertu ne s'est démentie qu'un moment, qui craint même que la connaissance de sa faiblesse ne porte des parens trop sévères à la priver de leur succession. Il n'y a donc de danger ni pour les mœurs, ni pour les familles, à proroger au-delà du mariage la faculté de reconnaître les enfans; et l'intérêt de ces enfans réclame cette faculté.

M. REGNIER fait observer que les enfans ne tiennent leur légitimité que de la déclaration du père; qu'il peut arriver qu'elle soit frauduleuse, qu'il est donc naturel de la circonscrire dans un terme. Avant le mariage, le père et la mère peuvent avoir de justes motifs de cacher leur paternité; mais ces motifs s'évanouissent au moment du mariage. Il n'y a point de honte à avouer une faiblesse alors qu'on la répare.

M. RÉAL dit : M. *Portalis* pense que la légitimation par mariage subséquent n'est pas l'effet du mariage, qu'elle facilite le concubinage, et est contraire aux mœurs; il veut, avec M. *Tronchet*, que les reconnaissances postérieures au mariage ne produisent aucun effet; il pense qu'autrefois ces déclarations n'étaient point admises, et que les enfans qui, au moment de la bénédiction nuptiale, étaient placés sous le *poële*, obtenaient seuls le bénéfice de la légitimation. A l'opinion de ces deux jurisconsultes on peut opposer celle d'un jurisconsulte également célèbre, l'opinion de *Pothier*.

Sur la question de savoir si la légitimation par mariage subséquent facilite le concubinage et est contraire aux mœurs, voici ce qu'il dit dans son *Traité du Contrat de mariage* : « Lorsqu'une fille a eu une habitude charnelle avec un « homme, il est intéressant pour le bon ordre que l'homme « couvre cette faute et répare l'honneur de la fille en l'é- « pousant.

« Mais comme il arrive souvent, ou que l'homme se dé- « goûte de la fille pour laquelle il avait eu d'abord de la pas- « sion, ou que, sans se marier, il continue de vivre dans le « désordre, il était de la sagesse des lois de fournir à « l'homme des motifs qui le portassent à épouser la fille avec « laquelle il a eu habitude. C'est ce qu'a fait le droit cano- « nique, en donnant au mariage le droit de légitimer les en- « fans nés du commerce charnel que les parties ont eu avant « le mariage. On ne pouvait pas fournir à l'homme qui a eu « commerce avec une fille un motif plus puissant pour le « porter à l'épouser. La tendresse que la nature inspire à un « père pour ses enfans naturels le porte à leur procurer le « titre et les droits d'enfans légitimes, lorsqu'il a un moyen « pour les leur procurer, et par conséquent à contracter avec « leur mère un mariage légitime, qui est le seul moyen qu'il « ait pour les leur procurer. La sagesse du droit canonique, « qui, par la légitimation des enfans *per subsequens matri-* « *monium*, fournit à un homme qui a eu habitude charnelle « avec une fille le motif le plus puissant qu'on put trouver « pour le porter à l'épouser, est donc évidente. Ces raisons « ont fait adopter, dans notre droit, les principes du droit « canonique sur cette matière. »

X. 4

Sur les autres questions, et particulièrement sur celle qui divise le Conseil, voici l'opinion du même auteur, dans le même traité, au paragraphe intitulé : *Comment se fait la Légitimation.* « La légitimation des enfans nés du commerce
« charnel que les parties ont eu avant le mariage se fait par
« la seule force et efficacité du mariage que leur père et leur
« mère contractent. *Tanta est vis matrimonii, ut qui anteà*
« *sunt geniti, post contractum matrimonium, legitimi habeantur.*

« Il n'est donc pas nécessaire que le consentement du père
« et de la mère intervienne pour cette légitimation. Il n'est
« pas même en leur pouvoir de priver leurs enfans du droit
« que la loi leur donne par l'effet qu'elle donne au mariage
« de leurs père et mère de les légitimer.

« Il est encore moins nécessaire que, lors de la célébration
« du mariage, on ait fait rendre les enfans sous le *poêle.* Cette
« cérémonie est une reconnaissance solennelle que les parties
« contractantes font de ces enfans, mais qui n'est pas néces-
« saire lorsqu'ils les ont reconnus pour leurs enfans de quel-
« que autre manière que ce soit, soit avant, *soit depuis* leur
« mariage. »

M. REGNAUD (de Saint-Jean-d'Angely) objecte que la recherche de la paternité n'étant plus admise, *Pothier* raisonne
dans un système qui n'est plus celui de la législation actuelle.
S'il était suivi, l'enfant pourrait intenter une action judiciaire et forcer son père à le reconnaître, ce qu'on n'a pas
admis.

M. THIBAUDEAU répond que l'autorité de *Pothier* n'a été
invoquée que pour attester que, dans l'ancienne jurisprudence, la reconnaissance postérieure au mariage légitimait
les enfans.

M. EMMERY ne voit aucune difficulté dans l'article. Une
explication peut concilier toutes les opinions. Il n'est pas
nécessaire, en effet, que la reconnaissance soit publique. Le
vœu de la loi sera donc rempli, lorsqu'un acte antérieur
quelconque, pourvu qu'il ait un caractère de vérité, existera

pour devenir la base de la reconnaissance postérieure au mariage. En prenant l'exemple cité par le Ministre de la Justice, la personne dont il a parlé pourra assurer l'état de son enfant par une déclaration secrète faite avant le mariage, se taire ensuite sur son existence jusqu'après la mort des parens dont elle craint d'encourir la haine, et ne le reconnaître publiquement que lorsque ce danger sera passé.

M. Thibaudeau dit qu'il n'a pas entendu l'article en ce sens qu'il fît dépendre la légitimation de l'enfant d'un acte quelconque, par lequel ses parens l'auraient antérieurement reconnu. Il demande si l'enfant pourrait, en vertu de cet acte, réclamer son état, s'il n'y avait pas de reconnaissance postérieure.

M. Emmery dit que l'esprit de l'article est que l'enfant qui a pour lui un acte secret peut être reconnu par ses père et mère après leur mariage; et que, s'ils omettent de le reconnaître, il lui est permis de faire valoir le titre qui lui reste, et de prendre la qualité d'enfant légitime.

M. Boulay dit que la section entend l'article en ce sens; car une fois que l'enfant a été reconnu avant le mariage, peu importe que cette reconnaissance soit renouvelée au moment de la célébration du mariage; le mariage opère par sa seule force, et indépendamment de toute autre circonstance, la légitimation des enfans qui ont la preuve légale qu'ils appartiennent aux deux époux.

M. Thibaudeau dit que cette théorie priverait sans retour de la légitimation l'enfant non légalement reconnu avant le mariage; que la reconnaissance faite par ses père et mère postérieurement au mariage ne lui serait d'aucune utilité; que c'est contre cette rigueur qu'il s'élève, et qu'il ne voit pas les motifs sur lesquels on peut raisonnablement se fonder.

Le Premier Consul suppose qu'un enfant né hors mariage ait été inscrit sous le nom de son père et de sa mère; qu'ensuite ceux-ci se marient, qu'ils meurent sans le reconnaître : cet enfant sera-t-il fondé à réclamer leur succession?

M. TRONCHET répond que la prétention de cet enfant est fondée, si son père et sa mère ont paru à son acte de naissance. La reconnaissance du père et de la mère assure l'état de l'enfant, pourvu qu'elle soit antérieure au mariage.

M. DEFERMON objecte à M. *Tronchet* qu'il fait dépendre l'effet de l'acte de naissance de la présence du père et de la mère, et que, cependant, il est physiquement impossible que la mère soit présente : ainsi, l'enfant sera-t-il censé reconnu si ceux qui le présentent désignent ses père et mère?

M. TRONCHET répond que ce serait renverser le système de reconnaissance établi par la section suivante : ce serait, d'ailleurs, admettre que deux témoins étrangers peuvent donner à un père un enfant qui ne lui appartient pas.

M. BERLIER dit que la question lui semble offrir une distinction nécessaire.

Quelque sévère que soit l'opinion de MM. *Portalis* et *Tronchet* à l'appui de l'article qu'on discute, l'opinant convient qu'elle est conforme à l'intérêt des familles, et peut-être à celui des mœurs : ainsi il admet qu'un enfant ne peut être reconnu après le mariage, lorsque sa filiation n'est indiquée ni de près ni de loin par aucun acte authentique antérieur au mariage.

Mais lorsque cette indication existe, et dans le cas, par exemple, où, antérieurement au mariage, l'enfant a été présenté à l'officier de l'état civil, avec désignation de ses père et mère absens, pourquoi ne serait-il pas permis à ceux-ci de le reconnaître même après leur mariage, et de donner ainsi la sanction à l'acte énonciatif de leur paternité? Il n'est pas vraisemblable qu'en pareil cas la reconnaissance soit frauduleuse, à quelque époque qu'elle soit faite.

M. BERLIER demande que l'article soit amendé et rédigé dans ce sens.

M. TRONCHET dit que M. *Berlier* perd de vue le principe qui rend la reconnaissance du père indispensable. La loi exige cette reconnaissance, parce que le père seul peut juger si l'enfant lui appartient : or, lorsqu'il n'a voulu le reconnaître ni avant ni au moment du mariage, c'est une preuve qu'il doutait alors de la paternité. Il est présumable qu'il ne l'a reconnu ensuite que parce qu'il a désespéré d'avoir des enfans de son mariage.

M. Réal dit que des motifs autres que le doute peuvent avoir empêché la reconnaissance du père. Au surplus, la loi permet de rectifier les actes de naissance irréguliers : or, ils ne peuvent l'être plus sûrement que par la déclaration du père.

Le Premier Consul dit que l'acte qui existe équivaut ou n'équivaut pas à une reconnaissance : dans le premier cas, il n'y a pas de doute sur sa validité ; dans le second, il n'y a pas de doute qu'il ne soit absolument nul.

M. Roederer fait observer que tout homme qui sait qu'un enfant est inscrit sous son nom n'en épouserait pas la mère, s'il ne consentait à ratifier l'acte de naissance.

Le Premier Consul dit que ce n'est là qu'une conjecture très-incertaine. On peut soutenir, au contraire, que l'individu désigné pour père de l'enfant, pouvant le reconnaître même en secret, n'a pas fait de déclaration, parce qu'il n'a pas voulu le reconnaître.

Attribuer des effets à la reconnaissance postérieure au mariage, ce serait laisser les familles dans l'incertitude, et donner la faculté de créer des enfans par consentement mutuel.

Le Ministre de la Justice dit que la reconnaissance ne peut, en aucun cas, être secrète, puisqu'elle doit être insérée dans les registres de l'état civil, qui sont ouverts à tous les citoyens.

M. Réal dit qu'en effet c'est là le sens de l'article, puisqu'on y trouve l'expression, *légalement reconnus.*

Le Premier Consul dit que l'article ne parle que des formes qui seront le plus communément employées ; mais il n'exclut pas les autres, et il ne prohibe pas les reconnaissances secrètes qui pourraient être faites chez un notaire avant le mariage.

LE MINISTRE DE LA JUSTICE et M. ROEDERER font observer que les mots, *légalement reconnus*, supposent que la reconnaissance sera faite devant l'officier de l'état civil et inscrite sur les registres.

M. BOULAY dit qu'on paraît tenir beaucoup à la possibilité de faire une reconnaissance secrète, mais qu'elle ne pourrait jamais l'être totalement, soit qu'on la fît devant un notaire, ou chez l'officier de l'état civil; que même ce dernier mode donnerait encore lieu à moins de publicité que le premier; qu'au reste on s'expliquera plus particulièrement là-dessus dans le titre où il s'agira de la reconnaissance des enfans naturels.

M. DEFERMON dit qu'il existe actuellement un procès engagé par un citoyen à que l'on refuse cette facilité.

M. REGNIER dit qui la reconnaissance peut être séparée de l'acte de naissance, au surplus, quand la loi aura parlé, toute fausse délicatesse devra se taire. Les meilleures lois ont des inconvéniens : il suffit que la masse du bien qu'elles opèrent l'emporte. Or, ici, l'intérêt public exige que le sort des familles ne demeure pas incertain. Le système de la section concilie tout : l'état de l'enfant peut être assuré par la reconnaissance du père; la tranquillité des familles l'est par le terme apposé à la faculté de reconnaître. Dans le système opposé, un individu pourrait, trente ans après le mariage, venir réclamer la qualité d'enfant et changer l'état de la famille.

M. RÉAL dit qu'on exposerait sans doute le repos des familles, si l'on permettait à un étranger de s'y introduire malgré le père ou après sa mort; mais qu'elles ne seront pas bouleversées parce qu'on permettra à un enfant avoué par le père de venir y prendre sa place.

M. REGNAUD (de Saint-Jean-d'Angely) dit que les articles 36 et suivans, titre II, livre Ier du projet de Code, en expliquant que l'acte de naissance ne peut porter le nom du père qu'autant qu'il est présent ou représenté par un fondé de pouvoir, lèvent beaucoup de difficultés. Il demande que ces articles soient discutés, s'ils ne sont qu'ajournés.

M. Thibaudeau dit que ces articles ont été écartés du projet de loi, parce qu'ils appartiennent plus au droit qu'à la forme.

M. Regnaud (de Saint-Jean-d'Angely) pense qu'il n'y a plus de doute si l'on décide, conformément à ces articles, que la filiation n'est établie par l'acte de naissance que lorsque le père ou son porteur de procuration y a paru; mais qu'il ne faut pas donner lieu de croire qu'on revient à l'ancienne maxime *creditur virgini*.

M. Portalis dit que l'un des motifs qui ont fait écarter les articles que rappelle M. *Regnaud* (de Saint-Jean-d'Angely) est qu'on n'a pas voulu constituer l'officier de l'état civil juge de l'admission ou du rejet de la déclaration du nom du père. Ses fonctions doivent se borner à écrire le fait qu'on lui raconte. Il y aurait de l'inconvénient à l'autoriser en aucun cas à refuser une déclaration.

L'article est adopté.

L'article 3 est adopté ainsi qu'il suit :   33ı

« La légitimation peut avoir lieu même en faveur des en-
« fans décédés qui ont laissé des descendans, et dans ce cas
« elle profite à ces descendans. »

L'article 4 est soumis à la discussion; il est ainsi conçu :   ap. 33ı
« Le mariage contracté à l'extrémité de la vie, entre deux
« personnes qui auraient vécu en concubinage, ne légitime
« point les enfans qui seraient nés avant ledit mariage. »

Le Ministre de la Justice dit qu'il faut, ou prohiber les mariages *in extremis*, ou en admettre tous les effets. Cependant cet article en retranche un des principaux, qui est la légitimation des enfans.

M. Boulay répond que la légitimation par mariage subséquent étant un bienfait de la loi, la loi peut la modifier. Reste à examiner si elle le doit. La section l'a pensé : elle a

craint que la facilité de légitimer les enfans au dernier moment de la vie ne favorisât le dérèglement des mœurs, et
ne portât à l'oubli du mariage.

M. ROEDERER dit que la section punit du crime par un
autre ; car c'est un crime de faire des orphelins ; le mariage
tire, au contraire, son importance de l'intérêt des enfans.

M. MALEVILLE répond que ce n'est pas un crime que de
refuser de reconnaître pour légitimes tous les enfans que
leurs père et mère avouent ; autrement, on ne pourrait se
dispenser de légitimer les enfans nés des mariages les plus
justement prohibés. La question est seulement de savoir si
on le doit dans le cas du mariage *in extremis*. Or, l'essence
même du mariage et l'intérêt des mœurs s'opposent à cette
légitimation.

Le mariage est une société contractée pour doubler les
plaisirs et adoucir les maux de toute la vie : c'est le sacrement des vivans ; mais peut-on en donner le nom et l'efficacité à un simulacre vain qu'on ne forme qu'en cessant de
vivre ? L'intérêt des mœurs n'est pas moins compromis par
cette assimilation des effets du mariage ordinaire à celui
contracté *in extremis* avec une concubine. Ce serait une
prime accordée à la débauche, un encouragement à se délivrer pendant sa vie des gênes d'une union légitime, puisque l'un et l'autre devraient avoir le même résultat. Ah !
croit-on bien que le scandale de vingt ou trente ans d'une
vie licencieuse sera réparé par le mariage repoussé jusqu'à
la mort ? N'en restera-t-il pas toujours l'exemple funeste,
devenu plus contagieux encore par l'espérance de la même
réparation ? Eh ! combien de fois cet espoir ne sera-t-il pas
déçu ? Combien d'enfans qui auraient été le fruit d'une union
légitime, sans cette indulgence funeste pour le concubinage,
et qui resteront le fruit honteux de la débauche ! La grande
sagesse du législateur n'est pas de réparer les effets du crime,
mais de le prévenir.

M. BERLIER dit que la question peut être envisagée sous

le rapport de la législation, de la morale et de la politique.

Sous le premier rapport, il observe que la légitimation par mariage subséquent, institution dont l'origine paraît remonter à *Constantin*, s'opéra, pendant une longue série de siècles, sans la limitation proposée ; qu'à la vérité, l'article 6 de l'ordonnance de 1639 prononça l'incapacité de succéder contre les enfans nés de femmes *que les pères ont entretenues, et qu'ils épousent lorsqu'ils sont à l'extrémité de la vie* ; qu'à la vérité encore cette disposition, qui semblait n'être applicable qu'à la situation physique *des pères* lors du mariage, fut depuis étendue *aux mères* par un édit de 1697 ; mais que cette législation du dix-septième siècle dut évidemment sa naissance aux préjugés de l'orgueil et à la crainte des mésalliances, motifs qui, ne pouvant plus exister aujourd'hui, ne permettent pas de conserver le système qu'ils enfantèrent, et qui doit crouler, si l'on ne peut lui assigner une source plus pure.

Ici M. Berlier examine s'il est bien vrai que la morale s'oppose à la légitimation par le mariage *in extremis* : on objecte que la facilité d'épouser sur le bord de la tombe et à la suite d'une vie licencieuse sera un encouragement au concubinage ; mais est-il dans la nature et les affections humaines de régler à l'avance sa conduite par la faculté qu'on aura dans ses derniers instans ? On est bien plutôt disposé à repousser cette idée importune ; il n'est pas raisonnable de croire que, sous l'espoir souvent très-fragile d'un mariage *in extremis*, on va faire du concubinage une affaire de calcul.

Il est bien plus sage de voir les hommes tels qu'ils sont : celui que ses passions et les circonstances auront entraîné au concubinage n'aura pas aperçu à l'avance un mariage *in extremis* comme devant en être le dernier résultat; mais il aura des enfans ; si sa fin approche, et s'il lui reste quelques sentimens d'honnêteté, il voudra réparer ses fautes en rendant l'entier état civil à ces enfans et l'honneur à leur mère ; qu'y a-t-il là d'immoral ? et qui mériterait mieux cette qualification que la loi qui s'opposerait à l'accomplissement d'un devoir aussi sacré?

Objectera-t-on l'affaiblissement des organes de celui qui se marie *in extremis?* mais le Ministre de la Justice a déjà observé que cette raison, si elle était bonne, militerait contre tous mariages faits à l'extrémité de la vie, tandis que le projet n'en invalide les effets civils qu'à l'égard de ceux dont il y avait des enfans procréés antérieurement.

A ce sujet, M. *Berlier* fait observer combien était bizarre la doctrine qui ne validait ces sortes de mariages que *inter honestos sponsos;* de sorte qu'un contrat dont la fin ne pouvait être remplie était bon, tandis qu'il n'y avait de nul que celui dont la fin avait été prématurément remplie, et dont il existait des enfans, en tout état, très-innocens et très-favorables.

Passant aux considérations politiques, M. *Berlier* demande s'il n'est pas dans l'intérêt de l'Etat de restreindre le nombre des bâtards : il pense que des hommes d'État ne doivent pas rejeter un moyen honnête et légal de restituer l'état civil, avec tous ses effets, à des infortunés qui seront meilleurs citoyens, et offriront plus de garantie à la famille générale, s'ils ont une famille particulière.

M. *Berlier* termine en demandant la suppression de l'article 4, que l'on a présenté comme une disposition morale, tandis qu'il ne peut y voir qu'une disposition barbare.

M. PORTALIS dit que l'on confond le mariage *in extremis* avec le mariage secret. C'est ce dernier que l'orgueil des rangs et de la naissance avait fait prohiber, parce qu'il servait de voile aux mésalliances ; mais des raisons plus solides ont porté le législateur à refuser les effets civils au mariage *in extremis.* On n'a pas voulu qu'un mariage pût être fait comme un testament, et que les feux de l'hymen s'allumassent auprès des torches funéraires ; on a voulu défendre les mourans des suggestions et des pratiques qui pourraient être employées pour surprendre leur faiblesse. On a pensé que si la loi prend des précautions pour mettre à couvert les intérêts les plus modiques des citoyens, elle ne doit pas les abandonner par rapport à un intérêt aussi grand que celui du mariage ; on n'a pas cru que le mariage, ce contrat des vivans, pût être formé avec un cadavre commencé, et que le terme de la vie dût être le premier moment de la société conjugale.

Mais, objecte-t-on, les mariages *in extremis* ont été long-temps tolérés. Ce fait ne prouve rien. Les lois sont amenées par les circonstances, et à mesure que les abus qui s'introduisent en font sentir la nécessité. La loi ne précède pas l'abus, elle le suit ; malheur au législateur qui prévoit les abus, il les fait naître !

M. Emmery dit que ces mots, *en concubinage*, écartent la crainte que les mariages *in extremis* ne facilitent le dérèglement des mœurs.

Quant aux dangers de la surprise, ils sont nuls. La loi établit des formes qui laissent le temps de réfléchir. Le mariage est célébré en présence de l'officier de l'état civil et de témoins ; ils refuseraient leur ministère s'ils ne voyaient plus de connaissance ni de raison dans le malade. De plus, un article qui vient d'être adopté décide que la reconnaissance d'enfant sera exprimée dans l'acte de mariage ; on ne peut donc la supposer lorsqu'elle n'a pas été réellement faite.

M. Portalis répond que le moins fort des deux motifs qui doivent faire rejeter la légitimation par mariage *in extremis* est celui qu'on tire de l'intérêt des mœurs. L'autre cependant demeure dans toute sa force. La présence de l'officier public ne peut rassurer ; il n'est pas là comme juge ; il y exerce un ministère entièrement passif ; et il ne lui appartient pas de refuser la déclaration qu'on le requiert de recevoir. Il est avoué déjà que leur intervention n'est pas une garantie suffisante, puisqu'on a reconnu que le mariage célébré devant lui peut n'avoir pas été librement contracté. Il faut donc d'autres précautions pour empêcher les abus des mariages *in extremis*. Même sous le rapport des mœurs, les lois contre la légitima-

tion par mariage *in extremis* ont produit un effet utile ; elles
ont diminué les concubinages. Il convient donc de laisser
subsister la cause qui a procuré ce bien à la société.

M. RÉAL dit que l'opposition prononcée qui, sur cette question, règne entre les opinions des membres de la section, annonce assez que la rédaction soumise au Conseil n'a point
obtenu l'unanimité.

Il s'en faut également que la disposition que le projet présente ait obtenu l'assentiment unanime des tribunaux. Ceux
de Toulouse, de Nîmes, de Montpellier, de Lyon, se réunissent aux tribunaux de Liége et de Bruxelles pour en demander la suppression.

La législation sur les mariages *in extremis*, dont le projet
maintient toute la sévérité, est une invention moderne qui a
pris naissance dans des temps et au milieu de circonstances
qui ne doivent pas lui assurer une grande vénération.

Elle fut inconnue aux Romains, inconnue en France jusqu'au dix-septième siècle, introduite dans notre législation
par la déclaration de Louis XIII datée de 1639.

La jurisprudence qui a provoqué cette loi est de très-peu
plus ancienne que la loi elle-même; et Cochin, dans sa quatre-
vingt-quinzième cause, pense que le plus ancien arrêt rendu
sur cette matière est de 1591, temps de troubles et d'anarchie, temps de guerre civile et religieuse, où tous les intérêts, toutes les passions, étaient déchaînés. Alors Paris, en
proie aux Espagnols et aux ligueurs, était à la veille d'être
assiégé par Henri IV ; alors la théorie de la publicité des mariages, à peine fixée, était partout méconnue ou éludée ;
alors la haine des calvinistes et la terreur des mésalliances
inspiraient seules le parlement subjugué, et dictaient ses
arrêts.

La déclaration de 1639, qui adopta et qui consacra cette
jurisprudence, fut, dès qu'elle parut, rangée dans la classe
des lois odieuses; et à peine fut-elle rendue, que les jurisconsultes les plus célèbres, obligés de se soumettre aux dis-

positions de cette loi, qui ne permettaient aucune interprétation, profitèrent d'une de ces dispositions un peu équivoque, pour empêcher, pendant près de soixante ans, que cette loi n'atteignît les femmes; et les mêmes tribunaux dont les arrêts privaient de tout effet civil les mariages contractés par le mari moribond, affranchirent, pendant plus d'un demi-siècle, de la sévérité de la loi, le mariage que la femme moribonde contractait avec l'homme en santé.

Mais sur la fin du règne de Louis XIV, à une époque que d'Aguesseau regarde comme n'étant plus celle des bonnes lois qui honorèrent ce long règne, l'orgueil des rangs, la crainte des mésalliances, la haine de ces mêmes calvinistes que l'on déportait, dictèrent l'édit de mars 1697, qui, appliquant les dispositions de l'article 6 de l'ordonnance de 1639 tant aux femmes qu'aux hommes, déclara « que les enfans nés avant « lesdits mariages, ou qui pourraient naître après lesdits ma- « riages contractés en cet état, seraient, aussi bien que toute. « leur postérité, incapables de toute succession. »

Tel est le dernier état de cette législation, dont le résultat est que non seulement les enfans nés avant le mariage contracté *in extremis*, mais encore les enfans qui naîtraient après le mariage ainsi contracté, enfans à qui cette législation laissait les honneurs de la légitimité, seraient cependant traités comme les bâtards qu'aucun mariage subséquent ne placerait dans une situation plus favorable, et même comme des bâtards adultérins.

C'est cette législation que le projet reproduit dans toute sa sévérité.

Une partie de la section le combat. Voici les raisons principales qui ont motivé son opposition.

C'est une innovation inutile en contradiction avec le droit ancien, avec le droit commun.

Il est avoué que les lois romaines n'ont point opposé cette exception au principe établi par elle sur la légitimation *per subsequens matrimonium*; et ce principe voulait que l'incapacité du bâtard dont le père et la mère auraient pu se marier ensemble au temps de la conception ou de la naissance cessât en cas que ces père et mère qui l'avaient avoué se mariassent, ou le reconnussent en contractant un mariage qui le légitimait de plein droit, et qui lui donnait les mêmes droits qu'aux enfans nés avant le mariage.

Ces législateurs ne s'étaient pas avisés de fixer une époque de la vie où ce principe cesserait d'avoir son application.

Et cependant, à cette époque aussi, se contractaient sans doute souvent des mariages *in extremis ;* à cette époque subsistaient dans toute leur force tous les motifs et même presque tous les préjugés qui ont dicté la disposition de 1639; et cependant ce principe est resté sans exception.

« Sur quel fondement en effet, dit le tribunal de Lyon, la
« législature pourrait-elle s'arroger le droit d'empêcher un
« citoyen de se marier à quelque époque de la vie qu'il veut,
« pourvu qu'il remplisse les formalités qu'elle a prescrites ;
« la morale, l'équité, bases nécessaires de toutes les lois, ne
« lui ordonnent-elles pas, au contraire, de réparer dans ses
« derniers momens l'injustice et l'immoralité de sa vie anté-
« rieure ? »

Cette innovation est contraire à la lettre et à l'esprit du droit commun sur la légitimation par mariage subséquent.

En France, nous suivions, pour la légitimation par mariage subséquent, des principes plus larges encore que ceux adoptés par les Romains. « Ce n'était, dit *Pothier*, qu'aux
« enfans nés *ex concubinatu,* qui était une union permise
« par les lois et un vrai mariage naturel, que les lois ro-
« maines accordaient le droit d'acquérir le titre et les droits
« d'enfans légitimes. »

Le droit canonique, fondu dans cette partie de notre législation, a été plus indulgent que le droit romain ; et depuis la décrétale d'Alexandre III, rendue vers le milieu du douzième siècle, ce fut un principe reçu que la force du mariage était si grande, qu'elle rendait légitimes les enfans que les parties contractantes avaient eus ensemble avant leur mariage, quoique l'union eût été illicite.

Pendant cinq siècles, ce principe philantropique si favorable à la légitimation, si concordant avec le vœu du mariage, fut observé sans altération, et fut même adopté par quelques-unes de nos coutumes, par exemple, par celle de Troyes, qui disait, article 108 : *Les enfans nés hors mariage, de soluto et soluta, puis, que le père et la mère s'épousent l'un l'autre, succèdent et viennent à partage avec les autres enfans.*

Certes, pendant les cinq siècles qui s'écoulèrent, des mariages *in extremis* ont été contractés : s'ils étaient d'un aussi grand danger qu'on le pense pour le mariage, pour les mœurs, pour la population, croira-t-on que pendant cinq siècles, le législateur civil ou ecclésiastique aurait gardé un aussi profond silence?

Que faut-il donc penser de l'innovation de 1639? Qu'elle fut enfantée par des opinions religieuses, par des préjugés de mésalliances qui n'existent plus.

Il suffit de citer les époques et les lieux qui virent naître cette jurisprudence, et le parlement subjugué qui l'adopta, pour se convaincre que les préjugés religionnaires entrèrent pour beaucoup dans les motifs de la loi qui l'a consacrée. Il suffit, d'un autre côté, de lire les auteurs qui vantent le plus la sagesse de cette loi, pour se convaincre que la crainte des mésalliances fut le principe qui détermina le législateur.

Un des plus ardens défenseurs de cette loi est *Lebrun.*
« On a voulu, dit ce jurisconsulte, dans ces derniers temps,
« établir une exception à ces maximes, dans le cas que celui
« qui a *l'avantage de la naissance* soit en santé, et que celui
« qui cause *la mésalliance* soit à l'extrémité de la vie; et
« nous avons deux arrêts qui ont jugé qu'en ce cas le ma-
« riage *in extremis* avait les effets civils : mais comme le ma-
« riage n'en est pas moins fait à l'extrémité, soit que ce soit
« *le maître* ou *la servante* qui survive ou qui prédécède, que

« le maître en santé ne se marie pas seul, et qu'il épouse
« toujours une *esclave* moribonde et hors d'état de contrac-
« ter mariage, il faut attendre les arrêts à venir, etc. »

Ce passage dispense d'en citer d'autres. Il faut seulement
ajouter que le sentiment de Lebrun fut entièrement adopté
par l'édit de 1697, pour demeurer convaincu que le motif
d'empêcher *le maître* d'épouser *son esclave*, que ce grand
motif d'empêcher les mésalliances, qui seul dictait l'avis de
Lebrun, aura pour beaucoup déterminé le législateur qui a
consacré cet avis par l'édit de 1697.

Certes, les motifs tirés des opinions religieuses et des mésalliances ne peuvent plus être présentés aux Français : sous
ce point de vue la loi serait donc inutile ; il est facile de démontrer combien elle serait dangereuse.

Il est évident qu'elle multiplie les bâtards, par conséquent
elle multiplie les gens sans aveu, les vagabonds ; elle multiplie une espèce d'hommes qui, ne tenant à aucune famille,
ne tiennent plus à aucune société ; qui sont jetés au milieu
de la société en proie à tous les besoins, à tous les regrets,
en butte à toutes les humiliations, exposés à toutes les tentations, ennemis nécessaires d'un ordre de choses qui les
avilit. Une pareille loi est donc en contradiction évidente
avec l'institution du mariage, avec toute idée de sociabilité.

Et pourquoi cette multiplication de bâtards ? C'est, dans
l'espèce, uniquement pour satisfaire d'avides collatéraux ;
c'est pour mettre en jeu l'intérêt de ceux-ci contre celui des
enfans. Cet intérêt se développera, comme il s'est toujours
développé, sans honte, avec scandale, pour porter le trouble
et la désolation dans les familles. Il suffit d'un seul exemple,
qui se trouve dans le journal du palais : un homme veuf,
ayant un enfant d'un premier lit, se remarie : l'enfant du
premier lit ayant atteint l'âge de dix-sept ans, son père
veut l'émanciper ; l'épouse s'oppose à l'émancipation, et
soutient qu'il est bâtard, attendu, disait-elle, que le pre-

mier mariage avait été contracté *in extremis*. Les premiers juges avaient consacré, par un jugement, ces odieuses prétentions; et sur l'appel, la femme du second lit ne fut déclarée non recevable que *quant à présent*, c'est-à-dire que le parlement fit dépendre le succès de sa demande de l'existence d'enfans du second lit, au moment de l'ouverture de la succession du mari. Il est impossible d'imaginer une situation plus désespérante, une situation plus immorale que celle dans laquelle cet arrêt, juste suivant la loi, laissait le mari, laissait les deux époux.

Cette loi punit deux innocens au moins, pour frapper inutilement un seul coupable; elle punit la femme et les enfans pour pouvoir atteindre le père, seul coupable. Le législateur pourra prétendre à régler les mœurs, mais ne changera pas la nature; et la loi présentée ne fera pas qu'il n'y ait plus, dans l'ordre moral, ni faiblesse, ni séduction. Cette loi sévère condamne un seul moment d'erreur ou de faiblesse au désespoir de toute la vie. La femme, dans une pareille situation, veut toujours le mariage; son honneur, sa fortune même, et le besoin d'assurer le sort de ses enfans par une subséquente légitimation, parlent sans cesse à son cœur, et dirigent tous ses vœux vers ce moyen unique de consolation et de repos; elle est devenue, par un seul moment d'erreur, l'esclave de la passion et du caprice de l'homme, qui seul est le maître de la durée et du changement de leur commerce; elle aspire sans cesse à la dignité du mariage; et si le mariage n'est pas contracté, le seul coupable est l'homme; s'il survient plusieurs enfans de cette illégitime liaison, le seul coupable est l'homme : la mère et les enfans sont innocens; et la loi punit certainement la femme et les enfans, pour pouvoir frapper le seul mari coupable, qu'elle n'atteint pas toujours.

Et, supposé qu'elle frappe le mari, quel moment choisit-elle? Précisément celui où il cesse d'être rebelle à la loi, le moment où il lui obéit, où il répare le scandale de toute sa

vie ; elle le frappe pour empêcher le bien qu'il veut faire ;
elle fait le mal uniquement pour faire le mal. Par la proscription dont elle frappe la femme et les enfans, par l'étrange
confiscation prononcée au profit des collatéraux ou du fisc
contre celui qui n'a d'autre tort que d'être né, elle donne
une indiscrète publicité à un scandale qui allait être couvert ;
elle éternise des maux qui allaient finir.

Cette loi, comme celle qu'elle remplace, n'établit aucune
différence entre le sort des enfans qui peuvent ainsi justifier
du mariage subséquent, et celui des enfans qui ne peuvent
faire aucune justification. Elle laisse cependant subsister,
entre les uns et les autres, une différence d'opinion : elle
reconnaît les premiers pour légitimes, et les traite cependant comme des bâtards, comme elle traiterait des bâtards
adultérins ; elle ajoute ainsi la contradiction à l'injustice ;
elle introduit une monstruosité inconnue au droit ancien
comme au droit moderne ; elle établit une demi-légitimation
qui sépare la succession du père de la condition d'enfant
légitimé. Oserait-on, pour faire cesser cette dissonance, les
déclarer tout-à-fait bâtards ? Ce serait augmenter l'injustice
pour faire disparaître la contradiction. Certes, ce ne peut
être le vœu des rédacteurs.

Elle prononce que les enfans qui naîtront après le mariage ainsi contracté, et par conséquent les enfans qui seront
conçus après ce mariage, seront traités comme bâtards. Cette
cruelle innovation est due à l'édit de 1697 ; elle se retrouve
dans le projet ; et chose étrange, elle doit s'y retrouver sous
peine de contradiction : car si elle légitimait les enfans nés
après, comment pourrait-elle ne pas légitimer ceux qui sont
nés avant ? Ce serait, comme l'a dit M. *Tronchet*, sur une
autre question, une monstruosité ; ainsi, pour éviter une
monstrueuse contradiction, le législateur consacrerait encore une fois une monstrueuse cruauté.

Enfin, cette loi met l'état et la fortune des femmes et des
enfans à la merci du plus effrayant arbitraire.

Comment jugera-t-on que le mariage a été contracté *in extremis?* « La loi, dit le tribunal de Lyon, doit-elle livrer « à des consultations de médecins, toujours conjecturales et « souvent contradictoires, le sort si intéressant des indivi- « dus innocens qui survivent? » Sur cette question, il règne dans les opinions une véritable anarchie, qu'aucune règle ne peut faire disparaître ; tantôt on a réglé que la mort arri- vée plus de deux mois après le mariage n'empêchait pas de le considérer *in extremis ;* tantôt la mort arrivée le lende- main lui laissait les effets civils ; il a fallu des arrêts pour ar- racher aux collatéraux les moyens que leur offraient les morts arrivées à la suite d'une couche ou dans l'enfantement. Tel tribunal veut que vingt jours d'existence après le ma- riage suffisent pour le valider ; d'autres en demandent qua- rante, et le tribunal d'Orléans va jusqu'à demander que, *pour donner à l'article tout l'effet qu'on doit désirer qu'il ait, peut-être vaudrait-il mieux dire que tout mariage est fait à l'extrémité de la vie, lorsqu'à l'époque de sa célébration l'un des conjoints est attaqué de la maladie dont il décède.* Ainsi un mariage contracté par un pulmonique ou un goutteux qui, après cinq ou six ans, mourrait de pulmonie ou de goutte, serait un mariage contracté *in extremis.*

A cette incertitude de jurisprudence, que l'on joigne les opinions différentes et opposées des médecins sur l'origine et les causes des maladies qui affligent l'humanité, et l'on sera obligé d'avouer que la loi qui livrerait à cette jurisprudence, à ces opinions contradictoires, l'état et la fortune des ci- toyens, livrerait l'un et l'autre au plus odieux arbitraire.

Ce n'est pas tout ; il faudra livrer également à l'arbitraire la question du concubinage. La section, à l'unanimité, a re- jeté l'article du projet qui privait des effets civils les ma- riages contractés *in extremis* qui n'auraient point été précé- dés de concubinage : mais ceux de ses membres qui proscri- vent le mariage contracté *in extremis* précédé de concubi- nage ne peuvent indiquer aucune règle, d'après laquelle on

5.

puisse distinguer le concubinage de toute autre innocente liaison.

Les parlemens, pour éviter une inquisition odieuse, ne voyaient le concubinage que dans ses résultats certains, dans la survenance d'enfans; ils semblaient s'être interdit de l'apercevoir dans d'autres indices qui ne présentaient à la justice que des présomptions. Ils voulaient des preuves, et il résultait de cette jurisprudence qu'un mariage contracté *in extremis*, précédé d'un concubinage dont la preuve n'était pas donnée par la survenance d'enfans, avait tous ses effets civils; c'est-à-dire que cette jurisprudence, en laissant subsister le concubinage dans tout ce qu'il avait d'odieux, se réservait de ne le punir qu'au moment où la survenance d'enfans devait attirer sur la femme devenue mère et sur les enfans issus de l'union cette commisération qu'inspire le malheur, et cette sorte de respect que commande toujours une femme environnée de ses enfans. L'union était consolidée là où elle devenait au moins inutile; elle était rompue lorsqu'elle devenait nécessaire. En un mot, le dernier résultat de cette jurisprudence était de confirmer une union dans des circonstances où elle n'offrait rien d'utile aux mœurs et à la société, et de rompre cette union précisément au moment où les mœurs et la société réclamaient avec le plus de force sa confirmation.

On a objecté que cette loi empêcherait qu'un vieillard ne fût circonvenu à ses derniers momens : on se trompe; car la loi n'empêche le mariage *in extremis* que quand il est précédé du concubinage; ce n'est donc pas contre la suggestion que la loi est dirigée, ce n'est pas à la suggestion qu'elle oppose une barrière.

Mais, a-t-on dit, l'homme se trouve alors hors d'état de pouvoir donner le moindre consentement : c'est une erreur, car il peut tester, il peut disposer de sa fortune; et ce qu'il dictera, le législateur veut que ce soit une loi. Mais les auteurs du projet sont si bien convaincus qu'il peut consentir, qu'ils l'autorisent à contracter une obligation qui réside toute entière dans le consentement, puisqu'ils lui permettent de contracter mariage. Ils dépouillent, il est vrai, ce mariage de tous ses effets civils, mais ils en permettent la célébration ; l'officier civil recevra le consentement ; ce consentement est par eux supposé donné bien librement, bien en connaissance de cause, puisqu'il fait l'essence du mariage dont ils autorisent la solennelle célébration.

Enfin on a dit qu'il ne convenait pas d'allumer les flambeaux de l'hymen aux torches funéraires. Mais la plus grande partie de ces mariages ne se célèbrent pas au lit de mort ; et d'ailleurs, qu'est-ce que cette légère inconvenance à côté de l'idée de donner au mourant la plus douce des consolations ? A la lueur de ces flambeaux funéraires qui le touchent peu, le mourant voit sa femme, sa nombreuse famille ; s'il peut, en réparant le scandale de sa vie passée, assurer à ses enfans, à sa femme, un nom, un état, une fortune, il meurt tranquille ; mais qui pourra peindre la désolation, le désespoir de cet homme mourant, s'il descend au tombeau poursuivi par cette horrible idée qu'il laisse au monde sa femme, ses enfans, sans nom, sans honneur, sans fortune, livrés à la misère et à l'humiliation !

M. BERLIER dit qu'après une dissertation où l'on a traité tout ce qui touche à la doctrine, il ne lui reste qu'à répondre à quelques objections dirigées, dans cette séance même, contre la légitimation par le mariage *in extremis*.

Il observe d'abord qu'on a vainement tenté d'appliquer aux seuls mariages secrets la crainte des mésalliances ; que cette cause s'applique aussi aux mariages *in extremis* ; qu'en effet la prohibition, à l'égard des uns et des autres, est consignée dans les articles 5 et 6 de l'ordonnance de 1639, et que cette relation, cette origine commune, indiquent assez la cause des uns, quand d'ailleurs elle est avouée pour les autres.

M. Berlier reconnaît avec plaisir que les adversaires de la doctrine qu'il soutient se sont beaucoup relâchés de leur accusation d'immoralité contre cette doctrine, et se sont principalement rabattus sur la captation qui peut environner un homme contractant *in extremis*, un moribond.

Avant d'apprécier tout ce que cette crainte a d'exagéré, M. *Berlier* s'étonne qu'elle ne soit toujours dirigée contre le mariage *in extremis* que quand il y a des enfans.

C'est, a-t-on dit, parce que les effets sont fort différens, et qu'on peut, dans cet état de dissolution prochaine, faire reconnaître au malade des enfans qui ne seront pas les siens.

Mais d'abord il s'agit de légitimation, et non d'une reconnaissance qui a pu exister antérieurement, et serait dès-lors à l'abri de tout soupçon.

Au reste, et dans la thèse générale, M. *Berlier* répond qu'il ne peut être ici question d'un homme dont les organes seraient assez altérés pour n'avoir et ne pouvoir exprimer aucune volonté; qu'il n'y a pas de contrat là où le consentement manque; que cette règle générale a été ailleurs particulièrement et spécialement exprimée pour le contrat de mariage; que, dans l'absence de volonté attestée par une agonie, l'officier public devrait refuser la célébration; qu'il ne serait pas, comme on l'a dit, un simple instrument de rédaction dans une telle conjoncture, et qu'il deviendrait coupable, ainsi que les témoins, s'il était passé outre; qu'enfin ils pourraient tous être poursuivis, et l'acte annulé.

M. *Berlier* observe ensuite qu'on s'expose toujours à s'égarer quand on prend l'exception pour la règle, et qu'on argumente contre une classe d'actes de la fraude qui peut s'introduire dans quelques-uns.

En ramenant les choses à leur véritable point de vue, les époux de l'espèce de ceux dont il s'agit auront sans doute assez communément le pressentiment d'une fin prochaine; mais ce ne seront point des êtres dépourvus de l'existence.

On a remarqué que les testamens n'étaient pas annulés pour avoir été faits *in extremis*, s'ils étaient d'ailleurs exempts de fraude : comment en serait-il autrement pour le mariage *in extremis?* Y a-t-il différence? Oui, mais elle est toute en faveur du mariage : car ce contrat n'est pas, comme un testament, susceptible de se consommer sans intervalle et par le seul appel de l'officier public ; il y a, pour le mariage, des formalités préliminaires, des publications qui attestent la volonté avant qu'elle s'exprime définitivement dans le contrat ; l'acte qui commence sous de tels auspices, et dans lequel on a persévéré jusqu'à sa conclusion, peut-il être aisément soupçonné de fraude? que faut-il donc pour la validité des actes, si une telle garantie ne suffit pas?

M. *Berlier* revient ensuite sur la faveur due aux enfans., et finit au surplus par observer qu'il ne propose pas d'admettre un article formel qui valide les mariages *in extremis* à l'égard de *toutes* personnes, mariages qu'il ne veut ni encourager ni proscrire, mais qu'il se borne à demander la suppression d'un article d'exception, suppression à la faveur de laquelle le principe de la légitimation par mariage subséquent planera sur toutes les espèces.

Telle est, selon M. *Berlier*, la seule voie à suivre, et celle dont on ne saurait s'écarter sans prendre l'ombre pour la vérité, et sans devenir cruel en voulant être moral.

L'article est supprimé.

L'article 5 est adopté sans discussion, il est ainsi conçu : 333
« Les droits des enfans légitimés seront les mêmes que
« ceux des enfans légitimes. »

(Procès-verbal de la séance du 26 brumaire an X. — 17 novembre 1801.)

La section II du chapitre III, intitulé *de la Reconnaissance des Enfans nés hors mariage*, est soumise à la discussion ; elle est ainsi conçue :

Art. 6. « La loi n'admet point la recherche de la paternité 340
« non avouée. »

341   Art. 7. « L'enfant méconnu par sa mère aura la faculté
« de prouver contre elle sa filiation.

« Cette filiation ne pourra résulter que de l'accouchement
« de la mère, et de l'identité du réclamant avec l'enfant dont
« la mère est accouchée.

« Le réclamant ne pourra être admis à la preuve testimo-
« niale de ces faits, s'il n'a un commencement de preuve par
« écrit, ou une possession constante de la qualité de fils na-
« turel de la mère qu'il réclame.

« Le registre de l'état civil qui constatera la naissance d'un
« enfant né de la mère réclamée, et duquel le décès ne sera
« pas prouvé, pourra servir de commencement de preuve
« par écrit. »

336   Art. 8. « Toute reconnaissance du père seul, non avouée
« par la mère, sera de nul effet, tant à l'égard du père que
« de la mère, sans préjudice néanmoins de la preuve de la
« maternité, et de ses effets contre la mère seulement. »

ap. 336   Art. 9. « La reconnaissance du père et l'aveu de la mère
« seront valables à quelque époque qu'ils aient été faits. »

av. 337   Art. 10. « En cas de mariage, celui des époux qui aurait
« des enfans naturels d'un autre que de son époux, et qui
« ne les aurait pas encore reconnus, devra en faire la recon-
« naissance avant la célébration. »

337   Art. 11. « La reconnaissance faite postérieurement audit
« mariage, par l'un des époux, ne pourra produire aucun
« effet à l'égard de l'autre époux et des enfans de ce mariage. »

ap. 337   Art. 12. « Après la dissolution de ce mariage, et s'il n'en
« reste pas d'enfant, l'époux qui aurait omis de reconnaître
« son enfant avant le mariage pourra en faire la reconnais-
*   « sance dans les formes prescrites au titre *de l'État civil.*

338   Art. 13. « L'enfant reconnu ne pourra réclamer les droits
« d'enfant légitime, mais seulement une créance déterminée
« par la loi, sur la succession de celui qui l'aura reconnu. »

340   Art. 14. « Le ravisseur qui refusera de reconnaître l'enfant
« dont la naissance fait concourir l'époque de la conception

« avec celle de la durée du rapt, pourra être condamné en
« des dommages et intérêts au profit de cet enfant, sans que
« celui-ci puisse prendre le nom du ravisseur, ni acquérir sur
« ses biens les droits d'enfant naturel. »

L'article 6, qui est le premier de cette section, est discuté. 340

LE CONSUL CAMBACÉRÈS dit que l'exclusion de la recherche
de la paternité non avouée est sans difficulté lorsqu'il n'existe
que le seul fait de grossesse, mais qu'il est impossible de ne
pas faire une exception à ce principe, lorsque le fait de la
grossesse est accompagné de circonstances aggravantes, telles
que le viol et le rapt. La section paraît elle-même l'avoir reconnu dans l'article 34 du projet. Il serait en effet immoral
qu'un ravisseur, contre lequel la paternité aurait été prouvée
à l'effet de le faire condamner à des dommages et intérêts,
ne fût pas réputé le père de l'enfant envers lequel il aurait
été condamné ; cependant cet inconvénient serait inévitable,
si le ravisseur pouvait opposer un principe général et non
susceptible d'exceptions. Le Consul rappelle qu'il a lui-même
proposé une disposition semblable à celle de l'article 6 ; que
les circonstances étaient différentes : alors la législation donnait aux enfans naturels à peu près les mêmes avantages
qu'aux enfans légitimes. Il fallait donc multiplier les précautions contre l'abus de la maxime *creditur virgini* ; et cependant
le législateur s'était réservé de faire des exceptions pour les
cas de circonstances aggravantes : il était nécessaire surtout
d'empêcher qu'une fille ne vînt, par une fausse déclaration,
assurer à un enfant la succession de celui qui n'en était pas
le père. Le même inconvénient n'existe plus aujourd'hui,
puisque probablement on n'accordera pas aux enfans naturels
les avantages que leur donnait la législation précédente.

Le Consul propose en conséquence de réduire la disposition au seul cas de la grossesse simple.

M. BOULAY fait observer que le Consul *Cambacérès* ne
conteste pas le principe de l'article. La section avait cru qu'il

ne devrait pas souffrir d'exception, afin qu'il ne fût jamais éludé. Ainsi, si l'on croit que les exceptions soient nécessaires, il faut du moins les faire résulter de faits clairs et simples, tels, par exemple, que le rapt.

Le Consul Cambacérès dit qu'on pourrait rédiger l'article dans ce sens : « la loi n'admet pas la recherche de la pater- « nité pour le fait de grossesse ; » ou « la loi n'admet la re- « cherche de la paternité que lorsqu'il y a des faits graves, « tels que le rapt et le viol. »

M. Boulay craint qu'une fille ne se procure trop facilement des témoins pour constater le viol : il voudrait en conséquence que l'action en déclaration de paternité ne pût être fondée que sur un jugement qui aurait déclaré coupable de viol ou de rapt celui contre lequel elle serait dirigée.

Le Consul Cambacérès dit que cette opinion est la sienne, et que sa proposition tend précisément à empêcher que les juges ne soient embarrassés, dans le cas où il serait inter- venu une condamnation.

M. Tronchet dit que, pour se décider avec une entière connaissance, il convient d'avoir présens les motifs de la règle proposée. Autrefois une fille était libre de diriger sa déclaration contre qui elle voulait ; et ordinairement, parmi les personnes qui l'avaient fréquentée, elle choisissait le plus riche, pour le faire déclarer père de son enfant. Cette ma- nœuvre était presque toujours heureuse, puisqu'il suffisait, pour faire prononcer la paternité, que la fille prouvât qu'il y avait eu fréquentation. Cependant, dans la vérité, il res- tait des doutes sur la qualité exclusive de père ; et, indépen- damment du danger d'admettre une preuve aussi incertaine que la preuve testimoniale, c'était donner trop de poids à la déclaration de la fille. La règle qu'on propose est donc utile en soi, puisqu'elle détruit ces abus : mais faut-il la modifier par des exceptions ? Oui, sans doute, mais seulement lors- qu'il y a viol ou rapt : car on affaiblirait trop le principe, et on donnerait trop à l'arbitraire des juges, si l'on se bornait à dire généralement qu'il doit être modifié pour des cas graves. On pourrait donc rédiger ainsi : « La loi n'admet point la « recherche de la paternité non avouée, sauf les exceptions « ci-après. » Un article postérieur préciserait les exceptions.

Le Consul Cambacérès adopte cette idée. Ce qui a déterminé sa proposition, c'est qu'il a été frappé de la contradiction qu'il y aurait à ne pas regarder comme père de l'enfant, et à ne pas soumettre aux charges que cette qualité donne, celui que l'article 14 soumet, en cette même qualité, à des dommages et intérêts.

M. Defermon demande si aucuns dommages et intérêts ne seront dus ni à la femme, ni à l'enfant, lorsqu'il n'y aura pas de rapt. Il lui semble que, s'il est juste d'interdire la reconnaissance forcée de l'enfant, il ne l'est pas toujours de dispenser de l'obligation des dommages et intérêts.

Le principal motif de prohiber la recherche de la paternité est d'empêcher que les obligations de père naturel ne pèsent exclusivement sur un seul, lorsque la mère de l'enfant a eu commerce avec plusieurs. Ce motif est juste ; mais il n'est pas également juste de refuser, dans tous les cas, l'action en dommages et intérêts. Une fille bien née peut avoir eu une faiblesse ; elle peut avoir succombé à la séduction : l'équité permet-elle de la laisser sans secours ? Cependant les articles 6 et 14 produiraient cet effet.

M. Boulay dit que, si on donne une si grande latitude aux exceptions, on anéantit la règle elle-même ; car il existera peu de cas où elle puisse avoir son application.

M. Thibaudeau fait observer que M. *Defermon* s'est placé dans l'hypothèse la plus favorable, et que si l'on raisonnait dans cette hypothèse, la règle devrait être rejetée. Mais les exemples contraires étant les plus fréquens, il en résulte que, pour accorder à quelques cas particuliers la faveur qu'ils méritent, on exposerait les gens de bien à devenir les victimes des prétentions de la première prostituée. L'usage de cette action était autrefois scandaleux et arbitraire : les lois qui y ont mis un terme ont servi les mœurs.

M. MALEVILLE dit qu'en effet, depuis [ces lois, les tribunaux ne voient plus former des demandes en dommages-intérêts pour raison de paternité ; mais qu'il n'est pas constant que les filles soient devenues plus chastes ; qu'au surplus, la règle proposée dans l'article en discussion lui paraît juste ; mais que les exceptions, dans le cas de la preuve du rapt ou du viol, ne le sont pas moins.

L'article est adopté.

La question de savoir s'il sera modifié par des exceptions est mise en délibération.

LE PREMIER CONSUL dit que les exceptions en cas [de rapt et de viol obligeraient celui qui serait attaqué à reconnaître un enfant malgré lui. Cette reconnaissance forcée est contre les principes. La loi doit punir l'individu qui s'est rendu coupable de viol ; mais elle ne doit pas aller plus loin.

LE CONSUL CAMBACÉRÈS pense que l'individu condamné à des dommages et intérêts doit être soumis aux devoirs de la paternité naturelle.

LE PREMIER CONSUL dit que, si la paternité pouvait être prouvée, il faudrait même le forcer à épouser la mère, mais que cette preuve est impossible.

LE CONSUL CAMBACÉRÈS réplique qu'il y aurait sans doute plus de difficultés, si les enfans naturels avaient encore les droits étendus que leur avait attribués la Convention nationale, mais que leurs droits se bornent aujourd'hui à de simples alimens.

LE PREMIER CONSUL dit que le crime d'avoir démoralisé la mère de l'enfant doit être réparé par une condamnation pécuniaire, mais qu'il ne doit pas attribuer au coupable un enfant dont il peut ne pas se croire le père.

L'intérêt de la société pourrait faire admettre la maxime

contraire, si elle devait produire des enfans légitimes ; mais la société n'a pas intérêt à ce que des bâtards soient reconnus.

Le Conseil adopte en principe que l'article 6 ne recevra pas d'exceptions.

Le Ministre de la Justice pense qu'il est nécessaire d'expliquer ces mots de l'article : *la paternité non avouée*; ils semblent ne faire résulter l'aveu que d'une reconnaissance inscrite sur le registre public; et cependant cet aveu peut résulter encore d'écrits privés du père et d'autres circonstances.

M. Boulay adopte l'amendement.

Le Consul Cambacérès dit qu'avant d'aller plus loin, il est peut-être nécessaire de prononcer sur le cas où la grossesse a été précédée d'une promesse de mariage.

M. Tronchet fait observer que les rédacteurs du projet de Code civil ont proposé de décider que les promesses de mariage ne donneraient lieu qu'à des dommages et intérêts.

M. Réal dit que la section pense que les dispositions sur les promesses de mariage doivent être renvoyées au titre *des Actions*.

M. Boulay dit que souvent le fait de la grossesse est un motif de ne pas déférer à la promesse de mariage, et qu'il serait trop dur d'en faire un motif de contrainte.

Le Consul Cambacérès dit que son idée n'est pas de rendre, dans cette hypothèse, le mariage forcé; qu'il désire seulement que le cas soit prévu et décidé.

M. Regnier dit que la circonstance de la grossesse augmente les dommages et intérêts dus pour l'inexécution de la promesse de mariage , parce qu'on suppose qu'elle est l'effet de la promesse.

L'article 7 est soumis à la discussion.

341

Le Ministre de la Justice dit que le principe de cet article entraînerait de grands inconvéniens, s'il autorisait à prouver la filiation contre une mère de famille ou contre une fille honnête dont la faiblesse serait ignorée. On a donc eu

raison d'en circonscrire l'application de manière qu'elle ne
dépendît pas de preuves arbitraires. Les conditions dont on
la fait dépendre sont bien choisies; mais on les affaiblit si
l'on décide que le registre qui constatera la naissance d'un
enfant né de la mère réclamée, et duquel le décès ne sera pas
prouvé, pourra servir de commencement de preuve par écrit.

Voici l'abus qui peut résulter de cette disposition : un
aventurier qui trouvera sur les registres l'inscription d'un
enfant dont le décès ne sera pas prouvé prétendra qu'il est
cet enfant, et, à l'aide de quelques témoins subornés, il
réussira dans sa demande.

Il est difficile de concevoir jusqu'à quel point la preuve
testimoniale doit être suspecte quand elle porte sur l'identité.
Il existe maintenant un procès dans lequel une femme prétend qu'on a faussement répandu le bruit de sa mort et de ses
funérailles ; des témoins ont été entendus, beaucoup la reconnaissent, et beaucoup ne la reconnaissent pas.

Indépendamment de ces considérations, on peut aussi
faire valoir des raisons de droit.

Il n'y a un véritable commencement de preuve par écrit
que lorsqu'il est direct et relatif à la personne, et non lorsqu'il peut s'appliquer à plusieurs. Ici, la question sera de savoir si le registre s'applique à l'enfant, et cependant ce sera
du registre même qu'on prétendra tirer les premiers traits
de lumière sur cette application ; on tombe donc dans un
cercle vicieux. Il faut laisser au réclamant la faculté d'argumenter du registre, et non en faire un commencement de
preuve par écrit.

M. Boulay adopte cet amendement.

M. Portalis dit que la possession constante est une preuve
complète de l'état.

En général, toutes les fois qu'on jouit de son état constamment, publiquement et sans trouble, on a le plus puissant
de tous les titres. Il serait donc absurde de présenter la *possession constante* comme un simple commencement de preuve,

puisque cette sorte de possession est la plus naturelle et la plus complète de toutes les preuves.

Des faits de possession isolés, passagers et purement indicatifs peuvent n'être qu'un commencement de preuve; mais il y a preuve entière lorsqu'il y a *possession constante*.

M. ROEDERER fait observer que le second alinéa de l'article suppose que l'enfant méconnu prouvera, 1° l'accouchement de celle qu'il suppose sa mère; 2° qu'il est la personne dont sa mère est accouchée. Il voudrait que ces deux idées fussent rendues d'une manière plus claire.

M. MALEVILLE propose, par amendement, que la preuve de la maternité ne soit pas admise, lorsque la femme contre laquelle elle serait dirigée est actuellement mariée avec un autre individu que celui dont le réclamant se prétend le fils, et lorsqu'elle est mère d'autres enfans.

M. BOULAY dit que cet amendement se rattache à l'article suivant.

M. REGNIER dit que les ménagemens dus à la mère ne doivent pas aller jusqu'à refuser à l'enfant la faculté de faire preuve d'un état qui lui est acquis.

L'amendement de M. *Maleville* est ajourné.

M. BERLIER pense qu'il convient de maintenir ces mots, *preuve par écrit*.

Ce n'est pas ici comme dans le cas où un enfant réclame les droits de la légitimité : alors toute espèce de preuve doit être admise; mais si l'on donne la même latitude aux enfans nés hors mariage, on expose la femme à craindre une action flétrissante pendant tout le cours de sa vie. Il est donc nécessaire de modérer cette action, afin qu'elle n'entraîne pas d'abus, et dès-lors il convient d'exiger, ou un commencement de preuve par écrit, ou des faits de possession.

L'article est adopté.

L'article 8 est mis en discussion.

M. BOULAY dit que l'esprit de cet article est d'empêcher

qu'on ne voie se reproduire ces contestations scandaleuses
où plusieurs individus prétendaient également être les pères
du même enfant.

LE CONSUL CAMBACÉRÈS dit que la disposition de cet article
serait utile dans le cas où la mère conviendrait de son accouchement ; mais si elle prétend qu'elle n'est point accouchée, et que néanmoins l'enfant établisse contre elle la
preuve de sa maternité, cet enfant doit appartenir à celui
qui l'a reconnu, quoiqu'il n'ait pas eu l'aveu de la mère.

M. THIBAUDEAU dit que la loi devrait aller plus loin. Un
bâtard n'appartenant à personne, comment repousser celui
qui le réclame ? La société n'a pas d'intérêt à une telle sévérité.

LE MINISTRE DE LA JUSTICE appuie l'opinion de M. *Thibaudeau*. Il dit qu'un individu peut avoir eu des enfans
d'une personne libre, laquelle s'est ensuite mariée ; le projet
lui ôte le moyen de reconnaître ses enfans, sans compromettre l'honneur de la mère. Le Ministre déclare qu'ayant
été consulté sur ce cas, il a répondu qu'une telle reconnaissance devait être admise.

M. BOULAY dit que ce cas pourrait être le sujet d'un autre
article, attendu que l'article en discussion porte sur le cas
où le père réclamant nomme la mère, et où celle-ci désavoue.

M. THIBAUDEAU dit qu'il serait nécessaire de s'expliquer
sur cette question, parce que la disposition générale de l'article 8 exclut toute reconnaissance par le père seul.

M. REGNIER dit qu'il n'y a pas de motifs d'être sévère dans
une législation qui réduit les enfans nés hors mariage à de
simples alimens que la nature oblige leur père à leur donner, et qui ne leur fait pas partager les droits des enfans légitimes.

LE PREMIER CONSUL dit qu'on ne distingue pas assez, dans
cette discussion, les trois parties qu'elle intéresse ; savoir,
le père, la mère et le fils.

La reconnaissance du père pose sur un fait dont la certitude n'existe que par l'aveu de la mère : ainsi cette reconnaissance ne prouve rien quand elle est isolée. La mère, qui est mieux instruite, pourrait venir ensuite, et donner avec plus de vérité un autre père à l'enfant. La société peut-elle, d'ailleurs, admettre qu'un individu se déclare le père de l'enfant sans en désigner la mère? Enfin, quelle serait l'utilité de cette reconnaissance? Sera-ce d'assurer un sort à l'enfant? Mais rien n'empêche celui qui veut le reconnaître de lui donner des alimens, et même l'adoption lui permettra de faire à cet enfant de plus grands avantages. La loi d'ailleurs ne connaît pas de père hors du mariage : elle ne connaît que la mère, dont les droits seraient blessés, si l'enfant pouvait avoir un père qu'elle ne crût pas devoir avouer. L'intérêt de l'enfant serait également compromis, si la loi le livrait au premier occupant. Il est possible qu'un homme vicieux ou peu fortuné s'en empare, et le prive ainsi de l'avantage d'être reconnu par son père véritable, par un père plus en état de verser sur lui des bienfaits. Pour échapper à cet inconvénient, admettra-t-on qu'une nouvelle reconnaissance, appuyée de l'aveu de la mère, détruira la première? On se jette alors dans des embarras interminables. C'est ainsi qu'on s'égare quand on sort de la ligne des principes.

M. Tronchet dit que le *Premier Consul* a parfaitement saisi l'esprit de l'article. Il repose sur l'idée simple que l'enfant doit être également reconnu par le père et par la mère, et la reconnaissance être une présomption de la vérité. Il n'y a pas d'inconvénient à admettre la reconnaissance de la mère seule, parce que la maternité est un fait palpable et qu'on peut prouver. Il n'en est pas de même du père : le fait de la paternité est toujours enveloppé de nuages. On peut craindre avec raison qu'un individu, en haine de ses héritiers, ou par d'autres motifs, n'aille chercher au hasard un enfant dans un hospice, et ne le reconnaisse pour son fils. Quelle preuve aura-t-on de sa paternité? Et si le père et la mère de cet enfant se représentent ensuite, quel conflit scandaleux va

s'élever ! Les enfans naturels ont un état dans la société, il
faut donc ne le leur accorder que d'après des preuves raisonnables : tel est l'objet de l'article.

M. REGNIER dit que l'exemple qu'on vient de supposer
sera toujours très-rare. On ne doit pas présumer qu'un père
qui a des enfans légitimes, ou même des parens collatéraux,
aille ramasser dans un hôpital un enfant inconnu, pour en
faire l'objet de ses complaisances. La possibilité d'une conduite si extraordinaire ne peut pas déterminer le législateur
à priver des enfans nés hors mariage des droits que la nature
leur donne : droits réciproques au surplus; car, si le père
doit des alimens à son fils naturel, le fils naturel en doit
également à son père. L'aveu du père ne peut jamais préjudicier à l'enfant; il ne doit donc pas être subordonné à l'aveu
de la mère, que la crainte de se compromettre pourrait réduire au silence. La loi serait injuste, si elle ôtait à un père
qui s'abandonne aux mouvemens de sa conscience le pouvoir de faire le bien. On objecte qu'il a d'autres moyens de
favoriser celui qu'il croit son fils; mais on ne considère pas que
les circonstances peuvent gêner sa bonne volonté, et qu'il doit
lui être permis de ménager à son fils, pour un temps plus
éloigné, un titre qui alors lui soit utile. L'ordre des successions n'en serait pas interverti; les enfans légitimes ne seraient pas privés de leur part dans l'hérédité paternelle; car
il ne s'agit que d'alimens, et l'étendue de ces sortes de secours est toujours mesurée sur l'état de la fortune de celui
qui les doit, et même sur le nombre de ses enfans.

LE PREMIER CONSUL objecte que l'enfant dont s'empare
ainsi un individu qui se prétend son père naturel peut être
né d'un père et d'une mère que les circonstances obligent à
se cacher, mais qui vont bientôt, par leur mariage, lui donner l'état d'enfant légitime. Peut-être même est-il, dès à
présent, le fruit d'une union légale, mais secrète.

M. REGNIER dit que la reconnaissance d'un père prétendu
n'empêcherait pas l'enfant de faire valoir sa légitimité.

Le Premier Consul répond, et distingue d'abord les enfans nés avant le mariage des enfans nés hors mariage. Un enfant né avant le mariage a été quelque temps abandonné ; tout individu aurait pu survenir, et, par sa reconnaissance, le constituer enfant hors mariage. Son père et sa mère veulent ensuite s'unir et le légitimer ; alors paraîtra l'imprévoyance du législateur : il faudra revenir sur un acte autorisé par la loi.

D'un autre côté, tout enfant né, soit avant, soit hors mariage, appartient exclusivement à la mère, et cependant on pourrait en disposer sans elle : on pourrait aussi disposer de l'enfant sans son aveu, et peut-être à son préjudice.

M. Regnier répond que la reconnaissance du prétendu père ne peut nuire au véritable état de l'enfant. Tous les effets dont elle est susceptible sont dans l'intérêt de ce dernier.

Le Premier Consul dit qu'elle est infailliblement nulle, si la mère vient la démentir à quelque époque que ce soit.

Ce système, d'ailleurs, est contraire aux mœurs, à l'ordre social ; il outrage la nature, car il détruit les rapports que le respect et la tendresse établissent entre le père et le fils. Le fils doutera, en effet, qu'il soit né de l'individu qui l'a reconnu ; la voix du sang ne se fera pas entendre à son cœur, et il mesurera son attachement sur les bienfaits qu'il recevra.

M. Regnaud (de Saint-Jean-d'Angely) propose une objection d'une autre nature. On a fait valoir, dit-il, l'intérêt de l'enfant, mais on n'a pas vu que la reconnaissance peut être aussi déterminée par l'intérêt du père. Il est des exemples de femmes mortes dans l'indigence, et dont les enfans se trouvaient appelés ensuite à une succession opulente ; alors, de tous côtés, se sont présentés des hommes cupides qui se sont prétendus les pères de ces enfans, et chez lesquels l'amour de l'argent a pris la forme de l'amour paternel.

M. Boulay fait observer que, dans le système qu'il com-

bat, il arrivera presque toujours ou que plusieurs se préten-
dront les pères d'un même enfant, ou que l'enfant ne voudra
pas reconnaître le père qui l'aura reconnu. D'ailleurs cette
reconnaissance ne donne à l'enfant aucun avantage qu'on ne
puisse lui assurer par d'autres moyens, et particulièrement
par la faculté de tester.

Le Ministre de la Justice dit qu'il importerait cependant
de ménager un moyen de reconnaître les enfans inscrits
comme nés de père et mère inconnus, et que leur mère ne
veut pas avouer, ou parce qu'elle a été mariée depuis, ou
parce qu'elle cherche un époux. D'un autre côté, la mère
peut être absente; on peut ignorer où elle réside; elle peut
être morte. Dans tous ces cas, l'enfant sera donc privé de la
reconnaissance du père.

M. Portalis dit qu'il est contre les principes d'admettre
comme une preuve de l'état la reconnaissance d'un père,
qui jamais ne peut être sûr de sa paternité. Le droit des enfans nés hors mariage est sans doute fondé sur la nature;
mais il ne leur est acquis que quand ils ont une juste présomption en leur faveur; or, la reconnaissance du père seul
est-elle une juste présomption?

M. Regnier dit que cette maxime serait vraie, si les enfans nés hors mariage avaient réellement un état comme les
enfans légitimes; mais la reconnaissance du père ne leur
donnerait que des alimens.

Le Ministre de la Justice répète que la reconnaissance
du père n'oblige que lui; elle ne peut léser l'enfant. S'il était
démontré un jour que cette reconnaissance fût erronée et
préjudiciable à l'enfant, rien n'empêcherait celui-ci de réclamer. Mais jusqu'alors la reconnaissance lui est utile, elle
lui procure des alimens; pourquoi, par une crainte chimérique, le priver d'un avantage réel? L'expérience, d'ailleurs,
doit rassurer : peu reconnaissent leurs enfans naturels; à
plus forte raison n'ira-t-on pas chercher des étrangers pour
les reconnaître.

M. Emmery dit que la certitude de la paternité peut être aussi grande hors du mariage qu'elle l'est sous le mariage. Cependant, quel désespoir ne serait-ce pas pour un père de ne pouvoir reconnaître son fils, si la disparition ou la mort de la mère rendait désormais impossible la condition d'obtenir son aveu! La mère peut succomber dans le travail même de l'enfantement. C'est un système odieux que celui qui, dans cette position, refuserait sans retour au père la consolation d'avoir un fils, au fils la consolation d'avoir un père.

Le Premier Consul dit que ce cas est extrêmement favorable; mais que si la mère avait péri dans l'accouchement, il suffirait au père, pour obtenir l'enfant, de le faire inscrire sous son nom et sous celui de sa mère.

M. Emmery dit que l'article proposé est tellement général, qu'il rendrait cette précaution sans effet.

M. Defermon fait observer que la crainte que la reconnaissance par le père seul ne soit dangereuse est dénuée de fondement. Sous le mariage, on présume que le mari est le père; mais hors du mariage, il est certain que l'enfant en a un. S'il se présente un individu qui se déclare le père, cette circonstance ne peut nuire à l'enfant; elle ne peut que lui être avantageuse. Il n'y a donc aucun intérêt à exclure la reconnaissance, lorsqu'elle n'est contestée ni par la mère ni par l'enfant.

M. Maleville dit qu'il ne voit pas comment l'intérêt de l'enfant exige qu'on admette la reconnaissance du père seul, puisque le père peut l'avantager par d'autres moyens. Suppose-t-on que cet intérêt consiste à obtenir un état? Mais, puisqu'il demeure illégitime, peu importe de qui il soit né. L'essentiel pour lui est d'avoir des secours; mais puisqu'on suppose que le père veut même le reconnaître, il ne les lui refuse pas.

M. Defermon répond qu'il n'est pas indifférent d'appartenir à une famille, même par les liens de la parenté naturelle, ou de n'en pouvoir être que le donataire. Le père qui

ne jouit que d'une fortune médiocre ne peut en rien dis-
traire ; mais il peut partager avec son fils naturel les alimens
qu'elle lui fournit. L'artisan ne peut donner ; mais il peut
associer son fils à son travail et lui laisser son atelier.

Le Premier Consul demande pourquoi le projet ne contient pas de disposition sur les enfans adultérins.

M. Boulay répond que les tribunaux ont cru que ces enfans
ne devraient pas être reconnus ; et que la section a cru que le
mieux était de ne pas en parler.

Le Consul Cambacérès dit qu'il importe cependant de
donner une règle positive aux juges. Tout enfant a intérêt
d'appartenir à quelqu'un. Il serait donc trop dur d'exclure
les adultérins de l'avantage d'être reconnus. L'inconvénient
de n'être pas avoués par leur mère est moins considérable.
Un père se présente, il faut que les tribunaux puissent prononcer sur sa réclamation.

M. Tronchet dit que ce système aurait l'inconvénient de
donner aux adultérins l'état des bâtards simples. En effet,
il suffirait, pour qu'ils le devinssent, que la mère demeurât
dans le silence, et que le père seul les reconnût. Mais ce
système est d'ailleurs vicieux dans son principe. Il pose, en
effet, sur la supposition que les enfans ont un droit acquis,
c'est-à-dire qu'ils sont les enfans du père. Cependant la déclaration du père peut seule leur donner cette qualité : or, la
question est précisément de savoir si elle la leur donnera.

M. Regnier fait observer qu'ils ne sont pas forcés d'accepter la reconnaissance.

M. Béranger observe 1° qu'il est aisé d'empêcher que la
reconnaissance ne profite à celui qui l'a faite ; 2° que la loi ne
présente pas le caractère adultérin, et que jusqu'à la preuve
du contraire, les enfans illégitimes sont réputés simplement
bâtards ; 3° qu'il n'y a point d'inconvénient à permettre la
reconnaissance du père seul, sauf le désaveu de la mère, qui
suffira toujours pour en anéantir l'effet.

Le Premier Consul dit qu'on peut donner une direction

toujours utile à la reconnaissance du père, en décidant qu'elle ne profite qu'à l'enfant, et qu'elle ne donne aucun droit au père, si elle n'est appuyée de l'aveu de la mère. Au lieu de dire : « La reconnaissance du père seul, non avouée par la « mère, sera de nul effet », on pourra dire : « La reconnais- « sance du père seul, non désavouée, aura ses effets. » Par là on ménagerait à la mère le moyen de détruire cette reconnaissance; et elle ne nuirait pas à l'enfant, si son véritable père venait le réclamer.

On a présenté l'adoption comme un équivalent de la reconnaissance : s'il en est ainsi, il faut s'y borner et ne plus parler de reconnaissance d'enfant; mais s'il y a des différences entre ces deux moyens de donner un état à l'enfant, il faut que la reconnaissance puisse avoir ses effets dans tous les cas. Quand la reconnaissance ne donnerait pas à l'enfant plus d'avantages que l'adoption, elle ne serait pas une institution indifférente, en ce qu'elle établirait des rapports naturels entre son père et lui.

Quant aux adultérins, la loi, qui ne présume pas le mal, ne doit les distinguer des autres que lorsque cette qualité d'adultérin est constatée; mais lorsque leur origine n'est pas clairement connue et légalement prouvée, il serait dur de conclure de la déclaration du père qu'il y a lieu de les distinguer des bâtards simples.

Le Consul se résume et propose de décider,

1°. Que la reconnaissance du père sera de nul effet, lorsqu'elle sera désavouée par la mère;

2°. Que cette reconnaissance ne donnera pas au père la gestion des biens des enfans.

M. PORTALIS dit que la reconnaissance du père seul ne pouvant devenir une preuve de la paternité, il ne suffit pas de décider qu'elle demeure sans effet si elle est désavouée pa la mère; il faut encore que toute personne intéressée puisse la contester, et à cet effet déclarer positivement qu'elle n'est pas une preuve de l'état de l'enfant.

M. BOULAY dit que l'objection la plus forte, et à laquelle

M. *Bérenger* n'a pas répondu, est la possibilité que plusieurs se prétendent les pères du même enfant. Que décidera alors le tribunal?

M. DEFERMON dit que le législateur ne doit pas raisonner d'après les hypothèses particulières; que le concours de plusieurs réclamans n'empêche pas l'enfant d'avoir un père, et ne doit pas priver ce père du droit de le reconnaître.

LE CONSUL CAMBACÉRÈS dit que la section cède trop au désir d'empêcher les procès en réclamation. Il est possible d'abord qu'un seul réclame l'enfant, et ce sera le cas le plus ordinaire. S'il se présente plusieurs réclamans, l'issue du débat donnera toujours un état à l'enfant. C'est à ce but que doit tendre la loi. Ses dispositions seraient scandaleuses si elles mettaient des enfans nés hors mariage dans une position où ils ne pussent appartenir à personne.

Le Consul reprend l'observation qu'il a faite, et l'appuie d'un exemple : *Jacques*, dit-il, déclare que *Joseph* est né de lui et de *Marie; Marie* désavoue cette déclaration. Il n'y a pas de doute que la déclaration de *Jacques* ne doive demeurer sans effet, parce qu'elle est indivisible. *Joseph* se pourvoit contre *Marie*, et prouve qu'il est son fils; elle persiste cependant à soutenir qu'elle n'en est pas la mère, et, par une suite nécessaire, ne déclare point de père; elle est condamnée : dans ces circonstances, empêchera-t-on *Jacques* de revendiquer un enfant de qui la mère ne veut pas indiquer le père?

M. BOULAY dit que l'article n'a pas été rédigé dans cette hypothèse, mais dans celle où la mère avoue son accouchement, et désavoue le père qui se présente.

M. DEFERMON dit que l'article parle de l'aveu de la mère, et non de son désaveu. La différence entre les deux choses est tellement marquée, que si le désaveu de la mère peut seul rendre sans effet la reconnaissance du père, il est permis à celui-ci de reconnaître l'enfant, même après la mort de sa mère, si, avant de mourir, elle ne l'a pas désavoué.

M. Boulay admet l'amendement.

M. Portalis rappelle l'amendement qu'il a proposé, et qui consiste à donner aux tiers intéressés le droit de contester la reconnaissance du père seul.

Le Consul Cambacérès dit que cette faculté appartient de droit aux tiers, même dans le cas où la reconnaissance du père est appuyée de l'aveu de la mère.

M. Regnier dit qu'on ne pourrait empêcher l'enfant de réclamer contre la reconnaissance du père.

M. Portalis répond qu'il ne s'arrête pas à l'enfant; qu'il va jusqu'à la famille, qui peut avoir intérêt de contester la reconnaissance. Elle perdrait ce droit, si la reconnaissance du père était considérée comme une preuve de la paternité.

L'article est adopté, sauf rédaction, avec les amendemens du *Premier Consul* et celui de M. *Portalis*.

L'article 9 est soumis à la discussion. ap. 336

M. Maleville rappelle l'amendement qu'il a proposé, et qui tend à exclure la preuve de la maternité contre une femme mariée. Il ne faut pas, dit-il, que l'intérêt d'enfans nés hors mariage l'emporte sur l'intérêt du mari, et empêche d'autres enfans de naître.

M. Berlier s'oppose à cet amendement : il observe qu'autant il importait, pour prévenir des recherches hasardées et téméraires, d'exiger que la réclamation de l'enfant reposât sur un commencement de preuve *par écrit*, autant il importe, lorsque ce commencement de preuve existe, de ne dénier en aucun cas une action d'autant plus favorable, qu'elle n'a réellement que des alimens ou l'équivalent pour objet.

On craint que cela ne porte le désordre dans les familles : mais il n'est pas question d'y faire entrer un *nouveau membre*; il ne s'agit que d'une créance alimentaire, aussi sacrée sans doute que toute autre, dont la femme ne serait pas rédimée pour ne l'avoir pas déclarée en se mariant.

Si l'on entend, continue M. *Berlier*, que l'harmonie entre

les époux pourra en être altérée, cela se conçoit, supposé que le mari ait ignoré le fait qui motive une telle demande.

Ici M. *Berlier* avance que, malgré la défaveur due à la réticence barbare d'une mère qui aura sacrifié son enfant et trompé son mari, il pourrait convenir d'admettre la proposition de M. *Maleville*, s'il devait en résulter un effet tel que le voile officieux dont on voudrait couvrir le passé ne pût jamais être levé par d'autres voies.

Mais si la loi ferme à l'enfant l'accès des tribunaux, elle ne pourra l'empêcher de se présenter avec son commencement de preuve par écrit, à la porte de sa mère, pour réclamer les droits de la nature ; et c'est ce qui arrivera toujours avec l'éclat et l'énergie qu'inspire le sentiment d'une profonde injustice.

Or, puisque en pareil cas le silence est inespérable, à quoi peut aboutir le déni de justice qu'on propose de faire à l'enfant? L'honneur de la mère n'y gagnera rien ; l'harmonie entre les époux n'en sera pas moins troublée ; car c'est le fait et non la demande judiciaire relative à un modique intérêt pécuniaire qui aigrira le mari : ainsi l'on aura offensé la nature sans aucun profit pour la paix du ménage.

M. *Berlier* finit en observant d'ailleurs que, si la crainte qu'on n'exerce une pareille action un jour frappe assez les femmes qui seront dans le cas de la subir pour obvier à leur dissimulation avant le contrat de mariage, celui-ci en deviendra plus pur, parce que les maris sauront mieux avec qui ils s'unissent, ce qui est important dans l'ordre moral.

Le Consul Cambacérès dit que M. *Berlier* raisonne dans l'hypothèse où l'enfant serait né avant le mariage ; mais il peut être né depuis.

M. Berlier répond que, s'agissant d'une demande en filiation dirigée contre la mère, la nature de cette demande indique un fait antérieur au mariage : car l'enfant né depuis est l'enfant présumé du mariage. Si l'on tentait de lui soustraire son état, ce ne serait plus de simples alimens, mais l'état d'enfant légitime qu'il serait en droit de réclamer, sauf le désaveu légal du père, que la loi a dû circonscrire dans de très-étroites limites.

M. *Berlier* dit ensuite que l'enfant né depuis le mariage, d'autre que des deux époux, serait un adultérin; mais que cette tache, presque toujours cachée par la mère sous le voile du mariage même, et qui ne peut guère se montrer qu'à l'égard de l'enfant provenu du commerce d'un homme marié avec une femme libre, devra sans doute disparaître de notre législation, qui fera bien d'interdire la reconnaissance des adultérins. Cette prohibition sera dans l'intérêt des enfans; car il vaut mieux leur laisser un état du chef de leur mère, un demi-état, que de leur donner un état infâme.

M. *Berlier* observe, au surplus, que cette question, bonne à agiter en son temps, est étrangère à celle qu'on discute en ce moment.

M. REGNAUD (de Saint-Jean-d'Angely) dit que, dans le système de M. *Maleville*, la loi ne favoriserait que la mère dénaturée : une bonne mère ne se résoudra jamais à laisser ses enfans sans alimens.

M. MALEVILLE répond que la mère peut concilier son devoir avec le repos de son mari, et donner en secret des secours à son enfant.

M. REGNAUD (de Saint-Jean-d'Angely) objecte que la disposition proposée ne remédierait à rien : le mystère de la maternité serait révélé par l'éclat qu'aurait la demande de l'enfant, dût-elle demeurer sans succès.

LE PREMIER CONSUL propose de renvoyer ces questions à la section.

LE CONSUL CAMBACÉRÈS dit qu'il importe de convenir d'abord de la marche du projet de loi.

Les dispositions relatives à la reconnaissance des enfans doivent être placées à la tête du projet;

Les dispositions qui interdisent la recherche de la paternité doivent venir ensuite;

Puis la disposition qui autorise à prouver la filiation contre la mère;

Enfin celles sur les enfans adultérins.

M. Boulay propose de décider d'abord la question de savoir si les enfans adultérins pourront être reconnus.

M. Tronchet dit qu'il convient, avant tout, de discuter l'amendement de M. *Maleville*. Cet amendement ne peut pas être admis; car il est tout entier en faveur des mères dénaturées. Il ne peut en effet y avoir de question que lorsqu'elles refusent de remplir leurs devoirs.

Le Ministre de la Justice observe que le refus de secours peut venir aussi de l'impuissance où se trouve la mère de disposer des fonds de la communauté.

M. Maleville dit qu'aucune des raisons qu'on a opposées à son amendement ne lui paraissent assez fortes pour l'écarter.

On a dit que la recherche de la maternité ne pouvait aboutir qu'à une créance alimentaire peu considérable. Mais est-ce bien de la quantité de la somme qu'il s'agit ici? Eh! qu'importe qu'elle soit faible ou forte, lorsque le titre auquel on la réclame est déshonorant pour sa mère?

On a dit que, quand la loi interdirait la recherche de la maternité, elle ne pourrait empêcher les cris de l'enfant d'arriver aux oreilles du mari. Mais, parce qu'il est possible que, par cette voie ou par toute autre, le mari soit instruit de la faute de la femme, faut-il légalement mettre un poignard dans la main de l'enfant, pour aller l'enfoncer toujours et sûrement dans le sein de sa mère? Celle-ci n'a-t-elle pas d'ailleurs d'autres moyens qu'une reconnaissance éclatante de maternité pour faire cesser les cris de l'enfant? ou bien prétendrait-on que la certitude d'être rejeté par les tribunaux, d'être traité comme un calomniateur, d'être privé de bienfaits secrets, rendra ces recherches de maternité tout aussi nombreuses lorsque la loi les interdit que quand elle les encourage?

On a dit que la crainte de cette recherche obligerait les mères à faire l'aveu de leurs fautes à leurs maris avant le mariage; mais il est fort douteux que ce conseil philosophique fasse fortune, et très-probable qu'il condamnerait la mère au célibat.

On a traité de dénaturées les mères qui ne font pas l'aveu de leur maternité; mais comment qualifier l'enfant qui, pour un intérêt sordide, se portera pour l'assassin moral de la mère, et prêtera le plus souvent sa voix et son nom à d'implacables ennemis, quelquefois à des calomniateurs déhontés, pour jeter le désordre et le désespoir dans le sein d'une famille honorable et paisible?

Des citoyens éclairés ont mis en question si la recherche de la maternité en général devait être admise, si l'honneur, qu'on cherchait si inutilement, et surtout si inciviquement à déraciner du cœur des femmes, ne les exposerait pas à un crime plus grave. « L'enfant est perdu, dit le tribunal de « Lyon, si la mère hésite un moment entre le soin de sa ré- « putation et l'amour maternel. » Mais que pour l'intérêt d'un enfant, triste fruit d'un moment de faiblesse, on compromette la tranquillité d'une famille entière; qu'à la place du bonheur qui y régnait, de la confiance, du respect pour une épouse, une mère chérie, on verse d'un côté le poison de la mort, et de l'autre les regrets, la honte et les fureurs; c'est ce qu'il est impossible d'admettre, et que des considérations supérieures à tout intérêt privé, l'honnêteté publique et l'ordre de la société, repoussent également. Au surplus, ceux qui s'opposent à l'amendement sont en contradiction avec le projet tout entier; car ce projet défend de reconnaître, pendant le mariage, même l'enfant né auparavant. Comment donc la demande en filiation serait-elle admise pendant le mariage?

M. BERLIER répond qu'il n'y a nulle parité entre les deux espèces; que lorsque l'enfant se présente avec un commencement de preuve par écrit, c'est un tiers, réclamant un droit qui n'a pu être altéré dans son essence, ni modifié dans ses effets, par un contrat postérieur qui lui est étranger; qu'au contraire, en matière de reconnaissance, on ne trouve que le fait propre des époux et une espèce d'acte que le législateur doit circonscrire dans de justes limites; qu'ainsi, et pour obvier à des reconnaissances qui pourraient s'opérer souvent en collusion plus qu'en faveur de la vérité, la loi peut les interdire, et qu'elle le doit peut-être pour arrêter le préjudice qu'en recevrait la société conjugale; mais qu'il n'y a nulle analogie entre la prohibition faite aux gens mariés de conférer de leur propre mouvement un pur bienfait, un titre à des individus qui n'en ont point, et la défense que l'on voudrait faire porter sur un tiers, sur un enfant qui réclame l'exercice d'un droit, et non l'application d'une libéralité suspecte.

M. MALEVILLE fait observer que M. *Berlier* suppose, contre toute vraisemblance, qu'un mari ait épousé une personne qu'il savait avoir été mère.

M. EMMERY dit que l'enfant pouvant se faire reconnaître quand il a des titres contre sa mère, l'article 13 pourvoit suffisamment à ses intérêts, puisqu'il l'autorise à faire valoir ses droits lors de l'ouverture de la succession. Toute demande formée avant cette époque porterait le trouble dans le ménage.

M. RÉAL fait observer que M. *Emmery* raisonne dans la supposition qu'on pourrait empêcher l'enfant de former sa demande; que cependant on ne peut que l'en débouter. Ainsi l'enfant pourra recueillir des preuves, et venir menacer sa mère et le mari de sa mère de les flétrir s'ils ne lui accordent ce qu'il demande. Le scandale est là, et l'on ne pourrait l'empêcher.

L'amendement de M. *Maleville* ne maintiendrait donc pas la tranquillité des époux.

M. EMMERY dit qu'on peut interdire la demande même, et punir par une amende la contravention que l'enfant se permettrait à cette disposition de la loi.

M. Tronchet objecte que les preuves de la maternité pourraient dépérir, si l'enfant n'était admis à les faire valoir qu'à l'ouverture de la succession de sa mère; qu'ainsi l'article 13 n'assurerait pas ses droits.

M. Emmery répond qu'il ne faut pas séparer le système. Suivant l'article 7, la réclamation de l'enfant doit être soutenue 1° de la preuve de l'accouchement de la mère; 2° de la preuve de l'identité entre lui et l'enfant dont la mère est accouchée. La preuve testimoniale ne lui est permise que lorsqu'il a un commencement de preuve par écrit : or, ce commencement de preuve, qui attestera l'accouchement de la mère, existera également lors de l'ouverture de la succession. La plupart de ces enfans auront même un acte de naissance qui les dispensera de faire valoir toute autre preuve. Il leur restera à justifier de l'identité : mais la preuve de ce fait est possible, même après un laps de temps considérable.

M. Berlier dit que l'aveu fait par M. *Emmery* que la plupart des réclamans se fondent sur leur acte de naissance, est le plus fort argument contre la thèse qu'il défend; car quand le secret sera révélé par un document de cette importance, qu'opérera-t-on en empêchant que l'enfant n'exerce *actuellement* ses actions? Rien, absolument rien qui réponde au but qu'on se propose.

M. *Berlier* persiste à demander le rejet de l'amendement de M. *Maleville*.

Le Premier Consul résume les questions et les met aux voix.

Le Conseil adopte en principe,

1°. Que les enfans nés avant le mariage de leur mère peuvent réclamer après le mariage qu'elle a contracté avec un autre individu que leur père;

2°. Que l'enfant illégitime né clandestinement pendant le mariage peut établir sa filiation contre sa mère.

M. Berlier demande si l'enfant né d'une mère libre et d'un père marié sera réputé adultérin. Il pense qu'il est préférable de ne le regarder que comme l'enfant de la mère.

M. ROEDERER dit qu'il faut prévoir ici trois cas :

1°. Celui où un enfant est né d'un père libre et d'une mère mariée ;

2°. Celui où il est né d'un père marié et d'une mère libre ;

3°. Celui où son père et sa mère sont tous deux engagés dans les liens du mariage.

Dans le premier et dans le troisième cas, il ne faut pas permettre à l'enfant de venir troubler la tranquillité de ceux dont il tient la vie ; dans le second, il est juste de le renvoyer à sa mère.

LE PREMIER CONSUL renvoie toutes les questions à la section.

(Procès-verbal de la séance du 12 frimaire an X. — 3 décembre 1801.)

M. BOULAY présente la seconde rédaction du projet de loi *sur la Paternité et la Filiation.*

L'article 1er du chapitre Ier, ayant pour titre *de la Filiation des Enfans légitimes ou nés dans le mariage*, est adopté ainsi qu'il suit :

312-313 « L'enfant conçu pendant le mariage a pour père le mari.

« Le mari ne pourra le désavouer, soit en excipant d'a- « dultère de la part de sa femme, soit en alléguant son im- « puissance naturelle ; à moins que la naissance de l'enfant « ne lui ait été cachée, auquel cas il sera admis à proposer « tous les faits propres à justifier qu'il n'en est pas le père. »

312 L'article 2 est discuté ; il est ainsi conçu :

« Le mari pourra désavouer l'enfant, si, au moment de la « conception de cet enfant, il était frappé d'une impuissance « accidentelle, ou si son éloignement était tel qu'il y eût « impossibilité physique de cohabitation avec sa femme. »

M. BERLIER pense que ces mots, *impuissance accidentelle*, n'expriment pas assez clairement l'idée qu'on se propose de rendre.

M. Bérenger partage cette opinion : le mot *accidentelle* exprimerait une impuissance quelconque. Il serait donc préférable de dire *l'impuissance survenue*.

M. Tronchet dit que, quand on se servirait de cette locution, on ne serait pas dispensé d'employer le mot *accidentelle*, parce que la loi doit s'expliquer de manière à faire comprendre qu'elle veut parler d'une impuissance évidente et matérielle, et non de celle qui pourrait être la suite d'une maladie. On pourrait donc ajouter à ces mots : *une impuissance accidentelle*, ceux-ci : *qui produise l'impossibilité physique et durable d'avoir des enfans*.

L'article est adopté avec l'amendement de M. *Tronchet*.

Les articles 3, 4 et 5 sont adoptés sans discussion.

Art. 3. « L'enfant né avant le cent quatre-vingtième jour 314 « du mariage, et qui a survécu dix jours à sa naissance, « pourra être désavoué par le mari, excepté dans l'un ou « l'autre des cas suivans : 1° s'il a eu connaissance de la gros- « sesse avant le mariage ; 2° s'il a assisté à l'acte de naissance, « et si cet acte est signé de lui ou contient sa déclaration qu'il « ne sait signer. »

Art. 4. « La légitimité de l'enfant né trois cents jours après 315 « la dissolution du mariage pourra être contestée. »

Art. 5. « Dans les divers cas où le mari est autorisé à ré- 316 « clamer, il devra le faire dans le mois, s'il se trouve sur les « lieux à l'époque de la naissance de l'enfant ;

« Dans les deux mois après son retour, si, à la même « époque, il était absent ;

« Dans le mois après la découverte de la fraude, si on lui « avait caché la naissance de l'enfant. »

L'article 6 est soumis à la discussion :

Art. 6. « Si le mari est mort avant d'avoir réclamé, mais 317 « étant encore dans le délai de le faire, les héritiers pourront « profiter du reste de ce délai pour contester la légitimité « de l'enfant. »

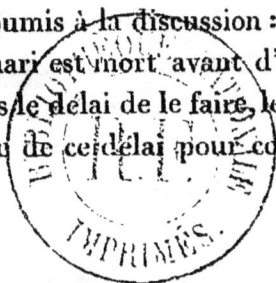

x. 7

M. Tronchet fait observer qu'à la mort du père il peut
ne rester que peu de jours du délai qui lui était donné ; qu'il
peut arriver aussi que son héritier ne soit pas à l'instant instruit de son décès ; qu'ainsi le droit accordé à cet héritier
deviendra quelquefois illusoire, si on ne le fait courir du
jour où il a connu la mort du père. Ce moment serait prouvé
par sa comparution à l'inventaire.

Le Consul Cambacérès dit qu'en général les délais accordés par le projet sont trop courts ; qu'il importe sans doute
de ne pas laisser l'état de l'enfant long-temps incertain, mais
qu'il est juste aussi d'accorder aux parties intéressées à le
contester le temps de rassembler les preuves et de faire leurs
réclamations.

M. Boulay propose d'accorder à l'héritier un délai nouveau, égal à celui qu'a eu le père.

M. Berlier s'oppose à cet amendement. Il trouve que l'article est déjà beaucoup trop libéral envers les héritiers. Tous
les tribunaux qui se sont positivement occupés de l'article
demandaient qu'il fût rejeté, sur le fondement que la réclamation du mari était une action personnelle, non transmissible, quand la volonté du défunt ne s'était point expliquée.

Cette opinion, sans doute, était au moins très-soutenable ;
car le droit est ici inséparable du fait : or, quel autre que le
mari, hors le cas d'impossibilité physique, peut réclamer
contre la paternité ?

Au surplus, M. *Berlier* déclare qu'il sait faire fléchir sa volonté devant celle de la majorité, et qu'il ne revient pas
contre la délibération prise ; mais il s'oppose à ce qu'on l'é-
tende.

Vainement objecte-t-on que, si le mari meurt vingt-quatre
heures seulement avant l'expiration du délai, il sera le plus sou
vent impossible que l'héritier use du droit à lui accordé : mais,
si le mari est arrivé si près du terme sans réclamer, ne de
vient-il pas mille fois plus probable qu'il ne voulait pas l
faire ? En tous cas, la faveur due à la présomption de lé

gitimité ne permet pas de rendre la condition de l'enfant pire qu'elle n'eût été (le mari vivant) en ouvrant de nouveaux délais en faveur de ses héritiers.

LE CONSUL CAMBACÉRÈS dit qu'il serait inutile de soumettre les projets de loi à une nouvelle lecture, s'il n'était plus possible de les améliorer. Le Consul observe que l'article 5 prévoit le cas où la mort de l'enfant est demeurée cachée au père. Dans cette hypothèse, continue-t-il, rien n'est favorable à l'enfant; et cependant, ce père n'a qu'un mois pour réclamer depuis que la fraude lui est connue. Ce délai est déjà bien court, et donne à peine au père le temps de se déterminer.

Supposons que, pendant qu'il délibère, la plus grande partie du délai s'écoule, et qu'il vienne à mourir avant d'avoir intenté son action; serait-il juste que son héritier, qui peut-être même ignore l'existence de l'enfant, n'eût que quelques jours pour former sa réclamation? Il vaudrait mieux lui refuser cette faculté que de la rendre aussi illusoire.

M. BOULAY propose de donner deux mois au père depuis la découverte de la fraude; et, dans tous les cas, un mois à l'héritier.

M. TRONCHET trouve l'objection du Consul *Cambacérès* d'autant plus forte, que la plupart des enfans dont il a parlé ne paraissent qu'après la mort du père.

M. BERLIER répond que cette objection est inapplicable à l'espèce qu'on discute. En effet, s'il s'agit d'un enfant dont on ait caché la naissance au mari jusqu'au dernier moment de sa vie, l'article 5 dispose en ce cas que le délai pour réclamer ne commence qu'à dater de la découverte de la fraude; et comme ce délai, dans l'hypothèse donnée, n'était pas encore ouvert ou commencé, il reste, d'après le principe adopté, tout entier aux héritiers.

La difficulté réside donc seulement dans le cas où le délai a couru en partie contre le mari *ayant eu connaissance* de la naissance de l'enfant : l'article qu'on discute suppose très-nettement le délai ouvert du vivant du mari, puisqu'il ne fait que statuer sur l'emploi du reste.

La question ainsi rétablie, M. *Berlier* pense qu'on ne lui a pas répondu.

Le Consul Cambacérès dit qu'il se place dans l'hypothèse où le père a connu l'existence de l'enfant. Il veut qu'alors le délai qui lui est donné à lui ou à ses héritiers soit utile.

M. Réal dit que l'héritier n'a pas plus le droit de se plaindre lorsque la succession ne s'ouvre que quelques jours avant l'expiration du délai, que dans le cas où elle s'ouvrirait vingt-quatre heures après que le délai est expiré.

Le Consul Cambacérès répond qu'aussi le projet de loi lui paraît injuste. La véritable règle est que, lorsque le fait est connu, il faut un temps suffisant pour rassembler les preuves. Il y a même un autre inconvénient à ne donner à l'héritier que le reste du délai accordé au père; car il serait possible que, par une enquête frauduleuse, l'enfant parvînt à établir que le fait de sa naissance a été connu du père à une époque tellement calculée, que le délai paraîtrait expiré depuis long-temps. En général, il n'y a pas de délai contre le dol. On affecte toujours de voir l'héritier collatéral, dont l'intérêt est moins favorable; et cependant la loi n'a pas moins pour objet l'intérêt de l'enfant légitime.

M. Maleville fait observer que les rédacteurs du projet de Code civil avaient fixé le délai à six mois, et que le tribunal d'appel de Paris l'a même trouvé trop court.

Le Conseil adopte en principe que le délai établi par le projet sera fixé à un terme plus long.

Les autres articles de la seconde rédaction sont ainsi conçus:

318   Art. 7. « Tout acte extrajudiciaire contenant le désaveu de « la part du mari ou de ses héritiers sera comme non avenu, « s'il n'est suivi, dans le délai d'un mois, d'une action en « justice, dirigée contre un tuteur *ad hoc* donné à l'enfant, « et en présence de sa mère. »

CHAPITRE II.

Des Preuves de la Filiation des Enfans légitimes.

Art. 8. « La filiation des enfans légitimes se prouve par   319
« l'extrait du registre de l'état civil. »

Art. 9. « A défaut de titre, la possession constante de l'é-   320
« tat d'enfant légitime suffit. »

Art. 10 et 11 (*les mêmes que les articles 6 et 7 du chapitre II*   321-322
au procès-verbal de la séance du 16 brumaire an X).

Art. 12. « A défaut de titre et de possession constante, la   323
« preuve de la filiation peut se faire par témoins, s'il y a
« commencement de preuve par écrit

« Il en est de même si l'enfant a été inscrit sous de faux
« noms, ou comme né de père et mère inconnus. »

Art. 13. « Le commencement de preuve par écrit résulte   324
« des titres de famille, des registres et papiers domestiques
« du père ou de la mère, des actes publics et même privés
« émanant d'une partie engagée dans la contestation, ou qui
« y aurait intérêt si elle était vivante. »

Art. 14. « La famille à laquelle le réclamant prétend ap-   325
« partenir sera admise à combattre sa réclamation par tous
« les moyens propres à prouver, non seulement qu'il n'est
« pas l'enfant du père, mais encore qu'il n'est pas l'enfant de
« la mère qu'il réclame. »

Art. 15, 16, 17, 18, 19 et 20 (*les mêmes que les articles 8,*   326 à 330
9, 10, 11, 12 et 13 du chapitre II, rapportés au procès-verbal
de la séance dudit jour 16 brumaire).

CHAPITRE III.

De la Reconnaissance des Enfans naturels.

Art. 21. « La reconnaissance d'un enfant naturel sera faite   334
« par un acte authentique, lorsqu'elle ne l'aura pas été dans
« son acte de naissance. »

Art. 22. « Cette reconnaissance ne pourra avoir lieu qu'au   331
« profit des enfans nés d'un commerce libre. »

336　Art. 23. La reconnaissance du père, si elle est désavouée « par la mère, sera de nul effet. »

337　Art. 24. « La reconnaissance faite pendant le mariage par « l'un des époux, au profit d'un enfant naturel qu'il aurait eu, « avant son mariage, d'un autre que de son époux, ne pourra « nuire ni à celui-ci, ni aux enfans nés de ce mariage.

« Néanmoins, elle produira son effet après la dissolution « de ce mariage, s'il n'en reste pas d'enfans. »

338　Art. 25. « L'enfant naturel reconnu ne pourra réclamer les « droits d'enfant légitime, mais seulement une créance, dé- « terminée par la loi, sur la succession de celui qui l'aura « reconnu. »

339　Art. 26. « Toute reconnaissance de la part du père ou de « la mère, de même que toute réclamation de la part de « l'enfant, pourra être contestée par tous ceux qui y auront « intérêt. »

340　Art. 27. « La recherche de la paternité est interdite.

« Lors même que l'époque de la conception d'un enfant « concourra avec des circonstances de rapt ou de viol, il n'y « aura lieu qu'à des dommages – intérêts envers la mère. »

341　Art. 28. « La recherche de la maternité est admise.

« L'enfant qui réclamera sa mère sera tenu de prouver « qu'il est identiquement le même que l'enfant dont elle est « accouchée.

« Il ne sera reçu à faire cette preuve par témoins que « lorsqu'il aura déjà un commencement de preuve par « écrit. »

(Procès-verbal de la séance du 29 fructidor an X. — 16 septembre 1802.)

M. Bigot-Préameneu présente le titre *de la Paternité et de la Filiation*. Il observe au Conseil qu'une longue maladie l'ayant empêché d'assister à ses séances, cette rédaction est l'ouvrage de M. *Boulay*.

Le chapitre Ier est ainsi conçu :

CHAPITRE 1er.

De la Filiation des Enfans légitimes ou nés dans le mariage.

Art. 1er. « L'enfant conçu dans le mariage a pour père le	312
« mari.

« Néanmoins celui-ci pourra désavouer l'enfant, s'il prouve
« qu'au moment de la conception de cet enfant il était, soit
« par cause d'éloignement, soit par l'effet de quelque acci-
« dent, dans l'impossibilité physique de cohabiter avec sa
« femme. »

Art. 2. « Le mari ne pourra désavouer l'enfant, soit en	313
« excipant d'adultère de la part de sa femme, soit en allé-
« guant son impuissance naturelle, à moins que la naissance
« de l'enfant ne lui ait été cachée ; auquel cas il sera admis à
« proposer tous les faits propres à justifier qu'il n'en est pas
« le père. »

Art. 3. « L'enfant né avant le cent quatre-vingtième jour	314
« du mariage, et qui aura survécu dix jours à sa naissance,
« pourra être désavoué par le mari, excepté dans l'un ou
« l'autre des cas suivans : 1° s'il a eu connaissance de la gros-
« sesse avant le mariage ; 2° s'il a assisté à l'acte de naissance,
« et si cet acte est signé de lui, ou contient sa déclaration
« qu'il ne sait signer. »

Art. 4. « La légitimité de l'enfant né trois cents jours après	315
« la dissolution du mariage pourra être contestée. »

Art. 5. « Dans les divers cas où le mari est autorisé à ré-	316
« clamer, il devra le faire dans le mois, s'il se trouve sur les
« lieux de la naissance de l'enfant ;

« Dans les deux mois après son retour, si, à la même
« époque, il est absent ;

« Dans les deux mois après la découverte de la fraude, si
« on lui avait caché la naissance de l'enfant. »

Art. 6. « Si le mari est mort avant d'avoir fait sa réclama-	317
« tion, mais étant encore dans le délai utile pour la faire, les
« héritiers auront deux mois pour contester la légitimité de

« l'enfant, à compter de l'époque où sa prétention leur sera
« notifiée. »

318   Art. 7. «Tout acte extrajudiciaire, contenant le désaveu de
« la part du mari ou de ses héritiers, sera comme non avenu,
« s'il n'est suivi, dans le délai d'un mois, d'une action en
« justice, dirigée contre un tuteur *ad hoc* donné à l'enfant et
« en présence de sa mère. »

312-313   Les articles 1 et 2 sont adoptés.

314   L'article 3 est discuté.

M. BIGOT-PRÉAMENEU observe que cet article ne dit pas
comment on pourra prouver contre le mari qu'il a eu connaissance de la grossesse de sa femme. Il ajoute que, si l'on s'en
tient au principe général, il faut un commencement de preuve
par écrit.

M. BOULAY répond qu'il est impossible de fixer à l'avance
quelles espèces de faits on peut regarder comme probans.

LE CONSUL CAMBACÉRÈS demande pourquoi l'article attache
un effet absolu à la circonstance que l'enfant aurait survécu
de dix jours à sa naissance.

M. BÉRENGER répond que c'est pour s'assurer si l'enfant
est né viable, et pour déterminer par là l'époque de sa conception.

LE CONSUL CAMBACÉRÈS dit que le terme fatal de dix jours
lui paraît trop rigoureux.

M. REGNAUD (de Saint-Jean-d'Angely) dit que les rédacteurs du projet sont partis de ce fait, qu'un enfant non viable
ne peut pas même vivre dix jours.

LE CONSUL CAMBACÉRÈS dit qu'il est difficile d'assigner des
règles fixes à la nature. Il voudrait qu'après avoir établi la
présomption de la légitimité, la loi se bornât à déclarer que
néanmoins cette présomption cesse lorsqu'elle est détruite
par l'évidence des faits.

M. TRONCHET dit que la loi doit établir une règle précise,
parce que les tribunaux ont décidé la question de plusieurs

manières, et que les physiciens, les jurisconsultes, les théologiens, n'ont jamais pu s'accorder sur ce point. Au milieu de ces incertitudes, la loi peut établir une présomption.

M. TREILHARD dit que le législateur doit sentir quelque répugnance à déclarer qu'un enfant qui a vécu pendant dix jours n'est pas viable. Il propose de réduire le délai à vingt-quatre heures.

M. MALEVILLE craint qu'il ne s'élève des débats sur l'expiration des heures.

M. JOLLIVET propose de se servir de l'expression *un jour entier*.

M. DEFERMON dit que cette rédaction ne préviendrait pas les débats. Il préfère celle adoptée par la section.

L'article est adopté.

L'article 4 est adopté. 315

L'article 5 est soumis à la discussion. 316

M. TREILHARD demande pourquoi on accorde au mari absent deux mois après son retour pour faire sa déclaration, lorsqu'on ne lui donne qu'un mois quand il est présent à la naissance de l'enfant.

LE CONSUL CAMBACÉRÈS propose de fixer le délai à deux mois dans les deux cas.

L'article est renvoyé à la section.

L'article 6 est soumis à la discussion. 317

M. BERLIER dit qu'il ne revient point sur la disposition qui, en faisant passer aux héritiers l'action en désaveu accordée au mari, leur donne un nouveau délai pour l'exercer; mais qu'il conçoit difficilement comment sera exécutée la dernière partie de l'article relative à la notification, attendu qu'un enfant en possession de son état ne fera pas notifier aux héritiers de son père qu'il en veut jouir : cette possession est au contraire son titre. Quant à l'enfant qui ne jouit pas de son état, et dont la naissance aurait été cachée, il suffirait d'établir que le délai ne court qu'à compter de la découverte de la fraude, si toutefois les dispositions de l'article 5 ne rendent pas cette explication inutile.

M. BOULAY répond qu'il ne peut y avoir de contestation que dans le cas où l'enfant réclame un état dont il ne jouit pas.

M. REGNAUD (de Saint-Jean-d'Angely) dit qu'il importe de distinguer deux cas : l'un est celui où l'enfant a été inscrit sur le registre sous le nom du mari, l'autre celui où sa naissance a été cachée. L'observation de M. *Berlier* ne porte que sur le dernier cas.

LE CONSUL CAMBACÉRÈS dit que sans doute il s'élève une fin de non-recevoir contre l'héritier, lorsque l'enfant, étant en possession de son état, a été admis à partager la succession ; mais qu'il n'en est pas de même lorsque sa naissance est demeurée cachée : alors l'enfant qui se présente pour recueillir l'hérédité devient demandeur. Les héritiers, au contraire, ne sont que des défendeurs, que la loi ne doit point obliger à faire des recherches sur les enfans qui peuvent exister, mais auxquels ceux qui prétendent avoir la qualité d'enfans doivent notifier leurs prétentions.

M. TRONCHET dit qu'il ne peut adopter les dispositions de l'article. Il pense que les héritiers doivent être toujours déclarés non recevables, quand l'enfant est inscrit sous le nom du mari, et que celui-ci n'a pas réclamé ; qu'on ne doit accorder d'action aux héritiers, à défaut de réclamation de la part du mari, que dans le cas où l'enfant n'a pas de possession d'état, et qu'alors il est convenable de renfermer cette action dans un délai. Les héritiers, dans cette hypothèse, qui est la plus ordinaire, ne peuvent jamais devenir non recevables, puisqu'ils ne sont pas demandeurs, et que c'est l'enfant qui vient les attaquer. C'est donc contre lui seulement qu'il est possible d'admettre une fin de non-recevoir.

M. REGNAUD (de Saint-Jean-d'Angely) dit que l'obligation de notifier, imposée à l'enfant, conduirait à de grandes injustices. Par exemple, une femme accouche pendant l'absence de son mari, sous le nom duquel elle fait inscrire l'enfant : le mari meurt éloigné, dans le délai pendant lequel il lui était permis de réclamer. L'enfant cependant demeure en possession de son état. Il serait possible qu'après vingt ans des héritiers vinssent le lui contester, parce qu'il ne leur aurait pas fait notifier sa prétention. Ils l'attaqueraient avec beaucoup d'avantage, parce qu'à une époque si éloignée de sa connaissance, ils pourraient rassembler contre lui une foule de probabilités.

Le Consul Cambacérès répond qu'il est aussi juste de forcer à la restitution un homme qui jouit, sans droit, d'un bien depuis vingt-neuf ans, que celui qui ne l'a usurpé que depuis six mois.

Le Consul ajoute que M. *Regnaud* ne répond point à l'objection, puisqu'il suppose toujours que les héritiers sont demandeurs, tandis que, dans la vérité, ils ne font que se défendre contre un individu qui vient se placer malgré eux dans la famille : or, il serait injuste de les déclarer non recevables après un court délai, qui expire même avant que l'action soit intentée. Ce serait mettre les familles à la discrétion des intrigans.

M. Bérenger dit qu'il semble qu'on ne doive pas soumettre à des formalités des héritiers en possession, pour conserver leurs droits contre celui qui se prétendrait enfant de leur auteur; de même qu'on ne doit point y soumettre l'enfant en possession d'état, pour conserver son droit contre des héritiers. L'article manque de clarté, en ce qu'il ne distingue pas ces deux cas, et qu'il oblige l'enfant de rechercher les héritiers qui pourraient venir lui contester son état. De là résulterait quelquefois qu'il se trouverait déchu pour n'avoir pas fait sa notification aux véritables héritiers.

Le Consul Cambacérès est d'avis qu'on fasse cette distinction dans l'article; mais il pense que, dans tous les cas, il importe d'accorder un délai plus long. Rien n'est plus rare. ajoute-t-il, que de voir des collatéraux venir, après vingt-

« suffisante de faits qui indiquent le rapport de filiation et
« de parenté entre un individu et la famille à laquelle il
« prétend appartenir.

« Les principaux de ces faits sont, que l'individu a tou-
« jours porté le nom du père auquel il prétend appar-
« tenir;

« Que le père l'a traité comme son enfant, et a pourvu,
« en cette qualité, à son éducation, à son entretien et à son
« établissement;

« Qu'il a été reconnu pour tel par la famille;

« Qu'il a été reconnu constamment pour tel dans la société. »

Art. 11. « Nul ne peut réclamer un état contraire à celui 322
« que lui donnent son titre de naissance et la possession
« conforme à ce titre;

« Et réciproquement, nul ne peut contester l'état de celui
« qui a une possession conforme à son titre de naissance. »

Art. 12. « A défaut de titre et de possession constante, la 323
« preuve de la filiation peut se faire par témoins, s'il y a
« commencement de preuve par écrit.

« Il en est de même si l'enfant a été inscrit sous de faux
« noms, ou comme né de père et mère inconnus. »

Art. 13. « Le commencement de preuve par écrit résulte 324
« des titres de famille, des registres et papiers domestiques
« du père ou de la mère, des actes publics et même privés
« émanant d'une partie engagée dans la contestation ou qui
« y aurait intérêt si elle était vivante. »

Art. 14. « La famille à laquelle le réclamant prétend ap- 325
« partenir sera admise à combattre sa réclamation par tous
« les moyens propres à prouver, non seulement qu'il n'est
« pas l'enfant du père, mais encore qu'il n'est pas l'enfant
« de la mère qu'il réclame. »

Art. 15. « Les tribunaux civils seront seuls compétens 326
« pour statuer sur les réclamations d'état. »

Art. 16. « L'action criminelle contre un délit qui aurait 327
« été commis dans une suppression d'état ne pourra com-

« mencer qu'après le jugement définitif sur la question
« d'état. »

348 Art. 17. « L'action en réclamation d'état est imprescrip-
« tible à l'égard de l'enfant. »

329 Art. 18. « L'action ne peut être intentée par les héritiers
« de l'enfant qui n'a pas réclamé, qu'autant qu'il est décédé
« mineur, ou dans les cinq années après sa majorité. »

330 Art. 19. « Les héritiers peuvent suivre cette action lors-
« qu'elle a été commencée et non abandonnée par l'enfant. »

Ib. Art. 20. « L'abandon résulte ou du désistement formel,
« ou de la cessation des poursuites pendant trois ans, à
« compter du dernier acte de la procédure. »

319 à 326 Les articles 8, 9, 10, 11, 12, 13, 14 et 15 sont adoptés.

327 L'article 16 est discuté.

M. TRONCHET demande qu'on se borne à suspendre l'action
criminelle, parce que la plainte peut être rendue et les
preuves recueillies sans que, jusqu'au jugement de la question d'état, la sûreté du prévenu soit compromise.

M. TREILHARD observe que la procédure serait inutile si
elle était secrète; que, si elle était publique, elle influerait
sur le jugement civil, en fournissant des preuves pour appuyer la réclamation de l'état.

LE CONSUL CAMBACÉRÈS dit que l'objet de l'article est
d'empêcher que le jugement criminel ne détermine le jugement au civil. La proposition de M. *Tronchet* n'expose point
à cet inconvénient, tandis que de l'article, tel qu'il est rédigé, sortirait une prescription contre l'accusation.

M. TREILHARD dit que la prescription ne pourra point être
opposée, si la loi n'admet l'action au criminel qu'après le
jugement de l'action civile.

M. TRONCHET, revenant sur sa proposition, est d'avis
d'admettre l'article. Cet article empêche que deux tribunaux ne puissent juger différemment sur le même fait. Au
civil, il faudra décider d'abord si la preuve par témoins est

admissible. Dans le cas où elle serait admise, il faudrait décider si elle est concluante; et lorsque le tribunal prononcera que la réclamation d'état n'est pas justifiée, il ne pourra plus y avoir lieu à l'action au criminel.

M. Jollivet croit l'article incomplet. On en pourrait conclure, dit-il, que l'action de la justice criminelle est paralysée lorsqu'il y a eu exposition d'enfant, et que cependant il n'y a point de litige sur la question d'état.

M. Treilhard dit que cette espèce n'est pas celle de l'article : il suppose une question d'état qui n'est point nécessairement liée avec l'exposition d'enfant. Cette exposition est toujours un crime que la justice doit punir.

L'article est adopté.

Les articles 17, 18, 19 et 20 sont adoptés. 328 à 330

Le chapitre III est soumis à la discussion; il est ainsi conçu :

CHAPITRE III (*).
De la Reconnaissance des Enfans naturels.

Art. 21. « La reconnaissance d'un enfant naturel sera 334
« faite par un acte authentique, lorsqu'elle ne l'aura pas été
« dans son acte de naissance. »

Art. 22. « Cette reconnaissance ne pourra avoir lieu qu'au 335
« profit des enfans nés d'un commerce libre. »

Art. 23. « La reconnaissance du père, si elle est désavouée 336
« par la mère, sera de nul effet. »

Art. 24. « La reconnaissance faite pendant le mariage, par 337
« l'un des époux, au profit d'un enfant naturel qu'il aurait
« eu, avant son mariage, d'un autre que de son époux, ne
« pourra nuire ni à celui-ci, ni aux enfans nés de ce mariage.

« Néanmoins elle produira son effet après la dissolution de
« ce mariage, s'il n'en reste pas d'enfans. »

Art. 25. « L'enfant naturel reconnu ne pourra réclamer les 338

(*) La section 1re de ce chapitre, intitulée de la Légitimation des Enfans naturels, a été omise dans le procès-verbal de cette séance parce qu'elle avait été arrêtée définitivement dans la séance du 24 brumaire an X.

« droits d'enfant légitime, mais seulement une créance, dé-
« terminée par la loi, sur la succession de celui qui l'aura
« reconnu. »

339 Art. 26. « Toute reconnaissance de la part du père ou de
« la mère, de même que toute réclamation de la part de
« l'enfant, pourra être contestée par tous ceux qui y auront
« intérêt. »

340 Art. 27. « La recherche de la paternité est interdite.

« Lors même que l'époque de la conception d'un enfant
« concourra avec des circonstances de rapt ou de viol, il n'y
« aura lieu qu'à des dommages-intérêts envers la mère. »

341 Art. 28. « La recherche de la maternité est admise.

« L'enfant qui réclamera sa mère sera tenu de prouver
« qu'il est identiquement le même que l'enfant dont elle est
« accouchée.

« Il ne sera reçu à faire cette preuve par témoins que lors-
« qu'il aura déjà un commencement de preuve par écrit. »

334 et
335 Les articles 21 et 22 sont adoptés.

336 L'article 23 est discuté.

M. Bigot-Préameneu demande si cet article aura son
effet, même lorsque la maternité sera prouvée.

M. Maleville dit que l'article 28 décide la question ; car
la preuve de la maternité étant une fois faite, elle doit nécessairement faire regarder comme non avenu le désaveu de
la mère.

Le Consul Cambacérès dit que la règle établie par l'article 23 est trop absolue.

Il peut arriver en effet que deux personnes qui ont vécu
dans un commerce illicite viennent à se haïr. Serait-il juste
alors de souffrir que la mère, en haine du père, pût rendre
nulle la reconnaissance que celui-ci veut faire de leur enfant
commun ? La mère sera toujours le meilleur témoin sur le
fait de la paternité : mais si elle veut dissimuler ce fait, il ne
faut pas que sa mauvaise volonté paralyse la bonne intention
du père.

M. Berlier dit qu'en l'absence d'un titre légal, l'aveu de la mère est la seule preuve que la loi doive admettre. Si la mère le refuse, ce peut être pour l'intérêt de l'enfant : elle seule d'ailleurs connaît la vérité.

Le Consul Cambacérès dit que le désaveu de la mère doit sans doute rendre sans effet la reconnaissance du père, quand elle est isolée ; mais qu'il n'en peut être de même lorsque cette reconnaissance est appuyée de prénoms qui démontrent la fausseté du désaveu de la mère.

Il est donc nécessaire que le désaveu soit jugé.

M. Emmery pense qu'il est juste de ne donner aucun effet au désaveu de la mère, quand il est démenti par son aveu antérieur. Il propose en conséquence d'ajouter à l'article : *à moins que le désaveu ne soit non recevable.*

M. Tronchet dit qu'il n'y a de difficulté que sur le choix du genre de preuves qu'on doit regarder comme capables de détruire le désaveu de la mère : il y aurait de l'inconvénient à en admettre d'autres que celles qui résultent d'écrits émanés d'elle.

M. Portalis dit qu'il est des circonstances qui ne sont pas moins fortes que l'aveu positif pour opérer la conviction : tels sont, par exemple, l'éducation, les soins donnés à l'enfant ; en un mot, ce qu'on appelle en droit *le traitement.*

M. Emmery pense qu'on ne doit pas y avoir égard. L'enfant né d'une union illicite, dit-il, n'appartient qu'à sa mère, parce que, hors le mariage, il n'y a de certain que la maternité. Il serait donc contre l'ordre que la reconnaissance de celui qui se prétend père de l'enfant prévalût sur le désaveu formel de la mère. Mais quand il est prouvé, par un aveu antérieur, que le désaveu actuel est l'effet de la passion, ce désaveu devient non recevable : toute autre circonstance ne doit être d'aucune considération ; c'est un malheur si l'application de ce principe nuit aux intérêts de l'enfant.

Le Consul Cambacérès dit que la loi doit être conçue de

manière à ne pas préparer un malheur. Voilà pourquoi le
système dans lequel le désaveu serait repoussé comme non
recevable, lorsqu'il est combattu par un aveu antérieur, ne
suffit pas.

Il importe qu'il soit écarté toutes les fois qu'il n'est pas
valable : au surplus, il est difficile de concevoir comment on
blesserait les principes en admettant pour preuve la possession d'état acquise à un enfant illégitime contre son père. Il
n'en résulte qu'une simple créance au profit de l'enfant.
Permettra-t-on à une femme capricieuse de lui enlever ses
alimens par un désaveu dont la fausseté est prouvée par les
circonstances? Pourquoi une règle si laconique et si absolue,
lorsqu'il est impossible de tout prévoir?

M. Berlier reconnaît et avoue que, lorsque l'enfant a été
traité comme tel par celui qui ensuite s'en déclare le père,
le tout au vu et su d'une mère qui n'aurait point contesté
cette possession d'état, une telle mère doit être déclarée
non recevable dans son désaveu.

L'observation primitive de l'opinant n'exclut pas cette exception au principe qu'il a posé et qu'il regarde comme toujours subsistant.

M. Tronchet fait une autre observation. Il sera décidé,
dit-il, que la reconnaissance du père est insuffisante, quand
il y a eu désaveu valable de la part de la mère. Or, quel
sera, dans ce système, l'effet de la reconnaissance du père,
quand la mère sera morte avant de l'avoir ni avouée ni désavouée? Laissera-t-on celui qui se prétend le père libre
d'attribuer l'enfant à telle femme qu'il voudra, par une déclaration ensevelie chez un notaire ou chez un juge de paix,
et que la mère prétendue n'aura pas connue? Ce serait là la
conséquence nécessaire du principe qui ne prive d'effet la
reconnaissance du père que quand elle est désavouée par la
mère. On échapperait à cet inconvénient si, au lieu de ne
regarder la déclaration du père comme nulle que dans le cas
où elle est désavouée par la mère, on n'y avait égard que

lorsqu'elle serait avouée. Cette rédaction avait d'abord été proposée.

LE CONSUL CAMBACÉRÈS dit que l'inconvénient n'est pas aussi grave qu'il le paraît d'abord, puisque la déclaration du père ne donne à l'enfant aucun droit à la succession de la mère. On peut néanmoins prévenir tout danger en permettant au père de reconnaître l'enfant sans indiquer la mère; cette forme aurait même l'avantage de mieux ménager les mœurs : puisqu'il ne s'agit que d'une créance sur les biens du père, rien ne s'oppose à ce que la loi se contente de l'aveu du père.

M. TRONCHET demande qu'on décide avant tout que l'enfant reconnu n'aura droit qu'à une créance, et seulement sur les biens de celui qui l'aura avoué.

L'article est adopté ainsi qu'il suit :

« La reconnaissance d'un enfant naturel n'aura d'effet qu'à « l'égard de celui qui l'aura reconnu. »

Les articles 24, 25, 26, 27 et 28 sont adoptés.

337 à 341

LE CONSUL ordonne que le titre ci-dessus sera communiqué, par le secrétaire général du Conseil d'État, au président de la section de législation du Tribunat.

COMMUNICATION OFFICIEUSE.

La rédaction adoptée au Conseil d'État dans la séance du 29 fructidor an X fut dès le lendemain communiquée officieusement à la section de législation du Tribunat, qui l'examina dans la séance du 19 vendémiaire an XI (11 octobre 1802) et les jours suivans.

OBSERVATIONS DE LA SECTION.

La commission chargée de l'examen du titre *de la Paternité et de la Filiation* est entendue par l'organe de son rapporteur.

Des observations générales sont présentées à la section sur l'esprit et l'ensemble de la loi proposée.

La section examine ensuite le projet article par article. Il ne sera question ici que de ceux auxquels il a paru convenable d'apporter quelques changemens ou modifications.

312   Sur le second paragraphe de l'article 1er du chapitre 1er on observe que les mots *au moment de la conception de l'enfant* n'offrent qu'une idée vague. L'époque de la conception étant inconnue, ce n'est qu'en circonscrivant ce moment dans les limites le plus généralement avouées qu'il est possible de prévenir les inconvéniens de l'arbitraire.

Deux cas sont à prévoir :

1°. La naissance de l'enfant la plus précoce ;

2°. La naissance la plus tardive.

A la vérité l'un et l'autre cas sont prévus par les articles 3 et 4 du projet. L'article 3 détermine le plus court terme depuis le moment de la conception jusqu'à celui de la naissance; l'article 4 détermine le plus long : mais comme ces deux articles sont absolument indépendans du paragraphe dont il s'agit, lequel n'est relatif qu'à l'impossibité physique et aux enfans conçus pendant le mariage, les termes qu'ils fixent ne pourraient lui être appliqués que par induction. L'importance du sujet, l'ordre des articles, la clarté de la rédaction sollicitent pour ce paragraphe une explication formelle.

On propose de le rédiger ainsi :

Néanmoins celui-ci pourra désavouer l'enfant, « s'il prouve « que trois cent un jour avant la naissance de cet enfant, et « depuis cette époque jusqu'au cent quatre-vingtième jour « sans interruption, il était, soit pour cause de l'éloignement, « soit par l'effet de quelque accident, dans l'impossibilité « physique de cohabiter avec sa femme. »

Cette nouvelle rédaction est adoptée.

313   Sur l'article 2 on propose d'abord de substituer aux mots *en excipant d'adultère*, ceux-ci, *pour une cause d'adultère*.

Cette substitution rend avec plus d'exactitude toute la pensée de la loi; *exciper* n'est autre chose que se défendre par voie d'exception. Le sens est limitatif; il fallait une expression générique, telle est celle proposée.

On s'arrête ensuite aux mots *impuissance naturelle;* on pense qu'il est extrêmement difficile, pour ne pas dire impossible, d'obtenir à cet égard des résultats certains.

L'art est si souvent trompé par la nature! il se perd dans l'obscurité de ses impénétrables mystères; il prend pour vice de conformation ce qui n'est que différence de forme; il regarde comme absolu ce qui n'est que relatif; comme perpétuel ce qui n'est que momentané : il s'égare au milieu de ses contemplations, parce qu'il veut saisir par les règles ce qui échappe à toutes les règles. Enfin rien de plus incertain que la preuve de l'impuissance naturelle; rien de plus scandaleux que les moyens pour y parvenir.

D'après ces observations, un membre propose et la section adopte la suppression des mots *impuissance naturelle.*

Enfin l'attention se fixe sur l'ensemble de ce même article 2. On remarque qu'il importe, d'une part, que la maxime consacrée par le §.1er du 1er article ne devienne jamais illusoire; de l'autre, que le mari ne soit pas toujours forcé de reconnaître, pour lui appartenir, les enfans d'une femme qui le déshonore, et qu'il puisse les désavouer toutes les fois qu'un concours de circonstances le met en état de justifier qu'il n'en est pas le père.

On pense que, pour être admis à la preuve, il ne suffit pas qu'il y ait eu adultère de la part de la femme; il faut de plus que la naissance de l'enfant ait été cachée au mari, ou du moins que le mari ait notoirement vécu séparé d'habitation de sa femme.

Quant à la condition du recèlement de la naissance, elle est fondée sur ce que l'on ne peut supposer que la femme eût caché la naissance de l'enfant au mari, si elle n'eût pas eu intérêt de le faire; et le seul intérêt qu'elle pouvait avoir était évidemment de laisser ignorer à son époux qu'un autre que lui l'avait rendue mère.

A l'égard de la séparation d'habitation, cette autre condition est fondée sur ce que le concours de l'adultère de la part de la femme et de sa demeure séparée de celle de son mari entraîne la présomption morale la plus forte sur la cessation totale de cohabitation avec lui; présomption suffisante pour que le mari doive être admis à la preuve de non-paternité.

Mais cette alternative du recèlement de la naissance et de la séparation d'habitation concourant avec l'adultère, ne se trouvant point établie par l'article 2, un membre propose d'y substituer la rédaction suivante:

« Le mari ne pourra désavouer l'enfant pour cause d'a-
« dultère de la part de sa femme, à moins que la naissance
« de l'enfant ne lui ait été recélée, ou qu'il n'ait vécu sé-
« paré d'habitation de sa femme à l'époque de la conception;
« auquel cas il sera admis à proposer tous les faits propres à
« justifier qu'il n'est pas le père. »

La section adopte la nouvelle rédaction.

314   Art. 3. On réclame contre les mots *qui aura survécu dix jours à sa naissance*. Cette condition réduirait la mère à la douloureuse alternative de désirer la mort de son enfant, ou de craindre un désaveu à jamais flétrissant pour elle.

Un tel combat entre la nature et l'honneur exposerait la vie de l'enfant à être sacrifiée, sinon par un crime, au moins par une négligence dont l'effet pour lui serait le même. On a pensé qu'il était dangereux de placer le cœur humain dans une situation si délicate.

En conséquence, on propose, et la section adopte la suppression de cette partie de l'article.

La section pense aussi qu'il convient d'ajouter les mots *sans accident*, afin de distinguer l'accouchement naturel de celui qui ne l'est pas.

L'article commencera donc ainsi:

« L'enfant né sans accident, etc. »

315   Art. 4. De la manière dont cet article est rédigé, il semblerait que, si la légitimité de l'enfant, né douze mois, par

exemple, après la dissolution du mariage, n'était point contestée, il devrait être regardé comme légitime, ce ne peut être l'intention de la loi. On a pensé que l'article devait être conçu dans des termes plus précis et plus positifs, et qu'au lieu de laisser la faculté de contester ou de ne pas contester la légitimité de l'enfant, né trois cents jours après la dissolution du mariage, quelque laps de temps qui se fût écoulé depuis, il fallait, en ajoutant un jour de plus à ce terme, fixer l'époque fatale d'une fin de non recevoir insurmontable.

La section adopte une nouvelle rédaction ainsi conçue :

« La loi ne reconnaît pas la légitimité de l'enfant né trois « cent un jour après la dissolution du mariage. »

Un membre observe que la place naturelle de cet article 4 est à la fin du chapitre, et non pas au milieu ; vu qu'il contient une règle générale et distincte, qui ne tient en aucune façon ni aux articles qui le précèdent, ni à ceux qui le suivent.

Cette observation est accueillie ; et la section pense que l'article 4, d'après sa nouvelle rédaction, doit être placé le dernier du chapitre.

Art. 6 du même chapitre : *Si le mari est mort*, etc.   317

Le désaveu auquel le mari est autorisé, dans le cas de l'article 2 et de l'article 3, ne pouvant être fondé que sur des poursuites et des actions dont l'exercice a paru à la section devoir appartenir au mari seul, on en a conclu qu'il fallait limiter l'application de l'article 6 au cas prévu par l'article 1er.

En effet, en se reportant à l'article 2, on a dit que, si le mari était mort avant d'avoir intenté l'action en adultère, quoique étant encore dans le délai utile pour l'intenter, on devait plutôt présumer qu'il eût laissé passer le délai entier sans le faire, que d'accorder ce droit aux héritiers, peut-être contre l'intention formelle du mari, dont le silence était commandé peut-être par des raisons décisives et connues de lui seul. Et, se reportant à l'article 3, on a remarqué que si, dans le cas de cet article, le mari n'avait point la faculté de désavouer l'enfant lorsqu'il avait eu connaissance de la grossesse avant le mariage, il était impossible que les héritiers, après la mort du mari, pussent prouver qu'il n'avait pas eu cette connaissance, et que dès-lors ils ne pouvaient user de la faculté que cet article lui accordait.

Tels sont les motifs qui ont déterminé la section à ne pas étendre l'application de l'article 6 au-delà de l'article 1er.

On a ensuite examiné l'époque à compter de laquelle devait courir le délai de deux mois accordé aux héritiers dans le cas où ils ne peuvent désavouer l'enfant.

L'article du projet porte, « à compter de l'époque où sa « prétention (celle de l'enfant) sera notifiée. »

A cet égard, on a pensé qu'il ne pouvait être dans l'intention de la loi que l'enfant eût à craindre d'être inquiété pendant le long espace de trente ans, s'il ne prenait pas la précaution de faire notifier lui-même à ses parens les plus proches qu'il se considérait comme enfant légitime : c'est cependant ce qui résulterait de la disposition de l'article. La notification de la part de l'enfant annoncerait un doute qu'il ne doit pas avoir, puisqu'on le suppose ayant la conviction intime de sa légitimité; il faudrait alors que l'enfant fît naître par son propre fait dans l'esprit des autres une incertitude qu'il ne partagerait pas, et qu'il ne pouvait partager.

Il a paru juste que les héritiers, au lieu d'être prévenus d'une telle manière, fussent considérés comme suffisamment avertis d'agir, par cela seul qu'ils ont connu la naissance de l'enfant.

D'après ces motifs, et en rappelant qu'il ne s'agit que du désaveu dans tout ce chapitre (excepté dans l'article 4, que la section a proposé de placer le dernier), la section se fixe définitivement à la rédaction suivante :

« Si le mari est mort avant d'avoir fait le désaveu, mais « étant encore dans le délai utile pour le faire, les héritiers

« n'auront le droit de désavouer l'enfant que dans le cas
« prévu par l'article 1er.

« Ils auront deux mois pour désavouer, à compter du jour
« où la mort du mari leur sera connue; et si, à cette époque,
« ils ignorent la naissance de l'enfant, les délais compteront
« du jour où ils auront acquis cette connaissance. »

CHAPITRE II.

Art. 7. Un membre propose de supprimer le mot *extrait*. 319
Il se fonde sur ce que le véritable titre est le registre. L'extrait ne tient lieu du registre qu'autant qu'il en est la copie
authentique et fidèle; et, s'il y a quelque différence entre
l'un et l'autre, il faut recourir au registre et rectifier l'extrait.

Un autre membre fait la proposition de substituer aux
mots *extrait du registre*, les mots, *actes de naissance inscrits
sur le registre de l'état civil.*

Sans cette substitution, dit-il, il semble que le titre de
filiation d'un enfant légitime peut être également un acte de
mariage ou de décès, puisque le registre de l'état civil contient aussi ces sortes d'actes. Or, quant à la filiation des enfans, les actes de mariage ou de décès ne sont qu'énonciatifs
du titre; et le seul acte du registre qui puisse avoir aux yeux
de la loi le caractère du titre même est l'acte de naissance.

La section approuve les observations, et est d'avis que
l'article 1er doit être ainsi conçu :

« La filiation des enfans légitimes se prouve par les actes
« de naissance inscrits sur le registre de l'état civil. »

Art. 3. Pour donner à cet article toute la clarté dont il est 321
susceptible, et ne laisser aucun doute sur le véritable sens
de la disposition, qui est de ne pas regarder comme indispensable pour faire preuve la réunion complète des faits
relatés dans l'article, la section accorde la préférence à la
rédaction suivante :

« Cette possession d'état s'établit par une réunion de faits
« suffisante pour indiquer le rapport de filiation ou de pa-

« renté entre un individu et la famille à laquelle il prétend
« appartenir ;

« Telle, par exemple, que l'individu a toujours porté le
« nom du père, etc. »

Art. 5. Sur cet article, on observe que, depuis un temps
immémorial, la jurisprudence de presque tous les tribunaux a constamment été d'admettre la preuve testimoniale
en fait de filiation, sans exiger, comme condition absolument
indispensable, un commencement de preuves écrites : rien
de plus juste en effet. Si l'enfant n'a recours à la preuve par
témoins que parce que des preuves par écrit sont supprimées,
perdues ou soustraites, on ne doit pas se faire un moyen
contre lui de ce qu'il ne les a point, puisqu'il n'a pas dé-
pendu de lui de les avoir. En le repoussant sous le fondement qu'il ne peut en représenter aucune, on le punirait
d'une faute qui n'est point son ouvrage, d'un accident dont
il n'est pas l'auteur.

D'ailleurs, on n'est jamais admis à la preuve par témoins
que lorsque les faits sont reconnus pertinens et admissibles.
Ne faut-il pas la même reconnaissance par rapport aux
pièces écrites? Pour que le juge décide s'il y a réellement
commencement de preuves, n'est-il pas nécessaire qu'il
pèse le degré de confiance que méritent ces pièces? et ce
degré de confiance n'est-il pas subordonné à la vraisemblance des faits qu'elles énoncent et à la moralité des personnes dont elles émanent?

Si tout fait, quoique invraisemblable, quoique non con-
cluant, était regardé comme un commencement de preuves,
par cela seul qu'il serait consigné dans un écrit, il s'ensui-
vrait que celui qui aurait de pareilles pièces serait admis à la
preuve par témoins ; tandis que celui qui n'aurait aucune
pièce, mais qui néanmoins articulerait les faits les plus positifs et les plus lumineux, serait privé de cet avantage. Il
convient donc de laisser aux juges une assez grande latitude
pour qu'ils puissent, après s'être environnés de toutes les

lumières les plus propres à éclairer leur conscience, empêcher que l'enfant ne soit victime du hasard ou de la mé-
chanceté.

Au lieu de l'article 5, on propose la rédaction suivante,
qui est adoptée :

« A défaut de titre ou de possession constante, ou si l'en-
« fant a été inscrit, soit sous de faux noms, soit comme né
« de père et mère inconnus, la preuve de la filiation peut se
« faire par témoins.

« Cette preuve ne peut être admise que lorsqu'il y a un
« commencement de preuves par écrit, ou un ensemble de
« présomptions et d'indices assez graves pour en déterminer
« l'admission. »

Art. 7. D'après les diverses observations résultant de 325
l'examen de cet article, la section a pensé que l'unique objet
de sa disposition était de changer la jurisprudence actuelle
sur un cas particulier facile à prévoir.

On cite un exemple :

Un individu qui n'a ni possession ni titre réclame contre
une famille à laquelle il prétend appartenir. Que fait-il d'a-
bord ? Il demande que sa réclamation soit jugée relativement
à la personne qu'il dit sa mère, et dont il soutient être né
durant le mariage : si le jugement sur la maternité ne lui est
point favorable, il ne va pas plus loin. Il sait que par là tout
est décidé. Car, dès qu'il n'est point l'enfant de la femme,
il ne peut l'être du mari ; il ne serait tout au plus que bâtard adultérin. S'il parvient au contraire à faire juger que
cette femme est sa mère, il lui suffit, d'après la jurisprudence encore existante, d'opposer, par rapport au père, la
maxime, *pater is est quem nuptiæ demonstrant.* Cependant il
peut arriver que les parens de la femme, soit par négligence, soit par collusion avec le réclamant, aient laissé accueillir une réclamation très-peu fondée, et que les parens
du mari se trouvent lésés au dernier point par un jugement
dont on prétend conclure que le réclamant était l'enfant du

mari, quoiqu'il n'eût été question au procès que de savoir
s'il était enfant de la femme. L'article du projet a pour but
de parer à cet inconvénient grave; la section ne peut qu'approuver un si juste motif ; mais elle pense en même temps
que, pour ne rien laisser à désirer sur la clarté du sens et sur
la facilité de l'application, la disposition doit être conçue en
ces termes :

« La preuve contraire pourra se faire par tous les moyens
« propres à établir que le réclamant n'est pas l'enfant de la
« mère qu'il prétend avoir; ou même, la maternité prouvée,
« qu'il n'est pas l'enfant du mari de la mère. »

327   **Art. 9.** Cet article est adopté, sauf le retranchement des
mots, *qui aurait été commis dans.* Alors on lira : « L'action
« criminelle contre un délit de suppression d'état ne pourra
« commencer qu'après le jugement définitif sur la question
« d'état. »

Cette légère rectification a paru rendre le texte encore plus
précis.

330   **Art. 12 et 13.** On craint qu'en laissant subsister ces
deux articles tels qu'ils sont rédigés, on n'en tire la conséquence que la cessation de poursuites pendant trois ans de la
part de l'enfant peut être opposée à l'enfant lui-même
comme un abandon.

On a pensé qu'il fallait distinguer entre l'enfant et les
héritiers. Ceux-ci ne sont point aussi favorables que celui-là.
Quand ce sont les héritiers qui veulent suivre l'action commencée par l'enfant, si, lors du décès de l'enfant, il y avait
trois ans qu'il avait discontinué ces poursuites, cette cessation
triennale doit être considérée, à l'égard des héritiers, comme
un véritable désistement de la part de l'enfant. On ignore en
effet si, dans le cas où l'enfant eût vécu, il aurait, après ce
laps de temps, repris l'exercice de son action. L'absence de
données certaines sur son intention positive fait interpréter
contre les héritiers le doute existant; et la société trouve en
cela le précieux avantage d'extirper un germe de procès.

Mais lorsque c'est l'enfant qui agit lui-même, le silence qu'il a gardé depuis les dernières poursuites ne peut opérer contre lui l'effet d'un désistement, quelque long que ce silence ait été; le droit qu'il exerce est tellement sacré, que la loi le déclare imprescriptible. Toutefois', cette imprescriptibilité n'est établie qu'en sa faveur, et le privilége est purement personnel.

D'après la distinction qui vient d'être rappelée, et qui est fondée sur les principes de la matière, on propose de ne faire qu'une seule disposition de ces deux articles, et de la rédiger ainsi qu'il suit :

« Les héritiers peuvent suivre cette action, lorsqu'elle a « été commencée par l'enfant, à moins qu'il ne s'en fût dé- « sisté formellement, ou qu'il n'eût laissé passer trois années « sans poursuites à compter du dernier acte de la procédure.» Adopté.

CHAPITRE III.

Art. 2. A ces mots, *d'un commerce libre*, on propose de substituer ceux-ci, *de personnes auxquelles il était libre de s'unir par mariage.* 335

Cette substitution fera disparaître toute espèce de doute relativement à l'intention formelle de la loi de ne point autoriser la reconnaissance des bâtards incestueux.

Art. 7. On observe, sur le second paragraphe de cet article, qu'il ne s'agit point ici de déterminer en quel cas il y a lieu d'accorder des dommages-intérêts à la mère; mais bien de dire que, dans le cas même où ces dommages-intérêts peuvent être accordés, la recherche de la paternité n'en est pas moins interdite. 340

On propose, en conséquence, de réunir ces deux paragraphes, et de rédiger la disposition en ces termes :

« La recherche de la paternité est interdite, quand bien « même l'époque de la conception d'un enfant concourrait « avec des circonstances de rapt ou de viol, qui donne-

« raient lieu à des dommages-intérêts au profit de la mère. »

La section adopte cette nouvelle rédaction.

341   Art. 8 et dernier. Pour empêcher qu'on ne donne à cet article une extension qui serait une source de scandale et de trouble, et pour avertir en même temps que les articles relatifs à la reconnaissance d'un enfant naturel sont, quant à l'effet, applicables à la preuve résultante de la recherche de la maternité, un membre propose et la section adopte la rédaction suivante :

« La recherche de la maternité est admise dans le cas où,
« aux termes de l'article 2, la reconnaissance peut avoir lieu.
« Elle n'est point admise lorsque la mère est, au moment de
« la demande, engagée dans les liens du mariage. L'effet de
« la preuve résultant de cette recherche sera le même que
« celui de la reconnaissance. »

Le surplus de l'article est maintenu dans ses divers paragraphes.

RÉDACTION DÉFINITIVE DU CONSEIL D'ÉTAT.

(Procès-verbal de la séance du 13 brumaire an XI. — 4 novembre 1802.)

M. Bigot-Préameneu, d'après la conférence tenue avec le Tribunat, présente la rédaction définitive du titre *de la Paternité et de la Filiation.*

Elle est ainsi conçue :

CHAPITRE Ier.

De la Filiation des enfans légitimes ou nés dans le mariage.

312   Art. 1er. « L'enfant conçu pendant le mariage a pour père
« le mari.

« Néanmoins celui-ci pourra désavouer l'enfant, s'il prouve
« que, pendant le temps qui a couru depuis le trois centième
« jusqu'au cent quatre-vingtième jour avant la naissance de
« cet enfant, il était, soit par cause d'éloignement, soit par

« l'effet de quelque accident, dans l'impossibilité physique
« de cohabiter avec sa femme. »

Art. 2. « Le mari ne pourra, en alléguant son impuissance 313
« naturelle, désavouer l'enfant; il ne pourra le désavouer
« même pour cause d'adultère, à moins que la naissance ne lui
« ait été cachée, auquel cas il sera admis à proposer tous les
« faits propres à justifier qu'il n'en est pas le père. »

Art. 3. « L'enfant né avant le cent quatre-vingtième jour 314
« du mariage ne pourra être désavoué par le mari dans les
« cas suivans : 1° s'il a eu connaissance de la grossesse avant
« le mariage; 2° s'il a assisté à l'acte de naissance et si cet
« acte est signé de lui, ou contient sa déclaration qu'il ne sait
« signer ; 3° si l'enfant n'est pas déclaré viable. »

Art. 4. « La légitimité de l'enfant né trois cents jours après 315
« la dissolution du mariage pourra être contestée. »

Art. 5. « Dans les divers cas où le mari est autorisé à ré- 316
« clamer, il devra le faire dans le mois, s'il se trouve sur les
« lieux de la naissance de l'enfant ;

« Dans les deux mois après son retour, si, à la même épo-
« que, il est absent ;

« Dans les deux mois après la découverte de la fraude, si
« on lui avait caché la naissance de l'enfant. »

Art. 6. « Si le mari est mort avant d'avoir fait sa réclama- 317
« tion, mais étant encore dans le délai utile pour la faire,
« les héritiers auront deux mois pour contester la légitimité
« de l'enfant, à compter de l'époque où cet enfant se serait
« mis en possession des biens du mari, ou de l'époque où les
« héritiers seraient troublés par l'enfant dans cette posses-
« sion. »

Art. 7. « Tout acte extrajudiciaire contenant le désaveu 318
« de la part du mari ou de ses héritiers sera comme non
« avenu, s'il n'est suivi, dans le délai d'un mois, d'une ac-
« tion en justice, dirigée contre un tuteur *ad hoc* donné à
« l'enfant, et en présence de sa mère. »

CHAPITRE II.

Des Preuves de la filiation des enfans légitimes.

319   Art. 8. « La filiation des enfans légitimes se prouve par les
« actes de naissance inscrits sur le registre de l'état civil. »

320   Art. 9. « A défaut de ce titre, la possession constante de
« l'état d'enfant légitime suffit. »

321   Art. 10. « La possession d'état s'établit par une réunion
« suffisante de faits qui indiquent le rapport de filiation et de
« parenté entre un individu et la famille à laquelle il prétend
« appartenir.

« Les principaux de ces faits sont, que l'individu a tou-
« jours porté le nom du père auquel il prétend appartenir ;

« Que le père l'a traité comme son enfant, et a pourvu, en
« cette qualité, à son éducation, à son entretien et à son éta-
« blissement ;

« Qu'il a été reconnu constamment pour tel dans la so-
« ciété ;

« Qu'il a été reconnu pour tel par la famille. »

322   Art. 11. « Nul ne peut réclamer un état contraire à celui
« que lui donnent son titre de naissance et la possession con-
« forme à ce titre.

« Et réciproquement, nul ne peut contester l'état de celui
« qui a une possession conforme à son titre de naissance. »

323   Art. 12. « A défaut de titre et de possession constante, ou
« si l'enfant a été inscrit soit sous de faux noms, soit comme
« né de père et mère inconnus, la preuve de filiation peut se
« faire par témoins.

« Néanmoins cette preuve ne peut être admise que lors-
« qu'il y a commencement de preuve par écrit, ou lorsque
« les présomptions ou indices résultant de faits dès lors cons-
« tans sont assez graves pour déterminer l'admission. »

324   Art. 13. « Le commencement de preuve par écrit résulte
« des titres de famille, des registres et papiers domestiques
« du père ou de la mère, des actes publics et même privés

« émanant d'une partie engagée dans la contestation, ou qui
« y aurait intérêt si elle était vivante. »

Art. 14. « La preuve contraire pourra se faire par tous les   325
« moyens propres à établir que le réclamant n'est pas l'enfant
« de la mère qu'il prétend avoir, ou même, la maternité
« prouvée, qu'il n'est pas l'enfant du mari de la mère. »

Art. 15. « Les tribunaux civils sont seuls compétens pour   326
« statuer sur les réclamations d'état. »

Art. 16. « L'action criminelle contre un délit de suppression   327
« d'état ne pourra commencer qu'après le jugement défini-
« tif sur la question d'état. »

Art. 17. « L'action en réclamation d'état est imprescriptible   328
« à l'égard de l'enfant. »

Art. 18. « L'action ne peut être intentée par les héritiers   329
« de l'enfant qui n'a pas réclamé qu'autant qu'il est décédé
« mineur, ou dans les cinq années après sa majorité. »

Art. 19. « Les héritiers peuvent suivre cette action lors-   330
« qu'elle a été commencée par l'enfant, à moins qu'il ne s'en
« fût désisté formellement, ou qu'il n'eût laissé passer trois
« années sans poursuites, à compter du dernier acte de la
« procédure. »

CHAPITRE III.
Des Enfans naturels.

SECTION 1re. —De la Légitimation des enfans naturels.

Art. 20. « Les enfans nés hors mariage, autres que ceux   331
« nés d'un commerce incestueux ou adultérin, pourront être
« légitimés par le mariage subséquent de leurs père et mère,
« lorsque ceux-ci les auront légalement reconnus avant leur
« mariage, ou qu'ils les reconnaîtront dans l'acte même de
« célébration. »

Art. 21. « La légitimation peut avoir lieu, même en faveur   332
« des enfans décédés qui ont laissé des descendans, et dans
« ce cas elle profite à ces descendans. »

Art. 22. « Les enfans légitimés par le mariage subséquent   333
« auront les mêmes droits que s'ils étaient nés de ce mariage. »

SECTION II. — *De la Reconnaissance des enfans naturels.*

334   Art. 23. « La reconnaissance d'un enfant naturel sera faite
« par un acte authentique, lorsqu'elle ne l'aura pas été dans
‹ son acte de naissance. »

335   Art. 24. « Cette reconnaissance ne pourra avoir lieu au
« profit des enfans nés d'un commerce incestueux ou adul-
« térin. »

336   Art. 25. « La reconnaissance du père, sans l'indication et
« l'aveu de la mère, n'a d'effet qu'à l'égard du père. »

337   Art. 26. « La reconnaissance faite pendant le mariage, par
« l'un des époux, au profit d'un enfant naturel qu'il aurait
« eu, avant son mariage, d'un autre que de son époux, ne
« pourra nuire ni à celui-ci, ni aux enfans nés de ce mariage.
    « Néanmoins elle produira son effet après la dissolution de
« ce mariage, s'il n'en reste pas d'enfans. »

338   Art. 27. « L'enfant naturel reconnu ne pourra réclamer les
« droits d'enfant légitime, mais seulement une créance, dé-
« terminée par la loi, sur la succession de celui qui l'aura
« reconnu. »

339   Art. 28. « Toute reconnaissance de la part du père ou de la
« mère, de même que toute réclamation de la part de l'en-
« fant, pourra être contestée par tous ceux qui y auront in-
« térêt. »

340   Art. 29. « La recherche de la paternité est interdite ; mais
« dans le cas d'enlèvement, lorsque l'époque de cet enlève-
« ment se rapportera à celle de l'accouchement, le ravisseur
« sera, sur la demande des parties intéressées, déclaré père
« de l'enfant. »

341   Art. 30. « La recherche de la maternité est admise.
    « L'enfant qui réclamera sa mère sera tenu de prouver
« qu'il est identiquement le même que l'enfant dont elle est
« accouchée.
    « Il ne sera reçu à faire cette preuve par témoins que lors-
« qu'il aura déjà un commencement de preuve par écrit. »

342   Art. 31. « Un enfant ne sera jamais admis à la recherche

« soit de la paternité, soit de la maternité, dans les cas où,
« suivant l'article 24, la reconnaissance n'est pas admise. »

Les vingt–six premiers articles de ce titre sont adoptés.   312 à 337

L'article 27 est discuté.   338

Le Consul Cambacérès dit que quelques personnes trouvent trop dure la disposition qui exclut l'enfant naturel de la
succession de sa mère lorsqu'elle n'a pas d'autres enfans.

M. Bigot–Préameneu dit que c'est pour maintenir l'honneur du mariage qu'on a réduit les enfans naturels à une
simple créance. On ne pourrait se relâcher de cette sévérité
sans ébranler ce système.

M. Treilhard dit que l'article appartient à la matière des
successions : il propose de l'y renvoyer.

M. Tronchet dit qu'un tel ajournement ferait durer trop
long-temps l'incertitude qui règne par rapport aux droits des
enfans naturels.

En effet, la loi du 12 brumaire an II a fait naître une question. Les uns ont pensé que tout enfant reconnu pouvait réclamer le bénéfice de cette loi ; les autres, qu'elle ne donnait
de droits qu'aux enfans dont les pères et mères sont décédés.
Cette dernière opinion est celle du tribunal de cassation. Il
reste néanmoins aux autres tribunaux des doutes qu'il importe de faire cesser dès à présent par une loi.

D'ailleurs, les dispositions qui déterminent les effets de la
légitimité ne sont pas déplacées dans un titre qui traite de
la *Paternité et de la Filiation*. Les dispositions qui appartiennent plus spécialement à la matière des successions, et qu'on
pourrait y renvoyer, sont celles qui règlent la quotité de la
créance accordée aux enfans naturels.

M. Boulay dit que, quelque favorable que soit l'exception
dont a parlé le Consul, elle ébranlerait le principe de cette
matière. La loi du 12 brumaire, en assimilant les enfans naturels aux enfans légitimes, avait aboli le mariage : il est donc
nécessaire, pour rétablir l'ordre, de tracer, entre ces deux

espèces de descendans, une ligne de séparation parfaite, et de ne les assimiler les uns aux autres sous aucun rapport.

Le Consul Cambacérès dit qu'il suffirait peut-être, pour maintenir l'honneur dû au mariage, de déclarer que les enfans naturels n'ont pas les droits d'enfans légitimes.

Il reste à examiner si la part qu'ils auront dans les biens de leur père doit être fixée dans ce titre ou dans celui *des Successions*. On a appelé cette part une *créance;* il serait plus exact de la qualifier *alimens;* mais on aura à décider s'il faut permettre au père et à la mère d'ajouter à la portion que donnera la loi. Cette question se rattache évidemment à la matière des successions.

Le Consul propose, en conséquence, de réduire l'article à une disposition qui exclue les enfans naturels des droits d'enfans légitimes, et de renvoyer au titre *des Successions* la fixation des alimens qui leur seront accordés, ainsi que la question de savoir s'ils seront capables ou incapables de recevoir de leurs père et mère.

M. Treilhard dit que le Conseil aura également à examiner si, à défaut d'héritiers, les enfans naturels excluront le fisc de l'hérédité de leurs père et mère; mais cette question appartient aussi à la matière des successions.

M. Jollivet dit qu'il serait trop dur de leur refuser la préférence sur le fisc.

M. Bigot-Préameneu dit qu'ils peuvent exclure le fisc sans devenir héritiers, parce que ce n'est pas à titre d'hérédité que le fisc prend les biens.

L'article est adopté ainsi qu'il suit :

« L'enfant naturel reconnu ne pourra réclamer les droits « d'enfant légitime.

« Les droits des enfans naturels seront réglés au titre *des* « *Successions.* »

339   L'article 28 est adopté.

340   L'article 29 est discuté.

M. Bigot-Préameneu dit que l'exception que cet article

fait à la règle générale a été proposée par le Tribunat. Elle est fondée sur ce que la coïncidence des deux époques de l'enlèvement et de l'accouchement devient une preuve de la paternité.

Le Consul Cambacérès rappelle que, dans la conférence avec le Tribunat, on était convenu de ne rendre la déclaration de paternité que facultative et non forcée. Le Consul propose en conséquence de substituer le mot *pourra* au mot *sera*.

M. Treilhard dit que le concours de l'époque de l'enlèvement avec celle de la conception, et la prolongation de la chartre privée, ne laissant aucun doute sur la paternité, toute recherche, tout examen devient inutile, et il n'est plus possible de laisser au juge le pouvoir de décider le contraire. La loi ne doit pas autoriser une contestation qui porterait sur un fait évident. Le ravisseur n'a pas à se plaindre; la déclaration de paternité est ici la suite nécessaire et la peine de l'enlèvement. Au surplus, c'est à l'époque de la conception, et non à celle de l'accouchement, qu'il convient de s'arrêter.

M. Tronchet partage l'opinion du Consul.

M. Portalis est du même avis. Il ne croit pas que l'intention de punir un tiers puisse devenir un motif déterminant pour donner l'état civil. La peine de l'enlèvement sera la recherche de la paternité.

M. Thibaudeau dit qu'il croit que la disposition avait été arrêtée d'une manière impérative, et comme une peine imposée au ravisseur; cependant il peut être plus convenable de s'en rapporter aux tribunaux.

M. Emmery voudrait que l'exception fût purement facultative.

Il rappelle que, dans la conférence avec le Tribunat, on trouva contradictoire qu'un individu fût réputé père de l'enfant par rapport à la mère, et à l'effet de lui payer des dommages et intérêts, et qu'il ne le fût plus par rapport à l'enfant lui-même. On a proposé en conséquence, non de

donner action aux parties, mais d'autoriser le juge à déclarer d'office la paternité.

MM. Berlier et Maleville pensent aussi que l'exception
n'a été proposée que comme facultative.

M. Muraire dit que, dans la conférence avec le Tribunat,
la question fut amenée par la disposition qui accordait des
dommages et intérêts à la mère. Il parut étrange que le ravisseur ne fût pas soumis à une peine plus grave; et ce fut
dans cette vue qu'on crut devoir autoriser le juge à le déclarer le père de l'enfant, quand d'ailleurs l'époque de l'accouchement concourrait avec celle du rapt.

M. Boulay pense qu'il serait dangereux de rendre l'exception absolue, et d'accorder la déclaration de paternité sur la
simple demande des parties, sans autre examen. En effet,
le concours de l'époque de l'enlèvement avec celle de la conception n'est jamais certain; car il est impossible de fixer
le moment précis de la conception.

M. Regnaud (de Saint-Jean-d'Angely) dit que, si on laissait subsister l'exception comme absolue, le tribunal se trouverait quelquefois obligé de prononcer contre sa conscience,
en déclarant la paternité du ravisseur, même lorsqu'il serait
d'ailleurs démontré que l'enfant a un autre père.

L'article est adopté ainsi qu'il suit :

« La recherche de la paternité est interdite.

« Dans le cas d'enlèvement, lorsque l'époque de cet enlè-
« vement se rapportera à celle de la conception, le ravis-
« seur pourra être, sur la demande des parties intéressées,
« déclaré père de l'enfant. »

341-342   Les articles 30 et 31 sont adoptés.

Le Premier Consul nomma M. Bigot-Préameneu, avec
MM. Thibaudeau et Redon, pour présenter ce projet au
Corps législatif dans sa séance du 20 ventose an XI
(11 mars 1803), et pour en soutenir la discussion dans
la séance du 2 germinal suivant.

PRÉSENTATION AU CORPS LÉGISLATIF,

ET EXPOSÉ DES MOTIFS, PAR M. BIGOT-PRÉAMENEU.

Législateurs, il est à regretter que, pour établir des règles [312] sur les moyens de constater la paternité, la nature seule ne puisse plus servir de guide.

Elle semblait avoir marqué en caractères ineffaçables les traits de la paternité, lorsqu'elle avait rempli le cœur des père et mère et celui des enfans des sentimens de tendresse les plus profonds et les plus éclatans.

Mais trop souvent les droits de la nature, qui devraient être invariables, sont altérés ou anéantis par toutes les passions qui agitent l'homme en société. Les replis de son cœur ne permettent plus de le connaître ; et comment établir des règles générales sur les sentimens qu'on aurait à découvrir et à constater dans chaque individu?

D'un autre côté, la nature a couvert d'un voile impénétrable la transmission de notre existence.

Cependant il était nécessaire que la paternité ne restât pas incertaine. C'est par elle que les familles se perpétuent et qu'elles se distinguent les unes des autres : c'est une des bases de l'ordre social; on doit la maintenir et la consolider.

Il a fallu, pour y parvenir, s'attacher à des faits extérieurs et susceptibles de preuves.

On trouve un premier point d'appui dans cette institution, qui, consacrée par tous les peuples civilisés, a son origine et sa cause dans la nature même, qui établit, maintient et renouvelle les familles, dont l'objet principal est de veiller sur l'existence et sur l'éducation des enfans, dont la dignité inspire un respect religieux : dans le mariage.

Les avantages que la société en retire doivent être principalement attribués à ce que, pour fixer la paternité, il établit une présomption qui, presque toujours, suffit pour écarter tous les doutes.

Cette présomption, admise chez tous les peuples, est devenue une règle d'ordre public, dont l'origine, comme celle
du mariage, se perd dans la nuit des temps : *pater est quem
nuptiæ demonstrant*. Quels pourraient donc être les indices
plus grands que ceux qui résultent de la foi promise des
deux époux, de leur cohabitation, des regards de leurs concitoyens, au milieu desquels ils passent leur vie ?

Cependant, lorsqu'on est forcé d'avouer que cette règle,
si nécessaire au maintien de la société, n'est établie que sur
des indices, le législateur se mettrait en opposition avec les
premiers élémens du droit et de la raison, s'il faisait prévaloir une présomption à une preuve positive ou à une
présomption plus forte. Au lieu de soutenir la dignité du
mariage, on l'avilirait : on le rendrait odieux, s'il servait de
prétexte à légitimer un enfant qui, aux yeux du public convaincu par des circonstances décisives, n'appartiendrait
point au mariage.

Tel serait le cas où le mari aurait été dans l'impossibilité
physique de cohabiter avec sa femme.

Cette impossibilité peut avoir pour cause l'éloignement ou
quelque accident.

La distance qui a séparé le mari et la femme doit avoir
toujours été telle qu'il ne reste aucun doute sur ce qu'il ne
peut y avoir eu de rapprochement.

La loi n'a dû admettre contre la présomption résultant du
mariage que les accidens qui rendent physiquement impossible la cohabitation. Elle a aussi prévenu tous ces procès
scandaleux, ayant pour prétexte des infirmités plus ou moins
graves, ou des accidens dont les gens de l'art ne peuvent tirer que des conjectures trompeuses.

313   Le mari lui-même ne sera point admis à désavouer l'enfant, en alléguant son impuissance naturelle.

Des exemples célèbres ont prouvé que, ni cette cause
d'impossibilité de cohabitation, ni la déclaration du mari
qui veut s'en prévaloir, ne méritent confiance. Les gens de

l'art n'ont eux-mêmes aucun moyen de pénétrer de pareils mystères, et tel mari, dont le mariage a été dissous pour cause d'impuissance, a obtenu d'un autre mariage une nombreuse postérité.

En vain la voix du mari s'éleverait-elle contre sa femme pour l'accusation la plus grave, celle de l'adultère : ce crime, fût-il prouvé, ne ferait naître contre l'enfant que le père voudrait désavouer qu'une présomption qui ne saurait balancer celle qui résulte du mariage. La femme peut avoir été coupable sans que le flambeau de l'hyménée fût encore éteint.

Cependant si la femme, ayant été condamnée pour adultère, avait caché à son mari la naissance de cet enfant, cette conduite deviendrait un témoignage d'un grand poids.

Il ne saurait y avoir de la part de cette femme d'aveu plus formel que l'enfant n'appartient point au mariage.

Comment présumer que la mère ajoute à son crime envers son mari celui de tromper son propre enfant qu'elle exclut du rang des enfans légitimes?

Lorsqu'il est ainsi repoussé de la famille, et par la femme qui cache sa naissance, et par le mari qui a fait prononcer la peine d'adultère, cela forme une masse de présomptions qui ne laissent plus à celle que l'on peut tirer du mariage son influence décisive.

Alors même l'enfant, au milieu de ces dissensions, et malgré la condamnation de sa mère, peut toujours invoquer la règle générale; mais on n'a pas cru qu'il fût possible de refuser au mari la faculté de proposer les faits propres à justifier qu'il n'est pas le père. Comment, en effet, repousser un mari qui, ayant fait déclarer sa femme adultère, ayant ignoré qu'elle eût un enfant, verrait après coup, et peut-être même après la mort de sa femme, cet enfant se présenter comme étant né de son mariage?

C'est dans de pareilles circonstances que l'honnêteté publique et la dignité de l'union conjugale réclament en faveur du mari le droit de prouver que cet enfant lui est étranger.

314-315 Il est une autre présomption avec laquelle le mari peut contester l'application de la règle générale ; c'est lorsque cette règle se trouve en opposition avec la marche constante de la nature. On croit plutôt à la faiblesse humaine qu'à l'interversion de l'ordre naturel.

La naissance de l'homme est précédée du temps où il se forme dans le sein de la mère. Ce temps est ordinairement de neuf mois. On voit des exemples assez fréquens de ce que ce terme est avancé ou retardé ; mais il est très-rare qu'un enfant soit né avant que six mois de grossesse, ou cent quatrevingts jours depuis la conception, se soient écoulés ; ou qu'il soit resté dans le sein de sa mère plus de dix mois , ou trois cents jours.

Les naissances avancées ou tardives ont été la matière de procès célèbres. Il a toujours été reconnu que la physiologie n'a aucun moyen de découvrir la vérité relativement à l'enfant qui est l'objet de la contestation ; ces débats scandaleux ne portaient que sur des recherches non moins scandaleuses d'exemples que de part et d'autre on alléguait souvent sans preuves. Les juges ne pouvaient recevoir aucune lumière sur le fait particulier, et chaque tribunal se formait un système différent sur l'extension ou sur la limitation qu'il devait admettre dans le cours ordinaire de la nature. La jurisprudence n'avait aucune uniformité par le motif même qu'elle ne pouvait être qu'arbitraire.

Il fallait sortir d'un pareil état : ce n'était point une vérité absolue que les rédacteurs de la loi avaient à découvrir ; il leur suffisait de donner aux juges une règle qui fixât leur incertitude, et ils devaient prendre cette règle dans la marche tellement uniforme de la nature, qu'à peine pût-on lui opposer quelques exceptions qui ne feraient que la confirmer.

Ce sont les motifs qui ont déterminé à fixer le terme des naissances avancées à cent quatre-vingts jours, et celui des naissances tardives à trois cents jours.

Il n'en résulte pas que l'enfant qui serait né avant les cent

quatre-vingts jours, ou depuis les trois cents jours, doive
être par cela même déclaré non légitime. Il faudra que la
présomption résultant d'une naissance trop avancée ou trop
tardive se trouve confirmée, lorsque le mari vit, par une
présomption qui paraîtra plus forte encore à quiconque observe le cœur humain. Il faudra que l'enfant soit désavoué
par le mari. Comment croire qu'il étouffe tous les sentimens
de la nature, comment croire qu'il allume dans sa maison les
torches de la discorde, et qu'au dehors il se dévoue à l'humiliation, s'il n'est pas dans la conviction intime que l'enfant
n'est point né de son mariage?

La loi ne se borne pas à sonder le cœur et à calculer les véritables intérêts du mari : elle se met en garde contre les
passions qui pourraient l'aveugler; elle n'admet point le désaveu qui ne se trouve pas d'accord avec sa conduite antérieure.
S'il avait toujours cru que l'enfant lui fût étranger, aucun
acte ne démentirait une opinion qui, depuis la naissance de
cet enfant, a dû déchirer son âme. S'il a varié dans cette
opinion, il n'est plus recevable à refuser à l'enfant l'état qu'il
ne lui a pas toujours contesté.

Ainsi, dans le cas où l'enfant serait né avant le cent quatre-
vingtième jour (six mois) depuis le mariage, la loi présume
qu'il n'a point été conçu pendant cette union; mais le mari
ne pourra désavouer l'enfant, si, avant de se marier, il a eu
connaissance de la grossesse. On présume alors qu'il n'a contracté le mariage que pour réparer sa faute personnelle; on
présume qu'un pareil hymen n'eût jamais été consenti, s'il
n'eût été persuadé que la femme portait dans son sein le fruit
de leurs amours : et lorsqu'il a eu dans la conduite de cette
femme une telle confiance qu'il a voulu que leur destinée fût
unie, comment pourrait-on l'admettre à démentir un pareil
témoignage?

Le mari ne pourra encore désavouer l'enfant né avant le
cent quatre-vingtième jour du mariage, s'il a assisté à l'acte

de naissance, et si cet acte est' signé de lui, ou contient sa déclaration 'qu'il ne sait signer.

Comment en effet pourrait-il revenir contre sa propre déclaration, donnée dans 'l'acte même destiné à constater l'état civil 'de l'enfant?

Il est une troisième circonstance 'dans laquelle le mari n'est pas 'admissible au désaveu', c'est 'lorsque l'enfant n'a pas été déclaré *viable*.

Il faut, à cet égard, que les gens de l'art prononcent.

L'enfant vivait dans le sein de la mère. Cette existence peut se prolonger pendant un nombre de jours indéterminé, sans qu'il soit possible qu'il la conserve; et c'est cette possibilité de parcourir la carrière ordinaire de la vie qu'on entend par l'expression être *viable*.

Lorsque l'enfant n'est pas déclaré viable, la présomption contre la femme n'est plus la même. Il n'y a plus de certitude que ce soit un accouchement naturel qui ait dû être précédé du temps ordinaire de la grossesse. Toute recherche serait scandaleuse et sans objet.

Quel but le mari pourrait-il se proposer en désavouant un enfant qui ne doit pas vivre, si ce n'est de porter atteinte à la réputation de la femme à laquelle il s'est uni? Il ne peut même pas avoir l'intérêt du divorce pour cause d'adultère, puisqu'il suppose que la faute est antérieure à son mariage. Les tribunaux ne doivent pas l'écouter dans son aveugle ressentiment.

312 La règle établie sur les naissances avancées ou tardives recevra encore son application dans le cas où le mari voudra désavouer son enfant pour cause d'impossibilité physique de cohabitation. La loi exige qu'il y ait eu impossibilité pendant le temps qui aura couru depuis le trois centième jusqu'au cent quatre-vingtième jour avant la naissance de l'enfant; le temps le 'plus long de la grossesse étant de trois cents jours, et le plus court de cent quatre-vingts, si, depuis l'époque où a pu commencer le temps le plus long, jusqu'à celui où a pu

commencer le temps le plus court, il y a eu impossibilité, il est évident que la présomption qui naît du cours ordinaire de la nature a toute sa force.

Enfin, la naissance tardive peut être opposée à l'enfant, 315 s'il naît trois cents jours après la dissolution du mariage.

Néanmoins, la présomption qui en résulte ne sera décisive contre lui qu'autant qu'elle ne sera pas affaiblie par d'autres circonstances.

On vient de voir que la loi, en donnant au mari un droit 316 de désaveu que la justice et la raison ne permettaient pas de lui refuser, a en même temps repoussé toute attaque qui aurait été précédée d'actes incompatibles.

C'est encore en consultant le cœur humain qu'elle a regardé comme ne devant plus être admise une pareille action judiciaire qui n'aurait pas été intentée dans les plus courts délais.

Le sentiment naturel du mari qui a des motifs suffisans pour désavouer un enfant qu'il croit lui être étranger, est de le rejeter sur-le-champ de la famille : son devoir, l'outrage qu'il a reçu, tout doit le porter à faire sur-le-champ éclater sa plainte. S'il diffère, il s'entend appeler du nom de père, et son silence équivaut à un aveu formel en faveur de l'enfant ; la qualité de père que l'on a consenti une fois à porter est irrévocable.

Il devra réclamer dans le mois, s'il se trouve sur les lieux de la naissance de l'enfant ; dans les deux mois après son retour, si, à la même époque, il est absent ; et dans les deux mois après la découverte de la fraude, si on lui avait caché la naissance.

Cependant, si le mari meurt avant qu'il ait fait sa décla- 317 ration, et lorsque le délai pour la former n'est pas encore expiré, l'action qu'il pouvait intenter est au nombre des droits que la loi transmet à ses héritiers. On a considéré que, le plus souvent, les enfans dont la légitimité peut être contestée ne sont produits dans la famille qu'après la mort du mari, qui aurait eu tous les moyens de les repousser. D'ailleurs,

le mari qui meurt dans le court délai que lui donne la loi
pour réclamer a le plus souvent été dans l'impuissance d'a-
voir d'autres soins que ceux de prolonger ses derniers instans.
On eût exposé les familles à être injustement dépouillées, si
on eût rejeté leur action contre l'enfant que le mari eût pu
désavouer.

Mais en même temps la loi a voulu que l'état de cet enfant
ne restât pas incertain, et elle ne donne aux héritiers, pour
contester sa légitimité, que deux mois, à compter, soit de
l'époque où il serait mis en possession des biens du mari,
soit de l'époque où les héritiers seraient troublés par l'enfant
dans cette possession.

318   On a même prévu que le mari ou ses héritiers pourraient
chercher à prolonger ces délais, en se bornant à un acte extrajudiciaire, contenant le désaveu.

La loi déclare que cet acte ne sera d'aucune considération
s'il n'est suivi, dans le délai d'un mois, d'une action en justice, dirigée contre le tuteur nommé à l'enfant en présence
de sa mère.

ch. 2.   Après avoir établi le petit nombre d'exceptions à la règle
générale *pater is est quem nuptiæ demonstrant*, la loi indique
aux enfans légitimes les preuves qu'ils doivent fournir de
leur filiation.

319   Déjà vous avez vu, dans un précédent titre du Code, combien de précautions ont été prises pour constater l'état civil
des citoyens. Des actes dressés de manière à établir une preuve
complète sont inscrits sur des registres toujours ouverts à ceux
qu'ils peuvent intéresser.

S'il existe sur ces registres un acte qui constate l'état réclamé par l'enfant, il ne peut s'élever aucun doute sur sa
filiation. C'est un acte public et authentique ; il fait foi tandis qu'il n'est point inscrit de faux.

320   Mais il est possible que le registre sur lequel l'acte a été
inscrit soit perdu, qu'il ait été brûlé, que les feuilles en aient
été déchirées ou rongées ; il est même encore possible, et sur-

tout dans des temps de trouble ou de guerre civile, que les registres n'aient pas été tenus, ou qu'il n'y ait pas eu d'acte dressé.

C'est pour l'enfant un malheur d'être privé d'un titre aussi commode.

Mais son état ne dépend pas de ce genre de preuve.

L'usage des registres publics pour l'état civil n'est pas très-ancien, et c'est dans des temps plus modernes encore qu'ils ont commencé à être tenus plus régulièrement. Ils ont été établis en faveur des enfans, et seulement pour les dispenser d'une preuve moins facile.

Le genre de preuve le plus ancien, celui que toutes les nations ont admis, celui qui embrasse tous les faits propres à faire éclater la vérité, celui sans lequel il n'y aurait plus rien de certain ni de sacré parmi les hommes, c'est la preuve de la possession constante de l'état d'enfant légitime.

Différente des conventions qui, la plupart, ne laissent d'autres traces que l'acte même qui les constate, la possession d'état se prouve par une longue suite de faits extérieurs et notoires, dont l'ensemble ne pourrait jamais exister s'il n'était pas conforme à la vérité. 321

On ne peut plus douter que l'enfant ne soit né de mariage, quand il prouve que ses père et mère, unis légitimement, l'ont constamment traité comme le sont tous les enfans légitimes.

Cette preuve peut se composer de faits si nombreux et si variés, que leur énumération eût été impossible.

La loi se borne à indiquer les principaux.

L'individu a-t-il toujours porté le nom du père auquel il prétend appartenir?

Le père l'a-t-il traité comme son enfant, et a-t-il pourvu, en cette qualité, à son éducation, à son entretien et à son établissement?

A-t-il été constamment reconnu pour tel dans la société?

A-t-il été reconnu pour tel dans la famille?

La loi n'exige pas que tous ces faits concourent; l'objet est de prouver que l'enfant a été reconnu et traité comme légitime : il n'importe que la preuve résulte de faits plus ou moins nombreux, il suffit qu'elle soit certaine.

322   Lorsque les deux principaux moyens de constater l'état civil d'un individu, qui sont le titre de naissance et la possession conforme à ce titre, se réunissent, son état est irrévocablement fixé.

Il ne serait même pas admis à réclamer un état contraire; et réciproquement, nul ne serait recevable à le lui contester.

Le titre et la possession d'état ne pourraient être démentis par l'enfant qu'autant qu'il opposerait à ces faits celui de l'accouchement de la femme dont il prétendrait être né, et qu'il prouverait que c'est lui à qui elle a donné le jour.

Comment, entre des faits contraires, celui qui n'est qu'obscur et isolé, tel que l'accouchement, balancerait-il le fait littéralement prouvé par le titre de naissance, ou cette masse de faits notoires qui établissent la possession d'état?

323   Lorsque l'enfant n'a ni possession constante, ni titre, ou lorsqu'il a été inscrit, soit sous de faux noms, soit comme né de père et mère inconnus, il en résulte une présomption très-forte qu'il n'appartient point au mariage. Cependant des circonstances extraordinaires, les passions qui auront égaré les auteurs de ses jours, leurs dissensions, des motifs de crainte ou d'autres considérations majeures, peuvent avoir empêché qu'il n'ait été habituellement traité comme enfant légitime. Les faits mêmes qui y auront mis obstacle deviendront des preuves en sa faveur.

Mais il faut que la présomption qui s'élève contre l'enfant soit balancée par celle que présenteront des faits consignés dans des actes écrits, ou qu'ils soient dès-lors constans.

Lorsqu'un enfant veut constater son état par une possession qui se compose de faits continus pendant un certain nombre d'années, la preuve par témoins ne présente aucun inconvénient : elle conduit au plus haut degré de certitude que l'on puisse atteindre. Mais lorsque la question d'état dépend de faits particuliers sur lesquels des témoins subornés ou crédules peuvent en imposer à la justice, leur témoignage seul ne doit point être admis. Une fâcheuse expérience a démontré que, pour des sommes ou des valeurs peu considérables, les témoins ne donnent pas une garantie suffisante. Comment pourrait-on y avoir confiance, lorsqu'il s'agit d'attribuer les droits attachés à la qualité d'enfant légitime, droits qui emportent tous les genres de propriété?

Cependant il peut résulter d'un acte écrit, et dont la foi ne soit pas suspecte, des indices que les juges trouvent assez graves pour que la vérité doive être approfondie par tous les moyens, au nombre desquels se trouve la preuve testimoniale.

Cet acte est ce qu'on appelle, dans le langage de la loi, *un* 324 *commencement de preuve par écrit*. Il faut qu'il présente les caractères de la vérité; il faut qu'il émane directement de ceux qui, par leur intérêt personnel, sont à l'abri de tout soupçon. On n'admettrait donc point le commencement de preuve par écrit s'il ne se trouvait, soit dans les titres de famille, soit dans les actes publics et même privés d'une personne engagée dans la contestation, ou qui y aurait intérêt si elle était vivante.

Il ne serait pas nécessaire qu'il y eût un acte par écrit, si le commencement de preuve dont se prévaut l'enfant était fondé sur un fait dont toutes les parties reconnaîtraient la vérité, ou qui serait dès lors constant.

Que le fait qui établit le commencement de preuve soit ou qu'il ne soit pas consigné dans un acte écrit, il suffit que son existence soit démontrée aux juges autrement que par l'enquête demandée.

La loi craint tellement de faire dépendre entièrement les 327 questions d'état de simples témoignages, qu'elle impose aux juges le devoir de proscrire les moyens indirects que l'on voudrait prendre pour y parvenir. Telles seraient les plaintes

en suppression d'état que l'on porterait aux tribunaux criminels avant qu'il y ait, eu par la voie civile un jugement
définitif.

Toujours de pareilles plaintes ont été rejetées comme frau-
duleuses, et les parties ont été renvoyées devant les uges
civils.

Cette décision est contraire à la règle générale qui, considérant la punition des crimes comme le plus grand intérêt
de l'État, suspend les procédures civiles quand il y a lieu à
la poursuite criminelle : mais lorsqu'il y a un intérêt autre
que celui de la vengeance publique, intérêt dont l'importance
fait craindre que l'action criminelle n'ait pas été intentée de
bonne foi ; lorsque cette action est présumée n'avoir pour but
que d'éluder la règle de droit civil, qui, sur les questions
d'état, écarte comme très-dangereuse la simple preuve par
témoins ; lorsque la loi civile, qui rejette cette preuve, même
pour des intérêts civils, serait en opposition avec la loi criminelle qui l'admettrait, quoiqu'elle dût avoir pour résultat
le déshonneur et une peine afflictive, il ne peut rester aucun
doute sur la nécessité de faire juger les questions d'état dans
les tribunaux civils, avant que les poursuites criminelles puissent être exercées.

323   On ne peut se dissimuler que, même avec ces précautions,
il ne soit encore possible que, dans des cas très-rares, la religion des juges soit trompée. Mais il n'est pas douteux qu'il
y aurait des victimes nombreuses, si on repoussait impitoya-
blement les enfans qui, privés de titre et de possession d'é-
tat, ou inscrits, soit sous de faux noms, soit comme nés de
père et mère inconnus, se présenteraient avec les moyens qui
viennent d'être indiqués. C'est à la sagesse des tribunaux
qu'il appartiendra d'apprécier la foi que méritent les témoins.
et de se mettre en garde contre l'intrigue.

324   La loi veille suffisamment à l'intérêt des familles, lorsque,
dans tous les cas où l'enfant peut appeler des témoins, elles
sont autorisées à faire la preuve contraire par tous les moyens

propres à établir que le réclamant n'est pas l'enfant de la mère qu'il prétend avoir.

La preuve de maternité qui aurait été faite contre la femme n'est pas regardée comme preuve de paternité contre le mari. En effet, la preuve de la maternité s'établissant sur le fait de l'accouchement d'un enfant, le même que celui qui réclame, il n'en résulte aucune possession d'état, aucune reconnaissance du père, aucun titre.

Si la loi se montre sévère sur le genre de preuves qu'elle 328 admet, elle veut que l'accès des tribunaux soit toujours ouvert à l'enfant qui réclame. Elle écarte les obstacles qui s'opposeraient à ce que des actions ordinaires fussent intentées. Celle en réclamation d'état sera imprescriptible à son égard.

La prescription est fondée sur l'intérêt public, qui exige que les propriétés ne restent pas incertaines.

Il ne s'agit pas ici d'une simple propriété, l'état civil affecte la personne et les biens. C'est un intérêt qui doit l'emporter sur tous les autres.

Pour qu'une propriété ordinaire cesse d'être incertaine, il suffit qu'après un certain temps on ne puisse plus l'attaquer.

Pour que l'état civil cesse d'être incertain, il faut que l'on puisse toujours, afin de le fixer, recourir aux tribunaux.

La même faveur ne doit pas s'étendre aux héritiers. Il ne 329 s'agit pas pour eux d'obtenir le rang d'enfans légitimes, et leurs prétentions contre la famille dans laquelle ils veulent entrer doivent dépendre de la conduite qu'a tenue envers cette famille celui qu'ils représentent.

Si l'action a été intentée par l'enfant, les héritiers la trou- 330 vent au nombre des droits qu'ils ont à exercer dans sa succession.

Mais si on peut induire de la conduite de l'enfant qu'il n'ait pas cru avoir des droits, ou qu'il s'en soit désisté, les héritiers ne doivent plus être admis à s'introduire dans une famille à laquelle leur auteur s'est lui-même regardé comme étranger.

Il n'y aura aucun doute à cet égard si l'enfant, après avoir intenté son action, s'en est formellement désisté.

L'intention de se désister sera présumée respectivement aux héritiers, s'il a laissé trois années s'écouler sans donner suite à la procédure commencée.

Il sera de même réputé n'avoir jamais eu l'intention de réclamer, s'il est mort, sans l'avoir fait, après cinq années expirées depuis sa majorité.

Dans tous ces cas, l'action ne pourra être intentée par ses héritiers.

C'est ainsi que, dans la loi proposée, on a cherché à concilier l'intérêt de ceux qui réclament leur état et celui des familles. Il n'est point de demande plus favorable que celle d'un enfant qui veut recouvrer son état civil. Mais aussi les exemples d'enfans qui se trouvent injustement dans cette position malheureuse sont moins nombreux que les exemples d'individus troublant injustement le repos des familles ; il y a plus de gens excités par la cupidité qu'il n'y a de pères et de mères dénaturés.

ch. 3.   Après avoir établi les règles sur la filiation des enfans légitimes, la loi s'occupe du sort des enfans nés hors mariage.

331   Elle met dans une classe à part ceux qui, étant nés de pères et mères libres, peuvent être élevés au rang d'enfans légitimes, lorsque leurs pères et mères s'unissent par les liens du mariage.

La légitimation par le mariage subséquent fut au nombre des lois romaines.

Le droit canonique, suivi à cet égard en France depuis un grand nombre de siècles, mit aussi au nombre de ses principes que la force du mariage rendait légitimes les enfans que les époux avaient eus ensemble antérieurement.

L'ordre public, le devoir du père, l'intérêt de la mère, la faveur due à l'enfant, tout concourt à faire maintenir cette espèce de légitimation.

L'ordre public est intéressé à ce que l'homme et la femme

qui vivent dans le désordre aient un moyen d'éviter l'un et l'autre de ces deux écueils, celui de se séparer par dégoût, ou celui de continuer un commerce illicite. La loi leur offre dans une union sainte et respectable des avantages assez précieux pour les porter à la contracter.

Au nombre de ces avantages, l'homme aura celui de procurer à l'enfant pour qui la nature doit lui avoir inspiré des sentimens de tendresse toutes les prérogatives que donne dans la société la qualité d'enfant légitime. C'est même de sa part un devoir que sa conscience doit sans cesse lui rappeler.

Cette légitimation est pour la femme le plus heureux moyen de réparer sa faute, de recouvrer son honneur, et de se rendre digne des titres honorables d'épouse et de mère.

Les enfans nés d'un père et d'une mère qui deviennent ensuite époux légitimes ne sauraient être plus dignes de faveur que quand ils invoquent les effets d'une union qui a des rapports si intimes avec leur naissance antérieure.

Cependant, si l'intérêt des mœurs a fait admettre la légitimation par mariage subséquent, ce même intérêt s'oppose à ce qu'elle ait lieu, si les enfans ne sont pas nés de pères et de mères libres. Les fruits de l'adultère ou de l'inceste ne sauraient être ensuite assimilés à ceux d'un hymen légitime.

Il est encore, pour le repos des familles, une condition exigée des pères et mères : ils doivent reconnaître avant le mariage, ou dans l'acte de sa célébration, les enfans qu'ils ont à légitimer.

Ceux qui regrettent que la reconnaissance postérieure à la célébration n'ait pas le même effet pensent que la légitimation est une suite nécessaire du mariage, et ils craignent que la pudeur ou l'intérêt de ne pas aliéner le cœur de parens austères n'ait empêché les époux de faire à temps les actes de reconnaissance.

La règle suivant laquelle le mariage légitimait de plein droit avait été admise dans le système où la recherche de la paternité n'était pas interdite. Alors l'enfant conservait toujours le droit de prouver contre ses père et mère l'origine de sa naissance; il n'avait pas besoin d'être reconnu. Mais lorsqu'il n'y a de paternité constante que par la reconnaissance même du père, ainsi qu'on l'expliquera dans la suite, il est indispensable que l'enfant soit d'abord avoué pour être ensuite légitimé.

La légitimation n'est pas un effet nécessaire du mariage; elle n'est qu'un bénéfice de la loi. Autrefois même, dans plusieurs pays, elle devait être rendue solennelle par des cérémonies publiques au moment de la célébration.

Dans d'autres, tels que l'Angleterre, on ne l'a point adoptée; elle y a été considérée comme favorisant le concubinage.

Dans la loi proposée, si on la regarde comme utile à l'ordre public, ce n'est qu'avec des précautions dictées par l'expérience.

Les enfans nés hors mariage n'ont point en leur faveur de présomption légale de leur naissance; ils n'ont qu'un témoignage: il doit être donné dans un temps non suspect. La loi ne peut laisser à des époux la faculté de s'attribuer des enfans par leur consentement mutuel. Les familles ne doivent pas être dans une continuelle incertitude.

La pudeur ou la crainte par lesquelles on suppose que les père et mère ont pu être enchaînés avant le mariage, et à l'époque de sa célébration, ne sont pas des motifs d'admettre une reconnaissance tardive.

La loi ne saurait faire entrer en considération une fausse pudeur et des vues d'intérêt. Il est au contraire dans ses principes que rien ne peut dispenser d'obéir à sa conscience et de remplir les devoirs de la nature.

332 Cette légitimation est admise même en faveur des enfans décédés qui ont laissé une postérité; et, dans ce cas, elle profite à leurs descendans.

L'équité a prescrit cette mesure. La légitimation du père aurait eu sur le sort et sur la fortune de ses enfans une telle

influence, qu'elle ne saurait être regardée comme un bienfait qui lui soit personnel. C'est un chef de famille que la loi
a voulu créer; si ce chef n'existe plus, ses descendans doivent
être admis à le représenter.

Une déclaration du 26 novembre 1639 avait déclaré inca- 331-333
pables de toute succession les enfans nés de femmes que les
pères avaient entretenues, et qu'ils avaient épousées à l'extrémité de la vie.

Cette disposition, qui ne fut d'abord appliquée qu'aux
pères, fut ensuite étendue aux femmes par un édit de 1697,
et l'incapacité de succéder fut rendue commune aux enfans
mêmes qui naîtraient après ces mariages et à leur postérité.

Aucune loi semblable n'avait encore été rendue. Elle fut
déterminée par quelques arrêts, dont les plus anciens sont
de peu d'années antérieurs à la déclaration de 1639. Elle
dérogeait au droit commun, qui donnait alors au mariage la
force de légitimer les enfans. Elle a toujours trouvé de nombreux contradicteurs. L'expérience d'un siècle et demi prouve
que la société n'en a pas retiré des avantages réels, et il peut
en résulter des inconvéniens très-graves.

Et d'abord, n'y a-t-il pas contradiction à permettre le
mariage à quelque époque de la vie que ce soit, et à priver
ce mariage d'un effet aussi important que celui de la légitimation des enfans qui pourraient en naître, ou qui seraient
nés antérieurement?

Ce contrat exige des formalités et des cérémonies exté-
rieures qui donnent la certitude que les époux y ont consenti avec réflexion et avec persévérance.

Comment supposer qu'ils aient été capables de réflexion
pour leur mariage, et qu'ils aient été incapables de faire
avec discernement la reconnaissance d'enfans qu'ils auraient
eus antérieurement?

Le mariage, dans son institution et dans sa fin, est tout
en faveur des enfans. Quelle serait donc cette espèce de mariage incompatible avec leur légitimité?

On a senti que, dans la loi de 1639, il y avait une inconséquence, en ce que le mariage contracté à l'extrémité de la
vie était suffisant pour légitimer les enfans nés postérieurement, tandis que ce mariage était déclaré insuffisant pour
légitimer les enfans dont la naissance serait antérieure. On a,
dans la loi de 1697, fait cesser cette contradiction par une
disposition plus étrange encore et plus destructive de tous
les principes. On a enveloppé dans la même proscription les
enfans nés depuis un mariage légitime, comme ceux nés antérieurement.

Si on peut citer quelques exemples de reconnaissances
suggérées, combien d'autres dictées par la conscience auront
été étouffées! La seule crainte de la fraude ne doit pas être
un motif pour interdire des actes commandés par la justice.

On a craint que le concubinage ne fût encouragé, si les
femmes qui se livrent à ce désordre pouvaient se marier à
l'époque où l'homme, près du tombeau, ne serait plus arrêté
par aucune considération.

L'expérience a prouvé que les recherches sur le concubinage d'une femme devenue épouse légitime n'ont présenté
que des scènes scandaleuses, sans utilité pour les mœurs :
l'honnêteté publique ne peut pas permettre que, pour sacrifier des enfans, on commence par déshonorer la mère. Son
mariage ne serait pas annulé; elle serait décorée du titre de
femme; sa conduite antérieure serait couverte de ce voile
respectable; et cette conduite ne pourrait plus être opposée
qu'à ceux qui n'en sont pas coupables.

Les mariages à l'extrémité de la vie sont très-rares; ce
qui prouve qu'il n'est point dans le cœur de l'homme, surtout lorsqu'il a des enfans, d'attendre ses derniers momens
pour assurer leur sort.

Le respect dû aux mœurs, la justice à rendre aux enfans,
le désespoir d'un homme qui, surpris par les maux avant-
coureurs de la mort, ne pourrait plus réparer ses torts; le
malheur d'une femme qui, le plus souvent, a été séduite

par des promesses trop long-temps retardées ; tous ces motifs ont fait rejeter dans le nouveau Code la législation sur l'effet des mariages contractés à l'extrémité de la vie.

Une autre espèce de légitimation avait lieu dans l'ancien régime. Elle se faisait par l'autorité du prince ; elle n'attribuait point tous les droits de la légitimité. Le principal objet de cette prérogative royale était de faire cesser, pour ceux qui obtenaient cette faveur, l'incapacité de remplir des dignités et des emplois.

Cette incapacité a été regardée comme une proscription inutile et même nuisible à l'ordre social. Depuis long-temps le préjugé qui tenait les enfans naturels dans l'avilissement a été détruit par la raison et par l'humanité.

Cette espèce de légitimation n'a point dû reparaître dans le nouveau Code.

Après avoir réglé le sort des enfans naturels qui peuvent être légitimés par le mariage subséquent, la loi s'occupe de ceux qui ne peuvent aspirer aux droits d'enfans légitimes. ch. 3, sect. 7.

Ce sont des victimes innocentes de la faute de leurs parens. L'ordre social a exigé que des prérogatives fussent accordées aux enfans nés de mariages légitimes. La nécessité de maintenir la barrière qui les sépare a été reconnue par tous les peuples : mais la dignité du mariage n'exige point qu'ils soient étrangers à ceux dont ils tiennent la naissance. La loi serait à la fois impuissante et barbare, qui voudrait étouffer le cri de la nature entre ceux qui donnent et ceux qui reçoivent l'existence.

Les pères et mères ont envers leurs enfans naturels des devoirs d'autant plus grands, qu'ils ont à se reprocher leur infortune. La loi a seulement été obligée de poser des bornes au-delà desquelles l'institution du mariage serait compromise.

Lorsqu'il s'agit de fixer le sort des enfans naturels, rien n'est plus difficile que de conserver un juste équilibre entre les droits qu'ils tiennent de leur naissance et les mesures qu'exige la nécessité de maintenir l'organisation des familles.

Il semble que ce soit un écueil contre lequel, jusqu'ici, les législateurs ont échoué; ils ont trop exigé pour l'ordre social, ou ils l'ont trop négligé.

· Dans l'ancien régime, on donnait aux enfans naturels qui n'étaient point reconnus par leurs pères trop de facilité à inquiéter des familles auxquelles ils étaient étrangers; et, sous les rapports de la fortune, ils étaient traités avec une rigueur excessive.

Pendant la révolution, la loi ancienne a été réformée en ce qu'elle admettait des recherches odieuses sur la paternité; mais on s'est laissé entraîner par des sentimens de bienfaisance: on leur a donné des droits qui les assimilaient sous un trop grand nombre de rapports aux enfans légitimes.

334-338   On a cherché, dans le nouveau Code, à réparer ces erreurs, et à poser enfin les justes limites entre lesquelles ni les droits de la nature, ni ceux de la société ne seront violés.

La part que les enfans naturels auront dans les biens de leurs pères et mères, et la qualité dans laquelle ils pourront réclamer cette part, seront déterminées au titre *des Successions*. Il s'agit seulement ici d'établir les règles, pour reconnaître le lien qui les unit aux auteurs de leurs jours.

Depuis long-temps, dans l'ancien régime, un cri général s'était élevé contre les recherches de paternité. Elles exposaient les tribunaux aux débats les plus scandaleux, aux jugemens les plus arbitraires, à la jurisprudence la plus variable. L'homme dont la conduite était la plus pure, celui même dont les cheveux avaient blanchi dans l'exercice de toutes les vertus, n'étaient point à l'abri de l'attaque d'une femme impudente, ou d'enfans qui lui étaient étrangers. Ce genre de calomnie laissait toujours des traces affligeantes. En un mot, les recherches de paternité étaient regardées comme le fléau de la société.

Une loi très-favorable aux enfans naturels fut rendue par la Convention, le 12 brumaire an II; cependant elle crut devoir faire cesser l'abus des procès dont les enfans voudraient encore tourmenter les familles sans motifs plausibles.

Il fut réglé pour le passé que « la preuve de leur posses-
« sion d'état ne pourrait résulter que de la représentation
« d'écrits publics ou privés du père, ou de la suite de soins
« donnés à titre de paternité et sans interruption, tant à
« leur entretien qu'à leur éducation, et qu'il en serait de
« même à l'égard de la mère. »

Quant à l'avenir, il fut statué que « l'état et les droits des
« enfans naturels dont le père et la mère seraient encore
« existans lors de la promulgation du Code civil seraient en
« tous points réglés par les dispositions de ce Code, et que,
« néanmoins, en cas de mort de la mère avant la promulga-
« tion, la reconnaissance du père, faite devant un officier
« public, suffirait pour constater l'état de cet enfant. »

A cette même époque, une partie du Code civil était préparée, et on se disposait à la promulguer d'un jour à l'autre.
On y avait établi que la loi n'admet point la recherche de la
paternité non avouée, et que la preuve de la reconnaissance
du père ne peut résulter que de sa déclaration, faite devant
un officier public.

Dans la loi proposée, cette sage disposition qui interdit 334-340
les recherches de la paternité a été maintenue. Elle ne
pourra jamais être établie contre le père que par sa propre
reconnaissance, et encore faudra-t-il, pour que les familles
soient, à cet égard, à l'abri de toute surprise, que cette reconnaissance ait été faite, ou par l'acte même de naissance,
ou par un acte authentique.

La loi proposée n'admet qu'une seule exception ; c'est le
cas d'enlèvement dont l'époque se rapporte à celle de la
conception. Alors le ravisseur pourra, sur la demande des
personnes intéressées, être déclaré père de l'enfant.

Dans ce cas, le délit du ravisseur et la forte présomption
qu'il est l'auteur de la grossesse de la femme, lorsque l'enlèvement se rapporte à l'époque de la conception, sont des
motifs suffisans pour qu'il puisse, s'il n'a pas de moyens de

défense valables , être déclaré père de l'enfant. On se portera moins facilement à ce genre de crime , et on en subira la peine la plus naturelle , si on peut appeler ainsi l'accomplissement des devoirs d'un père.

341   La règle exclusive de la recherche de la paternité ne s'applique point à la mère. Il ne s'agit point, à son égard , de pénétrer les mystères de la nature : son accouchement et l'identité de l'enfant sont des faits positifs et qui peuvent être constatés.

Cependant la loi a cru devoir prendre des précautions contre le genre de preuves qui pourra être admis. Si la crainte des vexations et de la diffamation a fait rejeter les recherches de la paternité , ce serait pour les femmes un malheur encore plus grand , si leur honneur pouvait être compromis par quelques témoins complaisans ou subornés. On ne présume point qu'un enfant ait été mis au monde sans qu'il y ait par écrit quelques traces, soit de l'accouchement, soit des soins donnés à cet enfant. Il était donc à la fois de justice particulière et d'honnêteté publique de n'admettre l'enfant à prouver qu'il est identiquement le même que celui dont la mère qu'il réclame est accouchée, que dans le cas où il aura déjà un commencement de preuve par écrit.

335   La reconnaissance des enfans adultérins ou incestueux serait, de la part du père et de la mère, l'aveu d'un crime. Il a été réglé qu'elle ne pourrait avoir lieu qu'au profit d'enfans nés d'un commerce libre.

342   On a voulu également éviter le scandale public que causerait l'action judiciaire d'un enfant adultérin ou incestueux qui rechercherait son état dans la preuve du délit de ceux qu'il prétendrait en même temps être les auteurs de ses jours. Ils ne seront, dans aucun cas, admis à la recherche , soit de la paternité , soit de la maternité.

336   La déclaration de la mère sur la paternité ne pouvant devenir un titre pour inquiéter celui qu'elle aurait désigné,

il devait être décidé, par réciprocité et par le même motif d'honnêteté publique, que celui qui se reconnaîtrait pour père ne pourrait point donner des droits contre la femme qu'il indiquerait. La reconnaissance du père, sans l'indication et l'aveu de la mère, n'aura d'effet qu'à l'égard du père.

Il semble, au premier coup d'œil, que la reconnaissance du père ne devrait être d'aucun effet quand elle est désavouée par la mère. C'est elle qui doit avoir, plus encore que celui qui se reconnaît pour le père, le secret de la paternité. Mais il est possible que la mère, soit par haine contre le père qui s'est reconnu, soit par d'autres considérations, désavoue cette reconnaissance. On a trouvé qu'il serait trop dur que le cri de la conscience et de la nature de la part du père fût étouffé par un seul témoignage qui pourrait même souvent être suspect.

Il faut encore observer qu'il serait contraire aux mœurs que la reconnaissance du père ne pût être faite sans indiquer la mère, afin qu'elle avoue ou désavoue. Il pourrait même arriver qu'elle mourût avant d'avoir fait sa déclaration. Le père doit donc avoir le droit de reconnaître l'enfant sans indiquer la mère; et puisqu'il n'a pas besoin de son concours, c'est un motif de plus pour que le désaveu de la mère indiquée ne puisse nuire aux enfans.

Il est un cas dans lequel un enfant naturel ne pourrait se 337 prévaloir de la reconnaissance du père; c'est celui où elle aurait été donnée par l'un des époux au profit d'un enfant naturel qu'il aurait eu, pendant son mariage, d'un autre que de son époux. Une pareille reconnaissance ne pourra nuire ni à l'autre époux ni aux enfans nés de ce mariage. Il ne peut pas dépendre de l'un des époux de changer, après son mariage, le sort de sa famille légitime, en appelant des enfans naturels qui demanderaient une part dans les biens. Ce serait violer la foi sous laquelle le mariage aurait été contracté. Si l'ordre public ne permet pas que des époux reconnaissent, après leur mariage, leurs propres enfans qu'ils voudraient légitimer, à plus forte raison, les enfans qui sont étrangers à l'un d'eux ne peuvent-ils acquérir, depuis le mariage, des droits contraires à ceux des enfans légitimes.

Cependant il peut arriver qu'à l'époque de la dissolution de ce mariage il ne reste pas de descendans. Il n'y a point alors de motif pour que la reconnaissance ne reçoive pas son exécution, comme elle l'aurait eue s'il n'y avait point eu d'enfans du mariage.

339 Une dernière précaution prise par la loi est que toute reconnaissance de la part du père ou de la mère, de même que toute réclamation de la part de l'enfant, pourra être contestée par tous ceux qui y auront intérêt.

Les enfans légitimes sont sous l'égide du mariage. Leur état civil n'est pas susceptible d'être attaqué dans les cas où peut l'être une simple reconnaissance d'enfans naturels. Nul ne peut, par son seul témoignage, être utile à l'un en faisant une injustice à l'autre.

340 Enfin, il a été regardé comme important de rappeler et de consacrer la maxime qu'il n'appartient qu'aux tribunaux de statuer sur les réclamations d'état. C'est une des principales garanties de la liberté civile.

Tels sont, législateurs, les motifs des dispositions contenues au titre *de la Paternité et de la Filiation*.

Il était nécessaire de remplir dans la législation le vide immense que laissait le défaut de règle générale et positive sur une matière aussi importante, et presque toujours exposée aux variations de jurisprudence des tribunaux. Ce sera sans doute un grand bienfait de la loi, lorsque chacun y trouvera son sort clairement fixé sur des principes que son cœur et sa raison ne pourront méconnaître.

Le projet fut communiqué officiellement au Tribunat le 21 ventose an XI (12 mars 1803), et M. Lahary en fit le rapport à l'assemblée générale le 28 ventose (19 mars).

COMMUNICATION OFFICIELLE AU TRIBUNAT.

RAPPORT FAIT PAR LE TRIBUN LAHARY,
AU NOM DE LA SECTION DE LÉGISLATION.

Tribuns, parmi les projets de loi de ce Code si impatiemment attendu (et dont l'émission semble n'avoir été quelque temps retardée que pour qu'il pût subir, dans le sein du Tribunat, la double épreuve d'un examen secret et d'une discussion publique), il en est peu d'un intérêt aussi majeur que celui dont votre section de législation m'a chargé de vous entretenir.

Ce projet de loi, relatif *à la paternité et à la filiation*, et qui forme le septième titre du Code civil, est en effet d'autant plus important, qu'il a pour objet d'assurer l'état et le repos des familles, de régler les intimes rapports qui existent entre les pères et mères et leurs enfans, de resserrer les liens qui les unissent, soit dans l'ordre de la société, soit dans l'ordre de la nature, de relâcher ces liens ou de les rompre quand ils n'ont pu légalement se former, et de fixer, en déterminant les premières relations de l'homme et du citoyen, l'une des bases fondamentales de l'édifice social.

Trop long-temps, il faut le dire, ces bases ont été violemment ébranlées; trop long-temps le vice et l'immoralité y ont porté de cruelles atteintes; trop long-temps enfin la législation elle-même, destinée à en garantir la stabilité, a malheureusement contribué à la miner sourdement, en prêtant son appui à la fraude et à l'impudeur, en favorisant la profanation du saint nœud du mariage par la facilité donnée aux femmes parjures d'introduire des étrangers dans les familles, en refusant à l'époux honnête et vertueux le droit de les désavouer, excepté dans des cas extrêmement rares; et, pour tout dire enfin, en décernant aux enfans nés d'unions illicites tous les droits et les honneurs de la légitimité.

Il était réservé à un gouvernement juste et réparateur de rasseoir les fondemens de cet édifice sur les principes immuables de la raison, de la justice, de la morale et de l'honnêteté publiques; il lui était réservé, pour mettre le comble à tous ses bienfaits, d'arrêter ces scandaleux désordres par une législation plus sévère et plus réprimante.

C'est pour atteindre ce grand but que le projet de loi change ou modifie la législation ancienne dans quelques-unes de ses dispositions, qu'il conserve ce qu'elle avait de bon et d'utile, qu'il corrige ce qu'elle présentait de vicieux ou d'abusif; qu'en un mot il introduit de sages innovations, que réclamaient de concert, et l'urgente nécessité de la réforme de nos lois, et le besoin plus impérieux encore de l'amélioration de nos mœurs.

Tel est, tribuns, l'aspect général sous lequel se présente le projet de loi qui vous est soumis, et vous pressentez déjà que, sous ce premier rapport, il a obtenu et dû obtenir l'assentiment unanime de votre section de législation.

Mais la section ne s'est pas bornée à considérer le système général de la loi proposée; elle en a encore très-attentivement examiné les détails, et plus elle a mis de soin à scruter ses diverses dispositions, plus elle s'est convaincue qu'elles sont autant de conséquences qui découlent naturellement des principes sur lesquels elle est fondée.

Je vais successivement les parcourir pour vous rendre un plus fidèle compte de l'examen approfondi auquel elle s'est livrée. Je tâcherai de n'omettre aucune des observations essentielles qu'elle a faites sur chaque article, et si je n'y peux répandre de nouvelles lumières, je tâcherai du moins de ne vous rien dérober de celles qui ont éclairé sa discussion.

Je désirerais que celle que j'ai à vous présenter pût être rapide et succincte; mais la brièveté du temps et l'abondance des matières sont deux obstacles qu'il n'est pas en mon pouvoir de surmonter, et qui m'entraîneront, malgré moi, dans des détails minutieux, si pourtant il peut y avoir quelque chose de minutieux en matière de législation.

Le titre *de la Paternité et de la Filiation* se divise en trois chapitres.

Le premier traite *de la Filiation des enfans légitimes, ou nés dans le mariage;*

Le second, *des Preuves de la filiation des enfans légitimes ;*

Le troisième se subdivise en deux sections relatives, la première, *à la légitimation des enfans nés hors le mariage;* la deuxième, *à la reconnaissance des enfans naturels.*

Ce plan a paru à votre section d'autant plus sagement conçu, qu'il embrasse, dans le cadre le plus raccourci, tout ce qui est relatif à la paternité et à la filiation, dans l'ordre de la nature. Je dis dans l'ordre de la nature, parce que la *paternité d'adoption* doit faire la matière d'un titre particulier. Elle a également applaudi à l'extrême précision avec laquelle les articles sont rédigés ; ce qui ne nuit en rien à l'ordre ni à l'enchaînement des idées, non plus qu'au développement et à la clarté des diverses dispositions.

Après avoir exposé le plan du projet qui nous occupe, je passe à l'examen des articles dont il se compose.

CHAPITRE Ier.

De la Filiation des enfans légitimes ou nés dans le mariage.

L'article 306 (le premier du chapitre du projet) s'exprime ainsi :

« L'enfant conçu pendant le mariage a pour père le mari.
« Néanmoins celui-ci pourra désavouer l'enfant, s'il prouve
« que, pendant le temps qui a couru *depuis le trois centième*
« *jusqu'au cent quatre-vingtième jour avant la naissance de cet*
« *enfant*, il était, soit par cause d'éloignement, soit par l'ef-
« fet de quelque accident, *dans l'impossibilité physique de*
« *cohabiter avec sa femme.* »

Cet article renferme deux dispositions.

La première consacre la maxime si ancienne et si connue, que notre jurisprudence avait empruntée de la loi romaine : *Pater est quem nuptiæ demonstrant.*

La seconde fixe d'abord la première exception à cette règle
générale, en admettant comme moyen de désaveu l'*impossibilité physique de la cohabitation, causée par l'éloignement, ou
par l'effet de quelque accident.*

Elle fixe ensuite le temps dans lequel cette exception peut
être opposée, en précisant les deux époques où l'impossibilité
physique a dû exister, pour faire cesser la présomption de la
loi sur le fait de la paternité. Ces époques se renferment *dans
les limites le plus généralement avouées,* c'est-à-dire entre le
trois centième et le cent quatre-vingtième jour.

Ces deux termes sont de rigueur, et ils embrassent, avec
une suffisante latitude, tout l'intervalle qu'il y a à parcourir
entre celui des naissances précoces et celui des naissances
tardives.

Ainsi, soit qu'il s'agisse d'un enfant né le cent quatre-
vingtième ou le trois centième jour (c'est-à-dire à six mois
ou à dix mois), le mari sera tenu de prouver qu'au moment
de la conception de cet enfant (et non plus tôt ni plus tard),
il était dans l'impossibilité physique de cohabiter avec sa
femme.

313   L'article 307 (le deuxième du même chapitre) admet
aussi la règle générale, mais avec deux restrictions :

Premièrement, il proscrit l'exception d'*impossibilité physique,* prise de l'*impuissance naturelle,* qu'admettaient le droit
romain et la jurisprudence, et il déclare que le mari *ne
pourra alléguer cette impuissance pour désavouer l'enfant.*

Secondement, en proscrivant cette exception, cet article
en admet de nouvelles, qui sont à la fois plus raisonnables
et mieux fondées. Ces nouvelles exceptions ont pour objet
d'autoriser le désaveu du mari, dans les cas de l'*adultère
prouvé de sa femme,* et du *recel de la naissance de l'enfant.*
Il veut que, dans le concours de ces deux circonstances, le
mari soit admis à désavouer l'enfant, en prouvant *qu'il n'en
est pas le père.*

312-313   Quelques personnes ont cru remarquer une sorte de con-

tradiction entre ces deux articles, en ce que l'un admet généralement, et sans restriction, la preuve de l'*impossibilité physique* comme moyen absolu de désaveu, et que l'autre, au
contraire (en déclarant admissible la preuve de la non-paternité dans les deux cas qu'il exprime), semble subordonner
cette même preuve à ces deux conditions.

Mais cette contradiction prétendue disparaîtra bientôt, si
l'on considère que le premier article n'admet que l'*impossibilité physique*, et l'admet dans tous les cas, sans même qu'il
soit besoin de recourir à l'exception d'adultère; et que le second article admet (dans le cas de l'adultère prouvé et du
recel de la naissance de l'enfant), non seulement la preuve
de l'*impossibilité physique*, mais encore la preuve d'une sorte
d'*impossibilité morale*. Je tranche le mot, car c'est là qu'est
le nœud de l'apparente contradiction qu'on lui reproche.

A la vérité, les deux circonstances qui font admettre cette
dernière preuve, quoique bien graves, quoique bien fortes
toutes deux, ne sont pas capables de balancer la présomption
légale qui résulte du mariage. Mais si le mari fonde son désaveu sur ces deux probabilités, et qu'il prouve tous les faits
propres à justifier qu'il n'est pas le père de l'enfant, alors ce
cumul de faits et d'indices *forme* (comme l'a judicieusement
observé l'orateur du gouvernement) *une masse de présomptions qui ne laisse plus à celle qu'on peut tirer du mariage son
influence décisive.*

Ainsi donc, le premier et le second articles se concilient
parfaitement, puisque l'un ne fait qu'une seule exception à
la règle générale, et que l'autre y apporte plusieurs restrictions; puisque la première disposition s'applique à tous les cas,
et que la seconde est bornée aux deux circonstances qu'elle a
prévues, non, à la vérité, pour fonder le désaveu, mais uniquement pour faire admettre la preuve qui l'autorise (a).

___

(a) Si l'on admettait une toute autre interprétation que celle que je donne, et que l'orateur du
gouvernement a donnée lui-même à ces deux articles, il en résulterait que l'art. 307-313, loin de
contenir une nouvelle disposition plus large et plus étendue que celle portée par l'art. 306-312, la

Je ne crois pas, tribuns, devoir m'appesantir plus long-temps sur ce reproche, et j'entre enfin dans l'examen plus approfondi des premiers articles du projet. Je les ai rappro-chés tous deux, parce que la discussion à laquelle je vais me livrer leur étant commune, j'y trouverai le double avantage et de ne pas revenir deux fois sur le même objet, et de ne pas fatiguer votre attention par des répétitions inutiles.

Et d'abord, rappelons-nous ici la disposition de l'article 306, qui porte *que l'enfant conçu pendant le mariage a pour père le mari.*

Cette maxime, puisée dans la raison, et adoptée par tous les peuples civilisés, était d'autant plus digne d'être recueillie dans notre Code civil, qu'elle est fondée *sur l'utilité publique, sur le repos des familles, et sur la tranquillité des mariages.*

Un autre motif rend cette maxime *presque inviolable*, c'est l'impossibilité où l'on est souvent réduit de prouver le con-traire, et, dans le doute, la sagesse du législateur *présume toujours en faveur de l'innocence de la mère et de l'état de l'enfant.*

Cette règle générale n'est point, il faut l'avouer, un de ces principes dont la vérité soit mathématiquement démontrée ; mais enfin c'est une présomption légale, qui doit avoir toute la force d'une preuve jusqu'à ce qu'elle soit renversée par une preuve contraire.

On prévoit d'avance pourquoi la loi se fonde ici sur une présomption, et non sur un principe ; c'est qu'ayant à statuer dans une matière qui n'est pas de son domaine, et sur un fait aussi incertain que celui de la paternité, il n'était pas une seule règle de vérité première qui pût servir de base à sa dis-position.

La nature ayant couvert l'acte de la génération des plus impénétrables mystères, la loi a donc été contrainte d'éta-

modifierait au contraire, et la restreindrait, en ne la rendant applicable qu'au cas de l'*adultère prouvé et du recel de la naissance de l'enfant*; tandis qu'indépendante de toute circonstance, elle s'applique nécessairement à tous les cas. *(Note du tribun.)*

blir, à défaut de principe invariable, une présomption de droit qui devînt la garantie d'un fait dont il était impossible d'acquérir autrement la certitude. Mais cette présomption étant revêtue de l'autorité de la loi, acquiert, par la force de la loi même, un degré de probabilité équivalent à la vérité qui se dérobe ici à presque toutes les recherches.

Sans doute, comme je l'ai déjà observé, cette présomption, qui défère au mari la paternité de l'*enfant conçu pendant le mariage*, ne peut porter le caractère de l'infaillibilité. Quoique admise par la loi, quoique tenant d'elle tout son ascendant et son empire, elle ne cesse pas, pour cela, d'être une présomption, et toute présomption, quelle qu'elle soit, doit disparaître devant une preuve positive.

Mais il n'en est pas moins constant, d'après tous les auteurs qui ont écrit sur cette matière, « que, si la présomption lé- « gale n'est pas infaillible, elle est au moins très-légitime ; « et que, si, d'un côté, elle souffre une preuve contraire « parce qu'elle n'est point infaillible, elle est considérée, de « l'autre, comme la vérité, jusqu'à ce qu'elle soit détruite, « précisément parce qu'elle est légitime, » et parce que, dans l'absence du principe, elle doit forcément en tenir lieu.

De là résulte, comme on voit, l'indispensable nécessité d'admettre des exceptions à la règle générale ; car, dès qu'il est des cas où il peut être évidemment prouvé que le père *n'est pas celui que démontre le mariage*, il faut bien que cette règle, toute puissante qu'elle soit, fléchisse sous la preuve d'un fait plus puissante qu'elle.

Mais quel est le genre, la nature et le nombre des exceptions à introduire à cette règle générale, pour l'approprier, sans danger et avec tout l'avantage possible, à la législation d'un peuple qui voudra en faire une des maximes de son Code civil ?

Voilà, tribuns, un des grands problèmes que le gouvernement avait à résoudre, et vous verrez bientôt qu'il l'a sagement résolu par l'article 2 de la loi qu'il propose.

Je donnerai quelques développemens à ce que j'ai à dire sur cet article, qui est le trois cent septième ; car il me paraît renfermer la plus belle comme la plus hardie (a) des innovations ; et c'est parce qu'on pourrait l'attaquer sous ce rapport avec quelque fondement, que je m'appliquerai particulièrement à la justifier.

Les législateurs de Rome n'admirent d'autres exceptions à la règle *pater est quem nuptiæ demonstrant* que celles qui résultaient *de l'impossibilité physique de la cohabitation des époux et de l'impuissance naturelle du mari, continuelle ou passagère ;* et ils se fondèrent à cet égard sur le principe d'éternelle raison, qui veut que la présomption légale même cède à l'évidence du fait contraire.

Filium eum definimus (dit la loi 6, au Digeste, *de his qui sui vel alieni juris sunt) qui ex viro et uxore ejus nascitur ; sed si fingamus abfuisse maritum, verbi gratiâ per decennium...., vel si eâ valetudine fuit ut generare non possit, hunc qui in domo natus est, licet vicinis scientibus, filium non esse.*

Permettez-moi, tribuns, de vous rappeler ici ce que pensait de cette loi l'illustre *d'Aguesseau :* quel meilleur interprète pourrais-je choisir, dès qu'il s'agit ici d'une des dispositions du droit romain, dont il avait fait une si profonde étude, principalement sur tous les points adoptés par la jurisprudence française ?

« La présomption capable d'attaquer celle de la loi, disait « ce magistrat (b), doit être écrite dans la loi même ; elle doit « être fondée sur un principe infaillible, pour pouvoir détruire une probabilité aussi grande que celle qui sert de « fondement à cette preuve.

(a) Il ne faut pas se méprendre sur le sens que j'attache à cette expression ; je ne l'emploie que pour peindre la courageuse dérogation à la règle *pater est,* etc., qui a été universellement adoptée par tous les peuples, sans d'autres restrictions que celles qui sont fondées sur *l'impossibilité physique de la cohabitation,* et sur *l'impuissance naturelle.*

(b) Vingt-troisième plaidoyer dans la cause du sieur *Bouillerat de Vinantes.*

« Il s'agissait de l'état d'un enfant dont *la mère avait caché sa grossesse et avait été condamnée* « *pour adultère*, mais sans que l'arrêt eût déclaré l'enfant bâtard, adultérin, parce que le mari « demeurait avec sa femme, et n'avait été absent que pendant trois mois. »

« Or, il est visible que, si l'on s'attache à ces maximes, l'on
« ne peut trouver que deux exceptions à cette règle géné-
« rale, *fondées toutes deux sur une impossibilité physique et*
« *certaine d'admettre cette présomption.*

« Ces exceptions sont proposées dans la loi, qui définit ce
« que c'est qu'un fils légitime....

« Il n'y a donc que deux preuves contraires qui puissent
« être opposées à une présomption aussi favorable.

« *La longue absence du mari*, et nous pouvons ajouter,
« conformément à l'esprit de la loi, *qu'il faut que cette ab-*
« *sence soit certaine et continuelle.*

« *L'impuissance ou perpétuelle ou passagère* est la seconde.
« La loi n'en écoute point d'autre; et il est évident qu'il est
« même impossible d'en feindre d'autre, puisque, tant que
« l'absence, ni aucun autre obstacle, n'aura point séparé ceux
« que le mariage unit, *on ne présumera jamais que celui qui*
« *est le mari ne soit pas le véritable père.....*

« On a prétendu, ajoute *d'Aguesseau*, que l'union de
« toutes les présomptions que l'on tire du fait pourrait être
« comparée à ces exceptions générales que la loi propose.....

« L'absence du mari, la présence de l'adultère, *le secret*
« *de la grossesse, et de la naissance de l'enfant*, l'obscurité de
« son éducation, la déclaration de la mère, le désaveu du
« père, sont les principaux moyens par lesquels on a cru
« pouvoir donner atteinte à la plus respectable et la plus
« imposante qualité de fils légitime....

« N'abandonnons pourtant pas, s'écrie-t-il, l'autorité des
« *seuls principes qui puissent assurer la naissance des hommes,*
« et ne nous laissons pas tellement frapper par cette multi-
« tude de présomptions, *que nous donnions atteinte aux fon-*
« *demens de la société civile.* »

Je l'avoue, on ne pourrait invoquer une autorité plus respectable et plus imposante que celle de *d'Aguesseau* pour
combattre les nouvelles exceptions admises par le projet de
loi que nous discutons. Et ici, mes collègues, je sens plus

que jamais toute l'étendue de la tâche que votre section m'a imposée, en me chargeant de le défendre. Je réunirai néanmoins tous mes efforts pour la remplir de mon mieux, et j'espère que je parviendrai à justifier ces nouvelles exceptions, ainsi que les autres dispositions du projet.

Vous l'avez entendu, tribuns, l'austère langage de *d'Aguesseau*, provoquant, contre la masse accablante de toutes les présomptions réunies, le maintien de la règle *pater est quem nuptiæ demonstrant*.

Vous l'avez entendu affirmer, avec cet ascendant qui lui est propre, « que, tant que l'absence, ni aucun autre obs-« tacle, n'aura point séparé ceux que le mariage unit, *on ne* « *présumera jamais que celui qui est le mari ne soit pas le véri-* « *table père.* »

Vous l'avez entendu soutenir que « l'absence du mari, la « présence de l'adultère, le *secret de la grossesse, et de la* « *naissance de l'enfant,* la déclaration même de la mère, et « le désaveu du père, n'étaient pas *des moyens capables de* « *donner atteinte à la qualité de fils légitime.* »

Enfin, vous avez vu l'opinion qu'il s'était formée de cette maxime des lois romaines, et qu'il jugeait tellement importante, qu'il n'hésitait pas à la proclamer comme *le seul principe qui puisse assurer l'état des hommes,* et dont l'infraction lui paraissait être UNE ATTEINTE AUX FONDEMENS DE LA SOCIÉTÉ CIVILE.

On ne peut sans doute rendre un plus bel hommage à cette règle tutélaire et conservatrice que nous devons au droit romain; et il est certain que, si cette *raison écrite* ne se recommandait par elle-même à l'admiration des siècles, par l'éminente sagesse de ses oracles, l'on ne saurait invoquer en sa faveur un suffrage plus recommandable que celui de ce magistrat célèbre.

Mais, qu'on me permette cette interpellation, qui oserait assurer que, si *d'Aguesseau* vivait encore, si nous avions le bonheur de le compter au nombre de ces magistrats qui ont concouru à la confection de notre Code, et qui, héritiers de ses lumières ou de ses vertus, marchent ses égaux ou ses émules; qui oserait assurer, dis-je, que la grande maxime qu'il proclamait alors comme exerçant le ministère public ne lui paraîtrait pas aujourd'hui digne de réformes? Qui pourrait garantir que ce qu'il regardait comme un principe conservateur de la société, il ne le repousserait pas du Code de nos lois, comme le plus dangereux à y introduire sans de nouvelles restrictions?

Et en effet, tribuns, ne vous semble-t-il pas qu'une maxime aussi rigoureuse, aussi inviolable que celle consacrée par les lois romaines, et qui élève une présomption, même légale, au-dessus de toute preuve autre que celle d'une *impossibilité physique*, est absolument incompatible avec nos mœurs, et que par conséquent elle ne saurait être admise parmi nous, dans tout ce qu'elle a d'absolu, sans ouvrir la porte aux plus étranges abus et aux plus graves inconvéniens?

Certes, à Dieu ne plaise (qu'à cette tribune, où toute vérité utile a seule le droit de se faire entendre), à Dieu ne plaise que je veuille calomnier la nature humaine, et surtout ce sexe intéressant, que le ciel créa pour nous plaire et nous rendre meilleurs!

Mais, qu'il me soit permis de le dire, sommes-nous ce qu'étaient les Romains, et les Romains étaient-ils ce que nous sommes?

Avaient-ils à craindre comme nous, ou bien envisageaient-ils du même œil que nous les atteintes portées à la foi conjugale?

Si leur législation, d'autant plus sévère pour le mari qu'elle était indulgente pour la femme (dont elle présumait si favorablement), s'adaptait parfaitement au caractère et aux mœurs de ce peuple grave, est-il sage de penser, serait-il raisonnable de croire qu'elle pourrait également convenir à notre caractère national?

Cette législation qui, dans le point le plus capital, émancipe en quelque sorte le sexe le plus faible au préjudice du
plus fort, et lui laisse (hors deux cas infiniment rares) l'é-
trange privilège de cacher ses crimes et son impunité sous
l'égide sacrée du mariage, une telle législation serait-elle
bien appropriée à nos goûts, à nos penchans, à nos mœurs
actuelles? Ne serait-elle pas en contradiction directe avec
nos manières et nos habitudes? Enfin, n'est-il pas presque
évident qu'elle favoriserait beaucoup trop cet esprit de légèreté et de galanterie qui se fait remarquer parmi nous, et
qui, distinguant éminemment les femmes françaises, est
bien plutôt un garant de leurs qualités aimables que de leurs
austères vertus ?

Et si, après avoir considéré ce qu'exigent nos mœurs et
notre caractère, nous portons nos regards sur ce que réclame
notre situation ; si nous nous rappelons que la révolution,
en nous imprimant un grand mouvement, et en donnant
un nouveau degré d'énergie à toutes nos passions, a démoralisé nos penchans, et nous a jetés beaucoup au-delà des
bornes de l'équité, de la décence et des convenances sociales ;
si nous réfléchissons que les législateurs de la France, ayant
à restaurer la morale publique, ont dû s'occuper d'abord de
rendre le mariage à sa dignité première ; qu'ils ont dû, à
cet égard, tellement combiner les moyens avec la fin qu'ils
se proposaient, qu'en rassurant le mari sur les avantages
qu'il devait se promettre de cette sainte union, ils n'outra-
geassent pas gratuitement la femme par d'injurieuses préventions ; qu'enfin ils ont dû, en donnant une nouvelle
sauve-garde à l'inviolabilité de ce lien précieux, admettre
toutes les précautions qui pouvaient tourner au profit des
mœurs, à l'avantage des enfans et à celui des époux eux-
mêmes : si, dis-je, nous apprécions toutes ces considérations que je viens de présenter, et qui seraient susceptibles
d'un plus grand développement, qui de nous, tribuns,
pourrait ne pas applaudir à la sagesse de la loi proposée,

puisque, en adoptant la règle consacrée par le droit romain , elle ne l'a soumise à de nouvelles exceptions que pour mieux la faire concorder avec notre manière d'être, et, s'il est permis de le dire, pour la mieux fondre dans le système de notre législation?

Qu'est-ce, en effet, que la législation d'un peuple, dans les rapports qui existent entre les individus qui le composent, si ce n'est le tableau de leurs droits et de leurs devoirs, le régulateur de leurs intérêts, et le frein réprimant imposé à leurs passions pour les diriger toutes vers le grand intérêt social? Et comment ce peuple parviendrait-il à se procurer le calme, le repos, le bonheur et la prospérité auxquels il doit toujours tendre, si cette législation n'était en accord parfait avec son caractère, ses mœurs, ses habitudes et ses besoins?

« Les lois, dit Montesquieu (a), doivent être tellement « propres au peuple pour lequel elles sont faites, *que c'est* « *un très-grand hasard si celles d'une nation peuvent convenir* « *à une autre.*

« Il faut qu'elles se rapportent à la nature et au principe « du gouvernement qui est établi ou qu'on veut établir, soit « qu'elles le forment, comme font les lois politiques, soit « qu'elles le maintiennent, comme font les lois civiles.

« Elles doivent, ajoute-t-ils, être relatives au *physique* du « pays, au climat glacé, brûlant ou tempéré, à la qualité du « terrain, à sa situation, à sa grandeur..... Elles doivent se « rapporter au degré de liberté que la constitution peut souf- « frir ; à la religion des habitans, *à leurs inclinations*, à leurs « richesses, à leur nombre, à leur commerce, *à leurs mœurs*, « *à leurs manières.* »

Ainsi donc j'oppose ici l'autorité de *Montesquieu* à celle de *d'Aguesseau*, pour justifier les restrictions que le gouvernement a mises à un principe qui lui a paru trop absolu ; ou, pour parler plus exactement, je ne les invoque toutes

(a) *Esprit des Lois*, tome 1, livre 1, chap. 3.

deux que pour les concilier l'une et l'autre ; car ces deux
grands hommes ne pouvaient être d'un sentiment contraire
en matière de législation ; et si une légère divergence d'opinion se fait ici remarquer, c'est que *d'Aguesseau*, portant la
parole comme magistrat, dans un siècle qui n'est plus le
nôtre, se bornait à rappeler aux juges la rigoureuse application de la loi ; et que *Montesquieu*, écrivant pour tous les
âges et pour tous les peuples, traçait aux législateurs eux-
mêmes les grands principes du droit civil et de la constitution des états.

J'ai déjà observé que les lois romaines avaient admis pour
seconde exception, fondée sur l'impossibilité physique, celle
résultant *de l'impuissance naturelle*, *continuelle ou passagère*.

C'était là sans doute un nouvel hommage rendu à l'inviolabilité du mariage.

Mais combien d'incertitudes et d'abus, d'inconvéniens et
de scandales même, résultaient de cette extraordinaire exception.

L'époux était soumis à des épreuves non moins cruelles
qu'illusoires ; il ne pouvait se soustraire à des examens, à des
visites, à des vérifications qui blessaient la décence, qui of-
fensaient la pudeur. Et quel était le résultat de cette procédure scandaleuse, si ce n'est de ne rien produire de certain,
et de livrer le mari (reconnu ou non impuissant) au mépris
même de sa malheureuse épouse, de l'exposer à la risée publique, et de le couvrir d'un ridicule ineffaçable ?

La loi proposée, plus grave et plus pudibonde, si j'ose
ainsi m'exprimer, prévient tous ces abus, remédie à ces inconvéniens et écarte ces scandales : elle enlève à la maligne
censure le prétexte de ridiculiser et d'avilir les époux ; elle
dispense la justice du pénible devoir qu'elle ne pouvait remplir sans compromettre sa dignité. En un mot, elle laisse
enseveli dans les mystères du lit nuptial ce que son œil vigi-
lant ne peut pénétrer, et dont la manifestation serait aussi
inutile qu'odieuse.

Après avoir admis les nouvelles exceptions devant lesquelles la règle générale doit fléchir (puisqu'elle ne peut faire présumer la paternité du mari, quand il est invinciblement prouvé qu'il n'est pas le père de l'enfant) ; après avoir, dis-je, consacré ces exceptions, devenues nécessaires, il était indispensable, comme je l'ai déjà observé, d'en circonscrire l'usage dans de justes bornes. Or, ces bornes ne pouvaient se trouver que dans le temps qui s'écoule entre le moment de la conception et celui de l'enfantement ; ou bien, ce qui est la même chose, dans les diverses époques plus ou moins rapprochées, ou plus ou moins éloignées des divers termes de la gestation.

On voit qu'il fallait ici prévoir deux cas très-distincts, très-différens l'un de l'autre, et quelquefois amenés par des écarts de la nature, qui se joue au gré de ses caprices dans ses mystérieuses opérations. Il fallait encore, pour ne point s'égarer dans de fausses conjectures, concentrer ces deux termes dans un cercle qui fût tout à la fois assez restreint et assez étendu pour embrasser et saisir presque au juste l'intervalle que ces écarts mêmes ne franchissent pas : il fallait enfin résoudre le problème des naissances précoces et des naissances tardives, afin de rendre applicables, soit dans l'un, soit dans l'autre cas, les exceptions que la loi réserve au mari pour l'autoriser à désavouer l'enfant conçu pendant le mariage.

Or, tribuns, c'est ce qui a été réglé, avec une prudence consommée, par les dispositions des articles 306, 308 et 309, qui fixent *à cent quatre-vingt jours* le terme fatal des naissances précoces, et *à trois cents jours* celui des naissances tardives.

Je m'abstiens de donner plus de développement sur ce point, parce que j'aurai occasion d'y revenir quand je discuterai l'article 309, et parce que je suis forcé d'ailleurs d'insister encore sur les articles 306 et 307.

On sait que, dans le système de la législation romaine, le mari ne pouvait en aucun cas expulser de sa famille l'enfant qui aurait dû sa naissance au crime de son épouse, qu'après l'avoir fait condamner comme adultère.

Le projet de loi, au contraire, plus moral et plus juste dans ses dispositions, permet au mari (dans tous les cas où il peut prouver l'*impossibilité physique*) de repousser loin de lui l'enfant qui ne lui a jamais appartenu, sans l'assujétir à intenter une aussi odieuse accusation.

Toutefois le projet que nous discutons n'a point entendu proscrire l'action en crime d'adultère. Une telle insouciance ne pouvait entrer dans les vues du législateur : elle eût trop enhardi ces femmes audacieuses que ne peut contenir le frein de la pudeur ni le lien sacré du mariage.

Mais le projet n'a pas dû non plus attribuer à la seule exception d'adultère le même effet que produit la preuve de l'*impossibilité physique* de la cohabitation, et faire résulter uniquement de ce crime un moyen de désaveu? car c'eût été en quelque sorte livrer les femmes à la merci des caprices ou des passions de leurs maris, qui, pour parvenir à ce désaveu, n'auraient pas manqué de recourir à cette grave accusation.

Aussi a-t-il expressément décidé que l'exception d'adultère n'autoriserait le mari à désavouer l'enfant que dans les cas prévus par l'article 308.

« Le mari, est-il dit dans cet article, ne pourra désavouer « l'enfant, même pour cause d'adultère, à moins que sa nais- « sance ne lui ait été cachée; auquel cas il sera admis à pro- « poser tous les faits propres à justifier qu'il n'en est pas le « père. »

Ainsi, d'après cet article, il faudra, pour autoriser le désaveu du mari, non seulement que l'*adultère de sa femme soit prouvé*, mais encore *qu'elle lui ait caché la naissance de l'enfant*.

Quelle rare prévoyance dans cette disposition, et combien elle honore les sentimens du législateur!

En effet, qui pourrait concevoir qu'une épouse irrépro-

chable eût caché à son époux la naissance d'un enfant qui serait le fruit de leur mariage, tandis que, orgueilleuse de sa
fécondité, elle eût dû se faire une véritable fête d'en faire
hommage à cet époux, et de le lui présenter comme un nouveau titre à son amour et à son respect?

Je le demande à toutes les mères vertueuses, qui s'honorent
d'être fécondes; je le demande à tous les pères de famille
honnêtes, qui ont trouvé un nouveau garant de la fidélité
de leurs épouses dans les transports de joie qu'elles ont fait
éclater, et dans le vif empressement qu'elles ont mis à leur
offrir les gages précieux de leur union; enfin, je vous le demande, tribuns, à vous, qui avez une profonde connaissance
du cœur humain : le soin que prend une femme de cacher à
son mari la naissance d'un enfant survenu pendant le mariage n'est-il pas le signe caractéristique, l'indice certain,
la preuve presque évidente, je ne dis pas seulement de l'a-
dultère dont elle s'est souillée, mais encore de la conviction
où elle est que cet enfant n'est pas de son mari, et du désir
qu'elle a d'en dédier la paternité à celui qui l'a rendue mère?
et n'est-il pas vrai de dire, en ce cas, qu'on peut d'autant
moins le révoquer en doute, que cette femme parjure, soit
qu'elle ait bravé le remords, soit qu'elle ait obéi à sa conscience, semble avoir affecté assez d'impudeur pour s'accuser
elle-même?

Alors donc qu'en cachant à son époux la naissance de cet
enfant, elle a presque avoué qu'il appartenait à un autre que
lui, de quel droit cette femme se plaindrait-elle d'une accusation d'adultère et d'une action en désaveu qu'elle aurait
elle-même provoquées; et comment, dans ces cas, pourrait-
on refuser au mari le droit de désavouer l'enfant, lorsqu'à
ces deux présomptions déjà si frappantes, il joindrait la
preuve *de tous les faits propres à justifier qu'il n'en est pas le
père?*

Remarquez ici, tribuns, quelle a été la sagesse du gouvernement; voyez de combien de précautions il s'est investi pour

admettre la preuve de l'*impossibilité morale*, et pour justifier, par sa propre loi, la restriction qu'il imposait à la règle générale, si raisonnablement adoptée autrefois, mais si diversement appliquée par notre jurisprudence!

En effet, ce n'est pas dans tous les cas que l'article 308 admet cette preuve, comme l'article 306 avait admis celle de l'*impossibilité physique*; car c'eût été s'exposer au risque, tant redouté par *d'Aguesseau*, de porter *atteinte à la qualité d'enfant légitime et aux fondemens de la société civile*.

Ce n'est pas non plus dans le seul cas de l'adultère; car, comme l'a dit très-ingénieusement l'orateur du gouvernement, *la femme peut avoir été coupable sans que le flambeau de l'hyménée fût encore éteint.*

Ce n'est pas même dans le cas du recel de la naissance de l'enfant, accompagné de la preuve de l'adultère; car ce ne sont encore là, à ses yeux, que des présomptions qui ne peuvent l'emporter sur celle de la loi.

Qu'exige-t-il donc pour détruire cette présomption légale? Il exige qu'une preuve positive vienne renforcer toutes les présomptions contraires, et qu'elle fasse disparaître celle de la paternité, qui résulte du mariage. C'est alors, mais alors seulement, qu'il croit devoir faire plier l'inflexibilité de la règle; car il faut bien qu'elle cède à l'évidence d'un fait destructif de celui qu'elle présume, puisqu'il n'est plus possible de réputer père celui qui prouve qu'il ne l'est pas. Enfin, c'est alors, mais alors seulement, que le mari est autorisé, dans les deux circonstances prévues, à désavouer l'enfant conçu pendant le mariage.

314   Je passe à l'article 308, relatif au désaveu, dans le cas d'une naissance précoce.

La loi devait sans doute venir au secours du mari trompé, en lui donnant, dans les cas prévus par les articles 306 et 307, la faculté de désavouer l'enfant. Mais cette faculté doit aussi avoir des limites; car, s'il n'est pas tolérable que le mariage couvre de son voile les crimes d'une infidèle épouse, il serait

révoltant que la loi protégeât l'époux barbare qui, sourd au
cri de la nature, repousserait de son sein celui à qui il aurait
donné le jour.

Tel est le motif qui lui a fait refuser la faculté du désaveu,
« lorsqu'il aura eu connaissance de la grossesse avant le
« mariage, qu'il aura assisté à l'acte de naissance, que cet
« acte sera signé de lui, ou qu'il aura déclaré ne savoir si-
« gner, et enfin, lorsque l'enfant n'aura pas été déclaré viable. »
Alors, en effet, toutes les présomptions sont contre lui; la
connaissance de la grossesse, sa présence à l'acte, son aveu
inscrit sur les registres et revêtu de sa signature, et la déclaration de non *viabilité* de l'enfant. Cette dernière circonstance était essentielle à rappeler; car elle prouve que l'enfant
n'a point encore atteint le septième mois, et que sa conception ne remonte pas à une époque antérieure au mariage.

Quelle faveur le mari pourrait-il mériter dans tous ces cas,
puisque, en rétractant une reconnaissance aussi formelle, et
aussi librement consentie que celle qu'il aurait consignée
dans les registres publics, il se convaincrait lui-même de
n'avoir d'autre but, dans son désaveu que de frapper du
même coup et l'enfant et la mère?

L'article 309, relatif aux naissances tardives, est ainsi conçu: ³¹⁵

« La légitimité de l'enfant né trois cents jours après la dis-
« solution du mariage *pourra* être contestée. »

Les développemens que j'ai annoncés sur cet article auraient peut-être été mieux placés dans l'examen de l'article 306; mais j'ai cru devoir les renvoyer ici, soit pour éviter les redites, soit, si je peux m'exprimer ainsi, pour que
chacun des articles ait sa part de la discussion générale du
projet auquel ils appartiennent.

Je considère cet article sous deux rapports.

1°. Il renouvelle une des dispositions de l'article 306; et
comme l'article 308 a fixé au cent quatre-vingtième jour le
terme de la naissance précoce, celui-ci fixe au trois centième
jour le terme de la naissance tardive.

2°. Il déclare, non d'une manière absolue, que l'enfant ne après les trois cents jours sera illégitime, mais seulement qu'il *pourra* être déclaré tel.

En premier lieu, le mot *pourra*, qui est purement facultatif, décèle le motif de cette prévoyante disposition. L'article veut que *la légitimité de l'enfant puisse être contestée*; mais il veut aussi qu'elle puisse triompher de toutes les attaques qui ne seraient pas fondées. Et vraiment il est des cas où elles pourraient ne pas l'être. Tel serait celui où l'enfant prouverait que son père divorcé se serait rapproché de sa mère, postérieurement à la dissolution du mariage.

En second lieu, pour bien apprécier la sagesse du législateur dans la fixation du terme de la naissance tardive, il faut se rappeler l'ancien état de notre jurisprudence sur ce point, la versatilité, la divergence, la contrariété même des décisions des tribunaux, et l'indispensable nécessité de fixer enfin des règles invariables qui puissent à l'avenir leur servir de guide.

Cette fluctuation, cette incertitude n'avaient d'autre cause que l'obscurité et l'opposition des lois romaines à cet égard, la diversité des opinions des jurisconsultes et les contradictions des médecins, dont la science, quelque profonde qu'elle soit, ne va pas jusqu'à surprendre la nature dans ses opérations.

Et en effet, comme l'a dit très-éloquemment un ancien philosophe, la fécondité ne répond pas toujours à nos vœux et à notre attente; la nature est libre et n'est point asservie aux lois humaines. Tantôt elle accélère son cours, tantôt elle le suspend, tantôt elle l'arrête, en se jouant de notre impatience. *Non respondet ad propositum, nec ad certam diem fecunditas; sui juris rerum natura est, nec ad leges humanas componitur: modò properat, modò vota præcurrit, modò lenta est, et demoratur* (a).

_____

(a) *Papius Fabianus. Sénèque, controvers. 1.*

Mais c'est précisément à raison du mystère dont la nature s'enveloppe, et de l'incertitude ou de l'indécision qui en résulte, que le législateur a dû consulter son cours le plus ordinaire et le plus régulier.

Or, les naturalistes, les philosophes, les anciens législateurs, même les médecins, si souvent divisés sur tant de points de controverse, s'accordent tous dans cette opinion commune, *que dix mois sont le plus long terme qu'on puisse assigner à la gestation de la femme.*

Les Romains avaient adopté la trente-unième disposition de la loi des Douze-Tables, qui décide que l'enfant né dans les dix mois de la mort du père est légitime (a).

Cette décision est encore consacrée par la loi III, § 11, au Digeste *De suis legitimis hœredibus,* dans laquelle *Ulpien* décide que l'enfant qui naît après les dix mois accomplis ne peut être admis à sa succession (b).

Plutarque, dans la vie d'*Alcibiade*, nous apprend que *Leotychis* fut privé du royaume de son père *Agis*, parce que sa mère était accouchée plus de dix mois après l'absence du roi.

Si, malgré ces faits et ces principes, on peut cependant citer des faits contraires et des lois qui semblent légitimer une naissance plus tardive, on les doit sans doute, ou à la manière dont se comptaient les mois dans les différens âges, ou au désir de voiler le crime d'une femme puissante, et de faire passer une riche succession sur une autre tête que celle à qui elle était dévolue.

On sait en effet combien les annales des tribunaux nous fournissent d'exemples de ces graves injustices. On n'ignore pas non plus que les mois des Romains étaient des mois lunaires, dont dix suffisaient pour compléter l'année, et c'est sans doute d'après cette supputation que les historiens ont

(a) *Si filius patri, intra decem menses proximos a morte, natus ex uxore erit, justus ei filius esto.*
(b) Voyez la novelle 39 de Justinien, où (sans déroger à la loi 3, parag. 2, déjà citée) il paraît vouloir insinuer qu'on pourrait étendre la faveur des accouchemens légitimes jusqu'au onzième mois.

remarqué que *Vestilia*, femme de *Pompée*, mit au monde *Servilius Rufus*, dans le onzième mois de sa grossesse.

Mais il est si certain que l'opinion générale et la plus vraie est que dix mois sont le terme le plus long de la grossesse, que l'un des plus grands poètes latins en a lui-même fait la remarque. Qui de vous, tribuns, ne se rappelle pas ce vers de la quatrième églogue de Virgile?

Matri longa decem tulerunt fastidia menses.

Que pouvait donc faire de mieux le législateur, que de fixer à la gestation la plus tardive, comme à la plus précoce, un terme reconnu par les auteurs, établi par les faits, avoué par les lois, et que l'intérêt ou le crime avait trop souvent cherché à étendre ou à restreindre au gré de ses projets usurpateurs?

Et le moment n'est-il pas venu de rendre à la nature tous ses droits, et au lien conjugal tout le respect dont la loi doit l'environner?

316   Ce n'était pas assez d'avoir fixé les exceptions et déterminé les circonstances d'après lesquelles le mari pourrait désavouer l'enfant conçu pendant le mariage; il fallait encore préciser le temps dans lequel ce désaveu doit être fait : car, laisser au mari la faculté indéfinie d'exercer cette action quand il le jugerait à propos, c'eût été compromettre l'état de l'enfant, que la loi doit protéger, et qui ne peut long-temps rester incertain, sans le plus grave inconvénient.

C'est pourquoi l'article 316 fixe un délai qui est tel, qu'il peut suffire au mari sans être nuisible à l'enfant.

Ce délai se compte différemment, si le mari est présent, s'il est absent, ou si la naissance de l'enfant lui a été cachée.

« Dans les divers cas, est-il dit, où le mari est autorisé à
« réclamer, il devra le faire *dans le mois*, s'il se trouve sur
« les lieux de la naissance de l'enfant;

« *Dans les deux mois* après son retour, si, à la même
« époque, il est absent;

« *Dans les deux mois* après la découverte de la fraude, si
« on lui avait caché la naissance de l'enfant. »

Cette disposition, qui étend ou abrége le délai accordé
dans les trois cas prévus, est d'une justice si frappante, que
ce serait abuser d'un temps précieux que de chercher à la
justifier.

L'article 311 porte « que, si le mari est mort avant d'a- 317
« voir fait sa réclamation, mais étant encore dans le délai
« utile pour la faire, les héritiers auront *deux mois* pour
« contester la légitimité de l'enfant, à compter de l'époque
« où cet enfant se serait mis en possession des biens du
« mari, ou de l'époque où les héritiers seraient troublés par
« l'enfant dans cette possession. »

Les actions qui appartiennent au défunt étant une partie
intégrante de sa succession, le projet ne pouvait, sans contredire tous les principes, et sans bouleverser toutes les
idées, mettre aucune restriction au droit qu'ont les héritiers
de poursuivre toutes celles qui appartiennent au mari. Etant
au lieu et place du défunt, ils doivent remplir ses obligations, jouir de tous ses droits, et exercer toutes les actions
qu'il avait lui-même.

Cet article cependant leur accorde un délai de deux mois,
tandis que l'article précédent n'en accorde qu'un au mari
lorsqu'il est sur les lieux de la naissance de l'enfant.

Cette observation, tribuns, n'a point échappé à votre section. Je dois même vous dire qu'elle a d'abord pensé qu'il
eût été convenable de comprendre dans ce délai tout le
temps que le défunt aurait laissé écouler sans réclamer ; et
la raison sur laquelle elle se fondait, c'est qu'en donnant aux
héritiers deux mois pleins, non compris les jours pendant
lesquels le mari aurait gardé le silence, ils lui semblaient
être beaucoup plus favorisés que ne l'était le mari lui-
même.

Mais, en réfléchissant que les faits sur lesquels se fonde
le désaveu étaient plus présens au mari et mieux connus de

lui, puisqu'il était le seul juge en cette matière, votre section s'est déterminée à adopter l'article tel qu'il est.

318   Je ne m'appesantirai point sur l'article 311 ; sa disposition me paraît si claire et si précise, qu'elle ne peut se prêter à aucune fausse interprétation.

Il est en effet évident qu'en déclarant que *l'acte extrajudiciaire sera comme non avenu, s'il n'est suivi dans le mois d'une action en justice*, c'est cet acte seul qui doit demeurer sans effet ; et que l'action n'étant pas prescrite, les héritiers peuvent l'intenter ainsi que le mari (dans les cas où le délai de deux mois lui est accordé), si du moins, dans ce délai, il reste encore à courir un temps utile.

CHAPITRE II.

Des Preuves de la Filiation des enfans légitimes.

Le second chapitre du projet de loi indique et détermine les preuves de la filiation des enfans légitimes, les tribunaux devant lesquels la réclamation d'état sera portée, la durée de cette action, enfin les circonstances dans lesquelles les héritiers peuvent ou ne peuvent pas l'intenter.

319   « La filiation des enfans légitimes, porte l'article 313, se « prouve par les actes de naissance inscrits sur les registres « de l'état civil. »

Ainsi l'acte de naissance est le titre certain, authentique et irréfragable de la filiation.

Et comment pourrait-on contester à un enfant légitime l'état que ce titre lui assure d'autant plus irrévocablement qu'il émane d'un fonctionnaire public, qui, constitué par la loi, tient la place de la loi même?

« C'est par l'inscription sur les registres publics, dit in-« génieusement *Cochin*, que l'on fait son entrée dans le « monde ; c'est à la faveur de ce *passeport* que l'on peut « être admis et reconnu dans une famille. »

Aussi, depuis l'ordonnance de 1539, qui a établi parmi

nous les registres publics, les lois subséquentes et les tribunaux environnaient ces registres d'une telle confiance, qu'il
n'était permis d'offrir, pour prouver la filiation, aucun
autre genre de preuve, si ce n'est dans le cas où il n'existait
pas de registre dans le lieu de la naissance, ou bien dans le
cas où ceux qui avaient existé auraient été perdus ou détruits.

Sans ce titre authentique, sans la confiance que la loi lui
accorde, combien ne serait-il pas facile de dépouiller les
enfans de leur état !

Mais aussitôt que l'acte destiné à le constater est consigné
sur les registres publics, la filiation est sous la sauve-garde
de la société, et rien ne peut détruire la force de ce titre, ni
porter atteinte à la légitimité de celui qui l'invoque.

Il était donc bien important de consacrer, dans le système
de notre nouvelle législation, ce moyen simple et facile
d'assurer l'état des citoyens et le repos des familles.

Mais tous les ouvrages des hommes portent la teinte de 320
leur fragilité. Une triste expérience prouve que les monumens les plus utiles à établir, les plus précieux à conserver,
ne sont pas à l'abri de la fatalité, et sont souvent les plus
périssables : tel est le motif des nouvelles précautions qu'a
prises la loi sur l'état civil, pour préserver de toute atteinte
ces archives de la société. Cependant, comment les mettre
entièrement à couvert des omissions de la négligence, des
ravages du temps et des tentatives du crime?

Le législateur a donc dû aussi prévenir la destruction de
ces titres authentiques, ou y remédier; et pour ne point laisser
à l'arbitraire la faculté de suppléer à ces documens légitimes,
il a dû encore déterminer, d'une manière satisfaisante pour
la raison et la justice, un second moyen d'établir la filiation,
soit dans le cas où ces registres n'en présenteraient aucune
trace, soit dans celui où il n'en aurait pas existé, soit enfin
dans celui où ils auraient été ou perdus ou détruits. Et c'est
ce qui a été prévu par les articles 314, 315 ou et 316.

« A défaut de titre, dit l'article 314, la possession cons..
« tante de l'état d'enfant légitime suffit. »

Il semble d'abord que le législateur ait exprimé ici toute
sa pensée, et que, la loi ne présentant aucun doute sur son
vœu, tout développement soit ici superflu.

321   Mais le projet ne se borne pas à déclarer que la possession
d'état doit suffire dans l'absence du titre. Il rappelle encore
les divers traits qui doivent marquer cette possession pour
qu'elle puisse suppléer le titre qui manque ; et tel est aussi
l'objet de la disposition de l'article 315.

Au moyen du développement donné à cet article, il n'est
plus permis d'élever de doute ni de tergiverser sur ce qui
devra caractériser la possession d'état.

Ainsi, un fait seul et isolé ne pourra suffire pour prouver
une possession d'état telle que celle qui est requise pour s'é-
tablir dans une famille. Il faut un cumul, *une réunion suffisante de faits qui indiquent le rapport de filiation et de parenté entre un individu et la famille à laquelle il prétend
appartenir.*

Si la loi doit protéger l'enfant qui veut recouvrer son état,
elle doit également veiller à ce que les héritiers ne soient pas
troublés dans la jouissance de leurs biens. La famille est
aussi une propriété sacrée, et l'on ne peut y être admis que
quand on a un titre légitime ou une possession équivalente à
ce titre.

Si la règle fondamentale, qui déclare enfant légitime
celui qui naît pendant le mariage, suppose et fait présumer
la paternité du mari, cette règle cesse d'avoir son application quand l'enfant se présente dénué du titre de sa filiation.
Sans ce titre authentique, sans ce *passeport*, comment pourrait-il prouver que sa naissance remonte à l'époque du mariage de ses père et mère ?

Cependant il a pu arriver, par négligence ou par toute
autre cause, que la naissance de l'enfant n'ait pas été consignée sur les registres ; et comme cette inexactitude n'est

pas de son fait, elle ne doit pas lui être imputée; car ce serait le punir d'une faute qui lui est étrangère, et dont il aurait été lui-même la première victime.

Il était donc juste de lui faciliter le moyen de conserver un état dont il a déjà joui, lorsque de nombreuses présomptions s'élèvent en sa faveur et garantissent sa légitimité.

Déterminer et préciser les seuls faits qui pouvaient constater la possession d'état, c'eût été courir le risque d'en écarter de tellement décisifs, qu'on aurait privé l'enfant de tous les secours que la loi lui donne, et que, pour rendre sa preuve plus concluante, on l'eût souvent rendue très-difficile, pour ne pas dire impossible.

C'est dans cette circonstance que la sagesse du juge doit suppléer au silence de la loi; car il est de principe, en législation, que les lois ne peuvent prévoir tous les cas et toutes les circonstances. La seule chose que puisse faire le législateur à cet égard, c'est d'éclairer la religion du juge, en lui proposant des exemples qui puissent servir comme de modèle à ses jugemens. Or, tribuns, l'article dont je vous ai rappelé les termes ne laisse rien à désirer à cet égard, puisqu'il contient l'énumération des *faits principaux* qui peuvent servir à prouver la filiation.

Ce n'est donc pas la *seule* ni même l'*entière réunion* de faits indiqués par la loi qui établira la possession d'état; elle pourra également être établie par des faits semblables, par des faits de même nature, en un mot, par des faits qui, sans être exactement les mêmes que ceux précisés en l'article, soient néanmoins assez nombreux et assez graves pour qu'il en résulte une véritable possession d'état.

Si la loi avait voulu que ces faits fussent les seuls, ou qu'ils composassent l'ensemble de ceux qui doivent constater la preuve de la filiation, elle n'aurait pas dit que ces faits sont les *principaux*; mais dès qu'elle les qualifie ainsi, il est évident que ce sont plutôt des *exemples* qu'elle propose, qu'une *limite* qu'elle ait entendu poser.

322   L'article 316 veut « que nul ne puisse réclamer un état
« contraire à celui que lui donnent son titre de naissance et
« la possession conforme à ce titre ; et réciproquement que
« nul ne puisse contester l'état de celui qui a une possession
« conforme à son titre de naissance. »

J'ai pensé, tribuns, que, vouloir donner du développement
à ces deux dispositions, ce serait en obscurcir le sens.

Comment, en effet, soupçonner, le plus légèrement possible, que celui qui réunit au titre authentique que lui donne
l'inscription de sa naissance sur le registre public reconnaissance de la famille, l'aveu de la société, et la continuité
d'une possession sans trouble, ne soit pas l'enfant de celui
qui l'a si persévéramment déclaré? Quelle preuve plus caractéristique, plus parlante, plus complète, plus décisive,
pourrait-on donc exiger de lui? Si, malgré des témoignages
aussi frappans, aussi multipliés, aussi soutenus, on pouvait
encore attaquer l'état de l'enfant, quelle serait la position
des hommes, et quels moyens la loi aurait-elle de donner à
leur état la permanence et la stabilité qu'elle doit lui assurer?

323   C'est une pénible fonction de donner des lois aux hommes.
Occupé de prévenir les crimes, il faut que le législateur en
ait sans cesse le tableau sous les yeux ; et tandis que son
cœur brûle de l'affection qu'il porte à ses semblables, il faut
qu'il les soupçonne malgré lui d'être méchans, et que malgré lui il se traîne dans toutes les sinuosités de l'astuce et de
la mauvaise foi, pour la surprendre dans ses piéges et pour
en arrêter les funestes effets.

Telle est la réflexion que fait naître l'article 317, qui est
ainsi conçu :

« A défaut de titre et de possession constante, ou si l'en-
« fant a été inscrit sous de faux noms, comme né de père et
« mère inconnus, la preuve de la filiation peut se faire par
« témoins.

« Néanmoins cette preuve ne peut être admise que lors-
« qu'il y a commencement de preuve par écrit, ou lorsque

« les présomptions ou indices résultant de faits dès-lors
« constans sont assez graves pour en déterminer l'admission. »

Quelque ancienne que soit la preuve testimoniale, il n'en
est cependant pas de plus fragile et de plus périlleuse : aussi
les Romains l'avaient-ils entièrement rejetée sur le fait dont
il s'agit. Si l'on attaque votre état (dit la loi II, au Code, *De
testibus*), défendez-vous comme vous pourrez, mais avec des
actes, et par les solides conséquences qui en résultent. La
seule preuve par témoins ne saurait vous suffire : *Soli enim
testes ad ingenuitatis probationem non sufficiunt.*

Nos ordonnances avaient également rejeté la preuve par
témoins en matière de possession d'état.

« Si l'on admet la preuve testimoniale en faveur de ceux
« qui n'ont ni titre ni possession, disait *Cochin*, l'état des
« hommes, ce bien précieux, qui fait pour ainsi dire une
« portion de nous-mêmes, et auquel nous sommes attachés
« par des liens si sacrés, n'aura plus rien de certain. On le
« verra toujours en proie aux plus étranges révolutions. La
« société civile ne sera plus qu'un chaos dans lequel on ne
« pourra ni se distinguer ni se reconnaître. »

Mais cependant, comment la refuser à l'enfant qui n'a pu
s'en procurer d'autre? Ce refus ne le rendrait-il pas victime
de l'insouciance, peut-être même du crime de l'auteur de
ses jours? et la loi n'a-t-elle pas dû chercher à prévenir ce
crime, en donnant à l'enfant, aidé d'un témoignage écrit,
la faculté de recouvrer un état qu'on aurait tenté de lui
ravir? Les Romains, comme on l'a vu par les expressions de
la loi déjà rappelée, avaient senti ce besoin de la justice ; car,
si leurs lois refusaient d'admettre les témoins seuls, elles ne
les excluaient cependant pas ; *soli testes*, disaient-elles, *non
sufficiunt.*

Nos ordonnances ne la rejetaient également que dans les
cas où il eût été impossible de se *procurer des commencemens
de preuves par écrit.* Mais toutes les fois que ces commencemens de preuves se réunissaient à des témoignages non sus-

ʰects, les lois leur accordaient la confiance qui leur était due.

Tel est aussi le vœu bien exprès de l'article dont j'ai rappelé les dispositions. Et comment se refuser à un pareil acte de justice envers un être faible et isolé, qui est privé de tout moyen de se défendre? Il n'est point en effet au pouvoir de l'enfant de traduire, au moment de sa naissance, son père et sa mère devant l'officier public, pour faire constater cet événement. Alors qu'il végète hors de la maison paternelle et dans l'ignorance de ceux dont il tient le triste présent de la vie; alors qu'il ne peut se réfugier dans les bras de son père ni l'appeler à son secours; alors qu'il ne peut se procurer même des renseignemens sur les auteurs de ses jours, il peut se faire néanmoins que ceux qui avaient des rapports avec ses parens se trouvent aussi en avoir avec lui; il peut arriver qu'il trouve dans la maison paternelle des documens qui indiquent et fassent déjà présumer l'état dont il cherche la preuve. Serait-il juste, en ce cas, que cette faveur de la Providence lui devînt inutile et fût perdue pour lui?

La loi proposée ne le pense pas; elle ne pouvait non plus le penser, puisque ce serait lui faire porter la peine d'une fraude à laquelle il a si peu participé, qu'elle n'a été ourdie que contre lui.

324   Ce n'est cependant pas sans prendre les plus grandes précautions que le projet de loi admet la preuve testimoniale. Il exige qu'il y ait d'abord un commencement de preuve par écrit, qui doit *résulter* (d'après l'article 318) *des registres et papiers du père et de la mère, des actes publics et même privés, émanés d'une partie engagée dans la contestation, ou qui y aurait intérêt si elle était vivante.*

Enfin, il ne dispense de la nécessité de produire ces documens que dans le cas où le réclamant produirait d'ailleurs un *ensemble de présomptions et d'indices résultant de faits dès-lors constans et assez graves pour déterminer l'admission de la preuve testimoniale.*

325   « La preuve contraire, porte l'article 319, pourra se faire

« par tous les moyens propres à établir que le réclamant
« n'est pas l'enfant de la mère qu'il prétend avoir, ou même,
« la maternité prouvée, qu'il n'est pas l'enfant du mari de
« la mère. »

En réservant ainsi aux parens, soit du père, soit de la
mère, la faculté de prouver contre l'enfant qu'il n'est *ni
l'enfant de la mère, ni même l'enfant de son mari*, la loi n'a
fait qu'établir un principe de justice fondé sur la réciprocité.
Comment, en effet, en donnant à l'enfant tous les moyens
de prouver son état, la loi aurait-elle refusé aux parens les
moyens de repousser une prétention qui les dépouillerait de
leurs propriétés, et admettrait parmi eux un être qui n'appartiendrait pas à leur famille ! L'ancienne jurisprudence, il
est vrai, n'accordait pas le même avantage aux héritiers ;
mais il suffit, pour justifier cette légère innovation, d'observer qu'elle est basée sur les principes de la justice et sur
l'intérêt de l'ordre social.

Après avoir autorisé l'enfant à prouver sa possession d'é- 326
tat, et donné aux héritiers le droit de repousser cette demande, la loi eût été incomplète, si elle n'eût pas indiqué le
tribunal devant lequel ces différentes réclamations doivent
être portées.

C'est à quoi l'article 320 a pourvu en ces termes :

« Les tribunaux civils seront seuls compétens pour statuer
« sur les réclamations d'état. »

Cette réclamation, en effet, n'ayant pour objet qu'un intérêt civil, ne doit être portée que devant les tribunaux
civils.

Cependant, comme l'instruction du procès peut offrir la 327
preuve ou les indices d'une tentative qui aurait eu pour but
de ravir l'état à cet enfant, et qu'une telle action est quali-
fiée crime par notre Code pénal, il était régulier de renvoyer
celui contre lequel s'éleverait cette prévention devant les
tribunaux criminels ; et c'est ce que fait l'article 321 de la loi
proposée.

Mais comme un jugement criminel aurait pu influencer l'opinion des juges civils, la loi veut que l'action criminelle ne soit intentée qu'autant que le jugement définitif sur la question d'état sera prononcé.

« Si vous voulez introduire des mœurs pures dans la so-« ciété, dit un ancien, honorez particulièrement le lien « du mariage. » Et pouvait-on l'honorer davantage qu'en plaçant l'état d'enfant légitime au rang des propriétés imprescriptibles?

En effet, comment, d'après cela, n'être pas orgueilleux de la qualité de fils légitime? Comment les pères et mères ne seront-ils pas jaloux de la transmettre à leurs enfans, quand ils verront que la loi place elle-même cette qualité si fort au-dessus de toutes les autres, qu'elle fait taire les sages principes de la prescription en faveur de ce bien inestimable?

Vous ne pourrez donc, tribuns, qu'applaudir, avec votre section, à l'article 322, qui déclare *que l'action en réclamation d'état est imprescriptible à l'égard de l'enfant.*

Les héritiers de l'enfant ne méritaient pas la même faveur de la loi. Ils n'ont pas, comme lui, à revendiquer l'honneur de la légitimité. Presque toujours leur demande à cet égard n'a d'autre objet que l'appât d'une succession. Aussi la loi proposée a pu, sans injustice, mettre des bornes à leurs poursuites.

Mais il faut entendre cette loi elle-même pour sentir toute la sagesse de cette disposition.

« L'action ne peut être intentée par les héritiers de l'enfant « qui n'a pas réclamé, dit l'article 323, qu'autant qu'il est « décédé mineur, ou dans les cinq années après sa majorité. »

« Les héritiers, ajoute l'article suivant et dernier de ce « chapitre, peuvent suivre cette action, lorsqu'elle a été « commencée par l'enfant, à moins qu'il ne s'en fût désisté « formellement, ou qu'il n'eût laissé passer trois années sans « poursuites, à compter du dernier acte de la procédure. »

Ainsi, dans le cas de la mort de l'enfant, ces articles du

projet distinguent trois circonstances différentes, relativement à la réclamation de son état;

1°. Le cas où il serait mort pendant sa minorité;

2°. Celui où il serait décédé dans les cinq ans après sa majorité;

3°. Celui où, ayant commencé lui-même à intenter l'action en réclamation d'état, *il s'en serait désisté formellement*, ou l'aurait laissée sans poursuite.

Dans le premier cas, l'enfant étant mineur, ne pouvant aliéner aucune portion de sa propriété, ni former aucune action en justice, il était bien naturel de conserver son action dans toute son intégrité à ses héritiers.

Il était tout aussi raisonnable de la leur conserver entière dans le cas où il serait mort dans les premières années de sa majorité, parce qu'alors il est facile de supposer que ses rapports dans la société n'étant ni bien étendus, ni bien multipliés, il a pu ignorer ce qui est relatif à la preuve de son état.

Enfin, dans le cas où l'enfant aurait lui-même introduit cette action, mais s'en serait désisté, ou l'aurait négligée pendant trois années, il était tout aussi juste de refuser aux héritiers la faculté de la reprendre; car on ne peut pas supposer que l'enfant, parvenu à sa majorité, se fût désisté d'un droit aussi précieux, s'il avait eu des titres pour en justifier, ou qu'il eût négligé de le poursuivre, s'il n'eût acquis la conviction de l'inutilité des efforts qu'il aurait pu faire.

CHAPITRE III.
Des Enfans naturels.

SECTION Ire.—*De la Légitimation des enfans naturels.*

En imprimant une sorte de flétrissure sur la conduite de ces hommes qui, livrés à la jouissance de plaisirs faciles, dédaignent de porter les charges de la société, et surtout celles du mariage, que pouvait faire de mieux le législateur que de les rappeler à leurs devoirs, lorsqu'ils n'avaient été qu'un moment égarés par le délire de leurs passions? Il faut en con-

sect. 1re.

venir, c'est souvent l'inflexibilité des maximes qui retient pour toujours loin de la vertu celui qui s'y serait rattaché si on l'y eût rappelé par la douceur et l'indulgence.

Tel est le but que se propose la loi dans ce chapitre, qui a pour objet la légitimation des enfans par les mariages subséquens.

33.   D'après l'article 325 de cette section, « les enfans nés hors « mariage, autres que ceux nés d'un commerce incestueux « ou adultérin, pourront être légitimés par le mariage sub- « séquent de leurs père et mère, lorsque ceux-ci les auront « légalement reconnus avant leur mariage, ou qu'ils les re- « connaîtront dans l'acte même de la célébration. »

Cette disposition, tribuns, déroge à l'ancienne jurisprudence constamment établie par les tribunaux, non relativement aux enfans *adultérins et incestueux*, car ils ont toujours été considérés comme une telle monstruosité dans l'ordre social, qu'on est allé jusqu'à leur refuser des alimens; mais en ce que le projet n'accorde la légitimation à ces enfans que dans le cas où les père et mère les auront reconnus, soit avant le mariage, soit dans l'acte de célébration.

Jusqu'aujourd'hui l'universalité des jurisconsultes romains ou français avait regardé ce genre de légitimation comme une suite nécessaire du mariage; et ce principe était d'autant plus rigoureusement observé, qu'il était consacré par un des chapitres des décrétales (a).

Ainsi, cette disposition est encore une des innovations opérées par le projet de loi.

Une autre objection qu'on peut faire contre cette heureuse innovation, c'est que les époux, dans cette circonstance, ou par pudeur, ou par la crainte d'aliéner le cœur de parens austères, et dont ils ont tout à espérer, n'oseraient pas faire cette déclaration, soit avant l'acte de la célébration, soit dans cet acte même.

_____

(a) *Tanta est vis matrimonii, ut qui antea sunt geniti, post contractum matrimonium, legitimi habeantur.*

Le sage et éloquent orateur du gouvernement qui a présenté ce projet de loi au Corps législatif ne s'est point dissimulé cette difficulté ; et je dois rappeler la solide réponse qu'il y a faite, ne fût-ce que pour me dispenser de traiter un sujet qu'il a épuisé.

D'abord il observe que la règle suivant laquelle le mariage légitimait de plein droit avait été admise dans le système où la recherche de la paternité n'était pas interdite.

« Qu'alors l'enfant conservant toujours le droit de prouver
« contre ses père et mère l'origine de sa naissance, il n'avait
« pas besoin d'être reconnu ; mais que, lorsqu'il n'y a de pa-
« ternité constante que par la reconnaissance même du père,
« comme dans notre législation, il est indispensable que l'en-
« fant soit d'abord avoué, pour être ensuite légitimé. »

Il ajoute « que la légitimation n'est point un effet néces-
« saire du mariage, qu'elle n'est au contraire qu'un bénéfice
« de la loi.

« Les enfans nés hors mariage, continue-t-il, n'ont point
« en leur faveur de présomption légale de leur naissance. Ils
« n'ont qu'un témoignage : il doit être donné dans un temps
« non suspect. La loi ne peut laisser à des époux la faculté de
« s'attribuer des enfans par leur consentement mutuel. Les
« familles ne doivent pas être dans une continuelle incerti-
« tude.

« Enfin, la loi ne peut faire entrer en considération une
« fausse pudeur ou des vues d'intérêt ; il est au contraire dans
« ses principes *que rien ne peut dispenser d'obéir à sa cons-*
« *cience, et de remplir les devoirs de la nature.* »

La justesse de ces observations et la force de ces raisonne-
mens vous frapperont sans doute, tribuns, et détermineront votre adhésion à cette sage et prévoyante mesure. Mais que sera-ce si vous réfléchissez que cette prétendue fausse crainte de pudeur est tout aussi chimérique que celle qu'on pourrait avoir d'aliéner le cœur de parens trop austères, puisque l'acte de reconnaissance de l'enfant, comme nous le verrons bien-

tôt, peut demeurer dans le secret; puisque, sans déterminer
l'époque où il doit être fait, il suffit qu'il le soit dans un temps
antérieur au mariage; puisque l'existence de cet enfant doit
être une nouvelle raison pour déterminer les parens à consentir au mariage; puisque enfin cette obligation de constater
par un acte quelconque la naissance de cet enfant peut elle
seule être une sauve-garde contre les tentatives de séduction.

Et ce qui prouve (comme l'a encore justement observé l'o-
rateur du gouvernement) que la légitimation n'est pas une
suite nécessaire du mariage, c'est que, dans le système de
l'ancienne législation comme dans celui du projet, tous les
enfans nés antérieurement à ce mariage ne peuvent pas même
jouir de ce bénéfice de la loi; tels les enfans qui ne sont pas
nés de personnes libres.

Ainsi donc les objections faites contre l'article sont si peu
raisonnables, qu'elles se rétorquent même en sa faveur, et
qu'elles font ressortir davantage la sagesse de sa disposition.

332   L'article 326 étend le bienfait de la légitimation par mariage subséquent, même en faveur des enfans décédés, lorsque ceux-ci ont laissé des descendans; et *dans ce cas*, ajoute-
t-il, *elle profite à ces descendans.*

Il était bien juste de donner cette consolation aux enfans
de celui qui lui-même, pendant sa vie, en avait injustement
été privé. Ainsi la loi maintient dans la famille des biens qui
seraient passés à des étrangers; elle répare en quelque sorte
le tort que leur aïeul avait fait à la mémoire de leur père
par le trop long silence qu'il avait gardé, et dont l'effet avait
été de lui ravir son état.

Enfin cette mesure est bonne puisqu'elle est juste. C'est en
laissant éclater l'esprit de justice dans les lois qu'on parvient
à les faire aimer.

333   L'article 327 porte « que les enfans légitimés par le ma-
« riage subséquent auront les mêmes droits que s'ils étaient
« nés de ce mariage. »

Qu'est-ce, en effet, que la légitimation par mariage subséquent, si ce n'est l'acte légal par lequel les époux déclarent qu'ils reconnaissent l'enfant déjà né pour être le fruit de leur union, et l'appellent en conséquence à tous les avantages qu'il peut et doit en retirer?

Si donc il y avait quelque différence, quelque légère qu'elle fût, entre cet enfant ainsi légitimé et ceux nés pendant le mariage, il en résulterait que la volonté des contractans ne serait pas parfaitement exécutée; qu'ils éluderaient la loi qu'ils se sont imposée, et que la loi protégerait cette violation.

Si quelque événement particulier ou quelque circonstance pouvait nécessiter ou motiver une autre disposition, comme elle n'aurait pour but que l'intérêt, il faudrait la faire céder au lien précieux de la nature.

SECTION II. — *De la Reconnaissance des Enfans naturels.*

Ce n'était point assez d'être venu au secours des innocentes victimes de la séduction, en les invitant à réhabiliter leur honneur par le mariage, et à racheter leurs faiblesses en s'élevant à la dignité d'épouses et de mères de famille : la loi proposée devait encore conserver à l'enfant naturel le titre qui lui indique l'auteur de ses jours. D'ailleurs, l'accueil fait à ce premier mouvement de la nature peut prendre assez d'empire sur le cœur d'un père pour l'amener à la célébration du mariage, et le porter ainsi à rendre à son enfant l'état de fils légitime.

Combien le législateur aurait à s'applaudir si, par le vif intérêt qu'il prend au sort de ces êtres infortunés, et par l'indulgence dont il couvre les fautes de ceux qui leur ont donné le jour, il les portait à accomplir le vœu de la nature et de la justice!

C'est là du moins l'objet qu'il a eu en vue dans les dispositions de cette seconde section, et il y a lieu de croire que son but ne sera pas manqué.

L'article 328 impose l'obligation de faire « la reconnais- « sance d'un enfant naturel *par un acte authentique,* lors- « qu'elle ne l'aura pas été dans son acte de naissance. »

sect. 2.

334

13.

Un acte aussi précieux, et qui doit servir de titre à l'enfant naturel et aux héritiers de son père, ne pouvait être abandonné à une aussi frêle garantie que celle qui résulte d'un acte privé. Il était digne de la sollicitude du législateur d'exiger qu'il fût conservé dans des dépôts publics.

335　La naissance d'un enfant, *fruit de l'inceste ou de l'adultère*, est une vraie calamité pour les mœurs. Loin de conserver aucune trace de son existence, il serait à désirer qu'on pût en éteindre jusqu'au souvenir. C'est dans cette vue et dans cette intention qu'est conçu l'article 329, qui déclare que cette reconnaissance ne pourra avoir lieu pour les enfans nés d'un commerce *incestueux ou adultérin*. Flétrir ainsi la violation du saint nœud du mariage, c'est l'honorer de la manière la plus utile.

Les effets de la reconnaissance de l'enfant sont réglés par les articles qui suivent.

336　Et d'abord l'article 330 veut « que la reconnaissance du « père, sans l'indication et l'aveu de la mère, n'ait d'effet « qu'à l'égard du père. »

Il serait difficile de trouver une disposition plus juste et plus conforme aux principes reçus que celle portée dans cet article. Dès que cette reconnaissance est le titre sur lequel l'enfant naturel pourra établir la demande qu'il aura à former sur la succession de l'auteur de ses jours, il eût été injuste que ce titre pût produire quelque effet sur les biens d'un autre que celui qui l'avait donné. D'ailleurs, s'il est de principe que nul ne peut se faire un titre à lui-même, à plus forte raison ne peut-il être permis d'en consentir un contre un tiers de qui l'on n'en a pas reçu le pouvoir exprès.

337　L'article 331 est ainsi conçu :

« La reconnaissance faite pendant le mariage par l'un des « époux, au profit d'un enfant naturel qu'il aurait eu, avant « son mariage, d'un autre que de son époux, ne pourra nuire « ni à celui-ci ni aux enfans nés de ce mariage. »

Cet article résout une difficulté que semblait faire naître

l'article 327 du titre précédent, qui dit *que les enfans légitimés par mariage subséquent auront les mêmes droits que les enfans légitimes.*

« L'enfant naturel reconnu, dit l'article 332, ne pourra « réclamer les droits d'enfant légitime, » et il renvoie au titre *des Successions* pour déterminer les droits des enfans naturels. **338**

Il est facile de concevoir que la loi n'entend parler ici que des enfans qui ne sont pas légitimés par le mariage subséquent de leurs père et mère. Puisqu'un des articles de la section première porte que l'enfant légitime ne peut réclamer d'autre état que celui que lui donne son titre de naissance, il n'eût pas été raisonnable d'accorder plus de faveur à l'enfant naturel.

Quant aux droits que cette qualité leur assure, et qui seront réglés au titre *des Successions*, rien de plus moral et de plus juste que de les réduire à une simple créance. Il était temps enfin de tracer la ligne de démarcation qui doit exister entre l'enfant naturel et l'enfant légitime.

« *La meilleure législation est celle qui favorise l'intérêt géné-* « *ral de la société et les progrès de la morale publique* (a) »

L'article 333 rappelle, à l'égard des enfans naturels, ce qui est déjà établi à l'égard des enfans qui, se croyant légitimes, ont formé l'action en réclamation d'état; et il donne aux parens des pères et mères la faculté de contredire les prétentions des enfans naturels. **339**

« Toute reconnaissance, est-il dit, de la part du père et de « la mère, de même que toute réclamation de la part de l'en- « fant, pourra être contestée par ceux qui y auront intérêt. »

Quelle que soit l'autorité de la loi, elle ne peut obliger d'acquitter ou de reconnaître un titre quand on a des raisons légitimes de le contester.

Rien de plus fréquent autrefois que ces audacieuses réclamations d'état dont on assiégeait de toutes parts les tribunaux. **340**

(a) Discours préliminaire du Consul Cambacérès, en présentant le premier projet du Code civil, page 15.

Que de femmes impudentes osaient publier leur faiblesse
sous prétexte de recouvrer leur honneur! Combien d'intrigans, nés dans la condition la plus abjecte, avaient l'incon-
cevable hardiesse de prétendre s'introduire dans les familles
les plus distinguées, et surtout les plus opulentes! On peut
consulter, à cet égard, le recueil des Causes célèbres, et l'on
ne saura trop ce qui doit étonner davantage, ou de l'insuffisance de nos lois sur cet important objet, ou de la témérité de
ceux qui s'en faisaient un titre pour égarer la justice et troubler la société.

Elle cessera enfin cette lutte scandaleuse et trop funeste
aux mœurs : *La recherche de la paternité est interdite.*

Il n'y a d'exception à cette règle salutaire que dans le cas
d'enlèvement, lorsque l'époque de cet enlèvement se rapportera à celle de la conception. Le ravisseur alors pourra être,
sur la demande des parties intéressées, déclaré père de l'enfant.

Combien une telle loi aurait puissamment influé sur nos
mœurs il y a un demi-siècle, et pourquoi faut-il que nous
ayons à regretter qu'elle n'ait été promulguée que de nos
jours! Mais, quoique tardive, elle n'en opérera pas moins
les heureux résultats qu'on doit en attendre, puisque l'effet
des bonnes lois est d'amener insensiblement les bonnes
mœurs (a).

3.41 Le projet *admet*, au contraire, *la recherche de la maternité,*
parce que la maternité étant établie par des faits certains et

(a) « On sait que dans les habitudes de la vie (disait le Consul Cambacérès, dans le Discours
« préliminaire de son projet de Code civil), il est facile de répandre une présomption de paternité
« qui n'a jamais existé. A l'aide de ces apparences, combien de fois n'a-t-on pas *affligé les mœurs*
« *par des recherches inquisitoriales*, qu'on se plaisait à justifier par la faiblesse prétendue du sexe!
« Que cet abus disparaisse, et aussitôt de grandes ressources sont enlevées à la séduction et à la
« perversité : les mœurs auront des ennemis de moins, et les passions un frein de plus. *Les*
« *femmes deviendront plus réservées* lorsqu'elles sauront qu'en cédant sans prendre des précautions
« pour assurer l'état de leur postérité, elles en sont seules chargées. *Les hommes deviendront plus*
« *attentifs et moins trompeurs* lorsqu'ils verront que des promesses faites par le sentiment ne sont
« plus un jeu, et qu'ils sont tenus de tous les devoirs de la paternité envers des enfans qu'ils
« auront signalés comme le fruit d'un engagement contracté sous la double garantie de l'honneur
« et de l'amour.

positifs, il paraît difficile d'égarer la justice à cet égard, vu surtout les précautions que la loi a prises, de ne permettre cette recherche qu'autant qu'il y aurait déjà *un commencement de preuve par écrit, et que l'enfant qui réclamera sa mère prouvera qu'il est identiquement le même que l'enfant dont elle est accouchée.*

Si la loi doit protéger l'enfant qui ne demande qu'à jouir des droits que lui donne la nature, elle doit également garantir la mère de ces attaques et de ces recherches qui ne peuvent être dirigées contre elle sans nuire à sa réputation, le plus précieux de tous les biens pour une femme vertueuse. Plus l'honneur des femmes sera protégé par la loi, plus elles seront jalouses et fières de le conserver.

Mais un enfant, fruit de l'inceste et de l'adultère, *ne sera jamais admis à la recherche, soit de la paternité, soit de la maternité.*

Y aurait-il rien de plus immoral et de plus contraire aux convenances sociales, que d'assurer la protection de la loi à cet enfant monstrueux qui, pour quelques alimens qu'il peut se procurer d'ailleurs, accuserait les auteurs de ses jours de lui avoir donné naissance par un crime?

Enfin, tribuns, ma tâche est remplie, et je me résume.

Je crois avoir démontré avec quelque évidence,

1°. Que, dans tous les rapports qui naissent de la paternité et de la filiation, le projet de loi a tout prévu, tout fixé, tout déterminé avec une rare précision et une admirable sagesse;

2°. Que le législateur a embrassé dans sa vaste sollicitude tous les grands intérêts qu'il avait à régler, et qu'il a merveilleusement concilié ce qu'il devait à nos besoins, à notre position, à la justice, aux mœurs et à l'ordre social;

3°. Enfin, que son projet contient les plus précieux changemens, les plus utiles réformes, les plus heureuses innovations, et qu'il ne pourra qu'ajouter de nouvelles améliorations à toutes celles qui ont été opérées, comme en un clin-d'œil, depuis les mémorables journées de *brumaire.*

Ces innovations sont frappantes, tribuns; et il n'en est aucune qui vous ait échappé, si du moins la fatigante longueur des détails où je suis entré vous a permis de me suivre avec votre attention ordinaire.

C'est ainsi que la loi proposée éclaire de son flambeau les atteintes portées à la foi conjugale, et qu'elle déchire d'une main religieuse le voile sacré sous lequel des femmes sans pudeur osent cacher leurs infidélités.

C'est ainsi que, pour rendre le mariage plus respectable, elle rassure, autant qu'il est possible, les pères de famille sur la vertu de leurs épouses, et qu'elle donne un nouveau degré d'énergie à l'affection paternelle, en la fixant sur son véritable objet.

C'est ainsi qu'en proscrivant la recherche de la paternité, hors un seul cas, elle prémunit la faiblesse et l'inexpérience contre les dangers de la séduction, et qu'elle met un frein à la perversité des femmes flétries et déhontées.

C'est ainsi que, par l'effet d'une tendre sollicitude et d'une judicieuse prédilection, elle rétablit enfin les enfans légitimes dans tous les droits qu'un injuste partage leur avait ravis.

C'est ainsi qu'en dépouillant les enfans naturels, légalement reconnus et non encore légitimés, du titre honorable d'héritiers, et les réduisant à la simple condition de créanciers sur la succession de leurs parens, elle leur assigne la seule place qu'ils aient le droit d'occuper dans la société.

Enfin, c'est ainsi qu'en distinguant les fruits innocens de la faiblesse des fruits honteux du crime, elle assure aux premiers le précieux avantage de la légitimation par le mariage subséquent de leurs père et mère, et qu'elle marque ces derniers (provenus *de l'adultère et de l'inceste*) du sceau ineffaçable de la honte et de la réprobation.

Telles sont, tribuns, les vues profondes, libérales et vraiment politiques que le gouvernement se propose de réaliser par le projet de loi qui vous est soumis.

Puissiez-vous y trouver, ainsi que votre section, un nouveau motif de reconnaissance nationale, comme elle a cru y découvrir un nouveau germe de prospérité publique!

Honneur et gloire au libérateur de la France, qui, après l'avoir illustrée par ses innombrables victoires, profite du repos que lui laisse la paix pour l'immortaliser par la sagesse de ses lois!

Honneur et gloire aux deux magistrats suprêmes qui le secondent si efficacement dans ses vastes projets et dans ses plans réparateurs de nos maux!

Honneur et gloire au sénat conservateur, qui, en modifiant l'institution du Tribunat, l'a associé en quelque sorte à l'initiative des lois, pour le rendre doublement utile!

Honneur et gloire à ce jurisconsulte profond et consommé, qui, le premier, nous a présenté le modèle d'un Code civil approprié à nos mœurs, et qui a le plus contribué à préparer celui qui va éclore!

Honneur et gloire aux savans rédacteurs de ce nouveau Code, et à tous les magistrats sages et éclairés qui ont concouru à sa confection!

Enfin, honneur et gloire au Corps législatif et au Tribunat, qui, par la maturité de leur examen et la profondeur de leurs méditations, en ont dignement apprécié la sagesse, et qui, en s'empressant d'en voter ou d'en consentir l'adoption, ont pleinement justifié l'attente du peuple français!

Par toutes ces considérations, la section de législation vous propose, par mon organe, de voter l'adoption du projet de loi intitulé : *De la Paternité et de la Filiation.*

Le Tribunat vota l'adoption du projet dans sa séance du 30 ventose an XI, et chargea MM. Lahary, Duveyrier et Perreau de porter ce vœu au Corps législatif.

M. Duveyrier prononça le discours dans la séance du 2 germinal (23 mars 1803).

DISCUSSION DEVANT LE CORPS LÉGISLATIF.

DISCOURS PRONONCÉ PAR LE TRIBUN DUVEYRIER.

Législateurs, après avoir établi l'institution du mariage, ses formes, ses conditions, ses obligations, ses droits, sa durée, l'ordre naturel et physique imposait lui-même à la législation le devoir de fixer l'objet principal et le premier effet de cette institution, c'est-à-dire le rapport certain entre le père et l'enfant, fondement des familles dans l'organisation sociale, comme le mariage en est l'origine.

Ce rapport existe sans doute entre deux êtres dont l'un est l'émanation de l'autre; mais la nature, dans ses précautions harmonieuses pour la conservation de l'espèce, ne l'a marqué par aucun signe infaillible et palpable. La nature n'a pas besoin de ce signe ostensible pour éclairer et suivre la chaîne graduelle et continue de ses productions. La société seule le réclame pour la division des familles qui la composent, pour la répartition des droits individuels qu'elle autorise, pour l'application des devoirs qu'elle impose, pour la transmission des propriétés qu'elle protége, enfin pour l'accomplissement de toutes les obligations et l'exercice de toutes les facultés qui la constituent, et sans lesquelles elle n'existerait pas.

Dans la série majestueuse des règles et des préceptes dont va se former bientôt le monument auguste de la législation française, nous osons vous présenter le titre *de la Paternité et de la Filiation,* comme l'un des plus remarquables par la gravité de son objet, la délicatesse de ses combinaisons, et l'importance de ses résultats.

Jusqu'à présent vous avez vu dans ce grand ouvrage, et vous verrez presque toujours, la sagesse, se balançant sur elle-même, combiner ses règles et ses résultats par ses propres calculs, et seulement attentive, pour l'utilité et la stabilité des institutions qu'elle prépare, à les coordonner avec la situation dans laquelle nous placent la Providence, les habitudes du temps où nous vivons, les convenances du sol que nous habitons, l'expérience des autres siècles, l'exemple des autres peuples, et les leçons plus imposantes encore de notre expérience personnelle et de nos propres exemples.

Ici, et sur l'objet que nous traitons aujourd'hui, l'esprit de l'homme est forcé de s'élever même au-dessus des calculs de la raison et des méditations de la sagesse. La lutte est établie entre la faculté morale et la puissance physique. C'est la nature elle-même qu'il faut toujours combattre et quelquefois asservir, soit qu'il s'agisse de surmonter l'obstacle invincible de son plus impénétrable mystère, pour placer dans la société, sous un signe impérieux, mais incertain, l'enfant que la nature ne proclame jamais, et que souvent elle désavoue ; soit qu'on brave le charme magique de ses plus douces affections, pour rejeter de la société l'enfant privé du signe social, et que la nature réclame avec plus d'autorité et de tendresse.

On ne peut réfléchir sur un sujet aussi grand sans s'humilier dans un respect religieux devant l'intelligence suprême qui connaît tout, parce qu'elle a tout produit. Les fastes de la terre célèbrent les efforts du courage et les conquêtes du génie ; dans la succession des siècles, l'homme a soumis à l'empire de sa force ou de ses perceptions tout ce que ses sens peuvent atteindre. La nature elle-même a vu souvent reculer ses barrières et pénétrer ses secrets. Le génie a interrogé les météores, mesuré les astres, décomposé les élémens, sondé les profondeurs de la terre et des mers : le courage a franchi les sommités inaccessibles, parcouru la plaine des eaux et l'espace des airs. L'homme, fier de ses facultés intellectuelles, se dit formé à l'image de Dieu ; et ce qu'il ne connaît pas encore, il aspire incessamment et s'obstine à le connaître.

Le secret de la paternité épouvante presque seul, et tient enchaînées ses tentatives ambitieuses ; et les Aristotes, comme

les Alexandre, ne cherchent pas même, dans les lois mystérieuses de la reproduction des êtres, un moyen de discerner
l'enfant auquel ils donnent le jour.

311   Dans l'impossibilité d'emprunter à la nature un signe évident et infaillible de la paternité, et néanmoins dans la nécessité de l'obtenir pour fonder les sociétés sur l'exacte division des familles et la succession certaine des individus et
des biens, l'homme a saisi la présomption la plus voisine de
la preuve.

L'esprit conjecture avec raison, et le cœur sent avec énergie, que le père d'un enfant est celui qui confond son existence et ses affections avec celles de la mère; qui s'est établi
près d'elle son compagnon fidèle, son gardien constant, son
protecteur dévoué; qui se montre même jaloux et attentif
d'écarter d'elle les soins, les assiduités, les secours d'un
autre, parce qu'il ne peut souffrir la privation, ni même le
partage de la reconnaissance et de la tendresse dues à son empressement et à sa fidélité.

Cette conjecture, d'une force presque égale à l'évidence, a
été le guide sûr des fondateurs de toute société. On a voulu
la trouver partout où deux individus de sexe différent pouvaient se réunir. On a enchaîné en sa faveur, autant que
possible, l'inconstance, la légèreté du cœur, le caprice et
l'impétuosité des sens; on a fait de l'habitation constante
d'un homme avec une femme la première loi sociale : on a
institué le mariage, et sur le mariage s'est établi le signe invariable de la paternité.

Cette règle fondamentale est aussi la base de la loi proposée.

Son exception générale, ses exceptions particulières, ses
conséquences, ses formes, ses moyens d'exécution et de
garantie en sont les développemens.

L'exception générale embrasse tous les cas où la règle ne
peut être appliquée, par cela même que le mariage, qui en
est le titre et l'origine, n'existe pas. C'est la naissance des

enfans que la nature dérobe à la société, et dont l'existence n'est pas consacrée par le mariage de leurs père et mère.

Cette exception générale des enfans naturels, des enfans nés hors mariage, forme une espèce presque étrangère à la règle fondamentale de la paternité légitime. On aurait pu faire une loi distincte et particulière pour régler l'état et la destinée de ces enfans.

Mais comme, d'un autre côté, l'ordre social ne peut souffrir qu'un individu, quel qu'il soit, erre dans la société sans place fixe et déterminée, et que la place de tout enfant est marquée par les rapports de consanguinité, toutes les fois que son père peut être sûrement désigné, on a considéré avec raison comme une conséquence des règles générales sur la paternité et la filiation, les règles particulières relatives aux enfans naturels. On a dû seulement, en les comprenant dans le texte commun à toutes les naissances, les placer à la suite des naissances consacrées par le mariage, et en faire le troisième et dernier chapitre du titre que nous examinons.

Les exceptions particulières à la règle de la paternité sont celles qui, dans la règle même, dans le mariage, en écartent l'application par l'impossibilité physique, évidente, incontestable, ou par des présomptions contraires d'une telle force sur la raison de l'homme, que la présomption légale soit complètement détruite.

Le premier chapitre précise ces exceptions rares et périlleuses. Il établit avec scrupule et sévérité les cas d'application possible, à qui le droit peut en être attribué, le temps rigoureusement limité pour l'exercice de ce droit, les précautions enfin sagement conçues pour prévenir l'abus de leur application, ou même de la faculté de les appliquer.

Le second chapitre règle les moyens d'établir ou de recouvrer les preuves de la filiation légitime, soit que ces preuves reposent dans les registres publics dont une loi précédente a déterminé les formes et l'usage, soit que ces registres, consumés par le temps ou par accident, perdus par la négligence, détournés par la fraude ou détruits par la violence, ne laissent à l'état légitime de l'enfant que cette réunion de faits et de conséquences que la raison et l'équité naturelle admettent en témoignage authentique de la vérité.

Vous avez ainsi, législateurs, le plan de tout l'ouvrage.

Vous me permettez d'en parcourir sous vos yeux successivement toutes les parties, et de développer avec chaque disposition l'objet qu'elle doit remplir et le motif qui la détermine.

Puissé-je avoir mérité, par les efforts de ma vie entière, l'honneur que je reçois aujourd'hui, et ne pas me montrer tout-à-fait incapable de retracer devant vous, sur cette portion d'un ouvrage immortel, les méditations de ces hommes respectables qu'une telle entreprise aurait seule illustrés, et qui, placés entre les incertitudes de la nature et la nécessité politique, entre la sévérité de la raison et l'illusion du sentiment, entre les erreurs de leurs devanciers et les passions de leurs contemporains, sont parvenus à élever ce monument de sagesse et de stabilité nationale!

La présomption légale, qui donne pour père aux enfans du mariage le mari de leur mère, mise à la place du signe matériel que la nature n'accorde pas, a deux caractères de vérité également imposans, l'autorité de tous les siècles et l'exemple de tous les peuples.

Dans l'antiquité la plus reculée, et parmi les populations modernes des extrémités du globe, on ne citera point une réunion d'hommes formée en corps social qui ait introduit dans ses lois un autre moyen de régler la série des descendances et l'ordre des générations.

Plus on pénètre dans la nuit des temps, plus la puissance du signe légal de la paternité se découvre dans les solennités augustes du mariage, et dans l'autorité immense donnée sur les enfans à l'époux de leur mère.

On en retrouve clairement la trace dans cette loi égyptienne qui, pour assurer le paiement des dettes, sans autoriser contre le débiteur la violence et l'inhumanité, ne permettait d'emprunter qu'en donnant pour gage le corps embaumé de son père.

Les Romains doivent aux Grecs la sagesse des Égyptiens. Leur législation se compose, comme on sait, des lumières éparses dans tous les siècles qui les ont précédés, et chez tous les peuples soumis à leur domination. C'est à cette circonstance, plus qu'à toute autre, qu'ils doivent l'autorité de doctrine qu'ils ont exercée sur la législation des autres peuples, même après leur décadence politique et la chute de leur empire. Les lois romaines sur cette matière sont encore aujourd'hui l'unique règle des sociétés modernes; et nous-mêmes, sur le projet de loi que vous examinez, nous n'avons eu que ces lois à consulter pour les imiter ou les contredire, suivant ce qu'exigent nos localités, nos mœurs et nos institutions actuelles.

Les Romains ont fait de la présomption de la paternité légitime fondée sur le mariage un prétexte littéral, devenu depuis axiome législatif :

Is pater est quem nuptiæ demonstrant.

Le motif de cette règle indique assez sa rigoureuse nécessité. Son premier caractère est d'avoir la puissance et l'effet de la vérité elle-même, et d'exercer à sa place une autorité qui approche de la tyrannie; elle soumet tout à son empire, les accidens ordinaires, les probabilités, les soupçons, et même les contradictions apparentes : elle ne connaît d'autres bornes que les bornes immuables de la nature et de la raison universelle. On n'admet rien contre elle : on admet tout en sa faveur, tout, excepté l'impossible et l'absurde.

Toute loi qui imposerait l'obligation de croire ce que repoussent les lois physiques de la nature et les lois morales de l'intelligence ne serait plus du domaine de la législation civile; et toute loi qui donnerait au mensonge évident le titre et le pouvoir de la vérité ne serait qu'un scandale social.

Ainsi, dans le mariage, l'époux de la mère sera toujours le père de l'enfant, excepté dans les cas où il sera impossible de le supposer ou de le croire.

Il faut rigoureusement préciser ces cas d'impossibilité; car la nécessité de la règle fondamentale ne peut souffrir ni le doute ni l'arbitraire.

Ici commencent les difficultés réelles. Il s'agit d'éviter le double danger d'étendre la règle au-delà des bornes de la possibilité, ou de la faire fléchir au gré du raisonnement; et, flottant ainsi entre l'incertitude des effets naturels et les règles variables de l'opinion, l'esprit a besoin de toute sa sagacité, de toutes ses lumières, pour s'arrêter au point fixe où cesse toute faculté de croire.

Trois causes de nature différente peuvent maîtriser la croyance, et forment ici trois espèces d'exceptions à la présomption légale de paternité :

L'impossibilité physique;

L'impossibilité morale;

L'impossibilité légale;

La première, l'impossibilité physique, est absolue; elle tient toute sa force d'elle-même : c'est un fait matériel et constant qui n'admet aucune autre supposition.

L'impossibilité morale est relative; c'est la conséquence d'un fait assez grave déjà pour introduire le doute et ébranler l'opinion, mais qui la subjugue impérieusement s'il est fortifié par quelque circonstance décisive.

L'impossibilité légale est la conséquence immédiate de la loi; c'est l'absence du titre même sur lequel est établie la présomption.

Ainsi cette présomption légale doit disparaître si, au moment de la conception de l'enfant, le mari de la mère se trouvait notoirement dans une situation telle, qu'il lui fût impossible physiquement d'être le père de cet enfant.

La présomption légale doit fléchir si, au moment de la conception de l'enfant, une réunion de circonstances décisives force la raison à transporter l'opinion certaine de la paternité sur un autre que le mari de la mère.

Enfin, la présomption légale n'existe pas si, au moment de la conception de l'enfant, le mariage, qui seul établit la présomption, n'existait pas encore, ou n'existe plus.

Mais, comme pour juger avec certitude et pour établir avec précision l'une et l'autre de ces trois exceptions, le moment où il faut se placer est toujours le moment de la conception de l'enfant, il était indispensable d'éclaircir avant tout une question jusqu'à présent obscure, et de fixer un point dont la science, dans l'instabilité de ses conjectures, et l'expérience, dans la multiplicité de ses rapports, semblaient avoir augmenté l'indécision.

Il fallait marquer le moment possible de la conception.

Le mystère de la paternité s'enveloppe des ténèbres de la conception. La même obscurité couvre et le moyen et le moment de cet effet admirable. La nature ne laisse voir que les lignes extrêmes qu'elle parcourt dans sa plus précoce activité, comme dans sa lenteur la plus tardive.

Depuis Hippocrate, la science, malgré ses diffus et nombreux traités; depuis Justinien, la législation, malgré ses inépuisables commentaires, n'ont pas fait sur ce point un seul pas vers la précision.

Il faut même le dire, les Romains, maîtres dans la science législative comme dans l'art de vaincre et de dominer, ont eux-mêmes placé dans la solution du problème un obstacle presque invincible, par une de ces contradictions littérales dont le chaos de leurs compilations offre plus d'un exemple.

On connaît ces deux lois romaines qui, avec autant de précision l'une que l'autre, admettent pour la légitimité de l'enfant une différence notable dans l'intervalle de temps qui peut s'écouler entre le mariage, c'est-à-dire entre le moment présumé de la conception et celui de la naissance.

x.   14

La loi VII, au Digeste, *De suis et legitimis hæredibus*, décide qu'un enfant peut naître six mois et deux jours après sa conception, et elle fonde cette décision sur l'autorité d'Hippocrate.

La loi XI, au Digeste, *De statu hominum*, exige au contraire un intervalle de sept mois accomplis entre la conception et la naissance, et elle se fonde également sur l'autorité d'Hippocrate.

Vous sentez que mille volumes de commentaires n'ont pu accorder ces deux lois, et n'ont servi qu'à nous apprendre qu'Hippocrate ne s'était ni trompé ni contredit.

Cependant chacune de ces deux lois a eu sa secte. Les uns ont exigé sévèrement le septième mois accompli, les autres se sont contentés du septième mois commencé. La diversité des opinions s'est accrue et fortifiée en venant jusqu'à nous. Les discussions médico-légales et les traités de jurisprudence ont exalté les têtes jusqu'aux suppositions extravagantes; et dans ces derniers temps, on a vu, devant le premier tribunal de France, le scandale d'un procès élevé pour la légitimité d'un enfant né dans le sixième mois du mariage.

Aujourd'hui, on s'accorde généralement à penser que, malgré les variations incontestables de la nature, il est un terme au-delà duquel on ne trouve plus que l'impossible ou le monstre. Il était sans doute préférable de saisir et de marquer invariablement ce terme, aux risques d'errer sur quelques cas improbables, plutôt que de laisser toutes les questions relatives à l'état des hommes sous la dépendance d'un calcul arbitraire. Entraînés par ce grand intérêt, et éclairés par le scandale des controverses précédentes, les auteurs du projet présenté ont adopté l'opinion la plus commune, la plus autorisée; et ils ont établi qu'une naissance précoce serait légitime, si elle arrivait au moins dans le commencement du septième mois, c'est-à-dire au moins cent quatre-vingts jours après le moment présumé de la conception.

Les naissances tardives ont de même agité et partagé les

esprits. On dirait que, dans cette matière, les lois romaines se faisaient un jeu de la contrariété.

La loi des Douze-Tables, et la loi III, au Digeste, *De suis et legitimis hæredibus,* ne déclaraient légitimes que les enfans nés au plus tard dans le dixième mois de la mort de leur père ou de la dissolution du mariage.

Ensuite l'empereur Adrien s'autorisa de l'opinion des jurisconsultes et des philosophes de son temps pour déclarer, dans un édit dont Aulugelle nous a transmis le texte, qu'un enfant pouvait naître légitime dans le onzième mois de la mort de son père.

Justinien adopta cette décision dans sa novelle 39 ; et de là jusqu'à nous, les variations de la jurisprudence et ces décisions de nos tribunaux, qui, tantôt sur une autorité, et tantôt sur l'autorité contraire, ont déclaré bâtards ou légitimes des enfans nés dans le onzième mois après la mort du père.

Il fallait encore ici fixer un terme invariable, et il était facile de choisir celui que l'expérience et l'opinion générale désignaient également. En conséquence, le projet de loi statue qu'on pourra contester la légitimité d'un enfant né dans le onzième mois après la dissolution du mariage.

Ce sera déjà une amélioration sensible dans notre législation, que d'avoir anéanti et prévenu toutes les disputes sur un point d'où découlent toutes les questions relatives à l'état des enfans ; d'avoir fixé et resserré le cercle dans lequel la nature pourra promener encore ses merveilleux caprices, mais dont on ne la fera plus sortir aux dépens de la société.

Ce cercle est clairement tracé dans l'intervalle du temps qui remonte du cent quatre-vingtième au trois centième jour avant la naissance. C'est un espace de cent vingt jours donné à la possibilité variable de la conception. La loi décide qu'un enfant peut être conçu au plus tôt sept mois, et au plus tard dix mois avant sa naissance. L'enfant du mariage, enfin, est celui qui reçoit le jour au plus tôt dans le commencement du septième mois après sa célébration, et au plus tard dix mois après sa dissolution.

Ce point invariablement déterminé, nous pouvons développer avec clarté les trois espèces d'exceptions littéralement établies dans le projet de loi, et qui seules désormais pourront démentir la règle générale de légitimité, la présomption légale établie sur le mariage.

L'impossibilité physique ne peut exister que par deux causes : l'absence et l'impuissance accidentelle du mari.

Ici, les anciens principes, conformes à la raison et à l'équité, ne souffrent aucune altération.

Il faut que l'absence soit constante, continue, et de telle nature, que, dans l'intervalle de temps donné à la possibilité de la conception, c'est-à-dire dans l'intervalle de cent vingt jours qui s'écoule entre le trois centième et le cent quatre-vingtième jour avant la naissance de l'enfant, l'esprit humain ne puisse concevoir la possibilité d'un seul instant de réunion entre les deux époux.

Quelques auteurs, pour admettre l'exception de l'absence, exigeaient entre les deux époux l'espace immense des mers.

Cette précision était affectée et scolastique ; elle n'était ni juste ni correspondante au principe ; elle ne remplissait pas l'objet proposé. L'absence réelle peut se modifier par d'autres causes ; elle peut s'établir par d'autres preuves tout aussi décisives : il suffit d'exiger qu'elle soit telle, qu'au moment de la conception, toute réunion, même momentanée, entre les deux époux, ait été physiquement impossible.

On a demandé si la prison qui séparerait deux époux pourrait être assimilée à l'absence.

Il est clair que c'est l'absence elle-même, pourvu toujours que la séparation ait été tellement exacte et continuelle, qu'au temps de la conception, la réunion d'un seul instant fût physiquement impossible.

Il en est de même de la seconde cause d'impossibilité physique, de l'impuissance accidentelle du mari. Il serait déraisonnable de vouloir détailler les espèces, les cas, les accidens qui peuvent la produire, soit qu'il s'agisse d'une blessure, d'une mutilation, d'une maladie grave et longue. Il suffit de savoir que la cause doit être telle, et tellement prouvée, que, dans l'intervalle du temps présumé de la conception, on ne puisse supposer un seul instant où le mari aurait pu devenir père.

Vous avez, législateurs, et j'ose dire avec répugnance, trouvé dans nos livres, et peut-être même dans nos tribunaux, une troisième cause d'impossibilité physique, celle qu'on appelait impuissance naturelle : c'est la supposition plus ou moins probable; car dix siècles d'efforts, de contentions et de recherches n'en ont fait encore qu'une supposition, qu'un homme aurait été produit sans avoir reçu de la nature la faculté de produire.

La loi romaine admettait l'impuissance naturelle : mais ce peuple, pour lequel l'honnêteté publique et la révérence des mœurs étaient la loi suprême, ne nous a pas transmis un exemple d'application.

La religion l'introduisit seulement au huitième siècle dans sa doctrine et ses décisions, mais avec cette restriction remarquable, qu'elle ne rendit jamais que des décisions provisoires, sur ce motif naïvement déclaré, que l'Église pouvait avoir été trompée, et des décisions toujours réformables, si l'homme accusé d'impuissance donnait par la suite des preuves contraires et matérielles dans un mariage subséquent.

De là nos tribunaux l'ont adoptée, mais sans la restriction qui en modérait l'inconséquence. Cette restriction religieuse ne pouvait se concilier avec ce principe social d'une force extrême, que l'ordre des familles et l'état des mariages doivent être immuables. Plus on sentait le besoin de saisir la vérité, plus on multipliait les moyens insensés de la découvrir; et dix siècles perdus à rechercher follement la cause mystérieuse d'un effet incertain n'ont produit que des contradictions, des scandales, et des démentis donnés par la

nature elle-même à des jugemens fondés sur les plus spé-
cieuses vraisemblances.

Depuis long-temps, la rareté extrême de ces cas monstrueux, s'ils existent, l'infamie et l'insuffisance des épreuves,
l'obscurité insurmontable de la cause et de l'effet, avaient
fait condamner par tous les esprits sages ce moyen ridicule
d'attaquer et de détruire une présomption juste et favorable,
élevée par la loi elle-même au rang de la vérité.

Et vous n'aurez pas remarqué sans plaisir, dans la loi du
divorce, que cette cause, nommée impuissance naturelle,
n'est point au nombre des causes qui conduisent à la dissolution du mariage.

Il ne s'agit point ici de la dissolution du mariage ; il s'agit
de la légitimité de l'enfant né dans le mariage ; et un motif
particulier de justice et de pudeur fait proscrire avec plus de
force l'allégation honteuse dont je parle.

Je n'ai pas besoin de dire que toutes les exceptions qui
peuvent combattre la présomption légale de la paternité ne
sont établies qu'en faveur du mari. Le mari seul, et ses héritiers, dans les cas déterminés, seront admis à les proposer.
Ces exceptions seront, par des motifs de toute évidence, in-
terdites à tout autre.

Ici ce serait donc le mari seul, puisque ses héritiers ne le
pourraient jamais, qui viendrait proposer publiquement son
impuissance pour faire déclarer illégitime l'enfant du mariage. Et comment concevoir, sans être révolté, le cynisme
impudent d'un homme qui pourrait révéler sa turpitude et
son infamie pour déshonorer sa compagne et sa victime? car
vous remarquerez que, dans ce cas, la femme aurait été la
première victime de la fourberie de cet homme impuissant,
qui s'est présenté au mariage avec toutes les espérances de la
paternité.

Non, la chasteté de la loi réprouve ces aveux infamans et
ces déclarations honteuses. Les monstres, s'ils existent dans
la nature, ne doivent pas être dans la loi. Non, la justice

éternelle, cette voix majestueuse de toute conscience pure, dit que, dans ce cas, si ce cas existe, l'homme doit supporter toutes les charges de la paternité dont il a témérairement affecté la puissance, et dévorer la honte d'un enfant qu'il peut n'avoir pas fait, mais qu'il a eu la frauduleuse audace de promettre à sa femme et à la société.

J'ai suffisamment expliqué comment, dans le projet que j'examine, deux causes seulement pourront produire la première exception fondée sur l'impossibilité physique, l'absence et l'infirmité accidentelle du mari.

Je passe à la seconde exception, fondée sur l'impossibilité morale.

J'ai dit qu'elle ne trouvait pas dans elle-même une force suffisante, et qu'elle ne pouvait l'emporter sur la présomption légale de la paternité qu'à la faveur de certaine circonstance décisive qui porterait sa conséquence jusqu'à la conviction.

Le projet de loi n'en introduit qu'une cause, et encore elle ne l'admet que soumise à trois conditions précises et littérales.

C'est l'adultère.

Les Romains avaient proscrit cette exception dans tous les cas. La décision portée dans la loi II du Digeste, *ad legem Juliam*, est célèbre : *Cum possit et mater adultera esse, et impuber defunctum patrem habuisse.*

Il leur suffisait qu'il fût possible, quoique contraire à toute vraisemblance, que la femme adultère, livrée aux embrassemens d'un autre homme, eût supporté les témoignages de tendresse de son mari.

Notre jurisprudence a porté aussi loin cet excès de pyrrhonisme affecté. Nos tribunaux ont constamment rejeté, en faveur de la présomption légale, et la preuve et le jugement de l'adultère, fortifiés encore par la déclaration de la mère coupable.

Et jusque dans le milieu du dix-septième siècle, le pre-

mier tribunal français, le parlement de Paris, sur les con-
clusions du plus juste et du plus savant magistrat, M. *d'A-guesseau*, aima mieux déclarer légitimes des enfans nés onze
mois après tout moment possible de conception légale, et
dont les mères adultères confessaient hautement la bâtardise,
plutôt que de laisser ébranler, sans cause physique, cette
présomption de paternité matrimoniale, qu'on doit en effet
regarder comme inviolable.

L'excès n'est jamais la vérité; et il était bien de revenir
avec précaution et scrupule aux lois ordinaires de la raison.

A la vérité, il n'y a pas dans la nature impossibilité physique à ce qu'une femme infidèle doive la conception de
l'enfant dont elle devient mère au mari qu'elle hait et
qu'elle évite, et non pas à l'homme dont l'amour la rend
l'esclave empressée et soumise. Mais tous les calculs du raisonnement et toutes les affections morales de la nature elle-
même se révoltent contre une telle possibilité. Le doute au
moins est inévitable, et, disons-le sans craindre, le doute
même n'existerait pas sans cette présomption de la loi, si
respectable, mais qui n'exerce aucune influence sur les motifs de conviction intime.

Et si ce doute, déjà commandé par la loi plutôt que par la
raison, se trouve encore combattu, non par la déclaration
de la mère, dont mille motifs ont pu corrompre l'intention,
et peuvent affaiblir l'effet, mais par un aveu tacite, spontané et continuel, bien plus fort qu'une déclaration passagère et concertée, ne serons-nous pas entraînés vers la vérité, ou du moins vers le besoin d'en chercher l'évidence?

Si la femme adultère a caché à son mari sa grossesse, son
accouchement, la naissance de l'enfant, le sentiment qui
lui a dicté ce mystère et imposé les soins et l'embarras qu'il
exige est d'une telle prépondérance, qu'il serait injuste de
ne pas l'appeler en témoignage sur la question de la véritable
paternité.

Une femme, en ce cas, ne dit rien, ne déclare rien; au

contraire, elle se tait et se cache. C'est son cœur lui-même qui, malgré elle, développe ses replis les plus cachés; c'est sa conscience qui laisse échapper son plus mystérieux jugement. Elle se montre toute entière dominée par la conviction intime à laquelle elle sacrifie son propre enfant, et ce que son enfant a de plus cher, la légitimité.

Alors, ce que la présomption légale du mariage peut exiger, c'est que la présomption contraire, parvenue à un si haut degré de puissance, ne suffise pas encore pour la détruire : mais on ne peut refuser au mari qui a déjà prouvé le crime de sa femme et le mystère dont elle a enveloppé le fruit de son crime la faculté d'offrir à la justice les autres preuves qui peuvent compléter la démonstration, et le soustraire aux charges et à la honte d'une fausse paternité.

Voilà la marche éclairée par toutes les lumières de la raison. Daignez, législateurs, jeter les yeux sur le projet de loi, et vous serez persuadés, j'espère, que ses auteurs ont discerné et établi sur ce point délicat toutes les combinaisons de sagesse ; qui, sans porter une atteinte dangereuse au fondement social, à la présomption légale de paternité, attribuent cependant à la vérité et à la justice ce qu'elles ont droit d'exiger.

Le projet de loi n'admet l'exception de l'impossibilité morale, fondée sur l'adultère, que sous trois conditions formelles.

Il faut que l'adultère soit constant, et il ne peut l'être que par un jugement public.

Il faut que la femme ait caché à son mari la naissance de l'enfant adultérin.

Et ces deux conditions remplies, il faut encore que le mari présente la preuve des faits propres à justifier qu'un autre est le père de l'enfant.

Il me reste à tracer le cercle de la troisième exception, 314-315 celle qui s'établit sur l'impossibilité légale.

Vous n'avez point oublié que cette impossibilité légale n'est autre chose que la conséquence immédiate de la loi ; et en effet, comme je l'ai déjà dit, la présomption fondée sur le mariage ne peut pas exister, si, au moment de la conception de l'enfant, le mariage, qui seul établit la légitimité, n'existe pas encore ou n'existe plus.

Cette exception frappe, comme on voit, sur les naissances précoces et sur les naissances tardives; et depuis que nous avons calculé et marqué l'intervalle de temps dans lequel peut circuler la possibilité naturelle de la conception, l'intelligence de cette exception dans les deux cas devient facile, et son application précise; mais son action n'est pas décisive sur les naissances précoces comme elle l'est sur les naissances tardives.

Par exemple, la naissance précoce est celle de l'enfant qui vient au monde dans les premiers mois du mariage, et à un terme tel que toute conception possible ne puisse être placée sous l'empire du mariage. Il est maintenant fixé que le terme de la naissance le plus rapproché de la conception ne peut être que le septième mois commencé, de sorte qu'un enfant qui naît avant ce septième mois commencé, ou pour parler avec une précision plus arithmétique, dans les cent quatre-vingts premiers jours du mariage, peut être désavoué par le mari de sa mère.

Mais cette naissance précoce suffira-t-elle pour autoriser le désaveu du mari et le déshonneur de la femme?

Non : il y aurait inconséquence et injustice dans deux cas.

D'abord, l'accouchement de la femme peut avoir été accéléré par un accident peu remarquable, l'enfant peut naître avant terme et privé des facultés de la vie.

Ensuite, quoique l'enfant naisse à un terme qui place toute conception possible au-delà du mariage, l'enfant peut encore appartenir au mari, si le mariage a été précédé d'une fréquentation intime entre les deux époux.

Il faut donc, pour que le désaveu du mari ne soit pas une action scandaleuse, légèrement admise, il faut, d'un côté, que le mari n'ait laissé échapper, soit au moment du ma-

riage, soit au moment de la naissance de l'enfant, aucun
acte, aucun signe, aucun aveu volontaire, exprès ou tacite
de sa paternité ; il faut, d'un autre côté, que l'enfant soit né
sans accident, et pourvu de toutes les facultés de la vie.

C'est ce que le projet de loi a exprimé avec autant de
précision que de clarté, en statuant que l'enfant né avant le
cent quatre-vingtième jour du mariage ne pourra être désavoué par le mari, s'il a eu connaissance de la grossesse avant
le mariage, s'il a assisté à l'acte de naissance, s'il a signé cet
acte ou déclaré ne savoir signer, enfin, si l'enfant n'est pas
déclaré *viable*, terme que la législation a emprunté de la
médecine.

On a cherché à éviter les vérifications, les déclarations de
viabilité, et toutes les difficultés, tous les procès qu'engen-
drera l'état physique d'un enfant que deux intérêts opposés
jugeront bien et mal constitué. On a cru qu'un enfant appor-
tait lui-même en naissant, et dans le cours plus ou moins
borné de son existence, la preuve suffisante de sa parfaite ou
imparfaite constitution. On pensait, en conséquence, qu'en
fixant le terme le plus prolongé d'existence que pouvait parcourir un enfant imparfaitement organisé, on rendrait toute
décision plus prompte et plus sûre ; et l'on aurait pu décider
dans ce sens que le désaveu du mari ne serait point admis,
si l'enfant mourait dans les dix jours de sa naissance.

Mais on établissait une lutte bien dangereuse entre la vie
de l'enfant et l'honneur de la mère. Il fallait que l'enfant
mourût dans les dix jours, pour que sa mère vécût sans honte
et sans reproche. De là la crainte ingénieuse, mais raisonnable, qu'une négligence affectée ou des moyens plus coupables peut-être ne vinssent suppléer à l'imperfection sup-
posée de la nature, et porter une influence fatale sur la vie
de l'enfant, dont la vie devait être l'opprobre de sa mère et le
titre de sa condamnation.

Ce sentiment était bien digne de toucher les hommes vertueux occupés de cet ouvrage ; et, sans balancer, ils ont

préféré, aux risques de quelques contestations inévitables, le parti adopté dans le projet de loi.

Les naissances tardives n'exigent aucune disposition conditionnelle. Il est clair que la légitimité d'un enfant pourra être contestée s'il naît dans le onzième mois après la dissolution du mariage, ou, pour mieux dire, au moins trois cents jours après le mariage dissous, parce qu'alors il ne peut plus placer dans le mariage ni sa conception, ni par conséquent la présomption légale de sa légitimité.

Pourquoi n'est-il pas, de droit, illégitime, et mis au nombre des enfans naturels?

Parce que tout intérêt particulier ne peut être combattu que par un intérêt contraire. La loi n'est point appelée à réformer ce qu'elle ignore; et, si l'état de l'enfant n'est point attaqué, il reste à l'abri du silence que personne n'est intéressé à rompre.

Parce que, d'ailleurs, dans le cas de la dissolution d'un mariage par le divorce, le mari, qui seul aurait le droit du désaveu, peut n'avoir ni motif ni volonté de l'exercer; et il doit être, s'il l'exerce, soumis à l'obligation d'éloigner de lui toute preuve de la paternité de l'enfant qu'il désavoue.

316   Après avoir réglé avec une sage sévérité les cas où la présomption légale de paternité pourra être combattue par l'évidence ou par la présomption contraire; après avoir soumis ces exceptions dangereuses, mais indispensables, à des conditions qui puissent, dans tous les cas, en manifester la justice, il faut encore en resserrer l'usage dans les bornes les plus étroites et les plus courts délais.

Le motif de cette dernière précaution est évident.

La loi ne donne à ces exceptions aucun effet par elles-mêmes. Pour qu'elles agissent, il faut qu'elles soient mises en mouvement par le désaveu de l'enfant, que le mari seul, s'il existe au moment de la naissance, a le droit de former.

Le sentiment qui porte un mari à désavouer l'enfant dont sa femme est devenue mère est vif, impétueux, violent même, comme le transport qu'excite la conviction d'un ouvrage. Ce n'est point un sentiment que le temps affermisse et que la réflexion fortifie : la réflexion le modère, et le temps l'efface. Un père qui a souffert près de lui, dans sa maison, sans peine et sans répugnance, ou qui a connu sans indignation l'existence d'un enfant que la loi et la société appellent son fils, est raisonnablement supposé n'avoir pas reçu d'offense, ou l'avoir pardonnée ; et, dans tous les cas, la loi, comme la raison, préfère le pardon à la vengeance.

Ainsi, le mari, s'il est présent à la naissance de l'enfant, n'aura qu'un mois pour réclamer.

S'il est absent, il n'aura que deux mois après son retour.

Si on lui a caché la naissance de l'enfant, il n'aura de même que deux mois à compter du moment où cette naissance lui sera connue.

Ce droit du mari doit nécessairement passer à ses héritiers 317 par l'effet infaillible d'une autre loi tout aussi importante pour la société, celle de la transmission héréditaire. Mais ce droit ne passe aux héritiers que dans le temps où il peut encore exister, c'est-à-dire lorsque le mari est mort avant la naissance de l'enfant, ou dans le terme non encore expiré des délais qui lui sont donnés pour réclamer.

Et, dans ce cas, les héritiers doivent être soumis aux mêmes délais.

Ils n'auront donc que deux mois pour contester la légitimité de l'enfant, à compter du jour où l'existence de cet enfant leur sera connue, soit qu'il vienne les troubler dans la possession de leurs droits héréditaires, soit qu'il se mette avant eux en possession des biens que la loi leur assure.

Enfin, la prescription de ce droit peu favorable est telle- 318 ment juste, hors des délais rigoureux prescrits pour son exercice, qu'il ne doit point suffire, pour la suspendre, d'un acte extrajudiciaire contenant l'intention de désavouer l'enfant, ou même le désaveu formé par le mari ou les héritiers. Ce droit sera encore irrévocablement aboli, si, dans le mois qui suivrait cet acte préliminaire, le mari ou les héritiers n'ont pas intenté leur action en justice contre le tuteur qui sera spécialement nommé pour défendre l'état de l'enfant.

Tel est, législateurs, le cadre dans lequel le chapitre premier du titre que nous examinons a renfermé tout ce qui établit et tout ce qui peut combattre et détruire la légitimité des enfans nés dans le mariage.

ch 2.   Le chapitre second présente les moyens d'établir la preuve de la légitimité, et de la recouvrer lorsqu'elle est perdue, dissimulée ou détruite.

Sur cette matière, les principes observés jusqu'à nous étaient sages, et les règles judicieusement établies. Une longue expérience en avait toujours justifié l'application. Nous aurons aussi peu de changemens à vous offrir.

Une doctrine constante, dictée par la justice et la raison, a toujours donné à l'état des citoyens deux genres de preuves, le titre et la possession.

322   La réunion de ces deux preuves est au-dessus de toute atteinte et de toute contradiction. Aussi, la loi proposée offre-t-elle d'abord cette règle infaillible, et dans tous les cas fermement exécutée, que nul ne peut réclamer un état contraire à celui que lui donnent son titre de naissance et la possession conforme à ce titre ; et, par une conséquence du même principe, que nul ne peut contester l'état de celui qui a une possession conforme à son titre de naissance.

319   Le titre est dans les registres publics destinés à constater les naissances.

Une loi précédente, et que vous venez de sanctionner, règle la forme de ces registres, et consacre leur authenticité.

La même loi prévoit le cas où les registres n'auront point existé, et le cas où ils auront été perdus ; et elle veut que la preuve de non-existence, ou de la perte des registres, soit faite tant par titres que par témoins.

C'était aussi la disposition de nos ordonnances.

Cette loi ne pouvait aller plus loin. Il n'entrait point dans son objet de statuer sur les moyens admissibles et légitimes de rétablir la preuve de l'état des enfans lorsque le titre public n'existe pas; soit que les registres aient été perdus ou adirés, soit qu'on ait omis, supprimé ou falsifié l'acte qui doit constater la naissance et le véritable état d'un enfant.

Le projet actuel doit y pourvoir, et c'est ce qu'il fait.

A défaut du titre, à défaut de l'inscription sur le registre public, quel moyen reste-t-il à la preuve de l'état civil? 320

La possession, c'est-à-dire la jouissance publique que tout individu peut avoir de la place qu'il tient dans sa famille et dans la société.

Cette démonstration, qui se compose de faits publics, et chaque jour répétés, est la plus puissante qu'on puisse imaginer. Si l'on veut se faire une juste idée de sa force et de ses effets incontestables, on peut lire le plaidoyer du célèbre Cochin, qui depuis a servi de texte à toutes les discussions sur cette matière.

« De toutes les preuves qui assurent l'état des hommes, la « plus solide et la moins douteuse est la possession publique. « L'état n'est autre chose que la place que chacun tient dans « la société générale et dans les familles; et quelle preuve « plus décisive peut fixer cette place, que la possession pu-« blique où l'on est de l'occuper depuis qu'on existe?

« Les hommes ne se connaissent entre eux que par cette « possession. On a connu son père, sa mère, son frère, ses « cousins; on a été de même connu d'eux. Le public a vu « cette relation constante. Comment, après plusieurs années, « changer toutes ces idées, et détacher un homme de sa « famille? Ce serait dissoudre ce qui est, pour ainsi dire, « indissoluble; ce serait séparer les hommes jusque dans les « sociétés, qui ne sont établies que pour les unir. »

Ces principes, qui n'ont jamais été contestés ni modifiés, ont dicté, dans le projet de loi, cette règle générale : *A défaut du titre, la possession constante de l'état d'enfant légitime suffit.*

Ce qui veut dire que, si les registres publics n'ont point

existé, s'ils sont perdus, si l'on a omis d'y inscrire l'acte de naissance, la possession seule prouvera l'état, pourvu qu'elle soit publique et non interrompue.

Et d'où il suit, par une conséquence égale, que, s'il y a erreur ou fraude dans les registres, la possession d'état suffit encore pour conduire à la réformation nécessaire.

321   Quels sont les faits qui constituent la possession d'état? Ces faits sont les résultats journaliers de tous les rapports que je viens d'indiquer, de toutes les relations de famille, de voisinage, de société ; les rapports d'un fils à ses père et mère, d'un frère à ses frères et sœurs, d'un neveu, d'un cousin à ses oncles, tantes et leurs enfans, de tout individu aux voisins, aux amis de la famille dont il est membre.

Il n'était pas proposable de rechercher et de classer dans une loi tous les rapports de cette nature ; mais il était bien, pour montrer la trace de la vérité, et répandre sur toutes les questions de ce genre une lumière uniforme, de désigner les faits principaux qui démontrent la possession.

Ainsi le projet de loi déclare d'abord que la possession d'état s'établit par une réunion suffisante de faits qui indiquent un rapport de parenté et de famille.

Et ensuite il ajoute : Les principaux de ces faits sont,

Que l'individu a toujours porté le nom du père auquel il prétend appartenir ;

Que le père l'a traité comme son enfant, et a pourvu en cette qualité à sa nourriture, à son entretien, à son établissement ;

Qu'il a été constamment reconnu pour tel dans la société ;

Qu'il a été connu pour tel dans la famille.

En indiquant ces faits principaux, la loi ne veut pas dire que, pour démontrer la possession d'état, leur réunion soit indispensable, de manière qu'à défaut d'un seul tous les autres ensemble dussent être rejetés.

Non, elle a voulu seulement, par ces exemples, montrer le caractère et la nature des rapports dont on doit tirer la conséquence exacte et la preuve de la possession d'état.

Il est trop évident que, parmi les faits proposés pour exemple, il en est qui, s'ils sont continuels et manifestes, peuvent seuls compléter la démonstration sans le secours d'aucun autre.

Ces règles posées sur la possession d'état, et ses effets érigés en preuve certaine de paternité et de filiation, il fallait pourvoir au sort de celui qui ne peut réclamer ni le titre authentique de sa naissance, ni la possession d'état, de celui qui a été porté sous un faux nom sur les registres publics, de celui enfin dont l'acte de naissance n'indique ni père ni mère, puisqu'il n'annonce qu'un père et une mère inconnus.

Le premier sentiment est de porter à ces infortunés tous les secours de la justice ; mais ici la législation devient nécessairement circonspecte, parce que l'expérience a montré, dans la diversité des circonstances, le double danger d'une incrédulité trop aveugle et d'une facilité trop confiante.

Ces cas sont rares, et presque toujours ils sont le produit d'un crime. C'est la suppression d'état, c'est l'homicide social.

Point de doute qu'il ne soit juste alors d'appeler en témoignage de la vérité toutes les preuves capables de la manifester, la preuve littérale et la preuve testimoniale.

Mais une question avait de tout temps partagé les tribunaux, les magistrats, les légistes, sur la faculté même de proposer la preuve.

Les deux espèces, la preuve littérale et la preuve testimoniale, ne peuvent-elles se présenter sans leur concours mutuel? Et s'il est vrai que les écrits prouvent sans l'assistance des témoins, n'est-il pas vrai de même que les témoins peuvent prouver sans le secours des écrits?

Ou, pour parler le langage usité, peut-on, sur une réclamation d'état, lorsque le réclamant n'a ni titre ni possession, l'admettre à la preuve testimoniale sans un commencement de preuve par écrit ?

Les lois romaines , sur cette question comme sur beaucoup
d'autres , laissent une incertitude embarrassante. Nos ordonnances ne la lèvent pas.

La loi II, au Code *de Testibus* , décide formellement qu'il
faut apporter et des raisons et des titres , que les témoins ne
suffisent pas.

La loi VI, au Code *de Fide instrumentorum* , fait clairement
entendre , et la loi XII, au Code *de Nuptiis* , dit expressément
que la perte de tous les titres ne peut nuire à la preuve de la
légitimité.

Or , comment apporter un commencement de preuve par
écrit lorsqu'il n'y a point d'écrit?

Notre ordonnance de 1667 permet bien la preuve par témoins de la filiation , lorsque les registres publics n'existent
pas ; mais elle semble exiger le concours d'un commencement
de preuve écrite , puisqu'elle dit, tant par les registres et
papiers domestiques des père et mère , que par témoins.

Nos tribunaux s'étaient tellement divisés , que des parlemens n'avaient jamais admis la preuve testimoniale , même
aidée des présomptions les plus fortes , sans un commencement de preuve par écrit , tandis que d'autres déclaraient
par des arrêtés que, pour être admis dans les questions d'état
à la preuve testimoniale , un commencement de preuve par
écrit n'était pas nécessaire.

Les raisons contraires étaient également graves : d'un côté,
le repos des familles trop intéressant , et la preuve testimoniale trop suspecte. Ces réclamations d'état n'étaient, le plus
souvent , qu'une œuvre d'intrigue et de cupidité. Lorsque
rien ne fait entrevoir une vérité jusqu'alors inconnue , ni
titres , ni possession , ni actes publics , ni écrits privés, il suffirait de quelques témoins corrompus ou faciles, trompeurs
ou complaisans , pour jeter un audacieux étranger , comme
un fléau , dans une famille respectable et tranquille.

D'un autre côté , l'enfant qui réclame excite le plus doux
sentiment, la pitié : le bien qu'il réclame est le premier bien;

le seul qui puisse compenser tous les autres. Il est presque toujours victime innocente et sans défense du délit le plus répréhensible. Un sot orgueil, des divisions de famille, la jalousie, l'avidité, l'ont dépouillé de son état. Le crime n'a pu négliger aucune des précautions qui devaient assurer son impunité : et lorsqu'il dénonce le crime, pour l'admettre seulement à être écouté, vous lui demandez précisément les écrits que le crime lui a enlevés!

M. *d'Aguesseau* mit le premier un poids sensible dans la balance, en indiquant un terme moyen, qui rendait au moins la justice possible en toutes circonstances.

Sans doute la preuve testimoniale est, de sa nature, trop légère et trop imparfaite pour ne confier qu'à elle un intérêt si grand et si délicat. Mais pourquoi des écrits auraient-ils seuls le privilége de former un commencement de preuve? Ne peut-il se rencontrer des présomptions, des indices, et certain assemblage de circonstances qui n'ont pas moins de force que les écrits, lorsque la vérité n'en est pas contestée?

En admettant comme commencement de preuve ces présomptions, ces indices résultant de faits déjà non contestés ou incontestables, on concilie l'intérêt public et l'intérêt particulier. La société est satisfaite, puisqu'on n'introduit pas légèrement la preuve par témoins ; et les membres de la société ne peuvent se plaindre, puisqu'on ne les réduit pas à l'impossibilité de prouver leur état lorsque les écrits qui pouvaient l'établir ont été supprimés.

On ne pouvait guère fixer le doute avec plus de sagesse; et c'est le parti que les auteurs du projet de loi ont adopté, en le perfectionnant encore par une précision dans les termes qui ne vous échappera pas, et qui désormais ne laisse aux juges que cet arbitraire qu'on est presque toujours forcé de leur laisser dans les matières les plus positives.

Le projet de loi décide, dans les cas désignés, que la preuve par témoins ne peut être admise que lorsqu'il y a un commencement de preuve par écrit, ou lorsque les présomptions ou indices résultant de faits dès-lors constans sont assez graves pour déterminer l'admission.

324   Puisqu'on parlait de commencement de preuve par écrit, il était encore raisonnable de terminer toutes les controverses sur le véritable sens de cette expression.

Qu'est-ce qu'un commencement de preuve?

Qu'est-ce qu'une preuve qui commence par des écrits, ou plutôt quels sont ces écrits qui commencent une preuve?

Ce sont sans doute des écrits qui, sans former une preuve entière, fournissent des indices, des conjectures probables, et qui n'apportent avec eux rien qui puisse faire suspecter leur témoignage : il faut le dire.

L'ordonnance de 1667 ne parle que des registres et des papiers domestiques des père et mère; mais elle les suppose comme élémens d'une preuve complète, et il n'est ici question que d'un commencement de preuve.

Après la mort des père et mère, les écrits antérieurement échappés aux parens héritiers, c'est-à-dire aux personnes directement intéressées à contester la réclamation d'état, pèsent dans la balance autant que les papiers paternels.

Et puisqu'il est juste d'admettre les présomptions et les indices résultant de faits déjà constans, il est également juste de ne point rejeter les conséquences nécessaires émanées d'écrits directement relatifs à l'objet, lorsqu'ils sont visiblement l'ouvrage de la bonne foi et d'une autre nécessité que celle de la circonstance.

C'est encore ce que le projet de loi a précisé de manière à lever tous les doutes et prévenir tous les dangers, en disant formellement que le commencement de preuve par écrit résulte des titres de famille, des registres et papiers domestiques des père et mère, des actes publics et même privés, émanant d'une partie engagée dans la contestation, ou qui y aurait intérêt si elle était vivante.

325   Enfin, tout danger de la preuve testimoniale, si l'on peut en trouver encore, disparaît devant la disposition juste qui

autorise la preuve contraire par tous les moyens propres à établir non seulement que le réclamant n'est pas l'enfant de la mère qu'il réclame, mais encore, et même alors que la maternité serait prouvée, qu'il n'est pas l'enfant du mari de la mère, parce que dans ce cas il ne s'agit plus de combattre la présomption qui n'existe pas, puisqu'il n'y a ni titre, ni possession d'état, ni contrat de mariage, ni acte de naissance, ni relation connue de parenté et de famille.

Les autres dispositions du chapitre second sont à peu près réglementaires.

J'ai dit qu'un crime, la suppression d'état, était souvent l'origine de ces réclamations. Des exemples nombreux, surtout dans ces derniers temps, ont dénoncé un abus que le caractère criminel du fait originaire semblait justifier.

326-327

Privé devant les tribunaux civils de la faculté dangereuse de se composer une preuve avec des témoins, parce qu'il n'avait ni titres ni possession, ni commencement de preuve, le réclamant portait le fait originaire, sous la qualification d'un délit, devant les tribunaux criminels, et remplaçait ainsi une enquête impossible par une information indispensable.

C'était une subversion de tout ordre judiciaire, et un instrument fatal mis à la portée de tout le monde pour ébranler dans leurs fondemens les familles les plus pures et les plus respectées.

D'ailleurs, le fait qui donne lieu à la réclamation peut sans doute être un fait coupable; mais l'objet de la réclamation est purement civil; mais la partie civile ne peut avoir l'action répressive des délits.

L'intérêt de la société est, sans contredit, que les crimes soient réprimés, et que les preuves qui conduisent à leur répression ne dépérissent pas. Mais un plus grand intérêt commande que le repos de la société ne soit pas troublé sous prétexte de l'affermir.

La réforme de cet abus était désirable; elle était généralement désirée. Ainsi, après avoir établi que les tribunaux civils sont seuls compétens pour statuer sur les réclamations d'état, le projet de loi, par une disposition contraire au droit commun, mais uniquement applicable à ce cas, et évidemment utile, dispose que l'action criminelle contre un délit de suppression d'état ne pourra commencer qu'après le jugement définitif de la contestation civile.

328   Un enfant dépouillé de son état, du titre qui devait l'établir, de la possession qui devait l'assurer, et des preuves qui peuvent le mettre en évidence, vivra long-temps, et mourra peut-être dans cette privation absolue, parce que les chances fortuites de l'avenir peuvent seules le conduire à la découverte.

Il serait absurde de fixer à sa réclamation un délai rigoureux, qu'il n'est point dans ses facultés personnelles de rendre utile. La règle établie à cet égard par le projet de loi n'a jamais été contredite ; l'action en réclamation d'état est imprescriptible ; mais ce privilége n'est établi qu'en faveur de l'enfant.

329-330   Il est un terme où toute incertitude doit cesser pour le repos social, toujours intimement lié au repos des familles : une inquiétude prolongée serait plus funeste que le mal même qu'on voudrait réparer.

La transmission héréditaire fait passer aux héritiers de l'enfant son action en réclamation d'état, mais avec les restrictions exigées par l'ordre public, et justement opposées à une action particulière qui n'a plus d'autre motif qu'un intérêt pécuniaire.

Si l'enfant n'a pas réclamé, pour admettre ses héritiers à intenter l'action non commencée, il faut que l'enfant soit mort mineur ou dans les cinq années de sa majorité ; si l'enfant est mort dans sa vingt-septième année sans avoir réclamé, toute action est abolie.

Si l'enfant a commencé le procès, ses héritiers peuvent le reprendre, le suivre et le faire juger. Mais ils perdent encore cette faculté lorsqu'il y a désistement donné par l'enfant, soit par un acte formel, soit par un laps volontaire de trois années sans poursuites.

La sagesse de ces dispositions n'a besoin ni d'explication ni d'apologie.

Ce second chapitre complète le tableau des règles conservatrices de l'état des hommes.

Leur base majestueuse est le mariage, source également féconde et sûre des générations légitimes, de leur état civil, de leurs droits civils.

Du mariage sort, comme un trait lumineux et ineffaçable, cette présomption légale qui remplace le signe de paternité légitime que la nature n'accorde pas.

A la suite de cette présomption sacrée se placent les exceptions qui peuvent la détruire, et qui, dépouillant de ce caractère auguste ceux dont l'existence outrage son origine, ajoutent encore à son inviolabilité, comme toute exception confirme une règle générale.

Viennent enfin, pour fermer le cercle, les formes et les preuves qui établissent, garantissent, et restituent la légitimité.

Nous n'avons plus à nous occuper de cette portion brillante de la société, de ces enfans que le mariage a revêtus de sa dignité, et comblés de ses faveurs. Nous pouvons les laisser sans regret sur le sein de leur mère, dans les bras de leur père, au milieu des parens, des amis qui couvrent leur berceau de fleurs, et qui promettent à leur vie entière la protection bienveillante de la famille, et celle plus précieuse encore de la société.

Tournons notre attention compatissante sur ces enfans malheureux, condamnés en naissant à subir la faute d'être nés, objets innocens de la honte qui les cache et les méconnaît, repoussés par la société qui les condamne, et jetés loin de toute famille, sans autre consolation que les caresses furtives de la nature, sans autres droits que ceux de la pitié, et trop souvent sans autre asile que celui de la loi.

Je parle des enfans naturels. Avant d'expliquer les règles qui vont fixer leur destinée, il convient de séparer de cette foule misérable ceux dont le malheur peut être tellement réparé, qu'ils ne soient plus distingués des enfans légitimes; les enfans dont le mariage n'a point honoré la naissance, mais que le mariage peut ensuite recouvrer et rétablir sous son empire comme dans ses privilèges.

331   Ce sont les enfans légitimés par mariage subséquent; ils seraient étrangers à tout ce que nous allons dire sur la bâtardise : aussi le projet de loi les place-t-il dans un cadre séparé, et sous la dépendance de trois ou quatre règles seulement; car le régime qui les gouverne est d'une grande simplicité.

Tout le monde sait que des six espèces de légitimation pratiquées chez les Romains, nous en avions adopté deux.

Notre organisation actuelle ne peut plus en autoriser qu'une; car l'adoption que nous allons introduire n'est pas une légitimation, quoique, dans tous les cas où elle est possible, elle opère à peu près les mêmes effets.

La légitimation par lettres du prince n'était point un usage, mais un abus de la souveraineté usurpée.

Et comme les abus d'usurpation n'ont point de limites, on allait jusqu'à légitimer des bâtards adultérins; ce que les auteurs justifiaient en écrivant avec simplicité que les princes, étant au-dessus des lois, avaient sans contredit le droit d'en dispenser.

Dans toute société où la loi seule gouverne l'état des citoyens, aucune autorité ne peut accorder les droits de filiation légitime dans tous les cas où la loi les refuse.

Un mariage subséquent ne pourrait lui-même légitimer des enfans nés antérieurement, si ce privilége n'était pas textuellement établi par la loi, parce que dans l'ordre naturel et dans l'ordre social aucune chose ne peut produire effet ou conséquence avant d'avoir existé.

Mais tant de motifs d'honneur et d'utilité dictent à la loi

le besoin de créer cette juste rétroactivité, qu'on a pu quelquefois penser qu'elle existait d'elle-même et sans la disposition légale.

La morale et l'honnêteté publique la sollicitent pour la réparation du désordre et la cessation du scandale.

La société la veut pour multiplier les générations légitimes, et accroître les familles qui la composent.

Le père et la mère la demandent comme le seul moyen de rentrer dans toutes les douceurs d'une union honorable, et d'en rétablir les droits et les effets sur les enfans qu'ils doivent aimer.

Les enfans enfin l'exigent comme l'unique remède au mal dont ils sont victimes sans en être coupables.

Le peuple qui n'a point adopté la légitimation par le mariage subséquent, sous prétexte qu'elle favorise le concubinage, affecte donc de croire que la réforme est l'aliment du désordre, et le repentir l'attrait du vice.

Justifiée par tous ces motifs de justice et d'intérêt public, la loi ne doit s'occuper que des effets de cette institution, pour que l'abus ne puisse les étendre ; et de ses conditions, pour la rendre aussi pure que les motifs qui la dictent et les effets qu'elle produit.

La première condition est que les deux époux fussent libres, c'est-à-dire qu'ils eussent faculté légale de se marier au moment de la naissance des enfans que leur mariage postérieur doit légitimer.

S'il en était autrement, ces enfans seraient le fruit de l'adultère ou de l'inceste ; et à leur égard la fiction légale serait non seulement repoussée par la prudence publique, mais impossible dans les calculs les plus exagérés de la raison.

En effet, la légitimation par mariage subséquent des enfans nés antérieurement à ce mariage est tout-à-fait fondée sur la supposition gracieuse que ces enfans sont nés du mariage même qui les légitime.

Et si, au moment de leur naissance, leur père ou leur mère étaient engagés dans les liens d'un autre mariage, la loi supposerait donc qu'au moment de leur naissance le père avait deux femmes, ou la mère deux maris légitimes; ce qui serait absurde et impossible.

La seconde condition est que les enfans soient reconnus par leurs père et mère avant le mariage qui les légitime, ou dans l'acte même de sa célébration.

La loi veut donner assurance à la société que ces enfans sont réellement nés du père et de la mère qui contractent mariage. Toute autre supposition serait contraire aux bonnes mœurs.

Et dans un système de législation où la paternité légitime n'est consacrée que par le mariage, et où la paternité naturelle, comme vous allez voir, ne peut être assurée que par la reconnaissance du père, il faut nécessairement le concours de ces deux titres pour fonder en même temps et la filiation et la légitimité, dont l'une ne peut pas exister si l'autre n'existe pas.

Au surplus, cette obligation n'aura souvent d'autre effet que celui d'honorer la loi en la montrant toujours conséquente à son principe; car on peut à peine imaginer un motif légitime qui porte un père, une mère à cacher ensemble, au moment de leur mariage, les fruits antérieurs de leur tendresse; c'est toujours pour ces enfans que le mariage est contracté.

Et si, par impossible, une raison puissante les forçait à ce mystère inexplicable, l'obstacle posé par la loi que nous examinons va bientôt être levé, à peu de chose près, par un autre. Ces enfans mystérieux, soustraits à la légitimation du mariage subséquent, pourront être presque toujours adoptés; ce qui, pour les droits et effets de la filiation, les rapports du père à l'enfant, est la même chose.

533   Les droits de la légitimation par mariage subséquent sont les mêmes que ceux de la légitimité.

Il faut seulement observer que leur effet ne remonte pas à l'époque de la naissance des enfans, qu'il ne peut opérer que du moment qu'il existe, et qu'il n'existe qu'avec le mariage qui le produit. Tout ce qui s'est passé dans la famille du père ou de la mère avant leur mariage est étranger aux enfans que ce mariage légitime; et c'est ce que le projet de loi exprime bien, en disant que les enfans légitimés par mariage subséquent auront les mêmes droits que s'ils étaient nés de ce mariage.

Enfin, tout mariage subséquent, fidèle aux conditions imposées, doit légitimer même les enfans morts avant le mariage, s'ils laissent des descendans. La justice l'exige comme un attribut inséparable de la transmission héréditaire. La société ne voit que le chef de famille qu'elle réclame, et qu'elle ne veut pas perdre.

Vous avez remarqué, législateurs, dans une simple omission du projet de loi, une heureuse amélioration commandée par la morale et l'équité, et sur laquelle le rapporteur du Conseil d'État vous a donné de si lumineuses explications, qu'il serait inutile de les répéter et ridicule de les étendre.

La déclaration de 1639 avait déclaré incapables de toutes successions, c'est-à-dire, illégitimes, les enfans nés de concubines, que leurs pères épousaient à leurs derniers momens.

L'édit plus sauvage encore de 1697 étendit cette incapacité jusque sur les enfans qui pouvaient naître de ces mariages.

Ces lois, conséquence jusqu'alors inconnue des plus absurdes préjugés, ne pouvaient exister qu'avec deux ou trois contradictions révoltantes.

On supposait un mariage coupable, et on le déclarait légitime et indissoluble.

On déclarait un mariage légitime, et on le privait de tous les effets de la légitimité.

On voulait punir la faute du mariage, et on rassemblait tout le châtiment sur ceux qui ne l'avaient pas commise.

Il ne sera plus possible de renouveler ces exceptions insensées, puisque le projet actuel, en ne les établissant pas, re-connaît que, si quelques mariages subséquens ont en eux-mêmes un motif répréhensible, ils ne peuvent avoir, relativement aux enfans, qu'une cause honorable et légitime.

sect. 2. Nous n'avons plus à nous occuper que de la dernière classe, celle des enfans naturels qui ne peuvent prétendre aux droits de la légitimité.

S'ils ne trouvent aucune place dans la famille, il leur en faut une au moins dans la société : la loi seule peut la fixer, et c'est le dernier objet de celle qui vous est soumise.

Cette partie de l'ouvrage avait des difficultés d'un autre genre, mais qui sont, avec les difficultés de la première partie, dans la proportion de force et de résistance qui existe entre les opérations de l'esprit et les sensations du cœur.

La société ne peut rien souffrir qui blesse son institution fondamentale, le mariage.

Le sentiment naturel qui enchaîne et confond ensemble le père, la mère et les enfans, est au-dessus du mariage et de toute institution sociale.

La politique étend sa rigueur calculée sur tout ce qui est contraire à ses maximes, et étranger à ses lois.

L'humanité embrasse toute la nature, et protége tout ce qui respire.

La raison est froide et clairvoyante.

Le sentiment est aveugle et impétueux ; et si l'un tyrannise avec violence, l'autre résiste avec impassibilité.

Le travail était donc de combiner des règles dont la balance ingénieuse pût concilier et satisfaire ensemble la nature et la société, le sentiment et la raison, l'humanité et la politique.

Il fallait, en un mot, donner à la société ce qu'elle exige, sans blesser la nature, et à la nature ce qu'elle demande, sans révolter la société.

Cette contrariété, la plus puissante peut-être sur les facultés de l'homme social, est l'origine de toutes les variations que fait remarquer la législation relative aux enfans naturels, chez tous les peuples, dans les différens temps, et même parmi nous avant et après la révolution.

Il est inutile de remonter plus haut pour reconnaître les vrais principes, et en fixer les conséquences.

Les Romains avaient distingué toutes les espèces d'enfans naturels avec un soin qu'on pourrait citer en preuve du degré de corruption où ils étaient parvenus.

Les enfans de femmes libres ou esclaves, de concubines domestiques ou de prostituées, du simple ou du double adultère, de l'inceste civil direct ou collatéral, et de l'inceste religieux.

Nous n'avons jamais connu que deux classes d'enfans naturels : dans la première, les enfans naturels simples, nés de personnes libres, *ex soluto et solutâ ;* dans la seconde, les adultérins et les incestueux ; et l'inceste religieux étant désormais étranger à la loi civile, ce dernier genre devient presque insensible, si l'on observe surtout qu'il n'y aura point inceste civil, même dans les degrés prohibés auxquels le gouvernement peut appliquer la dispense.

Ces distinctions soigneuses des Romains n'ont donc servi parmi nous qu'à nuancer la turpitude et le scandale, et à confondre les principes et les conséquences, tellement, qu'un même principe donnait deux conséquences contraires, ou qu'une même conséquence émanait de deux principes différens.

D'abord on peut remarquer que cette distinction générale des bâtards, admise encore par notre jurisprudence plutôt que par nos coutumes, dont deux seulement l'ont établie, n'influaient pas avec une force égale, à l'égard de l'enfant naturel, sur les attributions honorifiques et sur les attributions pécuniaires.

Par exemple, l'enfant adultérin ne pouvait pas être légitimé par mariage subséquent.

Il pouvait l'être par le bénéfice des lettres du prince. On se contentait seulement de ne pas mentionner l'adultère.

Un père n'aurait pu reconnaître et déclarer dans un acte public le fruit de l'adultère ; et tous les jours, devant les tribunaux, un enfant signalait ce crime pour trouver un père.

On convenait que la nature avait couvert la paternité d'un voile impénétrable ; on convenait que le mariage était établi pour montrer, à défaut du signe naturel, cette paternité mystérieuse : et c'était précisément hors du mariage qu'on prétendait percer le mystère et découvrir la paternité.

Ces procès étaient la honte de la justice et la désolation de la société.

Les présomptions, les indices, les conjectures érigées en preuve, et l'arbitraire en principe ; le plus honteux trafic calculé sur les plus doux sentimens ; toutes les classes, toutes les familles livrées à la honte ou à la crainte. A côté d'une infortunée qui réclamait secours au nom et aux dépens de l'honneur, mille prostituées spéculaient sur la publicité de leurs désordres, et mettaient à l'enchère la paternité dont elles disposaient. On cherchait un père à l'enfant que vingt pères pouvaient réclamer, et on le cherchait toujours, autant que possible, le plus vertueux, le plus honoré, le plus riche, pour taxer le prix du silence au taux du scandale.

La même distinction se faisait au contraire efficacement sentir dans la distribution légale des avantages réels accordés à ces deux espèces d'enfans naturels.

A la vérité, les uns et les autres étaient privés du titre d'héritiers, et de toute portion dans les successions légitimes à titre héréditaire.

A la vérité, les uns et les autres, s'ils étaient oubliés, n'avaient droit de demander à la succession paternelle que des alimens.

Mais le père pouvait exercer en faveur de ses enfans naturels simples, nés *ex soluto et solutâ*, une faculté qui lui était interdite à l'égard des autres.

Il pouvait, lorsqu'il n'avait pas d'enfans légitimes, laisser à ses bâtards simples, même à titre universel, presque la totalité de la plus riche succession.

Mais il ne pouvait, en faveur d'un adultérin ou d'un incestueux, arracher à ses collatéraux les plus éloignés, dans la plus opulente fortune, autre chose que des alimens bornés au plus absolu nécessaire.

Dans la révolution, dans ces temps où l'exaltation a franchi tous les extrêmes, la réforme d'un abus ne pouvait être elle-même qu'un excès.

On mit des bornes à la facilité des preuves de la paternité, et un terme au scandale des procès dont elle était le prétexte; et même dans le premier projet du Code civil, ouvrage de lumières, conçu et tracé au milieu des ténèbres, était déjà fixée la règle qui prohibe toute recherche de la paternité.

Mais, d'un autre côté, l'enthousiasme des idées naturelles et l'ivresse de l'égalité firent prodiguer aux bâtards reconnus, dans les successions de leurs père et mère, de tels avantages, que la différence était presque insensible entre eux et les enfans légitimes.

La société fut ébranlée dans ses fondemens. Le mariage n'était plus qu'un inutile fardeau, et la légitimité un honneur futile. Des enfans nombreux n'appelaient, sur les auteurs de leurs jours, que le dédain et la raillerie; et le délire, essayant le ridicule et le sarcasme sur les choses les plus saintes, comme sur les objets les plus atroces, allait jusqu'à nommer les membres les plus vénérables, les chefs de la société, *la faction des pères de famille*.

Heureux le peuple qui, après ces temps déplorables de discorde et d'erreur, retrouve la justice et la vérité, et les replace ensemble sur leurs fondemens inébranlables!

Heureux l'homme juste et grand qui, après les jours les plus brillans de triomphe et de gloire, ne veut pour ses trophées que des monumens de sagesse et de paix!

La législation nouvelle des enfans naturels, législateurs, va donc vous offrir plus d'un changement remarquable.

Esquissons les principes qu'elle a choisis pour guides. La sagesse de ses règles se développera dans les conséquences.

340   C'est absolument le même principe qui a démontré la nécessité d'instituer le mariage, et qui démontre la nécessité, hors le mariage, d'interdire toute recherche de la paternité.

La nature ayant dérobé ce mystère à la connaissance de l'homme, à ses facultés morales et physiques, aux perceptions les plus subtiles de ses sens, comme aux recherches les plus pénétrantes de sa raison; et le mariage étant établi pour donner à la société, non pas la preuve matérielle, mais, à défaut de cette preuve, la présomption légale de la paternité; il est évident, lorsque le mariage n'existe pas, qu'il n'y a plus ni signe matériel, ni signe légal. Il n'y a plus rien qui puisse faire supposer, même la fiction conventionnelle et sociale. La paternité reste ce qu'elle était, aux yeux de la loi comme aux yeux de l'homme, un mystère impénétrable; et il est en même temps injuste et insensé de vouloir qu'un homme soit convaincu, malgré lui, d'un fait dont la certitude n'est ni dans les combinaisons de la nature, ni dans les institutions de la société.

C'est ainsi qu'en remontant à une vérité fondamentale, nous arrivons naturellement et sans efforts à cette règle première, à l'impossibilité de ces déclarations de paternité conjecturales et arbitraires, à la répression irrévocable de ces inquisitions scandaleuses qui, peu secourables pour l'enfant abandonné, portaient toujours la discorde dans les familles et le trouble dans le corps social.

341   A l'égard de la maternité, le principe et la conséquence sont contraires. La recherche de la maternité se trouve comme sa preuve évidente, dans les lois naturelles et dans les lois sociales. C'est un fait qui tombe sous les sens, et qui, même très-souvent, n'a pas besoin de preuve. Dans tous les cas, il serait barbare autant qu'impolitique de refuser à l'enfant le droit de retrouver sa mère qui se cache, mais que la nature ne refuse jamais de découvrir.

S'il est physiquement impossible et politiquement conve- 331
nable qu'un homme ne soit pas follement convaincu d'une
paternité toujours ignorée, lorsqu'il ne l'avoue pas, lorsqu'il
la conteste, et si la société exige fermement la prohibition
de toute recherche à cet égard ; d'un autre côté, la nature
a mis dans le cœur d'un père une voix secrète, vague et indé-
terminée sans doute, mais dont le charme et l'illusion ont,
pour ainsi dire, la force de la conviction et la puissance de
la vérité. Cette voix atteste sans cesse les rapports intérieurs
et secrets qui existent entre l'enfant et le père. C'est elle
qui établit entre eux et qui sanctionne la réciprocité de
ces droits et de ces devoirs naturels dont la société elle-
même impose le respect et l'observance pour le maintien de
ses premières lois.

Il sera donc conforme à toute justice, et il pourra être,
avec quelques précautions, conforme à toute convenance sociale, de permettre à un père, à une mère, de reconnaître
leurs enfans naturels, et de leur donner, par cette reconnaissance, un caractère social.

Ces deux règles principales, la première, qui prohibe toute
recherche de la paternité, la seconde, qui permet la reconnaissance des enfans naturels, sont les bases de notre législation sur cette matière.

Les autres dispositions du projet de loi ne vont être que
des exceptions inévitables, ou des conditions nécessaires pour
les combiner avec les préceptes de l'honnêteté publique, les
lois de la société, la nécessité et la faveur du mariage.

La règle qui prohibe toute recherche de la paternité hors 340
du mariage n'aura qu'une exception : c'est le cas d'un enlèvement, lorsqu'il sera prouvé que l'époque de cet enlèvement
se rapporte à l'époque de la conception.

C'est la conséquence d'un crime, et d'un crime prouvé. Il
n'y a point de mariage ; mais il y a nécessité, ou plutôt supposition nécessaire du mariage. Il n'y a pas de cohabita-

tion publique; mais il y a cohabitation forcée. La violence de l'un, l'oppression de l'autre, suppléent au consentement authentique et mutuel. La paternité ne se décèle encore que par des indices et des conjectures; mais les conjectures et les indices se rassemblent tous sur un seul, et sur un homme criminel. La réparation est due à la victime, et le châtiment au coupable.

Cependant, malgré ces motifs si puissans, la législation restera toujours fidèle au principe fondamental qui la dirige. Ni la preuve de l'enlèvement, ni la coïncidence de son époque avec celle de la conception, ne suffiront pour constater la paternité encore incertaine. Elles suffiront seulement pour autoriser le juge à chercher sa conviction dans tous les rapports, toutes les circonstances, tous les faits qui ont précédé et suivi le crime.

342　　　La règle qui permet la recherche de la maternité aura aussi une exception, commandée par un devoir plus sain et plus utile que la règle elle-même, le maintien de l'honnêteté publique et des bonnes mœurs, si nécessaire au maintien des bonnes lois.

La recherche de la maternité elle-même ne sera plus permise, lorsqu'elle sera dirigée sur la trace d'un adultère et d'un inceste, toutes les fois que, pour la démontrer, il faudrait rendre publics et certains ces attentats scandaleux, dont la possibilité mystérieuse et les exemples impunis corrompent et flétrissent les mœurs publiques. La manifestation d'un désordre caché n'est jamais, pour l'intérêt social, compensé par la réparation d'un dommage individuel.

Cette raison si puissante placera nécessairement la même exception comme un obstacle devant la faculté si naturelle et si juste donnée à un père, à une mère, de reconnaître leurs enfans naturels. Cette reconnaissance sera impossible s'il faut l'appuyer sur l'inceste ou sur l'adultère. L'officier public ne la recevra pas; et, si, malgré lui, l'acte contient le vice qui l'infecte, cette reconnaissance nulle ne pourra profiter à l'enfant adultérin ou incestueux pour qui elle aura été faite.

Rendons grâces à cette innovation morale, qui écarte d'une loi si pure dans sa source et dans son objet ces chances pernicieuses d'infamie, ces révélations mortelles à la pudeur sociale. On ne déchirera plus, pour des passions individuelles et des intérêts particuliers, le voile épais dont l'intérêt public couvre ces écarts scandaleux ; et les expressions même qui servent à les désigner ne seront plus prononcées que dans les jugemens destinés à flétrir ceux qui oseront s'en montrer coupables.

La reconnaissance des enfans naturels, dégagée du seul obstacle qui la rend impossible, il ne nous reste à exposer que ses effets, toujours calculés sur l'intérêt public, et restreints par quelques conditions que la justice commande. sect. 2 et 3.8

La restriction principale est celle qu'imposent la dignité du mariage et le privilége de la légitimité. La reconnaissance d'un enfant naturel manifeste et rend certains aux yeux de la société les rapports que la nature a mis entre lui et son père. Elle établit devant la loi et leurs droits et leurs devoirs réciproques : pour le père, l'obligation de fournir à son enfant les moyens d'exister ; pour l'enfant, l'obligation d'obéir à son père, de le respecter et de le secourir.

Mais là se bornent les effets de la reconnaissance. Tous ceux du mariage, qui seul donne la légitimité, sont étrangers à l'enfant naturel ; et, dans aucun cas, cet enfant, même reconnu, ne peut prétendre à aucun des droits assurés aux enfans légitimes.

Le mariage seul établit et distingue les familles. Les rapports naturels, consacrés par la reconnaissance, n'existent qu'entre le père ou la mère et l'enfant. Ils ne peuvent atteindre les parens du père ni ceux de la mère. L'enfant naturel n'est pas dans la famille.

La seconde restriction, qui doit limiter les effets de cette reconnaissance, est celle qu'impose la justice à la libre faculté de toutes les actions humaines, au libre exercice de tous les droits; c'est que l'intérêt légitime d'un autre n'en soit pas blessé; et cette restriction se déploie sous plusieurs modifications.

336   La reconnaissance d'un enfant naturel, faite par un homme qui se croit son père, peut nuire à la mère qui n'aura pas fait la même reconnaissance.

Dans les précédens projets de Code civil on avait clairement manifesté l'intention, et toujours attendu l'incertitude de la paternité, de ne donner aucune créance, aucun effet à la reconnaissance d'un enfant naturel, faite par son père, si elle n'était pas confirmée par l'aveu de la mère.

Mais on a senti que c'était faire dépendre l'état et la destinée de l'enfant d'une révélation difficile, quelquefois impossible, et toujours inconvenante à la pudeur d'une femme. On a senti que, pour ne pas ravir à l'enfant son premier bien, son existence sociale, il eût fallu, dans ce cas, lui ouvrir la porte de ces inquisitions honteuses et de ces procès révoltans dont on jugeait indispensable de tarir la source.

La sagesse de ce motif a éclairé; et de l'impossibilité d'obtenir sans un grave inconvénient la déclaration ou l'aveu de la mère, on est parvenu naturellement à la conséquence contraire, c'est-à-dire à la nécessité de n'exiger ni la déclaration, ni l'aveu, ni même la désignation de la mère, en statuant seulement que, dans ce cas, la reconnaissance n'aura d'effet qu'à l'égard du père seulement.

On voit bien ce que peut produire cette faculté d'une déclaration solitaire. Mais, encore une fois, il vaut mieux pour la société de tolérer ce qu'elle ignore, que de connaître ce qu'elle doit punir.

337   La reconnaissance faite par un époux, pendant le mariage, d'un enfant naturel antérieur, peut nuire à l'autre époux, et aux enfans légitimes de ce mariage.

Il était donc d'une justice rigoureuse de statuer, par une disposition précise, que la reconnaissance faite pendant le mariage, par l'un des époux, d'un enfant naturel qu'il aurait eu avant son mariage d'un autre que de son époux, ne pourrait nuire ni à celui-ci ni aux enfans nés de ce mariage.

Et, par le même motif, la reconnaissance reprendra tout son effet, si ce double intérêt, ce double obstacle viennent à cesser par la mort des enfans et par la dissolution du mariage.

La reconnaissance d'un enfant naturel peut nuire à tout autre qui aurait plus de tendresse et plus de raisons pour se dire le père de l'enfant.

Elle peut nuire à l'enfant qui a déjà trouvé ou qui réclame un autre père.

La reconnaissance faite par le père, ou la réclamation élevée par l'enfant, peuvent, l'une aussi bien que l'autre, nuire à des héritiers légitimes.

Ces divers intérêts, et tous autres qu'il est impossible de prévoir et de désigner, ont indiqué la justice et la nécessité d'une disposition générale qui donne à tous ceux qui y ont intérêt le droit de contester, soit la reconnaissance faite par le père ou la mère, soit la réclamation élevée par l'enfant.

Et nous ne craindrons pas que cette disposition, généralement exprimée, puisse étendre la faculté de contester jusqu'à l'abus, toujours trop facile en cette matière, et surtout jusqu'à l'usage indirect de ces exceptions odieuses, de ces inquisitions flétrissantes, dont l'acte lui-même ne contiendrait aucune preuve, aucun indice, et dont le projet de loi, dans son esprit, dans ses principes, dans ses préceptes, signale sans cesse la proscription absolue.

L'objet est simple et le sens est clair. C'est l'acte lui-même qu'il s'agira d'attaquer; sa forme, si elle n'est point authentique, ou si elle est irrégulière; son contexte, si le mensonge et la fraude l'ont dicté.

Mais qu'on veuille affaiblir le crédit de cet acte, ou changer ses résultats par l'enquête scandaleuse d'un fait qui serait étranger à l'acte contesté; que des collatéraux, par exemple, pour diminuer la portion que la loi donnera à l'enfant naturel dans la succession de son père, et le réduire aux alimens charitables réservés à l'enfant du crime, prétendent que cet enfant reconnu par un père libre est entaché d'adultère du côté de sa mère, inconnue et non désignée dans l'acte : nous devons penser qu'ils ne seront point écoutés.

Là s'arrête, dans le projet de loi, le système de notre législation nouvelle sur l'état et la condition des enfans nés hors mariage. Ce système va se compléter bientôt par la loi *des Successions*, qui nous montrera quelle créance immobilière, ou alimentaire seulement, leur sera, suivant leur qualité et les circonstances, attribuée dans les successions paternelle et maternelle.

Dans tout le cours du travail que je termine, législateurs, j'ai pu soulever à peine le poids immense dont il n'a cessé de fatiguer ma pensée et mon courage; mes forces ont mal secondé ma volonté. Si quelque imperfection vous frappe, ne l'attribuez qu'à une disproportion trop sensible entre mes facultés et mon devoir : et confiez à votre sagesse le soin de découvrir, mieux que je n'ai pu le faire, dans l'ensemble et les diverses parties de cet important ouvrage, tout ce qu'il doit à l'expérience, à la morale, à la vertu, et tout ce qu'il promet à la prospérité nationale.

Le Tribunat vote l'adoption du projet de loi composant le titre septième du Code civil, et relatif à la paternité et à la filiation.

Le Corps législatif décréta le projet dans la même séance (2 germinal an XI); et la promulgation eut lieu le 12 (2 avril 1803).

TITRE HUITIÈME.

De l'Adoption et de la Tutelle officieuse.

DISCUSSION DU CONSEIL D'ÉTAT.

(Procès-verbal de la séance du 6 frimaire an X. — 27 novembre 1801.)

M. Berlier présente un projet de loi sur *l'Adoption*.

Il expose les vues générales qui ont présidé à la rédaction de ce projet.

On a dû examiner d'abord, dit-il, si cette institution était utile, et peser les objections dirigées contre elle.

L'une de celles qui atteignaient principalement les anciens projets dressés sur cette matière, était puisée dans l'intérêt du mariage, que l'on prétendait devoir souffrir une grande altération de la faculté qu'auraient les citoyens de devenir pères sans avoir été mariés.

Cette objection ne saurait subsister contre le projet actuel, qui impose la condition *d'être ou d'avoir été marié* et sans enfans, à quiconque voudra en adopter.

Ainsi l'adoption sera la consolation des mariages stériles, et une vaste carrière de secours pour les enfans souvent très-nombreux de pères et mères pauvres.

Sous ce double rapport, cette institution vraiment philantropique se placera au premier rang de celles qui sont dans l'intérêt de la société, surtout quand aucune combinaison immorale ne pourra s'y introduire, ni couvrir un honteux trafic du voile spécieux de l'humanité.

M. *Berlier* pense que le projet actuel remplit éminemment cet objet; mais, pour ne pas anticiper sur les détails, il s'applique principalement à répondre à ceux qui prétendent que l'adoption est inutile dans un état où la bienfaisance peut s'exercer et la qualité d'héritier se conférer, du moins à une assez forte quotité, de toute autre manière.

Cette dernière voie, selon M. *Berlier*, n'a rien de comparable avec l'adoption : tout y est précaire, et dès là même rien n'y attache. L'enfant qui plaît aujourd'hui peut être renvoyé demain, et se trouver plus malheureux peut-être qu'auparavant. Ces actes de bienfaisance passagère, qui ne donnent aucun droit, qui n'établissent aucun devoir, n'ont, ni pour celui qui les exerce, ni pour celui qui en recueille l'effet, ce caractère sacré qui unit un père avec son enfant; ils ne peuvent en produire les douces affections.

M. *Berlier* ne croit pas devoir répondre en ce moment aux craintes manifestées sur les embarras que l'adoption peut faire naître tout à la fois, et dans la famille de l'adoptant, et dans celle de l'adopté; ces réponses viendront en leur temps : mais il s'appliquera à réfuter dès à présent une opinion consignée dans un écrit qui a trouvé des partisans, et qui tendrait à faire de l'adoption non une institution civile, mais une institution politique, et dont le but serait de n'accorder l'adoption qu'à des citoyens distingués par de grands services rendus à l'État, et de la faire alors prononcer par le Corps législatif.

M. *Berlier* pense bien qu'une adoption doit être un acte très-solennel (aussi le projet y fait-il intervenir le tribunal); mais il repousse cette adoption privilégiée et arbitraire, qui ne serait que pour quelques-uns. La récompense des grands services, des grandes actions dans une république, où l'égalité civile est un dogme, ne saurait se placer dans des attributions de cette espèce : la famille et ses droits sont, de tous les objets qu'embrasse la législation, ceux qui admettent le moins de différence entre les citoyens.

En réduisant donc l'adoption à ce qu'elle doit essentiellement être, et en ne la considérant que comme institution civile, M. *Berlier* fait observer que l'on s'est attaché à rassembler dans le projet soumis à la discussion tous les élémens propres à en faire un établissement utile et moral.

On ne sait guère que par quelques fragmens historiques

ce que fut l'adoption chez d'anciens peuples, même chez les Grecs ; mais il reste des monumens écrits et certains de l'adoption des Romains.

Sage et grande dans son origine, elle dégénéra sur la fin de la république et sous les empereurs. Un peuple contemporain, la Prusse, jouit aussi de l'adoption ; c'est dans l'expérience de cette institution, et jusque dans sa dégénération, que l'on a puisé des vues propres à la rendre bonne, en l'appropriant d'ailleurs aux mœurs de la nation, et en la soumettant à des règles capables d'en prévenir l'abus.

M. *Berlier* lit le projet de loi ; il est ainsi conçu :

Art. 1er. « Nul individu de l'un ou de l'autre sexe ne peut 343 « adopter, s'il ne réunit les qualités suivantes :

« 1°. Être ou avoir été marié ;

« 2°. N'avoir pas d'enfans ou descendans légitimes ;

« 3°. Ne point passer l'âge de soixante-dix ans ;

« 4°. Et avoir au moins dix-neuf ans de plus que l'adopté. »

Art. 2. « Nul ne peut adopter que des individus de son ap. 343 « sexe, à moins que les individus d'un sexe différent ne « soient neveux ou nièces, petits-neveux ou petites-nièces, « cousins ou cousines au premier degré de l'adoptant. »

Art. 3. « La règle posée en l'article précédent ne s'ap- « plique point à l'adoption faite en commun par des époux, « ou par l'un d'eux du consentement de l'autre. »

Art. 4. « L'adoption en commun ne peut être faite que par 344 « deux personnes unies entre elles par le mariage. Nul époux « ne peut adopter sans le consentement de l'autre. »

Art. 5. « Le tuteur ne peut adopter le mineur ou la mi- 345-346 « neure étant sous sa tutelle. »

Art. 6. « Il est permis d'adopter par un seul et même acte « plusieurs enfans, sans limitation de nombre ; mais on ne « peut, après une adoption consommée, en faire aucune « autre pendant la vie de l'enfant adopté et de ses des- « cendans. »

ap. 346
et 361 Art. 7. « L'enfant est donné en adoption par ses père et
« mère, s'ils vivent; et à défaut de ses père et mère, par
« tous ses ascendans paternels et maternels.

« Lorsque le droit de donner en adoption est dévolu à
« plusieurs ascendans, l'opposition d'un seul suffit pour
« empêcher l'adoption. »

Art. 8. « Si l'enfant n'a ni père ni mère, ni ascendans, le
« droit de le donner en adoption appartient à son tuteur,
« autorisé par un conseil de famille. »

Art. 9. « Si l'enfant n'a point de parens connus, le juge
« de paix convoque quatre voisins ou amis, lesquels élisent
« à l'enfant un tuteur spécial. »

353 Art. 10. « Le vœu des personnes qui se proposent d'adop-
« ter et de celles qui consentent à donner en adoption doit
« être consigné dans un premier acte reçu par le juge de
« paix du domicile de l'adopté. »

354 à 359 Art. 11. « Cet acte sera soumis à l'homologation du tri-
« bunal civil, qui examinera, 1° si l'adoption est conforme
« aux règles ci-dessus posées; 2° si le père adoptant jouit
« d'une bonne réputation.

« S'il homologue la délibération, il renverra les parties
« devant l'officier de l'état civil, pour leur être donné acte
« de l'adoption. »

fin de la
sect. 2. Art. 12. « L'adoption est irrévocable, tant de la part de
« l'adoptant que de la part de ceux qui ont donné l'enfant
« en adoption. »

Art. 13. « Le mineur adopté peut seul renoncer au béné-
« fice de l'adoption, et jusqu'à l'âge de vingt-cinq ans. »

Art. 14. « En cas de renonciation, l'adopté rentre dans sa
« famille primitive, et y reprend ses droits sous les modifi-
« cations qui suivent. »

Art. 15. « Si, dans l'intervalle, il y a eu des aliénations
« de biens auxquelles le renonçant aurait eu droit, il ne
« pourra, sauf le cas de fraude, critiquer les actes qui les
« contiennent; son action se bornera au recouvrement du

« prix : il n'en aura aucune en restitution des fruits perçus
« jusqu'à sa renonciation. »

Art. 16. « De même l'adoptant et sa famille ne pourront
« former aucune répétition à l'adopté pour les frais de son
« éducation, les alimens et les services qu'il aura reçus. »

Art. 17. « L'adoption transfère au père ou à la mère qui   347-348
« adopte la qualité de père ou mère légitime; elle établit
« entre l'adoptant et le fils adoptif les mêmes droits et les
« mêmes devoirs qu'entre père et enfant légitimes. L'enfant
« adoptif prend le nom de la personne qui l'adopte. »

Art. 18. « L'adoption ne laisse subsister entre les père et   348-349
« mère et l'enfant donné en adoption que l'obligation natu-
« relle et réciproque de se fournir des alimens dans le besoin. »

Art. 19. « L'enfant adoptif sort de sa famille naturelle, et   348
« appartient, dès que l'adoption a eu lieu devant l'officier de
« l'état civil, à la famille de l'adoptant dans tous ses degrés
« directs et collatéraux.

« Néanmoins, tous parens de l'adoptant pourront, par   350
« une disposition spéciale, exclure l'enfant adoptif de toute
« part à leur succession; mais ceux qui auront usé de cette
« faculté feront perdre aux leurs le droit de succéder à l'en-
« fant adoptif et aux siens. »

Art. 20. « Dans le cas, où, après l'adoption, il naîtrait à
« l'adoptant des enfans en mariage, l'enfant adoptif conser-
« vera dans la succession la part d'un enfant légitime. »

Le Premier Consul ouvre la discussion sur la question   tit. 8.
générale de savoir si l'adoption sera admise.

M. Maleville dit que l'adoption peut être très-utile,
considérée comme mesure politique, et se faisant par un
acte du Corps législatif ou par un arrêté du gouvernement;
mais il pense qu'elle serait très-nuisible, considérée comme
objet de juridiction ordinaire, et permise indifféremment à
tous les citoyens.

Elle pourrait être utile comme mesure politique, parce
qu'il importerait grandement à l'État que des citoyens re-

commandables par les services qu'ils ont rendus, et que les
circonstances ont éloignés du mariage, ou dont l'union a été
stérile, pussent, par des choix éclairés et communément
préférables au hasard de la naissance, lui laisser des enfans qui leur ressemblent. *Optimum quemque adoptio inve-
niet*, dit *Galba* dans *Tacite.*

L'adoption, ainsi réservée à des citoyens distingués, et
faite avec les solennités convenables, dispenserait de beaucoup de détails dans la jurisprudence qui lui serait affectée;
il ne serait pas nécessaire de lui prescrire des conditions et
d'en resserrer les limites, parce que la loi même, ou l'arrêté
sans lequel elle ne pourrait être faite, veillerait suffisamment
à la pureté de ses motifs et à son utilité dans l'ordre public :
il suffirait d'en régler les effets, qui doivent être les mêmes
que ceux de la paternité naturelle.

Mais si l'adoption était permise par une loi générale et
devenait un acte de juridiction ordinaire, elle n'aurait plus
aucun objet d'utilité publique et serait la source de mille abus.

L'adoption était nécessaire à Rome, d'où on l'a tirée,
pour rendre moins odieuse cette ligne de démarcation que la
constitution avait tracée entre les patriciens et les plébéiens;
elle faisait entrevoir aux enfans de ceux-ci une plus grande
possibilité de devenir de grands hommes. L'adoption était
alors dans la république ce que l'anoblissement devint dans
la France monarchique, une institution utile pour prouver
que le genre humain n'était pas, au fond, de deux espèces
absolument différentes.

Mais quelle application faire de ce principe dans un état
qui n'admet entre les citoyens d'autre distinction que celle
des talens et du mérite ?

L'adoption multipliera, dit-on, les manières de faire du
bien ; mais, sans avoir besoin d'adoption, nos lois ne laissent-
elles pas assez de latitude à ceux qui n'ont pas d'enfans,
pour élever des orphelins et faire du bien à qui bon leur
semblera ?

Pour verser ses bienfaits sur quelqu'un ou lui témoigner sa reconnaissance, est-il même bien nécessaire de se donner le titre légal de son père? Et croit-on bien que ce titre, donné par la loi, mais toujours tacitement désavoué par la nature, suffise pour transmettre avec lui tous les sentimens de la paternité?

Un homme peut-il dire, en voyant un fils adoptif, ce qu'il sent à l'approche de son véritable enfant : Voilà le sang de mon sang et les os de mes os! Et cette miséricorde inépuisable, qui me fait oublier tous ses écarts à la première apparence de retour, l'aurai-je pour un fils adoptif dont la conduite me prouvera cruellement mon erreur et trompera toutes mes espérances? Cependant, suivant le projet, l'adoption doit être irrévocable de la part de l'adoptant.

L'adoption généralement admise n'a donc ni principe, ni but, ni utilité dans nos mœurs; et, par cela seul, elle devrait être rejetée; car toute innovation sans nécessité évidente est toujours dangereuse, comme le dit si bien Montesquieu.

Mais ce n'est pas à des conjectures qu'on est réduit ici pour prouver le danger de l'adoption en général.

Qu'est-ce, en effet, que cette adoption? C'est un moyen de donner aux enfans naturels les mêmes droits qu'aux enfans légitimes, et de frustrer les parens des biens que la nature et la loi leur assuraient également.

Il n'est aucune partie de cette définition qui paraisse susceptible d'une contradiction raisonnable.

D'abord, le premier usage qu'on fera de l'adoption, le premier objet de ceux qui la désirent, est d'adopter leurs enfans naturels, et M. *Maleville* voit avec peine que le projet que l'on discute ne les en exclut pas; cependant une bonne législation semblerait devoir l'interdire, et cette sorte d'adoption était en effet défendue à Rome dans le temps même où elle avait le plus dégénéré.

La nation s'est récriée contre cette loi, qui, dans les

temps orageux de notre révolution, mit sur la même ligne les enfans naturels et les enfans légitimes ; c'est une de celles dont le vœu universel hâte le plus l'abrogation ; mais les enfans naturels changent-ils donc d'espèce, parce qu'ils seront adoptés? Sera-t-il plus moral et plus politique de leur accorder, à la faveur de cette vaine formalité, une succession que les mœurs et l'intérêt public leur refusent directement?

M. *Maleville* suppose que, convaincu de cette vérité, on veuille exclure de l'adoption les enfans naturels; mais cette restriction devient impossible dans l'état de notre législation. La recherche de la paternité est défendue : comment donc parvenir à prouver que tel, adopté par tel, est son enfant naturel, si le père le dénie?

On adoptera donc, avec la loi ou malgré la loi, ses enfans naturels ; et cet inconvénient seul devrait faire rejeter l'adoption.

D'autre part, l'opinant n'est pas, sans doute, partisan de la loi du 17 nivose, et de cette interdiction presque absolue de la liberté de tester, qui n'avait en vue qu'une égalité impossible de fortune, au lieu d'une égalité désirable de droits. Mais le bien ne repose que loin de tous les extrêmes ; s'il ne faut pas tout donner aux liaisons du sang et à l'esprit de famille, il ne faut pas non plus méconnaître absolument leurs droits ; et la bonne politique même veut que, dans des degrés très-rapprochés, on leur réserve une part dans l'héritage. C'est dans cet esprit qu'a été rédigé le mode de succéder porté par la loi de germinal et par le projet de Code civil.

Et cependant ce mode est abrogé ; cette part réservée aux frères et aux neveux leur est enlevée par l'adoption. Si la loi qui règle l'ordre des successions est bonne, utile et politique, celle qu'on propose sur l'adoption est nécessairement mauvaise ; car le oui et le non ne peuvent subsister ensemble dans le même sujet.

Voilà cependant à quoi se réduit l'innovation qu'on propose; elle se réduit, comme dans Rome dégénérée, et en France, où on la transplanta, à établir un mode de disposer de ses biens, à une institution à la charge de porter le nom et les armes.

M. *Maleville* se résume, et dit que l'adoption peut être utile au bien public, qu'elle peut élever l'âme de l'adopté et le porter à de grandes choses, lorsqu'elle est faite par des citoyens distingués et d'un mérite éminent, que la République jugera dignes de perpétuer leur nom; mais qu'elle n'est plus d'aucune utilité, qu'elle ne sert plus qu'à favoriser la vanité, l'immoralité et le mépris des lois, lorsqu'elle devient une faculté commune et un acte de juridiction ordinaire.

M. TRONCHET dit qu'il y a trois opinions sur la question dont s'occupe le Conseil :

Les uns rejettent absolument l'adoption;

Les autres la permettent à tous ceux qui en voudront user, et veulent qu'elle s'opère par une simple déclaration;

D'autres enfin ne l'admettent qu'autant qu'elle serait prononcée en connaissance de cause et par un acte du Corps législatif.

Cette dernière opinion a été celle de la commission qui a rédigé le projet de Code civil : elle a pensé unanimement que l'adoption, comme institution de droit commun, est inutile, et qu'elle aurait moins d'avantages que de dangers, et elle a réservé au gouvernement d'examiner si l'adoption restreinte à une mesure politique pourrait avoir quelque utilité.

Voici les motifs de la commission.

Rien ne se présente sous des apparences plus séduisantes que l'adoption, lorsqu'on ne la voit qu'embellie des charmes que l'imagination et la sensibilité se plaisent à lui donner; mais dépouillée de ces prestiges, mais vue à nu et sous sa véritable forme, l'adoption n'est plus qu'un moyen d'éluder les prohibitions par lesquelles la loi limite, surtout à l'égard des enfans naturels, la faculté de disposer, ou une manière de satisfaire la vanité de ceux qui désirent perpétuer leur nom et leur famille.

Sous le premier point de vue, l'adoption est absurde. Si les prohibitions de la loi ne sont pas déterminées par des motifs solides, il faut les abolir franchement; si, au contraire, la justice les avoue et l'intérêt public les réclame, la loi, en donnant un moyen de les éluder, blesse l'intérêt public et la justice, et se contredit elle-même.

Et qu'on ne dise pas qu'il est des précautions possibles pour empêcher les enfans naturels de profiter de l'adoption; il n'en existe point. Les défenses que ferait la loi seraient illusoires; elles échoueraient dans l'exécution. Comment, en effet, signaler assez sûrement la filiation de l'enfant naturel, pour empêcher son père de l'adopter? Ne voit-on pas que le père se ménagera à son gré la facilité d'adopter un jour son fils naturel, s'il le réduit à l'état d'enfant abandonné; que, pour lui imprimer ce caractère, il suffit au père de ne le pas faire inscrire sous son nom, et de s'abstenir de le reconnaître; et que presque tous les pères prendront cette précaution dès lors qu'ils verront dans la loi l'expectative de les faire arriver par ce moyen à la totalité de leur succession?

Sous ce second point de vue, l'adoption rentre dans la catégorie de ces donations, de ces institutions faites à la charge de porter le nom et les armes, et qui ne convenaient que dans le système d'une noblesse héréditaire; et alors même les changemens de nom devaient être autorisés par des lettres-patentes enregistrées. Mais l'adoption permise pour contenter la vanité des noms est inconciliable avec le régime républicain. Ceci répond aux personnes qui parlent de l'adoption comme d'une institution essentiellement républicaine. On vient de voir qu'elle est au contraire une institution vraiment aristocratique.

Cependant il faut peser les raisons qu'on fait valoir en faveur de l'adoption de droit commun.

C'est, dit-on, une facilité donnée à la bienfaisance pour

assurer l'éducation et le sort d'enfans malheureux ; une consolation offerte à ceux dont le mariage a été stérile, ou que leurs travaux et leur état en ont éloignés. Changeons de point de vue, et nous apercevrons des effets peut-être plus vrais, mais beaucoup moins satisfaisans. Nous découvrirons que les motifs réels de la plupart des adoptions seront la haine des héritiers, la séduction, quelquefois le crime ; qu'elles prépareront l'événement le plus terrible, le malheur du père adoptif et du fils adopté. En effet, quels seront les regrets du père quand l'enfant qu'il aura choisi trompera ses espérances, ou quand les circonstances qui l'ont déterminé à se donner un fils viendront à changer, et que cependant il se trouvera irrévocablement lié ! Son mariage était stérile ; il veut cependant être père : il adopte ; mais bientôt son mariage devient fécond ; et alors les sentimens pour l'enfant de la nature étouffent toute affection pour l'enfant de la nécessité. Quels regrets encore, si le père adoptif est conduit par le cours des choses à contracter un mariage nouveau, duquel il lui naisse des enfans !

Le malheur du père retombe ensuite sur l'enfant : celui-ci n'est lié que jusqu'à sa majorité ; jusqu'à ce terme, il a éprouvé les désagrémens que doivent nécessairement lui donner les regrets que font naître dans l'âme du père, soit la légèreté, soit le changement survenu dans les circonstances. L'enfant renonce à l'adoption ; il retourne dans la famille que lui a donnée la nature ; il y revient nu et sans ressources ; et cependant il n'y trouve plus de secours ; car on ne voudra pas sans doute que son retour annulle rétroactivement les dispositions faites dans un temps où il n'était qu'un étranger pour cette famille. C'est ainsi que l'adoption, qui devait, dit-on, faire son bonheur, le plonge dans un éternel abandon. Remarquons, en passant, la leçon que cet exemple donne au législateur : elle lui montre combien il est dangereux d'admettre une institution seulement en principe, et sans en avoir réglé les effets. Séparer ces deux choses, c'est s'engager dans des embarras d'où l'on ne peut plus sortir.

Mais quel est donc ce monstre qu'on veut établir dans l'ordre social? Il est impossible d'admettre que , par sa seule volonté , un individu puisse changer l'ordre des successions d'une famille entière , et donner à tous ses parens un héritier que la loi n'avait pas indiqué. Un tel changement ne pourrait s'opérer que par un acte du Corps législatif. Il n'y a que la loi qui puisse déroger à la loi. Le Conseil examinera sans doute , avec la plus grande attention , si le législateur , qui peut, par une loi générale , changer l'ordre des successions, pourrait, par une loi particulière , me priver des droits que m'assure la parenté civile , droits qui forment ma propriété individuelle; et cependant, dans le système de l'adoption de droit commun , la seule volonté du père adoptif créerait une parenté collatérale indéfinie. Pour adoucir la bizarrerie d'une telle disposition , on a imaginé d'attribuer aux autres parens une faculté d'exclusion ou de réciprocité à l'égard des droits héréditaires. Vaine précaution! trop souvent les collatéraux ou négligeraient d'user de la faculté que leur donnerait la loi , ou, surpris par la mort, n'auraient pas le temps de l'exercer. En principe général, les effets de l'adoption ne doivent pas s'étendre au-delà du père adoptif et du fils adoptif; et c'est précisément là ce qui en fait un monstre dans l'ordre social ; car elle attribue à un individu le nom d'une famille, sans cependant le placer dans cette famille : elle crée un être bizarre qui n'appartient plus à la famille dans laquelle la nature et la loi l'avaient placé, et qui ne tient que par un seul point à la famille dans laquelle il passe.

Il faudrait des raisons bien puissantes pour s'élever au-dessus de ces considérations , et il n'en existe pas. La bienfaisance, seul prétexte qu'on donne à l'adoption, a d'autres moyens pour répandre ses bienfaits. Ne voit-on pas maintenant des personnes vertueuses élever des orphelins, les chérir comme leurs propres enfans, les établir, assurer leur sort, sans avoir besoin de l'adoption, qui communiquerait à ces enfans un nom qu'ils ne doivent pas porter? Enfin, l'adoption ne peut servir l'intérêt public; elle n'est utile qu'à l'intérêt privé : or, ce n'est pas là un motif d'admettre une institution aussi extraordinaire.

On ne pourrait tout au plus l'admettre que comme une institution politique restreinte à des cas rares, par exception au droit commun, et qui ne serait accordée qu'en connaissance de cause et d'après un acte du Corps législatif, pour perpétuer le nom d'un citoyen qui aurait rendu des services éminens à la patrie, non toutefois que ce moyen soit le mieux choisi : les pages de l'histoire sont les seuls monumens capables d'éterniser les grands noms; mais faire porter son nom par une longue suite d'individus, ce n'est que trop souvent en compromettre la gloire : il est tel héros qui rougirait, s'il pouvait, après sa mort, jeter les yeux sur cette série d'individus qu'il avait choisis pour perpétuer la gloire de son nom. Cependant si la République pouvait espérer des avantages de l'adoption accordée par récompense, la législation devrait s'empresser de l'établir.

Le Premier Consul(*) demande en quel cas l'adoption dont parle M. *Tronchet* serait accordée. Il fait observer que le Corps législatif n'aurait pas de marche réglée. Les formes ne sont pas ce qui doit décider à admettre ou à rejeter l'adoption; et cependant il est impossible de prononcer sur le fond, tant qu'on ignore en quel cas l'adoption serait autorisée. Par

---

(*) Berlier présenta un projet pour l'établissement de l'adoption, et en développa les motifs.

Maleville et Tronchet le combattirent.

Le Premier Consul : « Vous parlez contre l'adoption, et vous tirez vos principales objections des formes dans lesquelles on propose de la faire. C'est prendre la question par la queue. Il faut commencer par discuter le fond, examiner dans quel cas l'adoption sera permise; on passera ensuite aux formes. »

La discussion continua, et le Conseil décida en principe l'établissement de l'adoption.

Tiré des Mémoires sur le Consulat, page 417.

exemple, l'initiative des lois appartient au gouvernement :
quand le gouvernement devrait-il en user par rapport aux
actes d'adoption? D'après quelles informations les propose-
rait-il?

M. TRONCHET répond que la différence entre son système
et celui de la section ne porte pas seulement sur les formes,
qu'elle porte bien plus sur l'autorité qui opérera l'adoption.
La section veut que ce soit la seule volonté de l'adoptant;
l'opinant voudrait que ce fût le pouvoir législatif.

Mais en quel cas le Corps législatif accordera-t-il la grâce
de l'adoption?

Quoique le législateur ne doive pas compte de ses motifs,
la loi pourrait cependant donner des bases à l'exercice de son
autorité par rapport à l'adoption. Les deux motifs d'accorder
ce bienfait seraient le désir de récompenser les services éminens du père adoptif, et l'espérance que ce fils adopté se
rendrait aussi utile à la patrie que l'a été son père. Le gouvernement et le Corps législatif seraient seuls juges des circonstances qui pourraient autoriser cette grâce.

LE PREMIER CONSUL objecte que ce citoyen illustre dont
parle M. *Tronchet* peut avoir des enfans.

M. TRONCHET dit que dans ce cas la faculté d'adopter devrait lui être refusée.

LE PREMIER CONSUL objecte encore qu'on peut vouloir
adopter un fils aussi âgé que soi.

M. TRONCHET dit que son opinion, dans l'hypothèse d'une
adoption purement politique, ne serait pas de limiter par
l'âge la faculté d'adopter, parce qu'il ne voit dans l'adoption
qu'une récompense et des espérances.

Au surplus, il ne faut pas d'enquête pour reconnaître les
services rendus par un citoyen illustre. Le Corps législatif
agirait à l'égard de l'adoption comme il agit lorsqu'il présente aux places, c'est-à-dire d'après la connaissance et les
renseignemens personnels.

LE MINISTRE DE LA JUSTICE, sur la proposition faite par le

Premier Consul, tendant à savoir si l'adoption serait admise en principe, dit que, pour bien fixer les idées, il serait nécessaire de savoir quels effets on entend donner à l'adoption; car ce sont ces effets qui la modifient et la déterminent. Les effets de l'adoption n'ont pas été les mêmes chez tous les peuples, ni dans tous les temps; mais ici la discussion des effets de l'adoption entraînerait celle du projet entier, et il n'est encore question que du principe en lui-même. Il faut donc, pour répondre à cette première question, détacher, en quelque sorte, l'adoption de ses effets et de ses conditions, et n'examiner que ce qui se présente naturellement à l'esprit, l'idée d'adoption prise isolément, sauf à discuter ensuite les causes, les conditions, les effets, que l'on veut donner à cette institution. Or, sous ce point de vue, qu'est-ce que l'adoption? c'est la faculté de se choisir un fils pour lui donner son nom avec capacité de succéder. Qu'on examine donc d'abord si, en ces termes, l'adoption sera admise : on discutera ensuite toutes les modifications qu'on veut y ajouter. Certainement l'adoption, en ces termes, ne peut souffrir de difficultés. Elle paraît être dans le vœu de la nation : elle existe même depuis dix ans sans avoir entraîné d'inconvéniens. Pourquoi serait-elle rejetée?

M. Tronchet répond que les tribunaux ne réclament pas l'adoption; ils n'en parlent que sous le rapport des adoptions qui ont eu lieu jusqu'ici, et pour en conclure qu'il faut se prononcer affirmativement sur la question, si l'admission peut être admise ou non, et sur le sort de celles qui ont été faites. Au reste, ce qui est fait ne doit pas embarrasser; il y a eu peu d'adoptions : les effets, ainsi que le mode, n'en ont jamais été déterminés; on pourrait donc soutenir qu'elles sont nulles. Mais il est facile de rendre justice aux enfans actuellement adoptés : l'intention des pères adoptifs était de leur faire le plus de bien possible; on remplirait ce vœu en décidant que ces adoptions équivaudront aux dispositions les plus avantageuses que la loi permette.

A l'égard de la proposition du Ministre, elle aurait l'inconvénient bien dangereux de séparer le principe du mode d'exécution.

M. Bérenger dit que, sans cette division , il sera impossible d'arrêter un système ; car on ne peut examiner collectivement toutes les dispositions de la loi. Sans doute, quand des partis tentaient de surprendre des décrets , il pouvait être dangereux d'adopter une loi en principe ; mais une discussion faite de bonne foi, et où l'on ne se partage que sur l'organisation de l'institution proposée , ne peut qu'être simplifiée si l'on fixe d'abord le principe. Au reste , les décisions prises sur ce sujet deviendraient nulles , si ensuite on reconnaissait qu'aucun mode d'exécution n'est possible.

M. Portalis dit que le mot *adoption* est généralement entendu ; les formes sont indifférentes : il ne reste donc à discuter que les avantages et les inconvéniens de cette institution. Elle n'est pas nouvelle : on la trouve établie chez les anciens ; on la retrouve également chez plusieurs peuples modernes : on a donc ici le secours de l'expérience.

Les inconvéniens qu'on reproche à l'adoption sont de servir l'orgueil des noms , de faciliter les avantages exorbitans au profit des enfans naturels, de préparer des regrets aux pères et aux enfans adoptifs. Il faut examiner ces trois reproches.

L'adoption blesserait sans doute l'égalité républicaine, si, devenant une institution purement patricienne, elle devait perpétuer une noblesse héréditaire; mais lorsqu'elle est de droit commun, et permise à tous les citoyens, elle n'introduit ni distinction ni privilége.

Les fraudes qu'on craint peuvent être déjouées par des précautions capables de garantir l'intérêt des enfans légitimes.

Enfin, les regrets dont on a parlé sont quelquefois la suite même de la paternité naturelle : ils ne sont donc pas exclusivement la conséquence de la paternité adoptive. Au surplus, la prudence saura les prévenir en rendant difficile sur le choix des enfans.

Ainsi, écartant les reproches faits à l'adoption en soi, M. *Portalis* discute le double mode qu'on a proposé. Les uns veulent que l'adoption soit une mesure politique, les autres qu'elle soit purement civile.

Comme mesure politique, elle est impossible; d'après quelles bases serait-elle organisée? Elle serait accordée, dit-on, comme récompense de services rendus, et comme encouragement pour les services à rendre; mais ignore-t-on combien la prétention d'avoir rendu des services, ou d'être capable d'en rendre, est commune? Avoir égard à de telles prétentions, ce serait engager des débats indéfinis. Cette seule considération suffit pour rejeter l'adoption comme mesure politique. Que, si on l'admet comme institution civile, loin d'avoir des inconvéniens, elle a au contraire de grands avantages. Il faudra sans doute l'interdire aux célibataires, sinon les mœurs tomberaient dans la dépravation où étaient celles des Romains dans les temps malheureux de leur décadence; mais il faut ménager des consolations à l'homme qui, après avoir satisfait au vœu de la nature et s'être soumis aux embarras et aux sollicitudes inséparables du mariage, n'a pu obtenir le titre de père, ou à qui la mort de ses enfans l'a ravi.

On objecte que l'adoption n'est pas réclamée par l'utilité publique. Il importe de distinguer : dans le droit public, l'utilité publique est la loi suprême, parce qu'elle est la sauvegarde de tous. Dans le droit civil, toute utilité particulière a la faveur de l'utilité publique, si elle ne la contrarie pas; car le droit civil n'existe pas seulement pour cet être abstrait qu'on nomme la chose publique, il existe plus particulièrement pour chacun des individus qui composent l'État. Il ne suffit donc pas, pour rejeter une institution purement civile, d'alléguer qu'elle n'est pas commandée par l'utilité publique.

En examinant l'adoption sous ces deux rapports, on aperçoit, d'un côté, qu'elle ne blesse pas l'intérêt général ; de l'autre, qu'elle est utile aux individus. L'intérêt général ne sera pas blessé, car le mariage se trouvera suffisamment protégé par le refus que la loi fera au célibataire d'user de l'adoption, et par les précautions qu'elle prendra pour garantir les droits des enfans légitimes. L'intérêt des individus sera favorisé, puisque l'adoption deviendra une source de consolations et de bienfaisance.

Quand on est convaincu de ces deux vérités, on est en état d'opiner sur le principe de l'adoption avant de discuter les dispositions de détail.

M. ROEDERER dit que l'opinion de MM. *Tronchet* et *Maleville* est favorable au système qu'ils combattent. M. *Tronchet* regarde l'adoption purement civile comme une institution aristocratique, propre à servir la vanité. Ce reproche peut être fait, avec plus de justice, à l'adoption politique qu'il propose ; car accorder à un homme illustre par ses services le privilége de se créer une descendance, c'est rétablir le patriciat. Au contraire, l'adoption de droit commun, et permise à tous, ne fait pas revivre les distinctions de famille.

On a fait valoir, contre l'adoption de droit commun, l'intérêt des enfans et des collatéraux. Leur intérêt serait bien autrement blessé par une adoption privilégiée, qui les priverait de l'avantage d'une parenté exclusive avec un citoyen éminent.

Il a été répondu d'une manière péremptoire aux objections prises de l'inconvénient de favoriser le célibat et de nuire aux enfans légitimes.

On craint enfin que l'adoption ne devienne un moyen de trop avantager les enfans illégitimes. Le remède est facile : la loi peut défendre l'adoption des enfans dont la filiation n'est pas connue. Au surplus, les droits des collatéraux ne sont pas bien sacrés ; ils ne sont qu'une faveur de la loi, différens en cela des droits des enfans, car ceux-ci existaient avant la loi. Aussi les lois sur l'enregistrement font-elles une distinc-

tion juste entre les successions directes et les successions collatérales. Il est même des pays où la législation va plus loin,
et où elle refuse aux collatéraux une partie de l'hérédité.

Le Conseil adopte en principe que l'adoption sera admise.

Le Premier Consul (*) ouvre la discussion sur la question 343
de savoir si, pour pouvoir adopter, il faudra être ou avoir
été marié.

M. Bérenger dit que la prohibition qu'on propose est fondée sur la crainte que les hommes peu scrupuleux, assurés
de pouvoir donner l'état d'enfant légitime au fruit de leurs
dérèglemens, ne préfèrent un concubinage commode aux
charges et aux embarras d'une union légale.

(*) Le Premier Consul : « Il s'agit maintenant de savoir si elle sera permise aux
célibataires. Qui veut parler pour les célibataires? A vous, citoyen Cambacérès. »

Cambacérès : « Je vous remercie. » (Rires.)

Il parla pour les célibataires. Plusieurs membres parlèrent pour et contre. Thibaudeau
contre, d'après cette considération, développée par lui, que l'adoption est un supplément aux effets du mariage, une fiction.

Cambacérès : « Puisqu'on donne tant de gravité à la discussion, je répondrai, chacun
a sa réputation à défendre. Ce qui m'afflige, c'est qu'on veuille adopter un principe de
la Convention nationale, qui distinguait les célibataires des hommes mariés, et ensuite
on les imposera les trois quarts plus..... La crainte d'empêcher les mariages est chimérique. Le mariage est assez en vogue à cause de ses avantages, etc. »

Le Premier Consul : « Il y a à répondre à ce qu'a dit le citoyen Cambacérès. Ce qu'a
dit le citoyen Thibaudeau me paraît plein de lumières et profond. En effet, l'adoption
n'est qu'une fiction et un supplément aux effets du mariage. Elle ne peut donc pas être faite
par le célibataire. Pour qu'un individu soit adopté avec honneur, il faut qu'il entre dans
une famille. Autrement vous mettriez l'adoption en parallèle avec la bâtardise, qui est
l'injure la plus grossière. Vous diminueriez le nombre des mariages, et par suite la population. Pourquoi se marierait-on, si l'on pouvait avoir des enfans sans avoir les charges
du mariage? On dit que ce sont des craintes chimériques. Il faut prévoir les choses de
loin. Qui aurait dit à l'Espagne que la découverte du nouveau monde détruirait sa population? Ces choses là ne viennent pas tout de suite; elles sont l'effet des siècles. C'est
la goutte d'eau qui perce le granit. Ce ne serait pas une cause qui agirait immédiatement
sur les mariages et la population; mais ils pourraient s'en ressentir dans la suite. Le
mariage est, dit-on, assez en vogue. On a raison; mais il faut faire de manière qu'il y
soit toujours. Pour que l'adoption soit dans nos mœurs actuelles, elle ne doit être
qu'un supplément rare aux effets du mariage, et non un moyen de s'y soustraire. Elle
ne devrait comprendre que des individus mineurs. »

(*Tiré des Mémoires de M. Thibaudeau*, pages 417 à 419.)

Cette crainte doit sans doute empêcher le législateur d'autoriser par une disposition expresse le père et la mère à placer
leurs enfans naturels sur la même ligne que les enfans légitimes ; mais doit-elle lui faire supprimer une disposition qui
ménage les mœurs, et d'où résulterait indirectement la possibilité d'assurer le sort d'enfans malheureux? Quel motif
pourrait la faire proscrire? Seraient-ce les droits des collatéraux? leur intérêt ne doit pas balancer les droits plus sacrés
qui appartiennent à tout ce qui a la qualité d'enfant. Il serait
juste et moral de laisser au débauché qui a quitté ses premières mœurs la facilité d'en réparer les suites en adoptant
ses enfans. Cette faculté serait un bien pour le père ; elle serait un bien pour les enfans ; elle ne serait une injustice pour
personne.

M. Defermon demande si la disposition du Code prussien,
qui ne permet l'adoption qu'à l'âge de cinquante ans, ne serait pas préférable à la prohibition qu'on discute : elle ferait
disparaître tous les inconvéniens que peut avoir le droit qu'on
craint d'accorder au célibataire.

M. Emmery demande le maintien de la disposition du projet. La faveur due au mariage, dit-il, est la seule cause de
la défaveur répandue sur les enfans naturels. Ainsi, pour
multiplier les mariages et diminuer les unions illégitimes,
il est nécessaire de ne pas se rendre trop facile sur l'adoption
de ces enfans; mais il serait injuste aussi de les exclure de
ce bienfait. Ces vues ont dicté la disposition que le Conseil
discute : elle permet à un père d'adopter l'enfant né avant son
mariage. Voici l'espèce : un individu fréquente une personne
qu'il se propose d'épouser ; il devient père. Sa famille contrarie ses inclinations, et le force de renoncer à son choix
pour épouser la femme qu'on lui présente. Ce mariage est
stérile, la femme meurt. On ne peut reprocher au père d'a-
voir préféré le concubinage à l'honneur d'une union légale :
il doit donc lui être permis d'adopter le fruit de ses premières
amours.

M. THIBAUDEAU dit que, si la disposition était retranchée, l'adoption abusive des enfans naturels n'aurait plus de frein.

LE CONSUL CAMBACÉRÈS estime qu'il n'y a point à s'alarmer sur la faveur que pourrait avoir le concubinage si le système que l'on attaque venait à prévaloir. L'opinion seule suffit pour assurer à la société conjugale une préférence que l'intérêt de la société réclame d'ailleurs pour elle. La disposition est donc fondée sur une vaine théorie : toutefois elle a un inconvénient réel, en même temps qu'elle offre une sorte de contradiction avec les principes que l'on invoque. Cet inconvénient consiste à empêcher un célibataire de réparer ses torts en faisant sortir d'une famille l'enfant que ses dérèglemens y auraient introduit, tandis que, d'un autre côté, rien n'empêchera l'homme marié d'adopter son bâtard adultérin.

M. BERLIER dit que, loin que la condition sur laquelle il s'agit de prononcer (celle d'être ou d'avoir été marié) favorise les adoptions abusives, il est bien évident qu'elle en restreint la possibilité et en diminuera la fréquence, puisque cette faculté d'adopter ne restera qu'aux individus dont le mariage aura été stérile (ce qui assurément n'est pas le cas le plus ordinaire), et non aux célibataires.

Examinant au surplus l'objection, M. *Berlier* pense qu'elle est poussée trop loin : il est douteux à la vérité que le père naturel puisse adopter l'enfant par lui *reconnu* , si l'on veut mettre la loi de l'adoption en harmonie avec les dispositions déjà adoptées, et qui n'accordent à l'enfant naturel *reconnu* qu'une simple créance sur la succession de son père ; mais quand il faudrait suivre cette règle trop rigoureuse, peut-être pourrait-on en conclure que la loi traite plus favorablement les bâtards adultérins que les autres ; car ces prétendus *adultérins*, à quel signe les reconnaîtra-t-on? la présomption légale d'un état pur existe en leur faveur ; qu'on ne dise donc pas que l'on adoptera des adultérins : il faut d'ailleurs observer que l'adoption ne sera pas le produit isolé de la volonté de l'adoptant ; mais encore de celle des parens qui devront y consentir, et même de l'autre époux quand il vivra, ce qui offre de vastes garanties contre l'abus.

M. *Berlier* remarque d'ailleurs que ces questions n'influent pas directement sur celle que l'on discute en ce moment ; on pourra les apprécier en leur temps ; mais il s'agit maintenant de savoir si l'on admettra la condition *d'être ou d'avoir été marié :* or, cette condition est favorable à l'institution du mariage ; et, chez les Romains, l'adoption était interdite aux célibataires.

On a proposé, il est vrai, de remplacer la condition du mariage par celle d'un âge avancé ; mais celle-ci, favorable au célibat, ne sera onéreuse qu'aux époux qui, malgré la longue stérilité de leur union, ne pourraient adopter avant cet âge déjà avancé, et passeraient ainsi une grande partie de leur vie sans recueillir les consolations attachées à l'institution dont il s'agit, et mourraient peut-être avant d'avoir pu se les procurer.

M. Thibaudeau dit que l'adoption produit une paternité fictive, qu'elle n'est qu'une sorte de supplément de la paternité naturelle. Il est impossible que la fiction soit tout-à-fait semblable à la nature ; mais elle doit s'en rapprocher le plus qu'il est possible. La paternité naturelle ne peut résulter que de l'union de deux individus ; le mariage seul constitue la paternité légale. Celui qui n'est ou qui n'a pas été marié ne peut donc pas prétendre à la paternité, à une paternité légitime : ce serait trop ouvertement éloigner l'adoption du but dont elle doit se rapprocher ; ce serait une inconséquence que de voir dans la société un individu qui s'est soustrait aux lois du mariage jouir des prérogatives de la paternité, et un individu avoir la qualité de fils légitime d'un homme qui aurait été dans l'impuissance de devenir légalement père. L'adoption n'est pas une institution tellement nécessaire, tellement utile même, qu'il faille la rendre si commune et si facile ; elle doit être la consolation des mariages stériles.

et non un encouragement au célibat et aux désordres qui en sont ordinairement la suite.

M. Bérenger répond que la matière de l'adoption n'est, dans toutes ses parties, qu'une fiction ; c'est par fiction qu'elle établit entre deux individus des rapports de paternité et de filiation : or, la loi est libre de donner l'étendue qu'il lui plaît aux fictions qu'elle établit.

L'adoption, au surplus, n'entraîne pas les dangers que plusieurs ont cru en être les suites : elle ne nuit pas à la population en détournant du mariage ; car ce ne sont pas les mariages qui augmentent la population, c'est l'abondance et la multiplicité des moyens de subsister. L'adoption n'encourage pas le concubinage, puisqu'il ne sera permis d'adopter qu'une seule fois, et que, d'ailleurs, les attraits du mariage l'emporteront toujours sur le concubinage dans l'esprit du plus grand nombre.

M. Regnaud (de Saint-Jean-d'Angely) pense que M. *Bérenger* n'a pas détruit l'objection de M. *Thibaudeau*. Le mariage, en effet, est le seul principe de la légitimité des enfans : donc, si les enfans adoptifs deviennent enfans légitimes, c'est parce que, par une fiction de la loi, ils sont réputés nés dans le mariage : donc, il faut avoir été marié pour que la fiction puisse se concevoir.

M. Réal dit que c'est un malheur pour un État que d'avoir des citoyens qui n'appartiennent à aucune famille. Cet événement serait cependant la suite infaillible de la loi si elle défendait à un père naturel d'adopter l'enfant qu'il aurait reconnu.

M. Portalis convient avec M. *Bérenger* que c'est surtout l'abondance qui multiplie la population ; mais il ajoute que l'abondance et les moyens de subsister ne sont que là où il y a des ménages bien organisés, et qu'il n'y a de tels ménages que là où il y a des époux.

On a dit que la matière de l'adoption est toute fiction. Rien de plus vrai : mais les fictions sont arbitraires ; on ne peut donc conclure de l'une à l'autre.

Le Consul Cambacérès rappelle qu'il a été dit que la fiction ne pouvait point aller plus loin que la vérité ; qu'ainsi un homme non marié n'ayant point d'enfans légitimes, il ne devait point avoir des enfans adoptifs.

Or, pour suivre ce raisonnement dans toutes ses conséquences, il faudrait, dit le Consul, que personne ne pût adopter, à moins qu'il n'eût actuellement une épouse. Le Consul croit qu'il serait plus sage de réduire l'adoption à ce qu'elle doit être, c'est-à-dire à suppléer la nature ; mais elle doit avoir cet avantage pour le célibataire comme pour l'homme marié ; et il n'est pas besoin de s'étendre pour faire sentir qu'il serait bizarre de refuser à un garçon de soixante ans le droit d'adopter, et de l'accorder à un jeune homme de vingt ans devenu veuf un an après son mariage.

Le Premier Consul dit que le système de M. *Thibaudeau* est fondé sur le principe que les institutions purement civiles doivent se rapprocher de la nature. M. *Thibaudeau* aurait pu aller plus loin, et ajouter que l'adoption doit être rapprochée de l'honorable engagement du mariage ; qu'ainsi l'usage ne peut en être accordé au célibataire. Il serait étonnant qu'un homme qui vit dans le célibat fût capable de transmettre son nom ; l'enfant qui le porterait serait confondu avec le bâtard et en partagerait l'avilissement. Si, comme on en convient, la plus haute considération est due au mariage, il faut que celui qui a repoussé le mariage ne puisse en suppléer les effets ; il faut que l'adoption ne soit pas mise en opposition avec l'union conjugale ; autrement on détruirait l'esprit de famille.

On a prétendu que l'adoption ne nuirait pas à la population. Sans doute que la diminution ne serait pas assez rapide pour être d'abord aperçue ; mais elle pourrait être progressive comme elle l'a été en Espagne après la découverte du nouveau monde. En général, les effets des lois civiles qui peuvent influer sur la population d'un pays sont insensibles ; on ne les remarque qu'après un long espace de temps.

M. ROEDERER dit que l'adoption ne nuit pas à la population. Chez les Romains, la dépopulation n'est venue que quand le travail a manqué.

LE CONSEIL adopte la première condition énoncée dans l'article 1er.

La seconde condition est également adoptée.

La troisième condition est soumise à la discussion.

M. RÉAL la combat ; il observe que le mariage est permis à l'âge où le projet défend l'adoption.

M. ROEDERER répond que le mariage est de droit naturel, mais qu'il n'en est pas de même de l'adoption. Le motif le plus raisonnable qu'on puisse assigner à la condition que le Conseil discute, c'est que l'homme qui adopte doit être dans un âge tel, qu'il ait la perspective de pouvoir élever et établir l'enfant qu'il se donne ; mais ce motif cesse lorsque l'adoption tombe sur un homme formé. Il conviendrait donc de graduer suivant les âges la faculté d'adopter.

M. DUMAS dit que la crainte des séductions auxquelles la vieillesse se trouve exposée lui paraît une raison d'admettre la condition proposée.

M. RÉAL dit qu'il serait immoral de déclarer par une loi qu'à soixante-dix ans un individu ne peut plus être père.

M. BERLIER dit que la disposition qu'on discute se trouvait liée avec celle qui, dans un premier projet, ne permettait d'adopter que des mineurs ; système dans lequel un homme caduc ne pouvait être présumé propre à élever un enfant : mais que la section ayant jugé à propos de supprimer cette dernière disposition, la première perd son principal point d'appui.

D'après cela, M. *Berlier* pense que la condition qu'on examine peut être retranchée du projet.

LE MINISTRE DE LA JUSTICE dit que, chez les Romains, il

était très-ordinaire de voir les vieillards entourés de jeunes gens qui cherchaient à les capter pour surprendre leur succession ; qu'il y aurait à craindre qu'il n'en arrivât de même à l'égard des vieillards pour se faire adopter par eux.

M. Regnier dit que l'adoption est une consolation que la loi ne doit pas refuser à la vieillesse.

La troisième condition est rejetée.

La quatrième condition est discutée.

M. Berlier en explique les motifs. Elle est fondée sur le calcul de l'âge où le mariage est permis, en y ajoutant un délai relatif au temps présumé nécessaire pour obtenir des enfans du mariage ; mais si, d'après ce calcul, qui est toujours une suite de la fiction de paternité, l'intervalle entre les âges respectifs du père et de l'enfant doit être de dix-neuf ans, il paraîtrait convenable de le réduire à seize ans, quand l'adoption est faite par une femme : l'article peut donc être amendé en ce sens.

M. Roederer conçoit que la loi ne doit pas se contredire, en donnant le droit d'adopter à un âge qui n'est pas en proportion avec l'âge où elle permet de se marier ; mais pourquoi maintenir cette distance proportionnelle, lorsque celui qui adopte et celui qui est adopté sont tous deux parvenus à un âge fait ?

M. Berlier répond que la fiction de paternité doit être suivie dans tous les degrés de la vie. Il faut donc qu'il y ait toujours entre l'adoptant et l'adopté la distance qui est entre le père et le fils naturel ; il serait ridicule que le fils adoptif fût du même âge que le père.

Le Premier Consul dit que l'adoption d'un homme de trente ans ne serait évidemment qu'un contrat d'intérêt et une manière de déférer une succession. La loi ne devrait pas permettre l'adoption d'un enfant au-dessus de dix ans, afin que les sentimens de père et de fils pussent s'établir entre l'adoptant et l'adopté.

M. Thibaudeau répond que l'adoption ne doit pas être

seulement considérée comme un moyen de venir au secours des enfans malheureux, mais comme un moyen de consolation pour les adoptans. La nécessité oblige les pères et mères à supporter les mauvais enfans que le mariage peut leur donner ; mais le vœu des adoptans sera toujours de se donner des fils qu'ils croiront dignes de leur affection. Il ne faut donc pas limiter leur choix aux enfans, qu'il est toujours difficile de juger, ni leur défendre de le faire porter sur des individus arrivés à un âge où il est plus facile de connaître leur caractère et leurs bonnes qualités.

M. BERLIER dit que c'était son opinion personnelle ; et que, comme elle n'a pas été partagée par la section, la rédaction, un peu trop analogue à cette première idée, a besoin d'être retouchée pour être mise en harmonie avec celle qui a passé, à moins que celle-ci ne soit à son tour rejetée par le Conseil.

LE PREMIER CONSUL dit qu'il importe aussi de ne permettre l'usage de l'adoption qu'à celui qui est parvenu à l'âge où ordinairement on ne peut plus espérer d'avoir des enfans.

M. BERLIER dit que l'inconvénient de la survenance d'enfans doit être apprécié à sa juste valeur ; qu'en effet, s'il s'agit d'une adoption faite par un veuf ou une veuve, ils auront sans doute renoncé à l'espoir de se remarier ; que, s'il s'agit au contraire d'adoption faite par des personnes mariées, il se présente une garantie dans le propre intérêt des époux, qui n'auront recours à l'adoption que lorsque tout espoir d'obtenir une descendance naturelle sera détruit. A ce sujet, M. *Berlier* fait observer que l'un des époux ne peut, en aucun cas, adopter sans le consentement de l'autre, et que cette combinaison d'intérêt doit mettre la conscience du législateur en repos.

LE CONSUL CAMBACÉRÈS dit que, dans le système du projet de loi, l'adoption serait permise à un jeune homme de vingt ans ; qu'ainsi celui qui serait en état d'avoir des enfans naturels pourrait néanmoins se donner des enfans adoptifs.

x   18 tandis que cette faculté serait refusée à l'individu qui ne peut plus être père.

M. REGNAUD (de Saint-Jean-d'Angely) rappelle que le tribunal de cassation a proposé de ne permettre l'adoption qu'à l'âge de cinquante ans aux hommes et de quarante-cinq ans aux femmes, et seulement dans le cas où il n'exis-terait pas d'enfans légitimes. Il ajoute qu'il est également nécessaire de fixer l'âge auquel on pourra adopter et celui auquel on pourra être adopté; sans cette double règle, on verrait l'abus de la fiction permise par la loi intervertir les idées les plus naturelles et les plus justes; on verrait, au gré de l'intérêt de quelques individus, de quelques familles, un père de dix-huit ans se créer un enfant de quarante; et il en rejaillirait du ridicule sur une institution qu'il faut entourer de respect.

M. MALEVILLE dit que, chez les Romains, la faculté d'a-dopter n'appartenait qu'à celui qui ne pouvait plus espérer d'avoir des enfans.

M. TRONCHET dit que la condition de l'âge préviendrait en partie les regrets dont il a parlé. Elle en retrancherait une des causes, en ne permettant l'adoption que lorsque la survenance d'enfans n'est plus probable.

M. BERLIER dit qu'il avait proposé à la section de cumuler les deux conditions d'être ou d'avoir été marié, et d'être âgé, savoir, les hommes de cinquante ans, et les femmes de quarante-cinq; mais qu'on lui a objecté qu'il ne fallait pas gêner des époux qui, dans un âge moins avancé, auraient la certitude que leur mariage sera désormais stérile.

LE PREMIER CONSUL dit que la marche du projet embar-rasse la discussion; qu'il faut donc la changer. On pourrait, dans un premier titre, établir le principe de l'adoption; dans un second, en régler les formes, et poser dans un troisième titre les règles sur les cas d'adoption. Là, on traiterait les questions qui viennent d'être agitées; on examinerait si ce ne serait pas avilir la paternité que de faire dépendre l'adoption de la seule volonté de celui qui adopte. Il est à craindre, en effet, que l'adoption ainsi organisée ne ramène une sorte de patriciat : or, dans un régime d'égalité, l'adoption doit imiter la nature. Le Consul voudrait qu'elle fût accordée, non comme une distinction réservée aux hommes illustres, mais cependant en connaissance de cause et par un jugement; qu'elle ne fût permise qu'à l'individu âgé de cinquante ans; que, lorsque cet individu ne serait pas marié, on examinât si c'est par haine du mariage qu'il est demeuré dans le célibat, ou si c'est par des motifs solides, comme l'amour de l'étude, le soin des affaires publiques; qu'on distinguât le cas où un père voudrait adopter son enfant naturel (ce cas serait favorable); qu'on distinguât également le cas où il n'aurait pour héritiers que des parens collatéraux éloignés; qu'enfin on établît une série de règles propres à guider les tribunaux.

M. Tronchet propose d'inviter la section à examiner si l'adoption ne doit pas être prononcée par un décret du Corps législatif, en supposant que l'idée de ne l'accorder qu'en connaissance de cause soit admise. Il fait observer que cette question est indépendante du système qui n'admettrait l'adoption que comme institution purement politique, et qu'elle tient à un grand principe. L'état des citoyens, dit-il, appartient à la législation; autrefois, il leur fallait l'autorisation du législateur pour changer de nom. L'adoption appartient encore plus particulièrement à la législation, si on veut aller jusqu'à lui donner l'effet de changer en collatérale l'ordre des successions, et d'altérer les droits des membres de la famille dans laquelle on fait entrer un étranger. D'ailleurs, la solennité d'un décret garantit mieux qu'un simple acte du magistrat l'attention et la maturité qui doivent accompagner la décision.

Le Consul Cambacérès dit que, plus on tend à prévenir les abus, plus les formes doivent être solennelles. Il paraît donc convenable d'adopter le mode proposé par M. *Tronchet.*

18.

D'ailleurs, l'intervention du Corps législatif serait indispensable si l'adoption tombait sur un étranger.

Quant à la marche de la loi, voici celle qu'on pourrait suivre : on fixerait, dans un premier titre, les causes de l'adoption; dans un second, les conditions; dans un troisième, les formes.

M. ROEDERER pense que l'adoption devrait être prononcée par les autorités locales; par les tribunaux d'appel, par exemple.

LE PREMIER CONSUL dit que peut-être cette fonction doit appartenir au Sénat.

Mais, ajoute le Consul, la matière de l'adoption n'est pas encore assez approfondie pour qu'il soit possible de se fixer. L'objet de la discussion qui vient d'avoir lieu n'a été que de pressentir les opinions : il importe de les mûrir.

Le Premier Consul renvoie le projet à la section, pour peser les opinions qui ont été émises et présenter une rédaction nouvelle.

(Procès-verbal de la séance du 14 frimaire an X. — 5 décembre 1801.)

M. BERLIER dit qu'à la séance du 6 de ce mois, deux opinions principales ont été émises sur la matière *de l'adoption.*

L'une (c'est celle de la section), en admettant l'adoption, tend à la considérer et à l'organiser comme institution civile.

L'autre (c'est principalement celle de MM. *Maleville* et *Tronchet*) tend à considérer l'adoption comme une institution purement politique, dont l'application n'aurait lieu qu'en faveur des citoyens distingués par de grands services.

Ces deux opinions, extrêmement opposées, ont été renvoyées à un nouvel examen de la section, qui a de plus été chargée de présenter ses vues sur les causes qu'il pourrait convenir d'assigner à l'exercice du droit d'adopter, et de présenter, en tout cas, un projet plus développé que celui qui fut lu à la dernière séance.

La section s'est occupée de cet objet, et M. *Berlier* vient rendre compte au Conseil du résultat de ses méditations sur cette importante matière. Elle persiste à croire que l'adoption ne peut être admise que comme institution civile, et que l'institution politique proposée serait en opposition directe avec les principes fondamentaux qui régissent la France régénérée.

Avant de donner à cette proposition le développement qu'elle appelle, M. *Berlier* croit devoir dire que la section n'a pu se faire une idée précise de ce qu'on appellerait causes d'adoption, appliquées soit à une institution civile, soit à une institution politique.

La vraie *cause* d'une adoption ne peut être que la volonté des parties qui y concourent.

Tout le reste gît en conditions légales ; le législateur détermine les cas où l'adoption peut avoir lieu, de la part de qui, envers qui, dans quelles formes, etc. Le projet de la section pourvoit à tout cela, et il a l'avantage de le faire sans introduire aucun privilége.

Le système que M. *Berlier* combat est loin d'atteindre un tel but ; ses auteurs ont annoncé que l'adoption politique devait être dégagée de toutes les entraves d'une application commune et d'une foule de règles qui, bonnes à dicter à des agens exécutifs, deviennent inutiles au législateur, ou peuvent du moins être infiniment réduites, si c'est lui-même qui devient, comme ils le demandent, le dispensateur des adoptions.

Jusqu'à présent, on n'a fait connaître comme base de l'adoption, dans ce système, que la condition d'avoir rendu des services à l'État.

Est-ce une énonciation qui a paru incomplète, quand on a désiré que les causes, ou plus exactement les conditions, fussent mieux précisées ?

Eh bien ! quand on enterait sur ce système quelques-unes des conditions que la section a adaptées à l'institution civile, il serait toujours mauvais, parce qu'il est vicieux par la racine, parce que ce n'est pas à quelques citoyens ayant rendu des services à l'État que l'adoption, acte de l'état civil, doit être accordée par exception au droit commun.

Dans un État où l'égalité des droits civils est proclamée, les grandes actions trouvent leur récompense dans l'occupation des grands emplois, dans la distribution des dons d'honneur, des pensions, et, plus que tout cela, dans la reconnaissance nationale.

Si on la place ailleurs, tout est dénaturé et subverti.

On a combattu l'adoption, en général, comme un moyen de perpétuer son nom, comme une œuvre de vanité, comme une institution aristocratique.

Cette proposition serait vraie dans une aristocratie; mais, dans une forme de gouvernement où la naissance ne donne aucun privilége, l'adoption, considérée comme institution civile et commune à tous, ne peut être aristocratique.

On la rendrait telle cependant en ne la créant que pour quelques-uns, et en appelant une caste d'adoptifs qui seraient bientôt les privilégiés de la nation, et, si on peut s'exprimer ainsi, des patriciens, par cette seule raison qu'ils seraient adoptifs.

M. *Berlier* croit que, quelque utile que semble devoir être l'adoption bien organisée, il vaudrait mieux l'abandonner entièrement que de l'admettre avec la restriction proposée.

Il apprécie, autant que personne, les services rendus à l'État, et il honore ceux qui les ont rendus : mais ils s'honorent eux-mêmes, quand, pour l'exercice des actes communs, ils rentrent dans la ligne commune des citoyens ; et les droits de famille ne doivent pas être pour un guerrier, pour un magistrat, pour un juge, autres qu'ils ne sont pour les autres membres de la société.

L'institution *politique* proposée est donc inadmissible dans la France.

Le rapporteur passe à la partie ultérieure de la proposition qui tendait à établir le Corps législatif dispensateur des adoptions.

Sans doute aucun pouvoir n'eût su mieux que lui apprécier les services rendus à l'État, si la faculté d'adopter eût dû dépendre de cette condition.

Mais il n'en est plus de même dans le système d'une institution purement civile.

Ce n'est plus ici la crainte de voir l'égalité compromise qui doit faire rejeter l'attribution au Corps législatif, si cette attribution n'a plus sa source dans un privilége.

On pourrait même admettre le Corps législatif comme tribunal commun, si la chose n'était en soi impraticable et inconvenante :

Impraticable ; car, n'y eût-il que trois cents adoptions chaque année, l'on conçoit quel temps cela exigerait.

Inconvenante ; car le Corps législatif n'est ni administrateur, ni juge en détail des intérêts privés des citoyens ; et s'il avait à juger soit de la moralité de l'adoptant, soit de l'utilité de l'adoption (objets que l'on doit regarder comme essentiels), les élémens d'une détermination sage lui manqueraient souvent : est-ce devant le Corps législatif qu'on ferait une procédure régulière ? est-ce lui qui entendrait les témoins ?

Hors le système de l'adoption considérée comme purement politique, chacun sentira facilement que le Corps législatif, ou toute autre grande autorité de cette catégorie, doit y rester étranger.

Beaucoup de questions secondaires seront donc résolues par la détermination que le Conseil prendra sur la question principale.

Si le Conseil pense sur ce point comme la section, il n'y aura plus qu'à examiner si elle a atteint le but d'une bonne institution civile.

Parmi les objections faites contre son système, il en est une principale qui s'attache à l'adoption en général, et qui l'attaque comme subversive des règles établies pour la transmission des biens.

A quoi bon, a-t-on dit, ces lois qui frappent d'indisponibilité une certaine quotité des biens si l'on peut, en adoptant un enfant, se donner un héritier universel au préjudice des parens collatéraux?

Ainsi, a-t-on dit, l'adoption ne sera qu'un moyen d'éluder les lois relatives à la transmission des biens.

Qu'on se rassure, ces deux institutions parallèles n'ont rien de contradictoire; il peut être dans une saine politique de dire aux hommes : « Si vous voulez être utiles pendant votre « vie, la loi vous y engage, et ne met aucunes limites à votre « bienfaisance; mais si vous êtes sourds à cette exhortation, « les biens que vous laisserez en quittant la vie trouveront, « du moins jusqu'à une certaine quotité, de nouveaux pro- « priétaires que votre volonté même ne pourra écarter au- « delà du tombeau. »

Y a-t-il là autre chose qu'une prime accordée à celui qui satisfait le mieux le vœu de la société? Et loin que ces deux institutions s'entre-détruisent, peut-on ne pas voir comment elles se coordonnent?

M. *Berlier* s'arrête à ces réflexions préliminaires.

Si le Conseil, ajoute-t-il, admet l'adoption comme institution civile, il restera à la section à justifier en détail les dispositions du nouveau projet, et elle croit pouvoir remplir cette tâche.

A la suite de ce rapport, M. *Berlier* présente le projet suivant :

343   Art. 1er. « L'adoption est permise sous les conditions et « dans les cas qui suivent : »

§ 1er. — *Des personnes qui peuvent adopter.*

Ib.   Art. 2. « Toute personne actuellement mariée, et qui n'a « pas d'enfans ou descendans légitimes, peut adopter, « pourvu qu'il se soit écoulé au moins dix ans depuis le « mariage dans lequel elle est engagée. »

Art. 3. « Les époux placés dans le cas de l'article précé-   344
« dent peuvent adopter simultanément et en commun le
« même enfant. »

Art. 4. « Ils peuvent aussi adopter séparément ; mais une   Ib.
« telle adoption ne peut être faite par l'un des époux sans le
« consentement de l'autre. »

Art. 5. « Les veufs et les veuves sans enfans ni descendans   343
« légitimes peuvent aussi adopter ; savoir, les veufs, lors-
« qu'ils ont cinquante ans, et les veuves quarante-cinq ans
« révolus. »

§ 2. — *Des personnes qui ne peuvent adopter.*

Art. 6. « L'adoption est, de droit commun, interdite à   Ib.
« tous autres qu'à ceux rappelés dans les quatre articles
« précédens.

« Néanmoins, les célibataires de l'un et de l'autre sexe
« qui, parvenus à l'âge de cinquante ans, justifieraient
« d'infirmités naturelles assez graves pour qu'ils aient dû
« s'abstenir du mariage, pourront être admis au droit d'a-
« dopter. »

§ 3. — *Des incapacités relatives.*

Art. 7. « Le tuteur ne peut adopter le mineur ou la mi-   346
« neure étant sous sa tutelle. »

Art. 8. « Nul ne peut adopter que les individus de son
« sexe.

« Cette règle ne s'applique point aux adoptions faites par
« des gens actuellement mariés ; et elle cesse par rapport aux
« autres quand l'adopté se trouve neveu ou nièce, petit-
« neveu ou petite-nièce, cousin ou cousine au premier degré
« de l'adoptant. »

Art. 9. « Celui qui a reconnu, dans les formes établies par
« la loi, un enfant né hors du mariage, ne peut l'adopter,
« ni lui conférer d'autres droits que ceux qui résultent de
« cette reconnaissance.

« Mais, hors ce cas, il ne sera admis aucune action ten-

« dant à prouver que l'enfant adopté est l'enfant naturel de

« l'adoptant. »

§ 4. — *Des personnes qui peuvent être adoptées.*

346 Art. 10. « Les mineurs et mineures non mariés peuvent

« seuls être adoptés. »

343-345 Art. 11. « L'adopté doit avoir au moins dix-neuf ans de

« moins que le père adoptant, ou seize ans de moins que la

« mère adoptante. »

§ 5. — *Règles générales.*

344 Art. 12. « Nul ne peut être adopté par plusieurs, hors le

« cas prévu par l'article 3 ci-dessus. »

ap. 343 Art. 13. « Il est permis à l'adoptant de faire porter l'adop-

« tion sur plusieurs enfans, en se conformant d'ailleurs aux

« règles ci-dessus posées ; mais il ne peut, après une pre-

« mière adoption consommée, en faire aucune autre pendant

« la vie de l'enfant adopté ou de ses descendans. »

§ 6. — *Des personnes dont le consentement préalable est né-*
cessaire à l'adoption.

346 Art. 14. « Si l'enfant qu'il s'agit d'adopter a ses père et

« mère, ils doivent consentir l'un et l'autre à l'adoption : le

« dissentiment d'un seul empêche qu'elle n'ait lieu. »

ap. 346
et 36, Art. 15. « En cas que l'un ou l'autre soit mort, le survi-

« vant ne peut fournir le consentement qu'après avoir pris

« l'avis d'un conseil de famille composé comme il sera dit

« au titre *des Tutelles.* »

Ib. Art. 16. « A défaut de père et mère, le consentement sera

« dévolu au tuteur, autorisé par un conseil de famille.

« Néanmoins, en ce dernier cas, s'il existe des ascendans,

« le dissentiment d'un seul empêchera l'adoption, lors même

« que la majorité du conseil de famille en serait d'avis. »

Ib. Art. 17. « Si l'enfant n'a point de parens connus, le juge

« de paix convoquera quatre voisins ou amis, lesquels lui

« éliront un tuteur spécial, à l'effet de consentir à l'adop-

« tion, s'il y a lieu. »

§ 7. — *Des formes de l'adoption.*

Art. 18. « La personne qui se propose d'adopter en fera la   35:
« déclaration expresse, ou devant le juge de paix du domi-
« cile du mineur, assisté de son greffier, ou devant deux
« notaires, ou devant un notaire en présence de deux té-
« moins. »

Art. 19. « Le même acte fera mention du consentement   ap. 3:3
« donné en exécution des articles 14 et suivans, et de la
« comparution des personnes chargées de l'exprimer. »

Art. 20. « Les délibérations du conseil de famille, lors-   Ib.
« qu'il aura dû en être pris, seront jointes à cet acte. »

Art. 21. « Cet acte et les pièces jointes seront soumis à   354
« l'approbation du tribunal de première instance. »

Art. 22. « Ce tribunal examinera :   355

« 1°. Si les conditions de la loi sont remplies ;

« 2°. Si la personne qui se propose d'adopter est d'une
« bonne moralité ;

« 3°. Si, d'après sa situation comparée à celle de l'enfant,
« l'adoption offre à celui-ci de vrais avantages. »

Art. 23. « Le tribunal recevra à ce sujet tous les éclaircis-   Ib.
« semens qui lui seront fournis ; il pourra même former tel
« interlocutoire qu'il jugera convenable. »

Art. 24. « Tout jugement relatif à la matière dont il s'agit,   356
« soit préparatoire, soit définitif, sera rendu sur rapport
« fait en séance publique, et après avoir entendu le commis-
« saire du gouvernement. »

Art. 25. « Si le tribunal accueille la demande, son juge-   Ib.
« ment portera qu'il *autorise l'adoption.* »

Art. 26. « S'il refuse cette autorisation, l'on pourra ap-   35:
« peler de son jugement. »

Art. 27. « S'il l'accorde, l'adoption ne pourra toujours   Ib.
« avoir lieu sans *la confirmation* du tribunal supérieur. »

Art. 28. « Le tribunal d'appel pourra, comme celui de   Ib.
« première instance, ordonner tous les actes d'instruction
« propres à éclairer sa justice.

« Il jugera aussi en séance publique, et après avoir ouï le
« commissaire du gouvernement. »

359   Art. 29. « Si son jugement est favorable à la demande en
« adoption, il renverra les parties devant l'officier de l'état
« civil. »

Ib.   Art. 3o. « Les parties se retireront, en conséquence, de-
« vant cet officier; et si elles lui déclarent qu'elles persistent
« dans leur primitive intention, il leur sera donné acte de
« l'adoption.

« Le jugement du tribunal supérieur sera inscrit sur le
« registre à ce destiné. »

§ 8. — *Des effets de l'adoption.*

347   Art. 31. « L'enfant adoptif prend le nom de la personne
« qui l'adopte. »

348-349   Art. 32. « L'adoption fait sortir l'enfant adoptif de sa fa-
« mille naturelle : elle ne laisse subsister entre lui et ses père
« et mère ou autres ascendans que l'obligation naturelle et
« réciproque de se fournir des alimens dans le besoin. »

Ib. et 350   Art. 33. « L'adoption transporte, au père ou à la mère qui
« adopte, la qualité de père ou mère légitime; elle établit
« entre l'adoptant et le fils adoptif les mêmes droits et les
« mêmes devoirs qu'entre père et enfant légitime. »

ap. 350   Art. 34. « L'adopté conserve et apporte dans sa nouvelle
« famille les biens et droits qui auraient pu lui être acquis
« dans l'autre au moment de l'adoption. »

ap. 359   Art. 35. « L'adoption date du jour où l'acte en a été ré-
« digé. »

350   Art. 36. « Dans le cas où, après l'adoption, il naîtrait à
« l'adoptant des enfans en mariage, l'enfant adoptif n'en
« conservera pas moins le droit à une part d'enfant légitime
« dans la succession. »

Ib.   Art. 37. « L'enfant adoptif appartient à la famille de l'a-
« doptant dans tous les degrés directs et collatéraux.

« Néanmoins, tous parens de l'adoptant pourront, par

« une disposition spéciale, exclure l'enfant adoptif de toute
« part à leur succession et à celle de leurs descendans ; mais
« ceux qui auront usé de cette faculté feront perdre aux leurs
« le droit de succéder à l'enfant adoptif et aux siens. »

§ 9. — De la révocabilité de l'adoption.

fin du
ch. 1er.

Art. 38. « L'adoption est irrévocable, tant de la part de
« l'adoptant que de la part de ceux qui ont consenti à l'a-
« doption. »

Art. 39. « L'adopté devenu majeur peut seul renoncer à
« l'adoption. »

Art. 40. « S'il n'y a pas renoncé depuis vingt-un jusqu'à
« vingt-deux ans, il est non recevable à le faire par la suite. »

Art. 41. « En cas de renonciation, et avant qu'elle soit
« admise par l'officier de l'état civil, l'adopté devra déclarer
« son intention au juge de paix de son canton, qui dressera
« procès—verbal de cette déclaration, après avoir fait à l'a-
« dopté, sur la gravité d'une telle démarche, les observations
« convenables. »

Art. 42. « Si l'adoptant est vivant à cette époque, l'adopté
« ne pourra jouir du bénéfice de la renonciation qu'après
« que l'adoptant aura été cité devant le même juge de paix
« pour y être entendu avec l'adopté ou en sa présence. »

Art. 43. « Si l'adoptant n'a point paru, ou que le juge de
« paix n'ait pu concilier les parties, il pourra les ajourner à
« un mois. »

Art. 44. « Si, ce délai passé, l'adopté persévère dans la
« volonté de renoncer à l'adoption, il sera renvoyé devant
« l'officier de l'état civil pour lui être donné acte de sa re-
« nonciation. »

Art. 45. « Cette renonciation sera mentionnée en marge
« de l'acte d'adoption. »

§ 10. — Des suites de la renonciation.

Art. 46. « Du jour de la renonciation, l'adopté rentre
« dans sa famille primitive, et y recouvre tous ses droits,

« autres que ceux échus pendant que l'adoption existait. »

Art. 47. « Il ne conserve et ne retire de la famille adoptive
« que les biens ou droits qu'il y avait apportés, et qui doivent
« lui être restitués soit par l'adoptant, soit par ses héritiers. »

Art. 48. « Il ne peut, au surplus, être formé contre lui
« aucune répétition pour les frais d'éducation, alimens ou
« secours qu'il aura reçus pendant l'adoption. »

L'article 1er est adopté sans discussion.

L'article 2 est discuté.

M. BERLIER dit que la disposition insérée dans le premier
projet, et qui ne permettait à un époux d'adopter qu'avec le
consentement de l'autre, lui avait paru suffire pour prévenir les inconvéniens de la survenance d'enfans, parce que
ce consentement aurait sans doute été refusé tant qu'il serait
resté quelque espoir d'avoir des descendans naturels ; mais
que le système de fixer un délai ayant prévalu, la section, se
réglant sur les probabilités les plus communes, propose un
délai de dix ans.

M. MALEVILLE pense que, dans l'objet de prévenir les inconvéniens graves qui résulteraient de la survenance d'enfans, ce ne serait pas uniquement sur le temps écoulé depuis
le mariage qu'il faudrait se fixer ; et qu'il serait, par exemple, bien singulier, d'après cette idée, de ne permettre l'a-
doption qu'après dix ans de mariage à l'homme qui ne
serait marié qu'à soixante-dix ans, et à la femme qui en
aurait eu cinquante ; que c'est surtout à l'âge des individus
qu'il faut regarder, comme dans les lois romaines, pour
permettre ou refuser la faculté d'adopter.

Mais, en ne raisonnant même que dans l'hypothèse d'époux
encore capables d'avoir des enfans, le terme de dix ans
écoulés depuis le mariage paraît trop court à M. *Maleville*. Il
dit que, dans une matière telle que l'adoption, où d'une
part il n'y a pas de nécessité, et où de l'autre des inconvéniens terribles peuvent résulter de la survenance d'enfans,

ce n'est pas aux probabilités les plus communes de cette survenance qu'il faut s'arrêter ; qu'il faut avoir la presque certitude du contraire. Eh! que deviendraient, en effet, et le père adoptant et le fils adoptif, s'il survenait au premier des enfans de son corps?

M. Fleurieu fait observer qu'en effet on voit des mariages ne devenir féconds qu'après quinze ans.

Le Consul Cambacérès dit qu'il est convenable de fixer, avant tout, l'ordre de la discussion. Il lui semble qu'elle doit porter d'abord sur les formes, parce que plusieurs membres n'admettent l'adoption qu'autant qu'elle serait prononcée par un acte législatif.

Examinant néanmoins les dispositions de détail, le Consul trouve de l'inconvénient dans les énumérations qu'elles présentent relativement aux personnes auxquelles l'adoption sera permise ou interdite. On pourrait se borner à dire que les personnes mariées n'auront la faculté d'adopter qu'après un certain temps, et les autres à un certain âge. On évitera ainsi les détails de l'article 6 ; car ils introduisent un examen et une procédure qui rappellent le congrès.

Ensuite, si l'on admet les formes proposées par la section, il sera nécessaire de prendre des précautions pour que l'intérêt de l'adopté soit garanti. Il est vrai que le projet réserve à l'enfant la faculté de renoncer à son adoption ; mais il est extraordinaire de lui laisser le droit d'abandonner l'individu qui l'a comblé de bienfaits, et de retourner dans sa famille. Cette faculté imprimerait à l'adoption un caractère d'incertitude qui en diminuerait l'usage.

Le Premier Consul (*) ouvre la discussion sur les formes de l'adoption.

(*) Le Premier Consul : « Il y a trois systèmes : un notaire, les tribunaux ordinaires, un corps politique. »

Portalis rejeta le notaire, dit qu'on ne pouvait choisir qu'entre les tribunaux et un corps politique, et opina pour ce dernier mode.

Cette opinion fut combattue : on opposa que son système avait pour but de favoriser

Il rappelle qu'il existe à cet égard trois avis.

Le premier consiste à permettre l'adoption par un simple acte passé devant un officier public;

l'aristocratie, de priver du bienfait de l'adoption la plus grande partie des citoyens; enfin, qu'il était contraire à la Constitution, d'après laquelle les corps politiques ne devaient statuer que sur les choses d'un intérêt général.

LE PREMIER CONSUL : « Le citoyen Tronchet, tout en rejetant l'adoption, a cité les Romains. Cependant, chez eux, elle avait lieu dans les comices, devant le peuple lui-même. Le citoyen Portalis vient de dire que les testamens se faisaient aussi devant le peuple romain. La raison en est que ces actes étaient des dérogations à l'ordre des familles et des successions. L'objection tirée de notre Constitution n'est pas fondée. Tout ce qui n'est pas formellement défendu par la Constitution est permis. L'adoption n'est ni un contrat civil, ni un acte judiciaire. Qu'est-ce donc? une imitation par laquelle la société veut singer la nature. C'est une espèce de nouveau sacrement ; car je ne peux pas trouver dans la langue de mot qui puisse bien définir cet acte. Le fils des os et du sang passe, par la volonté de la société, dans les os et le sang d'un autre. C'est le plus grand acte que l'on puisse imaginer. Il donne des sentimens de fils à celui qui ne les avait pas, et réciproquement ceux de père. D'où doit donc partir cet acte? d'en haut, comme la foudre. Tu n'es pas le fils d'un tel, dit le Corps législatif; cependant tu en auras les sentimens. On ne peut donc trop s'élever. On craint que, de cette manière, l'adoption ne soit trop restreinte ; mais nous l'honorons. On oppose les difficultés qu'entraîne ce mode ; ce ne sera pas le corps politique qui entrera dans le détail de toutes les informations et des formalités préparatoires. On lui présentera les projets tout mûris. Il n'aura plus qu'à examiner et voter. On pourra lui en proposer trois cents à la fois, si cela se rencontre. Le législateur, comme un pontife, donnera le caractère sacré. Supposons qu'il y ait des disputes entre le fils naturel et le fils adopté; celui-ci répondra : C'est la même autorité qui a établi le mariage d'où tu sors; c'est la loi même qui m'a fait ton frère. On a objecté la révocabilité de l'adoption ; mais je ne voudrais point qu'elle fût révocable. On cite pour exemple le divorce. Comment peut-on comparer ce qui dissout avec ce qui crée? Quand un corps politique aura prononcé l'adoption, certes on ne peut pas penser à en permettre la révocation. Il en serait autrement si elle émanait d'un tribunal. Ce ne serait plus qu'une sentence. Lorsque le père voudrait faire des représentations à son fils adoptif, celui-ci pourrait dire : Tu n'es pas mon père. L'adopté pourrait abuser du secret des affaires et de cœur de l'adoptant. Non, cela n'est pas admissible. »

Tronchet appuya l'opinion du Premier Consul. Rœderer la combattit. « C'est surtout, dit-il, pour les classes inférieures que l'adoption est utile; pour le laboureur, par exemple, qui adopte l'enfant que l'administration des hospices lui a confié. Le Premier Consul veut donner à l'institution un caractère trop élevé. Cela ne touchera pas le laboureur, et le retiendra au contraire. »

LE PREMIER CONSUL : « Il faut frapper fortement l'imagination. S'il y a des discussions entre le père naturel et le père adoptif; si, montés sur le même bateau, ils sont menacés de périr, le fils doit se déclarer pour le père adoptif. Il n'y a que la vo-

Le second, à la faire prononcer par les tribunaux d'appel ;

Le troisième, à exiger qu'elle soit autorisée par un acte de l'autorité supérieure, soit du Sénat, soit du Corps législatif, soit du gouvernement.

Telles sont les questions que le Conseil doit discuter.

M. PORTALIS dit que l'adoption ne peut pas être opérée par un acte ordinaire, parce qu'elle est une dérogation à la loi

lonté du souverain qui puisse imprimer ce sentiment. Le Corps législatif ne prononcera pas dans ce cas, comme il le fait en matière de propriété, de contributions, mais comme pontife de morale et d'une institution sacrée. Le vice de nos législations modernes est de n'avoir rien qui parle à l'imagination. On ne peut gouverner l'homme que par elle ; sans imagination, c'est une brute. Si les prêtres établissaient l'adoption, ils en feraient une cérémonie auguste. C'est une erreur de gouverner les hommes comme les choses. Il faut que la société toute entière intervienne ici. Votre système vous mène à la révocabilité de l'adoption. »

LE MINISTRE DE LA JUSTICE : « Le Corps législatif sanctionnera seulement ; car le consentement suffit pour le contrat. »

LE PREMIER CONSUL : « Il n'y a point de contrat avec un mineur. Un contrat ne contient que des obligations géométriques ; il ne contient pas des sentimens. Mettez *héritier* dans votre loi, et laissez-nous tranquilles. Héritier ne porte avec soi que des idées géométriques ; l'adoption, au contraire, des idées d'institution, de morale et de sentiment. L'analyse conduit aux résultats les plus vicieux. Ce n'est pas pour cinq sous par jour, pour une chétive distinction, qu'on se fait tuer ; c'est en parlant à l'âme qu'on électrise l'homme. Ce n'est pas un notaire qui produira cet effet, pour douze francs qu'on lui paiera. On ne traite pas la question, on fait de la géométrie. On l'envisage en faiseurs de lois et non en hommes d'État. L'imagination doit considérer l'adoption au milieu des malheurs de la vie. Je demande au rapporteur quelle différence il y a entre l'héritier et l'adopté ? »

BERLIER : « Pour répondre à cette question, il faudrait être préalablement fixé sur la nature et les effets de l'adoption qu'on veut créer ; autrement les termes de comparaison manquent ; mais, d'après mes propres idées, l'héritier légal ou du sang doit être à l'adopté ce que la réalité est à la fiction, sauf les modifications à introduire dans les droits et les devoirs respectifs. »

LE PREMIER CONSUL : « Si le père naturel de l'adopté devient riche, celui-ci abandonnera son père adoptif. Il doit être lié pour toujours ; autrement ce n'est qu'un héritier. Qui tient lieu de Dieu sur la terre ? le législateur. Qui est le fils de son père ? personne n'en est sûr. C'est la volonté du législateur. Le fils adoptif doit être comme celui de la chair et des os. S'il y a la moindre différence, vous êtes hors du but, et je n'y conçois plus rien. Dans les mœurs de l'Orient, un esclave admis parmi les Mamelucks a pour son patron les mêmes sentimens qu'un fils »

(Tiré des Mémoires sur le Consulat, pages 419 à 424)

X.   19

commune, hors de laquelle personne ne saurait se placer par l'effet de sa seule volonté. L'alternative n'existe donc qu'entre les deux autres formes.

L'adoption doit être envisagée sous deux rapports : sous le rapport de l'intérêt public ; sous le rapport de l'intérêt de l'adopté mineur ; car, s'il est majeur, la loi n'a plus besoin de s'en occuper.

La forme de l'adoption intéresse l'ordre public. La loi ne reconnaît que les enfans nés du mariage ; elle établit l'état des familles : l'adoption, qui crée une paternité fictive, qui change l'ordre des successions, est donc une exception, une dérogation, une faveur qu'il n'appartient qu'aux autorités principales d'accorder. Ce n'est pas cependant que l'adoption soit une institution politique, puisqu'elle est fondée sur un autre intérêt que celui de l'État : ce n'est pas qu'elle soit une institution aristocratique, puisque, quoiqu'elle devienne une exception au droit commun, elle n'est cependant pas une distinction et un privilége ; mais, quoique institution purement civile, elle intéresse l'État comme l'intéressaient les testamens, qui, chez les Romains, étaient faits dans les assemblées du peuple, c'est-à-dire avec l'intervention du pouvoir souverain. Ainsi, la loi doit établir des formes telles, qu'elles garantissent à l'État que les adoptions ne seront pas abusives : elle atteindra ce but en les faisant sanctionner par les grandes autorités de la France. Si cette fonction était confiée aux tribunaux, les adoptions ne seraient plus que des procès, et l'intervention de l'autorité publique une simple formalité : elles seraient souvent accordées sur la requête des parties, sans que les motifs et les intérêts divers fussent sérieusement pesés ; au lieu que la seule nécessité de recourir aux grandes autorités écarterait toute demande indiscrète ou frauduleuse.

LE MINISTRE DE LA JUSTICE est d'une opinion contraire. On veut, dit-il, ou favoriser ou empêcher les adoptions : si on veut les favoriser, il ne faut pas les entourer de formes qui effraient par les difficultés qu'elles font naître. Au reste, le motif qu'on fait valoir pour proposer des formes extraordinaires, c'est, dit-on, que les adoptions étant des exceptions et des dérogations au droit commun, il n'appartient qu'au législateur de les autoriser. Mais il est facile de répondre que l'adoption, étant une fois admise par le Code civil, ne sera plus une exception, une dérogation au droit commun; elle fera elle-même partie du droit commun.

Le Corps législatif ne peut intervenir dans les actes particuliers. Sa mission est de faire des lois générales; une fois faites, l'application en appartient exclusivement aux autorités secondaires chargées de les faire exécuter.

Exiger une loi pour chaque adoption, ce serait supposer que le Code civil n'admet pas l'adoption; car il ne faut de loi particulière que pour ce qui n'est pas prévu par la loi générale.

L'adoption n'est point un acte politique, puisqu'il n'intéresse pas l'ensemble du gouvernement, et n'a trait qu'à des familles particulières. C'est un acte purement civil, qui est du ressort immédiat de la loi civile, et qui ne peut plus avoir besoin, pour s'effectuer, du concours du législateur, qui a consommé son ministère en consacrant l'adoption dans le Code de la nation.

Mais comment le Corps législatif pourrait-il vérifier les clauses et conditions de l'adoption, et connaître si elle est favorable ou non aux enfans adoptifs? Les tribunaux seuls peuvent le faire d'une manière convenable; leur concours serait donc toujours nécessaire; mais si ce sont les tribunaux qui vérifient, qu'est-il besoin du Corps législatif? Son rôle serait purement passif et inutile; car, si on a rempli toutes les formalités et toutes les conditions de l'adoption, c'est par la force de la loi que l'adoption est valable.

M. PORTALIS répond qu'il ne veut ni favoriser ni repousser l'adoption; qu'il ne veut que l'admettre avec les précautions capables d'en prévenir l'abus. L'adoption peut être utile, mais elle n'est pas nécessaire au maintien de la société comme le mariage, qui, par cette raison, est du ressort des tribunaux. C'est une institution particulière, hors de l'ordre commun : ainsi elle doit être réglée par des lois particulières.

On objecte que, la loi civile l'ayant une fois établie, il ne faut plus de loi particulière pour appliquer le principe consacré.

Il est vrai qu'en général l'exécution des lois qui permettent appartient aux tribunaux ; mais il est vrai aussi que la loi peut mettre les conditions qu'il lui plaît aux institutions qu'elle crée hors du droit commun : or, quelle condition est ici nécessaire? l'intervention d'une autorité extraordinaire; autrement, l'action du pouvoir public dégénérant en simple formalité, les adoptions se multiplieraient plus que l'intérêt de la société ne l'exige.

M. ROEDERER combat cette opinion; il pose en principe que les adoptions sont des actes purement judiciaires, entièrement étrangers aux autorités politiques.

C'est dénaturer et confondre les pouvoirs, que de faire prononcer par le pouvoir législatif sur un fait et sur des individus. Le pouvoir législatif est institué pour faire des lois, et les lois ne portent pas sur des faits et sur des espèces. C'est par cette raison que la loi est impartiale, qu'elle ne rétroagit pas; c'est parce qu'elle n'agit que d'une manière générale sur des masses, qu'elle ne voit pas les individus et ne descend pas à des applications.

C'est pour la même raison, au contraire, que le pouvoir judiciaire est indépendant; c'est parce qu'il ne prononce que sur des faits et sur des espèces, et qu'il a derrière lui la loi, qui, sans passion comme sans prévention, la loi, dont il n'est pas le maître, le circonscrit et le réduit à ne prononcer que sur des applications. La sage division des pouvoirs, inconnue aux anciens, et dont Montesquieu a le premier développé la théorie dans nos temps modernes, assure donc tout à la fois l'impartialité de la loi et l'impartialité du juge.

Pourquoi les Romains ont-ils fait de l'adoption un acte législatif? Parce que le père de famille était maître absolu et roi dans sa maison. Chez nous, au contraire, le père n'est qu'un tuteur éminent; les enfans, comme les pères, sont sous l'empire et sous la protection de la loi : elle règle également les droits et les devoirs des uns et des autres, et ne fait pas de celui-ci un souverain absolu, de celui-là un esclave et une propriété du père.

Que la règle générale soit de reconnaître le mariage pour principe unique de la paternité légitime; que l'adoption ne soit qu'une dérogation à cette règle, rien n'est plus certain, et on a eu raison de le dire; mais quand la loi déroge ou fait des exceptions, ces exceptions, ces dérogations deviennent des règles comme la loi générale elle-même, et l'application n'en appartient plus qu'aux tribunaux; ces autorités d'ailleurs sont les plus rapprochées et des parties et des lieux où la vérité des faits est connue. Combien il serait bizarre d'obliger l'habitant d'un département méridional de se transporter à Paris pour y justifier de sa moralité et de l'état de sa fortune, tandis que les faits pourraient être bien plus exactement constatés dans le lieu qu'on le force de quitter! Cette réflexion s'applique également à l'adopté.

M. Portalis répond qu'on n'intervertirait pas la division des pouvoirs en faisant prononcer les adoptions par un acte législatif; elles ne peuvent pas, en effet, être mises dans la classe des actes civils et ordinaires sur lesquels les tribunaux prononcent.

M. Thibaudeau dit que la question est jugée par la Constitution, qui a fixé les fonctions des autorités supérieures qu'elle a établies. Elle n'attribue au Sénat que le droit de faire des élections et de prononcer sur les inconstitutionnalités; au Corps législatif, composé de ses trois branches, le droit de faire des lois. L'adoption ne peut se trouver au nombre de ces attributions éminentes; elle n'est que le changement d'état d'un individu : elle n'intéresse que deux familles; elle ne peut donc être l'objet d'une loi. Elle reste nécessairement dans le domaine des tribunaux.

Il serait contraire à la nature des choses de lui donner un caractère et une solennité qui n'appartiennent qu'à des actes d'un intérêt général.

On ne peut pas, par une loi, changer, augmenter ou dénaturer les attributions que la Constitution a assignées à chaque autorité, à chaque pouvoir. La loi doit donc seulement déterminer les formes de l'adoption, si on le croit nécessaire; mais son exécution, comme celle de toutes les autres lois, doit être renvoyée aux autorités que la Constitution a chargées de les appliquer. Il ne peut y avoir à choisir qu'entre l'ordre judiciaire et l'administration; et, d'après ces considérations d'un ordre supérieur et constitutionnel, il est inutile de s'appesantir sur les inconvéniens de détail qu'entraînerait l'intervention de la loi pour chaque adoption.

M. Boulay dit que les principes de M. *Rœderer* ne doivent pas être pris dans l'étendue qu'il leur a donnée. Personne ne contestera, par exemple, que l'attribution d'accorder la naturalisation ne puisse être donnée au pouvoir législatif : l'adoption est de la même nature, puisqu'elle change l'état des citoyens ; or, la naturalisation d'un étranger est un acte individuel. En Angleterre, c'est le parlement qui prononce le divorce, et le divorce est un acte individuel. Partout les circonstances et les besoins deviennent la règle de ces sortes d'attributions ; et nul gouvernement ne pourrait marcher, si l'on voulait se renfermer strictement dans les bornes d'une théorie abstraite.

M. Regnaud (de Saint-Jean-d'Angely) dit qu'il ne faut pas s'élever si haut et discuter les grands principes de l'organisation des sociétés, pour savoir quelle est l'autorité qui doit consacrer l'adoption, quand un citoyen se proposera d'en faire une.

C'est dans la nature même de l'institution, et dans l'utilité des citoyens pour qui elle est faite, qu'il faut puiser l'idée des formes auxquelles on doit la soumettre.

Or, nous ne voulons pas l'adoption pour une seule classe de citoyens, nous la voulons pour tous.

Si pourtant on exigeait que l'adoption fût sanctionnée par le Corps législatif ou par un des premiers corps de l'État, on la rendrait impossible pour le plus grand nombre.

Comment, en effet, un laboureur demeurant à deux cents lieues de la capitale pourrait-il y faire approuver l'adoption d'un orphelin dont il a recueilli la misère, protégé la jeunesse, et dont il veut faire l'appui de ses vieux ans?

Il est inutile de citer d'autres exemples. Le Conseil peut concevoir tous ceux qu'on pourrait offrir.

Il faut donc rapprocher les moyens de ceux pour qui ils sont établis; il faut faire pour l'acte civil de l'adoption ce qu'on a fait pour le divorce.

Comme l'adoption, le divorce est un acte civil; un acte qui, comme l'adoption, n'est pas nécessaire, mais seulement utile; un acte qui retranche un individu de la famille, comme l'adoption y ajoute un nouveau membre.

Il faut donc remettre les actes préliminaires de l'adoption à la même autorité à qui on a déjà confié les actes préliminaires du divorce, c'est-à-dire aux tribunaux.

Les juges de paix, les commissaires du gouvernement, les magistrats, sont chargés de veiller aux tutelles, aux formes du divorce; ils veilleront aussi à ce que les adoptions ne soient pas faites par des hommes indignes d'user de ce droit, ou disposés à en abuser. Alors tous les citoyens pourront user de l'adoption; au lieu que, dans le système contraire, la faveur n'en serait accordée qu'à une petite classe de privilégiés.

M. Berlier s'oppose aussi à ce que chaque acte particulier d'adoption soit appliqué par l'une des grandes autorités politiques.

Il persiste à penser, comme il l'avait exposé dans son dis-

cours préliminaire, et comme MM. *Rœderer* et *Thibaudeau*
l'ont établi ensuite, que de telles fonctions n'appartiennent
ni au Sénat ni au Corps législatif.

Inutilement dirait-on que le Corps législatif prononce quelquefois sur des objets purement individuels, tels que les
aliénations ou échanges de certaines parties de biens natio-
naux ; mais ceci a lieu par application d'un principe général,
qui, pour de très-bonnes causes, ne permet pas que la plus
légère partie du domaine public puisse en être démembrée
sans la sanction du législateur.

Cet intérêt public se trouve-t-il ici, du moins au même
degré? Quelque chose que l'on dise, on ne peut voir ici que
l'intérêt privé, se rattachant, il est vrai, à l'intérêt public,
comme toutes les autres institutions, mais ne formant pas
une catégorie à part de ces autres institutions.

Si l'adoption exige, par sa nature et ses effets, une surveillance plus spéciale de la loi, celle-ci peut bien l'environner de plus de formes et de solennités; mais cela ne peut
aller jusqu'à constituer le législateur lui même juge de chaque adoption.

Mais, dans la supposition même où le Corps législatif
pourrait connaître de ces détails, il ne le *devrait* point.

Comment pourra-t-il statuer sur tous les actes de cette
espèce? S'il ne connaît ni l'adoptant ni l'adopté, ni leur situation respective, quelle garantie aura-t-il de la bonté de
ses jugemens?

On a dit que, si la connaissance des adoptions était déférée
aux tribunaux, ce ne serait qu'une affaire de formes : cependant ces tribunaux, placés près des parties, et ayant en
main tous les moyens d'instruction, pourraient aisément
rassembler tous les élémens d'une bonne décision ; au lieu
que le Corps législatif, muni des seuls actes que l'intérêt
privé lui transmettra, sera bien plus exposé à l'erreur : c'est
bien dans cette dernière hypothèse que l'adoption ne sera
plus qu'une affaire de formes.

M. *Berlier* finit par faire observer que, dans ce système, l'adoption n'existera plus que pour ceux qui pourront lui sacrifier de longues et pénibles démarches, et qu'elle sera plutôt un privilége qu'un droit.

En Prusse, c'est le tribunal supérieur de la province qui statue sur l'adoption. Le projet de la section, calqué sur cet exemple, n'est pas moins fondé sur la raison et les convenances.

Le Premier Consul dit que ceux qui ont parlé sur la question semblent n'avoir pas remonté jusqu'aux principes qui doivent la résoudre. Chez les Romains, a-t-on dit, les adoptions étaient faites dans l'assemblée des comices; donc on les considérait comme des actes législatifs : mais chez les Romains, tous les actes importans étaient faits dans l'assemblée des comices. La Constitution, a-t-on dit encore, ne permet pas la délégation qu'on propose de faire au pouvoir législatif. Tout ce que la Constitution ne défend pas est permis : il suffit donc de déclarer que l'adoption n'est pas une matière judiciaire, pour faire tomber cette objection. La même réflexion répond à ce qu'on a allégué, qu'attribuer les adoptions au pouvoir législatif, c'est blesser le principe de la division des pouvoirs.

L'adoption, en soi, n'est ni une matière judiciaire ni une matière législative; tout est arbitraire à cet égard. Ce n'est donc pas sous ce point de vue qu'il faut envisager l'adoption; c'est en soi, et dans le caractère qui lui est propre.

Maintenant, qu'est-ce que l'adoption en soi?

L'adoption est une fiction qui singe la nature, une espèce de sacrement destiné à établir les sentimens et les affections de la filiation et de la paternité entre deux individus nés étrangers l'un à l'autre : c'est dans l'essence de l'institution ainsi conçue qu'il faut chercher les règles de son organisation. Les ministres de ce sacrement civil ne peuvent être trop élevés : ce doivent être les premières autorités de la Ré-

publique ; et s'il était possible de monter à des pouvoirs encore plus éminens , le législateur devrait le faire.

Plus la sanction tombera de haut, plus elle ébranlera
l'imagination de l'adoptant et de l'adopté ; plus elle ouvrira
leurs cœurs , et y gravera profondément les sentimens qu'ils
doivent prendre l'un pour l'autre. Il est conséquent que
l'autorité qui a placé dans l'ordre civil le mariage et les
fruits du mariage donne aussi un caractère civil aux enfans
adoptifs et les égale aux enfans de la nature.

On objecte que ce mode, gênant l'adoption, en restrein-
dra l'usage.

Ce mode ne gêne pas l'adoption ; il l'ennoblit, il l'honore.
Il ne force pas nécessairement les parties à des déplace-
mens : rien n'empêche que l'enquête qui doit éclairer le
législateur ne soit faite au lieu qu'elles habitent et par les
autorités ordinaires. Le législateur n'intervient que pour
imprimer à l'adoption son caractère sacré pour faire des fils
et des frères. Alors les enfans de la nature ne viendront pas
dire à l'enfant de la volonté : « Tu n'es pas mon frère. » Il
leur répondrait : « C'est de la loi seule que vous tenez votre
« qualité ; la loi me la donne comme à vous : elle me la don-
« nerait, s'il était possible, plus qu'à vous ; car elle me l'at-
« tribue directement, individuellement. » Qu'on se transporte, par imagination, dans un département où les individus
sont rapprochés les uns des autres, et qu'on se représente
l'impression que fera là une loi qui dira qu'un tel est fils
d'un tel : elle fera naître des sentimens qu'on attendrait en
vain d'une simple décision judiciaire. Il ne s'agit pas de
rendre les adoptions plus rares pour les rendre plus solennelles ; il s'agit d'arriver à une autorité aussi grande que la
nature. Rien n'en démontre mieux la nécessité que le système de renonciation qu'on trouve dans le projet, et qui dé-
naturerait les effets de l'adoption en rendant vacillans et incertains les sentimens qu'elle est destinée à produire. La

section a dû imaginer ce système, parce qu'il concorde avec le mode qu'elle propose. Mais qui demandera le rapport d'un sénatus-consulte, d'une loi, d'un arrêté du gouvernement?

M. Tronchet dit que c'est en effet dans la nature de l'adoption qu'il faut chercher les règles de son organisation. Soit qu'on en fasse une institution politique, soit qu'on en fasse une institution purement civile, il est également impossible d'investir les juges du pouvoir de la permettre, et ce droit doit être réservé à la puissance suprême.

Qu'est en effet l'adoption? Un acte de la volonté, qui place dans une famille un individu que ni la nature ni la loi n'en avaient fait membre. C'est donc une dérogation à la loi : dérogation à l'égard de l'adoptant; car, aux yeux de la loi commune, il ne peut avoir d'enfans que ceux que lui donne le mariage : dérogation à l'égard de l'adopté; car elle le fait sortir d'une famille où la nature et la loi l'avaient placé, pour l'associer à une autre avec laquelle elles ne lui avaient pas donné de rapports : dérogation, enfin, à l'égard de la famille de l'adoptant; car elle change l'ordre de succession que le droit commun y avait établi entre les enfans. Le changement sera bien plus grand encore si l'on accorde à l'adopté les droits de parenté dans la famille où il entre, et la successibilité indéfinie. Un acte qui produit de tels effets ne peut pas être le résultat de la volonté particulière; il doit être autorisé par la puissance qui exprime la volonté générale. Les tribunaux sont institués pour prononcer, entre particuliers, sur des intérêts privés : mais ici il n'y a pas de contestation, il y a une grâce à accorder; c'est la faveur d'une dérogation à la loi que les parties sollicitent : or, il n'appartient pas aux tribunaux, sujets eux-mêmes de la loi, d'en dispenser.

Ces principes ne sont pas nouveaux : toujours le changement d'état a été considéré en France comme objet de législation. A la vérité, on ne connaissait pas l'adoption : mais on

connaissait la légitimation, on connaissait la naturalisation :
l'une et l'autre devaient être autorisées par un acte revêtu
des formes législatives. Encore la puissance suprême ne pou-
vait-elle enlever aux tiers les droits qu'ils tenaient du droit
commun. C'est par ce motif que la légitimation ne donnait
à celui qui l'obtenait que le droit de succéder à son père, et
ne le rendait pas successible des autres parens ; que la naturalisation n'était qu'une simple renonciation faite par l'État
au droit d'aubaine.

On demande comment le Corps législatif pourra prononcer
en connaissance de cause ; rien n'est plus facile : les parties
présenteront leur demande au gouvernement, qui fera vérifier l'âge, la fortune, enfin les circonstances décisives, et
transmettra au Corps législatif les renseignemens qu'il aura
recueillis. Il expliquera les motifs qui le déterminent à proposer ce projet de loi ; et la publicité qui entourera sa proposition amenera peut-être des renseignemens nouveaux.

Il ne faut donc, pour établir le système de l'adoption,
qu'un seul article, qui pourrait être rédigé à peu près de la
manière suivante : « Nul ne peut adopter sans y être auto-
« risé par une loi. » Le reste serait abandonné à la sagesse du
gouvernement.

M. ROEDERER dit qu'on se fait de l'adoption une idée tellement étendue, qu'on la prive d'une grande partie des effets utiles qu'elle peut produire. C'est pour appeler au secours des orphelins la bienfaisance de la médiocrité, de la
pauvreté même, que l'adoption doit être principalement
instituée. Souvent les hôpitaux confient des enfans à de
simples laboureurs. Que l'adoption survienne, consacre ces
actes de bienfaisance ; qu'elle donne pour enfant au bienfaiteur l'orphelin dont il veut assurer le sort, et dont il veut
se faire aider dans ses travaux, et elle aura atteint le but. La
solennité d'un acte législatif serait inutile pour obtenir ce
résultat. Elle toucherait peu la classe de citoyens qui fera le
plus usage de l'adoption, et elle l'en dégoûterait peut-être

par les formalités qu'il faudrait remplir. A la vérité, la marche tracée par le *Premier Consul* simplifierait beaucoup les formes ; mais l'intervention des autorités intermédiaires amènerait toujours des longueurs.

LE PREMIER CONSUL dit que, si l'adoption ne doit pas faire naître entre l'adoptant et l'adopté les affections et les sentimens de père et de fils, et devenir une imitation parfaite de la nature, il est inutile de l'établir. Elle n'est plus en effet qu'une simple institution d'héritier ; et on peut la remplacer en étendant la faculté de disposer. Mais si on veut la faire tout ce qu'elle doit être, il faut l'organiser de manière à frapper assez vivement l'imagination pour que le père adoptif obtienne dans le cœur du fils adopté la préférence sur le père naturel. On n'admettra pas alors ce système de révocabilité qui nourrit dans l'adopté la pensée qu'il peut dire un jour à son père adoptif : « Je ne vous connais pas. » On l'entourera de solennités capables de faire des impressions fortes et profondes. Qu'on l'érige en sacrement politique, dont l'autorité la plus éminente soit le ministre. Elle n'agirait pas là comme le pouvoir purement civil, comme lorsqu'il ne faut que décider d'une propriété ; elle agirait, pour ainsi dire, comme grand pontife de la France, au nom du souverain, dont la puissance sur la terre est une vive image de la toute-puissance de Dieu. Si l'Église connaissait l'adoption, point de doute qu'elle ne s'efforçât d'inculquer, par les cérémonies les plus augustes, les sentimens que l'adoption doit produire. On ne joue pas avec les hommes comme avec les choses inanimées. Les hommes ne se meuvent que par l'âme. C'est donc rétrécir l'adoption, c'est la dénaturer, que de l'opérer par une simple déclaration faite devant un notaire ou à un greffe, et dont chacun peut dire le prix : il faut donner au père adoptif plus qu'un héritier, il faut lui donner un fils ; et cependant, au changement de nom près, l'adoption, si elle n'est une institution morale, si elle est révocable, ne fait plus qu'un héritier. Où est la différence ?

M. Berlier dit qu'il restera toujours entre ces deux actes une différence essentielle ; c'est que l'un établira dès le moment même des droits et des devoirs tels que ceux qui existent entre un père et son enfant, tandis que l'institution d'héritier ne fait que conférer une expectative dépouillée de toute espèce de droits et devoirs actuels ; qu'il y a encore cette différence qu'une institution d'héritier est révocable par l'instituant jusqu'au dernier moment de sa vie, au lieu que l'adoption sera, dans le système de la section, irrévocable, tant de la part de l'adoptant que de celle de la famille qui aura donné cette adoption.

Qu'à la vérité, depuis vingt-un jusqu'à vingt-deux ans, l'enfant adoptif pourrait y renoncer, comme un héritier renonce à une succession onéreuse, et que ce point est le seul où il se trouve quelque parité entre les deux espèces ; mais que si l'adoption est avantageuse à l'enfant, il sera loin de vouloir y renoncer.

M. *Berlier* fait observer, au surplus, que cette disposition, dont on usera bien rarement, est tout à la fois une garantie en faveur de l'enfant, et un hommage rendu aux principes qui semblent vouloir que cet enfant, devenu majeur, sanctionne l'acte qui a changé son état.

M. Réal dit qu'il conçoit parfaitement l'adoption comme une belle fiction admise par loi, par la même puissance qui règle les successions et qui désigne l'héritier ; mais il ne croit pas que jamais cette fiction, cette institution de l'homme puisse rivaliser la vérité, et imposer silence aux affections de la nature. La loi ne pourra jamais faire que des héritiers ; la nature seule peut former ces indissolubles liens qui attachent l'enfant au père, le père à l'enfant. La loi qui voudrait obtenir davantage, la loi qui surtout voudrait effacer, déplacer les affections sacrées de la nature, ne sera jamais exécutée. Toujours, dans le cœur d'un fils, le père naturel obtiendra la préférence sur le père adoptif ; et si le père donné par la loi se trouvait en même temps dans un même danger que le père naturel, en vain la loi, la raison, la justice, le devoir, me crieraient de voler au secours du père adoptif, la nature, plus forte que la loi, que la raison, que la justice, m'entraînerait vers le père que la nature m'aurait donné.

LE PREMIER CONSUL répond que les hommes ont les sentimens qu'on leur inculque. Si donc l'on forme de bonne heure ceux de l'enfant adopté, il préférera son père adoptif à son père naturel.

M. BÉRENGER dit que l'irrévocabilité de l'adoption lui avait paru le principal inconvénient du système dans lequel elle ne peut avoir lieu que par un acte législatif; mais, puisque l'opinion contraire paraît prévaloir, il propose une question : les effets de l'adoption s'étendent à toute la famille dans laquelle entre l'enfant adopté; cependant, suivant le projet de la section, cette famille pourrait repousser la successibilité que l'adoption donne à cet enfant; mais, dans ce système, l'adoption n'était point faite par un acte législatif : l'opinant demande si, dans le système qui exige un tel acte, les parens conserveront la même faculté, et pourront faire annuler, par rapport à eux, les effets de la loi qui interviendra.

LE PREMIER CONSUL répond qu'il ne comprend plus l'adoption, si elle ne donne au fils adoptif tous les droits du fils naturel.

LE CONSUL CAMBACÉRÈS dit que son opinion est de faire de l'adoption, non une disposition législative, mais une institution, et de l'organiser conformément à ce principe. Le Consul pense que, par exemple, il ne faudrait permettre l'adoption que d'enfans en bas âge, parce qu'alors seulement on peut espérer de faire naître dans le cœur de l'adopté les sentimens que l'adoption y doit placer, et l'attacher sans partage à son père adoptif. Il conviendrait même de réformer son acte de naissance. Ce n'est qu'avec ces précautions qu'on arrivera à confondre le fils adopté avec le fils naturel.

L'objection la plus forte qui ait été faite est l'inconvénient de donner aux parens collatéraux un héritier entièrement du choix du père adoptif; mais, au titre *des Successions*, on remédiera à cet inconvénient en étendant la faculté de disposer.

Au reste, il paraît difficile de changer, sans une loi, l'état civil d'un citoyen.

Le Premier Consul dit que dans l'Orient, chez les Mamelucks, par exemple, l'esclave admis dans la maison militaire est à l'égal des enfans, et a pour son patron le même dévouement que ceux-ci ont pour leur père. Il est donc possible de faire naître ce sentiment, pourvu qu'on frappe des imaginations encore vierges.

Le Conseil, consulté, arrête que l'adoption sera irrévocable, et que le projet sera renvoyé à la section pour présenter un autre projet rédigé d'après ce principe, et dans le système du *Premier Consul*.

(Procès-verbal de la séance du 16 frimaire an X. — 7 décembre 1801.)

M. Boulay, d'après l'arrêté pris à la fin de la dernière séance, présente les quatre articles suivans :

av. 343   Art. 1er. « L'adoption est admise. »

sect. 2.   Art. 2. « Nulle adoption ne pourra être faite que par un « acte du Corps législatif. »

Art. 3. « L'adoption sera irrévocable. »

350   Art. 4. « L'enfant adopté aura, dans la famille du père « adoptant, tous les droits d'un enfant naturel et légitime. »

M. Boulay observe que le projet dont il vient de faire lecture est le résultat de la dernière discussion. La section a pensé qu'il serait sans doute nécessaire de fixer les conditions de l'adoption, si elle devait être accordée par les tribunaux ; mais que, si elle doit l'être par les premières autorités de l'État, cette précaution devient inutile.

sect. 2.   Le Premier Consul pose ainsi la première question : « L'a-« doption ne sera-t-elle accordée que par un acte législatif? »

M. Emmery dit que, pour soutenir l'affirmative, on a observé que l'adoption est une dérogation à la loi commune ; qu'ainsi la loi seule peut l'autoriser ; mais, répond M. *Emmery*, l'autorisation de la loi existe quand elle a une fois permis en général la dérogation.

Il n'est pas d'ailleurs dans la nature de la loi de prononcer sur un fait ou sur un individu, ni de disposer de la liberté individuelle. Ce n'est pas cependant que le législateur ne doive intervenir dans les actes d'adoption ; mais il importe à l'intérêt du père et du fils adoptifs que les conditions de l'adoption soient déterminées par la loi et vérifiées par les tribunaux. Le ministère du législateur doit se réduire à donner ensuite la sanction à la volonté des parties.

Le Premier Consul dit qu'il est possible d'abord que l'adoption soit prononcée par une autre autorité que le pouvoir législatif ; mais que, quand elle devrait être placée dans les attributions de ce pouvoir, cette circonstance ne dispenserait pas d'en fixer en général les conditions. Le législateur trace souvent lui-même, par une loi générale, les règles qu'il suivra dans les lois subséquentes. Il importe, en effet, de distinguer les décisions du pouvoir législatif en deux classes : les unes méritent le titre de lois, parce qu'elles organisent une matière, et qu'elles ont leur effet à l'égard du législateur lui-même, tant qu'elles ne sont pas révoquées ; les autres sont plutôt des actes législatifs que des lois, parce qu'elles ont pour objet de fixer les conséquences et l'application des lois faites. Rien ne s'oppose donc à ce qu'une loi générale détermine les causes de l'adoption, et que cependant les adoptions soient faites par un acte du Corps législatif. Il y a plus : une loi générale est nécessaire ; car, sans les règles qu'elle donnerait, sur quoi le rapporteur d'une demande en adoption pourrait-il fonder la proposition de l'admettre ou de la rejeter ? S'il n'existait point de règles fixes, le législateur demeurerait le maître de se faire des principes et d'en changer à chaque demande d'adoption ; et de remettre ainsi perpétuellement en discussion les bases de la matière.

Le Consul Cambacérès dit qu'on doit d'abord établir le principe de l'adoption, et fixer ensuite les cas où l'adoption est admise, en les présentant néanmoins d'une manière assez générale pour donner une certaine latitude d'application.

Le Ministre de la Justice dit qu'il ne peut s'accoutumer à l'idée de voir le Corps législatif intervenir à chaque adoption qui aurait lieu dans toute l'étendue de la France. Que les pouvoirs des premières autorités sont déterminés par la Constitution, et ne peuvent s'étendre au-delà ; que celui du Corps législatif consiste à faire des lois, qui sont des dispositions générales, obligatoires, pour tous les citoyens ; qu'il ne peut y avoir d'autres actes émanés de lui que des lois, ou des actes qui tiennent essentiellement à l'exercice de son pouvoir. Que l'application des lois est confiée aux autorités secondaires, chacune dans sa partie ; que le Corps législatif ne peut pas appliquer lui-même les lois qu'il a faites ; qu'il usurperait sur les autorités secondaires. Qu'on a peine à concevoir une législation qui, par son application, aurait besoin à chaque acte du concours du législateur. Que l'adoption n'est qu'une image de la paternité naturelle ; que la filiation de cette paternité ne doit pas être d'une autre nature, et avoir plus de privilége que la réalité, dont tous les actes sont soumis, soit aux officiers de l'état civil, soit aux tribunaux.

Le Consul Cambacérès dit que, si les pouvoirs étaient aussi circonscrits que le suppose le Ministre de la Justice, l'action de l'autorité publique serait souvent embarrassée. Quand tous les pouvoirs s'accordent pour donner une attribution à l'un d'eux, il ne peut plus y avoir de difficultés de compétence. Au reste, la démarcation tracée par le Ministre de la Justice n'est point en harmonie avec les faits, puisque le Corps législatif rend des lois dont l'effet est borné à quelques individus, comme lorsqu'il autorise l'échange des biens de communes. On objectera qu'il y a là un intérêt politique; mais il y en aurait également un dans l'adoption d'un étranger.

M. Regnaud (de Saint-Jean-d'Angely) objecte que le Corps législatif ne juge pas l'intérêt des individus, mais de la société entière. Qu'il entend les représentans de la nation, et ne peut entendre les fondés de pouvoir des parties : que cependant nul ne peut être jugé sans avoir été entendu, et que, faute de pouvoir se défendre ou faire valoir ses réclamations, un citoyen peut être blessé dans son intérêt.

Le Premier Consul répond qu'en fixant les causes de l'adoption, la loi donne une garantie suffisante aux parties intéressées.

M. Regnaud (de Saint-Jean-d'Angely) réplique que les seuls tribunaux peuvent bien juger les causes. Eux seuls sont à portée des intéressés, distribués dans toutes les parties de l'Etat. Eux seuls devraient être chargés de vérifier les faits, d'entendre les parties, quand on voudrait admettre que l'adoption n'aurait lieu qu'en vertu d'une loi. Mais non seulement il faut que les parties intéressées soient entendues, il faut que les tiers puissent l'être. Quand un jugement les blesse, ils viennent par tierce opposition. Quand une loi est rendue, il faut qu'ils obéissent; l'opposition leur est impossible, et ils ne peuvent faire valoir leurs droits devant l'autorité législative, lors même qu'ils sauraient qu'elle s'occupe d'eux, parce qu'ils n'ont pas d'organe pour se faire entendre, point de moyen légal et direct d'intervenir.

L'opinion de M. *Regnaud* (de Saint-Jean-d'Angely) serait donc que les tribunaux fussent chargés d'autoriser les actes d'adoption et de faire les actes préliminaires. Cependant, si on veut réserver ce droit à une autorité supérieure, il aimerait mieux qu'on le déléguât au gouvernement, parce que là les parties peuvent se faire entendre comme elles le font quand il est question de décider les questions administratives contentieuses.

Le Consul Cambacérès dit que le gouvernement entendra nécessairement les parties, même quand les actes d'adoption devraient être sanctionnés par le Corps législatif; car il sera obligé de prendre des renseignemens pour motiver la proposition de la loi.

M. Dumas pense que le droit d'accorder l'adoption ne doit appartenir ni au pouvoir judiciaire, parce qu'il n'y a point là de litige , ni au pouvoir législatif, parce que son ministère est consommé lorsque par une loi fondamentale il a indiqué les causes et les formes de l'adoption ; l'application de cette loi lui devient aussi étrangère.

Mais, continue M. *Dumas*, le *Premier Consul* a indiqué, quoique très-légèrement , un mode qui pourrait concilier toutes les opinions. Il a parlé d'attribuer au Sénat le droit d'accorder les adoptions. A la vérité, ces fonctions ne sont pas du nombre de celles que la Constitution donne au Sénat, mais elle n'a point défendu d'ajouter aux attributions qu'elle lui confie. Pourquoi donc ne se servirait-on pas d'une autorité placée entre tous les pouvoirs , lorsque son intervention peut être utile ? Si on s'en tenait à la lettre des constitutions, les meilleures n'arriveraient jamais à la perfection dont elles sont susceptibles ; car, comme le corps physique, le corps politique est capable de croître et de se fortifier. Il serait facile d'organiser l'idée qui a été proposée. On ferait d'abord une enquête pour vérifier les causes de la demande en adoption ; alors surviendraient les réclamations s'il devait y en avoir. Le tout serait reporté au gouvernement, qui le soumettrait au Sénat.

M. Bérenger répond que les droits et les devoirs du Sénat sont irrévocablement fixés par la Constitution, et qu'il n'appartient pas à la loi d'y ajouter. Le Sénat serait fondé à repousser la loi qui lui donnerait des attributions nouvelles : ainsi, si l'on se proposait de le faire intervenir dans l'adoption, il faudrait rayer cette matière du Code civil, et, à chaque demande particulière, solliciter un sénatus-consulte.

M. Boulay ajoute que le Sénat est une institution spéciale, hors de la catégorie des autres pouvoirs , et placée au milieu d'eux comme un corps d'observation, pour les contenir chacun dans ses limites. Le pouvoir du Sénat est beaucoup plus circonscrit que le pouvoir de l'autorité législative : celle-ci exerce dans l'État un pouvoir créateur qui pourvoit à tous les besoins du corps social, et auquel, par ce motif, la Constitution a donné la plus grande latitude.

Le Premier Consul (*) dit qu'il est frappé des observations faites par M. *Regnaud* (de Saint-Jean d'Angely), relatives à l'intérêt des tiers. Ces observations rappellent celles de M. *Rœderer*, qui craint de confondre l'exercice du pouvoir législatif avec l'exercice du pouvoir judiciaire; et, en effet, s'ils étaient confondus, l'autorité qui en disposerait pour-

---

(*) Le Premier Consul : « Je suis frappé de l'observation du citoyen Regnault; quoique de détail, elle se rattache aux considérations générales sur la compétence des corps politiques et la division des pouvoirs. L'inconvénient si immense de faire intervenir le Corps législatif dans les intérêts des tiers pourrait tout bouleverser. Le législateur, trop occupé de l'intérêt général, ne peut soigner les intérêts des particuliers et des familles. Il en est autrement des tribunaux; mais quand ils ont rempli tous les préliminaires, ils ne suffisent plus pour déranger l'ordre de la nature, il faut le concours des deux autorités. Les tribunaux videraient les intérêts civils des tiers, et l'affaire serait ensuite envoyée par le gouvernement au Corps législatif, qui donnerait l'onction : cela répond à l'objection du citoyen Regnault. Quand on a dit que l'adoption n'était point une affaire judiciaire, on a fait de l'esprit; si le législateur intervenait d'abord, il y aurait tyrannie; ce serait comme à la Convention nationale. En Orient, le dernier des sujets est maître dans sa famille, comme le souverain sur son trône. Il faut donc commencer par les tribunaux. »

Le Second Consul propose une instruction administrative.

Le Premier Consul : « Un particulier ne peut lutter contre un gouvernement. Les tribunaux sont ses juges naturels. Les grands corps de l'État, dans les affaires privées, n'offrent point de sécurité aux citoyens. Je ne vois là ni voile ni rames pour arriver à une garantie »

Le Second Consul : « Vous subordonnez le pouvoir judiciaire au pouvoir politique; il y a confusion. »

Le Premier Consul : « Si le tribunal ne trouve pas qu'il y ait lieu à prononcer l'adoption, le souverain n'a pas le droit de léser l'intérêt des familles, que j'appelle les tiers. Il n'y a rien de plus barbare que les rois de France jugeant sous un arbre. Les corps politiques ne peuvent juger, je me récrie contre l'instruction administrative qui n'a point de formes. On y trouve sans doute des lumières; mais il y a défaut de pouvoir. Un préfet n'est point juge de l'état des hommes, l'administration ne doit intervenir que là où elle est intéressée. »

(*Tiré des Mémoires de M. Thibaudeau sur le Consulat*, pages 424 à 426.)

rait devenir impunément arbitraire et tyrannique. D'ailleurs le pouvoir législatif, occupé des grands intérêts de l'État, ne peut donner qu'une attention plus légère aux affaires d'intérêt privé. Au contraire, les tribunaux, qui ne s'occupent que de ces sortes d'affaires, les examineront nécessairement avec la plus grande maturité. Mais il est dans tout ceci un terme moyen : on peut faire concourir les deux pouvoirs en les faisant agir chacun dans l'esprit qui lui est propre. Il y a deux choses dans l'adoption : un acte libre et spontané de la part du souverain, qui accorde la grâce d'une dérogation au droit commun ; l'intérêt des individus qui doit être respecté. D'après cette distinction, on peut charger les tribunaux de vérifier si la demande est d'accord avec la loi, et si l'intérêt privé n'est pas blessé. Là doit s'arrêter leur ministère ; car leur pouvoir ne va pas jusqu'à changer l'ordre établi par la nature et par la loi : tout ce qui est au-dessus de l'intérêt privé leur est étranger, et appartient à d'autres autorités. Ainsi leurs décisions seraient reportées au gouvernement, pour recevoir sa sanction, qui imprimerait à l'adoption le grand caractère d'irrévocabilité, et qu'il n'accorderait qu'après avoir examiné la demande sous le rapport des mœurs et de l'intérêt public.

M. MALEVILLE dit que l'intérêt des tiers, dans cette matière, ne peut être que l'intérêt des ascendans ; car l'adoption blessera toujours celui des collatéraux : mais cet intérêt mérite rarement considération. Et quant à l'intérêt même des ascendans, il ne peut jamais donner lieu à aucune discussion en justice, puisqu'il dépend d'eux de consentir à l'adoption ou de s'y refuser.

LE PREMIER CONSUL dit qu'il ne s'agit point de l'intérêt éventuel des collatéraux, mais de l'intérêt actuel des pères, auquel la plus odieuse tyrannie pourrait seule se permettre de porter atteinte. Si le consentement des ascendans est exigé et leurs réclamations jugées par les tribunaux, ils auront la plus entière garantie, et la division des pouvoirs sera respectée. On a vu, dans le cours de la révolution, combien il est dangereux de la détruire : même dans les gouvernemens absolus, le despotisme s'arrête devant la maison de chaque particulier ; il pèse sur le chef de la famille, mais il laisse la famille aussi absolument à la disposition de son chef que lui-même est à la disposition du gouvernement.

Le Consul Cambacérès dit que l'intérêt dont on veut parler ne peut être que celui des demandeurs en adoption ; voici comment il faut veiller à la conservation de cet intérêt. Il y aura d'abord une information faite ou administrativement ou judiciairement ; elle constatera que les personnes entre lesquelles se fait l'adoption l'ont demandée ou consentie : jusque là, les tiers, proprement dits, n'ont pas encore besoin d'intervenir. L'information est ensuite rapportée au Conseil : alors arrive pour les tiers le moment d'agir, s'ils sont fondés à s'opposer à ce que l'adoption ne soit consommée ; et il est des circonstances où ils peuvent l'être, comme dans le cas, par exemple, où l'adoptant se trouve en démence. On ne peut se dissimuler cependant que le mode proposé n'ait l'inconvénient de subordonner à l'autorité administrative un acte fait par l'autorité judiciaire.

Le Premier Consul dit que l'indépendance des deux autorités demeurerait entière. Les fonctions du tribunal seraient de déclarer si la demande en adoption peut être légalement admise ; les fonctions de l'autorité administrative, de l'admettre ou de la rejeter. Lorsque le tribunal, après avoir vérifié les causes de la demande, entendu les parties, prononcé sur les réclamations, déclarera qu'il n'y a pas lieu à adoption, l'autorité administrative ne pourra passer outre : mais, quoique la déclaration du tribunal soit favorable à la demande, l'autorité administrative demeurera cependant libre de refuser l'adoption. Le Corps législatif est une autorité trop grande, trop occupée, pour l'engager dans des procédures. Cependant les formes sont la garantie nécessaire de l'intérêt particulier. Des formes ou l'arbitraire, il n'y a pas de milieu.

C'étaient des temps barbares que ceux où les rois, assis au
pied d'un arbre, jugeaient sans formalité. Il faut que personne ne puisse craindre qu'une loi vienne lui enlever malgré
lui son enfant.

M. REGNIER dit que, dans le système du *Premier Consul*,
le pouvoir législatif serait, par rapport à l'adoption, subordonné au pouvoir judiciaire. L'indépendance la plus entière
est en effet essentielle à l'initiative des lois ; il faut que l'autorité à qui cette initiative appartient soit libre de proposer
ou de ne pas proposer la loi. Ici elle serait liée par la déclaration du tribunal.

Les parties doivent sans doute être défendues ; mais puisque l'adoption est une matière extraordinaire et nouvelle,
rien ne s'oppose à ce que le gouvernement vérifie directement
la demande. Il entendrait les parties de la même manière
que dans les affaires contentieuses, où elles exposent leurs
moyens par écrit. Il n'est pas naturel qu'un même objet soit
tout à la fois et de la compétence des tribunaux et de la compétence de l'administration.

M. MALEVILLE dit qu'il y a ici deux objets dont on ne peut
déléguer la connaissance aux tribunaux : le premier est la
moralité de l'adoptant ; le deuxième, l'intérêt des tiers.

On ne peut pas leur déléguer la connaissance de la moralité, parce qu'ils ne peuvent pas juger sur leur conscience
informée ; ils ne pourraient que faire une enquête sur les
bonnes vie et mœurs de l'adoptant. Mais quel est le voisin
qui voudra se faire un ennemi de ce dernier, en allant déposer qu'il est un homme immoral ? On ne peut obtenir de connaissances rassurantes à cet égard que par le consentement
même des ascendans, ou du conseil de famille, à l'adoption,
ou par des informations prises sur les lieux par le préfet et le
sous-préfet.

A l'égard de l'intérêt des tiers, la connaissance, dans cette
matière, ne peut pas non plus en être renvoyée aux tribunaux ; d'abord il faut mettre de côté celui des ascendans, ils

n'agissent que parce qu'ils le veulent bien ; et, quant à l'intérêt même des collatéraux de l'adoptant, comme les tribunaux ne peuvent se décider que d'après des règles fixes, ils seront toujours obligés de juger, comme cela est constant, que cet intérêt est lésé par l'adoption.

Il n'appartient qu'à l'administration de balancer cet intérêt, si quelquefois il est considérable, avec celui de l'adoptant et de l'adopté ; il est impossible au législateur de donner aux tribunaux des règles fixes pour toutes ces hypothèses ; et c'est par la nature même des choses, qu'après le consentement donné par les ascendans ou par le conseil de famille, le gouvernement ne peut, sur tout le reste, être éclairé que par les préfets.

LE PREMIER CONSUL dit que, par cette dénomination de tiers, on n'entend désigner que le père réclamant : par exemple, un enfant est inscrit comme né d'un père inconnu ; son tuteur consent à le donner en adoption ; le père cependant se présente et le réclame. Si une semblable contestation était jugée par le Conseil d'État, elle le serait par une section du Corps législatif, et ainsi il y aurait confusion de pouvoirs.

M. MALEVILLE fait observer que la question de paternité serait d'abord jugée par les tribunaux.

LE PREMIER CONSUL répond, et ajoute qu'on s'alarme mal à propos. Les fonctions du tribunal se réduiront à constater par un procès-verbal que les consentemens nécessaires ont été donnés, et qu'il n'y a pas eu de réclamations. Il en réfère ensuite au gouvernement, qui décide. Mais rien ne serait plus révoltant que de faire tout dépendre de l'opinion d'un préfet, dont l'enquête ne serait assujétie à aucune formalité.

M. REGNIER dit que, pour donner aux particuliers la garantie des formes, la loi peut obliger le gouvernement à prononcer en connaissance de cause. Il prendra des informations par la voie administrative, et il demeurera ensuite libre de proposer ou de ne pas proposer la loi. Mais l'examen des motifs qui doivent déterminer la proposition de la loi, et la proposition de la loi, sont essentiellement indivisibles.

M. BOULAY propose de faire arriver d'abord la proposition au gouvernement, et de la faire ensuite renvoyer par lui à l'autorité judiciaire pour constater le consentement des parties. Alors, dit l'opinant, on peut employer indifféremment le ministère du juge de paix, celui du commissaire du gouvernement près le tribunal, celui d'un juge commis à cet effet, parce qu'il ne s'agit que de dresser un procès-verbal de consentement.

LE PREMIER CONSUL dit que cependant, si le procès-verbal se trouve contraire à la demande, il ne doit pas être permis au tribunal de proposer l'adoption.

LE CONSUL CAMBACÉRÈS préfère la proposition de faire arriver la pétition au gouvernement après l'instruction, afin qu'il n'y ait rien d'arbitraire dans sa conduite. Il donne également la préférence au juge de paix sur les autres fonctionnaires dont on a parlé ; car, n'y ayant rien de contentieux dans de semblables demandes, le ministère du tribunal devient inutile. Tout se réduit à s'assurer du consentement des parties, en désignant celles dont l'autorité doit concourir aux actes d'adoption. Le Consul observe, en passant, que, dans son opinion, le consentement du tuteur ne devrait pas suffire, et que la loi devrait exiger celui des plus proches parens.

M. TRONCHET dit que l'embarras de cette discussion vient de ce que les causes et les conditions de l'adoption n'étant pas déterminées, on ne peut distinguer quelle doit être la part des tribunaux dans l'instruction préalable, et quelle doit être la part de l'administration dans cette matière, qui appartient essentiellement à la jurisprudence gracieuse et administrative.

Sur quoi doit porter l'instruction préalable ? Sur l'âge, sur le sexe, sur la moralité, sur la fortune de l'adoptant, et sur le consentement de la famille de l'adopté. Il n'y a pas une seule de ces conditions qui soit litigieuse, et qui ne puisse être vérifiée administrativement.

Cependant on a objecté que l'instruction préalable peut devenir judiciaire, lors, par exemple, qu'un parent vient alléguer que le consentement du père adoptif n'est pas donné librement, que ce père est en démence, que l'adoption est consentie par un faux tuteur; mais qu'arrivera-t-il alors? ce qui arrive tous les jours à l'égard des questions de propriété; il y aura une question préliminaire sur laquelle les tribunaux prononceront.

Le Premier Consul dit qu'il adopte cette opinion, pourvu que la loi impose expressément au gouvernement l'obligation de renvoyer aux tribunaux les questions préliminaires dont M. *Tronchet* a parlé. Ainsi le gouvernement ne pourrait pas proposer de loi tant que l'opposition ne serait pas levée; et il demeurerait cependant libre de ne pas la proposer, même après la main-levée de l'opposition.

Le Conseil adopte en principe que l'adoption sera prononcée par une des grandes autorités du gouvernement.

Le Premier Consul ouvre la discussion sur la question de savoir quelle procédure sera tenue à l'égard des demandes en adoption. sect. 2.

M. Regnaud (de Saint-Jean-d'Angely) demande que l'instruction soit faite par le tribunal civil, et non par le juge de paix.

Le Consul Cambacérès pense qu'il est naturel d'employer le ministère du juge de paix, parce que la juridiction gracieuse lui appartient : c'est lui qui reçoit les délibérations de famille relativement aux tutelles et aux affaires des mineurs; il doit également recevoir les demandes en adoption. Sur ces demandes, il fera appeler les témoins, la famille, et dressera un procès-verbal. Si cependant il survient des réclamations qui puissent donner lieu à une instance, il les renverra devant un tribunal. Jusqu'ici le gouvernement ne prend point part à ce qui se passe, et sa dignité n'est point compromise. Ensuite, et quand toutes les difficultés sont levées, les parties viennent à lui pour solliciter une loi. Le Conseil d'État

examine les pièces ; il prend, s'il veut, des informations nouvelles ; il n'a point de surprises à craindre ; car le gouvernement est encore maître de ne point proposer de loi d'adoption.

M. Regnaud (de Saint-Jean-d'Angely) explique les motifs de son opinion : il fait observer que, dans les campagnes,
les juges de paix procèdent fort légèrement ; il craint même
que quelques-uns d'entre eux ne se prêtent à des collusions.
Ces motifs l'ont déterminé à proposer que l'instruction soit
confiée à une autorité plus imposante, qui soit cependant sur
les lieux, et qui vérifie les fraudes avec plus de sévérité, et
près de laquelle le commissaire du gouvernement est le re-
présentant de la société, le surveillant de tous les droits, de
tous les intérêts : il faudrait du moins que l'instruction faite
devant le juge de paix fut soumise au tribunal civil. On peut
ajouter aux raisons qui viennent d'être présentées une considération importante ; c'est que les juges de paix n'ont point
de correspondance avec le Ministre de la Justice, et qu'au
contraire les commissaires du gouvernement près les tribunaux pourraient faire parvenir directement l'instruction qui
aurait été faite. Au surplus, on pourrait la faire arriver également par le préfet en la soumettant à sa révision : l'essentiel est que le travail du juge de paix soit soumis à une véri-
fication, et n'arrive pas aussi imparfait que celui qui sort trop
souvent de ses bureaux.

La proposition du Consul *Cambacérès* est adoptée.

sect. 2   La discussion est ouverte sur la troisième question, qui
consiste à savoir par quelle autorité l'adoption sera prononcée.

Le Consul Cambacérès dit qu'il inclinerait à donner cette
fonction au Sénat, si la loi pouvait lui donner des attributions.

Le Conseil ajourne la discussion de cette question jusqu'après celle des causes et des conditions de l'adoption.

tit. 8.   M. Berlier fait lecture de celles proposées par la section,
et consignées dans les §§ 1, 2, 3, 4, 5, 6 et 7 du projet
présenté dans la séance du 14 de ce mois.

343-344   Les articles 2, 3 et 4 sont adoptés sans discussion.

L'article 5 est soumis à la discussion.

Le Consul Cambacérès dit qu'il n'y a point de proportion entre l'âge auquel l'adoption serait permise à un homme veuf, et l'âge où elle le serait à un homme marié : il suffit en effet à ce dernier d'avoir passé dix années dans le mariage pour avoir le droit de devenir père adoptif.

M. Berlier répond que la raison de cette différence est que le veuf peut se remarier incontinent, tandis que cette possibilité n'existe pas pour l'homme et la femme mariés, dont cependant l'union a été stérile depuis dix ans ; et qu'en cet état, il a paru juste d'établir pour ceux-ci un terme moins reculé que pour l'autre, en partant toujours de ce principe, que l'adoption doit se coordonner avec le mariage, et n'être accordée qu'à ceux dont la société ne peut guère espérer une descendance naturelle.

M. Roederer dit que l'article 5 suppose gratuitement que les hommes veufs et les femmes veuves préfèrent l'adoption au mariage. Ces personnes doivent avoir le droit d'adopter quand bon leur semble : elles ont prouvé qu'il n'est point dans leur cœur de se soustraire à l'engagement du mariage. L'intérêt de la population n'est pour rien ici ; ce sont les prolétaires qui peuplent les États : toutes les tables de population qui ont été faites prouvent qu'elle suit toujours les progrès ou la diminution du travail.

La proposition de M. *Rœderer* est adoptée.

L'article 6 est soumis à la discussion.

Le Consul Cambacérès propose de réduire cet article à une disposition qui déclare qu'en aucun cas l'adoption ne sera permise qu'à l'âge de quarante ans, et qu'elle ne le sera qu'à l'âge de soixante aux personnes non mariées.

Le Conseil décide que l'adoption ne sera permise qu'à l'âge de quarante ans aux individus mariés ou veufs, et à cinquante ans aux personnes qui ne sont point et n'ont point été engagées dans le lien du mariage.

Le Consul Cambacérès demande que la prohibition soit

étendue jusqu'à soixante ans pour ces dernières : à Rome, l'on ne pouvait adopter avant l'âge de soixante ans.

M. ROEDERER fait observer qu'un vieillard et un enfant sont mal placés ensemble.

LE CONSEIL maintient son arrêté.

346   L'article 7 est soumis à la discussion.

LE MINISTRE DE LA JUSTICE demande le motif de cette disposition.

M. BERLIER dit qu'elle est dictée par la crainte de l'influence naturelle des tuteurs, et par l'abus qu'ils en pourraient faire pour s'approprier les biens du mineur par un acte d'adoption.

LE MINISTRE DE LA JUSTICE dit que l'adoption est dans l'intérêt de l'enfant, et a pour objet de lui donner un père ; qu'il le trouve dans son tuteur, et qu'il ne s'agit plus que de donner un plus grand caractère à des rapports qui sont déjà formés. Si l'on craint des abus, on peut ordonner que l'adoption ne sera pas permise au tuteur avant qu'il ait rendu ses comptes.

L'article est adopté.

346   L'article 8 est soumis à la discussion.

M. TRONCHET dit qu'on doit retrancher de cet article l'exception qui le termine. L'intérêt des mœurs a fait prohiber les mariages entre proches parens, parce qu'on a craint les suites de la familiarité qui existe naturellement entre eux. La même raison doit faire prohiber l'adoption de la nièce par l'oncle, et du neveu par la tante.

M. BERLIER dit qu'il n'y a nulle parité entre ces deux espèces ; que si le législateur a craint que la familiarité qui existe entre proches parens ne dégénérât en de criminelles complaisances par l'espoir du mariage, le but est ici tout différent, et que, sous le rapport qu'on discute, rien ne ressemble moins au mariage que l'adoption ; qu'au surplus, et puisque le système des dispenses a passé, l'oncle qui aurait sur sa nièce des vues de l'espèce qu'on suppose songerait plutôt à l'épouser qu'à l'adopter.

M. Boulay ajoute que l'oncle et la tante sont déjà un quasi père et une quasi mère à l'égard de leurs neveux.

M. Portalis opine pour le maintien de l'article. Il observe qu'en effet, si le mariage est défendu entre parens à certains degrés, c'est à cause des dangers de la familiarité, lorsqu'elle est alimentée par l'espoir du mariage; mais l'adoption ne peut être prohibée par les mêmes motifs; car elle établit des rapports bien différens, ou plutôt elle maintient dans la famille le parent adopté, en ajoutant seulement aux affections qui déjà l'unissent à celui qui adopte.

L'article est adopté.

L'article 9 est soumis à la discussion. 346

M. Marmont dit que cette disposition peut compromettre l'état des enfans naturels. Il pourrait arriver en effet que, pour se ménager la faculté de les adopter, leur père différât de les reconnaître, et que cependant il mourût sans les avoir ni adoptés ni reconnus.

M. Berlier convient que l'article est trop sévère; le motif qui l'a fait adopter à la section a été la crainte de contredire le projet de loi qui ne donne aux enfans naturels reconnus qu'une créance sur les biens de leurs pères.

M. Emmery fait observer que la créance est le droit commun, et l'adoption le cas particulier.

Il demande la suppression de l'article.

M. Regnaud (de Saint-Jean-d'Angely) dit que la disposition rappelée par M. *Berlier* n'a pour objet que de détruire la législation antérieure, qui donnait aux enfans légitimés des droits beaucoup plus étendus qu'une simple créance.

L'article est supprimé.

L'article 10 est soumis à la discussion. 343

Le Consul Cambacérès voudrait qu'il ne fût permis d'adopter que des enfans en bas âge.

M. Regnaud (de Saint-Jean-d'Angely) propose de fixer l'âge où les mineurs pourront être adoptés à douze ans pour les mâles et à dix ans pour les filles.

Le Conseil adopte l'âge de douze ans pour les deux sexes.

343-345   L'article 11 est soumis à la discussion.

M. Boulay dit que cet article est inutile, puisque l'âge de l'adoptant et celui de l'adopté sont fixés.

L'article est retranché.

344   L'article 12 est adopté sans discussion.

•p. 343   L'article 13 est discuté.

M. Berlier dit que cet article est fondé sur ce qu'il s'établit, entre la famille de l'adopté et l'adoptant, un pacte dont il ne doit pas être permis à celui-ci de se jouer : tel père qui consent à l'adoption de son enfant calcule l'avantage que cet enfant doit en recueillir ; et ce calcul, bien naturel, sans doute, resterait sans base, si d'autres adoptions pouvaient succéder à la première pendant que celle-ci subsiste.

M. Roederer observe que ce principe n'est pas exact, puisque l'adoptant peut se marier.

M. Berlier répond que le mariage est une faculté naturelle que l'adoptant n'a pu ni dû s'interdire, et que le législateur n'a pas lui-même le pouvoir de défendre, comme il peut défendre une seconde adoption. Qu'au surplus, cet inconvénient, inhérent à la nature des choses, n'est pas un motif pour en introduire d'autres qui, en rendant les résultats de l'adoption trop précaires, feraient abandonner l'adoption même.

L'article est adopté.

346   L'article 14 est adopté sans discussion.

ap. 346
et 361   L'article 15 est discuté.

M. Boulay demande pourquoi le père ou la mère survivant serait obligé de prendre l'avis du conseil de famille.

M. Berlier répond que l'aliénation de la personne du

mineur ne doit pas être accompagnée de moins de formes que l'aliénation de ses biens.

M. Regnier objecte que l'autorité paternelle dispose plus absolument de la personne des enfans que de leurs biens : par exemple, le consentement du père suffit pour leur mariage.

M. Emmery demande que les droits des ascendans soient respectés, et qu'on déclare que leur consentement est nécessaire pour l'adoption des mineurs, comme il l'est pour leur mariage.

Le Consul Cambacérès dit que cependant il importe de pourvoir à ce que les ascendans ne puissent abuser de leurs droits au préjudice des enfans. Il serait possible, par exemple, que des ascendans opulens, par des motifs d'intérêt ou de préférence, donnassent leurs enfans en adoption à des citoyens peu aisés ; alors le mal serait sans remède, puisque l'adoption est irrévocable.

M. Berlier dit que, soit de la part des ascendans, soit de la part du père ou de la mère survivant, l'inconvénient allégué par le Consul *Cambacérès* est d'autant plus à considérer, qu'une injuste prédilection pourrait les porter à se défaire par l'adoption de l'enfant qu'ils affectionneraient le moins pour avantager celui qu'ils préfèrent ; qu'ainsi l'assentiment, ou tout au moins l'avis des parens désintéressés n'est pas inutile dans cette circonstance.

Le Consul Cambacérès dit qu'en effet un père peut prendre ce moyen pour assurer exclusivement la succession d'un beau-frère à l'enfant qu'il préfère. Cette fraude n'est pas à craindre si la famille est consultée, parce qu'alors le beau-frère sera entendu. Il est donc nécessaire, en général, que le juge de paix ne se borne pas à constater les consentemens, mais qu'il examine encore les avantages et les inconvéniens de l'adoption par rapport au mineur.

Le rapporteur est chargé de prendre note de ces observations.

ap. 346 et 361 Les articles 16 et 17 sont adoptés sans discussion.

353 à 359 Le § 7 du projet, intitulé *des Formes de l'adoption*, est écarté comme rédigé dans un système différent de celui adopté par le Conseil.

Le § 8, intitulé *des Effets de l'adoption*, est soumis à la discussion.

347 à 349 Les articles 31 et 32 du projet sont adoptés sans discussion.

Ib. et 350 L'article 33 est discuté.

M. Lacuée fait observer que cet article réduirait le père naturel à la triste condition d'être témoin des dérèglemens de son fils sans pouvoir les réprimer.

Le Consul Cambacérès dit que le père naturel n'a plus de droits : l'enfant a changé de famille.

L'article est adopté.

ap. 350 L'article 34 est soumis à la discussion.

Le Ministre de la Justice dit que le Code prussien réserve à l'enfant adopté ses droits dans la famille qu'il quitte. Il est à craindre, en effet, qu'un tuteur, pour se débarrasser, lui ou ses enfans, du concours de son pupille dans une succession non encore ouverte, ne le donne en adoption.

Le Premier Consul dit qu'il trouve injuste que, par l'effet de l'adoption, un individu dépouille la famille d'où il sort du patrimoine qui lui a été acquis par les travaux et par les sueurs de ses ancêtres, et qui, dans le cours naturel des choses, devrait être à jamais son héritage : l'adopté ne doit avoir de droits que dans la famille où il entre.

M. Berlier répond que, là où l'intérêt personnel veille, il ne peut y avoir un préjudice notable. Le père ou les parens qui offriront un enfant en adoption auront tout calculé avant de consommer cet acte; et s'il en résulte pour eux, non une expropriation (car le bien de l'enfant ne leur appartient pas), mais la renonciation à l'expectative de le recueillir un jour par voie d'hérédité, ils n'auront pas à s'en plaindre, puisque l'acte qui doit entraîner ces effets aura été leur propre ouvrage.

Le Premier Consul dit que l'adoption est une imitation de la nature : un enfant naît nu et sans biens ; il doit donc naître dans cet état à la nouvelle famille que l'adoption lui donne.

M. Marmont dit que ce système aurait de grands inconvéniens ; car il faciliterait aux familles le moyen de s'emparer des biens d'un mineur en le donnant en adoption. Il faudrait que du moins le père adoptif fût obligé d'assurer à l'enfant une somme égale à celle que l'adoption lui ferait perdre.

M. Regnier dit que l'enfant adopté a sa part dans la succession du père adoptif, alors même qu'il survient des enfans : il est juste que, par réciprocité, ceux-ci aient leur part dans le patrimoine de l'adopté.

Le Ministre de la Justice fait observer que, lorsque la famille est absente, il suffirait de l'avis de quelques voisins pour dépouiller le mineur, si l'adoption devait lui faire perdre ce qu'il possède.

Le Premier Consul répond que l'article ne remédie pas à l'abus qu'on prévoit. Un enfant, en effet, peut non seulement posséder actuellement des biens, mais être encore appelé à en recueillir par succession ; ainsi, quand la disposition de l'article empêcherait qu'on ne pût le priver de ses biens actuels, il n'empêcherait pas que, par une adoption frauduleuse, on ne pût le priver des successions qui doivent s'ouvrir à son profit.

M. Marmont dit que c'est par cette raison que le juge doit vérifier si l'adoption projetée est utile à l'enfant.

M. Berlier reconnaît qu'il sera toujours très-difficile, pour ne pas dire impossible, de calculer précisément les résultats de chaque adoption dans ses rapports *éventuels* avec des successions collatérales qui peuvent échoir ou n'échoir pas, être utiles ou ne l'être point ; mais qu'il en sera de ce contrat comme de tous ceux qui se composent de chances et d'espérances ; qu'alors on se décide par les probabilités, et surtout par la situation présente ; car un *bien* certain peut justement l'emporter sur un *mieux* souvent idéal ; et le devoir des magistrats sera d'apprécier toutes les circonstances.

LE CONSUL CAMBACÉRÈS dit qu'il faut distinguer : quand le père est vivant, lui seul peut être juge des avantages de l'adoption qu'on propose pour son fils, parce que seul il connaît la situation de son intérieur ; quand le père est décédé, et a laissé à son fils un patrimoine clair et déterminé, alors il est dangereux de permettre à des collatéraux de dépouiller ce fils en le donnant en adoption.

LE PREMIER CONSUL dit qu'on pourrait assurer à l'enfant sa part dans les biens de la famille d'où il sort ; mais en décidant qu'elle lui sera propre, c'est-à-dire qu'elle retournera à la famille naturelle s'il meurt sans enfans, et qu'elle ne deviendra en aucun cas le patrimoine de la famille adoptive.

M. TRONCHET dit que, plus on approfondit cette matière, plus les inconvéniens et les embarras qu'on rencontre prouvent que l'adoption sera en France une mauvaise institution.

LE CONSUL CAMBACÉRÈS dit qu'on dénature en effet l'adoption. Elle n'a été proposée que comme une consolation pour les pères sans enfans, et comme une ressource pour les enfans pauvres. Si l'on s'écarte de ces idées simples, on s'engage dans des difficultés insolubles.

M. TRONCHET dit que l'intention de l'adoption doit être de prendre un enfant dans la nature, dans un état de dénûment absolu, pour en faire l'objet de son affection.

M. REGNAUD (de Saint-Jean-d'Angely) dit que, dans ce système, il faudrait transmettre les biens de l'enfant à ses héritiers, et que ce serait ouvrir la succession d'un homme vivant.

M. TRONCHET répond que la succession de l'enfant adopté serait ouverte par une fiction de la loi, semblable à celle qui fait ouvrir la succession d'un individu mort civilement.

M. Réal ajoute que d'ailleurs la succession de l'adopté n'est ouverte que pour son plus grand avantage.

M. Dumas dit que cet avantage ne sera pas incertain, puisque les tribunaux examineront s'il existe.

M. Bérenger dit que, plus la discussion s'avance, et plus elle découvre les inconvéniens de l'adoption. Peut-être arrivera-t-elle à faire rejeter l'institution elle-même.

Le Premier Consul dit qu'il est possible que ce soit là le résultat de la discussion; que cette séance n'est consacrée qu'à envisager l'adoption sous toutes ses faces, et à amener la rédaction d'un projet d'après lequel on puisse en juger exactement les effets.

M. Regnier, revenant à l'article en discussion, soutient qu'il est juste et nécessaire. L'adoption, en effet, doit être tout à l'avantage de l'adopté. Il faut qu'il acquière tout et qu'il ne perde rien, et qu'il ne soit pas exposé à changer un bien réel contre des espérances qui peuvent le tromper.

Le Premier Consul dit que les espérances sont quelquefois si fondées qu'elles deviennent des réalités. Par exemple, un enfant peut avoir une tante fort âgée, et alors il a droit de compter sur sa succession. Il peut arriver aussi que le père adoptif dissipe ses biens, et alors l'enfant se trouvera dépouillé des deux côtés.

M. Regnier répond qu'il n'y a, dans cette hypothèse, qu'un troc d'espérances.

Le Premier Consul dit que d'ailleurs l'adoption se fera en connaissance de cause; qu'ainsi, si l'on aperçoit quelque fraude de la part des collatéraux, la demande en adoption sera rejetée.

Le Ministre de la Justice dit que, comme l'adoption doit être tout à l'avantage de l'adopté, il ne faut pas qu'il porte ses biens dans la famille adoptive; ils doivent lui être réservés. On dresserait un inventaire de ses biens : ils retourneraient à la famille de l'adopté s'il venait à mourir *ab intestat.*

M. Regnier répond que, dans cette théorie, il y aurait adoption et il n'y en aurait pas.

L'article pourvoit suffisamment à l'intérêt du fils adoptif, puisqu'il lui conserve ses biens ; mais ses frères adoptifs doivent lui succéder, 1° parce qu'il n'y a plus de rapport entre l'adopté et la famille naturelle ; 2° parce qu'il est juste qu'il y ait réciprocité entre lui et les enfans de son père adoptif.

Le Consul Cambacérès dit que le véritable correctif est celui qu'a proposé M. *Marmont*. A moins que la loi ne permette d'adopter que des enfans sans fortune, il est juste que le père adoptif assure à l'enfant qu'il choisit une somme égale à celle que cet enfant perd par l'adoption.

M. Berlier croit que cet amendement peut améliorer l'institution même ; en effet, cette entrave imposée à l'adoptant, envers l'enfant qui a des biens, l'engagera presque toujours à diriger le bienfait de l'adoption sur un enfant sans fortune : ainsi, et sans faire de la pauvreté de l'enfant une condition expresse, on obtiendra le même résultat, et l'adoption deviendra plus philantropique et meilleure, quand on ne pourra adopter un enfant ayant des biens, qu'en commençant par lui assurer une somme égale à celle qu'il perd et laisse dans sa famille naturelle.

M. Réal dit qu'il serait impossible d'estimer cette perte, parce qu'il faudrait faire entrer dans l'évaluation les droits éventuels, qui sont quelquefois plus considérables que les biens présens.

M. Marmont répond que le tribunal pèserait les circonstances.

L'article est ajourné.

ap. 359 et 350 Les articles 35 et 36 sont adoptés sans discussion.

350 L'article 37 est discuté.

Le Consul Cambacérès demande le retranchement de la deuxième disposition de cet article, quoique juste en soi, parce qu'elle est subordonnée à ce qui sera décidé au titre *des Successions*. En effet, si on donne aux citoyens la faculté de disposer indéfiniment de leurs biens, il faut que cette volonté du législateur ne soit pas gênée par l'espèce de substitution qu'introduit cet article ; c'est d'ailleurs à la loi seule qu'il appartient de régler l'ordre des successions *ab intestat*.

L'article est adopté avec le retranchement proposé par le Consul *Cambacérès*.

On reprend la discussion de l'article 34. ap. 350

LE PREMIER CONSUL rappelle l'amendement proposé par M. *Marmont* et appuyé par le Consul *Cambacérès*. Le Consul voudrait que les biens possédés par l'enfant au moment de son adoption lui demeurassent propres.

M. DEFERMON dit que, dans le système de M. *Marmont*, la garantie des enfans adoptifs serait plus grande que celle des enfans naturels : ceux-ci perdent tout si le père dissipe sa fortune ; ceux-là conservent leur créance ou leur propriété. La garantie des uns et des autres doit être également dans l'affection paternelle. Plutôt que de donner un tel privilége à l'enfant adoptif, il vaudrait mieux le réduire à un dénûment absolu avant de l'introduire dans sa nouvelle famille.

M. DEVAISNE fait observer que la différence entre les droits des enfans naturels et ceux des enfans adoptifs est fondée sur ce que les premiers naissent avec cette qualité, au lieu que les autres le deviennent par un choix qui ne doit pas leur nuire et auquel on peut apposer des conditions.

LE PREMIER CONSUL dit qu'en effet il serait injuste de les forcer à échanger des réalités contre de simples espérances

LE CONSUL CAMBACÉRÈS dit que, si les conditions de l'adoption ne conviennent pas au père, il est libre de les refuser.

L'amendement de M. *Marmont* est adopté.

M. REGNIER demande si, lors du partage de la succession du père adoptif, l'enfant adoptif sera dispensé de rapporter ce qu'il a reçu en remplacement des biens qui lui appartenaient lors de l'adoption.

LE CONSUL CAMBACÉRÈS dit que les héritiers ne sont obligés

de rapporter à une succession que ce qu'ils ont reçu à titre gratuit ou en avancement d'hoirie : or, l'enfant adopté n'a point reçu à ce titre.

M. Regnier pense que l'enfant reçoit à titre gratuit, puis-qu'il acquiert la concurrence dans la succession du père adoptif.

M. Regnaud (de Saint-Jean-d'Angely) fait observer que si le père adoptif avait assuré 30,000 francs à l'enfant adopté, et qu'en mourant il laissât quatre enfans et un patrimoine de 120,000 francs, l'enfant adopté prenant d'abord 30,000 francs, plus le quart de 90,000 francs, aurait beaucoup plus que ses frères adoptifs, s'il n'était pas tenu au rapport.

Le Consul Cambacérès dit que cet enfant ne peut être con-sidéré comme donataire, et que ce qu'il a reçu est le prix de son adoption. Peut-être cependant devrait-il compléter aux autres leur légitime.

M. Regnier dit que, s'il est reconnu que l'enfant adopté doit aux autres leur légitime, il n'a évidemment reçu qu'un avancement d'hoirie.

M. Tronchet pense, comme le Consul *Cambacérès* , que la somme reçue par l'enfant adopté est le prix d'un contrat; et que, puisqu'il n'y a pas de donation, il ne doit pas la lé-gitime aux enfans naturels.

Le Consul Cambacérès admet ce principe.

Le Conseil arrête que l'enfant adopté ne sera pas tenu au rapport de ce qu'il aura reçu en remplacement des biens dont son adoption l'a dépouillé.

(Procès-verbal de la séance du 4 nivose an X. — 25 décembre 1801.)

M. Berlier présente une troisième rédaction du projet de loi sur *l'Adoption.*

Elle est ainsi conçue :

iv. 343   Art. 1er. « L'adoption est permise sous les conditions, « dans les cas et avec les formalités qui suivent. »

Art. 2. « Toute personne qui sera mariée et qui n'aura pas 343
« d'enfans ou descendans légitimes, pourra adopter, pourvu
« qu'il se soit écoulé au moins dix ans depuis le mariage dans
« lequel elle sera engagée, ou que l'un et l'autre des époux
« aient cinquante ans révolus. »

Art. 3. « Les époux pourront adopter simultanément et 344
« en commun le même enfant.

« Hors ce cas, nul enfant ne pourra être adopté par plu-
« sieurs. »

Art. 4. « Les époux pourront aussi adopter séparément; Ib.
« mais une telle adoption ne pourra être faite par l'un des
« époux sans le consentement de l'autre. »

Art. 5. « Les veufs et veuves sans enfans ni descendans 343
« légitimes pourront aussi adopter lorsqu'ils auront atteint
« l'âge de quarante ans révolus. »

Art. 6. « Toutes personnes autres que celles rappelées aux Ib.
« précédens articles ne pourront adopter qu'à l'âge de cin-
« quante ans accomplis.

« Les hommes ou femmes divorcés ne pourront profiter
« de cette disposition qu'autant qu'ils seront sans enfans ou
« descendans légitimes. »

Art. 7. « Nul ne pourra adopter que des individus de son ap. 343*
« sexe.

« Cette règle n'aura pas lieu quand l'adoption sera faite
« par des gens mariés, ou quand l'adopté se trouvera neveu
« ou nièce, petit-neveu ou petite-nièce de l'adoptant. »

Art. 8. « La même adoption pourra s'étendre sur plusieurs Ib.
« enfans; mais après une première adoption consommée,
« l'adoptant ne pourra en faire aucune autre pendant la vie
« de l'enfant adopté ou de ses descendans. »

Art. 9. « Nul enfant ne pourra être adopté s'il a plus de 345-346
« douze ans. »

Art. 10. « Si l'enfant qu'il s'agit d'adopter a ses père et 346
« mère, le consentement de l'un et de l'autre sera nécessaire

« à l'adoption ; le dissentiment d'un seul empêchera qu'elle
« n'ait lieu. »

346-361 Art. 11. « En cas que l'un ou l'autre soit mort, le consen-
« tement du survivant devra être précédé de l'avis d'un
« conseil de famille.

« Si cet avis était contraire à l'adoption, il n'empêchera
« point le père ou la mère survivant d'en poursuivre l'effet;
« il servira ultérieurement de simple renseignement. »

Ib. Art. 12. « A défaut de père et de mère, le tuteur ne
« pourra consentir à l'adoption qu'après y avoir été autorisé
« par le conseil de famille.

« Néanmoins, en ce dernier cas, s'il existe des ascendans,
« le dissentiment d'un seul empêchera l'adoption, lors même
« que la majorité du conseil de famille en aurait été
« d'avis. »

Ib. Art. 13. « Si l'enfant n'a point de parens connus, le juge
« de paix convoquera quatre voisins ou amis, lesquels lui
« éliront un tuteur spécial, à l'effet de consentir à l'adop-
« tion, s'il y a lieu. »

353 Art. 14. « La personne qui se proposera d'adopter en fera
« la déclaration expresse au juge de paix du domicile du
« mineur.

« Le même acte fera mention du consentement donné en
« exécution des articles 10 et suivans, et de la comparution
« des personnes chargées de l'exprimer. »

ap. 353 Art. 15. « Les délibérations du conseil de famille, lors-
« qu'il aura dû en être pris, seront jointes à cet acte. »

354 et
av. 355 Art. 16. « Des copies authentiques de cet acte et des
« pièces jointes seront adressées tant à la municipalité du
« domicile du demandeur en adoption qu'à la municipalité
« du domicile de l'enfant.

« L'une et l'autre donneront, au bas de la copie, leur
« avis, savoir : la première, sur la moralité et les moyens
« d'existence du demandeur; la seconde, sur la situation

« de l'enfant et l'utilité qu'il peut trouver à être adopté. »

Art. 17. « Si le demandeur et l'enfant sont domiciliés dans Ib.
« le ressort de la même municipalité, cette municipalité
« s'expliquera sur tous les points exprimés dans l'article
« précédent. »

Art. 18. « L'avis des maires et adjoints sera, par l'inter- Ib.
« médiaire du sous-préfet de l'arrondissement communal
« dans lequel résidera l'enfant, et avec l'avis personnel de
« ce sous-préfet, transmis au préfet, qui en fera le renvoi
« au conseil de préfecture. »

Art. 19. « Le conseil de préfecture examinera, 1° si toutes 355
« les conditions de la loi sont remplies ; 2° si la personne
« qui se propose d'adopter jouit d'une bonne réputation ;
« 3° si, d'après sa situation, comparée à celle de l'enfant,
« l'adoption offre à celui-ci de vrais avantages. »

Art. 20. « Le conseil de préfecture recevra à ce sujet tous Ib.
« les éclaircissemens qui lui seront fournis ; il devra provo-
« quer tous ceux qui lui sembleront utiles. »

Art. 21. « Si l'enfant se trouve avoir quelques biens ou 348
« droits acquis dans sa famille naturelle, il ne pourra les
« apporter dans sa famille adoptive ; et sa succession sera, à
« cet égard, réputée ouverte dans sa famille naturelle, à
« dater du jour de l'adoption. »

Art. 22. « Dans le cas de l'article précédent, le conseil de Ib.
« préfecture ordonnera préalablement que lesdits biens ou
« droits soient estimés par experts assermentés devant le
« juge de paix, et pourvoira à ce que le demandeur en adop-
« tion en assure le remplacement sur ses propres biens par
« un acte entre-vifs, translatif de fonds non grevés d'hy-
« pothèques. »

Art. 23. « Lorsque tous les préliminaires seront remplis, 355
« le conseil de préfecture donnera son avis définitif. »

Art. 24. « Cet avis sera, avec toutes les pièces relatives à Ib.
« l'adoption, transmis au gouvernement par la voie du Mi-
« nistre de la justice. »

Ib.   Art. 25. « Si, sur le rapport du ministre, et après avoir
« entendu le Conseil d'État, le gouvernement pense que l'a-
« doption doit avoir lieu, il en fera la proposition au Corps
« législatif. »

ap. 359   Art. 26. « Chaque adoption datera du jour de la promul-
« gation de la loi qui l'aura prononcée. »

Ib.   Art. 27. « L'adoption sera irrévocable. »

347   Art. 28. « L'enfant adoptif prend le nom de la personne
« qui l'adopte. »

348 à 350   Art. 29. « Il appartiendra à la famille de l'adoptant dans
« tous les degrés directs et collatéraux. »

Ib.   Art. 30. « L'adoption transportera au père ou à la mère
« qui aura adopté la qualité de père ou mère légitime ; elle
« établira entre l'adoptant et le fils adoptif les mêmes droits
« et les mêmes devoirs qu'entre père et enfant légitime. »

350   Art. 31. « Dans le cas où, après l'adoption, il naîtrait à
« l'adoptant des enfans en mariage, l'enfant adoptif n'en
« conservera pas moins le droit à une part d'enfant légitime
« dans la succession. »

348-349   Art. 32. « L'adoption fera sortir l'enfant adoptif de sa fa-
« mille naturelle ; elle ne laissera subsister, entre lui et ses
« père et mère ou autres ascendans, que l'obligation natu-
« relle et réciproque de se fournir des alimens dans le
« besoin. »

ap. 343
et 343   Les articles 1 et 2 sont adoptés sans discussion.

344   L'article 3 est discuté.

M. Maleville demande la suppression de la seconde
partie de l'article, attendu que l'adoption en commun est
impossible si elle n'est faite par le mari et par la femme, un
enfant ne pouvant pas avoir plusieurs pères adoptifs.

M. Regnaud (de Saint-Jean-d'Angely) croit cette disposition nécessaire pour empêcher qu'un enfant n'ait un père
adoptif dans une famille et une mère adoptive dans une
autre.

M. Berlier dit que l'objet de l'article est de ne permettre l'adoption en commun qu'aux deux époux.

Le Consul Cambacérès propose la rédaction suivante :
« Les époux seuls pourront adopter simultanément et en « commun le même enfant. »

Cette rédaction est adoptée.

L'article 4 est soumis à la discussion.

Le Consul Cambacérès dit que cet article contrarie l'idée qu'on avait paru annoncer d'abord, de ne permettre qu'aux époux l'adoption en commun et simultanée.

M. Berlier répond que cette idée ne fut jamais celle de la section : en proposant que l'adoption en commun ne fût permise qu'aux époux, elle n'a jamais entendu que cette faculté spéciale devînt pour eux un mode nécessaire et exclusif de l'adoption séparée, que tous les projets émis depuis dix ans ont admise, en n'y apportant d'autre condition que celle du consentement de l'autre.

Pour justifier ensuite cette proposition, M. *Berlier* fait observer que l'un des époux peut n'avoir que des parens éloignés et qu'il affectionne peu ; ce qui lui inspirera le désir d'adopter un enfant, désir que peut-être l'autre époux ne partagera point, parce qu'il ne sera pas placé dans les mêmes circonstances.

Dans ce concours de volontés divergentes, ne convient-il pas de laisser le premier user d'un droit que des considérasions différentes ne permettent pas à l'autre d'exercer.

M. Tronchet dit que néanmoins cette disposition se concilie difficilement avec le motif de l'adoption, qui est d'offrir aux époux un moyen de se consoler de la stérilité de leur mariage. D'ailleurs la fiction de paternité n'est plus suivie dans toute son étendue.

Le Premier Consul dit qu'en effet l'adoption cesserait d'imiter la nature, s'il était permis à un des époux de se donner un enfant qui n'appartînt pas à l'autre ; que même elle pourrait devenir un principe de désunion et de désordre dans la famille.

Il y a plus : on conçoit, à la vérité, que le mari, chef suprême de la famille, ait le droit d'y introduire un enfant qui se trouve ensuite placé sous son autorité ; mais comment la femme, qui est sous la tutelle du mari, qui dépend entièrement de lui, pourrait-elle se donner un enfant sur lequel elle aurait une autorité indépendante, et sur lequel le mari n'en aurait aucune ? Cette idée est contraire à la suprématie du mari et à la bonne organisation de la famille.

Ensuite, et quel que soit le droit du mari, il est certain cependant qu'en lui permettant d'adopter seul, on lui donne un moyen d'introduire dans la famille ses enfans illégitimes ; il y a moins de difficultés quand la femme choisit ces enfans pour les siens, et qu'ils prennent pour elle les mêmes sentimens qu'ils ont pour le mari.

Ainsi l'adoption par la femme seule est inconvenante ; l'adoption par le mari seul l'est également. Il n'y a donc de raisonnable que l'adoption en commun.

M. Regnaud (de Saint-Jean-d'Angely) cite un fait à l'appui de ce que vient d'avancer le *Premier Consul*. Il dit que, depuis peu, un mari s'est présenté pour adopter, avec le consentement de sa femme, un bâtard adultérin ; que la femme a déclaré qu'elle connaissait parfaitement l'origine de l'enfant, mais que la crainte du divorce la forçait de consentir à son adoption.

M. Réal dit que le fait cité par M. *Regnaud* (de Saint-Jean-d'Angely) est également un argument contre l'adoption en commun.

M. Berlier dit qu'il répondra successivement au *Premier Consul* et à M. *Regnaud* (de Saint-Jean-d'Angely).

Les principales objections du *Premier Consul* contre l'adoption séparée semblent prendre leur source dans la supposition que l'adoption pourrait avoir lieu, de la part de l'un des époux, par le seul effet de sa volonté isolée ; sans doute alors ce serait un funeste principe de discorde et d'anarchie domestique ; mais cet inconvénient n'existera point, puisque, d'après le projet, nulle adoption de cette espèce ne pourra avoir lieu sans le consentement de l'autre époux.

Ce tempérament peut même, en certains cas, contribuer au maintien de la paix domestique, plus que la proposition absolue de n'admettre que l'adoption *commune ;* car si l'on ne peut y arriver que par cette voie, l'époux qui ne voudra pas adopter personnellement sera persécuté par l'autre pour en venir à ce résultat ; et de là peut-être naîtront des divisions que préviendrait la modification qu'on discute.

Au reste, ce ne serait point, comme on l'a avancé, un spectacle bizarre que celui d'enfans appartenant à l'un des époux sans appartenir à tous deux ; cela ne se voit-il pas journellement dans les cas de secondes noces?

Répondant ensuite à M. *Regnaud* (de Saint-Jean-d'Angely), M. *Berlier* fait observer que, dans l'espèce que son collègue cite, l'adoption en commun ne remédierait point à l'abus, et au contraire l'aggraverait, en ce que, dans l'hypothèse, et en supposant une femme subjuguée par la crainte, elle reconnaîtrait pour son enfant le fruit des débauches de son mari ; au lieu que, dans l'adoption séparée, elle n'en devient pas, du moins, la mère adoptive. Au surplus, ce dernier mode d'adoption n'est pas une institution nouvelle ; il est usité en Prusse : on l'a combattu par de fortes raisons ; mais il est aussi de fortes raisons pour l'admettre. L'intérêt, la position des deux époux, peuvent n'être pas les mêmes par rapport à leurs héritiers ; et alors il est juste que celui à qui les circonstances permettent l'adoption puisse en faire usage sans gêner l'autre époux.

M. Tronchet dit que tous les motifs qu'on a allégués prouvent de plus en plus que l'adoption est un moyen d'éluder les prohibitions prononcées par la loi contre les bâtards, et qu'elle sera souvent employée par haine contre les héritiers.

Il suffit, pour faciliter la bienfaisance, de donner assez de latitude à la faculté de disposer ; mais il ne faut pas présenter à la fraude un moyen de passer les limites apposées par la loi à cette faculté.

M. BERLIER dit que si l'on argumente, contre une institution, des abus qui peuvent s'y introduire, il en restera bien peu qui puissent résister à cette espèce d'attaque ; qu'au surplus la perpétuelle objection tirée de la faculté qu'on a de donner son bien d'une autre manière n'établit nulle parité, et laisse au contraire subsister une énorme différence entre le testament et l'adoption, entre celui qui acquiert un enfant avec tous les droits et devoirs attachés à la paternité et celui qui ne fait que régler la manière dont ses biens seront distribués après lui, sans avoir la consolation de devenir père.

M. TRONCHET dit que la différence la plus importante qui soit entre ces deux choses, c'est qu'un testateur peut révoquer sa libéralité, et qu'un père adoptif s'expose à des regrets sans remède et à des ingratitudes qu'il ne peut punir. L'expérience prouvera que ce seront là les effets les plus ordinaires de l'adoption. Jamais cette fiction n'imitera parfaitement la nature.

L'article est rejeté.

343   L'article 5 est adopté sans discussion.

Ib.   L'article 6 est discuté.

LE PREMIER CONSUL demande pourquoi cet article parle des personnes divorcées.

M. BERLIER répond que l'intention de la section a été d'embrasser dans le projet les quatre états de la vie, qui sont celui des personnes non mariées, celui des personnes mariées, celui des personnes divorcées, celui des personnes veuves.

LE PREMIER CONSUL demande si les personnes divorcées ne se confondent pas avec les personnes veuves.

M. TRONCHET dit qu'elles sont veuves si elles ne sont pas remariées.

Le Consul Cambacérès dit qu'un mari divorcé n'est point veuf tant que sa femme vit. Le sens de ce mot a été expliqué lors de la discussion de la Constitution de l'an III. On employa le mot *veuf* pour exclure du Conseil des anciens les hommes divorcés.

Le Consul Lebrun dit qu'on a admis au Conseil des anciens un homme qui n'avait été marié que pendant vingt-quatre heures.

L'article est adopté.

L'article 7 est adopté sans discussion.   ap. 342

L'article 8 est soumis à la discussion.   Ib.

M. Fleurieu demande le retranchement de la première partie de l'article : elle lui semble présenter une idée fausse, et qui est ensuite contredite par la seconde partie. On pourrait donc se borner à dire : « Après une première adoption « consommée, l'adoptant, etc. »

M. Berlier dit qu'il est nécessaire d'exprimer la latitude que pourra avoir la première adoption ; qu'ainsi la première partie de l'article ne présente pas une idée fausse et n'est pas contredite par la seconde.

M. Fleurieu dit que, pour rendre exactement l'idée de la section, il conviendrait de s'exprimer ainsi : « La même « adoption pourra s'étendre sur plusieurs enfans à la fois. »

Le Premier Consul demande s'il y aurait de l'inconvénient à faire une exception à l'article pour le cas où le père adoptant voudrait, dans la suite, adopter le frère ou la sœur de son fils adoptif. L'objet de la disposition de l'article a été que les avantages de la première adoption ne devinssent pas nuls pour l'adopté par l'effet d'adoptions subséquentes : mais ce motif est sans force lorsque la seconde adoption porte sur le frère de l'enfant adoptif ; il est naturel que le père adoptif ait les mêmes sentimens pour tous les enfans d'une même famille, et que ceux-ci participent aux mêmes avantages.

M. Cretet craint que l'exception proposée ne détruise le

X.

système d'information qui a été arrêté : car les calculs de
fortune qui ont fait déclarer la première adoption avantageuse et qui l'ont fait admettre, changent si une seconde
adoption est possible.

M. MALEVILLE dit que les avantages de la première adoption peuvent avoir été beaucoup plus considérables qu'ils
n'avaient besoin de l'être pour la faire admettre. Il peut arriver, par exemple, qu'un père adoptif ait une fortune de
100,000 francs, et que la moitié de cette fortune eût présenté
des avantages suffisans pour faire autoriser l'adoption.

M. EMMERY dit que le consentement des personnes qui ont
concouru à la première adoption étant nécessaire pour la
seconde, on a une garantie suffisante que l'une ne sera pas
affaiblie par l'autre.

M. RÉAL fait observer qu'il est possible que le père qui a
consenti à la première adoption soit mort, et que le conseil
de famille, auquel la seconde adoption est alors soumise,
n'entre pas dans les vues qui ont déterminé le père.

L'article est adopté avec l'amendement proposé par le
Premier Consul.

345-346
361   Les articles 9, 10, 11 et 12 sont adoptés sans discussion.

Ib.   L'article 13 est soumis à la discussion.

M. TRONCHET dit que cet article donne la plus grande facilité pour l'adoption des enfans illégitimes.

LE PREMIER CONSUL dit que cet article présente un moyen
de dépouiller l'enfant orphelin.

Au père, à la mère seuls, doit appartenir le droit de donner
l'enfant en adoption : il ne peut être permis à nul autre d'effacer le caractère sacré de leur fils. Il est donc juste d'interdire l'adoption de l'enfant qui a perdu son père et sa mère.

On objectera que l'adoption est établie pour lui en donner
d'autres.

Alors qu'on ne permette de l'adopter que quand il n'a pas
de biens ; car ce n'est pas à des parens et à des étrangers à le

dépouiller d'un patrimoine, fruit des sueurs, des travaux et des privations de son père.

M. BERLIER fait observer que l'objection du *Premier Con-sul* porte également sur l'article 12.

M. TRONCHET dit qu'il attaque l'article sous un autre rap-port, et comme facilitant l'adoption des bâtards.

On répondra que, pour prévenir cet inconvénient, il suffit de ne permettre l'adoption que des enfans nés de père et mère inconnus; mais il ne dépendra que du père de se mé-nager la facilité d'adopter son enfant naturel, en s'abstenant de le reconnaître.

LE PREMIER CONSUL dit que cependant l'article est avanta-geux sous le point de vue que le considère M. *Tronchet*. -

Il répugne à la bonne morale qu'un père et qu'une mère, même pauvres, se dépouillent de leur qualité, et fassent passer leur enfant dans une famille étrangère; mais c'est au contraire une conception heureuse de venir, par l'adoption, au secours d'un enfant abandonné et de l'arracher à la dé-pravation à laquelle son état d'abandon l'expose.

Mais, dit-on, il faut craindre de faciliter l'adoption des bâtards.

Il serait au contraire heureux que l'injustice de l'homme qui, par ses déréglemens, a fait naître un enfant dans la honte, put être réparée sans que les mœurs fussent bles-sées.

M. TRONCHET répond que les principes de la saine morale ont fait exclure les bâtards des successions; qu'il y aurait de l'inconséquence à leur imprimer, d'un côté, cette incapacité, et à placer de l'autre un moyen de l'éluder.

LE PREMIER CONSUL dit qu'il pense aussi que, donner aux bâtards la capacité de succéder, ce serait offenser les mœurs, mais que les mœurs ne sont plus outragées si cette capacité leur est rendue indirectement par l'adoption. La loi, en les privant du droit de succéder, n'a pas voulu punir ces infor-tunés des fautes de leur père; elle n'a voulu que faire respecter les mœurs et la dignité du mariage. Le moyen ingénieux de les faire succéder comme enfans adoptifs, et non comme bâtards, concilie donc la justice et l'intérêt des mœurs.

M. Réal rappelle, à l'appui de ce que vient de dire le *Premier Consul*, que, dans une discussion précédente, le Conseil a été plus sévère sur les reconnaissances d'enfans, dans la supposition que le préjudice que les dispositions sur cette matière pourraient causer aux enfans naturels serait réparé par l'adoption.

Le Ministre de la Justice dit que, d'ailleurs, un père qui voudrait avantager ses enfans illégitimes pourrait le faire sans le secours de l'adoption, et en les instituant ses légataires lorsqu'il ne les a pas reconnus.

Au surplus, si la loi défendait d'adopter les enfans qui n'ont ni père ni mère connus, elle empêcherait l'adoption qui mérite le plus de faveur, celle faite par des hommes riches, qui iront choisir un enfant dans un hôpital, dans la persuasion qu'il s'attachera d'autant plus à eux qu'il n'a ni père ni mère.

M. Cretet dit que le genre d'adoption dont a parlé le Ministre est peut-être le seul qui soit vraiment dans l'esprit de cette institution. L'adoption d'enfans qui ont un père ou une mère est une sorte de violation du droit naturel ; car c'est outrager la nature que de rompre les nœuds qu'elle a formés. C'est cette considération qui a déterminé à entourer l'adoption de tant de précautions et de formalités, qui vont jusqu'à ne la faire prononcer que par un acte du Corps législatif. Au contraire, l'adoption devrait être dégagée de toutes entraves, si elle ne concernait jamais que des orphelins et des enfans abandonnés, qui sont en bien plus grand nombre que les bâtards. Un père qui délaisse son fils abdique la qualité de père. Le fils abandonné devient l'enfant de l'administration publique ; elle peut en disposer, et il ne faut plus, pour le donner en adoption, autant de précautions ni des actes aussi extraordinaires que quand il s'agit d'ôter à l'enfant son père ou sa mère naturels.

M. Tronchet fait observer qu'il ne s'oppose pas à l'adoption d'enfans dont les pères et mères sont inconnus, mais à l'adoption des bâtards. La faculté de disposer est limitée à leur égard. On ne peut donc admettre un moyen de leur transmettre toute la succession de leur père, d'être agrégé à sa famille et d'y joindre des droits de parenté.

Le Premier Consul dit que M. *Cretet* va trop loin.

M. Bérenger dit que c'est dans l'intérêt de la morale qu'il appuie l'adoption des bâtards et des enfans dont l'origine est inconnue.

Il considère l'adoption consentie par le père ou par la mère, par rapport à tous ceux qui y concourent.

Que font les pères et mères? Ils abdiquent les sentimens sur lesquels reposent les liens sociaux, et qui sont les bases de la morale. De tels pères et mères porteront devant l'opinion publique la honte d'avoir préféré un sordide intérêt aux douceurs de la paternité.

Qu'exige-t-on de l'enfant? L'abdication immorale des sentimens de la nature pour revêtir des affections que lui prescrit une fiction législative.

Quant aux avantages qu'il tire de l'adoption, équivalent-ils à ses sacrifices, lorsqu'il a un père ou une mère pour soigner son éducation, pour surveiller sa conduite, pour lui donner un état, sinon aussi brillant, du moins plus heureux et plus moral que celui qu'on veut lui faire acheter par l'abdication des auteurs de ses jours?

Les enfans abandonnés, au contraire, ne renoncent à rien; et ils trouvent par l'adoption un père, un protecteur qui leur manque; ils sortent d'un état où ils se seraient dépravés, pour se placer au rang des bons citoyens à qui l'éducation a inculqué de bonne heure les principes de la morale et le germe des vertus.

L'inconvénient de faciliter l'adoption des bâtards est bien moindre que celui de les abandonner.

On objecte qu'il ne convient pas de souffrir qu'ils viennent jouir des droits de parenté dans une famille qui ne les a pas admis. Mais, en général, les effets de l'adoption ne doivent pas s'étendre au-delà de l'adoptant et de l'adopté, ni donner à ce dernier les droits de la parenté collatérale.

M. Portalis dit que l'institution serait dénaturée si les enfans dont l'origine est inconnue pouvaient seuls être adoptés. Des considérations importantes et justes peuvent forcer un père ou une mère à donner leur enfant en adoption. Cet acte ne les flétrira pas dans l'opinion publique : un sacrifice douloureux, commandé par l'intérêt d'un fils, n'a rien de déshonorant ; il est dans le vœu de la nature.

Il serait sage de ne parler dans la loi ni des bâtards, ni des enfans dont l'origine est inconnue, parce que, d'un côté, il serait d'un mauvais exemple d'autoriser un individu à se jouer publiquement des prohibitions de la loi contre les bâtards, et que, de l'autre, on ne peut exclure de l'adoption tous les enfans naturels dont les pères sont connus.

Le Consul Cambacérès dit que la seule distinction à laquelle le législateur doive s'arrêter, par rapport aux enfans dont l'origine est inconnue, est de ne permettre l'adoption que de ceux qui sont sans fortune, et d'interdire celle des enfans qui, par des donations, se sont formés un patrimoine.

L'article est adopté.

346-355
361 M. Berlier reporte sur l'article 12 l'objection du *Premier Consul.*

M. Emmery dit que l'article 19 y répond.

Le Premier Consul dit que, néanmoins, les orphelins pourraient être dépouillés par l'avis de quatre étrangers.

M. Emmery répond que le sort de l'enfant ne dépend pas de quelques voisins et de quelques amis, puisque la demande en adoption est soumise à une longue suite de formalités :

qu'au reste, si la condition proposée par le *Premier Consul* était admise, l'enfant qui aurait le moindre bien serait privé de l'avantage d'être adopté par l'homme le plus riche.

LE PREMIER CONSUL pense qu'un enfant ne peut être retranché de sa famille naturelle que par son vœu, s'il est majeur, et si les majeurs étaient capables d'être adoptés, ou par la volonté de son père ou de sa mère, s'il est mineur. Il n'y a que son extrême misère qui puisse autoriser une exception à ce principe, et justifier l'acte par lequel, après la mort de son père, il serait dépouillé d'un nom qui doit lui être cher. L'intervention des conseils de famille n'est, hors ce cas, ni une garantie ni une excuse. De quel droit, après la mort d'un père qui a laissé des moyens de subsistance à son fils, la volonté de quelques individus arracherait-elle ce fils à sa famille? Un pareil système détruirait l'esprit de famille, et faciliterait les machinations des collatéraux.

M. THIBAUDEAU dit que la question a déjà été traitée sous ce rapport. Il a été arrêté que, si l'enfant avait des biens, sa succession serait ouverte par son adoption; mais que son père adoptif serait obligé de lui assurer un dédommagement équivalant au patrimoine qu'il abandonnerait : l'objection est donc écartée en ce qui concerne les biens ; elle ne subsiste donc plus que par rapport à la perte du nom ; mais ce sacrifice est plus que compensé par l'avantage de retrouver un père et un appui.

LE PREMIER CONSUL dit qu'il envisage la question sous le rapport des droits du père décédé. Un père, une mère ont transmis à leur fils leur sang, les fruits de leurs travaux ; ils se sont imposé les privations les plus pénibles, pour ménager à leur enfant un petit patrimoine qui le mît en état de conserver leur nom ; ils meurent dans cette espérance ; et cependant tout-à-coup la ligne de la descendance est coupée, et l'enfant passe dans une famille étrangère!

M. THIBAUDEAU dit que l'on vient de décider que les enfans dont l'origine est inconnue pourront être adoptés ; mais

ne peut-il pas arriver que leurs père et mère se présentent
après l'adoption consommée pour les réclamer? Quels sont
alors les effets de l'adoption? La paternité réelle cédera-t-elle
à la paternité fictive, ou bien l'enfant restera-t-il dans la
famille étrangère? Cette question naît de celle que l'on discute, et s'y lie nécessairement.

LE PREMIER CONSUL pense qu'il faudrait abjurer tous les
principes, pour refuser au père le droit de le reprendre : la
justice civile serait blessée, si un enfant qui n'a pu se défendre se trouvait irrévocablement dépouillé de l'état qu'il
parvient à recouvrer.

LE MINISTRE DE LA JUSTICE, MM. BOULAY, MALEVILLE et
PORTALIS pensent que ce droit appartient au père.

M. THIBAUDEAU dit qu'en pressant l'objection résultant de
l'impossibilité où est l'enfant de stipuler ses droits, on ne
pourrait, avec quelque raison, en conclure que le père n'a
pas même le droit de le transporter dans une nouvelle famille.

LE PREMIER CONSUL répond que le père et la mère ont naturellement un grand pouvoir sur l'enfant qui est leur ouvrage. Il est juste cependant que la société, à laquelle l'enfant appartiendra un jour exclusivement, prenne garde
comment le père en dispose ; mais il est contre nature que
des collatéraux et des voisins disposent d'un enfant auquel
aucune affection particulière ne les attache.

M. THIBAUDEAU dit que la plupart des difficultés que présente l'adoption viennent de ce que cette institution n'est
pas conforme aux mœurs de la nation. On cite souvent dans
cette matière les principes du droit romain, mais il ne faut
pas les considérer isolément; ils se liaient parfaitement avec
ceux de la puissance paternelle. Elle était si étendue, qu'elle
emportait jusqu'au droit de vie et de mort ; l'enfant était
une propriété du père. Il était donc tout simple qu'il eût le
droit de le donner en adoption; elle se faisait même par
forme de vente ; mais, en France, la puissance paternelle,

quelque latitude qu'on veuille lui donner, sera toujours renfermée dans les limites d'une protection nécessaire à la faiblesse des enfans et au maintien des familles. Cette observation démontre l'incohérence qui existe entre l'adoption et les principes du droit français. Il répugnera toujours que le père ait, dans un cas, le droit d'aliéner, pour ainsi dire, la personne de son fils, et de changer son nom, et jusqu'à la famille dans laquelle la nature et la loi l'ont placé.

LE PREMIER CONSUL dit que l'adoption étant une institution nouvelle, on ne peut rien conclure, à son égard, des principes actuellement reçus en France ; qu'on se propose d'ailleurs de changer la forme de la puissance paternelle, et de lui donner plus d'extension.

LE MINISTRE DE LA JUSTICE pense qu'il conviendrait d'accorder à l'enfant le droit de renoncer à l'adoption après qu'il est parvenu à sa majorité.

LE CONSUL CAMBACÉRÈS dit que le système de l'adoption, tel qu'il est présenté, repose sur le principe de l'irrévocabilité ; qu'ainsi, combattre ce principe, c'est combattre le projet tout entier, et s'écarter du point de la discussion.

La question dont s'occupe en ce moment le Conseil est celle de savoir si un enfant privé de son père et de sa mère peut être donné en adoption lorsqu'il n'est pas à la charge de la société. On propose de décider que la loi, prenant la place du père, refuse l'adoption quand l'enfant a des moyens de subsistance, qu'elle y consente quand il n'en a aucun.

On a demandé si le père qui a d'abord abandonné son enfant, et qui ne se fait connaître qu'après l'adoption, peut néanmoins le réclamer. Un tel père n'est pas favorable, répond le Consul ; il est évidemment guidé par des motifs d'intérêt : son objet n'est ordinairement que de faire acheter à son fils le droit de conserver les avantages de l'adoption.

L'opinion du Consul est qu'après la mort du père, l'enfant ne doit pouvoir être donné en adoption qu'aux parens les plus proches, à moins qu'il ne soit demeuré dans un état d'abandon; que le père qui ne se fait connaître qu'après l'adoption doit être déclaré non recevable, si sa demande n'est présentée dans un très-court délai.

M. Tronchet pense que l'adoption des enfans orphelins de pères et de mères connus ne peut être permise que quand ces enfans n'ont pas de moyens de subsistance; qu'au contraire celle des enfans abandonnés et sans moyens de subsistance doit l'être; mais qu'il est juste d'admettre la réclamation des pères qui ne se font connaître qu'après l'adoption, et de ne la limiter par aucun terme. De fortes raisons peuvent les avoir obligés de cacher leur paternité, et d'abandonner en apparence leurs enfans : la durée de ces raisons ne saurait être soumise à des calculs exacts et arithmétiques.

Cependant, dans aucun cas, la loi ne doit abandonner le sort de l'enfant à quelques voisins, pas même à ses parens, à moins qu'ils ne soient très-proches.

Le Premier Consul demande s'il est bien nécessaire de prévoir, dans la loi, le cas où le père ne se fait connaître qu'après l'adoption, et revendique l'enfant.

M. Tronchet répond qu'il n'est pas indispensablement nécessaire, mais qu'il est peut-être prudent de le prévoir.

M. Réal demande si c'est positivement ou relativement qu'on décidera qu'un enfant est demeuré sans biens : par exemple, un enfant à qui son père aura laissé 600 francs de rente ne pourra-t-il être donné en adoption à un homme riche de 200,000 francs de revenu?

Le Premier Consul dit que tout enfant qui a le moindre bien, ne fût-ce qu'une petite maison et 600 francs de revenu, doit être refusé à l'homme qui a 1,000,000 de rente, à moins que son père ne le donne en adoption:

M. Réal dit qu'en méditant sur le principe de ne permettre l'adoption que des orphelins sans moyens de subsistance, on aperçoit qu'il rencontrera une foule de difficultés dans l'exécution, et que souvent il sera nécessairement arbitraire.

Le Ministre de la Justice dit qu'il est aussi facile de déterminer, dans ce cas, quel enfant est sans moyens de subsistance, que lorsqu'il s'agit de prononcer sur une demande en alimens.

M. Tronchet dit qu'il n'y a jamais lieu d'examiner si les biens qui restent à l'enfant sont suffisans *relativement* à son état : cet état, en effet, est fixé par la mort de ses père et mère ; il est tel qu'ils le lui ont laissé, et ne peut plus s'accroître : l'examen ne doit donc porter que sur le patrimoine considéré *absolument*.

Le Ministre de la Justice pense qu'on doit considérer aussi le patrimoine relativement. Un laboureur qui laisse à son fils une petite habitation et 600 francs de revenu lui laisse une fortune proportionnée à son état. Au contraire, un militaire distingué qui ne laisserait à son fils que ce faible patrimoine, lui laisserait moins qu'il n'eût voulu. Puisqu'on cherche ici le vœu du père, il importe de le démèler : or, il n'est pas certain que le laboureur eût consenti à donner son fils en adoption, et il est plus que probable, au contraire, que le militaire y aurait consenti.

M. Cretet dit que l'application du principe sera toujours très-embarrassée, parce qu'il ne suffira pas, pour évaluer la fortune de l'enfant, de s'arrêter au patrimoine présent : il faudra encore calculer ses espérances.

M. Berlier regarde la proposition du Premier Consul comme très-philantropique. En n'admettant les collatéraux à donner un enfant en adoption que lorsque tous moyens d'existence lui manquent, on ramène l'adoption aux principes qui peuvent l'utiliser, en la dirigeant sur des enfans malheureux.

Il ne faut pas, d'ailleurs, comme on l'a déjà fait observer, confier à des collatéraux un droit qui, se liant avec leur intérèt personnel, les porterait souvent à des adoptions nuisibles à l'enfant et utiles à eux seuls, comme s'en appropriant l'héritage.

Cet inconvénient disparait lorsque l'enfant est sans aucun

bien ; alors l'adoption est toute dans son intérêt, et ne saurait être le produit d'une honteuse spéculation.

La difficulté que l'on a fait résider dans le point de savoir comment on déterminerait si l'enfant est sans moyens d'existence n'est point sérieuse, à moins qu'on ne veuille pas apercevoir de combien de précautions la loi environne les actes d'adoption ; la situation présente ne peut donc manquer d'être bien connue.

A l'égard des choses éventuelles, des espérances, on conçoit combien cet article est facile, quand il ne se rattache qu'à des décès de collatéraux, qui peuvent, ou avoir des enfans, ou disposer de leurs biens ; un orphelin, dénué de tout, verra-t-il le bienfait de l'adoption s'éteindre pour lui sur un tel fondement ; et ce calcul même, s'il est quelquefois raisonnable, n'entrera-t-il pas dans l'examen légal ?

M. Berlier conclut de là qu'il faut s'empresser d'accueillir un amendement qui honorera l'institution même.

La proposition du *Premier Consul* est adoptée.

348-353
à 355 et
ap. 359 Les articles 14, 15, 16, 17, 18, 19, 20, 21, 22, 23, 24, 25 et 26 sont adoptés sans discussion.

ap. 359 L'article 27 est discuté.

Le Ministre de la Justice dit qu'il est difficile de refuser à un individu donné en adoption sans son consentement le droit de rompre à sa majorité les liens qu'il n'a pas concouru à former. Le principe de l'irrévocabilité absolue paraît blesser la liberté : un enfant n'est pas une propriété dont on puisse disposer comme on veut.

Le Consul Cambacérès dit que le système de l'irrévocabilité, qui a prévalu, est en harmonie avec le but de l'institution. L'adoption est une fiction destinée à imiter la nature. On ne peut donc pas plus cesser d'être enfant adoptif que d'être enfant naturel. La révocabilité de la part de l'enfant renverserait dans ses bases le système de l'adoption ; car, si elle était admise pour l'enfant, elle devrait aussi l'être pour le père ; la réciprocité serait de justice rigoureuse : il faudrait que, dans certains cas, comme, par exemple, dans ceux de l'exhérédation, le père pût renvoyer l'enfant qu'il aurait adopté ; et alors il n'y aurait plus rien de certain dans l'adoption ; il n'y aurait plus, surtout, une imitation exacte de la nature. L'enfant qui saura qu'il peut, à sa majorité, rompre les liens dans lesquels il se trouve, prendra-t-il pour son père adoptif les sentimens d'un fils? Et, s'il se décide un jour à retourner dans sa famille naturelle, il faudra donc, ou qu'il y vive dépouillé de ses biens, ou qu'on anéantisse les partages faits pendant son adoption?

M. RÉAL dit qu'il sait que le système proposé repose tout entier sur l'irrévocabilité. Mais c'est déjà une question très-délicate que celle de savoir si un majeur peut faire abdication de lui-même ; combien plus délicate encore est celle de savoir si on peut disposer d'un individu sans son consentement, et pendant sa minorité? Il y a quelque chose de choquant à le séparer de son père malgré lui.

Les dispositions qu'on a proposées rendent nul l'intérêt des collatéraux ; mais il reste celui des pères eux-mêmes : ne doit-on pas craindre que ceux d'entre eux qui, pour améliorer la fortune d'un enfant préféré, jetaient autrefois leurs autres enfans dans le cloître, ou même supprimaient leur état, n'abusent aujourd'hui de l'adoption pour arriver au même résultat? Peut-on se dissimuler que l'intérêt d'un père veuf est en opposition avec celui de ses enfans, et qu'en les transplantant dans une autre famille il devient leur héritier? Il est, d'ailleurs, des noms honorables que les enfans peuvent justement désirer de conserver sans revenir aux idées nobiliaires et féodales : tel est celui de *Desaix*, par exemple. Si *Desaix* eût laissé des enfans, et qu'on les eût donnés en adoption, pourrait-on, à leur majorité, repousser leurs réclamations, et ne pas se rendre au désir qu'ils manifesteraient de reprendre le nom de leur père? Loin de là, le projet de loi permet, en quelque sorte, de vendre l'enfant, et va jusqu'à en régler le prix.

Le Premier Consul dit que d'abord l'exemple du général *Desaix* est mal choisi. *Desaix* n'est plus; ainsi son fils ne pourrait être adopté, à moins que la société ne le laissât languir dans l'abandon, supposition qu'on ne peut admettre. Mais, quand on s'y prêterait, quand la patrie pourrait être assez ingrate pour oublier les services du père et laisser l'enfant sans secours, où serait donc l'inconvénient de lui donner pour père un citoyen riche et bienfaisant? Serait-ce mieux honorer la mémoire du père et le nom du fils, que d'abandonner ce fils à la misère? Mais cette hypothèse n'est pas celle de la discussion : il s'agit ici du cas où le père vit, ou du cas où il n'a pas laissé à son fils les moyens de vivre.

Pour revenir au fond de la question, qu'est l'adoption si elle peut être révoquée? Elle cesse d'être un lien entre le père et le fils : tous deux peuvent devenir étrangers l'un à l'autre; car le Consul *Cambacérès* a observé avec raison que la révocabilité devait être réciproque. Il n'est pas d'homme sensé qui voulût s'exposer à prendre soin de l'éducation d'un enfant, à lui prodiguer ses biens et sa sollicitude, pour en être méconnu lorsque cet enfant aura atteint l'âge où les passions deviennent si impétueuses. Adoption et révocabilité sont deux termes qu'on ne rapprochera jamais. On peut soutenir que l'adoption ne doit pas être admise; mais c'est se contredire soi-même que de l'admettre, et de vouloir cependant qu'elle soit révocable.

On a objecté que la volonté de l'enfant n'interviendrait pas dans l'adoption; qu'il serait contraire à la liberté de le priver de son père naturel sans qu'il y ait consenti.

Ignore-t-on que, dans l'état de société, c'est la loi qui fait les pères, et que l'homme ne fait presque rien par le pur mouvement de sa volonté? Dès notre enfance, nous vivons tous sous l'empire des lois et des habitudes. S'il fallait ne compter la volonté que quand elle agit spontanément, il n'y aurait pas de raisons pour regarder l'âge de vingt-un ans comme celui où l'on peut user de sa liberté ; car il est possible d'alléguer aussi qu'à cet âge, l'homme n'a pas encore reçu les leçons de l'expérience, et que sa vue est troublée par les passions.

L'article est adopté.

L'article 28 est adopté sans discussion.

3.47

L'article 29 est discuté.

3.8 à 350

M. TRONCHET rappelle qu'il a eu déjà occasion d'observer au Conseil qu'il doutait que l'on pût donner à l'adoption un effet aussi étendu que celui qu'y attache l'article proposé.

Un Code civil est, après la Constitution, la base sur laquelle doit reposer la liberté civile, individuelle, dont le droit de propriété est une des branches principales.

Le droit de propriété consiste dans la garantie que la loi donne à chaque individu, qu'il jouira de tous les droits que la loi générale assure et communique à tous les membres du corps social.

La parenté ou le droit de famille, et tous les effets qui en résultent, tels que le droit de successibilité réciproque entre les membres de la même famille, sont un droit de propriété, commun à tous les membres de la société civile, et dont chacun doit jouir également. J'ai droit de succéder à un tel. et de me plaindre de certaines dispositions qu'il a faites, parce que je suis son parent, et parce que la loi a attaché la successibilité à ce titre. Je ne tiens point ce droit de la nature; je ne le tiens que de la loi, qui n'a point attaché ce droit au seul lien de la nature, s'il n'est sanctionné par le lien légal et civil que la loi a formé. Ce droit est sans doute éventuel dans son application ; mais il est un droit certain et actuel, en ce qu'il ne peut m'être ôté que par une loi générale et commune à tous.

Sans doute le législateur peut, par une loi générale. changer pour l'avenir les droits de parenté, en restreindre,

en étendre les effets civils , tels que le droit de puissance paternelle ou maritale , de tutelle , de successibilité, la faculté
de donner et de recevoir ; mais la loi seule peut déroger à la
loi, et la loi générale et commune à tous ne peut être chan-
gée , ou recevoir d'exception , que par une loi générale. Le
législateur ne peut se permettre une dérogation, et une dispense par une loi spéciale , telle que celle qui n'a pour objet
qu'un individu ou une famille spéciale : le législateur ne
peut pas se permettre de déroger, pour une telle famille et
pour un intérêt privé , à la loi générale. Il peut bien , par
une loi et une dispense particulière , sanctionner une convention particulière en ce qui concerne les individus qui y
consentent; mais il ne peut point le faire au préjudice du
droit que la loi générale accorde à des tiers.

L'ancien régime offrait un exemple familier de l'application de ce grand principe. Le prince y jouissait du pouvoir
législatif : on reconnaissait dans le prince, par suite de ce
pouvoir législatif, celui de légitimer un bâtard. Il ne l'exerçait que dans la forme législative, parce que c'était déroger
à la loi générale , d'accorder à un individu la jouissance d'un
état que la loi générale lui refusait; mais par suite de ce
grand principe, que la loi spéciale ne peut déroger à la loi
générale au préjudice des tiers, on tenait pour maxime,
1° que les lettres de légitimation ne donnaient point au bâtard le droit de successibilité, si elles n'en contenaient pas
la clause expresse; 2° que cette clause elle-même ne pouvait
produire aucun effet sans le consentement de toutes les parties intéressées, c'est-à-dire des héritiers présomptifs du
père naturel. Toutes les lettres de légitimation contenaient
cette condition.

Sans accumuler ici les citations , il suffit de mettre sous les
yeux du Conseil le témoignage du célèbre d'Aguesseau (Dissertation sur les bâtards, tome VII). « Cette seconde espèce de
« légitimation, dit-il, n'est pas si parfaite, et ne produit pas de
« si grands effets que la légitimation par mariage subséquent:

« elle efface, à la vérité, la tache que la naissance avait im-
« primée; elle lève l'incapacité de recevoir des dispositions
« universelles; elle le rend capable de posséder des offices ;
« mais, pour la qualité de succéder à ses parens, elle ne la
« lui donne que lorsque ceux auxquels il peut succéder ont
« consenti à sa légitimation. » Plus bas il ajoute : « Quelques-
« uns, qui ont suivi l'esprit des lois romaines, qui donnaient
« une entière liberté de disposer de tous ses biens sans avoir
« égard aux héritiers présomptifs, ont, dans cette vue, *dis-
« tingué la succession du père de celle des collatéraux*, et dé-
« cidé que, lorsque le père a obtenu lui-même des lettres de
« légitimation pour son bâtard, ce bâtard doit être appelé
« à la succession de son père, qui, non seulement a consenti
« à la légitimation, mais qui la lui a procurée. Ces mêmes
« auteurs conviennent que le bâtard, quoique légitimé du
« consentement de son père, ne peut succéder à ses parens
« collatéraux qui n'ont point consenti à sa légitimation : d'au-
« tres auteurs, au contraire, ont également exclu le bâtard
« légitimé par lettres du prince de la succession de son père
« et de ses collatéraux, lorsque le consentement de toutes les
« parties intéressées n'était point survenu. L'autorité de ces
« derniers a prévalu, et l'on regarde comme *maxime certaine*
« celle qui exclut le bâtard légitimé par lettres du prince de
« la succession de son père et de celle de ses autres parens,
« à moins que, non seulement le père, mais encore toutes les
« parties intéressées, c'est-à-dire tous ceux que la loi regar-
« dait comme ses héritiers présomptifs, n'aient donné leur
« consentement à sa légitimation ; et cette succession ne lui
« est pas même déférée, en ce cas, *en vertu du titre de pa-
« renté qu'il n'a pas*, mais à cause du consentement des pa-
« rens, qui est soutenu par lettres du prince : en sorte que
« c'est une succession extraordinaire, déférée *en vertu d'une
« espèce de contrat*, par lequel le bâtard légitimé et ses pa-
« rens se sont appelés réciproquement à leurs successions. »
Ce dernier passage répond d'avance à une objection qu'on

a faite et qui sera sans doute renouvelée. On a prétendu que
les parlemens de droit écrit avaient à cet égard une jurisprudence toute différente de celle des pays coutumiers.

Quand cela serait, tout ce qui en résulterait serait que la
question aurait été différemment envisagée ; et qu'en supposant que l'opinion la plus générale ne fût pas regardée comme
la meilleure, il faudrait au moins se décider par le principe.

Mais est-il bien vrai qu'en pays de droit écrit on tînt pour
maxime que la légitimation par lettres établissait une successibilité réciproque parfaite entre le légitimé et les parens du
père ? On a dit que trois parlemens avaient jugé consécutive-
ment, nonobstant la cassation des deux premiers arrêts, que
le légitimé jouissait de tous les droits *d'héritier sien.* Je ne
connais point cet arrêt, dont on n'a donné ni la date ni l'espèce, à moins que ce ne soit le même que celui du 6 septembre 1736, cité par *Furgole* (*des Testamens,* tome I,
page 455 et suivantes), ce qui est assez vraisemblable, lorsqu'on se contente de dire que les trois parlemens avaient
jugé que le bâtard légitimé *jouissait des droits d'héritier sien,*
droits qui ne concernaient que la ligne directe.

Il paraît, en effet, que quelques parlemens du pays de
droit écrit, *entraînés par l'esprit du droit écrit,* qui reconnaissait une espèce de concubinage légitime contraire à nos
mœurs, et une latitude indéfinie de disposition des biens,
ont admis les bâtards légitimés à la succession de leur père
seulement. Aussi Furgole ne donne-t-il pas d'autre sens à
l'arrêt qu'il cite, et d'autre étendue à la jurisprudence de son
parlement. « Le parlement de Toulouse a toujours été et est
« encore aujourd'hui, dit-il, dans l'usage de déclarer les
« enfans légitimés par rescrit capables des successions et
« institutions universelles *de la part de ceux qui les ont fait*
« *légitimer;* et il se fonde sur ce que, par le droit écrit, qui
« est la loi de cette province, ceux qui n'ont que des enfans
« naturels peuvent les instituer héritiers universels. »

Lorsque le même auteur résume ensuite les points jugés

par cet arrêt, il se contente de dire qu'il a jugé, « 1° que les « lettres de légitimation rendent l'enfant légitimé capable « de l'entière succession *de son père*, sans que le consente- « ment des collatéraux soit nécessaire ; 2° que la prétérition « d'un enfant légitimé annulait le testament de son père ; » ce qui était lui donner *les droits d'héritier sien*, mais quant à la succession du père seulement.

On aperçoit du premier coup d'œil l'analogie parfaite qui existe entre la législation ancienne relative à la légitimation par lettres du prince et la législation qu'il est possible d'éta- blir relativement à l'adoption autorisée par un acte du Corps législatif.

L'adoption est, comme l'était la légitimation, une déro- gation à la loi générale ; elle est même une dérogation plus forte : dans le premier cas, il existait au moins le lien de la parenté naturelle ; ici il s'agit de déroger tout à la fois à la loi de la nature et à la loi civile, en arrachant un individu de la famille où la nature et la loi l'ont placé, pour greffer sur l'arbre généalogique d'une famille un rameau qui lui est doublement étranger. C'est par cette raison, et parce que l'état des hommes appartient à l'état civil, que le Conseil a exigé le concours d'un acte législatif, qui n'est autre chose qu'une loi dérogatoire.

Mais cette loi n'est qu'une loi spéciale faite pour l'intérêt privé de deux individus et de deux familles : une pareille loi peut bien autoriser le consentement des parties intéressées , mais elle ne peut point altérer le droit des tiers qui n'y con- sentent pas : elle peut bien, comme disait M. *d'Aguesseau*, *autoriser une succession extraordinaire en vertu d'une espèce de contrat;* mais elle ne peut point donner une espèce de pa- renté qui n'existe ni dans la nature ni dans l'ordre civil : elle ne peut pas me donner , malgré moi , et par une fiction qui m'est étrangère, un oncle, un neveu, un cousin, et m'associer une génération entière, qui pourra à perpétuité m'enlever, et à ma génération , les droits que la loi générale me garantit, et qui font partie de ma liberté civile.

La réciprocité que la loi m'offrirait ne serait qu'un marché dans lequel je céderais pour acquérir. Mais un marché ne peut exister que par le consentement de deux : et c'est à moi de juger si je peux accepter le marché. D'ailleurs ici on ne me donne rien en échange de ce qu'on me fait céder : l'étranger qui vient participer à mes droits de famille ne m'en transfère aucun dans la sienne qu'il quitte. Le législateur ne peut m'imposer une pareille loi.

Mais, dit-on, si vous reconnaissez dans le législateur le pouvoir de déroger à la loi générale en autorisant l'adoption, comment pouvez-vous lui contester le pouvoir de donner à l'adoption l'effet qu'il lui plaît?

Je réponds que c'est ici une pure pétition de principes ; laquelle ne peut servir qu'à prouver combien est dangereuse la méthode de décréter une loi en principe sans en combiner tous les rapports.

La question de savoir si la loi peut autoriser l'adoption est indivisible de celle de savoir quel est l'effet que vous prétendez lui donner. Vous décidez la question par la question même, lorsque vous dites que la loi peut donner à l'adoption tous les effets quelconques, tandis qu'il s'agit de savoir si elle peut autoriser autre chose qu'une adoption sous un effet limité ; ou vous abusez de la réponse que j'ai faite à la question, lorsque vous donnez à cette réponse une étendue qu'elle n'a pas et qu'elle n'a pas pu avoir, puisque vous-même vous vous réduisiez à dire qu'il fallait juger d'abord si l'adoption pourrait être admise, sauf ensuite à en discuter les conditions et les effets. Le Conseil a admis l'adoption ; fort bien : mais il en discute aujourd'hui les effets. Nous voici donc arrivés au véritable point de la question, qui est encore entière.

L'effet que la section lui attribue dans l'article soumis à la discussion actuelle me paraît contraire à ce grand principe, protecteur de la liberté civile, que la loi spéciale, et qui ne concerne qu'un intérêt privé, ne peut jamais déroger aux droits que la loi commune accorde aux tiers dont elle attaque la propriété.

La conséquence rigoureuse de ce principe serait que l'adoption, comme la légitimation, ne pourrait donner à l'enfant adoptif que le droit de succéder à la portion des biens du père adoptant qui est disponible; à moins que la loi générale nouvelle ne dérogeât à celle qui existe actuellement, en donnant à celui qui n'a pas d'enfans la faculté absolue de disposer de tous ses biens, et en adoptant, à cet égard, l'esprit du droit écrit.

Si, sans supprimer les réserves que la loi actuelle a faites en faveur des ascendans et de certains collatéraux, on se contentait d'admettre l'enfant adoptif à la succession totale du père qui l'adopte, ce serait toujours s'écarter de la règle stricte; mais, du moins, ce ne serait s'en écarter que pour une fois seulement et par une faveur attachée au bien (peut-être trop chimérique) que l'on espère de cette institution philantropique.

Mais ce serait violer toutes les règles, renverser tous les principes sur lesquels repose l'ordre social, que de bouleverser à toujours et dans toute la suite des générations les droits de famille et de parenté fondés sur les lois de la nature et de la société. J'ai le droit de doter l'indigence à mes dépens et sur le bien qui est à ma disposition; je n'ai pas celui de la doter aux dépens d'autrui; et le législateur lui-même ne peut pas me conférer ce droit.

M. PORTALIS dit qu'il est difficile de déterminer exactement les limites du pouvoir de la loi en pareille matière. Il lui est sans doute impossible de faire un parent du sang, mais il n'est pas au-dessus de son autorité de régler la parenté dans l'ordre civil : cela est si vrai qu'elle en arrange les degrés. S'il est permis à la loi d'établir l'adoption, il ne peut lui être défendu d'en créer les conséquences : dès qu'elle a le droit de transporter un individu d'une famille dans une autre, elle a incontestablement aussi celui de fixer les effets de

ce changement. La loi ne peut dépouiller personne de sa propriété, parce que la propriété est un des droits naturels qu'elle
garantit à l'homme. Mais le droit de succéder est-il un droit
de propriété? Non : autrement, il faudrait abroger toutes les
lois qui permettent de disposer.

La loi peut créer les espérances, elle peut donc aussi les
détruire. Si elle prononçait une déshérence universelle, elle
blesserait sans doute le droit social; mais, quand elle règle
comment et à qui la mort du propriétaire transmettra ses
biens, elle demeure dans ses limites. A elle seule appartient
de disposer dans l'ordre civil ; car la loi naturelle ne dispose
que dans l'ordre moral et physique. Or, l'adoption étant une
institution civile et extraordinaire, ses effets sont de droit
positifs, et c'est à la loi civile à les déterminer. Quand on admet que la loi peut faire d'un enfant autre chose que ce qu'en
a fait la nature, on ne peut contester à la loi le pouvoir,
beaucoup moins étendu, de régler comment il succédera.

On a dit que la légitimation ne donnait pas au légitimé la
successibilité dans les degrés collatéraux. Il en était ainsi
dans les pays coutumiers; mais, dans les pays de droit écrit,
on suivait d'autres maximes. Un arrêt du parlement de Provence a décidé que le légitimé devenait *hæres suus*. Cet arrêt
fut cassé, et la contestation renvoyée au parlement de Toulouse. Ce parlement jugea comme celui de Provence : tant
la jurisprudence, sur ce point, était certaine.

L'article est adopté.

248 à 350   Les articles 30, 31 et 32 sont adoptés sans discussion.

LE PREMIER CONSUL renvoie le projet à la section pour le
diviser en titres, et pour présenter une rédaction nouvelle,
conforme aux amendemens adoptés.

La discussion de ce titre, interrompue par le message
du 12 nivose, ne fut reprise que dans la séance du 27
brumaire an XI.

(Procès-verbal de la séance du 27 brumaire an XI. — 18 novembre 1802.)

M. BERLIER présente la quatrième rédaction du titre *de l'Adoption*. Elle est ainsi conçue :

Art. 1er. « L'adoption est permise sous les conditions, dans av. 343 « les cas et avec les formalités qui suivent : »

Des Conditions de l'Adoption par rapport aux adoptans.

Art. 2. « Nul individu ne pourra adopter, s'il a des enfans 343 « ou descendans légitimes. »

Art. 3. « Hors le cas prévu par l'article 2, l'adoption pourra Ib. « être demandée, savoir :

« Par les gens mariés, lorsqu'il se sera écoulé au moins dix « ans depuis leur mariage, ou que les deux époux auront « l'un et l'autre plus de cinquante ans ;

« Par les veufs ou veuves, lorsqu'ils auront atteint l'âge de « quarante ans moins ;

« Et par toutes autres personnes, lorsqu'elles seront âgées « de plus de cinquante ans. »

Art. 4. « Nul époux ne pourra adopter que conjointement 344 « avec l'autre époux. »

Art. 5. « Nul autre que des époux ne pourra adopter con- Ib. « jointement avec une autre personne. »

Art. 6. « Nul ne pourra adopter que des individus de son ap. 343 « sexe, à moins que l'adoption ne soit faite par des époux, ou « que l'adopté ne soit neveu ou nièce, petit-neveu ou petite- « nièce de l'adoptant. »

Art. 7. « On pourra, par le même acte, adopter plusieurs Ib. « enfans ; mais après l'adoption consommée, l'adoptant ne « pourra, pendant la vie de l'enfant adopté ou de ses descen- « dans, faire d'autres adoptions, à moins qu'elles ne por- « tent sur les frères ou sœurs de l'enfant précédemment « adopté. »

Des Conditions de l'Adoption par rapport à l'adopté.

345-346   Art. 8. « **Nul enfant ne pourra être adopté s'il a plus de**
         « douze ans. »

346   Art. 9. « **Nul enfant légitime ne pourra être offert en adop-**
         « tion que par ses père et mère, ou par le survivant d'entre
         « eux, si l'autre est mort. »

ap. et 361   Art. 10. « **Tous autres parens, même les ascendans, ne**
         « pourront, à défaut de père et mère, offrir l'enfant en adop-
         « tion, à moins qu'il ne soit légalement constaté qu'il est sans
         « moyens d'existence. »

Ib.   Art. 11. « **L'enfant qui n'aura point de parens connus**
         « pourra être offert en adoption, soit par les administrateurs
         « de l'hospice où il aura été recueilli, soit par la municipalité
         « du lieu où résidera la personne prenant soin de lui. »

Ib.   Art. 12. « **Si l'enfant offert en adoption par ses père et**
         « mère, ou par le survivant des deux, se trouve avoir quel-
         « ques biens ou droits acquis dans sa famille naturelle, il ne
         « pourra les apporter dans la famille adoptive ; et sa succes-
         « sion sera, à cet égard, réputée ouverte dans sa famille
         « naturelle à dater du jour de l'adoption. »

Des Actes préliminaires de l'Adoption.

353   Art. 13. « **La personne qui se proposera d'adopter, et celle**
         « dont le consentement est nécessaire à l'adoption, feront la
         « déclaration de leurs intentions respectives au juge de paix
         « du domicile de l'enfant. »

ap.   Art. 14. « **Dans le cas où l'adoption concernera un enfant**
         « privé de son père ou de sa mère, le consentement du sur-
         « vivant sera précédé de l'avis d'un conseil de famille, désigné
         « par le juge de paix, et composé, autant que faire se pourra,
         « aux deux tiers de parens du côté de l'époux défunt.

          « Si cet avis n'était pas en faveur de l'adoption, il n'en
         « arrêtera point la poursuite ; mais il servira de renseigne-
         « ment aux autorités chargées d'y statuer. »

Ib.   Art. 15. « **Si l'enfant se trouve dans le cas prévu par l'ar-**

« ticle 10, il sera présenté en adoption par un tuteur spécial
« à lui donné par un conseil de famille, et après que le juge
« de paix aura procédé à une enquête touchant l'état de dé-
« nûment de l'enfant. »

Des Formes de l'Adoption.

Art. 16. « Toutes demandes en adoption seront portées et
« instruites devant le conseil de préfecture du département
« où résidera l'enfant. Ce conseil examinera, 1° si toutes les
« conditions de la loi sont remplies ; 2° si la personne qui se
« propose d'adopter jouit d'une bonne réputation ; 3° si,
« d'après sa situation comparée à celle de l'enfant, l'adoption
« offre à celui-ci de vrais avantages.

« Pour éclairer cet examen, le conseil de préfecture pren-
« dra l'avis des maires et sous-préfets, et provoquera tous
« les renseignemens qui lui sembleront utiles. »

Art. 17. « Si l'enfant se trouve dans le cas prévu par l'ar-
« ticle 12, le conseil de préfecture ordonnera préalablement
« que les biens ou droits que l'enfant laissera dans sa famille
« naturelle soient estimés par experts assermentés, et pour-
« voira à ce que le demandeur en adoption en assure le rem-
« placement sur ses propres biens, par un acte entre-vifs,
« translatif de fonds non grevés d'hypothèques. »

Art. 18. « L'avis définitif et motivé du conseil de préfec-
« ture sera transmis au gouvernement par la voie du Ministre
« de la Justice, sur le rapport duquel, et après avoir en-
« tendu le Conseil d'État, les Consuls proposeront, s'il y a
« lieu, au Corps législatif, de prononcer l'adoption. »

Art. 19. « Chaque adoption datera du jour de la promul-
« gation de la loi qui l'aura prononcée. »

Des Effets de l'Adoption.

Art. 20. « L'adoption sera irrévocable. »

Art. 21. « L'enfant adoptif prendra le nom de la personne
« qui l'aura adopté. »

348 à 350   Art. 22. « Il appartiendra à la famille de l'adoptant dans
« tous les degrés directs et collatéraux. »

Ib.   Art. 23. « L'adoption transportera au père ou à la mère qui
« aura adopté la qualité de père ou mère légitime : elle éta-
« blira entre l'adoptant et le fils adoptif les mêmes droits
« et les mêmes devoirs qu'entre père et enfant légitime. »

350   Art. 24. « Dans le cas où, après l'adoption, il naîtrait à l'a-
« doptant des enfans en mariage, l'enfant adoptif n'en con-
« servera pas moins le droit à une part d'enfant légitime dans
« la succession. »

348-349   Art. 25. « L'adoption fera sortir l'enfant adoptif de sa fa-
« mille naturelle ; elle ne laissera subsister entre lui et ses
« père et mère, ou autres ascendans, que l'obligation natu-
« relle et réciproque de se fournir des alimens dans le be-
« soin. »

tit. 8.   M. BERLIER observe que cette rédaction a paru à la section
de législation rendre assez exactement les idées résultant de
la discussion établie sur cette matière dans les séances des
6, 14 et 16 frimaire et 4 nivose derniers.

Mais un autre devoir était imposé à la section.

Dans la séance du 20 de ce mois, elle a reçu du Consul
Cambacérès l'ordre d'examiner si, d'après les objections par
lesquelles le projet a été combattu, il convenait de maintenir
l'adoption, ou s'il fallait y renoncer.

M. *Berlier* rend compte, à ce sujet, des vues de la section.

Plusieurs de ses membres, combattant le principe même
de l'adoption, antérieurement consacré, ont pensé que toute
espèce d'adoption, embarrassante dans son organisation et
peu en harmonie avec nos mœurs, n'offrait rien d'utile, vu
la facilité qu'on a de faire, par d'autres voies, beaucoup de
bien à un enfant qu'on affectionne ; et parce que cette facilité, déjà très-grande depuis la loi de germinal an VIII sur
les donations, sera probablement étendue encore par la nouvelle législation : ces motifs les ont portés à conclure au rejet de l'adoption.

D'autres membres, sans partager cette opinion sur le fond même de l'institution, et en continuant de penser qu'il y a un intervalle immense entre l'adoption et les moyens qu'on indique pour y suppléer (différence bien établie dans le cours de la discussion), ont été frappés par d'autres considérations qui se rattachent à quelques points du projet.

D'abord il leur a semblé que l'introduction de l'enfant adoptif dans la famille de l'adoptant, en rendant parens du premier tous les parens du second, sans leur consentement formel ni même tacite, s'accommodera difficilement avec nos idées et nos mœurs : la fiction étendue au-delà des personnes qui contractent est poussée trop loin.

Un reproche non moins grave contre l'adoption, telle qu'elle est proposée, a paru aux mêmes membres exister dans la forme même qu'on veut lui donner.

S'il s'agit d'une institution civile, a-t-on dit, pourquoi, dans chaque acte, l'intervention des grands pouvoirs politiques? Pourquoi est-ce le Corps législatif, et non (comme en Prusse) un tribunal, qui prononcera l'adoption? Comment, au reste, et sans chercher des exemples dans la législation étrangère, méconnaître les analogies que présente le Code même que nous discutons, dans quelques-unes de ses parties, avec celle dont il s'agit?

Quelle est l'autorité qui ordonnera les rectifications des actes de l'état civil? l'autorité judiciaire; c'est un point arrêté.

Quelle est l'autorité qui admettra le divorce, lequel est, comme l'adoption, un changement d'état? ce sera encore l'autorité judiciaire : pourquoi donc ne pas rendre aussi les tribunaux juges de l'adoption?

Cette question, au surplus, continue M. *Berlier*, a paru aux membres de la section qui s'y sont arrêtés devoir influer sur le fond même de l'institution jusqu'à la dénaturer.

Quand la loi a posé des règles et que l'application en est dévolue aux magistrats ordinaires, il y a une garantie civile.

qui n'existe plus quand le pouvoir politique s'empare lui-même de l'application. En effet, qui le redressera, si lui-même il lèse ou favorise les personnes sur l'intérêt desquelles il aura à statuer?

Mais il est un autre rapport sous lequel l'attribution dont il s'agit est encore radicalement vicieuse ; car, s'il est vrai que le recours au pouvoir législatif n'établisse pas d'inégalité de *droit*, vu qu'il est accordé à tous, peut-on contester qu'il ne résulte une véritable inégalité de *fait* des seules formalités dont on environne l'adoption? Les hommes riches ou en crédit ne seront point arrêtés par ces difficultés ; mais assurément l'adoption n'existera que de nom pour la nombreuse classe des habitans de la campagne et des artisans, si l'adoption ne peut se consommer pour eux par la seule intervention de magistrats locaux ou placés à peu de distance.

Telles sont les considérations qui, dans la section, ont frappé ceux même qui, partisans de l'adoption comme *institution civile*, n'ont point trouvé cet objet rempli par le projet, et qui, n'espérant pas qu'on revienne sur des points aussi capitaux et aussi longuement discutés, ont renoncé, quoique à regret, à une institution qui, ainsi organisée, présenterait plus d'inconvéniens que d'avantages.

M. *Berlier* observe, au surplus, que, pour se conformer à ce que réclame impérieusement la justice en faveur des enfans qui ont été adoptés jusqu'à ce jour sur la foi des décrets, la section a rédigé un projet qui, ne traitant que d'intérêts transitoires, ne peut entrer dans le plan du Code civil, et formera la matière d'une loi à part, sur laquelle la discussion s'établira, s'il y a lieu, quand le Conseil aura pris un parti sur la question principale qui lui est soumise en ce moment.

LE PREMIER CONSUL demande quel a été sur l'adoption le sentiment des tribunaux d'appel.

M. BERLIER dit que l'adoption n'ayant pas été proposée par les rédacteurs du projet de Code civil, les tribunaux n'ont pu s'expliquer sur cette institution. Ils se sont donc bornés à demander une loi qui fixât le sort des individus actuellement adoptés sur la foi des décrets.

M. TRONCHET ne croit pas que le principe de l'adoption ait été décrété : mais, dit-il, l'humanité réclame le maintien des adoptions faites de bonne foi dans la supposition de la loi promise.

M. BERLIER, pour justifier que le principe de l'adoption a été décrété, produit la série des actes intervenus sur cette matière.

18 janvier 1792.

« L'Assemblée nationale décrète que son comité de légis-
« lation comprendra, dans son plan général des lois civiles,
« celles relatives à l'adoption. »

25 janvier 1793.

« La Convention nationale adopte, au nom de la patrie, la
« fille de *Michel Lepelletier*; et elle charge son comité de lé-
« gislation de lui présenter très-incessamment un rapport
« sur les lois de l'adoption. »

Constitution de 1793.

« Tout homme qui.... *adopte un enfant*, est admis à l'exer-
« cice des droits de citoyen français. »

16 frimaire an III.

Décret qui valide une apposition de scellés requise pour la conservation des droits d'un adopté, et porte que, « jusqu'à
« ce qu'il ait été statué, par la Convention nationale, sur les
« effets des adoptions faites antérieurement à la promulga-
« tion du Code civil, les juges de paix devront, s'ils en sont
« requis par les parties intéressées, lever les scellés, pour la
« vente du mobilier être faite après inventaire, sur l'avis
« d'une assemblée de parens, sauf le dépôt jusqu'au règle-
« ment des droits des parties. »

Arrêté du 19 floréal an VIII.

« Relatant les actes d'adoption » dont le modèle est au Bulletin n° 184.

Il faut ajouter à tous ces actes positifs de législation, continue M. *Berlier*, tous les projets de Code qui ont paru depuis dix années, excepté le dernier.

Le Premier Consul dit que la transmission de nom étant le principal effet de l'adoption, c'est aussi principalement sous ce rapport qu'il importe de l'examiner.

Le Consul demande quels étaient à cet égard les principes de l'ancienne jurisprudence.

M. Treilhard dit que les noms sont une propriété de famille; qu'on ne pourrait en changer arbitrairement, sans porter dans la société une grande confusion; qu'il fallait un acte du pouvoir législatif pour autoriser un changement de nom; qu'on attachait quelquefois à une libéralité la condition de la part du donataire de prendre le nom du donateur; que même, dans ce cas, il fallait un acte de la puissance publique pour sanctionner le changement; mais qu'alors les lettres-patentes s'obtenaient sans difficulté.

M. Regnaud (de Saint–Jean–d'Angely) rappelle que, lors de la première discussion, le principe de l'adoption a été admis par le Conseil.

Il ne s'agissait plus que de se déterminer entre les trois opinions relatives à la forme : les uns voulaient que l'adoption s'opérât par un sénatus-consulte; d'autres par un acte du Corps législatif; d'autres enfin par l'autorité des tribunaux. Peut-être le dernier mode serait-il le meilleur, parce qu'il serait le plus facile; mais le Conseil avait paru pencher pour le second. Or, parmi les motifs qui portent aujourd'hui la section à proposer le rejet de l'adoption, l'un des principaux est qu'elle serait entourée de trop d'embarras et de trop de difficultés, si elle ne pouvait être consommée que par un acte du Corps législatif.

Ainsi, la question est maintenant de savoir si la discussion portera de nouveau sur le principe même de l'adoption, ou seulement sur le mode qui avait paru prévaloir; si enfin l'on se bornera à examiner laquelle des deux formes est préférable, de celle qui obligerait de recourir au Corps législatif, ou de celle qui permettrait de recourir aux tribunaux. Cette dernière serait certainement plus facile, moins dispendieuse et plus rapide.

M. BOULAY dit que l'adoption est une institution étrangère à nos mœurs, et que c'est cette considération qui a surtout déterminé la section à en proposer le rejet.

M. RÉAL dit que la section a plutôt rejeté le projet qui avait été présenté que l'institution même ; mais qu'en essayant d'organiser l'adoption, la section a aperçu de grandes difficultés.

M. BIGOT-PRÉAMENEU dit que le mode d'adopter n'est ni le seul ni le principal motif de l'opinion embrassée par la section ; que quant à lui il a toujours été d'avis de rejeter l'adoption, tant à cause des difficultés qu'elle présente par rapport aux successions, que parce qu'elle lui semble immorale ; elle place en effet un enfant entre sa fortune et l'abandon de ses parens. Il est cependant d'autres moyens de bienfaisance qui n'exigent pas de celui qui en est l'objet le sacrifice des devoirs et des sentimens envers sa famille. Et, d'ailleurs, jamais le père adoptif ne trouvera dans celui qu'il adopte le dévoûment et la tendresse qu'on a droit d'attendre d'un enfant naturel.

M. REGNAUD (de Saint-Jean-d'Angely) répond que l'adoption présente, à la vérité, quelques difficultés par rapport aux successions, mais que ces difficultés ne sont pas insurmontables.

Au surplus, elle ne peut avoir les effets immoraux qu'on vient de lui prêter ; car, loin d'obliger l'enfant adoptif à renoncer à l'affection qu'il doit à son père naturel, l'adoption lui facilite au contraire les moyens de soulager ce père dans son infortune.

LE PREMIER CONSUL dit que les opinions sont encore trop partagées pour qu'on puisse s'occuper d'un projet de loi ;

que, dans l'état des choses, la discussion ne doit tomber que sur le principe.

Le système d'adoption qu'on a proposé est peut-être trop compliqué : rien ne s'oppose à ce qu'on admette un système plus simple ; mais rejeter absolument l'adoption, ce serait laisser un trop grand vide dans les lois civiles.

On a objecté qu'il est impossible de disposer de la personne d'un citoyen sans son consentement, et que le mineur est incapable de le donner.

Mais rien ne s'oppose à ce que le consentement donné par les parens à l'adoption d'un mineur ne soit que provisoire ; que le mineur conserve le droit d'accepter ou de refuser l'adoption lorsqu'il sera devenu majeur, et que l'acte définitif qui change son état soit différé jusqu'à cette époque ; que par cet acte seulement s'opère la transmission de nom ; alors il devient inutile de faire sanctionner l'adoption par un acte du Corps législatif, et l'autorité des tribunaux suffit.

M. TRONCHET dit qu'il a toujours été opposé à l'adoption.

Il résume les réflexions qui déterminent son avis.

Au premier coup d'œil, dit-il, l'adoption flatte l'imagination et la sensibilité ; mais, dans la réalité, elle n'est plus qu'une manière de frauder la loi qui limite la faculté de disposer. Elle serait, sous ce rapport, une véritable inconséquence.

Cette institution, au surplus, n'est ni nécessaire ni même utile ; elle n'a d'autre effet que de flatter la vanité de ceux qui veulent perpétuer leur nom.

Mais il faut développer ces idées.

L'adoption est-elle nécessaire?

Pour décider cette question, M. *Tronchet* examine quels sont les avantages de l'adoption, quels en sont les inconvéniens.

Les avantages qu'on prête à l'adoption sont de consoler

par l'image de la paternité ceux qui sont privés du bonheur d'avoir des enfans.

Mais l'adoption ne sera jamais qu'une imitation très-imparfaite de la nature.

Il y a plus : elle détruira les affections qui en ont formé le lien, par cela même qu'elle en détruira l'indépendance et les convertira en devoirs. L'homme est naturellement ennemi de la contrainte; il veut demeurer libre jusque dans les actes qui lui sont inspirés par le sentiment.

M. *Tronchet* passe aux inconvéniens de l'adoption.

Il en aperçoit par rapport aux personnes.

Il en voit également par rapport à la société.

Les personnes entre lesquelles l'adoption aura lieu seront trop souvent trompées dans leur attente.

Le père se déterminera à l'adoption plus ordinairement par haine pour ses héritiers que par bienveillance pour l'adopté.

Le père, d'ailleurs, se préparera souvent des regrets d'autant plus vifs qu'ils seront sans remède. Deux époux n'ont pas d'enfans : ils en trouvent un qui leur plaît; ils l'adoptent. L'un de ces époux meurt; l'autre se remarie; il lui survient des enfans : on peut facilement concevoir combien il regrette alors de leur avoir donné un étranger pour frère. Ce sera là qu'on verra combien l'adoption est loin d'imiter la nature. La haine s'allumera entre le père et le fils adoptif, entre celui-ci et les enfans naturels : de là des discordes qui troubleront long-temps la famille entière. On adopte beaucoup dans les campagnes, et l'adoption réussit. Pourquoi? parce qu'elle ne lie ni l'adoptant ni l'adopté; parce que l'un et l'autre demeurent absolument libres. Le père sait que si la reconnaissance du fils cesse, le bienfait peut cesser aussi : le fils sait que le père n'est point engagé; cette vue le contient dans le devoir.

Au surplus, l'adoption n'est pas nécessaire à celui qui veut faire le bonheur d'un enfant.

La faculté de disposer, qui va recevoir encore plus de latitude, lui suffit. S'il veut plus, il n'est mu que par la vanité de perpétuer son nom, et de laisser à celui qui doit le porter une fortune considérable, pour le soutenir avec éclat. Une telle vanité n'est tolérable que dans le système nobiliaire.

Quant aux enfans adoptés, ils ne courent pas moins de hasards.

D'abord, les regrets tardifs du père convertissent pour eux en malheur cette même adoption qui, dans l'opinion du législateur, devait devenir la source de leur félicité.

Ensuite, si l'adoption est irrévocable, l'enfant se trouve lié par un engagement auquel il n'a pas souscrit, et auquel peut-être il répugne. Si, au contraire, il peut, à sa majorité, secouer ce joug qui lui pèse, il lui faudra retourner dans sa famille originaire : et qu'y trouvera-t-il? la misère; car son retour ne doit sans doute rien changer rétroactivement aux partages et aux autres dispositions sur lesquelles repose la fortune de ses frères.

Voilà pour les personnes : mais, sous le rapport de l'ordre public, l'adoption ne présente pas des inconvéniens moins graves.

L'enfant adoptif n'aura-t-il de droits que sur les biens de l'adoptant? Alors cet enfant devient dans la société un être monstrueux : il est retranché de sa famille naturelle, et cependant il n'appartient pas à sa famille adoptive.

Aura-t-il tous les droits des enfans naturels? Alors le législateur est tout à la fois injuste envers les parens du père adoptif, et plus libéral qu'il ne le peut; car il ne lui appartient pas d'enlever aux citoyens la successibilité, qui est pour eux une propriété véritable dans tous les degrés auxquels elle s'étend.

Le Premier Consul dit que l'adoption est si peu une conséquence du régime nobiliaire, que c'est dans les républiques qu'elle a été principalement en usage.

D'ailleurs, les modifications proposées la mettent en harmonie avec l'ordre de choses depuis long-temps reçu en France. Elle devient une simple transmission de noms et de biens ; transmission dont l'usage a toujours été fréquent, et qui jamais n'a été accusée de faire de l'adopté un être monstrueux dans l'ordre social.

Toujours aussi l'adoption a existé dans les campagnes ; avec cette différence cependant que, quant au droit, elle n'y transmet pas à l'adopté le nom de l'adoptant, mais que, dans le fait, le nom demeure à l'adopté, parce que personne ne le lui conteste.

L'adoption, a-t-on dit, ne sert que la vanité.

Elle a des avantages plus réels : elle sert à se préparer pour sa vieillesse un appui et des consolations plus sûrs que ceux qu'on attendrait de collatéraux ; elle sert au commerçant, au manufacturier privé d'enfans, à se créer un aide et un successeur.

La faculté de disposer ne forme pas les mêmes liens pendant la vie du testateur ; après sa mort, elle ne transmet pas son nom. Cependant des motifs plus nobles que la vanité, l'affection, l'estime, le sentiment, peuvent lui faire désirer de contracter cette sorte d'alliance avec celui qu'il en a jugé digne. Elle ne change rien à nos mœurs, puisqu'elle se borne à régulariser le droit déjà existant de faire porter son nom ; elle intéresse la vieillesse à élever la jeunesse, qu'en même temps elle encourage ; elle prépare de bons citoyens à l'État ; elle est un besoin pour toutes les professions.

L'objection qu'on a faite contre l'adoption des mineurs tombe, puisque les majeurs seuls pourront être adoptés.

L'adoption des majeurs n'est bizarre que quand l'adopté n'a pas été élevé par l'adoptant.

On a parlé des regrets possibles du père adoptif : ce repentir peut devenir la suite de toutes les transactions humaines. On se repent d'une aliénation, d'une donation, d'un mariage. Du moins, dans l'adoption, reste-t-il une ressource au père dont l'affection a été trompée ; c'est de réduire l'enfant adoptif à sa légitime.

On ne peut donc plus opposer à l'adoption que le désespoir des collatéraux.

Cet effet ne sera sans doute pas mis au nombre des inconvéniens : l'intérêt des collatéraux n'est rien ; et même, si on le calcule bien, on trouvera qu'il est plus ménagé par l'adoption que par une donation pure et simple des biens ; car la conformité du nom établit entre eux et l'adopté des rapports qui, dans diverses circonstances, peuvent leur être avantageux.

M. TREILHARD dit que l'adoption eût perdu beaucoup de son utilité, s'il eût fallu, pour l'opérer, recourir au Corps législatif. En effet, le Corps législatif n'est pas toujours assemblé ; il est absorbé par des intérêts généraux ; tous les citoyens ne peuvent arriver jusqu'à lui. Mais puisque l'adoption n'aura lieu qu'à l'égard des majeurs, l'intervention du Corps législatif devient inutile : on n'a plus besoin de cette sorte de garantie ; l'autorité des tribunaux est désormais suffisante. Ils vérifieront si tous les consentemens nécessaires ont été donnés, si toutes les formes prescrites ont été observées.

On pourrait également faire sanctionner par le gouvernement les actes d'adoption. Il est aussi accessible que les tribunaux ; jamais il n'est absent, et il lui est facile de prendre des renseignemens : mais il faudrait alors qu'il eût le droit de refuser sa sanction.

Sous cette forme et avec les modifications qui ont été proposées, l'adoption serait utile, ne dût-elle que consoler, par l'image de la paternité, ceux qui n'ont point d'enfans.

L'inconvénient de couvrir les avantages qu'un père veut faire à ses enfans naturels n'a rien de réel. En effet, si les enfans sont reconnus, ils ne peuvent être adoptés ; s'ils ne le sont pas, leur origine est incertaine ; pourquoi d'ailleurs l'auteur de leurs jours serait-il privé de réparer en quelque manière le vice de leur naissance ?

LE CONSUL CAMBACÉRÈS dit que les difficultés que la matière présente naissent du plan qui avait été d'abord proposé. Aujourd'hui que ce plan est abandonné, ces difficultés n'ont plus de consistance. En effet, d'après les idées développées par le *Premier Consul*, l'adoption ne sera plus qu'un moyen légitime de transmettre son nom et sa fortune : d'où il suit qu'elle aura une grande affinité avec la faculté de disposer.

M. TRONCHET dit que l'opinion du Consul se lie à la question de savoir si la loi permettra à celui qui n'a pas d'héritiers en ligne directe de disposer indéfiniment de ses biens. Il semble donc nécessaire d'ajourner l'adoption jusqu'à ce que cette question soit décidée.

Le droit de succéder dérive, il est vrai, de la loi positive ; mais la loi doit le distribuer d'après l'ordre des affections naturelles. Le premier degré appartient, sans doute, aux enfans : cependant la nature parle aussi en faveur des frères et des sœurs, en faveur des neveux, qui sont en quelque sorte des enfans. La loi ne serait donc pas injuste, si, se réglant par la nature, elle limitait, pour l'intérêt de parens aussi proches, la faculté de disposer. Ces principes ont toujours été reçus en France ; ils formaient la base du système des propres. On ne doit pas regretter ce système, source éternelle de procès sur l'origine des biens ; mais on peut y substituer l'obligation de réserver une portion de ses biens pour les collatéraux des premiers degrés. Tout cela, au surplus, est encore en question ; et de là résulte que le temps n'est pas venu de prononcer sur l'adoption. Peut-être cette institution sera-t-elle admissible avec les modifications proposées.

LE PREMIER CONSUL dit que l'effet le plus heureux de l'adoption sera de donner des enfans à celui qui en est privé, de donner un père à des enfans devenus orphelins, de lier enfin à l'enfance la vieillesse et l'âge viril. La transmission du nom est le lien le plus naturel, en même temps qu'il est le plus fort pour former cette alliance.

Avec cet effet l'adoption appartient plus à l'état des personnes qu'à la législation sur les biens.

Au reste, il est possible de ne l'admettre que sous des conditions ; d'exiger, par exemple, qu'elle n'ait lieu qu'entre celui qui a rendu des services et celui qui en a reçu.

Ainsi les soins qu'un individu aurait pris d'un enfant en bas âge l'autoriseraient à l'adopter. Les services qu'il aurait reçus de l'adulte lui donneraient la même faculté. Il y a plus, l'adoption d'un majeur serait absurde, si elle n'avait pour motif la reconnaissance de celui qui l'adopte.

Le projet est renvoyé à la section pour préparer une rédaction conforme aux observations faites dans le cours de la discussion.

(Procès-verbal de la séance du 11 frimaire an XI. — 2 décembre 1802.)

M. Berlier présente une nouvelle rédaction du titre *de l'Adoption*.

Elle ainsi conçue :

345   Art. 1er. « L'adoption aura lieu dans deux cas : l'un en
« faveur d'enfans auxquels l'adoptant aura rendu des services
« durant leur minorité ; l'autre en faveur d'individus, même
« majeurs, dont l'adoptant aura lui-même reçu d'importans
« services. »

De l'Adoption des enfans auxquels l'adoptant aura rendu des services durant leur minorité.

361   Art. 2. « Tout individu de l'un ou de l'autre sexe, qui,
« avant d'adopter un enfant, voudra se l'attacher par des
« liens authentiques, déclarera au juge de paix du domicile
« de cet enfant l'intention où il est de l'adopter, et se sou-
« mettra dès ce moment à le recevoir et garder jusqu'à sa
« majorité, pour en prendre soin et le traiter en bon père
« de famille.

« Le même acte contiendra la soumission de payer au mi-

« neur une somme déterminée, à titre d'indemnité, si, à
« l'époque de sa majorité, l'adoption n'a point lieu. »

Art. 3. « Les déclaration et soumission énoncées dans l'ar- Ib.
« ticle précédent devront être acceptées au nom de l'enfant
« par ses père et mère, ou par le survivant d'entre eux ; ou,
« à leur défaut, par un tuteur muni de l'autorisation d'un
« conseil de famille ; ou enfin, si l'enfant n'a pas de parens
« connus, par les administrateurs de l'hospice où il aura
« été recueilli, ou par la municipalité du lieu de sa rési-
« dence.

« Après cette acceptation, l'enfant sera remis à la personne
« qui se propose de l'adopter, et qui, à dater de ce jour,
« exercera sur lui l'autorité paternelle. »

Art. 4. « Le mineur dont il est parlé aux précédens articles 364
« devra être âgé de moins de dix-huit ans, lors des actes
« préliminaires de l'adoption.

« Lorsqu'il sera devenu majeur, s'il accepte l'adoption, et
« que l'adoptant y persévère, le contrat d'adoption sera
« dressé par le juge de paix, et ne sera néanmoins valable
« qu'après qu'on aura rempli les formalités dont il sera parlé
« ci-après. »

Art. 5. « On pourra adopter, même sans les préliminaires 345
« ci-dessus, tout individu qu'on aura recueilli mineur, et
« auquel on aura donné des soins continués pendant six an-
« nées au moins.

« A la majorité de ce dernier, et après l'expiration des-
« dites six années de soins, le contrat d'adoption sera passé
« en la forme indiquée par l'article 4. »

Art. 6. « Tout contrat d'adoption sera transmis au com- 354
« missaire du gouvernement près le tribunal de première
« instance, et soumis à l'homologation de ce tribunal. »

Art. 7. « Le tribunal, réuni dans la chambre du conseil, 355
« et après s'être procuré les renseignemens convenables, exa-
« minera, 1° si toutes les conditions de la loi sont remplies ;
« 2° si la personne qui se propose d'adopter jouit d'une ré-

« putation honnète ; 3° quelle a été sa conduite envers l'en-
« fant.

356   « Après avoir entendu le commissaire du gouvernement,
« et sans aucune autre forme de procédure, le tribunal pro-
« noncera, sans énoncer de motifs, en ces termes : *Il y a lieu*
« ou *il n'y a pas lieu à l'adoption.* »

357   Art. 8. « Le jugement du tribunal de première instance
« sera, de plein droit, soumis au tribunal d'appel, qui ins-
« truira dans les mêmes formes que le tribunal de première
« instance, et prononcera sans énoncer de motif : *Le juge-*
« *ment est confirmé,* ou *le jugement est réformé ; et en consé-*
« *quence il y a lieu* ou *il n'y a pas lieu à l'adoption.*

359   « L'adoption ne sera parfaite que du jour du jugement
« rendu par le tribunal d'appel ; et l'inscription de l'adoption
« sur les registres de l'état civil n'aura lieu qu'à la vue
« d'une expédition en forme de ce jugement. »

*De l'Adoption des individus dont l'adoptant lui-même aurait
reçu d'importans services.*

345   Art. 9. « Tout individu qui aura rendu à un autre individu
« d'importans services, tels que de lui avoir sauvé la vie,
« l'honneur ou la fortune, pourra être par lui adopté, sans
« autre condition que celle d'être moins âgé que l'adoptant. »

346   Art. 10. « Si l'individu qui aura rendu les services expri-
« més dans l'article précédent est mineur, et que celui qui
« les aura reçus veuille se l'attacher, avant la majorité, par
« les actes préliminaires énoncés aux articles 2 et 3, il y sera
« pourvu conformément à ces articles.

« S'il est majeur, le contrat d'adoption pourra être immé-
« diatement passé devant le juge de paix.

« Dans l'un et l'autre cas, l'instruction et le jugement de
« l'adoption suivront les formes établies par les articles 7
« et 8. »

355   Art. 11. « Les tribunaux vérifieront, outre la moralité de
« l'adoptant, 1° si les services articulés sont vrais ; 2° s'ils
« sont de la nature de ceux exigés par l'article 9. »

Dispositions communes à tous les cas d'adoption.

Art. 12. « Nul individu de l'un ou l'autre sexe ne peut 343
« adopter, ni même faire la déclaration exprimée dans l'ar-
« ticle 2, 1° s'il a des enfans ou descendans légitimes; 2° s'il
« n'est âgé de quarante-cinq ans au moins. »

Art. 13. « Le même individu ne pourra être adopté par 344
« plusieurs personnes, si ce n'est par deux époux.

« L'un des époux pourra adopter séparément avec le con-
« sentement de l'autre; le tout sans déroger aux conditions
« de l'article 12. »

Art. 14. « Les effets de l'adoption consisteront à conférer 347-350
« le nom de l'adoptant à l'adopté, en l'ajoutant au sien pro-
« pre, et à donner à l'adopté, sur la succession de l'adoptant,
« les mêmes droits que ceux qu'y aurait l'enfant né en ma-
« riage, même quand il y aurait d'autres enfans de cette der-
« nière qualité existans lors du décès de l'adoptant. »

Art. 15. « Si l'adopté meurt sans descendans légitimes, 351
« l'adoptant ou ses descendans succéderont aux biens venant
« de l'adoptant, dans l'état où ils se trouveront : le surplus de
« la succession appartiendra aux propres parens de l'adopté. »

Art. 16. « Si, du vivant de l'adoptant, et après le décès 352
« de l'adopté, les enfans ou descendans laissés par celui-ci
« mouraient eux-mêmes sans postérité, l'adoptant succédera
« aux biens venant de lui, comme il est dit en l'article pré-
« cédent; mais ce droit sera inhérent à sa personne, et non
« transmissible à ses héritiers. »

L'article 1er est adopté.   345

L'article 2 est discuté.   361 à 378

M. MALEVILLE demande s'il sera dû une indemnité à l'enfant, dans le cas où, à sa majorité, l'adoption ne serait pas
consommée.

M. TREILHARD pense que la nécessité d'une semblable indemnité ne peut être contestée.

M. BOULAY dit que du moins l'indemnité ne doit pas être

accordée lorsque c'est l'enfant devenu majeur qui renonce
à l'adoption.

M. BERLIER répond qu'on a cru devoir l'accorder dans tous
les cas, pour empêcher que l'adoptant ne parvienne à s'y
soustraire. Il pourrait, en effet, par de mauvais procédés,
dégoûter l'enfant de l'adoption.

M. TREILHARD rappelle au Conseil qu'il y aura deux sortes
d'adoptions : l'une, qui pourra avoir lieu après la majorité et
sans déclaration préalable, mais seulement comme récompense de services; l'autre, qui ne sera consommée qu'à la majorité, mais qui devra avoir été précédée d'une déclaration
de l'adoptant, faite pendant la minorité de l'adopté. Il est
impossible de ne pas attacher à celle-ci la perspective d'un
avantage assuré par le seul effet de la déclaration, et qui soit
le prix du consentement de la famille.

M. BIGOT-PRÉAMENEU pense qu'il n'est aucun motif d'accorder une indemnité à l'adopté, lorsque c'est par son refus
que l'adoption n'a pas lieu. Les avantages de l'adoption lui
sont offerts; il est libre de les accepter : s'il y renonce, il n'y
a pas de raison de l'indemniser d'un dommage qu'il ne souffre que par le seul effet de sa volonté.

Mais, dit-on, son refus peut être déterminé par les mauvais procédés de l'adoptant.

Un tel motif sera toujours très-rare : le motif le plus ordinaire du refus de l'enfant sera son attachement pour sa famille. Ainsi, si l'on veut que les adoptions se consomment,
il importe de ne pas encourager, par une indemnité, le penchant naturel des enfans à y renoncer.

M. EMMERY dit qu'il peut être juste de ne pas obliger le
père adoptif à payer une indemnité, quand il n'en a pas contracté l'engagement; qu'ainsi il n'en doit point dans l'espèce
de l'article 5 et des articles suivans. Mais il s'agit ici du cas
où le père adoptif, pour déterminer le consentement de la
famille, a pris l'engagement de payer une indemnité si l'a-
doption n'avait pas lieu.

Le Consul Cambacérès demande pourquoi l'on établirait ici une règle absolue ; pourquoi l'on donnerait tout au caprice et rien à la raison. L'adoptant, comme l'adopté, peut avoir de justes motifs pour renoncer à l'adoption. L'indemnité n'est due que quand l'adoptant ne veut pas faire connaître les motifs qui le décident à se désister : il serait donc convenable de rendre éventuelle l'obligation de l'indemnité, et de fixer les cas où elle ne pourra être réclamée.

M. Berlier pense qu'alors la demande en dommages et intérêts devrait être soumise au jugement des tribunaux.

M. Portalis dit que, dans le système de la déclaration préalable, il est nécessaire de décider quel sera le sort de l'enfant adoptif, si le père meurt avant l'époque où l'adoption peut être consommée.

Le Consul Cambacérès dit que la présomption doit alors être en faveur de l'enfant.

M. Regnaud (de Saint-Jean-d'Angely) dit que l'enfant qui a reçu, jusqu'à quinze ans, une éducation distinguée reste exposé à tous les besoins, si tout-à-coup il se trouve réduit à vivre du travail de ses mains. Il est donc juste de laisser les tribunaux prononcer, suivant les circonstances, s'il est dû des dommages et intérêts.

M. Réal pense que, soit que le père adoptif meure avant l'époque de l'adoption, soit qu'après cette époque il refuse d'adopter, il est dû une indemnité à l'enfant.

M. Treilhard observe que, comme l'enfant adoptif pourrait, à sa majorité, se refuser à l'adoption, le contrat doit établir une juste réciprocité.

Le Consul Cambacérès dit que l'adoption forme plus qu'un contrat, et que ses suites doivent être interprétées en faveur de l'enfant.

M. Treilhard dit que la section n'a jamais prétendu qu'un citoyen dût naturellement une indemnité pour s'être chargé d'un enfant, l'avoir élevé, et s'être proposé de l'adopter à sa majorité, s'il répondait à ses bontés.

Mais comme un tel acte de bienfaisance ne peut être exercé sans le consentement de la famille, la section avait cru que le moyen de déterminer ce consentement était de décider que l'indemnité serait due lorsque l'adoptant changerait de volonté, soit par légèreté, soit par des motifs justes et raisonnables.

L'opinant admet cependant la distinction du Consul *Cambacérès*, et le renvoi aux tribunaux, pour juger, d'après les circonstances, si l'indemnité doit être accordée.

M. TRONCHET dit que la loi ne doit pas sanctionner par une disposition l'espèce de vente qu'un père ferait de son enfant, en stipulant une somme dans le cas où celui qui le prend voudrait dans la suite le lui rendre. L'adoption doit être le résultat du sentiment, et non un marché. Que le père prenne garde de ne confier son fils qu'à un homme de bien, mais qu'il n'ait pas d'indemnité à espérer.

Il faut cependant prévoir le prédécès de l'adoptant. La loi doit établir pour ce cas la présomption que l'adoption eût été consommée si l'adoptant eût vécu : elle doit aussi donner tout son effet à son vœu testamentaire.

M. MALEVILLE dit qu'on ferait tomber beaucoup de difficultés en retranchant la formalité de la déclaration préalable.

M. RÉAL dit que le père qui abandonne son fils à un étranger, sans prendre ses précautions et ses sûretés, n'est pas plus estimable que celui qui le vend. La tendresse paternelle doit prévoir qu'un enfant qui, après avoir reçu une éducation distinguée, serait réduit à chercher sa subsistance dans un travail rude et pénible, demeurerait sans ressource, et peut-être arriverait à s'en procurer par des moyens illicites. Ce serait donc trop hasarder que de se reposer sur le vœu testamentaire de l'adoptant, ne dût-on craindre même que l'événement de sa mort inopinée.

Le vœu testamentaire de l'adoptant ne doit agir sur l'adoption que négativement et pour l'exclure, et non positivement; c'est-à-dire, en ce sens qu'elle n'existe que dans le cas où le testateur a déclaré qu'il meurt dans l'intention de la consommer.

Le Premier Consul dit qu'on envisage mal la question.

L'adoption est absurde, si l'on suppose qu'elle met en présence deux pères, l'un naturel, l'autre adoptif, pour traiter ensemble d'un enfant.

L'adoption est principalement établie pour donner un père aux orphelins dans l'individu qui, n'ayant que des héritiers éloignés, veut s'attacher un enfant, en lui laissant ses biens avec son nom. Elle l'est encore pour des amis qui désirent ajouter ce nouveau lien à ceux qui les unissent déjà. Voilà les cas les plus ordinaires et les plus favorables. C'est donc embarrasser la discussion que de la faire porter sur le cas plus rare et moins favorable où des motifs d'intérêt déterminent le père à donner son fils en adoption. L'intérêt de l'enfant doit d'autant moins occuper le législateur, dans cette dernière hypothèse, que ce sont les avantages évidens que l'adoption procure à cet enfant qui déterminent le père à y consentir.

Quant à la question de savoir si l'adoption peut être réputée définitive, sans vœu testamentaire, lorsque celui qui se propose d'adopter meurt avant la majorité de l'enfant, elle paraît devoir se résoudre par la considération que, pendant la minorité de l'enfant, il n'y a ni adoption, ni adoptant, ni adopté; qu'il n'y a qu'une tutelle officieuse, un tuteur, un pupille.

M. Berlier défend d'abord le projet de la section du reproche qui lui a été fait, d'avoir principalement en vue les enfans donnés en adoption par leurs père et mère : le projet ne concerne pas plus cette espèce d'enfans que les autres ; on voit même qu'il a formellement stipulé les intérêts des orphelins en parlant de leurs tuteurs, et ceux même des enfans abandonnés, en désignant les administrations d'hospices et les municipalités comme parties légales pour les donner en adoption.

Ainsi l'objection n'est pas fondée, à moins qu'on ne veuille restreindre l'adoption aux seuls orphelins de père et de mère : mais cette idée, que l'opinant aurait volontiers accueillie dès le principe de la discussion, n'a point paru être celle du Conseil ; et l'on ne peut d'ailleurs se dissimuler qu'il y a de bonnes raisons pour repousser cette restriction.

Ce sera souvent, ou même toujours, un père pauvre qui donnera son enfant en adoption, et qui le fera dans la seule vue d'être utile à son enfant : l'acte, qu'on regarde comme peu favorable, et comme en opposition avec la nature, sera donc souvent le résultat d'une affection profonde, et à laquelle on se livrera d'une manière qui répugnera d'autant moins à la nature, que, par le nouveau système, les liens naturels ne doivent point être rompus, et que l'adoption ne doit plus rendre l'adopté étranger aux membres de sa propre famille.

On a, continue M. *Berlier*, singulièrement attaqué la disposition relative à la stipulation d'indemnité dans le cas où l'adoption ne s'accomplirait point ; et l'on a présenté cette stipulation comme honteuse, et introduisant une convention pécuniaire dans un acte qui doit être tout libéral, et ne s'appuyer que sur sa force morale. Mais s'il y a de l'immoralité dans une telle stipulation, combien d'autres actes n'en sont pas empreints, et que fait-on journellement dans les contrats de mariage ?

Au reste, après avoir disculpé l'article 2 sous ce rapport, M. *Berlier* convient que cette disposition peut être amendée sans nuire à l'institution, et même à son profit.

Ainsi, qu'il n'y ait plus d'indemnité due à la *majorité*, si l'adoption ne s'accomplit pas ; fort bien : mais il reste toujours nécessaire de régler ce qui aura lieu, si l'adoptant ou *tuteur officieux* meurt avant que son pupille soit devenu majeur.

On n'a pas répondu à cette observation, en disant que le tuteur officieux pourra être autorisé à l'adopter par testament après un certain nombre d'années ; car, en premier lieu, qu'arrivera-t-il si l'adoptant ou tuteur officieux meurt avant ce laps de temps?

En second lieu, la difficulté n'existe pas pour le cas où l'on voudra supposer une disposition; car, abstraction faite de toute idée d'adoption, le tuteur officieux pourra instituer son pupille dans la quotité généralement disponible : la difficulté reste donc toute entière pour le cas où l'adoptant ou tuteur officieux mourrait sans avoir disposé durant la minorité de l'adopté.

En ce sens, la stipulation serait fort morale et surtout très-prudente. En effet, sans cette précaution, que deviendra l'enfant, si le tuteur officieux s'en est chargé sans soumission ultérieure? Sa charge cessera avec lui et ne passera point à ses héritiers; car, dans un contrat qui ne serait relatif qu'à des soins personnels, toute obligation cessera naturellement avec la personne qui a promis de les donner.

Le parti le plus simple serait peut-être, dans l'hypothèse donnée, de lui assurer une créance sur la succession, réglée à une certaine quotité des biens qui la composeraient; ce qui pourrait se faire sans lui conférer la qualité d'héritier, qui ne s'acquiert que par l'adoption parfaite.

M. *Berlier* ajoute que, pour éviter toutes ces difficultés, on a proposé de supprimer cette espèce d'adoption provisoire qui s'opère par la déclaration en minorité, et de s'en tenir à celle prévue par l'article 5 du projet.

Ne serait-ce pas porter atteinte à l'institution, que d'anéantir le mode qui l'honore le plus? et ne serait-ce pas un contre-sens en matière d'adoption, que d'exclure tout engagement préliminaire en minorité, quand il est question d'aider un mineur?

C'est bien assez que cette voie ne soit point absolument nécessaire; mais on ne peut l'exclure, car les familles désireront souvent, en remettant un enfant, obtenir quelque garantie, et obvier à ce qu'un simple caprice suffise pour le renvoyer d'un moment à l'autre.

En se résumant et en fixant l'attention du Conseil sur les points capitaux résultant de la discussion, M. *Berlier* pense qu'il convient d'examiner d'abord si l'adoption prévue par l'article 5 du projet est la *seule* admissible.

Si cet avis exclusif passait contre celui de l'opinant, tout finirait là : au cas contraire, et en maintenant une espèce d'adoption provisoire, il est facile d'amender la disposition qui avait pour objet d'indemniser le mineur toutes les fois que l'adoption ne deviendrait pas définitive : il est tout aussi facile de restreindre le pouvoir du tuteur officieux, et de ne pas lui conférer le plein exercice de l'autorité paternelle, si cette attribution paraît excessive. Mais il est, dans ce système, impossible de garder un silence absolu, 1° sur les obligations qui naissent du contrat provisoire pendant la minorité; 2° sur les droits où secours qui appartiendront au pupille dans le cas prévu du prédécès de son tuteur officieux. M. *Berlier* persiste à penser que la stipulation d'indemnité serait bonne pour ce cas, ou qu'au moins il faut y pourvoir par une disposition générale.

LE CONSUL CAMBACÉRÈS dit que la discussion doit être ramenée à deux points.

Le premier est celui de l'époque où l'adoption pourra s'accomplir.

L'autre point consiste à examiner comment se fera l'adoption.

M. CRETET dit qu'à la vérité on peut s'en rapporter à la famille, lorsque l'enfant en a une; mais que l'autorité publique doit en tenir lieu à l'enfant auquel on ne connaît pas de parens. La loi pourrait donc, dans les deux cas, imposer directement au tuteur officieux la condition de nourrir et d'élever l'enfant jusqu'à sa majorité. Si le tuteur était surpris par la mort avant cette époque, l'obligation continuerait de subsister et deviendrait la mesure de l'indemnité qui serait due par ses héritiers.

LE PREMIER CONSUL pense que la subsistance jusqu'à l'âge

où l'on peut pourvoir par le travail à ses besoins, est la seule indemnité à laquelle l'enfant puisse prétendre. Cet âge est quinze ou seize ans.

M. TREILHARD dit que celui qui a donné à un enfant une éducation brillante et distinguée paraît avoir contracté l'obligation de lui laisser au moins des alimens : cette jurisprudence a toujours été celle des tribunaux. Ce n'est pas par son choix que l'enfant est sorti de la simplicité de son premier état, et a été rendu incapable de travaux grossiers et pénibles. Les alimens ne peuvent donc lui être refusés que lorsqu'il n'a reçu qu'une éducation commune et qu'on lui a fait apprendre un métier.

LE PREMIER CONSUL dit que, puisque le droit commun établit des règles à cet égard, toute disposition ultérieure est inutile.

M. BIGOT-PRÉAMENEU pense que la loi ne doit ni exiger de déclaration, ni parler de contrat; elle doit laisser agir l'affection d'un côté, la reconnaissance de l'autre. Si, dans la suite, on s'autorisait de ce silence de la loi pour contester à l'enfant les alimens qu'il avait droit d'espérer, il recourrait aux tribunaux, qui les lui adjugeraient, en s'appuyant sur le principe que les soins qu'on a pris de lui ont produit l'obligation de le nourrir jusqu'à un certain âge.

M. MALEVILLE dit qu'il est fort douteux que les tribunaux condamnent un citoyen à fournir des alimens à un enfant jusqu'à sa majorité, par cela seul qu'il l'aurait déjà fait pendant quelque temps, mais sans aucune obligation préalable de sa part : l'essence même du bienfait est qu'il soit absolument libre, et son étendue dépend uniquement de la volonté de son auteur; il faudrait des circonstances bien extraordinaires pour obliger les tribunaux à s'écarter de ce premier principe.

M. REGNAUD (de Saint-Jean-d'Angely) voudrait que, pour prévenir toute difficulté, la loi s'expliquât formellement sur cette obligation, soit en la déterminant, soit en autorisant les tribunaux à régler l'indemnité d'après le genre d'éducation que l'enfant aurait reçu.

Le Consul Cambacérès pense aussi que la loi ne doit pas livrer un enfant à la misère parce que celui qui en a pris soin meurt avant le temps où il aurait pu l'adopter Le principe peut être établi dans un autre titre. Le Conseil paraissant renoncer à exiger une déclaration préalable, ce ne sera plus la présomption que celui qui s'est chargé de l'enfant a voulu l'adopter, ce sera le seul fait des soins donnés qui deviendra le motif de la demande en alimens.

M. Regnaud (de Saint-Jean-d'Angely) observe que, quand on renoncerait à exiger la déclaration, il y aurait toujours néanmoins un acte préalable qui ferait présumer l'intention d'adopter; ce serait l'acte par lequel le tuteur officieux se chargerait de la tutelle.

M. Berlier pense que, pour donner des bases plus fixes à la délibération, il est nécessaire de décider d'abord si l'on exigera la déclaration préalable comme condition nécessaire de l'adoption.

M. Boulay observe que ce serait éteindre peut-être la bienfaisance, que de la forcer à se lier.

Le Premier Consul voudrait que tout tuteur officieux fût indistinctement obligé d'élever l'enfant jusqu'à un âge déterminé; on pourrait fixer celui de dix-huit ans. Mais l'obligation de donner des alimens ne peut devenir une condition nécessaire de la tutelle officieuse sans qu'il en résulte de graves inconvéniens. D'abord, on placerait l'enfant dans un état d'indépendance tel qu'il pourrait impunément ne plus garder de mesures avec son bienfaiteur. Ensuite, les alimens qu'on est forcé de lui assurer seraient une portion de la succession du tuteur officieux, et par là la simple tutelle officieuse aurait une partie des effets de l'adoption; ce qui serait déroger au principe absolu, que l'adoption ne peut avoir lieu qu'à la majorité de l'enfant.

Le Consul ajoute qu'au surplus la majorité pour l'adoption

devrait être la même que pour le mariage, et qu'alors il conviendrait de faire intervenir la famille de l'adopté à l'acte de l'adoption définitive.

M. TREILHARD observe que le Conseil est divisé sur la question de l'indemnité.

Pour concilier les opinions, il propose d'obliger celui qui s'est chargé d'un enfant à le faire élever jusqu'à dix-huit ans et à lui donner un état; et d'autoriser l'enfant, lorsqu'il n'aura pas satisfait à cette obligation, à recourir aux tribunaux, lesquels régleront d'après les circonstances l'indemnité qui pourra être due.

M. THIBAUDEAU dit que l'institution est dénaturée, si celui qui s'est chargé d'un enfant ne peut ensuite refuser de l'adopter sans s'exposer à payer une indemnité. Il faut, en effet, que rien ne gêne la volonté du bienfaiteur, et que, jusqu'à la majorité de l'enfant, il conserve la plus entière indépendance.

D'ailleurs l'enfant lui est remis ou par sa famille, ou, à défaut de parens, par l'autorité publique. S'il lui a été confié sans condition, alors on s'en est rapporté à lui : si on lui a fait des conditions, tout est réglé, et le ministère de la loi n'est plus nécessaire. La loi doit donc se borner à autoriser les stipulations qui seraient faites en faveur du mineur, dans le cas de la mort ou du changement de volonté de celui qui s'en charge; si elle va plus loin, elle anéantit l'adoption, car personne ne voudra adopter.

M. REGNAUD (de Saint-Jean-d'Angely) dit que la loi serait incomplète, si elle se reposait des intérêts de l'enfant sur la tendresse des héritiers. A l'égard de l'autorité publique, ou elle se rendra difficile sur les conditions, et alors elle rebutera l'adoptant; ou elle sera facile, et alors son intervention devient inutile.

Il est donc plus juste de renvoyer ces sortes de questions aux tribunaux, pour qu'ils décident d'après les circonstances.

LE CONSUL CAMBACÉRÈS persiste à croire que le Conseil doit

se fixer, avant tout, sur la question de savoir si la déclaration préalable sera nécessaire.

Le Premier Consul rappelle qu'on est convenu de permettre les adoptions par testament : or, elles supposent nécessairement un acte préalable de la part de celui qui veut user de cette faculté.

Au reste , on peut réduire le système à un petit nombre de points. On peut permettre d'adopter, à la majorité, l'enfant dont on aura pris soin depuis son bas âge, et l'enfant dont on se sera rendu tuteur officieux. Celui qui se proposera d'adopter prendra cette dernière qualité. Mais il faut que , ni dans l'un ni dans l'autre cas, ce qu'il aura fait pendant la minorité de l'enfant ne produise l'obligation de l'adopter à sa majorité.

Celui qui aurait été le tuteur officieux pendant, cinq ans pourrait adopter l'enfant par une disposition testamentaire.

Le tuteur officieux devrait des alimens à l'enfant, s'il mourait sans l'avoir adopté, ou si, à la majorité de cet enfant, il refusait de l'adopter.

Le titre est renvoyé à la section, pour le revoir d'après les observations faites dans le cours de la discussion.

(Procès-verbal de la séance du 18 frimaire an XI. — 9 décembre 1802.)

M. Berlier présente une nouvelle rédaction du titre *de l'Adoption.*

Elle est ainsi conçue :

345 Art. 1er. « L'adoption aura lieu dans deux cas : l'un , en
« faveur d'enfans auxquels l'adoptant aura rendu des services
« durant leur minorité ; l'autre, en faveur d'individus, même
« majeurs, dont l'adoptant aura lui-même reçu d'importans
« services. »

De l'Adoption des enfans auxquels l'adoptant aura rendu des
services durant leur minorité.

345 346 Art. 2. « Tout individu qui aura été recueilli mineur , et

« auquel on aura donné des soins continués pendant six an-
« nées au moins, pourra, à sa majorité et après l'expiration
« desdites six années, être adopté par la personne qui aura
« pris soin de lui. »

Art. 3. « Celui qui voudra, durant la minorité d'un indi- 361
« vidu, se l'attacher par un titre légal, pourra devenir son
« tuteur officieux, en obtenant le consentement des père et
« mère de l'enfant, ou du survivant d'entre eux, ou, à leur
« défaut, du tuteur ordinaire muni de l'autorisation d'un
« conseil de famille ; ou enfin, si l'enfant n'a point de parens
« connus, en obtenant le consentement des administrateurs
« de l'hospice où il aura été recueilli, ou de la municipalité
« du lieu de sa résidence.

« Il en sera dressé procès-verbal par le juge de paix, et
« l'enfant sera immédiatement remis à son tuteur officieux. »

Art. 4. « La tutelle officieuse ne pourra ne pourra avoir 364
« lieu qu'au profit d'enfans âgés de moins de quinze ans.

« Elle emportera avec soi l'obligation de nourrir et élever
« le pupille, et de lui rendre tous les soins d'un bon père de
« famille, jusqu'à ce que le pupille soit lui-même en état de
« pourvoir convenablement à son existence. »

Art. 5. « Dans l'intervalle de la tutelle officieuse à la ma- ap. 364
« jorité du pupille, celui-ci n'aura d'autres droits que ceux
« exprimés dans l'article précédent, ou qui auraient été par-
« ticulièrement stipulés.

« Néanmoins, si le tuteur officieux, cinq ans après la tu- 366
« telle, et dans la prévoyance de son décès avant la majorité
« de son pupille, lui confère l'adoption par acte testamentaire,
« cette disposition sera valable.

« S'il n'y a pas de dispositions de cette nature, et que le 367
« tuteur officieux meure avant la majorité du pupille, et sans
« que celui-ci ait été mis en état de gagner convenablement
« sa vie, il sera dû à ce pupille, durant sa minorité, des se-
« cours dont la quotité et l'espèce, s'il n'y a été antérieure-
« ment pourvu par stipulation précise du tuteur officieux

« lui-même, seront réglées, soit amiablement entre les re-
« présentans respectifs de ce tuteur et de son pupille, soit
« judiciairement en cas de contestation. »

368   Art. 6. « A la majorité du pupille, l'adoption s'opérera par
« le consentement respectif du tuteur officieux et du pupille.

353-354   « Cette adoption, ainsi que celle résultant de l'article 2,
« sera reçue par le juge de paix; et le contrat, soit de l'une,
« soit de l'autre, sera transmis au commissaire du gouver-
« nement près le tribunal de première instance, pour être
« soumis à l'homologation de ce tribunal. »

355   Art. 7. « Le tribunal, réuni dans la chambre du conseil,
« et après s'être procuré les renseignemens convenables, exa-
« minera, 1° si toutes les conditions de la loi sont remplies;
« 2° si la personne qui se propose d'adopter jouit d'une bonne
« réputation; 3° quelle a été sa conduite envers l'enfant.

356   « Après avoir entendu le commissaire du gouvernement,
« et sans aucune autre forme de procédure, le tribunal pro-
« noncera, sans énoncer de motifs, en ces termes : *Il y a lieu,*
« ou *il n'y a pas lieu à l'adoption.* »

357   Art. 8. « Le jugement du tribunal de première instance
« sera, de plein droit, soumis au tribunal d'appel, qui ins-
« truira, dans les mêmes formes que le tribunal de première
« instance, et prononcera, sans énoncer de motifs : *Le juge-*
« *ment est confirmé,* ou *le jugement est réformé;* et en consé-
« *quence il y a lieu,* ou *il n'y a pas lieu à l'adoption.*

359   « L'adoption ne sera parfaite que du jour du jugement
« rendu par le tribunal d'appel; et l'inscription de l'adoption
« sur les registres de l'état civil n'aura lieu qu'à la vue d'une
« expédition en forme de ce jugement. »

De l'Adoption des individus dont l'adoptant lui-même aurait
reçu d'importans services.

345-346-   Art. 9, 10 et 11 (*les mêmes que ceux du procès-verbal qui*
355   *précède*).

Dispositions communes à tous les cas d'adoption.

Art. 12. « Nul individu de l'un ou l'autre sexe ne peut 343
« adopter ni être admis à la tutelle officieuse, 1° s'il a des
« enfans ou descendans légitimes ; 2° s'il n'est âgé de qua-
« rante-cinq ans au moins. »

Art. 13. « Le même individu ne pourra être adopté par 344
« plusieurs personnes, si ce n'est par deux époux.

« L'un des époux pourra adopter séparément avec le con-
« sentement de l'autre ; le tout sans déroger aux conditions
« de l'article 12. »

Art. 14. « Les effets de l'adoption consisteront à conférer 347-350
« le nom de l'adoptant à l'adopté en l'ajoutant au sien pro-
« pre, et à donner à l'adopté, sur la succession de l'adop-
« tant les mêmes droits que ceux qu'y aurait l'enfant né en
« mariage, même quand il y aurait d'autres enfans de cette
« dernière qualité existant lors du décès de l'adoptant. »

Art. 15. « Si l'adopté meurt sans descendans légitimes, 351
« l'adoptant ou ses descendans succéderont aux choses don-
« nées par l'adoptant, et qui existeront en nature lors du
« décès de l'adopté.

« Le surplus de la succession de l'adopté appartiendra à
« ses propres parens, et ceux-ci excluront toujours, pour les
« objets même spécifiés au présent article, tous héritiers de
« l'adoptant, autres que ses descendans. »

Art. 16. « Si, du vivant de l'adoptant, et après le décès de 352
« l'adopté, les enfans ou descendans laissés par celui-ci mou-
« raient eux-mêmes sans postérité, l'adoptant succédera aux
« choses données par lui, comme il est dit en l'article pré-
« cédent ; mais ce droit sera inhérent à sa personne, et non
« transmissible à ses héritiers. »

L'article 1er est discuté.   345

LE CONSUL CAMBACÉRÈS dit que celui qui se charge d'un
enfant fait pour lui plus que ce qu'on entend communément
par cette expression, *rendre des services.* On pourrait donc

réserver cette locution pour la seconde partie de l'article, et dire dans la première : *Celui qui aura pris soin d'un enfant et rempli envers lui les devoirs de la paternité*, etc.

L'article est adopté avec cet amendement et renvoyé à la section pour la rédaction.

345-346   L'article 2 est adopté sauf rédaction.

361   L'article 3 est discuté.

M. Boulay pense que le tuteur officieux doit aussi remplir les fonctions de tuteur ordinaire.

M. Bérenger dit qu'en effet il peut dans la suite échoir des successions à l'enfant qui est actuellement sans fortune ; qu'alors on douterait par qui ses biens doivent être administrés ; qu'ainsi, pour prévenir les incertitudes, il est utile que la loi s'explique.

Le Consul Cambacérès dit que la tutelle officieuse est une tutelle véritable ; qu'elle doit donc donner à la personne qui la gère l'administration de la personne et des biens du mineur. Celui qui s'est chargé d'un enfant sans fortune inspire nécessairement assez de confiance pour qu'on puisse lui remettre l'administration des biens qui surviennent à cet enfant.

M. Berlier dit que cette proposition est juste ; mais qu'en l'admettant il importe aussi de statuer que le tuteur officieux ne pourra, comme l'aurait pu le tuteur ordinaire, imputer les dépenses d'éducation sur les revenus du pupille, sans quoi cette tutelle spéciale n'aurait plus rien d'officieux, et ne serait plus un bienfait.

L'article est adopté avec ces amendemens.

364   L'article 4 est adopté.

ap. 364,   L'article 5 est discuté.
366 et 367
M. Regnaud (de Saint-Jean-d'Angely) observe que l'article contrarie l'opinion adoptée par le Conseil de donner des alimens indéfinis.

M. Jollivet pense que le Conseil a entendu n'accorder des alimens à l'enfant que jusqu'à ce qu'il fût en état de pourvoir lui-même à sa subsistance : plus on imposera de conditions aux actes de générosité, et plus on les rendra rares.

M. Treilhard dit qu'il est certainement dû une indemnité à l'enfant dans le cas prévu par l'article. Il ne s'agit plus que de décider si la loi s'expliquera sur cette obligation, ou si elle s'en rapportera aux tribunaux.

Si la loi gardait un silence absolu, il serait à craindre que les tribunaux ne supposassent qu'elle a entendu proscrire l'action de l'enfant.

M. Bigot-Préameneu dit que celui qui s'est chargé de l'enfant doit le mettre en état de pourvoir à ses besoins par son travail ; qu'ainsi les secours qu'il est obligé de donner ne pourront s'étendre au-delà de la majorité de l'enfant. Une bonne éducation est déjà une richesse ; elle ne peut soumettre ceux qui l'ont donnée à porter plus loin leur munificence : jamais un bienfait n'imposa l'obligation d'un bienfait nouveau. Si l'enfant devenu majeur prétend qu'il est hors de la règle commune, et qu'il lui est dû des dommages et intérêts, les tribunaux prononceront ; mais il ne faut pas laisser subsister dans l'article le mot *convenablement*. Cette expression n'est pas exacte, et elle ferait naître une foule de questions.

M. Tronchet dit qu'il importe de renfermer l'action de l'enfant dans un délai très-court, d'une année par exemple ; car un enfant qui, après sa majorité, s'est retiré sans s'expliquer, pourrait, après un long intervalle, venir répéter une indemnité.

M. Regnaud (de Saint-Jean-d'Angely) appuie cet amendement.

M. Treilhard dit que la discussion ne porte pas sur la durée de l'action ; il s'agit de l'obligation qui peut être formée pendant la minorité de l'enfant, et qui, si elle existe et si elle n'est pas exécutée, produit une action.

Il est certain qu'en général cette obligation doit être réduite aux termes que lui a donnés M. *Bigot-Préameneu*; mais une conséquence nécessaire du principe avoué sera que, si on a négligé l'enfant, et qu'on ne l'ait pas mis en état de gagner sa vie, on lui doit une indemnité.

M. Portalis dit qu'il importe de distinguer le tuteur officieux qui, en prenant cette qualité, annonce le projet d'adopter, du simple bienfaiteur qui se charge d'un enfant sans manifester d'intentions ultérieures. Il serait dangereux de soumettre ce dernier à une obligation; ce serait décourager la bienfaisance, en lui imposant un fardeau plus pesant que celui dont elle veut ou même dont elle peut se charger.

Le Consul Cambacérès dit que la discussion de l'article embrassait deux hypothèses.

La première est celle où la personne qui s'est chargée de l'enfant le laisse, en mourant, dans la minorité, et ne l'a pas adopté par son testament.

On a pensé que cet enfant devait recevoir des secours tant qu'il serait mineur. Cette opinion est juste : il ne faut pas en effet que l'enfant demeure abandonné; mais aussi il ne lui est dû que des secours, c'est-à-dire ce qui est nécessaire à ses besoins. Ainsi, quand sa famille peut l'élever, il n'est plus dans le besoin, et il ne lui est rien dû.

L'autre hypothèse est celle où le tuteur officieux refuse, à la majorité de l'enfant, de consommer l'adoption.

On a pensé qu'alors il était dû à cet enfant, non un état, mais un métier; et que si les parties ne s'accordaient pas sur ce point, les tribunaux deviendraient les arbitres de l'indemnité. Il faut au surplus que l'action résultant de cette obligation se prescrive par un laps de temps fort court.

L'article est adopté avec ces amendemens.

353 à 356 Les articles 6 et 7 sont adoptés.
368
357 L'article 8 est discuté.

M. Maleville dit que le mode de procéder en secret ne permet pas aux parens de l'adoptant de faire valoir leurs réclamations.

M. BERLIER dit que ce n'est pas ici un droit de collatéraux, et que la question ne peut s'élever par rapport aux enfans, puisque l'adoption n'est permise qu'à ceux qui n'en ont pas.

Au surplus, le secret de la procédure, utile en ce qu'un examen de moralité ne doit pas avoir lieu sous les yeux du public, ne peut ici donner lieu à aucune surprise quand les choses se passent dans la localité même où l'enfant a reçu des soins, après une première déclaration devant le juge de paix, et sous l'inspection du commissaire du gouvernement.

M. BOULAY observe qu'un citoyen qui n'est pas marié au moment où il se charge de la tutelle officieuse peut ensuite devenir époux et père, et que ses enfans ont le droit de s'opposer à ce que l'adoption soit consommée.

LE CONSUL CAMBACÉRÈS dit qu'en effet ce cas doit être prévu; qu'il est donc indispensable de donner assez de publicité à la procédure, pour que les enfans soient avertis de l'adoption.

A l'égard des collatéraux, leurs réclamations ne doivent être écoutées que dans l'hypothèse où l'adoptant aurait perdu la raison.

M. BERLIER dit que ce dernier cas n'a pas besoin d'être prévu, parce que le droit commun est là pour arrêter les effets de la démence; et que, pour les autres cas, il semble à l'opinant qu'il existe assez de formalités pour donner l'éveil aux parties intéressées à contester l'adoption, et qui peuvent remettre des mémoires aux magistrats chargés du ministère public.

LE CONSUL CAMBACÉRÈS propose de décider que les adoptions ne pourront être faites qu'au domicile de l'adoptant, et de renvoyer les détails au Code judiciaire.

M. MALEVILLE persiste à penser que la procédure doit être publique.

Il voudrait cependant que les parens ne fussent pas admis à critiquer l'adoption quand elle tombe sur un enfant dont l'adoptant a pris soin; mais qu'il leur fût permis de contester l'accomplissement des conditions, lorsque l'adoption aurait pour motifs des services reçus; sans quoi, sur l'allégation seule de ces services, que les parens n'auront pas droit de contester, ils seront toujours exposés à être privés de la quotité de biens que la loi leur réserve dans la succession de celui qui veut adopter.

Le Consul Cambacérès pense qu'il est impossible d'admettre des collatéraux à empêcher un citoyen d'adopter celui qui lui a sauvé la vie : ce serait supposer qu'ils ont des droits acquis sur les biens de l'adoptant.

Le Conseil adopte l'amendement, que les adoptions ne pourront être faites qu'au domicile de l'adoptant.

M. Tronchet demande si l'adoption sera réputée consommée aussitôt après le jugement, ou seulement depuis l'inscription de ce jugement.

M. Berlier dit que, pour l'adoption surtout qui suit une tutelle officieuse, il ne faut pas craindre d'attribuer de prompts effets, attendu qu'il est beaucoup de circonstances où les délais pourraient nuire à l'adopté, ne fût-ce que le cas où l'adoptant viendrait à mourir.

M. Treilhard propose d'exprimer que l'adoption est parfaite du jour du jugement, à la charge de l'inscription qui devra avoir lieu dans un délai déterminé.

M. Réal dit qu'il faut pourvoir également au cas où le père adoptif viendrait à mourir entre le jugement de première instance et le jugement d'appel; alors les démarches qu'il a faites doivent avoir la même force que son vœu testamentaire.

M. Berlier propose de donner à l'adoption son effet depuis la comparution devant le juge de paix.

L'article est adopté avec ces amendemens.

345   L'article 9 est discuté.

M. Lacuée demande s'il sera permis à un individu d'adopter le fils de celui qui lui aura sauvé la vie.

M. Berlier répond qu'il peut employer le moyen de la tutelle officieuse.

M. Tronchet trouve l'article trop vague. D'abord il ne prononce pas sur la distance d'âge qui devra exister entre l'adoptant et l'adopté, dans le cas de services rendus. Un homme de soixante-dix ans pourra-t-il en adopter un de soixante-neuf? Ensuite il sera nécessaire d'expliquer ce qu'il faut entendre par *service important*. On n'ignore point que les lois anciennes déclaraient incapables de recevoir des legs, ceux qui, à raison de leur rapport avec le testateur, pouvaient influencer sa volonté, comme étaient son médecin, son avocat, son confesseur. Cette précaution si sage paraît devoir s'appliquer à l'adoption, pour empêcher qu'elle ne devienne un moyen de pactiser.

Peut-être, en général, serait-il plus prudent de ne point étendre, par des voies indirectes, la faculté de disposer, avant d'avoir réglé la matière des successions et des donations. On doit mettre encore plus de soin à prévenir les abus, puisque la réserve des propres est abolie.

D'ailleurs, pourquoi permettre l'adoption d'un majeur? Elle n'est naturelle qu'à l'égard des enfans, parce qu'ils donnent des espérances.

M. Treilhard appuie l'explication proposée par M. *Tronchet*. Il faudrait, dit-il, réduire l'adoption pour services rendus à celui qui aurait sauvé la vie à l'adoptant dans un combat.

L'article est adopté avec cet amendement.

Les articles 10, 11, 12, 13, 14 et 15 sont adoptés.   343 à 355

L'article 16 est discuté.   352

M. Treilhard dit que l'esprit de cet article est de distinguer les biens que l'adopté tient de l'adoptant, de ceux que l'adopté tient de son industrie; de transmettre ces derniers à sa famille, et de faire retourner les autres dans la famille du père adoptif.

M. Bérenger dit que cet article semble contrarier le principe admis par le Conseil, et d'après lequel l'adoption n'est plus un changement de famille, mais une simple donation accompagnée de conditions et de formalités particulières. Ce principe semble exiger que tous les biens de l'adopté, quelle qu'en soit l'origine, passent à ses héritiers naturels.

M. Berlier observe qu'une telle disposition ôterait à l'adoptant lui-même le droit de retour.

M. Bérenger répond que le droit de l'adoptant doit sans doute être conservé, mais qu'aussi il doit mourir avec lui.

L'article est adopté avec cet amendement.

tit. 8.　M. Berlier observe qu'après la direction que la discussion a prise, et les observations faites sur le projet dès la dernière séance , il a imaginé que les matières seraient mieux distribuées dans un autre cadre qui lui a paru offrir plus de simplicité et suivre une meilleure méthode.

Ainsi l'adoption et la tutelle officieuse, formant deux institutions distinctes, quoique correlatives, ne doivent plus être confondues dans les mêmes dispositions, et peuvent bien former deux chapitres d'un même titre.

C'est d'après cette idée principale que M. *Berlier* avait préparé une nouvelle rédaction que les nouveaux amendemens faits en cette séance semblent rendre plus nécessaire encore : il croit, au surplus, que tous les principes arrêtés, même avec leurs modifications, se retrouvent exactement dans la nouvelle distribution par lui projetée, et s'y trouvent mieux à leur place.

Il fait lecture de cette nouvelle rédaction, qui est adoptée en ces termes :

CHAPITRE Ier.

De l'Adoption.

SECTION — Ire. *De l'Adoption et de ses effets.*

243　Art. 1er. « L'adoption n'est permise qu'aux personnes de « l'un ou l'autre sexe qui seront âgées de plus de cinquante « ans, et qui n'auront, à l'époque de l'adoption, ni enfans « ni descendans légitimes. »

Art. 2. « Un époux ne peut adopter qu'avec le consente- 344
« ment de l'autre conjoint.

« L'adoption en commun ne peut être faite que par deux
« époux. »

Art. 3. « La faculté d'adopter ne pourra être exercée 345
« qu'envers l'individu à qui l'on aura, dans sa minorité et
« pendant six ans au moins, fourni des secours et donné des
« soins non interrompus ;

« Ou envers l'individu, moins âgé que l'adoptant, qui au-
« rait sauvé la vie à ce dernier, soit dans un combat, soit en
« le retirant des flammes ou des flots. »

Art. 4. « L'adoption ne pourra, en aucun cas, avoir lieu 346
« avant la majorité de l'adopté. »

Art. 5. « L'adoption conférera le nom de l'adoptant à l'a- 347
« dopté, en l'ajoutant au nom propre de ce dernier.

« Elle donnera à l'adopté, sur la succession de l'adoptant, 350
« les mêmes droits que ceux qu'y aurait l'enfant né en ma-
« riage, même quand il y aurait d'autres enfans de cette
« dernière qualité nés depuis l'adoption, et existant lors du
« décès de l'adoptant. »

Art. 6. « Si l'adopté meurt sans descendans légitimes, 351
« l'adoptant ou ses descendans succéderont aux choses don-
« nées par l'adoptant, et qui existeront en nature lors du
« décès de l'adopté.

« Le surplus de la succession de l'adopté appartiendra à
« ses propres parens, et ceux-ci excluront toujours, pour
« les objets même spécifiés au présent article, tous héritiers
« de l'adoptant autres que ses descendans. »

Art. 7. « Si, du vivant de l'adoptant, et après le décès de 352
« l'adopté, les enfans ou descendans laissés par celui-ci
« mouraient eux-mêmes sans postérité, l'adoptant succé-
« dera aux choses par lui données, comme il est dit en l'ar-
« ticle précédent ; mais ce droit sera inhérent à la personne
« de l'adoptant, et non transmissible à ses héritiers même
« en ligne descendante. »

SECTION II. — *Des Formes de l'Adoption.*

352   Art. 8. « La personne qui se proposera d'adopter, et celle
« qui voudra être adoptée, se présenteront devant le juge de
« paix du domicile de l'adoptant, pour y passer acte de leurs
« consentemens respectifs. »

353   Art. 9. « Cet acte sera transmis, dans les dix jours suivans,
« au commissaire du gouvernement près le tribunal de pre-
« mière instance dans le ressort duquel se trouvera le domi-
« cile de l'adoptant, pour être soumis à l'homologation de
« ce tribunal. »

55   Art. 10. « Le tribunal, réuni en la chambre du conseil,
« et après s'être procuré les renseignemens convenables , vé-
« rifiera, 1° si toutes les conditions de la loi sont remplies;
« 2° si la personne qui se propose d'adopter jouit d'une
« bonne réputation. »

356   Art. 11. « Après avoir entendu le commissaire du gouver-
« nement, et sans aucune autre forme de procédure , le tri-
« bunal prononcera, sans énoncer de motifs, en ces termes :
« *Il y a lieu*, ou *il n'y a pas lieu à l'adoption.* »

375   Art. 12. « Dans le mois qui suivra le jugement du tribunal
« de première instance, ce jugement sera, sur les poursuites
« de la partie la plus diligente, soumis au tribunal d'appel,
« qui instruira dans les mêmes formes que le tribunal de
« première instance, et prononcera sans énoncer de motifs :
« *Le jugement est confirmé*, ou *le jugement est réformé ;* et *en*
« *conséquence il y a lieu*, ou *il n'y a pas lieu à l'adoption.* »

353   Art. 13. « Tout jugement du tribunal d'appel qui admettra
« une adoption sera prononcé à l'audience, et affiché en tels
« lieux et en tel nombre d'exemplaires que le tribunal jugera
« convenable. »

359   Art. 14. « Dans le mois qui suivra ce jugement, l'adoption
« sera inscrite, à la réquisition de l'une ou de l'autre des
« parties, sur les registres de l'état civil du lieu où l'adop-
« tant sera domicilié.

« Cette inscription n'aura lieu que sur le vu d'une expédi-
« tion en forme du jugement du tribunal d'appel, et l'adop-
« tion n'obtiendra ses effets qu'à dater du jour de cette
« inscription. »

Art. 15. « Si néanmoins l'adoptant venait à mourir après 360
« l'acte d'adoption fait devant le juge de paix, et avant que
« les tribunaux eussent prononcé, l'instruction sera conti-
« nuée et l'adoption admise, s'il y a lieu.

« Les héritiers de l'adoptant pourront, s'ils croient l'adop-
« tion inadmissible, remettre au commissaire du gouverne-
« ment tous mémoires et observations à ce sujet. »

CHAPITRE II.

De la Tutelle officieuse.

Art. 16. « Tout individu, âgé de plus de cinquante ans, 361
« et sans enfans ni descendans légitimes, qui voudra, durant
« la minorité d'un individu, se l'attacher par un titre légal,
« pourra devenir son tuteur officieux, en obtenant le consen-
« tement des père et mère de l'enfant, ou du survivant
« d'entre eux, ou, à leur défaut, d'un conseil de famille ;
« ou enfin, si l'enfant n'a point de parens connus, en obte-
« nant le consentement des administrateurs de l'hospice où
« il aura été recueilli, ou de la municipalité du lieu de sa
« résidence. »

Art. 17. « Le juge de paix du domicile de l'enfant dressera 363
« procès-verbal des demandes et consentemens relatifs à la
« tutelle officieuse. »

Art. 18. « Cette tutelle ne pourra avoir lieu qu'au profit 364
« d'enfans âgés de moins de quinze ans.

« Elle emportera avec soi, sans préjudice de toutes stipu-
« lations particulières, l'obligation de nourrir le pupille, de
« l'élever et de le mettre en état de gagner sa vie. »

Art. 19. « Si le pupille a quelque bien, et s'il était anté- 365
« rieurement en tutelle, l'administration de ses biens, comme
« celle de sa personne, passera au tuteur officieux, qui ne

« pourra néanmoins imputer les dépenses d'éducation sur
« les revenus du pupille. »

386   Art. 20. « Si le tuteur officieux, après cinq ans révolus
« depuis la tutelle, et dans la prévoyance de son décès avant
« la majorité du pupille, lui confère l'adoption par acte tes-
« tamentaire, cette disposition sera valable. »

367   Art. 21. « Dans le cas où le tuteur officieux mourrait, soit
« avant les cinq ans, soit après ce temps, sans avoir adopté
« son pupille, il sera fourni à celui-ci, durant sa minorité,
« des moyens de subsister, dont la quotité et l'espèce, s'il
« n'y a été antérieurement pourvu par une convention for-
« melle, seront réglées, soit amiablement entre les représen-
« tans respectifs du tuteur et du pupille, soit judiciairement
« en cas de contestation. »

368   Art. 22. « Si, à la majorité du pupille, son tuteur officieux
« veut l'adopter, et que le premier y consente, il sera pro-
« cédé à l'adoption selon les formes prescrites au chapitre
« précédent, et les effets en seront en tous points les mêmes. »

369   Art. 23. « Si, dans le mois qui suivra la majorité du pu-
« pille, l'acte d'adoption n'a point eu lieu par le refus du
« tuteur officieux, et que le pupille ne se trouve point en état
« de gagner sa vie, le tuteur officieux pourra être condamné
« à l'indemnité résultant au pupille de l'incapacité où il sera
« de pourvoir à sa subsistance.

« Cette indemnité se résoudra en secours propres à lui
« procurer un métier, le tout sans préjudice des stipulations
« qui auraient pu avoir lieu dans la prévoyance de ce cas. »

370   Art. 24. « Le tuteur officieux qui aurait eu l'administra-
« tion de quelques biens pupillaires en devra rendre compte
« dans tous les cas. »

Le Consul ordonne que le projet ci-dessus sera communiqué, par le secrétaire général du Conseil d'État, au président de la section de législation du Tribunat.

COMMUNICATION OFFICIEUSE.

La section du Tribunat examina le projet dans sa séance du 16 nivose an XI (6 janvier 1803), et dans celles des jours suivans.

TEXTE DES OBSERVATIONS.

La section entend un rapport sur un projet de loi intitulé *de l'Adoption et de la Tutelle officieuse.*

Après des réflexions générales sur l'ensemble du projet, la section est d'avis de passer à sa discussion, article par article. On rappellera seulement les articles sur lesquels des difficultés se sont élevées.

Art. 1er. La section propose de substituer à cet article la 343 rédaction suivante :

« L'adoption n'est permise qu'aux personnes de l'un ou de « l'autre sexe âgées de plus de cinquante ans, qui sont ou « auront été mariées, qui n'auront, à l'époque de l'adoption, « ni enfans ni descendans légitimes, et qui auront au moins « quinze ans de plus que ceux qu'elles se proposent d'a-« dopter. »

Cette rédaction présente, respectivement à l'article du projet de loi, deux amendemens auxquels la section a cru devoir attacher la plus grande importance ; le premier, qui consiste à n'accorder la permission d'adopter qu'à ceux qui sont ou auront été mariés, a surtout fixé son attention.

Elle a reconnu que l'adoption entrait dans les vues d'une saine politique, en la coordonnant avec les principes de l'ordre social.

La société doit venir au secours de l'individu qui veut sortir de l'isolement où des circonstances malheureuses l'ont laissé, qui cherche à augmenter ses jouissances en répandant ses bienfaits. Le désir de se voir représenter dans la société, et de laisser des souvenirs pour ainsi dire vivans de quelques vertus, est encore un sentiment dont le législateur peut s'emparer dans les vues du bien général.

Mais la section n'a jamais perdu de vue un seul instant qu'il existe encore un plus grand intérêt pour la société, qui est celui de favoriser le mariage, en ne détournant par aucune sorte d'institution du penchant naturel qui y porte les hommes : les familles forment l'État, et le mariage seul forme les familles.

L'adoption serait donc une institution dangereuse si elle portait le moindre obstacle au développement du désir de se reproduire, qui est le plus fort de ceux que la nature fait éprouver à l'homme : elle ne doit être qu'un remède au malheur de celui qui n'a point été sourd à ses salutaires insinuations.

Quant au second amendement, qui tend à déterminer une supériorité d'âge qui puisse faire supposer dans l'adoptant la possibilité, dans l'ordre de la nature, qu'il soit le père de l'adopté, cet amendement est fondé :

1°. Sur ce qu'en général l'adoption ne peut être considérée que comme une espèce d'imitation de la nature, et qu'il semble que c'est mieux soutenir une illusion qui peut faire le bonheur des individus qui s'attachent par ce lien ;

2°. L'adoptant devant diriger la conduite de l'adopté par ses conseils, il est dans l'ordre que le premier ait sur le second une supériorité d'âge toujours propre à attirer les égards et le respect.

La section a cru que l'institution de l'adoption devait porter nécessairement sur ces deux premières bases, sauf certains cas particuliers et infiniment favorables, dont il sera parlé dans la suite.

344   Art. 2. La section propose de substituer à cet article la rédaction suivante :

« Un époux ne peut adopter qu'avec le consentement de
« l'autre conjoint, sauf le cas de l'article 20 ci-après.

« Nul ne peut être adopté par plusieurs, si ce n'est par
« deux époux. »

Le consentement de l'époux de l'adoptant doit être une
règle générale; mais la section pensant que ce consentement
n'est point nécessaire dans le cas de l'adoption testamentaire
établie dans l'article 20, elle a cru à propos, pour ne point
laisser de difficultés, de marquer cette exception dans le § 1er
de l'article.

Quant au changement du § 2, proposé par la section, il a
deux motifs :

1°. Suivant la rédaction du projet de loi, il n'y a que l'a-
doption en commun interdite à d'autres qu'à deux époux;
elle laisse donc à plusieurs la liberté d'adopter, pourvu que
ce ne soit pas en commun, c'est-à-dire pourvu que l'adoption ne se fasse pas simultanément et dans le même acte,
d'où résulterait la faculté d'être successivement adopté par
plusieurs, ce qu'il faut empêcher.

2°. La rédaction du Conseil d'État semblerait dire qu'il
n'est permis aux époux d'adopter le même individu que
lorsque l'adoption s'en fait en commun, c'est-à-dire simultanément et dans le même acte; ce qui n'est pas dans l'intention de la loi, qui même permet à l'époux qui n'aura
d'abord fait que consentir à l'adoption, d'adopter ensuite le
même individu.

La rédaction proposée par la section paraît écarter cet inconvénient, et rendre plus fidèlement la pensée de la loi.

La section a cru qu'il était à propos que le Conseil d'État
fût instruit qu'après l'article 2 il avait été proposé d'ajouter
un nouvel article ainsi conçu :

« Nul ne peut avoir plus d'un enfant adoptif; »

Que la section, après une forte discussion, n'a pas accueilli cette proposition; qu'elle n'a point trouvé de raisons
qui dussent s'opposer à la multiplicité des enfans adoptifs;
qu'un adopté ne devait pas avoir plus de faveur qu'un enfant
naturel, qui est dans le cas d'avoir des frères ou sœurs, ou

du même lit ou de mariages subséquens; que la similitude est exacte, puisque l'adoption doit autant que possible imiter la nature; que d'ailleurs la multiplicité des enfans adoptifs est un moyen d'adoucir l'irrévocabilité de l'adoption, surtout si celui qui aurait été adopté se rendait par sa conduite indigne du bienfait; et qu'enfin de nouvelles adoptions ne pouvaient être regardées comme une fraude à la première, puisqu'étant permises, l'adopté a dû les prévoir.

La section n'insiste cependant pas à ce qu'il soit dit dans la loi qu'on pourra avoir plusieurs enfans adoptifs, dans l'idée où elle est que, la loi ne disant pas le contraire, cette faculté existera.

345 Art. 3. La section propose de substituer à cet article la rédaction suivante :

« La faculté d'adopter ne pourra être exercée qu'envers
« l'individu à qui l'on aura, dans sa minorité et pendant six
« ans au moins, fourni des secours et donné des soins non
« interrompus.

« Sont néanmoins exceptés de cette disposition ceux qui
« voudraient adopter des enfans ou descendans de leurs
« frères ou sœurs. »

De plus la section propose d'ajouter après l'article 3 un nouvel article qui serait ainsi conçu :

« Les conditions de l'âge et du mariage prescrites par l'ar-
« ticle 1er, et celles exigées par l'article 3, ne sont point
« applicables à l'adoption de l'individu qui aurait sauvé la
« vie à l'adoptant, soit dans un combat, soit en le retirant
« des flammes ou des flots. »

« Il suffira que l'adoptant soit majeur et plus âgé que l'a-
« dopté. »

Il a paru à la section qu'une des circonstances dans lesquelles on devait le plus favoriser l'adoption était lorsqu'un tel projet était formé par un oncle ou une tante à l'égard de ses neveux ou nièces. Les liens de famille sont un garant de l'affection qui les unit : on doit présumer et des secours déjà donnés et une disposition à une continuation du plus vif intérêt.

C'est dans cette idée que la section a cru sage de dispenser l'adoptant, dans ce cas, de la preuve de six années de secours donnés dans la minorité de l'adopté, ainsi que des autres conditions. Tel est le motif de l'addition du deuxième paragraphe de l'article 3.

Quant à la disposition de l'article proposé pour être l'article 4, elle n'est qu'une répétition du deuxième paragraphe de l'article 3, mais avec une rédaction plus claire, qui fait mieux sentir que dans ces deux cas il n'est pas nécessaire que l'adoptant ait cinquante ans, qu'il est dispensé de la condition d'être ou d'avoir été époux, et de rapporter la preuve des soins fournis à l'adopté pendant sa minorité.

Art. 4. La section propose une addition importante à cet 346 article, qui dans son ensemble serait conçu ainsi qu'il suit :

« L'adoption ne pourra, en aucun cas, avoir lieu avant la « majorité de l'adopté.

« Si l'adopté n'a point accompli sa vingt-cinquième année, « il sera tenu de rapporter le consentement donné à l'adop- « tion par ses père et mère, ou par le survivant, et de re- « quérir leur conseil, s'il est majeur de vingt-cinq ans. »

Il a paru contraire à une saine législation qu'un individu qui a ses père et mère ou l'un d'eux pût se donner en adoption sans leur consentement. Il est sage de suivre, dans le cas de l'adoption, les règles établies pour le mariage, soit qu'on envisage l'intérêt des adoptés, qui, dans un acte aussi important, ont besoin de conseils, soit qu'on considère l'intérêt des mœurs, qui exige cette marque de respect.

D'ailleurs, si ce consentement à l'adoption de la part des père et mère n'était pas nécessaire, il en résulterait souvent que la loi qui prescrit leur consentement au mariage serait violée indirectement. On pourrait en effet faire pour la circonstance seulement une adoption, qui, en mettant hors de la puissance des père et mère, dispenserait de leur consentement.

L'article 5 et les suivans sont relatifs aux rapports de suc- 347-350 cessibilité dans lesquels l'adopté doit être à l'égard de sa famille, de celle de l'adoptant et de ce dernier. Mais il existe encore des rapports personnels et principalement moraux qui méritent toute l'attention du législateur.

348 Ainsi, 1° il a paru sage de conférer à l'adoptant sur l'adopté l'autorité des père et mère à l'égard des majeurs de vingt-un ans, qui a principalement lieu lorsqu'il est question du mariage.

Cette autorité doit toujours exister, et il est convenable de la placer dans les mains de l'adoptant. C'est donner plus de consistance à l'adoption ; et le consentement à cette adoption de la part des père et mère de l'adopté fait nécessairement supposer qu'ils ont délégué tous leurs droits à cet égard à l'adoptant.

2°. Les liens formés par l'adoption, quoique fictifs, sont néanmoins tels par la nature des choses, et surtout par la circonstance d'une habitation commune qu'ils nécessitent, que ce serait blesser non seulement les convenances, mais encore les bonnes mœurs, que de ne pas défendre des unions par le mariage dans certains cas. Sans cela l'adoption prendrait un caractère odieux et alarmant, si elle n'était pas respectée comme la réalité même.

349 3°. L'adoption, pour être utile, ne devant point briser les liens formés par la nature, mais seulement en provoquer de nouveaux, en permettant d'étendre les affections, il a paru aussi nécessaire de laisser subsister l'obligation respective de fournir les alimens entre l'adopté et ses père et mère, et de l'établir encore entre l'adoptant et l'adopté.

Tels sont les motifs des articles qui vont être proposés pour être insérés avant l'article 5.

347 Art... « L'adoption conférera le nom de l'adoptant à l'a-
« dopté, en l'ajoutant au nom propre de ce dernier. »

av. 348 Art... « L'adoptant exercera sur l'adopté l'autorité des père
« et mère, telle qu'elle est réglée par les lois à l'égard des
« majeurs de vingt-un ans. »

Art... « Le mariage est prohibé entre l'adoptant, l'adopté 348
« et ses descendans ;

« Entre les enfans adoptifs du même individu ;

« Entre l'adopté et les enfans de l'adoptant ;

« Entre l'adopté et le conjoint de l'adoptant, et récipro-
« quement entre l'adoptant et le conjoint de l'adopté. »

Art... « L'adoption ne détruit pas l'obligation naturelle 349
« entre les père et mère et les enfans de se fournir des ali-
« mens dans les cas déterminés par la loi. La même obliga-
« tion subsiste entre les adoptans et les adoptés. »

Art. 5. Le premier paragraphe de cet article devient inutile, 350
faisant un des articles proposés.

La section propose de plus de retrancher comme inutile
les derniers mots du second paragraphe « *et existans lors du*
« *décès de l'adoptant.* »

Elle propose encore d'ajouter à cet article un nouveau para- Ib.
graphe ainsi conçu :

« L'adopté n'acquerra aucun droit de successibilité sur les
« biens des parens de l'adoptant ; il conservera tous ses droits
« dans sa famille naturelle. »

Ce nouveau paragraphe paraît nécesaire pour déterminer
d'une manière plus précise les effets de l'adoption par rapport à la famille de l'adoptant et à celle de l'adopté.

Ainsi l'ensemble de l'article serait dans les termes suivans :

« L'adoption donnera à l'adopté, sur la succession de l'a-
« doptant les mêmes droits que ceux qu'y aurait l'enfant né
« en mariage, même quand il y aurait d'autres enfans de
« cette qualité nés depuis l'adoption.

« L'adopté n'acquerra aucun droit de successibilité sur les
« biens des parens de l'adoptant ; il conservera tous ses droits
« dans sa famille naturelle. »

Art. 6. La section propose de substituer au premier para- 351
graphe de cet article la rédaction suivante :

« Si l'adopté meurt sans descendans légitimes, les choses
« données par l'adoptant, ou recueillies dans sa succession,

« et qui existeront en nature lors du décès de l'adopté, re-
« tourneront à l'adoptant ou à ses descendans, à la charge de
« contribuer aux dettes, et sans préjudice des droits des
« tiers. »

Elle propose ensuite de commencer ainsi le second paragraphe :

« Le surplus des biens de l'adopté retournera, etc. »

Le reste de cet article devant subsister.

On présume qu'il a été entendu par le Conseil d'État que
le retour des biens donnés par l'adoptant envers celui-ci ou
ses descendans devait être grevé du paiement des dettes,
pro modo emolumenti; que s'il y avait ensuite des inscriptions
hypothécaires sur ces mêmes biens de la part des créanciers
de l'adopté, elles devaient tenir, sauf l'indemnité pour ce
qui excéderait la portion des dettes, sur le surplus de la succession. Tel est d'ailleurs l'avis de la section. Les propriétés
doivent être le moins possible flottantes et incertaines, et la
sûreté du commerce exige qu'on assure autant qu'on le peut
le sort des engagemens. Or la rédaction proposée a paru nécessaire pour rendre ces deux idées, qu'on ne voit pas suffisamment exprimées dans la rédaction du projet de loi.

Si ensuite dans le second paragraphe on supprime le mot
succession, c'est parce que dans la rédaction proposée du premier on n'a pas employé le mot *succéder.*

352   Le surplus de ce qui a trait aux droits de successibilité se
trouve dans l'article 7, qui doit subsister.

SECTION II. — *Des Formes de l'adoption.*

354   Art. 9. La section propose de substituer à cet article la rédaction suivante :

« Une expédition en forme de cet acte sera remise dans
« les dix jours suivans, par la partie la plus diligente, au com-
« missaire du gouvernement, etc. »

Le surplus de l'article devant subsister.

Deux motifs ont provoqué cette modification :

1°. On ne voit pas de raison pour que, relativement à un pareil acte, qui tient uniquement à l'intérêt des particuliers, le juge de paix doive agir d'office.

2°. Il est dans l'ordre que l'acte d'adoption porte minute, et dès lors c'est l'expédition qui doit en être envoyée. Il est nécessaire que la loi s'explique à ce sujet.

L'article 9 prescrit le délai dans lequel l'acte d'adoption sera transmis au commissaire du gouvernement près le tribunal de première instance. L'article 12 fixe celui de l'envoi du jugement du tribunal de première instance au tribunal d'appel ; et l'article 14 indique le délai dans lequel l'adoption sera inscrite sur les registres de l'état civil. Mais aucun de ces articles n'applique une peine à l'inobservation de ce qu'ils prescrivent.

Cependant il doit y en avoir une. La loi ne doit pas seulement conseiller. La peine qu'elle doit prononcer a paru à la section devoir être la déchéance de tout ce qui a été fait, sauf aux parties à recommencer. Ce qui tient à l'état des hommes ne doit pas être long-temps incertain. D'ailleurs, après avoir abandonné l'admission d'une adoption, parce que des faits s'y opposeraient, on pourrait la reprendre dans la suite, lorsqu'on croirait qu'il n'existe plus de trace de ces faits.

En conséquence, la section propose d'ajouter après l'article 14 un nouvel article qui serait conçu en ces termes :

« A défaut, par les parties intéressées, de se conformer aux « délais prescrits par les articles 9, 12 et 14, tous les actes « et jugemens relatifs à l'adoption seront considérés comme « non avenus. »

Art. 15. La section propose la suppression du mot *néan- moins*, qui, d'après l'insertion du nouvel article proposé après l'article 14, doit disparaître.

CHAPITRE II.
De la Tutelle officieuse.

Art. 16. La section propose pour cet article la rédaction suivante :

« Toute personne de l'un ou de l'autre sexe âgée de plus
« de cinquante ans qui est ou aura été mariée, et qui n'aura
« ni enfans, ni descendans légitimes, et qui voudra, du-
« rant, etc. »

Le surplus de l'article devant subsister.

La section considère la faculté de devenir tuteur officieux
du même œil que la faculté d'adopter, et elle pense qu'on
doit la soumettre aux mêmes conditions.

La tutelle officieuse ne peut et ne doit avoir d'autre but
que l'adoption que l'on projette à l'égard d'un mineur : elle
en est le commencement, elle en est le premier acte. Elle
confère une grande faveur, qui est celle de pouvoir adopter
par testament après cinq ans révolus depuis la tutelle. Il serait à craindre qu'une tutelle officieuse, qui ne peut être faite
qu'en vue d'une adoption, ne détournât du mariage, qui est
le but auquel la loi doit sans cesse diriger.

362   C'est toujours parce qu'il est impossible de ne pas assimiler la tutelle officieuse à la faculté d'adopter que la section
propose d'ajouter après l'article 16 un article qui serait ainsi
conçu :

« Un époux ne peut devenir tuteur officieux qu'avec le
« consentement de l'autre conjoint. »

D'ailleurs, s'il y avait communauté entre les deux époux,
la tutelle officieuse deviendrait une charge de communauté
pour laquelle il faut leur consentement mutuel, l'un d'eux ne
pouvant grever la communauté au préjudice de l'autre sans
le consentement de celui-ci.

366   Art. 20. La section est d'avis d'ajouter à la fin de cet article
ce qui suit :

« A moins qu'il ne laisse des enfans légitimes. »

Dans l'intervalle du testament à la mort, il peut survenir
des enfans ; cette circonstance serait un obstacle à l'adoption ;
il est bon de le dire pour ne pas laisser d'équivoque.

369   Art. 23. La section propose la rédaction suivante :

« Si, dans le mois qui suivra la majorité du pupille, l'a-

« doption par lui requise n'a point eu lieu, et que le pupille
« ne se trouve point en état de gagner sa vie, le tuteur offi-
« cieux pourra être condamné à indemniser le pupille de
« l'incapacité où il sera de pourvoir à sa subsistance, etc. »

Le surplus de l'article devant subsister.

Le premier changement proposé a pour objet d'éviter une
difficulté qui peut résulter de la rédaction de l'article du
projet, en disant « *si l'acte d'adoption n'a point eu lieu par le*
« *refus du tuteur officieux.* »

On peut en induire que si le tuteur officieux ne refusait pas
personnellement d'adopter, mais qu'il fût seulement dans
l'impossibilité de le faire par le refus de l'autre époux d'y consentir (consentement que la section a cru nécessaire) dans ce
cas, il pourrait ne point y avoir lieu à l'indemnité.

Cependant l'indemnité est due dans tous les cas de la part
du tuteur officieux, sauf son recours, s'il y a lieu, contre l'é-
poux refusant de consentir à l'adoption, et qui aurait déjà
donné son consentement à la tutelle officieuse. L'équivoque
est levée par la rédaction proposée, qui d'ailleurs a paru plus
claire.

Il s'engagea ensuite, entre la section de législation du
Conseil d'État et celle du Tribunat, une conférence dans
laquelle on s'entendit sur les observations présentées au
nom du Tribunat, excepté à l'égard des deux principales,
dont M. Berlier fut chargé de rendre compte au Conseil
d'État.

RÉDACTION DÉFINITIVE DU CONSEIL D'ÉTAT.

(Procès-verbal de la séance du 5 ventose an XI. — 24 février 1803)

M. Berlier, d'après la conférence tenue avec le Tribunat,
présente une nouvelle rédaction du titre *de l'Adoption.*

Il dit qu'il croit devoir fixer l'attention du Conseil sur deux points à l'égard desquels le Tribunat est en dissentiment avec le Conseil.

343   D'abord, aux diverses conditions imposées à celui qui veut adopter, le Tribunat propose d'ajouter celle d'*être* ou d'*avoir été marié*. Il motive cette proposition sur la crainte que la faculté d'adopter, isolée de cette condition, n'éloigne du mariage.

M. *Berlier* observe que la faculté d'adopter n'a lieu qu'à cinquante ans, et que les mariages qui se font à cet âge sont peu dans l'intérêt de la société.

C'est peu connaître d'ailleurs le cœur humain que de croire que la faculté d'adopter un jour encouragera le célibat, même à l'âge où l'ordre social invite au mariage : la nature veille ici pour la société ; et de même qu'on aime mieux ses enfans que ceux d'autrui, de même le mariage ne recevra aucune atteinte de l'adoption.

Pourquoi donc enlever cette consolation à des hommes qui ne se seront souvent interdit le mariage que parce que des infirmités les auront avertis que cet état ne leur convient pas?

345   Le Tribunat a proposé, en second lieu, de *dispenser l'oncle, vis-à-vis de son neveu, des soins préalables exigés de l'adoptant en général.*

Mais outre que cette proposition a paru contraire aux principes adoptés par le Conseil, il serait à craindre que l'adoption pratiquée envers un neveu, sans la condition qui la rend favorable, ne devînt qu'un moyen mal déguisé de priver d'autres neveux ou nièces de la petite part qu'ils auraient à la succession de leur oncle.

La section pense que les deux amendemens proposés doivent être rejetés.

Le Conseil persiste dans sa première délibération.

Le titre est adopté ainsi qu'il suit :

CHAPITRE Ier.

De l'Adoption.

SECTION Ire. — *De l'Adoption et de ses effets.*

Art. 1er. « L'adoption n'est permise qu'aux personnes de 343
« l'un ou de l'autre sexe, âgées de plus de cinquante ans,
« qui n'auront, à l'époque de l'adoption, ni enfans, ni des-
« cendans légitimes, et qui auront au moins quinze ans de
« plus que les individus qu'elles se proposeront d'adopter. »

Art. 2. « Nul ne peut être adopté par plusieurs, si ce n'est 344
« par deux époux.

« Hors le cas de l'article 24 ci-après, nul époux ne peut
« adopter qu'avec le consentement de l'autre conjoint. »

Art. 3. « La faculté d'adopter ne pourra être exercée qu'en- 345
« vers l'individu à qui l'on aura, dans sa minorité et pen-
« dant six ans au moins, fourni des secours et donné des
« soins non interrompus, ou envers celui qui aurait sauvé la
« vie à l'adoptant, soit dans un combat, soit en le retirant
« des flammes ou des flots.

« Il suffira, dans ce deuxième cas, que l'adoptant soit ma-
« jeur, plus âgé que l'adopté, sans enfans ni descendans lé-
« gitimes, et, s'il est marié, que son conjoint consente à
« l'adoption. »

Art. 4. « L'adoption ne pourra, en aucun cas, avoir lieu 346
« avant la majorité de l'adopté. Si l'adopté, ayant encore ses
« père et mère, ou l'un des deux, n'a point accompli sa
« vingt-cinquième année, il sera tenu de rapporter le con-
« sentement donné à l'adoption par ses père et mère, ou par
« le survivant; et, s'il est majeur de vingt-cinq ans, de re-
« quérir leur conseil. »

Art. 5. « L'adoption conférera le nom de l'adoptant à l'a- 347
« dopté, en l'ajoutant au nom propre de ce dernier. »

Art. 6. « L'adopté restera dans sa famille naturelle et y 348
« conservera tous ses droits : néanmoins le mariage est pro-
« hibé entre l'adoptant, l'adopté et ses descendans;

« Entre les enfans adoptifs du même individu ;

« Entre l'adopté et les enfans qui pourraient survenir à
« l'adoptant ;

« Entre l'adopté et le conjoint de l'adoptant, et récipro-
« quement entre l'adoptant et le conjoint de l'adopté. »

349   Art. 7. « L'obligation naturelle, qui continuera d'exister
« entre l'adopté et ses père et mère, de se fournir des ali-
« mens dans les cas déterminés par la loi, sera considérée
« comme commune à l'adoptant et à l'adopté, l'un envers
« l'autre. »

350   Art. 8. « L'adopté n'acquerra aucun droit de successibilité
« sur les biens des parens de l'adoptant ; mais il aura sur la
« succession de l'adoptant les mêmes droits que ceux qu'y
« aurait l'enfant né en mariage, même quand il y aurait
« d'autres enfans de cette dernière qualité nés depuis l'a-
« doption. »

351   Art. 9. « Si l'adopté meurt sans descendans légitimes, les
« choses données par l'adoptant ou recueillies dans sa suc-
« cession, et qui existeront en nature lors du décès de l'a-
« dopté, retourneront à l'adoptant ou à ses descendans, à la
« charge de contribuer aux dettes et sans préjudice des droits
« des tiers.

« Le surplus des biens de l'adopté appartiendra à ses pro-
« pres parens ; et ceux-ci excluront toujours, pour les objets
« même spécifiés au présent article, tous héritiers de l'adop-
« tant autres que ses descendans. »

352   Art. 10. « Si du vivant de l'adoptant, et après le décès de
« l'adopté, les enfans ou descendans laissés par celui-ci mou-
« raient eux-mêmes sans postérité, l'adoptant succédera aux
« choses par lui données, comme il est dit en l'article précé-
« dent ; mais ce droit sera inhérent à la personne de l'adop-
« tant, et non transmissible à ses héritiers, même en ligne
« descendante. »

SECTION II. — *Des Formes de l'adoption.*

353   Art. 11. « La personne qui se proposera d'adopter et celle

« qui voudra être adoptée, se présenteront devant le juge de
« paix du domicile de l'adoptant, pour y passer acte de leurs
« consentemens respectifs. »

Art. 12. « Une expédition de cet acte sera remise dans les   354
« dix jours suivans, par la partie la plus diligente, au com-
« missaire du gouvernement près le tribunal de première ins-
« tance dans le ressort duquel se trouvera le domicile de
« l'adoptant, pour être soumis à l'homologation de ce tri-
« bunal. »

Art. 13. « Le tribunal, réuni en la chambre du conseil,   355
« et après s'être procuré les renseignemens convenables, vé-
« rifiera, 1° si toutes les conditions de la loi sont remplies,
« 2° si la personne qui se propose d'adopter jouit d'une bonne
« réputation. »

Art. 14. « Après avoir entendu le commissaire du gouver-   356
« nement, et sans aucune autre forme de procédure, le tri-
« bunal prononcera, sans énoncer de motifs, en ces termes :
« *Il y a lieu*, ou *il n'y a pas lieu à l'adoption.* »

Art. 15. « Dans le mois qui suivra le jugement du tribunal de   357
« première instance, ce jugement sera, sur les poursuites de
« la partie la plus diligente, soumis au tribunal d'appel, qui
« instruira dans les mêmes formes que le tribunal de pre-
« mière instance, et prononcera, sans énoncer de motifs :
« *Le jugement est confirmé*, ou *le jugement est réformé ; et, en*
« *conséquence, il y a lieu*, ou *il n'y a pas lieu à l'adoption.* »

Art. 16. « Tout jugement du tribunal d'appel qui admettra   358
« une adoption sera prononcé à l'audience, et affiché en
« tels lieux et en tel nombre d'exemplaires que le tribunal
« jugera convenable. »

Art. 17. « Dans les trois mois qui suivront ce jugement,   359
« l'adoption sera inscrite, à la réquisition de l'une ou de
« l'autre des parties, sur le registre de l'état civil du lieu où
« l'adoptant sera domicilié.

« Cette inscription n'aura lieu que sur le vu d'une expé-
« dition en forme du jugement du tribunal d'appel ; et l'a-

« doption restera sans effet, si elle n'a été inscrite dans ce
« délai. »

360   Art. 18. « Si l'adoptant venait à mourir après que l'acte
« constatant la volonté de former le contrat d'adoption a été
« reçu par le juge de paix et porté devant les tribunaux, et
« avant que ceux-ci eussent définitivement prononcé, l'ins-
« truction sera continuée et l'adoption admise, s'il y a lieu.

« Les héritiers de l'adoptant pourront, s'ils croient l'adop-
« tion inadmissible, remettre au commissaire du gouverne-
« ment tous mémoires et observations à ce sujet. »

CHAPITRE II.
De la Tutelle officieuse.

361   Art. 19. « Tout individu âgé de plus de cinquante ans, et
« sans enfans ni descendans légitimes, qui voudra, durant
« la minorité d'un individu, se l'attacher par un titre légal,
« pourra devenir son tuteur officieux, en obtenant le con-
« sentement des père et mère de l'enfant, ou du survivant
« d'entre eux, ou, à leur défaut, d'un conseil de famille, ou
« enfin, si l'enfant n'a point de parens connus, en obtenant
« le consentement des administrateurs de l'hospice où il aura
« été recueilli, ou de la municipalité du lieu de sa résidence. »

362   Art. 20. « Un époux ne peut devenir tuteur officieux qu'a-
« vec le consentement de l'autre conjoint. »

363   Art. 21. « Le juge de paix du domicile de l'enfant dres-
« sera procès-verbal des demandes et consentemens relatifs à
« la tutelle officieuse. »

364   Art. 22 « Cette tutelle ne pourra avoir lieu qu'au profit
« d'enfans âgés de moins de quinze ans.

« Elle emportera avec soi, sans préjudice de toutes stipu-
« lations particulières, l'obligation de nourrir le pupille, de
« l'élever, de le mettre en état de gagner sa vie. »

365   Art. 23. « Si le pupille a quelque bien, et s'il était anté-
« rieurement en tutelle, l'administration de ses biens, comme
« celle de sa personne, passera au tuteur officieux, qui ne

« pourra néanmoins imputer les dépenses d'éducation sur les
« revenus du pupille. »

Art. 24. « Si le tuteur officieux, après cinq ans révolus de-   366
« puis la tutelle, et dans la prévoyance de son décès avant la
« majorité du pupille, lui confère l'adoption par acte testa-
« mentaire, cette disposition sera valable, pourvu que le tu-
« teur officieux ne laisse point d'enfans légitimes. »

Art. 25. « Dans le cas où le tuteur officieux mourrait, soit   367
« avant les cinq ans, soit après ce temps, sans avoir adopté
« son pupille, il sera fourni à celui-ci, durant sa minorité,
« des moyens de subsister, dont la quotité et l'espèce, s'il
« n'y a été antérieurement pourvu par une convention for-
« melle, seront réglées soit amiablement entre les représen-
« tans respectifs du tuteur et du pupille, soit judiciairement
« en cas de contestation. »

Art. 26. « Si, à la majorité du pupille, son tuteur officieux   368
« veut l'adopter, et que le premier y consente, il sera pro-
« cédé à l'adoption selon les formes prescrites au chapitre
« précédent, et les effets en seront en tous points les mèmes. »

Art. 27. « Si, dans les trois mois qui suivront la majorité   369
« du pupille, les réquisitions par lui faites à son tuteur offi-
« cieux, à fin d'adoption, sont restées sans effet, et que le
« pupille ne se trouve point en état de gagner sa vie, le tu-
« teur officieux pourra être condamné à indemniser le pupille
« de l'incapacité où celui-ci pourrait se trouver de pourvoir
« à sa subsistance.

« Cette indemnité se résoudra en secours propres à lui
« procurer un métier; le tout sans préjudice des stipulations
« qui auraient pu avoir lieu dans la prévoyance de ce cas. »

Art. 28. « Le tuteur officieux qui aurait eu l'administra-   370
« tion de quelques biens pupillaires en devra rendre compte
« dans tous les cas. »

M. Berlier fut nommé avec MM. Thibaudeau et Lacuée
pour présenter ce projet de loi au Corps législatif dans

sa séance du 21 ventose an XI (12 mars 1803), et pour
en soutenir la discussion dans celle du 2 germinal.

PRÉSENTATION AU CORPS LÉGISLATIF,

ET EXPOSÉ DES MOTIFS, PAR M. BERLIER.

Législateurs, le gouvernement vous présente aujourd'hui
le huitième titre du Code civil, qui traite *de l'Adoption* et
de la Tutelle officieuse.

En prononçant le nom d'une institution qui, jusqu'à la
révolution, n'avait point figuré parmi les actes de l'état civil
des Français, et qui, même depuis cette époque, n'a reçu
aucune organisation, je vois votre attention se diriger sur
elle avec cet intérêt et peut-être même cette inquiétude qui
environnent tout essai en matière de législation.

Cette inquiétude vertueuse, le gouvernement l'a éprouvée
aussi ; elle lui a imposé le devoir d'approfondir cette importante matière : il croit avoir, sans blesser aucune de nos institutions, trouvé dans celle-ci de nouveaux élémens de bienfaisance et de prospérité publiques.

Pour obtenir ce résultat, il a fallu écarter tout ce qui
n'était pas en harmonie avec nos mœurs : mais avant de rejeter les modèles que l'antiquité nous offrait sur cette matière, il convenait de les apprécier ; et il n'est pas, en ce
moment, inutile d'appeler votre propre jugement sur ces
anciennes institutions.

Je ne parlerai pas de l'adoption que quelques exemples
indiquent comme ayant existé chez les Hébreux, et dont l'organisation est restée sans traces, supposé même qu'elle ait
jamais été chez ce peuple une institution régulière.

Je dirai peu de choses aussi de l'adoption des Athéniens,
qui, selon qu'on peut l'induire de quelques fragmens historiques, n'avait lieu qu'en faveur d'enfans mâles, dans la vue
de perpétuer le nom, et ne liait pas l'adopté de telle sorte

qu'il ne pût retourner à sa famille primitive, pourvu qu'il laissât un fils légitime à la famille dans laquelle il était entré par l'adoption.

Quand la pensée se porte sur l'adoption des anciens, c'est à celle des Romains qu'elle s'arrête comme à celle dont les documens nous ont été le plus complètement transmis, et peut-être aussi comme ayant appartenu à celui des peuples anciens dont les institutions se sont le plus généralement naturalisées chez nous.

Mais qu'était-ce que l'adoption même des Romains? Une mutation complète de la famille; l'adopté ou l'adrogé sortait de sa famille et acquérait dans celle de l'adoptant les droits d'agnat ou parent par mâles; c'est-à-dire qu'il succédait non seulement à l'adoptant, mais aux parens de celui-ci, à l'exclusion des parens par femmes, tant qu'on admit dans les successions la différence entre agnats et cognats.

Tels étaient chez les Romains les effets de l'adoption, dont je n'examinerai point les formes primitives si souvent violées sur la fin de la république, et plus encore sous les empereurs.

C'était une image complète de la paternité, et l'on voit que la fiction ne s'arrêtait pas même à la personne de l'adoptant.

Il serait difficile d'admettre en France une législation qui contrarie aussi essentiellement les idées reçues.

Comment, en effet, sans le consentement d'une famille, y introduire, *et dans tous ses degrés*, un individu que la nature n'y a point placé? Car c'est la nature qui fait les familles; un contrat peut les unir, mais l'allié n'est point un parent, il n'en a pas les droits; et, dans le contrat de mariage même, l'un des époux n'acquiert à l'égard de l'autre, et à plus forte raison vis-à-vis des parens de l'autre époux, ni la famille, ni la successibilité qui en est la suite.

Et si, pour obtenir de si vastes effets en faveur de l'adopté, il eût fallu faire consacrer chaque adoption par un acte so-

lennel du pouvoir politique, quels inconvéniens d'un autre
ordre n'en eussent pas dérivé?

Au milieu de tant de difficultés on a senti que l'adoption
des Romains, dirigée d'ailleurs par des vues plus politiques
que civiles, ne convenait point à nos mœurs, et l'on conçoit
bien que celle des Germains, dont parle l'auteur de l'*Esprit
des Lois*, ne pouvait pas même devenir la matière d'un sérieux examen; car si quelques traits relatifs aux mœurs de
nos ancêtres sont lus avec intérêt comme des débris échappés
aux naufrages des temps, ils ne peuvent guère au dix-neu-
vième siècle éclairer les travaux du législateur.

Ainsi l'adoption, si elle ne pouvait exister qu'avec les caractères qu'on vient d'examiner, devrait rester bannie de nos
institutions. Mais un exemple plus rapproché de nos temps
et de nos mœurs existe près de nous.

L'adoption a trouvé place et faveur dans le *Code prussien*;
là, elle ne rompt pas les liens de la famille entre l'adopté et
ses parens; là aussi elle n'établit entre l'adoptant et l'adopté
qu'un contrat personnel, et dont les effets circonscrits entre
eux n'atteignent nul autre membre de la famille.

Si, dans le Code cité, l'organisation de cette idée principale est susceptible d'améliorations, du moins le vrai point
de départ y est fixé, et nous l'avons suivi, ou plutôt nous
nous sommes rencontrés dans la même voie, après avoir examiné beaucoup d'autres systèmes.

Ainsi, la possibilité de faire une bonne loi a été aperçue,
et plusieurs adversaires de cette institution s'y sont ralliés,
lorsqu'ils ont reconnu qu'elle était compatible avec nos habitudes sociales.

Eh! comment, sans faire injure au peuple français,
pourrait-on penser que son caractère répugne à une institution qui doit être tout à la fois un acte de consolation pour
celui qui adopte, et un acte de bienfaisance envers celui qui
est adopté?

Que la loi la consacre, et les mœurs y applaudiront.

elles y gagneront aussi ; car le bien, pour se faire, a souvent besoin d'être indiqué.

Autrefois, dans l'absence de l'adoption, n'a-t-on pas vu des institutions d'héritiers, sous condition de porter le nom de l'instituant? Il faut mieux faire aujourd'hui ; il faut donner aux passions humaines un écoulement heureux, en les dirigeant vers un but utile.

Admettez une adoption sagement organisée, et vous verrez les citoyens qui n'ont ni enfans, ni l'espoir d'en obtenir, se choisir de leur vivant, et pour leur vieillesse, un appui dans cette classe nombreuse d'enfans peu fortunés, qui, à leur tour, paieront d'une éternelle reconnaissance le bienfait de leur éducation et de leur état.

Ce ne sera plus l'orgueil qui présidera à cet acte ; l'habitant des campagnes adoptera comme celui des villes, et plus souvent peut-être.

Le bien se fera pendant la vie de l'adoptant, il en recueillera lui-même les fruits ; et s'il y a au-delà de sa vie des avantages réservés à l'adopté, l'adoptant aura élevé un citoyen pour l'État, avant de s'être donné un héritier à lui-même.

Mais pour que cette institution donne tout ce qu'elle promet, il faut qu'elle soit bien organisée ; et c'est ici que vient naturellement l'exposition des bases de notre projet.

J'ai déjà suffisamment annoncé que, l'adoption n'opérant pas un changement de famille, l'adoptant ne sera qu'un protecteur légal, qui sans jouir, même fictivement, des droits de la paternité complète, en aura cependant quelques-uns : ce sera, si l'on peut s'exprimer ainsi, une *quasi-paternité*, fondée sur le bienfait et la reconnaissance.

Mais cette quasi-paternité, par qui pourra-t-elle s'acquérir? 343

Par qui! Puisque l'adoption n'est accordée que comme consolation à l'adoptant, il doit non seulement être *sans enfans*, mais il doit encore avoir passé l'âge où la société invite au mariage.

Le mariage ! Je viens, citoyens législateurs, de prononcer le mot qui appelle le plus votre attention ; car, bonne en soi, l'adoption manquerait son but si elle nuisait au mariage : mais les droits du mariage et ses vrais intérêts ne seront-ils pas suffisamment respectés, quand la faculté d'adopter ne sera accordée qu'aux personnes âgées de plus de cinquante ans ?

Voyons d'abord deux époux arrivés à cet âge : peuvent-ils espérer que leur union stérile jusque là cessera de l'être, et la nature même ne leur interdit-elle point cet espoir ?

Ce que j'ai dit de la femme mariée s'applique également à celle qui ne l'est pas, car le terme de la fécondité leur est commun.

A l'égard des hommes, si cette limite n'existe pas invinciblement pour eux, il en est bien peu qui après cinquante ans songent au mariage, et, disons plus, il est peu dans l'intérêt social qu'ils y songent.

Mais ici se place la discussion d'un point important et longuement agité dans les délibérations qui ont précédé l'émission du projet.

Convient-il d'ajouter à la condition d'âge celle d'être ou d'avoir été marié ; ou, en d'autres termes, convient-il de refuser le bénéfice de l'adoption aux célibataires ?

Les lois contre le célibat ont été, chez les différens peuples de la terre, plus ou moins sévères, selon les besoins des sociétés pour lesquelles elles étaient faites.

Les lois de Lycurgue sont comptées parmi les plus rigoureuses qui aient été portées contre le célibat ; mais nous ne sommes pas dans la position des Spartiates.

Toutefois si la faculté d'adopter, accordée aux célibataires âgés de plus de cinquante ans, pouvait être un encouragement général au célibat, il faudrait sans doute leur ravir cette faculté, plutôt que d'exposer la société toute entière aux maux résultant de l'abandon des mariages.

Ce point accordé, voyons si les craintes qu'on a manifestées à ce sujet sont fondées.

Les partisans de l'exclusion des célibataires la fondent moins sur les moyens qui, au-delà de cinquante ans, peuvent leur rester encore pour se reproduire, que sur la crainte de voir les jeunes gens mêmes s'éloigner du mariage, dans la perspective de la faculté qu'ils auront d'adopter un jour.

Vaine terreur! C'est trop accorder à la prévoyance de l'homme et trop peu aux impulsions de la nature; qu'on s'en fie à celle-ci; et de même qu'on préfère ses enfans à ceux d'autrui, de même aussi le mariage sera généralement préféré à l'adoption.

Qu'arrivera-t-il avec l'*adoption?* Ce qui arrivait avant elle et sans elle : il y aura toujours quelques célibataires, sans doute, mais ce sera une exception dans la société, et cette exception ne devra point sa naissance au calcul qu'on suppose; elle existe aujourd'hui, elle a toujours existé.

Tel homme se trouvera parvenu au revers de la vie sans avoir songé au mariage, uniquement par insouciance; tel autre ne s'en sera abstenu que pour cause de maladies ou d'infirmités; tel autre enfin pour soutenir de proches parens auxquels il tiendra lieu de père; car il peut se trouver, jusque dans le célibat, quelques motifs louables, ou du moins quelques excuses légitimes.

Eh bien, arrêtons-nous d'abord à la première espèce, la moins favorable de toutes.

Cet homme frivole et insouciant n'a point payé sa dette à la patrie : cela est vrai; mais le temps opportun de la payer sera passé, et les mariages tardifs, rarement heureux pour les individus, sont plus rarement encore utiles à la société.

Pourquoi donc ne pas admettre cet homme à réparer ses torts par la voie la plus convenable à sa situation? Pourquoi lui interdire un acte de bienfaisance? Lui refuser l'adoption, ne serait-ce pas lui dire : *Tu as été inutile jusqu'à présent, nous te condamnons à l'être toujours?*

Mais si l'attention se porte sur les autres classes de célibataires, et principalement sur les individus que des infir-

mités ont éloignés du mariage, combien l'exclusion ne serait-elle pas plus injuste envers eux?

Ceux-là sont sans reproches, ils ne sont qu'à plaindre ;
si l'on eût pu avancer pour eux l'époque de l'adoption, peut-
être l'eût-on dû ; mais s'il eût été trop dangereux de modifier
la règle générale en leur faveur, dans la crainte des applications abusives, comment, lorsqu'à force de ménagemens,
ils auront poussé leur débile existence jusqu'à cinquante ans,
leur refuserait-on la faculté d'adopter? Car l'adoption, qui
sera pour les autres une simple jouissance, deviendra souvent pour eux un vrai besoin.

Nous avons insisté sur ce point, citoyens législateurs ;
mais ces détails devenaient nécessaires sur l'objet qui, dans
le dernier plan, a été le plus controversé.

Je reprends la série des conditions imposées à l'adoptant :
*n'avoir ni enfans ni descendans légitimes, et être âgé de plus
de cinquante ans :* voilà les deux premières.

Il convenait aussi de déterminer le nombre d'années
dont l'adoptant doit être plus âgé que l'adopté : cette protection légale qui doit résulter de l'adoption perdrait toute
sa dignité sans cette condition.

344   D'autres règles viennent ensuite : ainsi plusieurs personnes, autres que des époux, ne peuvent adopter le même
enfant.

L'exception en faveur des époux est tracée par la nature
des choses et par le titre même qui les unit.

Associés dans l'espoir d'obtenir des enfans que la nature
leur a refusés, ou que la mort leur a enlevés, ils sont admis
à en adopter d'autres qui, remplaçant à leur égard les enfans
du mariage, peuvent appartenir à l'un et à l'autre des
époux.

J'ai dit qu'ils *pouvaient* appartenir à l'un et à l'autre; car
ils peuvent aussi n'appartenir qu'à un seul, si un seul les
adopte.

Il est en effet possible que l'un des époux éprouve le désir ou même le besoin d'adopter, sans que ce désir ou ce besoin soit partagé par l'autre époux.

Cette différence naîtra le plus souvent de la différence de leur situation respective vis-à-vis de leurs parens.

L'un des époux aura de proches parens, objets de son affection, et à l'égard desquels il ne voudra point déranger l'ordre naturel de sa succession.

L'autre n'aura que des parens éloignés, à peine connus de lui.

De là l'adoption qui, dans notre système, pourra être faite séparément par un époux, pourvu que l'autre y consente.

Ce consentement, essentiel en pareil cas, placera l'adopté vis-à-vis de l'époux non adoptant dans une position à peu près semblable à celle où se trouve, vis-à-vis d'un beau-père ou d'une belle-mère, l'enfant né d'un autre mariage, mais avec plus d'avantage peut-être, parce qu'il n'y aura pas près de lui d'autres enfans, objets d'une préférence assez ordinaire de la part de celui des époux à qui ils appartiennent.

Je viens, citoyens législateurs, d'examiner par qui la quasi-paternité résultant de l'adoption pouvait être acquise. 345-346

Le moment est venu d'examiner envers qui elle peut l'être.

L'idée principale qui s'est toujours attachée à l'adoption, et celle qui l'a rendue recommandable aux amis des institutions libérales et philantropiques, c'est qu'elle devait venir au secours de l'être faible ; et l'attention s'est immédiatement fixée sur l'enfant, ou du moins sur l'individu mineur.

Le fond de cette pensée était vrai, et pourtant on a failli en déduire de faux résultats, lorsque, confondant le fait avec le contrat, on supposait que ce contrat devait être passé durant la minorité même ; car un acte aussi important n'aurait pu devenir parfait que par la ratification de l'adopté à sa majorité ; et ce point était même reconnu.

Mais alors que seraient devenus les actes intermédiaires ?

Quel eût été le sort de l'adoption, si l'adopté était mort après l'adoptant, et néanmoins avant sa majorité? Aurait-il été saisi de l'hérédité, l'aurait-il transmise? En matière d'état, tout ce qui n'a pas le caractère absolu de la fixité devient toujours inquiétant et souvent funeste.

Quelle eût été d'ailleurs la situation d'un adoptant irrévocablement lié, vis-à-vis d'un enfant qui n'eût pas été lié lui-même? Et l'adoption n'eût-elle point par là perdu tout son charme?

En conservant l'idée principale des secours accordés à l'enfance, le projet qui vous est soumis l'a organisée d'après d'autres vues.

Rendre le contrat parfait dès son principe, et n'y faire concourir que des majeurs, sans effacer la cause essentielle du contrat, c'est-à-dire *les services rendus en minorité,* tel était le problème à résoudre; il a été résolu.

L'adoption ne pourra se conclure qu'à la majorité de l'adopté, mais elle devra avoir été précédée de six ans de soins et de services à lui rendus pendant sa minorité.

Ainsi l'on a conservé ce qu'il y avait de grand et de bon dans les vues primitives, et l'adoption acquerra un nouveau degré d'utilité quand elle ne sera plus seulement dictée par l'espoir des bons offices réciproques, mais par l'expérience qu'on en aura déjà faite, et lorsque, préparée par la bienfaisance, elle sera scellée par la sympathie.

Cette condition des services préalables a paru si essentielle dans le principe du contrat, et si heureuse dans ses effets, qu'on n'a pas cru devoir en dispenser l'oncle vis-à-vis de son neveu, comme cela était demandé par quelques personnes.

Qu'importe ici cette qualité pour motiver l'exception?

La nature place le neveu d'un homme sans enfans au nombre de ses héritiers.

Cette qualité indépendante de l'adoption lui assigne des droits que son parent pourra même étendre par des dispositions particulières ; mais pour acquérir le droit d'adopter, il y a des soins préalables qui le donnent, et dont on ne saurait se départir sans énerver l'institution dès son origine.

Que serait-ce d'ailleurs que cette adoption soudaine, sinon un moyen de dépouiller souvent les frères même de l'adopté de la réserve légale qui pourra exister pour eux dans l'ordre des successions ?

Si donc il s'agit de l'adoption *même d'un neveu*, qu'elle soit en tous points soumise aux conditions qui la rendent favorable et juste envers tous ceux qui y sont appelés.

Des principes posés, il résulte que celui-là seul pourra être adopté, devenu majeur, qui, pendant sa minorité, aura été secouru par l'adoptant.

Cependant la majorité de vingt-un ans ne suffira à l'adopté pour former le contrat qu'autant qu'il se trouvera sans père ni mère.

Si tous deux ou l'un d'eux sont vivans, il faudra suivre les règles établies au titre *du Mariage*, car il s'agit ici d'un acte non moins important.

Dans ce cas, et jusqu'à vingt-cinq ans accomplis, l'adopté aura besoin du consentement de ses père et mère ; à tout âge, il devra requérir leur conseil. Les droits des père et mère de l'adopté seront ainsi respectés autant qu'ils devaient l'être.

Mais jusqu'ici, citoyens législateurs, nous n'avons con- 345 sidéré qu'une classe d'adoptés.

Nous avons maintenant à vous entretenir d'une autre espèce d'adoption dirigée, non envers l'individu à qui on aura donné l'être moral par tous les soins que l'enfance appelle, mais envers celui dont on aura reçu le service extraordinaire de la conservation de sa propre vie, dans des circonstances propres à signaler un grand dévouement.

Cette position est l'inverse de celle dans laquelle se feront les adoptions ordinaires, mais elle mérite peut-être plus de faveur encore.

Un citoyen sauve la vie à un autre, soit dans un combat, soit en le retirant des flammes ou des flots.

Qui n'applaudirait point à la faculté qu'aura l'homme sauvé d'acquitter sa dette, en adoptant celui qui lui aura conservé la vie?

Ici le sentiment entraîne, et le premier mouvement porte à rejeter toute entrave, toute condition, dans un cas si favorable.

Cependant, citoyens législateurs, s'il est quelques-unes des conditions générales qui peuvent être remises dans ce cas extraordinaire, il en est d'autres aussi que des considérations non moins fortes ne permettent pas d'effacer.

Ainsi, s'il y a des enfans, leurs droits préexistans s'opposent à l'adoption, mais sans exclure tous les autres actes que la reconnaissance admet, qu'elle commande même, et qui deviendraient la propre dette des enfans, si leur père était capable de l'oublier, ou hors d'état de la remplir.

Excepté ce cas, et celui où le libérateur serait plus âgé que l'homme à qui il aurait sauvé la vie, il sera permis à celui-ci de l'adopter : cette dernière modification était commandée par la nature même des choses, car on ne peut adopter plus âgé que soi.

Au surplus, citoyens législateurs, cette seconde cause d'adoption que la loi doit consacrer comme un encouragement aux grandes et belles actions, ne sera toujours qu'une exception dans le système général, non que la générosité manque au caractère français, mais parce que heureusement peu d'hommes se trouveront dans la situation critique qui seule peut donner naissance à cette exception.

347 Fixons maintenant les effets de l'adoption à quelque cause qu'elle se rapporte.

L'adopté qui ne sort pas de sa famille en conservera le nom, mais il y ajoutera celui de l'adoptant.

349 L'obligation réciproque de s'aider dans le besoin exis-

tera entre eux par le seul effet de l'adoption ; ainsi le commandent la morale et le titre qui les unit.

Il a paru même conforme aux principes de la matière d'appliquer à l'adopté quelques-unes des prohibitions de mariage qui ont lieu dans la propre famille. 348

Ainsi le mariage ne pourra avoir lieu entre l'adoptant et l'individu adopté, ni entre les enfans adoptifs du même homme, ni entre l'adopté et les enfans qui pourraient survenir à l'adoptant, ni enfin, en cas de veuvage, entre l'adopté et l'époux de l'adoptant.

L'affinité morale établie par l'adoption entre les personnes de cette qualité, et les rapports physiques que la cohabitation fait naître entre elles, prescrivaient de ne point offrir d'aliment à leurs passions par l'espoir du mariage.

Voyons maintenant quels seront les effets de l'adoption par rapport à la successibilité. 350

Le projet accorde à l'adopté, vis-à-vis de l'adoptant, tous les droits d'un enfant légitime.

Je m'arrête ici pour répondre à une objection dirigée contre cette proposition.

Comment, a-t-on dit, cette successibilité qui absorbe tout se conciliera-t-elle, dans le cas où l'adoptant aurait des frères ou des neveux, avec la réserve que la législation actuelle leur fait, et que la législation projetée modifie sans l'anéantir ? Ces frères, ces neveux seront-ils pleinement écartés de la succession ?

Oui, ils le seront, mais sans qu'il en résulte d'incohérence dans le système général de nos lois.

Ce sera une prime accordée à l'adoption sur le testament, et à l'homme utile qui aura élevé un citoyen, sur celui qui, au terme de son inutile carrière, voudrait disposer sans réserve.

L'on vient de parler de la successibilité de l'adopté, une autre disposition s'y rattache. 351-352

Comme cette successibilité sort du droit commun, elle a

lieu sans réciprocité ; mais le projet consacre le droit qui appartient à l'adoptant de reprendre les choses par lui données à l'adopté, dans le cas où celui-ci mourrait sans enfans.

Rien de plus juste que ce retour ; car si les parens de l'adopté succèdent à celui-ci par le principe qu'il est resté dans la famille, leurs droits ne peuvent raisonnablement s'étendre aux choses données par l'adoptant quand elles existent en nature, et qu'il se présente pour les reprendre.

sect. 2.   Citoyens législateurs, vous connaissez maintenant les conditions, les causes et les effets de l'adoption ; il reste à vous donner une idée des formes dans lesquelles elle devra être prononcée.

353 à 355   S'il ne s'agissait ici que d'un acte de l'état civil, consistant dans un fait simple, tel qu'une naissance, un décès ou même un mariage, il suffirait sans doute de s'adresser directement à l'officier de l'état civil pour le constater ; mais d'assez nombreuses conditions en forment l'essence, pour que leur examen soit la matière d'un jugement préalable.

Ainsi, après une demande d'adoption reçue par le juge de paix, le tribunal de première instance, et ensuite celui d'appel (sur le renvoi officiel et nécessaire qui lui sera fait de la procédure et du premier jugement), vérifieront si toutes les conditions de la loi sont remplies.

Mais leur mission ne se bornera point à ce simple examen ; ils auront aussi à examiner la moralité de l'adoptant et la réputation dont il jouit.

Le besoin de cette disposition s'est fait surtout sentir quand la question a été traitée sous le rapport des mœurs domestiques.

L'adoption pourrait devenir un présent funeste si l'adoptant était sans mœurs ; qu'il soit donc examiné sous ce rapport important.

Et remarquez combien notre institution va, par ce moyen, s'ennoblir encore.

Tout individu qui craindrait les regards de la justice ne

se présentera point pour adopter, ou du moins il sera repoussé par les tribunaux ; mais celui qui sera admis par eux
obtiendra par ce seul fait un éclatant témoignage de sa bonne
conduite, un titre d'autant plus honorable que, donné et
confirmé à la suite d'un examen judiciaire par des hommes
à qui la loi recommande une juste sévérité, il ne pourra être
confondu dans la foule de ces vagues témoignages accordés
par la faiblesse à l'importunité ; et quand le nom d'un adoptant sera prononcé, on pourra ajouter : *C'est un honnête
homme.*

Ce qui vient d'être dit indique assez que la procédure 356-357
doit être secrète et les jugemens rendus sans énonciation de
motifs ; car si les tribunaux sont appelés à rejeter quelquefois
en cette matière des demandes imprudentes faites par des
hommes sans mœurs, il serait sans utilité de les mulcter par
une fâcheuse publicité.

Cette publicité commencera quand le tribunal d'appel 358-359
aura admis l'adoption. C'est alors aussi que l'adoption devra
être portée sur les registres de l'état civil, et qu'elle sera véritablement accomplie.

Notre tâche finirait ici, citoyens législateurs, si elle n'eût ch. 2.
consisté qu'à vous entretenir de l'adoption ; mais à côté de
cette institution principale, il en a été placé une secondaire,
la Tutelle officieuse, dont il me reste à vous rendre brière-
ment compte.

De la Tutelle officieuse.

Pour en prendre une juste idée, il faut se placer dans les
circonstances qui pourront y donner lieu.

Un homme aura le dessein d'adopter un enfant ; mais 360
l'adoption ne peut avoir lieu qu'à la majorité de cet enfant,
et après six ans au moins de soins par lui reçus en minorité.

Cet enfant peut bien, sans tutelle ni aucun contrat préalable, être confié aux soins officieux d'un tiers, et acquérir
par là l'aptitude à l'adoption future ; le fait suffira sans le secours d'un contrat.

Mais il peut arriver, et sans doute il arrivera souvent, que la famille de l'enfant ne se décidera à le remettre qu'en obtenant pour lui une assurance de secours pendant le temps difficile de la minorité, assurance sans laquelle l'enfant pourrait être gardé ou renvoyé, selon la volonté ou le caprice de la personne qui l'aurait recueilli, et se trouverait dans la situation la plus précaire.

D'un autre côté, le désir que l'on vient de supposer à la famille de l'enfant pourra bien être partagé par la personne même qui l'aura reçu; ce désir naîtra souvent de la prévoyance d'un décès qui laisserait l'enfant sans secours et sans titre pour en obtenir.

Dans l'une et l'autre de ces hypothèses, qu'y a-t-il de plus favorable qu'un contrat qui aura pour objet d'assurer des secours à un mineur et de le mettre en état de gagner sa vie?

Faciliter de telles conventions et même y inviter, tel est le but de la tutelle officieuse : ce n'est point une promesse d'adopter ni un moyen préliminaire de l'adoption, puisque les soins sans tutelle suffisent pour y parvenir.

C'est un contrat renfermé dans le strict objet des secours qu'on promet au mineur; c'est un acte qui complète notre système de bienfaisance, et qui, sans attribuer aucun des effets de l'adoption, ni en être la voie nécessairement *préparatoire*, en est plus exactement l'*auxiliaire*.

Néanmoins, comme cet acte indique le désir d'adopter, et que, s'il était permis de suivre cette première impulsion avant l'âge de cinquante ans, elle pourrait dès ce moment étouffer toutes dispositions au mariage; et comme la loi ne doit point affaiblir ces dispositions, tant qu'elles sont dans l'ordre de la nature et dans l'intérêt social, l'on a pensé qu'il convenait, même quant à l'âge, d'imposer au tuteur officieux les mêmes conditions qu'à l'adoptant.

Au surplus, la tutelle officieuse n'offre, dans son organisation, qu'un bien petit nombre de points qui aient besoin d'explication; car on n'a pas à s'occuper de tout ce qui peut entrer dans un tel contrat par la seule volonté de l'homme.

Si cette volonté s'est expliquée sur la quotité des se- 367-368 cours, ainsi que sur leur nature, il faudra l'exécuter.

La loi ne posera elle-même de règles générales sur cet objet, qu'autant que nulle stipulation spéciale n'accompagnerait la tutelle officieuse.

Dans le silence de l'homme, *secourir* et non *enrichir* le pupille, tel est le principe qui a paru devoir être suivi, et dont on a développé les résultats dans quelques articles du projet, applicables, dans certains cas, aux héritiers même du tuteur officieux.

Il reste, citoyens législateurs, à vous parler d'un acte 366 dont l'objet a paru assez favorable pour faire exception à la règle qui n'admet d'adoption qu'à la majorité de l'adopté.

Dans le cas où il se serait écoulé plus de cinq ans depuis la tutelle officieuse, l'on vous propose d'admettre l'adoption testamentaire, et de lui donner tous les effets de l'adoption ordinaire.

Tel homme, souvent sexagénaire, aura recueilli un enfant de six ans à qui il aura pendant huit ou dix ans prodigué les soins les plus tendres.

Celui-ci y aura répondu par de justes égards et par un naïf attachement, orné de tout ce que l'enfance a d'aimable.

Le vieillard sent sa fin approcher, et voudrait consommer son ouvrage : le pupille est parvenu à son adolescence; mais il n'est point majeur encore.

Placés l'un et l'autre dans le vestibule du temple, ils n'avaient plus que quelques mois, quelques jours peut-être à passer pour qu'il s'ouvrît entièrement à leurs vœux.

Qu'un testament puisse, en ce cas, effacer les obstacles de la nature, et remplacer l'acte bienfaisant qui allait s'accomplir.

Citoyens législateurs, tout le plan du projet relatif à

28.

l'adoption et à la tutelle officieuse vient de vous être développé.

Nulle matière n'a été plus approfondie ; elle était neuve, et elle a été envisagée sous beaucoup de faces, avant qu'on se soit fixé sur le système qui a été adopté.

A force de persévérance, on est arrivé à des résultats simples, faciles et dégagés de tous les inconvéniens des projets antérieurs.

Si ces inconvéniens avaient frappé de bons esprits et fermé leurs cœurs aux douces émotions que fait naître le nom seul de l'adoption, elles y renaîtront lorsque le nouveau plan sera apprécié, et lorsqu'on verra que, sans mutations de familles, sans incertitude sur le sort du contrat, et sans détriment pour la population, le projet soumis à votre sanction n'a pour objet que de consoler les mariages stériles et les célibataires infirmes, et d'ouvrir pour eux et pour de jeunes enfans, le plus souvent sans appui, une nouvelle source de prospérité réciproque.

Le Corps législatif communiqua officiellement le projet, avec l'exposé, au Tribunat, le 23 ventose an XI (14 mars 1803); et le 30 ventose (21 mars) M. Perreau, au nom de la section de législation, en fit le rapport à l'assemblée générale des tribuns.

COMMUNICATION OFFICIELLE AU TRIBUNAT.

RAPPORT FAIT PAR LE TRIBUN PERREAU.

Tribuns, si l'on recherche avec quelque soin, au milieu des débris qui les couvrent, ces grandes institutions que la fatalité d'une destinée commune à tous nos ouvrages a plus ou moins rapidement détruites, on en retrouvera qui recèlent encore un principe de vie que le poids des siècles n'a pu entièrement étouffer, qui semblent n'attendre qu'un heureux souvenir pour se ranimer et reprendre une nouvelle existence.

Telles sont celles de ces institutions que le sentiment a liées à la nature. Comme elle, on les voit en quelque sorte participer à son impérissable durée; et conservant ainsi tout ce qu'elles doivent essentiellement à cette première association, ne perdre que ce qu'elles tiennent dans leurs formes de notre faiblesse et de la mobilité de nos systèmes.

Telle est l'adoption, qui, à défaut de liens que la nature a négligé de former ou a laissé rompre, vient en créer pour unir dans la réciprocité des plus doux rapports deux êtres jusque là étrangers l'un à l'autre, en donnant à la bienfaisance toute l'étendue de l'amour paternel, et à la reconnaissance tout le charme de l'amour filial. C'est donc faire une sorte de conquête dans l'ordre moral et politique, que d'arracher à l'oubli des temps cette touchante institution, de la dégager de ce qu'elle avait reçu d'exagéré en fiction, même à son origine, ou contracté de vicieux dans une longue continuité d'abus, de la faire revivre, pour nous la rendre propre en l'adaptant à l'esprit de nos lois et de notre gouvernement.

En vain ceux qui l'attaquent dans son principe, ce qu'il importe avant tout de discuter, nous la représentent-ils comme une illusion qui, dans ses élémens et dans ses formes, n'a jamais eu rien de vrai ni de solide, et qui jamais encore n'a pu s'incorporer utilement au système social et législatif d'aucun peuple.

La nature et les faits démentent également cette double assertion.

L'adoption n'a rien de vrai en elle-même!.... Mais nous persuadera-t-on que, long-temps avant qu'elle eût pris un caractère légal chez quelque peuple que ce fût, beaucoup d'hommes bienfaisans ne se soient pas volontairement chargés du soin d'élever des enfans délaissés ou confiés à leur tendresse, qu'ils n'aient pris pour eux des sentimens peu différens de ceux de la vraie paternité; que ces enfans, parvenus à l'âge de la force, ne leur aient rendu, en respect et en attachement, ce qu'ils auraient rendu à leurs véritables parens? Pourra-t-on nier que cette adoption de fait soit aussi ancienne que les premières sociétés humaines? Et je demanderai à ceux mêmes qui la repoussent comme une innovation faite autant dans l'ordre même de la nature que dans celui de la législation positive, si de nombreux exemples de ce genre n'ont pas encore frappé leurs regards?

C'est dans les rapports de l'état de famille, et dans les affections qui naissent à chaque instant de cette source intarissable, que l'homme a toujours été puiser l'idée du seul et vrai bonheur dont il lui ait été accordé de jouir; c'est sur le modèle de ces délicieuses affections qu'à leur défaut, il a voulu s'en procurer de semblables; que, fatigué du vide de l'isolement dans lequel il se voyait à jamais délaissé, il a porté sur des objets étrangers ces noms si chéris de père et de fils, et qu'il a cherché ainsi, dans la plus douce des illusions, à se créer au moins l'image d'une famille.

Eh! pourquoi le législateur ne s'empresserait-il pas de sanctionner ce que la nature elle-même avoue et inspire? Combien ne serait-il pas à désirer que nos lois pussent réclamer plus souvent une telle origine!

Aussi quelque diverses que soient les formes sous lesquelles il s'y montre, l'esprit de cette institution se retrouve-t-il chez presque tous les peuples anciens, particulièrement chez ceux dont on a le plus vanté la civilisation. Il ne serait pas difficile de citer du côté opposé plusieurs exemples pris de nations encore plongées dans l'état de barbarie (a).

Mais ce fut surtout chez ce peuple également célèbre, et par la sagesse de ses lois, et par la gloire de ses armes, que l'on vit l'adoption s'élever au rang de ses premières et plus imposantes institutions.

Les Romains avaient fait en tout, de l'état de famille, la base première de leur état de nation.

(a) Relisez les excellens écrits de mes collègues Challan et Grenier, en faveur de cette institution. On consultera aussi l'ouvrage de mon collègue Huguet, si l'on veut connaître ce qu'il y avait de mieux à dire dans le genre opposé. (*Note du rapporteur.*)

Personne n'ignore que c'est toujours à ce point qu'il faut remonter lorsqu'on veut se rendre compte du phénomène de leur accroissement et de tous les prodiges de leur puissance.

Là venaient se rattacher toutes les branches de leurs droits religieux, politique et civil. On sait encore que ce même esprit a survécu à leur ruine, et s'est conservé jusqu'à nous dans les débris de leur législation.

C'était chez un tel peuple sans doute que l'image seule de la famille devait être accueillie avec transport, et y prendre bientôt tous les traits qui pouvaient le plus la rapprocher de son modèle. Aussi voyez tout ce qu'on imagina pour y donner à la fiction le caractère de la réalité. L'adoption ne s'y montre que sous l'aspect le plus imposant, au milieu des plus augustes solennités.

Ses effets ne sont rien moins que d'opérer, par une imitation difficile à distinguer de la nature, le changement d'état le plus absolu ; de transmettre, avec tous les avantages de famille, les dieux pénates et les images des ancêtres, la participation aux sacrifices domestiques, la majesté et la puissance paternelles, enfin tous les droits de filiation et d'hérédité.

Si nous reportons nos regards aux beaux jours de la république, nous ne pouvons douter que cette institution n'y ait produit, dans l'ordre moral et politique, une grande partie des avantages qu'on s'en était promis.

En effet, elle procurait à la patrie de puissans moyens d'honorer la mémoire et de récompenser les services de ceux qui en avaient bien mérité, en permettant à leurs enfans de rechercher dans la bienfaisance des citoyens les plus recommandables la tendresse et l'appui de la paternité. En offrant à ces enfans le continuel spectacle des grands exemples domestiques, elle créait ainsi dans ces races factices des hommes dignes de porter un jour les noms de leurs nouveaux parens ; elle rapprochait sans cesse par le commerce des relations de famille, et réunissait par des liens sacrés deux ordres naturellement jaloux et rivaux l'un de l'autre. Partout elle faisait naître une noble émulation de sacrifices mutuels, et entretenait ainsi, dans les affections réciproques des diverses classes de ce grand peuple, le premier des sentimens, commun à toutes, l'amour de la patrie.

Lorsque, cédant à cette fatalité que nous avons déjà signalée, Rome perdit ses vertus et tout ce qu'elle devait à ses vertus de gloire et de vraie puissance, il en fut de l'adoption comme de toutes ses autres institutions. D'utile et de bienfaisante qu'elle était, elle devint une nouvelle source d'abus et de désordres, qui acheva de corrompre ce qui pouvait rester encore de moins impur dans les mœurs, et de bouleverser enfin tout le système de son antique législation.

Ce fut alors que l'on vit se multiplier ces monstrueuses et dégoûtantes fictions qui, en attaquant sans pudeur l'ordre de toutes les convenances, violaient à la fois, par leur scandaleuse absurdité, tous les droits de la raison et de la justice.

On conviendra cependant qu'à tous les maux qu'elle enfanta dans ces temps désastreux il se mêla encore quelques biens. Si on peut lui reprocher d'avoir appelé Tibère à l'empire, on doit au moins lui savoir quelque gré d'avoir donné à la terre Trajan, Adrien, Antonin et Marc-Aurèle.

Il résulte de ce rapide aperçu des effets de l'adoption chez les Romains, en la jugeant toujours d'après l'hypothèse du mode de leur gouvernement, de leurs mœurs et de leurs lois, qu'elle y fut considérée comme très-avantageuse tant qu'elle se conserva dans sa première pureté ; il résulte en tout, de ces réflexions, que, vue en elle-même, elle n'a rien de mauvais ni de dangereux ; mais qu'au contraire, en la modifiant aussi selon l'esprit de nos lois et de nos mœurs, elle peut produire chez nous de très-grands biens, y faire naître et entretenir le sentiment des plus hautes vertus, porter aux plus belles actions ; et, pour me servir de l'heureuse expression de mon collègue Grenier, nous créer de nouvelles successions d'honneur et de gloire.

Mais nos lois, nous dira-t-on, ne suffisent-elles pas, sans y porter une aussi étrange innovation, pour donner à la bienfaisance le champ le plus vaste? En étendant pour chacun la faculté de disposer de ses biens, n'auront-elles pas tous les effets de l'adoption sans en avoir les inconvéniens? Qu'est-il donc besoin d'une illusion qui n'ajoutera rien de réel au bien qu'on peut faire par d'autres moyens et à beaucoup moins de frais? Ira-t-on, pour créer des familles imaginaires, s'exposer au danger de briser les liens des véritables familles, de jeter de la défaveur sur le mariage, en tout, de nuire aux mœurs de la manière la plus funeste? J'observerai d'abord que les reproches que l'on fait ici au principe de l'adoption ne lui sont pas tellement propres, qu'ils ne puissent être adressés au système dans lequel on ne fait qu'en rejeter le nom, en laissant d'ailleurs subsister de même la plus grande partie de ses effets.

Qu'a donc ce nom de si effrayant? Quel mal peut résulter de ce caractère que la loi imprime à un acte de bienfaisance aussi étendu, en lui donnant la dénomination qu'appellent les sentimens où il a pris sa source? Et pourquoi refuseriez-vous ce nom de père à celui qui, après en avoir rempli les devoirs, en a si justement acquis les droits; et cet autre nom si doux de fils, à celui qui n'en peut trouver un plus digne de sa reconnaissance? Malgré vous, ils se les donneront, et accuseront, par le retour fréquent de ces expressions chéries, les seules conformes à leurs sentimens, la froideur dédaigneuse avec laquelle vous traitez d'illusions les liens qui les unissent.

Mais le législateur, plus juste et moins aisé à épouvanter, les sanctionnera; et, comme nous le verrons bientôt, il trouvera les moyens de vous rassurer contre des effets dont peut-être quelques préventions vous exagèrent un peu trop le danger.

Veuillez bien vous rappeler les suffrages imposans que le principe de l'adoption a déjà obtenus parmi nous, le décret de l'Assemblée nationale du 18 janvier 1792, les décrets de la Convention du 7 mars 1793, du 4 juin de la même année.

Reprenez ce projet de Code de l'an IV, modèle de sagesse dans ses principales dispositions, de précision et de dignité dans son style : relisez ce que son auteur, pour qui l'éclat de la réputation n'a pas attendu celui des dignités, dit en faveur de cette institution, sur laquelle il a le premier fait un projet de loi. Joindrai-je à ces autorités celle de l'exemple que nous donne la Prusse, exemple dont certes le poids est bien quelque chose en législation ?

Mais les respectables auteurs du nouveau projet du Code civil ont omis d'en parler....

Le premier de nos tribunaux va répondre à cette observation.

« Les auteurs du projet n'ont pas cru devoir admettre l'a-
« doption : la majorité du tribunal de cassation s'est déter-
« minée à la proposer. Cette majorité a remarqué d'abord
« que s'il est dangereux d'introduire certaines lois trop peu
« analogues aux mœurs d'une nation, c'est lorsqu'elles sont
« impératives ; mais que celles de simple faculté n'ont pas
« ces inconvéniens, puisqu'il en résulte seulement qu'on
« n'en fait pas usage. La loi d'adoption ne pourrait être que
« de cette dernière classe. »

Je me permettrai d'ajouter à cette sage réflexion, qu'il est encore entre ces deux espèces de lois une différence essentielle à remarquer.

Lorsqu'il s'agit d'établir des lois de pur commandement, il faut s'attacher le plus possible, sans doute, à ne voir les hommes que tels qu'ils sont, si l'on veut qu'elles soient justes et d'une facile exécution. Mais on peut n'être pas aussi rigoureux pour les lois de pure faculté : on peut s'y permettre de voir quelquefois les hommes tels qu'ils devraient être, et se flatter par cela même de les amener plus facilement au but qu'on se propose. Ces lois doivent être regardées comme les compagnes des mœurs ; elles ne peuvent que les améliorer en arrêtant leur corruption, loin de l'accroître, comme paraissent le craindre ceux qui n'ont pas assez réfléchi sur la différence que je viens de faire observer.

« Tout ce qui tend à établir de nouveaux liens entre les « hommes , disent encore les magistrats du tribunal de cas- « sation, tout ce qui tend à multiplier les relations qui les « rapprochent et les affections qui les unissent, est une source « de bons sentimens et de bonnes actions.Telle est l'adoption, « formant une parenté légale , un principe de bienfaisance , « étant propre à inspirer aux êtres les plus délaissés de la « société l'espérance d'acquérir un état qui leur manque, et « par cette espérance le désir de s'en rendre dignes.

« Il a paru que des règles sages , des limites judicieusement « posées, pouvaient prévenir les inconvéniens que redoutent « ceux qui rejettent cette institution. »

Il ne s'agit donc plus que d'examiner si le projet de loi qui vous est présenté remplit ces conditions. Pour vous rendre cette recherche plus facile, je vais vous rendre compte de l'intéressante discussion qu'il a fait naître dans la section au nom de laquelle j'ai l'honneur de parler.

Le titre de ce projet se divise en deux chapitres. Le pre- mier traite en deux sections de l'adoption, de ses effets et de ses formes ; le second , de la tutelle officieuse.

Adoption et ses effets.   sect. 1re.

Les quatre premiers articles comprennent tout ce qui est relatif aux qualités que la loi requiert dans les personnes , et aux conditions qu'elle exige pour accorder la faculté d'a- dopter.

L'adoption n'est permise qu'aux personnes de l'un ou de 343 l'autre sexe, âgées de plus de cinquante ans, qui n'auront , à l'époque de l'adoption , ni enfans, ni descendans légitimes, et qui auront au moins quinze ans de plus que les individus qu'elles se proposent d'adopter.

Nul ne peut être adopté par plusieurs , si ce n'est par deux 344 époux.

Hors le cas de l'article 360-366 ci-après, nul époux ne peut adopter qu'avec le consentement de l'autre.

345   La faculté d'adopter ne pourra être exercée qu'envers l'individu à qui l'on aura dans sa minorité, et pendant six ans au moins, fourni des secours et donné des soins non interrompus, ou envers celui qui aurait sauvé la vie à l'adoptant, soit dans un combat, soit en le retirant des flammes ou des flots.

Il suffira, dans ces deux cas, que l'adoptant soit majeur, plus âgé que l'adopté, sans enfans ni descendans légitimes; et s'il est marié, que son conjoint consente à l'adoption.

346   L'adoption ne pourra, en aucun cas, avoir lieu avant la majorité de l'adopté. Si l'adopté, ayant encore ses père et mère, ou l'un des deux, n'a point accompli sa vingt-cinquième année, il sera tenu de rapporter le consentement donné à l'adoption par ses père et mère, ou par le survivant; et, s'il est majeur de vingt-cinq ans, de requérir leur conseil.

L'examen de ces articles a provoqué, sur quelques points, de sérieuses objections.

343   Ne pas interdire aux célibataires la faculté d'adopter, n'est-ce pas nuire aux mariages? n'est-ce pas attaquer, dans la première et la plus sacrée des institutions, les fondemens de la société? En supposant toujours qu'on puisse consentir à l'admettre, l'adoption doit-elle avoir d'autre but que d'apporter quelque soulagement à la peine des époux qui ont perdu leurs enfans, ou d'adoucir leurs regrets si leur union a été stérile? Doit-on accorder le bienfait de la loi à ceux qui n'ont point satisfait aux obligations qui seules peuvent les en rendre dignes? Autrement n'est-il pas à craindre que telle personne, comptant sur la faculté de se créer ainsi, quand bon lui semblera, une famille fictive, dédaigne de s'en donner une véritable? Enfin n'y a-t-il pas ici pour la société, pour les mœurs, une infinité d'autres dangers que la décence ne permet pas d'analyser, mais que l'esprit le moins pénétrant peut aisément prévoir?

On a ainsi répondu :

Qu'un peuple naissant, ou placé dans des circonstances telles qu'il doive non seulement favoriser les mariages, mais encore les provoquer, interdise aux célibataires la faculté d'adopter, il ne fait en cela rien que de conforme à ce qu'exige de lui sa situation : mais qu'un peuple nombreux, chez lequel les mariages se multiplient à l'infini, sous le prétexte d'inquiétudes qu'il ne peut raisonnablement partager avec le premier, tienne aussi rigoureusement à cette prohibition ; voilà ce qu'il ne lui serait pas aussi facile de motiver, car les raisons ne seraient plus les mêmes.

Ce serait vouloir traiter avec injustice, et sans en retirer aucun profit pour lui, un grand nombre d'individus, que de les priver d'avantages auxquels, pour la plupart, ils n'auraient pas perdu le droit de participer : car, sans parler des obstacles que la nature apporte au mariage, les rapports sociaux, dans une grande nation, se compliquent tellement, qu'il en naît à tout instant mille combinaisons imprévues, mille changemens d'état, de fortune, en tout, de position, qui ne permettent plus aux mieux intentionnés de réaliser les projets qu'ils ont formés. Faut-il donc leur imputer des torts dont ils ne sont pas coupables? Faut-il les punir de n'avoir pu saisir le bonheur qu'ils ont vainement poursuivi? Faut-il les priver aussi cruellement du seul moyen qu'ils auraient encore de charmer les ennuis de leur solitaire destinée? Ceux-ci, quoi qu'il en soit des assertions opposées, formeront toujours le plus grand nombre des célibataires. On aura beau répéter que beaucoup d'autres seront continuellement entretenus dans la résolution qui les éloigne du mariage par l'espoir que leur laisse la loi ; ceux qui raisonnent ainsi ne s'aperçoivent pas de la contradiction qui s'élève entre leurs principes et les conséquences qu'ils en tirent; ils ne voient pas, dis-je, qu'un homme né avec la sensibilité qui lui ferait prévoir ce besoin impérieux d'attachement, ne remettrait pas au-delà de cinquante ans à se satisfaire par de telles jouissances s'il pouvait s'en procurer plus tôt et de plus véritables.

Restent ceux (et cette classe est peu nombreuse) qui, par légèreté, par suite d'abandon à une vie dissipée, seront parvenus à cet âge sans avoir songé à former un établissement de famille : or, on ne peut se faire de leur conduite un argument contre la loi ; car, d'après l'hypothèse où nous les plaçons, ils ne sont pas restés dans le célibat avec projet, et en comptant pour l'avenir sur la faveur de l'adoption. Leur conduite serait la même dans le cas où la loi n'existerait pas. Sans chercher à les justifier, on peut croire qu'il n'y a pas d'inconvéniens à leur en accorder le bienfait. Eh! qui sait si leur empressement à le solliciter ne serait pas regardé comme une expiation de leur insouciance ; si ce besoin qu'ils témoignent de s'attacher au moins à l'image d'un bonheur qu'ils ont laissé échapper ne serait pas même pour le mariage d'un exemple plus avantageux que nuisible ?

Quant à ces autres dangers qu'on a fait pressentir pour les mœurs, la décence, qui n'a pas même permis de les énoncer, ne peut permettre d'en combattre les craintes avec plus de détails. Il suffit d'ailleurs d'observer que les conditions de l'âge et des six années de soins exigées par le premier article doivent entièrement rassurer. Le genre de corruption, sujet de ces inquiétudes, n'a pas ordinairement des vues aussi éloignées ; et même, en les lui supposant, j'aime à croire que les résultats seraient peut-être contraires à ceux que l'on redoute. En effet, cette longue habitude de soins donnés à l'innocence devant la loi qui les surveille et les protège, ne peut-elle pas épurer les intentions les plus criminelles ; et dans ce cas ne serait-ce pas là encore un nouveau bienfait de l'adoption? Au reste, il y a des excès de dépravation (très-rares, grâces au ciel) qu'on ne peut raisonnablement faire entrer dans le calcul des inconvéniens d'une loi pour l'opposer à ses avantages.

L'article 338-344 n'a paru susceptible d'aucune réclamation. Une disposition contraire à celle qui statue que nul ne peut

être adopté par plusieurs serait d'une absurdité révoltante.
La seconde disposition de ce même article est conforme à
l'obligation de maintenir, entre les époux, cette harmonie
qui fait le bonheur de leur union.

L'exception établie en leur faveur, comme le remarque
très-bien l'orateur du gouvernement, a sa raison dans la
communauté de tous leurs sentimens, de leurs peines et de
leurs consolations. Quant à la faculté laissée à chacun d'eux
d'adopter seul, avec le consentement de l'autre, on voit
qu'elle est relative à des intérêts particuliers de famille que
tous les deux peuvent ne pas également partager.

Votre section ose espérer que vous verrez favorablement,
comme elle l'a vu, l'exception comprise dans l'art. 339-345 du
projet, qui accorde l'exercice de la faculté d'adopter envers
celui qui aurait sauvé la vie à l'adoptant, soit dans un combat, soit en le retirant des flammes ou des flots, et qui exige
seulement que l'adoptant soit majeur, plus âgé que l'adopté,
sans enfans ni descendans légitimes, et, s'il est marié, que
son conjoint consente à l'adoption. C'est une heureuse idée
que celle qui fournit à la reconnaissance un moyen de s'acquitter si parfaitement proportionné au service, qui lui permet de donner le titre de fils et tous les avantages qui en
résultent à celui qui, si j'ose ainsi m'exprimer, en a déjà
rempli par anticipation les devoirs les plus sacrés. Repro-
chera-t-on encore à une telle institution de corrompre les
mœurs? Les conditions seules qui restreignent la faculté d'a-
dopter sont un hommage que l'on continue de rendre aux
mêmes raisons d'égards pour les droits des enfans légitimes
et le maintien de cette paix qui doit toujours régner entre les
époux. On doit savoir gré encore aux auteurs du projet d'a-
voir spécialement désigné l'espèce de dangers qui seuls donnent lieu, dans ce cas, à la faculté d'adopter. On voit tout
ce qu'une dénomination vague dans ce genre aurait pu faire
naître d'abus, et dans quel discrédit elle aurait bientôt fait
tomber cette belle disposition de la loi.

346   Le commencement de l'article 340–346, où il est dit que
l'adoption ne pourra en aucun cas avoir lieu avant la majorité
de l'adopté, a excité quelques réclamations. En reconnaissant, ce qui est hors de doute, que l'adopté ne peut jamais
être lié avant sa majorité, on a prétendu qu'il ne devait pas
en être ainsi relativement à l'adoptant; on a observé que ne
pas donner un effet irrévocable aux obligations de celui-ci,
dès l'instant même où il montrait l'intention de les contracter, c'était entièrement changer la nature de cette institution, c'était tout à la fois altérer le charme et diminuer le
prix de cette bienfaisance si pure qui se plaît souvent à s'engager sans condition pour les autres, et sans aucune crainte
de retour contre ses résolutions : mais n'est-ce pas au contraire accroître le prix de la bienfaisance que de lui donner
la faculté de confirmer ou de changer ses déterminations jusqu'au terme plus éloigné où elle les arrêtera irrévocablement?
Est-ce en altérer le charme que de la laisser chaque jour encore libre de reprendre ses premiers mouvemens et d'en
goûter les nouvelles jouissances? D'ailleurs la loi veut, et
avec raison, lui donner une garantie contre les erreurs, les
piéges dans lesquels on peut la faire tomber, contre un faux
sentiment dont elle-même peut être dupe, contre les justes
regrets qui pourraient suivre une résolution plus prompte et
plus irrévocable. Quelle idée aurait-on d'un contrat qui n'o-
bligerait que d'un côté, et qui n'aurait pendant plusieurs
années aucun effet assuré? Et qu'on ne cite pas ici en opposition la loi romaine, car on serait bientôt démenti par l'u-
sage ou plutôt par les abus à peine croyables de la facilité de
l'émancipation; cette disposition s'accorde donc parfaitement
avec les ménagemens que demandent le repos et l'intérêt des
familles. C'est encore ici une occasion de remarquer l'attention avec laquelle on veille toujours, dans le projet, au
maintien de ces principes d'ordre, de justice et de paix.

Il en est ainsi du respect que l'on montre dans ce même article pour les droits de la paternité naturelle, en exigeant de

l'adopté qu'il rapporte le consentement donné à l'adoption par ses père et mère ou par le survivant, et, s'il est majeur de vingt-cinq ans, de requérir leur conseil. Le mode d'adoption proposé se garantit ainsi des reproches que mériterait très-justement une fiction également désavouée par la nature et la raison.

C'est donc par suite de ce même respect pour des liens qui toujours y sont regardés comme inviolables que le projet, en conférant le nom de l'adoptant à l'adopté, retient celui-ci dans sa famille naturelle et lui en conserve tous les droits. On n'objectera pas sans doute que cette disposition est contrariée par celle qui prohibe les alliances entre l'adoptant, l'adopté et leurs parens, aux degrés où la loi défend ces mêmes alliances entre les parens naturels : la sorte d'affinité morale que produit l'adoption, l'ordre intérieur des familles, les dangers pour les mœurs, justifient sous tous les rapports possibles ces prohibitions. *347-348*

L'art. 343-349 consacre encore une des premières obligations naturelles, en maintenant celle qui existe entre l'adopté et ses père et mère naturels, de se fournir des alimens dans les cas déterminés par la loi. Il paraît aussi juste que raisonnable de rendre cette même obligation commune entre l'adoptant et l'adopté. *349*

Quant aux effets relatifs pour ceux-ci à leurs droits mutuels de successibilité, le projet de loi a paru très-conséquent à lui-même, en statuant aux articles 344, 345 et 346-350, 351 et 352 : *350 à 352*

1°. Que l'adopté n'acquerrait aucun droit sur les biens des parens de l'adoptant, mais qu'il aurait sur la succession de celui-ci les mêmes droits qu'y aurait l'enfant né en mariage, même quand il y aurait d'autres enfans nés en mariage depuis l'adoption ;

2°. Que si l'adopté meurt sans descendans légitimes, les choses données par l'adoptant, ou recueillies dans sa succession, et qui existeront en nature lors du décès de l'adopté, retourneront à l'adoptant ou à ses descendans , à la charge , bien entendu, de contribuer aux dettes , et sans préjudice des droits des tiers ;

Que le surplus des biens de l'adopté appartiendrait à ses propres parens; que ceux-ci excluront toujours pour les biens, même spécifiés au même article , tous héritiers de l'adoptant autres que ses descendans ;

3°. Que si, du vivant de l'adoptant et après le décès de l'adopté , les enfans ou descendans de celui-ci mouraient eux-mêmes sans postérité , l'adoptant succédera aux choses par lui données , comme il a été dit plus haut; mais que ce droit sera inhérent à la seule personne de l'adoptant, et non trans-missible à ses descendans même en ligne directe.

. Ces articles sont si clairs et si raisonnables , qu'ils n'ont besoin d'aucun développement. Il suffit d'avertir que la rai-son générale de l'équité qu'on y remarque doit toujours être recherchée dans le principe de la loi qui donne tous les effets qu'ils doivent avoir aux relations personnelles de l'adoptant et de l'adopté , mais sans opérer un changement absolu d'é-tat pour celui-ci , qui conserve donc entre lui et sa famille naturelle ces droits réciproques, formés, je le répète, de liens premiers qu'il ne permet jamais de rompre.

Formes de l'adoption.

La section II du chapitre premier , relative aux *formes* du projet, n'a point éprouvé d'opposition. Il a été reconnu qu'on n'y avait rien négligé de tout ce qui pouvait assurer l'exécu-tion de la loi, et de la manière la plus digne des effets qu'elle devait produire. L'acte d'adoption doit être porté, continué et consommé devant les tribunaux ; car un tel acte (a) ne peut être assimilé à un acte simple, tel que l'est celui d'une naissance , d'un décès et même d'un mariage; mais il se com-pose d'une suite de faits et de conditions qui exigent un ju-gement préalable.

_____

(a) Voyez les motifs du projet.

Aussi le projet veut-il d'abord que l'adoptant et l'adopté 353
constatent la liberté de leur consentement mutuel devant le
juge de paix par un acte qui sera homologué, après un délai 354
convenable, par le tribunal de première instance ; que ce
tribunal prenne des renseignemens certains, secrètement 355-356
discutés, sur la réputation de l'adoptant; qu'il examine si les
conditions prescrites par la loi ont été remplies ; que ce premier jugement soit porté au tribunal d'appel, tenu d'ins- 357-358
truire et de prononcer son jugement dans les mêmes formes;
que ce second jugement, s'il confirme l'adoption, ait toute
la publicité convenable ; que l'acte soit inscrit sur les registres 359
de l'état civil, et qu'il reste sans effet s'il n'a été inscrit dans
le délai fixé. Il excepte seulement de cette disposition, et 360
par une indulgence que réclame sans cesse, dans tout ce qui
a rapport à nous, notre fragilité; il excepte, dis-je, le cas
où l'adoptant vient à mourir, l'acte passé devant le juge de
paix, avant le jugement des tribunaux : alors il permet de
continuer l'instruction, et veut, si les résultats en sont favorables, que l'intention de l'adoptant lui survive dans ses
effets, et que l'adoption ait lieu.

L'exposé seul de ces articles suffira peut-être pour justifier
le jugement qu'en a porté votre section, et calmer les inquiétudes que pourraient inspirer encore la légèreté, l'inconstance des résolutions, les ruses, les intrigues de la cupidité,
enfin la perversité des motifs. Tout s'y trouve statué de manière qu'il ne peut rester de doute raisonnable sur la liberté
du consentement des parties, sur la pureté des mœurs et la
droiture des intentions de l'adoptant. Les précautions prises
surtout relativement à ce dernier sont évidemment telles,
qu'on n'aura certes pas à craindre de voir fréquemment des
hommes d'une réputation seulement équivoque s'exposer
à former des demandes en adoption. A cette garantie qu'elles
donnent, et sans blesser dans l'opinion publique ceux qu'elles
écartent, elles joignent encore l'avantage de l'heureuse influence que ce refus, même secret, peut avoir sur les mœurs.

Tutelle officieuse.

La tutelle officieuse, objet du second chapitre du projet, a paru à votre section une de ces conceptions heureuses dans lesquelles on se plaît à voir la raison qui les règle s'unir au sentiment qui les a inspirées.

Ce mode d'adoption auxiliaire, dénomination très-juste que lui donne l'auteur des motifs du projet, essentiellement le même que le premier, s'en distingue néanmoins sous des rapports qu'il importe de remarquer. Il suppose une affection plus profonde, une intention plus fixée, des soins plus étendus et plus constans, enfin des obligations antérieures déjà remplies.

361-362   Le tuteur officieux sera donc celui qui, toujours conformément au premier principe du projet, âgé de plus de cinquante ans, n'ayant ni enfans ni descendans légitimes, s'il est époux, avec le consentement de l'autre conjoint, voulant, durant la minorité d'un individu, se l'attacher par un titre légal, obtiendra le consentement des père et mère de l'enfant ou du survivant d'entre eux, ou, à leur défaut, d'un conseil de famille ; ou, enfin, si l'enfant n'a point de parens connus, le consentement des administrateurs de l'hospice où il aura été recueilli, ou de la municipalité du lieu de sa résidence.

364   Un des premiers effets de cette tutelle est d'emporter avec soi, sans préjudice de toute stipulation particulière, l'obligation de nourrir le pupille, de l'élever et de le mettre en état de gagner sa vie. Il ne faut qu'énoncer cette disposition pour en faire sentir toute la justice. Sans doute que la loi ne doit pas permettre, sous le prétexte apparent d'une bienfaisance qui serait essentiellement fausse ou incertaine, que l'on puisse rendre la condition du pupille plus mauvaise qu'elle n'était, en l'abandonnant sans secours, dans l'âge où il ne peut se suffire à lui-même, et sans moyens d'assurer son existence pour l'avenir.

365   Si la loi confie au tuteur officieux le soin de la personne du

pupille, à plus forte raison peut-elle aussi lui remettre l'administration de ses biens; oui, mais elle voudra que, toujours fidèle à ses généreuses intentions, le tuteur s'abstienne d'imputer sur les revenus de son pupille les dépenses d'éducation.

Que statuera-t-on dans le cas où, après avoir satisfait à toutes ces obligations pendant cinq années, sans laisser aucun doute sur la vérité de ses sentimens, le tuteur, prévoyant son décès, sera tourmenté par la crainte de ne pas arriver à ce terme de la majorité de son pupille, terme éloigné, que le projet a fixé pour rendre l'adoption irrévocable? La loi l'abandonnera-t-elle sans espoir de consolation à ses inquiétudes? le laissera-t-elle emporter au tombeau le regret de n'avoir pu couronner l'œuvre de sa bienfaisance? lui imputera-t-elle à tort cette cruelle fatalité? des soins si constans n'obtiendront-ils pas leur récompense? Toujours juste, même lorsqu'elle ne paraît qu'indulgente, la loi s'acquittera ici de ce qu'elle doit; elle lui permettra de conférer, par un acte testamentaire, l'adoption et tous ses effets, à l'objet de son affection. C'est là le caractère particulier qui distingue du mode ordinaire d'adoption celui qui peut résulter de la tutelle officieuse. 366

Mais, si, moins prévoyant, le tuteur vient à mourir, soit avant, soit après les cinq années révolues, sans avoir usé de cette faculté d'adopter son pupille par acte testamentaire, que deviendra le pupille? quelle sera sa condition? Ce cas n'a pas échappé à la prévoyante sollicitude des auteurs du projet. Alors il sera fourni au pupille, durant sa minorité, des moyens de subsister dont la quotité et l'espèce, s'il n'y a été antérieurement pourvu par une convention formelle, seront réglées soit amiablement entre les représentans respectifs du tuteur et du pupille, soit judiciairement en cas de contestation. 367

Enfin, lorsque le pupille est parvenu à sa majorité, qu'arrive-t-il? La loi revient ici au principe général qu'elle 368-369 a établi, car elle n'a plus de raisons pour s'en écarter : elle laisse donc au tuteur officieux la liberté d'adopter ou de ne pas adopter son pupille, comme elle laisse à celui-ci la faculté de consentir ou non à l'adoption ; mais elle statue particulièrement, et avec une grande équité, pour le cas où le tuteur ne voudra point adopter, et où le pupille ne sera point en état de gagner sa vie, que le tuteur, qui doit s'imputer le tort de cette incapacité où se trouve son pupille, soit tenu de lui fournir une indemnité propre à lui assurer, pour le moment et pour l'avenir, des moyens de subsistance (de lui donner un métier), et toujours sans préjudice des stipulations qui auraient pu avoir lieu dans la prévoyance de ce cas.

370 C'est dans ce même esprit que l'article dernier exige toujours du tuteur qu'il rende compte des biens pupillaires quelconques dont il aura eu l'administration.

On doit reconnaître, d'après la sagesse avec laquelle ces diverses dispositions sont combinées entre elles, et relativement aux principes généraux de la loi, qu'il doit résulter de grands avantages de cet ingénieux contrat de bienfaisance. Il aura éminemment celui de procurer plus fréquemment des secours à l'enfance infortunée, et de les lui assurer ; car beaucoup de familles ne se décideront à confier leurs enfans qu'avec cette certitude ; tandis que, de l'autre côté, comme on l'a très-bien observé (a), ceux qui voudraient s'en charger ne le feront pas, si, partageant le même intérêt, ils ne partagent pas aussi la même assurance.

Tel est, tribuns, le compte que j'avais à vous rendre, et du projet de loi, et de l'examen approfondi qu'en a fait votre section de législation. En le jugeant, vous ne vous laisserez pas étonner par ces mots de nouveautés, de systèmes étrangers et mêmes contraires à nos mœurs : vous apprécierez ce que sont en elles-mêmes certaines objections auxquelles on a trop légèrement peut-être donné plus de valeur qu'elles n'en

(a) Voyez les motifs du projet.

doivent avoir. Vous reconnaîtrez que l'adoption, telle qu'elle vous est présentée, d'accord avec la nature et la raison, ne fait que consacrer par des titres légaux des sentimens qui sont les mêmes pour tous les hommes et tous les temps, qui toujours et partout encore donnent les mêmes résultats ; que, dans son principe, dans ses effets, dans ses formes, elle s'accorde aussi parfaitement avec notre ordre social ; qu'elle ne le blesse ni dans sa politique, ni dans ses lois, ni dans ses institutions ; enfin, que loin de nuire aux mœurs, elle les servira utilement.

On applaudira sans doute encore ici à ces vues constamment sages et bienfaisantes du gouvernement, qui, toujours également occupé, et du bonheur domestique des individus, et de la prospérité publique de l'État, non content de réparer tant de maux sous tous ces rapports, vient chaque jour nous ouvrir de nouvelles sources de biens.

Le vœu de la section de législation sollicite le vôtre en faveur du projet de loi sur l'*adoption*.

Le Tribunat vota l'adoption du projet dans sa séance du lendemain (1er germinal an XI); et il chargea de suite MM. Perreau, Duveyrier et Gary de porter son vœu au Corps législatif.

DISCUSSION DEVANT LE CORPS LÉGISLATIF.

DISCOURS PRONONCÉ PAR LE TRIBUN GARY.

(Séance du 2 germinal an XI. — 23 mars 1803.)

Législateurs, nous vous apportons le vœu du Tribunat en faveur du projet de loi, contenant le titre VIII du Code civil, relatif à l'*adoption* et à la *tutelle officieuse*. Nous allons vous soumettre les motifs de ce vœu.

Une première réflexion qui a dû précéder toute espèce

d'examen, c'est qu'il s'agit ici d'une institution nouvelle, d'une institution étrangère à nos lois, à nos mœurs, à nos habitudes. Nous n'avons donc pu l'envisager qu'avec cette sorte d'effroi qu'inspire tout essai en matière de législation; effroi qu'avoue la sagesse, et qui est toujours salutaire quand il ne trouble ni la liberté ni le calme de la méditation.

J'ai dit qu'on vous présente une institution étrangère à nos lois. Ce n'est pas qu'on n'en trouve le nom dans quelques anciens capitulaires et dans certaines coutumes; mais dans ces capitulaires, l'adoption n'était le plus souvent qu'une association militaire. Dans les coutumes qui avaient établi l'*adoption* ou l'*affiliation*, c'était tantôt une institution contractuelle, tantôt une administration commune de biens communs; mais on n'y voit point établis ou consacrés ces rapports de paternité et de filiation dont le mot d'adoption réveille en nous l'idée.

Une image plus vive, mais non moins imparfaite de l'adoption, se trouvait dans les lois particulières à deux établissemens de charité de l'une de nos plus grandes villes. Les administrateurs des deux hospices de Lyon étaient autorisés à adopter des orphelins, avec le consentement exprès ou tacite des parens habiles à leur succéder. Cette adoption leur donnait sur les biens et la personne des orphelins adoptés tous les droits de la puissance paternelle, même le droit de succéder, ou concurremment avec les parens, ou exclusivement à ceux qui, en âge de majorité, avaient consenti à l'adoption. Mais le terme de cette adoption temporaire était la majorité de l'adopté. Alors tous les liens se brisaient, tous les rapports cessaient, ou plutôt il n'en existait plus que dans le souvenir des bienfaits accordés et reçus.

Quant aux lois émanées de nos assemblées nationales, qui, depuis le décret du 18 janvier 1792, se sont occupées d'adoption, elles n'en ont parlé que pour en prononcer le mot, se réservant toujours d'en déterminer ultérieurement la nature, les conditions et les effets.

J'ai donc eu raison d'établir, législateurs, que vous marchez sur un terrain nouveau pour vous. Dans les diverses parties du Code civil que vous avez eu à décréter jusqu'à ce jour, vous avez été à portée de recueillir les fruits de notre propre expérience. Sans donner au passé une autorité despotique sur le présent, vous lui avez assuré cet empire éclairé qui conserve ce qui est bon, et corrige ou retranche ce que le temps a déclaré défectueux ou mauvais. Ici il n'y a point de passé pour nous; nous sommes réduits à porter nos regards sur l'avenir, c'est-à-dire sur les avantages que peut faire espérer l'institution qui vous est proposée.

Le système de l'adoption, par cela seul qu'il est nouveau, a eu à repousser un genre d'attaque que n'ont pas subi les autres parties de la législation. En effet, quand il a été question d'établir les règles du mariage, de la paternité et de la filiation, celles de la puissance paternelle, nul ne s'est permis d'attaquer ces grandes bases de la société; nul n'a contesté la nécessité de les soumettre à des règles invariables. La discussion tout au plus a pu se porter sur la convenance et l'utilité des règles proposées, sur les changemens ou les modifications qu'elles pourraient subir; mais tous ont reconnu l'indispensable obligation de raffermir ces mémorables institutions consacrées par l'histoire du genre humain.

Il n'en a pas été de même de l'adoption : étrangère à nos lois, inconnue chez plusieurs nations, on a pu se demander s'il était nécessaire ou utile de l'introduire parmi nous.

Une autre question s'est élevée : celle de savoir s'il faut l'admettre telle qu'elle nous est présentée. Mais il faut auparavant répondre à ceux qui ne veulent pas même que le nom en soit prononcé dans notre législation.

Ils ont proposé trois genres de critique. Ils ont dit que cette imitation des lois des Romains, qui avaient fondé sur l'organisation intérieure de la famille l'espérance et la gloire de leur future destinée, n'a parmi nous aucun des motifs établis par ces lois; ils ont ajouté que c'est une institution inutile ; enfin ils l'ont présentée comme pouvant devenir nuisible à la société.

A l'appui de la première critique, on a rappelé les trois motifs donnés à l'établissement ou au maintien de l'adoption chez les Romains, par l'auteur qui a le mieux connu et expliqué les antiquités romaines (a). Ces motifs étaient : 1° l'intérêt d'assurer après la mort des citoyens la célébration des sacrifices funéraires sur leur tombe, et celui de perpétuer dans les familles le culte des dieux domestiques : à défaut d'enfans naturels, les enfans adoptifs étaient chargés de ces soins religieux ; 2° la faculté de parvenir à certains emplois publics, et la capacité de recueillir les libéralités testamentaires : tout cela ne s'obtenait que par un certain nombre d'enfans ; les fils adoptifs aidaient à compléter ce nombre (b) ; 3° enfin la facilité que l'adoption, dans une famille plébéienne, donnait aux patriciens de parvenir aux places exclusivement réservées aux plébéiens.

Sans doute, aucun de ces motifs n'est applicable parmi nous. Mais il en est un autre que je retrouve aussi, et dans les lois romaines, et dans l'explication qu'en donne le profond jurisconsulte qu'on m'oppose. L'adoption, dit-il, imite la nature ; elle est la consolation de ceux qui n'ont point d'enfans ; elle adoucit pour eux ou le malheur de la nature ou son injustice. *Adoptio imitatur naturam in solatium eorum qui liberos non habent, ad molliendum naturæ defectum vel infortunium.* La force d'un pareil motif, qui parle à tous les cœurs, qui s'étend à tous les pays et à tous les siècles, va surtout se faire sentir dans la solution de la seconde objection.

Elle consiste à dire que l'adoption est inutile, 1° parce qu'elle n'est point dans nos mœurs, et qu'elle n'est point

---

(a) *Heineccius , de Antiquit. roman. Institut.*, liv. 1. tit. xi.

(b) Un abus s'était introduit dans les derniers temps de la République : un citoyen, après s'être servi de ses enfans adoptifs pour former ou compléter le nombre exigé par la loi, les émancipait, et répudiait ainsi les charges de l'adoption et de la paternité après en avoir recueilli les fruits. Tacite , dans ses *Annales*, liv. xv , rapporte le sénatus-consulte par lequel il fut établi *ne simulata adoptio in ullâ parte muneris publici juvaret, et ne usurpandis quidem hæreditatibus prodesset.*

appelée par l'opinion publique ; 2° à cause de la grande latitude de disposer accordée à ceux qui, n'ayant point d'enfans, sont les seuls qui puissent adopter.

Pour établir que nos mœurs ou l'opinion publique n'appellent pas l'adoption, on se fonde sur le petit nombre d'adoptions qui ont eu lieu depuis onze ans que diverses lois s'en sont occupées.

Cet argument d'abord perd de sa force, si l'on se souvient que toutes les lois qui ont traité de l'adoption n'ont fait qu'en établir ou en rappeler le principe sans en déterminer les effets. Faut-il s'étonner, après cela, que peu de gens se soient empressés de rechercher un titre dont les obligations et les droits étaient inconnus? Les hommes sages ne prennent point d'engagement quand ils en ignorent l'étendue.

Il faut d'ailleurs faire ici une distinction, qui sort de la nature même des choses, entre les lois qui obligent tous les citoyens, indépendamment de leur fait et de leur volonté, et celles qui ne contiennent qu'une simple faculté dont chacun, à son gré, peut user ou ne pas user.

A l'égard des premières, même les plus sages et les plus utiles, il faut encore les assortir aux circonstances, aux mœurs actuelles. Quand il s'agit de forcer la volonté des hommes, de détourner leurs penchans, de rompre leurs habitudes, il faut le faire avec ménagement. C'est alors qu'il ne suffit pas de vouloir le bien, il faut le faire à propos, modifier ou changer par degré l'opinion publique, et la disposer à le recevoir.

Mais, quand il s'agit d'une institution qui ne soumet ni les volontés ni les actions, et qui n'est faite que pour ceux qui voudront bien en profiter, il n'y a qu'une seule chose à examiner : c'est de savoir si, en faisant le bien de ceux-là, elle n'offense pas les intétêts de tous par quelque atteinte portée à la politique ou à la morale. Or, je soutiens que l'adoption, utile à ceux qui s'uniront par ce nouveau lien, est en même temps et morale et politique.

Point de difficulté sur les avantages qui résultent de l'a-
doption, et pour l'adopté et pour l'adoptant. Tout est bienfait, tout est profit pour l'adopté ; cela est surtout vrai, lorsque, sans sortir de sa famille naturelle, sans perdre aucun
des droits qui lui appartiennent dans cette famille, il en acquiert sur les soins et sur les biens de l'adoptant.

L'adoption est un bien pour celui qui adopte ; car elle lui
donne la qualité de père, que la nature lui avait refusée ;
elle fait naître dans son cœur des sentimens qui font le charme
de sa vie ; elle lui assure la consolation et les secours de la
reconnaissance ; elle écarte de sa vieillesse la solitude et l'i-
solement, qui contristeraient et abrégeraient ses derniers
jours ; enfin, elle le rend heureux de tout le bien qu'il fait,
de tous les soins qu'il donne à celui que la loi lui permet de
nommer son fils.

Non seulement l'institution de l'adoption est utile aux individus qui en profitent, elle prête encore un nouvel appui à
la morale, puisqu'elle ouvre une nouvelle source de relations
et de bienfaits entre les hommes. Aimez-vous les uns les
autres ; tel a été le langage de toutes les religions ; tel doit
être aussi le langage de tous les législateurs. Partout où
existe cette bienveillance réciproque, principe de tous les
devoirs et de toutes les vertus, on voit régner la paix et le
bonheur. La loi doit donc l'exciter de tout son pouvoir, en
faciliter et en assurer l'exercice.

En établissant que l'adoption est une institution morale,
j'ai prouvé que c'est une institution politique ; car, dans l'action qu'une nation exerce sur elle-même par ses propres
lois, tout ce qui est moral est politique. J'ajoute néanmoins
qu'elle sert l'intérêt général de la société sous deux rapports.

1°. Elle forme un nouveau lien entre les classes que l'inégalité nécessaire des fortunes tend sans cesse à séparer ; l'a-
doption sera, en général, exercée par le riche au profit du
pauvre ; elle reproduira parmi nous, non seulement l'adoption des Romains, mais encore cette belle institution du pa-

tronage et de la clientelle, le plus fort ciment entre les diverses classes de citoyens, le plus solide fondement de l'union et de la grandeur du peuple romain.

2°. L'adoption sera conforme à l'intérêt général ; car, nécessairement précédée et préparée par les soins rendus en minorité, elle assurera une bonne éducation à des individus que les rigueurs de la fortune en eussent privés. Ainsi elle fécondera au profit de la société des germes de talens qui, faute de culture, se fussent desséchés, ou eussent péri en naissant.

Qu'on ne dise donc plus qu'une institution qui, en étendant l'empire des bienfaits, ajoute au bonheur des individus, et qui sert en même temps la morale et la politique, est une institution inutile !

Sera-t-on plus heureux à fonder cette inutilité sur la latitude de disposer promise ou accordée par nos lois ?

Les auteurs d'une pareille objection, je le vois bien, n'aperçoivent dans l'adoption que de l'argent donné et reçu. Ils comparent ces longues années de soins et de secours qui ont dû précéder l'adoption à cet instant fugitif où le plus souvent l'on donne à regret ce qu'on ne peut plus conserver. Ils ne mettent aucune différence entre ces libéralités entre-vifs, si souvent suivies du repentir, ou ces dispositions testamentaires, trop souvent le fruit de l'obsession, de la faiblesse ou de la passion, et ces libéralités, ouvrage de la sagesse, du choix et de la réflexion, fruits de sentimens éprouvés, affermis par l'habitude, et qui prennent enfin leur source dans les dispositions qu'il importe le plus de faire germer et d'entretenir dans le cœur des hommes.

On ne voit dans l'adoption que la faculté de donner ! Mais la société ne peut partager des idées aussi étroites qu'inexactes. Ce qui lui importe n'est pas qu'un individu dispose de ses biens suivant son humeur ou son caprice, mais qu'il en fasse pendant sa vie un usage éclairé et qui lui soit utile à lui-même. Ce qui lui importe, c'est d'établir et d'étendre un commerce de bienfaits qui rende les citoyens meilleurs et plus heureux, de lier ainsi les diverses classes qui la composent, d'appeler enfin sur l'indigence les regards et les secours de la richesse.

Il s'agit bien de donner de l'argent! Ce sont les soins, les affections, c'est le cœur, c'est soi-même enfin qu'il faut donner, et voilà tout ce que donne le père adoptif. Il s'identifie en quelque sorte avec celui qu'il appelle son fils; il attache sa gloire à la sienne, son bonheur à ses succès; il garantit à la société sa bonne conduite et sa vertu.

A ceux qui ne voient dans l'adoption que de l'argent donné et reçu, je ne répondrai plus que par un trait de l'antiquité, que je vous demande la permission de remettre sous vos yeux.

Eudamidas de Corinthe était au lit de la mort, et laissait sa mère et sa fille dans l'indigence. Il se souvint qu'il avait deux amis, *Aréthus* et *Carixène*; il fit son testament, dans lequel il légua à *Aréthus* le soin de nourrir sa mère, et à *Carixène* celui d'adopter sa fille, et de la doter quand elle se marierait; et, au cas que l'un d'eux vînt à mourir, il chargeait le survivant de remplir les obligations de celui qui prédécéderait. Ces dispositions furent religieusement exécutées. La mère d'*Eudamidas* fut nourrie et entretenue par *Aréthus*; et sa fille, adoptée par *Carixène*, reçut de lui une dot égale à celle de sa propre fille. N'est-ce là que de l'argent donné et reçu? Et ne se demande-t-on pas où est la plus sublime vertu, dans celui qui témoignait une si noble confiance dans les secours et les devoirs de l'amitié, ou dans ceux qui y répondaient si généreusement?

Je passe à la troisième critique proposée par ceux qui ne veulent pas d'adoption. Cette institution, disent-ils, peut devenir funeste à la société, 1° en ce qu'elle tend à relâcher les liens de famille, et à dépouiller les parens de la portion de biens qui leur est réservée par la loi; 2° en ce qu'il est possible qu'elle couvre du voile honorable de la paternité et de la filiation des combinaisons criminelles et réprouvées par les bonnes mœurs.

Je réponds à la première branche de cette objection, que l'adoption ne détruit point d'abord l'esprit de famille dans la ligne directe, qu'elle le fortifie au contraire, puisqu'elle ne peut avoir lieu qu'à défaut d'enfans issus d'une union légitime; la loi ne pouvait rendre à la nature un hommage plus pur et plus solennel.

Il ne s'agit donc que de la famille collatérale, et de la portion même de cette famille qui peut être appelée à la réserve légitime. Sans doute il est juste, il est moral de resserrer les liens de famille; mais cet intérêt ne doit venir qu'après celui d'assurer à chaque individu la liberté et le bonheur auquel il aspire. Régler le partage des biens d'un homme après sa mort est le devoir du législateur; mais rendre cet homme heureux pendant sa vie, protéger l'exercice de sa liberté, lui donner, à cet effet, toutes les facilités et tous les moyens compatibles avec la morale et le maintien de l'ordre public, c'est un devoir antérieur et plus sacré. Si cet individu attache son bonheur à se donner un fils, à l'élever, à le former pour la société, faut-il l'en priver, faut-il enchaîner sa bienfaisance pour l'intérêt d'une famille dont les droits ne s'ouvrent qu'après lui, et qui ne tient ces droits que de la main du législateur? C'est d'ailleurs encore une question de savoir si, dans la ligne collatérale, il y aura une réserve légitime, et au profit de quel degré elle aura lieu. Vous aurez incessamment à prononcer sur cette question. Mais je suppose que vous admettiez cette réserve, et c'est l'hypothèse la plus favorable aux auteurs de l'objection, alors le même Code qui l'établira pourra, sans contradiction et sans difficulté, la faire cesser au profit des enfans adoptifs qui forment eux-mêmes une nouvelle famille.

J'ajoute qu'il est possible que la faculté d'adopter serve à maintenir plus d'union, et à faire naître plus d'égards dans les familles, par la crainte qu'elle inspirera aux parens ingrats, qui, se croyant assurés d'une succession ou d'une partie importante de cette succession, penseraient qu'ils sont dispensés de la mériter. Suivons en effet la marche de la nature; ne confondons pas les exceptions toujours rares avec la règle habituelle de la conduite des hommes. Demandons-nous si les faveurs, les affections, les prédilections ne sont pas en général pour ceux qui portent notre nom, ou qui nous appartiennent par les liens du sang? Le vieillard qui trouve dans la postérité de ses frères et sœurs les soins et les consolations qui adoucissent et charment les derniers instans de la vie va-t-il les chercher dans une famille étrangère.

Quant à la seconde partie de l'objection, je me contente d'observer que toutes les précautions que pouvaient nécessiter les bonnes mœurs sont prises; qu'on les trouvera dans les dispositions qui ne permettent d'adopter que dans un âge avancé; qui exigent des soins rendus long-temps auparavant, et pendant la minorité; qui prescrivent la nécessité du consentement du conjoint de l'adoptant quand il est marié; qui veulent que les père et mère de l'adopté soient toujours consultés, s'ils sont vivans; enfin, dans l'intervention de l'autorité publique, qui doit s'assurer des mœurs et de la bonne réputation de l'adoptant. De pareilles précautions suffisent aux yeux de la morale et de la société. Une plus grande défiance serait une injure, et blesserait ces mœurs publiques qu'on aurait pour objet de sauver. Il ne faut point outrager l'espèce humaine dans les lois destinées à la gouverner.

En vous rendant compte, législateurs, des principales objections contre le principe de l'adoption, j'ai mis sous vos yeux les motifs d'intérêt public et de bonheur individuel sur lesquels il se fonde. Il me reste à vous présenter l'organisation qui lui est donnée par le projet de loi soumis à votre délibération.

Ce projet se divise en deux chapitres; l'un traite de l'*adoption*, l'autre de la *tutelle officieuse*.

CHAPITRE Ier.

De l'Adoption.

Le premier chapitre se sous-divise en deux sections : la première s'occupe de l'*adoption* et de *ses effets;* la seconde règle les *formes de l'adoption.* Tel est l'ordre que je dois me prescrire.

SECTION Ire. — *De l'Adoption et de ses effets.*

Avant de déterminer les effets de l'adoption, il était naturel d'établir les conditions exigées, soit de la part de l'adoptant, soit de la part de l'adopté. C'est l'objet des premiers articles du projet.

L'adoption est d'abord permise aux personnes de l'un et de l'autre sexe. Tout ce qui intéresse le bonheur individuel doit être également pour les deux sexes. On a suivi, avec raison, le dernier état de la législation romaine à cet égard.

L'adoptant doit être âgé de plus de cinquante ans. Les premières lois de Rome en exigeaient soixante. On trouva bientôt cette règle trop rigoureuse; et sans déterminer l'âge précis auquel il serait permis d'adopter, on chargea les magistrats d'examiner si celui qui se proposait d'adopter pouvait encore raisonnablement espérer d'avoir des enfans, *ut œstimetur*(a)*an melius sit de liberis procreandis cogitare eum, quàm ex alienâ familiâ quemquam redigere in potestatem suam.* La disposition qu'on vous propose, en partant du même principe, qu'il faut que la loi n'accorde des enfans adoptifs qu'à ceux qui ne peuvent plus guère espérer d'en recevoir des mains de la nature, est cependant plus sage en retranchant l'arbitraire sur la fixation de l'époque à laquelle l'adoption sera permise.

L'adoptant ne doit avoir, à l'époque de l'adoption, ni enfans ni descendans légitimes. Cette disposition se soutient

---

(a) *Leg.* 17, *parag.* 2, *Digest. De adoptio., et emancipat.*

X.

d'elle-même, elle vaut mieux que ce qui était établi chez les Romains.

Leurs lois exigeaient un intervalle de dix-huit ans entre l'âge de l'adoptant et celui de l'adopté ; le projet n'exige que quinze années. Le principe qui veut que l'adoption, pour être l'image de la nature, suive l'intervalle que celle-ci met dans ses opérations, est sauvé ; et la légère disparité que je viens de remarquer n'a paru susceptible d'aucune critique.

344   Si celui qui se propose d'adopter est marié, il ne le pourra qu'avec le consentement de l'autre conjoint. Cette disposition est dans l'ordre des convenances et des égards que se doivent deux époux. Celui qui est adopté devant porter le nom et suivre la destinée de celui qui l'adopte, il est naturel que le compagnon de cette destinée soit consulté. L'enfant adoptif, vivant habituellement dans la maison commune, ne doit y prendre sa place qu'avec l'agrément de l'autre époux.

345   Il ne suffira pas que l'adoptant ait quinze ans de plus que l'adopté ; il faudra encore qu'il lui ait, dans sa minorité, et pendant six ans au moins, fourni des secours et donné des soins non interrompus. Quel est le but de cette disposition ? C'est de s'assurer que celui qui demande à la loi de lui conférer le titre de père en a déjà les sentimens ; et la preuve de ces sentimens ne peut résulter que des secours, que des soins non interrompus, accordés pendant six ans au moins à celui qu'on veut adopter, et pendant sa minorité. Ce n'est pas en effet pour un individu déjà parvenu à sa majorité qu'on éprouve pour la première fois des sentimens de père. On les accorde d'abord à la faiblesse, aux grâces, à l'ingénuité, à la candeur de l'enfance. Ces sentimens se perpétuent et s'affermissent dans un âge plus avancé ; mais c'est dans l'âge tendre qu'ils naissent. C'est alors que l'habitude des soins rendus et reçus forme véritablement une seconde nature. L'amour paternel se forme avec les bienfaits, la piété filiale avec la reconnaissance. On n'aime comme son enfant que celui qu'on a protégé, secouru, élevé dès le premier âge, dont on a vu

par ses soins se développer et croître les facultés physiques et morales, dont on regarde enfin l'existence comme son propre ouvrage. Ainsi se forme cette espèce de propriété par laquelle le père et le fils croient mutuellement s'appartenir.

La précaution prise par la loi de s'assurer que les soins et 346 les sentimens paternels ont commencé pendant la minorité de l'adopté absout de tout reproche la disposition qui veut que l'adoption ne puisse avoir lieu avant la majorité de l'adopté. On n'a fait que deux objections contre cette disposition :

La première, prise de ce qu'on ne peut sentir la tendresse paternelle pour l'individu majeur, si, dès sa minorité, on ne l'a regardé et traité comme son enfant; cette objection est résolue;

La seconde, fondée sur la crainte que des majeurs n'abusent de leur empire et de la faiblesse d'un vieillard pour surprendre un acte d'adoption qui exproprie toute une famille. Mais comment concevoir une pareille crainte quand l'adoption ne peut avoir lieu qu'autant que l'adopté aura reçu de l'adoptant les soins d'un père, à un âge où la faiblesse de sa raison ne lui permet pas de se gouverner lui-même?

Vous avez d'ailleurs reconnu, législateurs, combien il est nécessaire qu'une adoption soit irrévocable à l'instant où elle est formée, ce qui serait impossible s'il était permis d'adopter les mineurs; car alors il faudrait leur réserver la liberté, quand ils seraient parvenus à leur majorité, de renoncer à l'adoption ou de la confirmer. Ainsi l'adoption serait irrévocable d'une part, et révocable de l'autre. C'est ce que ne permet point le grand intérêt d'établir sur des bases fixes et immuables tout ce qui tient à l'état des hommes et au sort des familles.

Une exception légitime à quelques-unes des règles qui 345 viennent d'être établies a été admise en faveur de celui qui aurait sauvé la vie à l'adoptant, soit dans un combat, soit en le retirant des flammes ou des flots. Un service aussi grand appelait une grande récompense; et la loi a donné de nou-

velles facilités à l'individu qui voudrait se déclarer le père de
celui qui, par un grand acte de dévouement et de courage,
aurait sauvé ses jours. Ainsi, il est dispensé de la règle qui
veut que l'adoptant soit âgé de plus de cinquante ans ; il lui
suffira d'être majeur. Il n'est pas soumis à celle qui exige un
intervalle de quinze ans entre l'âge de l'adoptant et celui de
l'adopté ; il faut cependant qu'il soit plus âgé : car ce serait,
suivant l'expression des lois romaines, une monstruosité si
le père était plus jeune que le fils. Enfin, le service signalé
qu'il a reçu de l'adopté le dispense des soins que lui-même
aurait dû lui rendre pendant sa minorité. On a cependant
conservé à son égard la condition de prendre le consentement
de son conjoint s'il est marié, et celle de n'avoir, à l'époque
de l'adoption, ni enfans ni descendans légitimes : il serait
en effet contradictoire qu'une chose qui n'est que l'imitation
ou le supplément de la nature pût, dans aucun cas, figurer
à côté de la nature elle-même.

346   Une dernière condition imposée à l'adopté le soumet à obtenir le consentement de ses père et mère à l'adoption s'il n'a
point accompli sa vingt-cinquième année, et à requérir leur
conseil s'il est majeur de vingt-cinq ans. C'est la même règle
que celle établie pour le mariage. L'adoption est de la part
de l'adopté, comme le mariage même, une sorte d'aliénation de sa personne. Son entrée dans une famille étrangère,
dont il va ajouter le nom au sien propre, est un acte qui intéresse d'assez près sa famille naturelle, pour qu'il ne puisse
rien faire avant vingt-cinq ans sans le consentement et l'autorité du chef. Lors même qu'il a passé cet âge, il doit requérir le conseil de son père qui, averti par cette réquisition,
prend, auprès des tribunaux qui interviennent dans l'adoption, les mesures que lui prescrivent sa sagesse et l'intérêt de
sa famille. C'est une nouvelle sanction donnée à cette puissance tutélaire, à cette magistrature antique et révérée, l'u-
nique appui des mœurs privées, le plus solide fondement des
mœurs publiques.

Enfin, il est déclaré que nul ne peut être adopté par plu- 344 sieurs, si ce n'est par deux époux. La règle et l'exception sont également conformes à la nature dont l'adoption est l'image.

Dans le nombre des conditions que l'adoptant aura à rem- 343 plir, vous avez peut-être cherché, législateurs, celle d'être ou d'avoir été marié. Quelques-uns d'entre nous l'y auraient désirée ; mais l'immense majorité a pensé qu'il serait trop injuste d'exiger qu'un individu, âgé de plus de cinquante ans, n'obtînt qu'au prix d'un mariage le droit d'adopter. Les mariages contractés dans un âge aussi avancé sont peu profitables à la société. Nul intérêt ne la porte à les provoquer, et entre les inconvéniens qu'ils peuvent présenter, on remarque surtout l'impossibilité probable pour le père d'élever ses enfans, et de les conduire lui-même à l'âge où ils pourront se passer de ses conseils et de sa raison. Pourquoi d'ailleurs frapper dans cette matière, d'une sorte d'interdiction, des hommes que des circonstances malheureuses, que la faiblesse de leur santé, la nature de leurs affaires ou de leurs spéculations, leur goût exclusif pour les sciences et les arts, souvent même le soin honorable de pourvoir à la subsistance ou à l'éducation de leurs proches, peuvent avoir éloignés du mariage ?

Je ne me dissimule pas cependant la principale objection contre ce système. Non sans doute, me dira-t-on, il n'est point à désirer que des individus parvenus à plus de cinquante ans contractent un engagement qui ne promet plus à la société ce que dans un âge moins avancé elle aurait eu droit d'en attendre ; mais il importe d'empêcher que l'espérance de devenir père par le moyen de l'adoption ne détourne du mariage. Le relâchement des mœurs, ajoute-t-on, offre les plaisirs du mariage sans le mariage. Que restera-t-il à cette institution si l'on peut sans elle se procurer les douceurs de la paternité ?

Il ne faut être ni époux ni père pour proposer une pareille objection. On peut avoir les plaisirs du mariage sans le mariage! Quoi! l'union des cœurs, le partage de la bonne et de la mauvaise fortune, cette communauté d'intérêts, cette heureuse association qui soulage tous les maux et double tous les plaisirs, tous les titres d'honneur qui entourent une union légitime, seraient mis en parallèle avec les plaisirs trompeurs de ces liaisons fugitives qu'on voudrait cacher à ses propres regards, et qui, commençant par le crime, finissent toujours par le repentir!

On compare les douceurs de la paternité adoptive à celles de la paternité naturelle, et l'on craint que la facilité de se procurer les premières ne détourne du soin de rechercher les autres. Vaine et frivole alarme! L'adoption est l'image de la nature : mais combien cette image est faible! qu'il y a loin, dans le cœur de l'homme, de l'enfant de son sang à celui de son choix! Celui qui est capable d'espérer un jour quelque douceur dans la paternité adoptive saura bien, dans le temps, s'adresser à la nature avant de se réduire à interroger la loi.

Cette combinaison si profonde, par laquelle on s'éloignera du mariage dans l'espérance de devenir un jour père adoptif, où la trouverez-vous, si elle est possible? peut-être dans les âmes de ce petit nombre d'hommes voués, dans les grandes villes, à l'oisiveté et au libertinage, et qui, désavouant ce motif au fond de leur cœur, s'en serviront tout au plus pour colorer leurs excès. Ne cherchez pas dans vos lois à atteindre de tels hommes; toujours ils vous échapperont; jamais vous ne parviendrez à les rendre au bonheur et à la vertu.

Mais considérez avec moi ces propriétaires, ces négocians, ces cultivateurs, ces ouvriers répandus sur votre territoire, ces hommes habitués à trouver dans le sourire d'une épouse et dans les caresses de leurs enfans l'unique délassement de leurs utiles travaux; demandez-leur, s'ils eussent renoncé

pendant toute leur vie au bonheur d'être époux et pères, s'ils
eussent abjuré les douceurs de la paternité, pour en obtenir
à la fin de leur carrière une si faible image.

« Partout où il se trouve une place où deux personnes peuvent vivre commodément, il se fait un mariage (a). » Laissons
faire la nature ; elle sait bien, en tous temps, conserver ou
reprendre ses droits. Elle a gravé dans nos âmes le désir de
nous perpétuer et de nous reproduire ; elle nous y invite par
l'attrait du plaisir. Ainsi, en nous comblant de délices, elle
nous prépare, par des enfans qui nous font, pour ainsi dire,
avancer dans l'avenir, des satisfactions plus grandes que ces
délices mêmes.

J'ai maintenant, législateurs, à vous rendre compte des
effets attribués à l'adoption par le projet de loi.

Il faut distinguer les effets de l'adoption pendant la vie de
l'adoptant et de l'adopté, et ceux qu'elle produit après que
la mort les a séparés.

L'adoption confère à l'instant le nom de l'adoptant à l'a- 347
dopté, en l'ajoutant au nom propre de ce dernier. C'est un
rapport de l'adoption avec ces libéralités autorisées par nos
anciennes lois, et qui avaient pour condition de porter le
nom du donateur ou du testateur.

Mais ce qui caractérise l'adoption, et ce qui donne une 349
nouvelle force au lien qui se forme entre l'adoptant et l'a-
dopté, c'est l'obligation réciproque qui leur est imposée de
se fournir des alimens dans les cas déterminés par la loi.
L'adoptant y est obligé par une conséquence nécessaire de
ses premiers bienfaits : l'adopté y est soumis par la reconnaissance qu'il doit à son bienfaiteur ; tous deux enfin par les
doux noms de père et de fils qu'ils tiennent et de leur affection et de la loi.

· L'adopté ne sort pas d'ailleurs de sa famille naturelle ; ses 348
père et mère conservent sur lui tous les droits accordés aux

pères et mères sur leurs enfans majeurs. Quelques voix se
sont élevées pour que ces mêmes droits appartinssent au père
adoptif. Mais on a observé avec raison qu'on ne pouvait les
lui conférer qu'au préjudice du père naturel et légitime,
qu'alors il faudrait en dépouiller ; et dans le concours, on a
cru devoir donner la préférence au père avoué par la nature
et la loi sur celui dont la loi seule avait formé la paternité.
Le projet de loi , en un mot, a séparé de l'adoption tout ce
qui avait trait à la puissance du père; il n'en a conservé que
les bienfaits.

350   Quand la mort a brisé le lien qui unissait l'adoptant et
l'adopté, celui-ci exerce, sur la succession de l'adoptant,
les mêmes droits qu'exercerait l'enfant né en mariage, même
quand il y aurait d'autres enfans de cette qualité nés depuis l'a-
doption. On s'est demandé un moment s'il était juste, dans
ce dernier cas, de faire concourir le fils adoptif avec les enfans
nés postérieurement, l'image de la nature avec la nature elle-
même. Mais on a bientôt reconnu que tout ce qui tient à
l'état des hommes doit être immuable et indépendant des
événemens postérieurs; on a senti combien serait déplorable
et malheureuse la condition du fils adoptif, que la survenance d'enfans nés dans le mariage dépouillerait d'un nom
que la loi lui avait donné, et frustrerait de toutes les espérances que la loi l'avait autorisé à concevoir.

351   Si l'adopté meurt sans descendans légitimes, et que l'adoptant ou des descendans de l'adoptant lui survivent, les choses
données par l'adoptant ou recueillies dans sa succession, et
qui existeront en nature lors du décès de l'adopté, retourneront à l'adoptant ou à ses descendans. Cela est juste et utile;
cela est juste, car si l'affection de l'adoptant pour l'adopté a
pu le porter à se dessaisir en sa faveur, il n'est pas présumable qu'il ait voulu se dépouiller, lui et sa postérité, pour
enrichir une famille étrangère ; et ce serait l'accabler, s'il
avait en même temps à gémir sur la perte de l'objet de son
affection, et à déplorer celle de ses biens. Cette disposi-

tion est encore utile en ce qu'elle encourage les libéralités qui, fondées sur des motifs honorables et répandues avec choix, sont presque toujours des moyens de prospérité publique.

Il y a d'ailleurs beaucoup de sagesse à ne conserver à l'adoptant ou à sa postérité que les biens qui existeront en nature ; sans quoi ce serait les frapper d'indisponibilité.

Il était aussi nécessaire d'établir que ces biens ne retourneraient à leur source que sans préjudice des droits des tiers intéressés, et à la charge de contribuer aux dettes.

Il y a encore une hypothèse dans laquelle les mêmes biens 352 retournent à l'adoptant ; c'est lorsqu'il survit même aux descendans de l'adopté. Mais alors ce droit est inhérent à sa personne, et non transmissible à ses héritiers, même en ligne descendante.

Les autres biens de l'adopté appartiennent à ses parens naturels ; car comme il leur succède, de même ils doivent lui succéder pour tout ce qui ne lui est pas venu du chef de l'adoptant, et dont les dispositions précédentes n'ont pas réglé la destination.

Un effet de l'adoption qui a lieu, soit pendant la vie de 348 l'adoptant et de l'adopté, soit après la mort de l'un d'eux, c'est la prohibition du mariage entre ceux que l'adoption a placés dans la ligne directe ou dans le premier degré de la ligne collatérale. Il ne faut pas que les noms d'époux puissent jamais remplacer ceux de père et de fille, de mère et de fils, de frère et de sœur. L'image doit avoir ici le même effet que la réalité. La possibilité de former une union légitime autorise et appelle toutes les séductions qui peuvent conduire à une liaison criminelle. La rigueur des prohibitions doit augmenter en raison de la facilité de la corruption. Voilà pourquoi le mariage est interdit à ceux qui, sans être aussi intimement liés par la nature, sont cependant destinés à vivre sous le même toit. La maison du père de famille doit être un asile inviolable et sacré ; il faut en écarter le souffle des passions, et n'y entendre que l'accent de la vertu.

SECTION II. — *Des Formes de l'adoption.*

Tous les peuples qui ont connu l'adoption l'ont soumise à des règles, et ont voulu s'assurer de leur observation. Chez les Romains, l'*adrogation*, qui était l'adoption de l'individu affranchi de la puissance paternelle, se faisait d'abord par une loi du peuple, et dans la suite par l'autorité des empereurs. L'adoption, qui était regardée comme un acte de puissance de la part du père naturel, qui transmettait tous ses droits au père adoptif, se faisait devant le magistrat avec moins de solennité : mais l'une et l'autre étaient précédées d'un examen sur l'état de la famille de l'adoptant, sur sa moralité, sur l'observation des conditions prescrites.

Le projet de loi confie cet examen aux tribunaux. L'adoptant et l'adopté se présentent devant le juge de paix pour y passer acte de leurs consentemens respectifs. Cet acte est successivement transmis et au tribunal de première instance et au tribunal d'appel. Ces deux tribunaux sont chargés de se procurer les renseignemens convenables, et de vérifier, 1° si toutes les conditions de la loi sont remplies ; 2° si la personne qui se propose d'adopter jouit d'une bonne réputation.

Vous avez observé, législateurs, que les juges n'ont point, comme dans tous les autres actes de leur juridiction, des preuves à recueillir, mais des renseignemens à se procurer. Ils ont à vérifier si l'adoptant jouit d'une bonne réputation ; sage disposition qui fait de l'adoption le prix et le partage exclusif de la probité, et qui éloigne à jamais la crainte qu'elle puisse servir de voile à des combinaisons réprouvées par la morale. Mais cette disposition même vous montre la nature du pouvoir confié aux tribunaux : c'est un pouvoir purement discrétionnaire. La loi remet dans leurs mains le dépôt des mœurs : leur conscience est la conscience publique. Aussi ne sont-ils soumis à aucune des formes ordinaires de l'instruction et des jugemens : tout se fait dans la chambre

du conseil, et sans qu'ils aient à rendre compte des motifs
de leur décision. La chose ne devient publique que lorsque
l'adoption est définitivement admise. Et ici deux intérêts se
présentent : l'un, de faire connaître au public un changement dans l'état de deux citoyens ; voilà pourquoi le jugement en dernier ressort qui admet l'adoption est prononcé à
l'audience, et affiché partout où le tribunal le juge convenable. Le second intérêt est que ce qui tient à l'état des
hommes ne reste pas long-temps incertain, et ne soit pas
sujet aux variations ou aux caprices des individus ; c'est par
cette raison que l'adoption reste sans effet, si, dans les trois
mois du jugement, elle n'est inscrite sur les registres de
l'état civil du lieu du domicile de l'adoptant.

Quand l'adoptant et l'adopté se présentent devant les tri- 360
bunaux, et provoquent de concert la sanction du contrat qui
doit les unir, nul individu n'a droit ni qualité pour intervenir
dans la procédure. Il en est autrement quand l'adoptant est
mort après la manifestation de sa volonté devant le juge de
paix, et avant que les tribunaux aient définitivement prononcé. On peut alors craindre que l'adoption ne soit le fruit
de l'obsession, de l'empire exercé sur un vieillard affaibli
par la maladie qui l'a conduit au tombeau. Cette crainte
éveille la juste inquiétude de la loi. D'un côté, l'adoptant n'est
plus là pour défendre la sagesse et la liberté de son choix ;
de l'autre, les héritiers du sang ont une qualité qui leur est
déférée par l'ouverture de la succession ; ils ont un grand
intérêt à ne pas être expropriés. Il était donc juste de les
mettre à portée de se faire entendre ; et, sans établir une
contradiction judiciaire que ne permet point la nature de la
matière, on les autorise à remettre au commissaire du gouvernement les mémoires et observations qu'ils jugeront convenables. Cette disposition concilie tous les intérêts, et ne
peut tourner qu'au profit de la lumière et de la vérité.

CHAPITRE II.

De la Tutelle officieuse.

Toutes les considérations que je vous ai présentées à l'appui de l'adoption s'élèvent avec la même force en faveur de la tutelle officieuse, qui n'est elle-même qu'une préparation à l'adoption, qu'un commencement d'adoption. Ici, point d'objection, point de critique. Je n'ai donc qu'à vous dire en peu de mots les conditions, la forme et les effets de la tutelle officieuse.

361-362   Les conditions auxquelles est soumis le tuteur officieux sont les mêmes que celles imposées à l'adoptant. Il doit être âgé de plus de cinquante ans, n'avoir ni enfans ni descendans légitimes. S'il est marié, il doit s'assurer du consentement de l'autre époux.

364   Le pupille qui est l'objet de ses affections doit être âgé de moins de quinze ans; sans cela la tutelle officieuse, qui a essentiellement l'enfance pour objet, perdrait le caractère qui lui convient. Il faut que ceux que la nature ou la loi ont préposés à la surveillance et à la conduite du pupille consentent à la tutelle officieuse.

363   La forme en est bien simple. C'est le juge de paix du domicile qui reçoit les demandes et consentemens, et qui en dresse procès-verbal.

364-365   Les effets de cette tutelle sont conformes au but de son institution. La personne et les biens du pupille passent sous l'administration du tuteur officieux. Celui-ci contracte l'engagement de le nourrir, de l'élever, de le mettre en état de gagner sa vie. Les moyens de subsistance sont assurés au pupille jusqu'à sa majorité, dans le cas même du décès du tuteur officieux. S'il a des biens, les dépenses de son éducation ne peuvent jamais être imputées sur ses revenus, parce que la tutelle officieuse est de sa nature un bienfait continuel. Tous ces engagemens, stipulés par la loi, n'excluent pas d'ailleurs les conventions particulières.

Mais l'un des effets les plus signalés de la tutelle offi- 366
cieuse est l'exception qu'elle introduit à la disposition qui
veut que les majeurs seuls puissent être adoptés, et la faculté
qu'elle donne à celui qui, ayant exercé pendant cinq ans
cette tutelle bienfaisante, craindrait d'être surpris par la
mort avant la majorité de son pupille, de l'adopter par son
testament. Si le tuteur meurt dans cette disposition, l'adoption est valable comme si elle eût été faite entre majeurs ; et
alors le consentement de l'autre époux n'est plus nécessaire,
puisque l'adoption n'a son effet qu'après la dissolution du
mariage.

Si le tuteur a vécu jusqu'à la majorité du pupille, celui-ci 369
est autorisé à requérir l'adoption, qui, dans l'esprit de la
loi, est le résultat et le terme de la tutelle officieuse. Si, au
mépris de cette réquisition, l'adoption n'a point lieu, et que
le pupille soit hors d'état de gagner sa vie, la loi lui assure
une juste indemnité..

Telles sont, législateurs, les diverses dispositions du
projet de loi qui vous est soumis. J'ai défendu le principe de
l'adoption des attaques qu'on lui a livrées. J'ai essayé d'établir que cette institution est utile aux individus, sans blesser
l'intérêt public ; qu'elle est elle-même cet intérêt, puisqu'elle est avouée par la morale et la politique. J'ai prouvé
que l'organisation donnée à l'adoption par le projet de loi
n'en fait que ce qu'elle doit être, le supplément de la nature,
dont elle conserve tous les droits et toutes les espérances.
L'intervention des tribunaux dans ce genre de contrat vous
a présenté la plus solide garantie, et du respect des bonnes
mœurs, et de la stabilité de l'état des parties intéressées :
enfin, la tutelle officieuse vous a paru un nouveau secours
accordé à l'enfance, et une nouvelle facilité donnée à l'adoption. Une institution, législateurs, qui ne tend qu'à former
de nouveaux liens entre les hommes, et à leur offrir de nouvelles occasions de s'aimer et de se faire du bien, nous a
paru digne de figurer dans notre législation.

Par tous ces motifs, le Tribunat vous offre son vœu en faveur du projet de loi contenant le titre VIII du Code civil, relatif à l'*adoption* et à la *tutelle officieuse*.

Le Corps législatif décréta cette loi dans la même séance, et elle fut promulguée le 12 germinal an XI (2 avril 1803).

TITRE NEUVIÈME.

De la Puissance paternelle.

DISCUSSION DU CONSEIL D'ÉTAT.

(Procès-verbal de la séance du 26 frimaire an X. — 17 décembre 1801.)

M. BOULAY présente la première rédaction du projet de loi sur *la Puissance paternelle*.

Elle est ainsi conçue :

CHAPITRE Ier.

SECTION Ire.—*De la Puissance paternelle sur la personne des enfans.*

Art. 1er. « Le père qui aura des sujets de mécontentement 375 « très-graves sur la conduite d'un enfant dont il n'aura pu « réprimer les écarts, pourra le faire détenir dans une mai- « son de correction. »

Art. 2. « A cet effet, il s'adressera au président du tri- 376 à 378 « bunal de l'arrondissement, qui, sur sa demande, devra « délivrer l'ordre d'arrestation nécessaire, après avoir fait « souscrire par le père une soumission de payer tous les frais « et de fournir les alimens convenables.

« L'ordre d'arrestation devra exprimer la durée de la dé- « tention et la maison qui sera choisie par le père. »

Art. 3. « La détention ne pourra, pour la première fois, 376-377- « excéder six mois : elle pourra durer une année, si l'en- 379 « fant, redevenu libre, retombe dans les écarts qui l'avaient « motivée.

« Dans tous les cas, le père sera le maître d'en abréger la « durée. »

Art. 4. « Si le père est remarié, il ne pourra faire détenir 380 « un enfant du premier lit qu'avec le consentement des « deux plus proches parens maternels de cet enfant. »

381   Art. 5. « La mère survivante ne pourra exercer le droit de
« détention qu'avec le consentement des deux plus proches
« parens paternels de ses enfans. »

383   Art. 6. « Les articles du présent titre seront communs aux
« père et mère des enfans naturels légalement reconnus. »

SECTION II.

384   Art. 7. « Le père, constant le mariage, et la mère survi-
« vante, auront, jusqu'à la majorité de leurs enfans non
« émancipés, l'administration et la jouissance des biens de
« leurs enfans. »

387   Art. 8. « Cette jouissance ne s'étendra pas aux biens que
« les enfans pourront acquérir par un travail et une indus-
« trie séparés, ni à ceux qui leur seront donnés ou légués
« sous la condition expresse que les père et mère n'en joui-
« ront pas. »

386   Art. 9. « Si la mère se remarie, et qu'il y ait communauté
« entre elle et son mari, celui-ci sera comptable de la jouis-
« sance des biens appartenant aux enfans de sa femme nés
« du premier lit. »

<h1 style="text-align:center">CHAPITRE II.</h1>

De la Disposition officieuse.

ap. 387
et tit. 2,
ch. 6 du
livre 3.
    Art. 10. « Quand un enfant se livrera à une dissipation
« notoire, ses père et mère pourront léguer, par une dis-
« position officieuse, aux descendans nés et à naître de cet
« enfant, l'entière propriété de sa portion héréditaire, et
« réduire ce dernier au simple usufruit de cette portion. »

    Art. 11. « La disposition officieuse ne pourra être faite
« que par acte testamentaire.

« La cause y devra être spécialement exprimée ; elle devra
« être juste, et encore subsistante à l'époque de la mort du
« père ou de la mère disposans. »

    Art. 12. « Les descendans de l'enfant dissipateur ne pour-
« ront, de son vivant, disposer de la propriété dont ils se-
« ront saisis en vertu de la disposition officieuse. »

Art. 13. « L'usufruit laissé à l'enfant dissipateur pourra
« être saisi par les créanciers qui lui auront fourni des ali-
« mens depuis sa jouissance.

« Les autres créanciers, soit antérieurs, soit postérieurs à
« l'ouverture de cette jouissance, ne pourront saisir l'usu-
« fruit que dans le cas où il excéderait ce qui peut convena-
« blement suffire à la subsistance de l'enfant dissipateur. »

Art. 14. « Les créanciers ne pourront attaquer la disposi-
« tion officieuse qu'autant qu'elle aura été faite sans cause
« légitime ou exprimée. »

Art. 15. « La mère, constant le mariage, ne pourra frapper
« l'enfant commun d'une disposition officieuse sans l'assis-
« tance ou le consentement exprès de son mari. »

Le Consul Cambacérès voudrait que le projet de loi ne *com. du tit. 9*
commençât pas par une disposition de rigueur.

D'un autre côté, la question de savoir s'il y aura une puissance maternelle est nouvelle et mérite un sérieux examen.

M. Boulay dit que les articles relatifs à la faculté de dis- *ap. 387- av. 1048 et 148 et suiv.*
poser et au mariage du fils de famille, ayant leur place mar-
quée dans d'autres projets de loi, il ne restait à parler dans
celui-ci que du droit de correction et de l'usufruit des biens.

La section a cru devoir remplacer l'exhérédation par la
disposition officieuse.

Elle s'est écartée du droit romain à l'égard de la puissance *tit. 9.*
maternelle, parce que nos mœurs ne privent pas les mères
des droits que la nature leur donne sur leurs enfans.

M. Maleville dit que dans les pays de droit écrit la *Ib. et 1048*
puissance paternelle consiste essentiellement dans l'usufruit
dont jouissent les pères et dans le droit d'exhéréder leurs
enfans; ce sont là ses deux grands effets : il semble nécessaire de lui conserver le dernier; car, pourquoi la loi assu-
rerait-elle les mêmes droits à l'enfant dont la mauvaise conduite a abrégé les jours de son père, qu'à l'enfant qui ne lui
a donné que des consolations?

Les récompenses et les peines sont le ressort le plus puissant des actions des hommes, et le législateur ne serait pas sage, qui croirait pouvoir les diriger uniquement par l'amour de leurs devoirs ; l'enfant qui craindra l'exhérédation, dit l'un des tribunaux d'appel, ne secouera pas le joug de l'obéissance, ou il y sera ramené, et il contractera les heureuses habitudes qui forment les mœurs publiques et privées.

1384　LE PREMIER CONSUL dit qu'on devrait trouver dans le projet une disposition sur la responsabilité civile des pères à l'égard des actions de leurs enfans.

M. TRONCHET répond que cette disposition appartient à la matière des quasi-contrats : elle dérive, non des principes sur la puissance paternelle, mais du principe général qu'on répond des faits de ceux qu'on est chargé de surveiller ou qu'on emploie. Chez les Romains, le père était responsable, parce qu'il avait une puissance absolue sur son fils, et que celui-ci ne pouvait contracter sans l'ordre du père.

tit. 9　La question est donc de savoir si on établira la puissance paternelle telle qu'elle existe dans les pays de droit écrit, ou si elle sera telle que la présente la définition suivante, qui est celle du projet de Code civil : « La puissance paternelle « est un droit fondé sur la nature et confirmé par la loi, qui « donne au père et à la mère la surveillance de la personne « et l'administration des biens de leurs enfans mineurs et « non émancipés par mariage. »

La commission chargée de la rédaction du projet de Code civil n'a pas cru devoir admettre la jurisprudence des pays de droit écrit, qui dépouille le fils ; elle a pensé qu'il est juste de récompenser le père de ses soins, en lui donnant l'usufruit des biens de ses enfans jusqu'à leur majorité. C'est ainsi qu'elle propose de concilier les deux systèmes du droit écrit et du droit coutumier.

ap. 387 et 1048　Quant à l'exhérédation, elle avait lieu dans les pays coutumiers comme dans les pays de droit écrit, et absolument pour les mêmes causes. Une de ces causes était l'omission par le fils majeur de requérir le consentement de son père et de sa mère à son mariage : on a cru devoir l'écarter, parce que, pour s'y soustraire, il suffit de remplir la formalité des sommations respectueuses. Il est d'autres de ces causes qu'il faut également abandonner, parce qu'elles ne se concilient plus avec nos mœurs ; d'autres qui sont de véritables délits, sur lesquels le père ne pourrait motiver l'exhérédation sans conduire son fils à l'échafaud. Il ne reste donc qu'un petit nombre de causes qu'on puisse conserver.

Tels ont été les intentions et le système des rédacteurs du projet de Code civil.

M. Maleville dit qu'il est très-vrai que l'exhérédation était admise dans les pays coutumiers comme dans ceux de droit écrit ; elle y avait même plus d'étendue, car, dans ces derniers pays, elle ne pouvait s'appliquer en ligne collatérale qu'aux frères et sœurs ; au lieu que, dans les pays coutumiers, tous les collatéraux pouvaient être exclus des réserves dans les propres.

Les causes d'exhérédation des enfans étaient fixées, par la novelle 115 de Justinien, au nombre de quatorze, qu'il serait inutile d'expliquer, parce qu'il y en a plusieurs qui ne conviennent plus à nos mœurs.

Aussi le tribunal de cassation, qui a cependant senti la nécessité de maintenir ce frein pour prévenir les écarts des enfans, les a-t-il réduites à quatre : la première, si l'enfant a commis contre ses parens quelque acte de violence ou d'outrages ; la seconde, s'il a intenté contre eux quelque action soit criminelle, soit correctionnelle ; la troisième, s'il s'est marié, depuis vingt-un ans jusqu'à vingt-cinq, sans leur consentement ; la quatrième, si l'enfant a commis un crime pour lequel il ait été condamné à une peine afflictive ou infamante.

Ce n'est que dans le cas de la première de ces causes que l'exhérédation prononcée par le père pourrait exposer le fils aux poursuites de la justice ; mais, dans ce cas-là même, la crainte de ces poursuites doit-elle faire ôter au père la faculté d'exhéréder un fils qui l'aura outragé ou battu, tandis qu'il a bien le droit, sans doute, de le poursuivre directement? Et la justice peut-elle admettre cet enfant dénaturé à la participation de la succession de son père?

lit. 9   LE PREMIER CONSUL dit que la première question est de savoir si la puissance paternelle sera le sujet d'une loi particulière dans laquelle les pères et les enfans trouvent leurs droits et leurs devoirs respectifs.

M. REGNIER dit que si l'on fait de la puissance paternelle le sujet d'une loi particulière, on ne peut se dispenser d'y réunir toutes les dispositions relatives à la matière.

M. BOULAY dit que cependant il est des dispositions qui doivent également trouver place dans la loi sur le mariage, dans la loi sur les successions et dans plusieurs autres; autrement ces diverses lois seraient incomplètes.

M. RÉAL dit que presque toutes les matières de la législation ont entre elles de la connexité. Il est donc nécessaire de classer les dispositions qui ont trait à la puissance paternelle dans les lois d'où l'on ne pourrait les écarter sans laisser une lacune trop marquée, et de ne réunir ici que les dispositions que l'on ne peut placer ailleurs.

LE PREMIER CONSUL pense que le projet de loi en discussion doit prendre l'enfant à sa naissance; dire comment il est pourvu à son éducation; comment on peut le préparer à une profession; comment il lui est permis de reconnaître un enfant dont il est devenu père avant sa majorité; comment et sous quelles conditions il peut se marier, voyager, choisir un état. Telle est la série naturelle des dispositions de la loi. La section a suivi un autre plan; elle a décidé, par exemple, que le père pourrait faire enfermer son fils; mais elle n'a pas décidé si ce dernier pourrait prendre un passeport et voyager; s'il pourrait s'enrôler volontairement sans le consentement de son père.

M. TRONCHET dit qu'on pourrait, dans le projet, faire l'énumération des droits et des devoirs du père, y rassembler les dispositions qui n'appartiennent pas à d'autres matières, et renvoyer à celles qu'on serait forcé de placer dans d'autres lois. On dirait, par exemple, dans la loi sur la puissance paternelle : « Le fils ne peut se marier sans le consentement de « son père, ainsi qu'il est expliqué dans la loi sur le mariage. »

LE PREMIER CONSUL dit que le fils ne peut, sans le consentement de son père, quitter la maison paternelle, ni voyager : s'il se le permet, le père a le droit de le faire ramener : la loi doit donc s'en expliquer.

Si un père donne une mauvaise éducation à son fils, l'aïeul sera-t-il autorisé à lui en donner une meilleure?

M. TRONCHET répond que le fils n'appartient qu'au père.

M. MALEVILLE dit que, chez les Romains, le magistrat pouvait (*causâ cognitâ*) ôter l'enfant au père, et forcer même ce dernier à l'émanciper.

M. BOULAY fait observer que cette jurisprudence ne s'est introduite que sous Justinien, c'est-à-dire à une époque où l'ancienne puissance paternelle ne subsistait plus.

M. REGNIER répond qu'en France même on ôtait le fils au père dans le cas dont parle le *Premier Consul.*

LE PREMIER CONSUL dit que le projet laisse indécises beaucoup de questions qu'il importe cependant de résoudre. On ne sait, par exemple, si un fils, parvenu à l'âge de discernement, et qui ne reçoit pas une éducation conforme à la fortune de son père, peut se pourvoir et demander à être mieux éduqué. Peut-être serait-il nécessaire aussi de distinguer entre l'éducation des garçons et celle des filles; et, lorsque les mœurs du père sont déréglées, de donner quelque autorité à la mère, qui, sans avoir de puissance, est cependant l'institutrice naturelle de ses enfans.

M. TRONCHET pense qu'on ne doit pas s'occuper d'abord des détails ni des questions isolées : il serait préférable d'arrêter un plan général fondé sur des bases convenues, sous lequel ces diverses questions se trouveraient ensuite classées.

M. BOULAY trouve le mot *puissance* trop fastueux et hors

de proportion avec l'idée qu'il est destiné à exprimer; il voudrait que le projet fût intitulé : *Des Droits et des Devoirs des pères.*

M. Tronchet pense qu'il faudrait du moins se servir de l'expression *autorité paternelle*, pour ne pas trop affaiblir l'idée.

M. Maleville dit que l'expression *puissance paternelle* est le mot reçu; que si la loi ne l'employait pas, on croirait qu'elle n'a pas admis la chose; non qu'il pense qu'il faille établir cette puissance telle qu'on la représente ordinairement pour la rendre odieuse, et telle qu'elle était nécessaire peut-être dans une peuplade originairement composée de brigands et d'esclaves fugitifs, où il fallait que des exemples de sévérité domestique suppléassent sans cesse au défaut de l'autorité publique; aussi ces droits barbares ne sont-ils rappelés dans les livres de Justinien que pour dire qu'ils sont depuis long-temps abolis; mais M. *Maleville* dit qu'il importe, en général, et surtout dans un État libre, de donner un grand ressort à l'autorité paternelle, parce que c'est d'elle que dépend principalement la conservation des mœurs et le maintien de la tranquillité publique.

La puissance paternelle est la providence des familles, comme le gouvernement est la providence de la société : eh! quel ressort, quelle tension ne faudrait-il pas dans un gouvernement qui serait obligé de surveiller tout par lui-même, et qui ne pourrait pas se reposer sur l'autorité des pères de famille pour suppléer les lois, corriger les mœurs et préparer l'obéissance?

M. Berlier dit que rien ne ressemble ni ne doit ressembler moins à l'ancienne puissance paternelle, que l'autorité des pères et mères que l'on veut retracer en ce titre.

En effet, dans l'ancienne Rome, cette puissance allait jusqu'au droit de vie et de mort : il en était de même chez les Gaulois, au temps de César, selon qu'il l'atteste au sixième livre de ses Commentaires; et même sous les deux premières races des rois de France, les pères avaient encore le droit de vendre leurs enfans, ainsi que l'apprennent les capitulaires de *Charles-le-Chauve* : mais ces temps sont loin de nous et de nos mœurs actuelles.

En considérant les choses relativement aux temps qui ont suivi cette époque de barbarie, M. *Berlier* remarque que beaucoup d'auteurs ont refusé à la puissance paternelle l'honneur de figurer parmi les institutions françaises ; de ce nombre sont *Accurse*, *Loisel* et *Mornac*. Ce dernier cite même un arrêt de 1599 conforme à son opinion.

Ce qu'il y a de certain, continue M. *Berlier*, c'est que plusieurs coutumes (celle de Senlis entre autres) rejetaient textuellement la puissance paternelle ; et que beaucoup d'autres coutumes, comme celle de Paris, étaient muettes sur ce point.

Ce qu'il y a de certain encore, c'est que, dans les pays de pur droit écrit, le principal effet de la puissance paternelle était que l'enfant, même marié ou majeur, ne pût rien acquérir, sauf le pécule, que pour son père, s'il n'était d'ailleurs formellement émancipé ; disposition modifiée en quelques pays, en Bourgogne, par exemple, par des statuts locaux qui donnaient au mariage la force et l'effet d'une émancipation formelle.

Après cet exposé, M. *Berlier* fait observer que la puissance paternelle n'offre qu'une idée peu en harmonie avec le nouveau système, qui, beaucoup plus libéral, veut que tout individu marié ou majeur devienne *sui juris* ; de sorte que l'autorité dont il s'agit, à peu de chose près restreinte à la minorité de l'enfant, et à cette époque de la vie qui appelle une protection plus spéciale, devient aussi plus susceptible d'être, à défaut du père, conférée à la mère, qui cependant ne participait point autrefois à la puissance paternelle.

D'après ces réflexions, M. *Berlier* conclut qu'il faut de nouveaux mots pour exprimer des idées nouvelles, et il pense que le projet de loi doit avoir pour titre : *De l'Autorité des pères et mères.*

Le Premier Consul renvoie à la section le projet et les observations qui ont été faites.

(Procès-verbal de la séance du 8 vendémiaire an XI. — 30 septembre 1802.)

M. Bigot-Préameneu présente la deuxième rédaction du titre *de la Puissance paternelle.*

Le chapitre Ier est ainsi conçu :

CHAPITRE Ier.

De l'Autorité des pères et mères sur la personne et les biens des enfans.

371   Art. 1er. « L'enfant, à tout âge, doit honneur et respect « à ses père et mère. »

372   Art. 2. « Il reste sous leur autorité jusqu'à sa majorité ou « son émancipation par mariage. »

373   Art. 3. « Le père seul exerce cette autorité durant le ma- « riage. »

374   Art. 4. « L'enfant ne peut quitter la maison paternelle sans « la permission de son père. »

ap. 374   Art. 5. « Il ne peut se marier que sous les conditions pres- « crites au titre *du Mariage.* »

375 à 387   Art. 6, 7, 8, 9, 10, 11, 12, 13 et 14 (*les mêmes que les articles* 1, 2, 3, 4, 5, 6, 7, 8 et 9 *de la rédaction contenue au procès-verbal qui précède*).

371   L'article 1er est discuté.

M. Bérenger pense que cet article, ne contenant aucune disposition législative, doit être retranché du projet.

M. Boulay dit qu'on a cru utile de placer à la tête du titre les devoirs que la qualité de fils impose, de même que, dans le titre *du Mariage*, on a inséré un article qui retrace les devoirs des époux.

M. Bigot-Préameneu ajoute que cet article contient les principes dont les autres ne font que développer et fixer les conséquences ; que d'ailleurs, en beaucoup d'occasions, il deviendra un point d'appui pour les juges.

L'article est adopté.

L'article 2 est soumis à la discussion.   372

M. Treilhard demande le retranchement de ces mots, *par mariage*, parce que le mariage n'est pas la seule manière dont s'obtienne l'émancipation.

Le Consul Cambacérès partage cette opinion.

M. Tronchet dit que, pour se fixer sur la question, il faut d'abord se rappeler les dispositions de l'ancienne jurisprudence.

Dans les pays régis par le droit coutumier, on ne connaissait pas l'émancipation par acte ; là, la puissance paternelle n'était qu'une autorité de protection, qui durait jusqu'au mariage ou jusqu'à la majorité. Si l'on admettait l'émancipation par acte en pays de droit écrit, c'était parce que la puissance des pères y était tout à la fois absolue et perpétuelle sur la personne et sur les biens. Or, la puissance paternelle que le Conseil établit par rapport aux biens est celle des pays coutumiers. Il n'y a donc pas lieu d'admettre l'émancipation par acte. Les pères, au surplus, peuvent laisser aux enfans la jouissance des biens sans les émanciper.

M. Treilhard dit qu'on conçoit encore une autre émancipation que celle dont parle M. *Tronchet :* c'est l'émancipation légale ; elle a lieu à dix-huit ans.

M. Berlier dit que l'embarras qui se manifeste naît de ce qu'on ne s'est pas encore occupé de l'émancipation.

Si le projet de la section est suivi, l'émancipation légale dont on vient de parler, et qui s'opérera par le simple bénéfice d'âge, c'est-à-dire à dix-huit ans, ne sera introduite que pour le pupille resté sans père ni mère, tandis que l'émancipation des fils de famille restera, jusqu'à leur majorité, à la disposition des père et mère ; mais cette différence dans les espèces n'exclut l'émancipation dans aucune.

A ce sujet, M. *Berlier* observe, comme point préalable, qu'il est vrai que quelques tribunaux ont trouvé peu d'utilité dans l'émancipation, vu le bref intervalle qui se trouve entre l'âge de dix-huit ans et la majorité aujourd'hui fixée à vingt-un ans ; mais loin d'adopter cette idée, qu'il ne croit pas d'ailleurs que le Conseil partage, il examine une autre proposition mise en avant par l'un des préopinans ; savoir, le simple abandon que le père pourrait faire de la jouissance de ses biens à son fils mineur : mais, pour jouir par soi-même, il faut être capable des actes relatifs à l'administration ; et nous voilà ramenés à l'émancipation.

En considérant donc l'émancipation comme devant être admise, même lorsqu'il existe un père ou une mère, et sous les seules modifications propres à cette circonstance, l'opinant pense que la mention particulière du *mariage* est inutile dans l'article qu'on discute ; car l'on verra, au titre *de la Minorité*, que le mariage *émancipe* : or, puisqu'il doit être l'un des modes d'émancipation, et que l'espèce est nécessairement comprise dans le genre, il suffit évidemment, dans l'objet de la discussion actuelle, d'exprimer que l'autorité paternelle cesse par l'émancipation.

M. TRONCHET dit que l'émancipation légale, à l'âge de dix-huit ans, n'existe que pour le mineur en tutelle ; qu'elle n'est pas instituée pour mettre un terme à la puissance paternelle. La question se réduit donc à savoir s'il est utile d'accorder au père la faculté de rendre l'enfant capable de contracter trois ans avant le terme où expire sa minorité. Une telle capacité ne devient nécessaire au mineur que dans le cas où il fait le commerce ; or, le mineur marchand est capable de contracter pour les affaires de son négoce.

M. REGNAUD (de Saint-Jean-d'Angely) observe que cette capacité du mineur ne lui donne pas la jouissance des biens maternels.

M. TRONCHET dit qu'elle pourrait être dangereuse, si on lui donnait une si grande latitude ; que d'ailleurs il serait

difficile d'éviter la confusion, en admettant à la fois plusieurs
sortes d'émancipations qui diffèrent essentiellement l'une de
l'autre.

M. Bigot-Préameneu est de l'avis de M. *Treilhard.*

Toujours l'émancipation a été considérée comme favorable
à l'intérêt du mineur et à la tranquillité des familles. On ne
doit pas craindre de confusion, puisque les règles propres à
chaque espèce d'émancipation seront établies par la loi.

L'émancipation de la puissance paternelle ne sera pas, il
est vrai, aussi nécessaire dans le droit nouveau qu'elle l'était
dans l'ancien droit écrit; cependant elle ne sera pas sans effet, puisqu'elle fera cesser l'application de tous les articles
du titre qu'on discute. Par exemple, l'enfant émancipé pourra
quitter la maison paternelle; il ne sera plus permis de le
mettre dans une maison de détention. La jouissance des biens
par les père et mère cessera. Sous ces rapports, l'émancipation aura des effets importans.

M. Regnaud (de Saint-Jean-d'Angely) dit que l'émancipation qui rendrait au fils de famille la disposition de ses revenus serait utile même à celui qui est engagé dans le
commerce; elle augmenterait nécessairement son crédit en
augmentant ses moyens.

Au surplus, ce n'est pas ici le lieu de cette discussion; mais
pour ne rien préjuger, il convient de retrancher ces mots
par mariage.

Le Consul Cambacérès dit qu'en adoptant le retranchement proposé, le Conseil ne se lie point, tandis que la question que l'on vient d'agiter se trouve jugée si l'on conserve
dans l'article les mots *par mariage.* Il y a cependant de
bonnes raisons pour laisser à un père la faculté d'affranchir
ses enfans de cette puissance de famille que l'on se propose
d'introduire, et que la mère partagera.

M. Tronchet dit que c'est ici le lieu de décider la question, parce que c'est dans ce titre que doivent se trouver
toutes les règles relatives à la puissance paternelle. Le titre

des Tutelles , auquel on se propose de renvoyer la question , y est entièrement étranger. L'ajournement qu'on demande pourrait donc conduire à confondre l'émancipation de la puissance paternelle avec l'émancipation de la tutelle.

M. Treilhard dit que le retranchement qu'il a demandé ne préjuge rien.

L'article est adopté avec l'amendement de M. *Treilhard.*

373   L'article 3 est soumis à la discussion.

M. Regnaud (de Saint-Jean-d'Angely) dit qu'il conviendrait de décider que, dans le cas d'une longue absence du père, l'autorité sera exercée par la mère. L'enfant, dans ce cas, demeurerait sans surveillant, si l'article était adopté tel qu'il est présenté.

M. Tronchet dit qu'on y a pourvu au titre *des Absens.*

' L'article est adopté.

374   L'article 4 est discuté.

Le Consul Cambacérès demande si cet article empêchera le fils de s'enrôler volontairement.

M. Pétiet dit que les lois anciennes exigent que, pour s'enrôler avant l'âge prescrit par les règlemens, le fils mineur obtienne le consentement de son père.

Le Consul Cambacérès dit que ces lois ne sont plus en harmonie avec les circonstances.

M. Treilhard pense qu'on ferait disparaître la difficulté en retranchant l'article, qui d'ailleurs est inutile, puisque la loi place le fils sous la puissance du père.

M. Boulay dit que le retranchement de l'article ne leverait pas la difficulté ; car il resterait toujours à décider si le fils sous la puissance de son père peut s'enrôler : on pourrait donc ajouter par amendement l'idée du Consul.

M. Bigot-Préameneu dit que , par une exception de droit, le fils cesse d'être sous la dépendance de son père lorsqu'il s'agit du service public.

Le Consul Cambacérès dit que la loi rappelée par M. *Pé-*

tict blesse l'esprit des lois relatives à la conscription. On a voulu que la conscription devînt, le moins qu'il serait possible, le moyen de recruter l'armée ; et c'est par cette raison qu'on a permis les remplacemens. Par la même raison aussi il convient de favoriser les enrôlemens volontaires.

MM. Dumas et Treilhard proposent d'exprimer l'exception, et de fixer à dix-huit ans l'âge où le fils pourra s'enrôler sans le consentement de son père. Ils s'arrêtent à l'âge de dix-huit ans, afin d'ôter au fils un prétexte d'interrompre l'éducation qu'il reçoit.

M. Emmery croit qu'il est inutile d'exprimer cette exception. Les anciennes lois civiles ne s'en expliquaient pas, et cependant elle avait ses effets ; on n'écoutait pas les réclamations du père.

M. Dumas dit que si la loi ne s'expliquait clairement, on pourrait croire que l'article en discussion déroge à l'ancien usage.

L'article est adopté ainsi qu'il suit :

« L'enfant ne peut quitter la maison paternelle sans la per-
« mission de son père, si ce n'est pour enrôlement volon-
« taire, après l'âge de dix-huit ans révolus. »

L'article 5 est retranché comme inutile, attendu que ses ap. 374 dispositions se trouvent au titre *du Mariage*.

Les articles 6, 7 et 8 sont soumis à la discussion. 375 à 379

M. Bigot-Préameneu dit que, dans l'opinion de la section, il conviendrait de mettre un délai de trois jours entre la demande du père et l'ordre d'arrestation.

M. Berlier dit que l'article 6 doit être modifié : il ne s'oppose pas au droit que l'on veut accorder au père ; mais il ne croit pas que l'exercice de ce droit doive purement dépendre de la volonté ou du caprice d'un père, sans le concours d'aucune autre autorité ; et l'opinant ne saurait voir cette autre autorité dans la personne d'un juge qui ne pourrait ni examiner ni refuser la demande en réclusion.

Dira-t-on que les pères sont généralement bons? Mais, sans rejeter cette donnée, la loi doit prévenir l'abus que des pères méchans, ou du moins irascibles, pourraient faire de cette attribution.

Citera-t-on *Montesquieu* et d'autres publicistes en faveur de la puissance paternelle? mais l'opinant ne combat point cette puissance; il demande seulement qu'on la renferme dans des limites appropriées à nos mœurs : il admet l'autorité paternelle; mais il repousse le *despotisme paternel*, et pense que le despotisme ne convient pas mieux dans la famille que dans l'État.

M. *Berlier* examine ensuite ce qui se passait sous le régime royal; il était bien rare que des lettres de cachet relatives à la réclusion d'un fils de famille ne fussent pas précédées d'une délibération de parens.

L'opinant est loin de vouloir faire l'éloge des lettres de cachet et de l'ancien régime; mais gardons-nous, dit-il, que nos nouvelles institutions ne puissent être défavorablement comparées à ces usages de la monarchie : il faut donc, à côté de l'autorité paternelle, un pouvoir qui l'éclaire ou la modère, quand il est question d'un acte aussi important que celui dont il s'agit.

Quel sera ce pouvoir? sera-ce un tribunal ordinaire ou quelques-uns de ses membres? sera-ce un conseil de famille?

Il pourrait être fort délicat, en plusieurs occasions, de déférer à la justice des faits appelant une répression juridique; réflexion qui conduit M. *Berlier* à donner la préférence au conseil de famille.

En terminant son opinion, il cite à son appui la loi du 24 août 1790, et les observations de plusieurs tribunaux d'appel, notamment de Rennes, Angers, Bruxelles et Poitiers, réclamant tous des limites au droit proposé.

M. BIGOT-PRÉAMENEU explique les motifs de l'article.

Il est fondé sur la juste présomption que le père n'usera de son autorité que par un sentiment d'affection et pour l'intérêt de l'enfant; qu'il n'agira que pour remettre dans le chemin de l'honneur, sans l'entacher, un enfant qu'il aime, mais que cette tendresse même l'oblige de corriger : ce sera en effet le cas le plus ordinaire, celui par conséquent que la loi doit supposer. Celle du 24 août 1790 a paru ne pas laisser au père une assez grande autorité : l'intérêt des mœurs, de la société, des enfans eux-mêmes, exige que le pouvoir du père ait plus d'étendue. Les magistrats chargés de la police attestent que souvent des pères malheureux réclament un pouvoir de correction tel, qu'ils ne soient pas obligés de révéler aux tribunaux les désordres de leurs enfans. La section a cru cependant devoir tempérer l'exercice de l'autorité paternelle; et c'est dans cette vue qu'elle oblige le père à obtenir du président du tribunal l'ordre d'arrestation.

M. BOULAY dit que la section s'est attachée à prévenir tout procès entre le père et le fils, fût-ce même devant la famille : le père ne pourrait le perdre sans perdre en même temps une grande partie de son autorité. D'ailleurs les familles sont trop souvent divisées; trop souvent chacun de leurs membres est bien plus touché de l'intérêt de ses propres enfans que de l'intérêt du mineur sur le sort duquel il est appelé à délibérer : on peut craindre que dans un concours de ces deux intérêts le premier n'étouffe entièrement le second.

M. TREILHARD dit qu'ordinairement les fautes des enfans sont l'effet de la faiblesse, de l'insouciance ou des mauvais exemples des pères; ceux-ci ne méritent donc pas une confiance absolue : cependant il faut bien se garder de faire de la correction du fils une affaire judiciaire. Mais tout est concilié si l'on oblige le président du tribunal à prendre l'avis de la famille avant d'accorder l'ordre d'arrestation. Cet ordre au surplus ne doit pas contenir les motifs.

LE CONSUL CAMBACÉRÈS croit que les deux amendemens sont insuffisans.

Il ne veut pas du concours de la famille, attendu que trop souvent les haines et l'intérêt divisent ceux que le sang unit.

Le Consul préfère les tribunaux civils, juges impartiaux et naturels de tous les différens.

Il pense aussi qu'un délai de trois jours entre la demande du père et l'ordre d'arrestation serait trop long, lorsqu'il devient nécessaire de prévenir un crime que l'enfant médite et qu'il menace d'exécuter.

Mais il est très-important de régler le pouvoir du père par des considérations prises de l'âge de l'enfant et de sa situation.

Un jeune homme de vingt ans et dix mois, qui peut-être a déjà un état dans la société, ne doit pas être exposé à la correction paternelle comme un enfant de quinze ans.

Autant il est raisonnable de donner au père le droit de faire enfermer, de sa seule autorité, pour quelques jours, un enfant de douze ans, autant il serait injuste de lui abandonner et de laisser pour ainsi dire à sa discrétion un jeune adolescent d'une éducation soignée, et qui annoncerait des talens précoces. Quelque confiance que méritent les pères, la loi ne doit cependant pas être basée sur la fausse supposition que tous sont également bons et vertueux : la loi doit tenir la balance avec équité, et ne pas oublier que les lois dures préparent souvent les révolutions des États.

Le président et le commissaire du tribunal doivent donc être autorisés à peser les motifs d'un père qui veut enfermer soit un jeune homme au-dessus de seize ans, soit un enfant au-dessous de cet âge, quand le père veut le faire détenir au-delà de quelques jours.

Il doit leur être permis de refuser l'ordre d'arrêter, et de fixer la durée de la détention.

Il faudrait encore, dans le cas de l'article 13, limiter davantage le pouvoir des pères. On doit en effet pourvoir à la sûreté de l'enfant à qui la libéralité de ses parens ou de ses amis a donné quelque fortune, ou qui est parvenu à s'en donner lui-même par son travail et par son industrie. Si cet enfant a pour père un dissipateur, il est hors de doute que le père cherchera à le dépouiller, qu'il se vengera des refus de l'enfant, et que peut-être il lui fera acheter sa liberté. Peut-être même serait-il juste d'autoriser cet enfant à se pourvoir devant le président et le commissaire du tribunal d'appel contre la décision du président et du tribunal de première instance. Cette décision serait cependant exécutée par provision.

Ces divers amendemens sont adoptés.

L'article 9 est retranché, attendu qu'il n'est plus en har— 380 monie avec le système qui vient d'être adopté.

L'article 10 est discuté. 381

LE CONSUL CAMBACÉRÈS dit qu'il y a de grandes difficultés à conserver à la mère remariée sa puissance sur ses enfans. C'est déjà beaucoup de la lui donner lorsqu'elle demeure veuve.

M. BIGOT-PRÉAMENEU propose de dire, *la mère survivante et non remariée.*

L'article est adopté avec cet amendement.

L'article 11 est discuté. 383

M. BOULAY voudrait borner la puissance paternelle aux enfans légitimes, attendu qu'elle dérive du mariage.

M. TRONCHET dit que la naissance seule établit des devoirs entre les pères et les enfans naturels; que ces enfans doivent être sous une direction quelconque; qu'il est donc juste de les placer sous celle des personnes que la nature oblige à leur donner des soins.

Mais ces questions sont subordonnées à ce qui sera décidé par rapport à la mère, quant à la jouissance des biens des enfans. Il convient donc d'en différer l'examen.

L'article 12 est soumis à la discussion. 384

M. BIGOT-PRÉAMENEU observe que si les pères jouissaient des biens des enfans jusqu'à la majorité de ces derniers, on aurait à craindre que, pour conserver cet avantage dans toute

X. 32

son étendue, ils ne se refusassent à émanciper ou à marier leurs enfans.

Le Consul Cambacérès propose de n'accorder la jouissance aux pères et mères que jusqu'au moment où l'enfant a accompli sa dix-huitième année.

M. Treilhard propose de faire cesser la jouissance à l'âge où la loi donne aux enfans la capacité de se marier. Par là le père n'aurait plus d'intérêt à s'opposer à leur mariage.

M. Réal dit que c'est par une exception de pure faveur que la loi fixe la capacité de se marier à un âge encore tendre; que néanmoins le vœu du législateur est que les citoyens contractent mariage dans un âge plus voisin de la majorité.

L'article est adopté avec l'amendement du Consul.

387   L'article 13 est adopté.

386   L'article 14 est soumis à la discussion.

Le Consul Cambacérès dit que les raisons qui peuvent faire accorder au père remarié la jouissance des biens de ses enfans mineurs ne militent pas en faveur de la mère. Le père, en se remariant, demeure le chef de la famille; la mère au contraire passe, par son second mariage, dans une famille nouvelle. Souffrira-t-on qu'elle y introduise ses enfans?

M. Réal dit que souvent une mère ne se remarie que pour conserver à ses enfans l'établissement formé par leur père, que pour mieux s'assurer les moyens de les élever.

Le Consul Cambacérès dit qu'on pourrait faire une exception pour le cas dont parle M. *Réal;* mais qu'il serait très-extraordinaire d'établir en principe que la mère peut porter dans une autre famille les revenus de ses enfans du premier lit, et enrichir ainsi, à leur préjudice, son nouvel époux.

L'observation faite pas le Consul est adoptée.

Le chapitre II est soumis à la discussion ; il est ainsi conçu : ap. 387 et tit. 2, ch. 6 du livre 3.

CHAPITRE II.

De la Disposition officieuse.

Art. 15. « Les père et mère pourront, par leur testament, « réduire leurs enfans au simple usufruit de leur portion « héréditaire, au profit seulement des descendans nés et à « naître de ces derniers. »

Art. 16. « Les descendans de l'usufruitier ne pourront, de « son vivant, disposer de la propriété dont ils seront saisis « en vertu de la disposition officieuse. »

Art. 17. « L'usufruit laissé à l'enfant pourra être saisi par « les créanciers qui lui auront fourni des alimens depuis sa « jouissance.

« Les autres créanciers, soit antérieurs, soit postérieurs à « l'ouverture de cette jouissance, ne pourront saisir l'usu- « fruit que dans le cas où il excéderait ce qui peut convena- « blement suffire à la subsistance de l'usufruitier. »

Art. 18. « La mère, constant le mariage, ne pourra frapper « l'enfant commun d'une disposition officieuse sans l'assis- « tance ou le consentement de son mari. »

L'article 15 est discuté.

M. REGNAUD (de Saint-Jean-d'Angely) demande que la disposition soit réduite aux enfans dissipateurs.

LE CONSUL CAMBACÉRÈS pense que les deux articles qui for- maient l'ancienne rédaction rendent plus clairement l'in- tention du Conseil.

Ils sont adoptés.

Les articles 16 et 17 sont adoptés.

L'article 18 est discuté.

M. TRONCHET demande la suppression de cet article. Il trouve qu'il est contradictoire d'obliger la femme à prendre le consentement de son mari pour la disposition officieuse, lorsque la loi lui donne la capacité de tester seule. Il y a d'autant moins d'inconvénient à repousser cette expression, que l'art. 15 exige que la disposition officieuse soit motivée.

L'article est supprimé.

M. Bigot-Préameneu présente une nouvelle rédaction du titre, faite d'après les amendemens adoptés dans le cours de la séance.

Elle est adoptée ainsi qu'il suit :

CHAPITRE Ier.

De l'Autorité des pères et mères sur la personne et les biens des enfans.

371   Art. 1er. « L'enfant, à tout âge, doit honneur et respect « à ses père et mère. »

372   Art. 2. « Il reste sous leur autorité jusqu'à sa majorité ou « son émancipation. »

373   Art. 3. « Le père seul exerce cette autorité durant le ma- « riage. »

374   Art. 4. « L'enfant ne peut quitter la maison paternelle sans « la permission de son père, si ce n'est pour enrôlement vo- « lontaire, après l'âge de dix-huit ans révolus. »

375   Art. 5. « Le père qui aura des sujets de mécontentement « très-graves sur la conduite d'un enfant aura les moyens « de correction suivans. »

376   Art. 6. « Si l'enfant est âgé de moins de seize ans com- « mencés, le père pourra le faire détenir, pendant un temps « qui ne pourra excéder un mois, dans une maison de cor- « rection ; et, à cet effet, le président du tribunal d'arron- « dissement devra, sur sa demande, délivrer l'ordre d'arres- « tation. »

377   Art. 7. « Depuis l'âge de seize ans commencés jusqu'à dix- « huit ans révolus, le père pourra seulement requérir la « détention de son enfant dans une maison de correction « pendant six mois au plus ; il s'adressera au président dudit « tribunal, qui, après en avoir conféré avec le commissaire

« du gouvernement, délivrera l'ordre d'arrestation ou le re-
« fusera, et pourra, dans le premier cas, abréger le temps de
« la détention requis par le père. »

Art. 8. « Il n'y aura, dans l'un et l'autre cas, aucune 378
« écriture ni formalité judiciaire, si ce n'est l'ordre même
« d'arrestation, dans lequel les motifs n'en seront pas
« énoncés.

« Le père sera seulement tenu de souscrire une soumission
« de payer tous les frais, et de fournir les alimens convena-
« bles. »

Art. 9. « Le père est toujours maître d'abréger la durée de 379
« la détention par lui ordonnée ou requise. Si après sa sortie
« l'enfant retombe dans des écarts semblables, la détention
« pourra être de nouveau ordonnée de la manière prescrite
« aux articles précédens. »

Art. 10. « Si le père est remarié, il sera tenu, pour faire 380
« détenir son enfant du premier lit, lors même qu'il serait
« âgé de moins de seize ans, de se conformer à l'article 7. »

Art. 11. « La mère survivante et non remariée ne pourra 381
« faire détenir un enfant qu'avec le concours des deux plus
« proches parens paternels, et par voie de réquisition, con-
« formément à l'article 7. »

Art. 12. « Dans le cas où l'enfant aurait des biens person- 382
« nels, sa détention ne pourra, quel que soit son âge, avoir
« lieu que par voie de réquisition en la forme de l'article 7;
« et l'enfant détenu pourra adresser au commissaire du gou-
« vernement près le tribunal d'appel, un mémoire conte-
« nant ses moyens de défense. »

Art. 13. « Les articles 6, 7, 8 et 9 seront communs aux 383
« pères et mères des enfans naturels légalement reconnus. »

Art. 14. « Le père durant le mariage, et, après la dissolu- 384
« tion du mariage, le survivant des père et mère, auront la
« jouissance des biens de leurs enfans jusqu'à l'âge de dix-
« huit ans accomplis, aux charges et conditions exprimées au
« titre *de la Minorité*. »

386   Art. 15. « Cette jouissance n'aura pas lieu au profit de celui
« des père et mère contre lequel le divorce aurait été pro-
« noncé, et elle cessera à l'égard de la mère dans le cas d'un
« second mariage. »

387   Art. 16. « Elle ne s'étendra pas aux biens que les enfans
« pourront acquérir par un travail et une industrie séparés,
« ni à ceux qui leur seront donnés ou légués sous la condition
« expresse que les père et mère n'en jouiront pas. »

CHAPITRE II.

De la Disposition officieuse.

ap. 387
et tit. 2,
ch. 6 du
livre 3.   Art. 17. « Les père et mère pourront, par une disposition
« officieuse, dans le cas de dissipation notoire, réduire leurs
« enfans au simple usufruit de leur portion héréditaire, au
« profit seulement des descendans nés et à naître de ces der-
« niers. »

Art. 18. « La disposition officieuse ne peut être faite que
« par acte testamentaire.

« La cause y doit être spécialement exprimée : elle doit
« être juste, et encore subsistante à l'époque de la mort du
« père ou de la mère disposant. »

Art. 19. « Les descendans de l'usufruitier ne pourront, de
« son vivant, disposer de la propriété dont ils seront saisis
« en vertu de la disposition officieuse. »

Art. 20. « L'usufruit laissé à l'enfant pourra être saisi par
« les créanciers qui lui auront fourni des alimens depuis sa
« jouissance.

« Les autres créanciers, soit antérieurs, soit postérieurs à
« l'ouverture de cette jouissance, ne pourront saisir l'usu-
« fruit que dans le cas où il excéderait ce qui peut convena-
« blement suffire à la subsistance de l'usufruitier. »

Le Consul ordonne que le titre ci-dessus sera communiqué,
par le secrétaire général du Conseil d'État, au président de
la section de législation du Tribunat.

COMMUNICATION OFFICIEUSE.

La communication ayant eu lieu le 11 vendémiaire an XI (4 octobre 1802), la section procéda à l'examen du projet dans les séances du lendemain et les jours suivans.

TEXTE DES OBSERVATIONS.

Un membre fait un rapport, au nom d'une commission, sur le projet de loi qui a pour titre : *De la Puissance pater-nelle.*

Après des observations sur l'ensemble du projet, il est examiné article par article.

On parlera seulement de ceux qui ont présenté des difficultés, et sur lesquels des amendemens sont proposés.

Art. 7. La section propose de substituer à ces mots de l'article, « depuis l'âge de seize ans commencés *jusqu'à dix-huit* « *ans révolus,* » ceux qui suivent, « *jusqu'à la majorité ou* « *émancipation.* »

La cessation de l'exercice de l'autorité du père à l'époque où l'enfant aurait atteint l'âge de dix-huit ans a paru être une trop forte restriction à cette autorité. C'est souvent de dix-huit à vingt-un ans que les passions se développent avec le plus de force, et que leur violence peut entraîner les jeunes gens dans des écarts funestes. C'est conséquemment dans cette période de temps que l'exercice de l'autorité paternelle peut leur être le plus utile.

S'il en est quelques-uns qui puissent obtenir avant cet âge leur indépendance sans aucun danger pour eux-mêmes, et à l'égard desquels le père peut se désister de l'autorité qui lui est confiée par une émancipation résultant du consentement au mariage, ou de tout autre acte, l'expérience apprend qu'il n'en est pas de même pour tous.

Le maintien de l'autorité du père jusqu'à ce que l'enfant ait atteint sa vingt-unième année a paru être dans le vœu de la nature, et encore dans celui de la loi, puisque la majorité ordinaire ne doit avoir lieu qu'à cet âge, et que, jusqu'à vingt-cinq ans, les enfans mâles ne peuvent se marier sans le consentement de leur père, quoique le contrat de mariage, abstraction faite de l'intérêt social dans lequel rentre celui des enfans, semble au premier coup d'œil devoir être l'acte le plus libre.

D'ailleurs on ne saurait y voir aucun inconvénient, d'après les formes et les précautions prescrites par le surplus de l'article qui doit subsister.

379   Art. 9. La section propose de substituer à cet article la rédaction suivante :

« Le père est toujours maître d'abréger la durée de la dé-
« tention par lui ordonnée ou requise. Si après sa sortie l'en-
« fant tombe dans de nouveaux écarts, etc. »

En disant, comme dans l'article du projet, « *dans des*
« *écarts semblables*, » ce serait indiquer que la détention ne pourrait de nouveau être ordonnée que dans le cas où il y aurait des écarts semblables aux précédens.

Ce changement en a nécessité quelques autres qui sont purement de rédaction.

382   Art. 12. La section propose de supprimer de cet article ce qui suit : « *et l'enfant détenu pourra adresser au commissaire*
« *du gouvernement près le tribunal d'appel un mémoire conte-*
« *nant ses moyens de défense*, » en laissant subsister tout ce qui précède.

Cette partie de l'article, dont la section propose la suppression, laisse d'abord désirer que la loi indique ce qu'aurait à faire le commissaire du gouvernement près le tribunal d'appel, si l'enfant détenu lui faisait parvenir un mémoire.

On pense bien qu'il n'a pas été dans l'intention des auteurs du projet d'introduire, sur la réquisition du commissaire, une instance dans laquelle le père descendrait à la nécessité de se justifier à l'égard de son fils : ce qui forcerait à publier les motifs de la détention, que la loi a voulu laisser sous le voile du mystère. Le mémoire ne devrait produire d'autres

mesures que la simple surveillance de la part du commissaire, exercée par voie de représentations d'après des renseignemens, afin qu'il ne se commît aucune vexation. Mais,
par cela même que la loi autoriserait l'envoi du mémoire au
commissaire, sans indiquer ce que celui-ci aurait à faire, les
tribunaux pourraient tomber dans des méprises sur l'esprit
de la loi.

D'un autre côté, l'expression de la faculté de l'envoi du
mémoire au commissaire du gouvernement près le tribunal
d'appel a paru inutile et sans objet.

En effet, non seulement dans le cas prévu par cet article 12,
mais encore dans tous les autres, rien ne peut empêcher l'enfant détenu d'adresser un mémoire au commissaire près le
tribunal d'appel, sans que la loi s'en explique.

Art. 14. Pour une plus grande exactitude de rédaction, ³⁸⁴
la section propose de substituer à ces mots, *le survivant des
père et mère*, ceux-ci, *le père ou la mère survivant*.

Art. 19. Cet article fait naître une question importante. ap. 387
« Un fils, grevé d'une disposition officieuse, est célibataire et 1048
à l'époque du décès du père. Il se marie dans la suite et a
des enfans; mais avant le mariage il aura aliéné. Dans ce
cas, il paraît résulter de ces mots de l'article 16, *au profit
seulement des descendans nés et à naître*, que les enfans nés
du mariage contracté postérieurement à la mort du père
pourront demander la revendication des aliénations. Mais,
dans ce cas, il faudrait, pour empêcher que des tiers ne
fussent victimes des fraudes, que le testament devînt public par un enregistrement.

« De plus, n'est-il pas à propos de prendre des mesures
pour veiller, dans ce cas, en faveur des enfans, à la conservation des objets mobiliers? »

Telles sont les réflexions que fournissent les articles 17
et 19, et la section a cru devoir les soumettre à l'attention
du gouvernement.

RÉDACTION DÉFINITIVE DU CONSEIL D'ÉTAT.

(Procès-verbal de la séance du 20 brumaire an XI. — 11 novembre 1802.)

M. Bigot-Préameneu , d'après la conférence tenue avec le Tribunat, présente la rédaction définitive du titre *de la Puissance paternelle*.

Elle est ainsi conçue :

CHAPITRE Ier.

De l'Autorité des pères et mères sur la personne et les biens des enfans.

371   Art. 1er. « L'enfant, à tout âge, doit honneur et respect à « ses père et mère. »

372   Art. 2. « Il reste sous leur autorité jusqu'à sa majorité ou « son émancipation. »

373   Art. 3. « Le père seul exerce cette autorité durant le ma- « riage. »

374   Art. 4. « L'enfant ne peut quitter la maison paternelle sans « la permission de son père, si ce n'est pour enrôlement vo- « lontaire, après l'âge de dix-huit ans révolus. »

375   Art. 5. « Le père qui aura des sujets de mécontentement « très-graves sur la conduite d'un enfant aura les moyens « de correction suivans : »

376   Art. 6. « Si l'enfant est âgé de moins de seize ans com- « mencés , le père pourra le faire détenir pendant un temps « qui ne pourra excéder un mois dans une maison de correc- « tion ; et, à cet effet , le président du tribunal d'arrondisse- « ment devra, sur sa demande, délivrer l'ordre d'arrestation. »

377   Art. 7. « Depuis l'âge de seize ans commencés jusqu'à la « majorité ou l'émancipation , le père pourra seulement re- « quérir la détention de son enfant pendant six mois au plus : « il s'adressera au président dudit tribunal , qui, après en « avoir conféré avec le commissaire du gouvernement, déli- « vrera l'ordre d'arrestation ou le refusera , et pourra , dans

« le premier cas, abréger le temps de la détention requis par
« le père. »

Art. 8. « Il n'y aura, dans l'un et l'autre cas, aucune écri- 378
« ture ni formalité judiciaire, si ce n'est l'ordre même d'ar-
« restation, dans lequel les motifs n'en seront point énoncés.

« Le père sera seulement tenu de souscrire une soumission
« de payer tous les frais et de fournir les alimens conve-
« nables. »

Art. 9. « Le père est toujours maître d'abréger la durée 379
« de la détention par lui ordonnée ou requise. Si, après sa
« sortie, l'enfant tombe dans de nouveaux écarts, la déten-
« tion pourra être de nouveau ordonnée de la manière pres-
« crite aux articles précédens. »

Art. 10. « Si le père est remarié, il sera tenu, pour faire 380
« détenir son enfant du premier lit, lors même qu'il serait
« âgé de moins de seize ans, de se conformer à l'article 7. »

Art. 11. « La mère, survivante et non remariée, ne pourra 381
« faire détenir un enfant qu'avec le concours des deux plus
« proches parens paternels, et par voie de réquisition, con-
« formément à l'article 7. »

Art. 12. « Lorsque l'enfant aura des biens personnels, ou 382
« lorsqu'il exercera un état, sa détention ne pourra, même
« au-dessous de seize ans, avoir lieu que par voie de réqui-
« sition en la forme prescrite par l'article 7.

« L'enfant détenu pourra adresser un mémoire au commis-
« saire du gouvernement près le tribunal d'appel. Ce com-
« missaire se fera rendre compte par celui près le tribunal de
« première instance, et fera son rapport au président du tri-
« bunal d'appel, qui, après en avoir donné avis au père, et
« après avoir recueilli tous les renseignemens, pourra révo-
« quer ou modifier l'ordre délivré par le président du tribu-
« nal de première instance. »

Art. 13. « Les articles 6, 7, 8 et 9 seront communs aux 383
« pères et mères des enfans naturels légalement reconnus. »

Art. 14. « Le père, durant le mariage, et, après la disso- 384

« lution du mariage, le survivant des père et mère auront la
« jouissance des biens de leurs enfans jusqu'à l'âge de dix-
« huit ans accomplis, ou jusqu'à l'émancipation qui pourrait
« avoir lieu avant l'âge de dix-huit ans. »

385   Art. 15. « Les charges de cette jouissance seront,

« 1°. Celles auxquelles sont tenus les usufruitiers ;

« 2°. La nourriture, l'entretien et l'éducation des enfans
« selon leur fortune ;

« 3°. Le paiement des arrérages ou intérêts des capitaux ;

« 4°. Les frais funéraires et ceux de dernière maladie. »

386   Art. 16. « Cette jouissance n'aura pas lieu au profit de ce-
« lui des père et mère contre lequel le divorce aurait été pro-
« noncé, et elle cessera à l'égard de la mère dans le cas d'un
« second mariage. »

387   Art. 17. « Elle ne s'étendra pas aux biens que les enfans
« pourront acquérir par un travail et une industrie séparés,
« ni à ceux qui leur seront donnés ou légués sous la condition
« expresse que les père et mère n'en jouiront pas. »

CHAPITRE II (*).

De la Disposition officieuse.

ap. 387
et 1048

Art. 18. « Les père et mère pourront, par une disposition
« officieuse, dans le cas de dissipation notoire, réduire leurs
« enfans au simple usufruit de leur portion héréditaire, au
« profit seulement des descendans nés et à naître de ces der-
« niers. »

Art. 19. « La disposition officieuse ne peut être faite que
« par acte testamentaire.

« La cause doit y être spécialement exprimée : elle doit être
« juste, et encore subsistante à l'époque de la mort du père
« ou de la mère disposant. »

Art. 20. « Les descendans de l'usufruitier ne pourront, de

(*) Lors de la présentation du projet au Corps législatif, ce chapitre fut retranché du
titre *de la Puissance paternelle*, et classé dans celui des donations et testamens.

« son vivant, disposer de la propriété dont ils seront saisis
« en vertu de la disposition officieuse. »

Art. 21. « Il sera dressé un inventaire de tous les biens, et
« en même temps une estimation à juste prix des meubles et
« effets. Ceux dont l'enfant réduit à l'usufruit ne voudra pas
« jouir en nature seront vendus. Il sera fait emploi du prix
« provenant de ces ventes, de l'argent comptant qui excéde-
« rait une année de revenu, des recouvremens de dettes ac-
« tives et des remboursemens de capitaux. »

Art. 22. « Les opérations prescrites par l'article précédent
« seront faites à la diligence et en présence des descendans s'ils
« sont majeurs, ou d'un tuteur, soit qu'il y ait des descendans
« mineurs, soit qu'il n'y ait pas de descendans alors existans. »

Art. 23. « L'usufruit laissé à l'enfant pourra être saisi par
« les créanciers qui lui auront fourni des alimens depuis sa
« jouissance.

« Les autres créanciers, soit antérieurs, soit postérieurs à
« l'ouverture de cette jouissance, ne pourront saisir l'usu-
« fruit que dans le cas où il excéderait ce qui peut convena-
« blement suffire à la subsistance de l'usufruitier. »

Art. 24. « Les dispositions officieuses seront rendues pu-
« bliques dans la même forme que les interdictions. »

Les articles 1, 2, 3, 4 et 5 sont adoptés.   371 à 375

L'article 6 est discuté.   376

Le Consul Lebrun pense que c'est donner au père un droit
trop étendu, que de lui permettre de faire enfermer son fils
de sa seule autorité. La prudence veut qu'on se défie des passions : or les pères n'en sont pas plus exempts que les autres
hommes. Peut-être conviendrait-il de ne confier qu'aux tribunaux le pouvoir d'ordonner la détention. Ils l'exerceraient
sur la demande du père, et après avoir entendu le fils. Mais
que du moins les enfans ne soient pas envoyés dans une maison de correction ; ce serait les envoyer au crime.

M. Bigot-Préameneu dit que la section ne s'est pas dissimulé que les lieux actuels de détention ne pourraient qu'augmenter la dépravation dans les enfans qui y seraient renfermés ; mais elle a supposé qu'on organiserait enfin de véritables maisons de correction.

Le Consul Cambacérès propose de supprimer de l'article les mots, *dans une maison de correction.*

L'article est adopté avec cet amendement.

377 à 383 Les articles 7, 8, 9, 10, 11, 12 et 13 sont adoptés.

384 L'article 14 est discuté.

M. Maleville dit que la disposition qui fixe à dix-huit ans l'âge où cesse l'usufruit des pères concordait avec celle qui, au même âge, émancipait de plein droit le mineur : or, cette dernière ayant été rejetée, la jouissance des pères doit durer jusqu'à la majorité ou jusqu'à l'émancipation.

M. Jollivet dit qu'un autre motif encore avait décidé à limiter ainsi la jouissance des pères : on lui avait assigné pour terme l'âge où la loi permet aux enfans de se marier, dans la crainte que les pères, pour conserver plus long-temps leur jouissance, ne refusassent de consentir au mariage du mineur.

La disposition doit donc subsister.

M. Maleville dit que si, à l'âge de dix-huit ans, les enfans reprennent la jouissance de leurs biens, le père deviendra comptable des fruits perçus depuis cette époque : or, c'est cette comptabilité qu'on a voulu empêcher, en donnant au père les fruits des biens de son fils mineur. On a craint qu'elle n'affaiblît la puissance paternelle qu'il serait si intéressant de conserver : il faudrait compter un peu plus sur la tendresse des pères et mères, que la loi romaine déclare supérieure à toutes les autres affections.

Le Consul Cambacérès dit qu'il répugne à la raison et à la justice d'obliger un jeune homme de dix-neuf ans à mendier, sur ses propres revenus, la somme même la plus modique, d'un père qui peut la lui refuser pour augmenter ses propres jouissances.

L'article est adopté.

Les autres articles du titre sont adoptés.

385 et
suivans

M. Réal fut nommé par le Premier Consul, avec
MM. Bigot-Préameneu et Cretet, pour présenter au Corps
législatif, dans sa séance du 23 ventose, le projet de loi
qui précède, et pour en soutenir la discussion dans sa
séance du 3 germinal suivant.

PRÉSENTATION AU CORPS LÉGISLATIF,

ET EXPOSÉ DES MOTIFS, PAR M. RÉAL.

Législateurs, le projet de loi sur le *mariage* constitue la
famille; celui relatif à la *paternité* et à la *filiation* désigne les
individus qui la composent. Le projet que j'ai l'honneur de
vous présenter, relatif à la *puissance paternelle*, établit les
lois qui doivent y maintenir l'ordre, prescrit les principaux
devoirs, reconnaît les droits principaux qui obligent et qui
lient plus étroitement entre eux les membres de toutes ces
petites sociétés naturelles dont l'agrégation civile forme la
grande famille. Ce projet institue, pour veiller à l'observation de ces devoirs, à la conservation de ces droits, la plus
sacrée de toutes les magistratures, la magistrature paternelle, magistrature indépendante de toutes les conventions,
et qui les a toutes précédées.

Nous naissons faibles, assiégés par les maladies et les besoins; la nature veut que, dans ce premier âge, celui de
l'enfance, le père et la mère aient sur leurs enfans une puissance entière, qui est toute de défense et de protection.

Dans le second âge, vers l'époque de la puberté, l'enfant
a déjà observé, réfléchi. Mais c'est à ce moment même, où
l'esprit commence à exercer ses forces, où l'imagination
commence à déployer ses ailes, où nulle expérience n'a

formé le jugement; c'est à ce moment où, faisant les premiers pas dans la vie, livré sans défense à toutes les passions
qui s'emparent de son cœur, vivant de désirs, exagérant ses
espérances, il s'aveugle sur les obstacles, qu'il a surtout besoin qu'une main ferme le protége contre ces nouveaux ennemis, le dirige à travers ces écueils, dompte ou modère
à leur naissance ces passions, tourment ou bonheur de la
vie, selon qu'une main habile ou maladroite leur aura donné
une bonne ou une mauvaise direction. C'est à cette époque
qu'il a besoin d'un conseil, d'un ami qui puisse défendre sa
raison naissante contre les séductions de toute espèce qui
l'environneront, qui puisse seconder la nature dans ses opérations, hâter, féconder, agrandir ses heureux développemens. La *puissance paternelle*, qui est alors toute d'administration domestique et de direction, pourra seule procurer
tous ces avantages, ajouter la vie morale à l'existence physique, et, dans l'homme naissant, préparer le citoyen.

Enfin arrive l'âge où l'homme est déclaré par la loi, ou reconnu par son père en état de marcher seul dans la route de
la vie. A cet âge, ordinairement, il entre dans la grande famille, devient lui-même le chef d'une famille nouvelle, et
va rendre à d'autres les soins qui lui ont été prodigués : mais
c'est au moment même où la nature et la loi relâchent pour
lui les liens de la *puissance paternelle*, que la raison vient en
resserrer les nœuds. C'est à ce moment que jetant les regards
en arrière, il retrouve dans des souvenirs qui ne s'effacent
jamais, dans l'éducation dont il recueille les fruits, dans
cette existence dont seulement alors il apprécie bien la valeur, de nouveaux liens formés par la reconnaissance ; c'est
surtout dans les soins qu'exigent de lui ses propres enfans,
dans les dangers qui assiégent leur berceau, dans les inquiétudes qui déchirent son cœur, dans cet amour ineffable,
quelquefois aveugle, toujours sacré, toujours invincible, qui
attache pour la vie le père à l'enfant qui vient de naître, que,
retrouvant les soins, les inquiétudes, l'amour dont il a été

l'objet, il puise les motifs de ce respect sacré qui le saisit à la vue des auteurs de ses jours. En vain la loi civile l'affranchirait alors de toute espèce d'*autorité paternelle* ; la nature, plus forte que la loi, le maintiendrait éternellement sous cette autorité. Désormais libre possesseur de ses biens, libre dans la disposition qu'il peut en faire, libre dans toute sa conduite et dans les soins qu'il donne à ses propres enfans, il sent qu'il n'est pas libre de se soustraire à la bienfaisante autorité qui ne se fait plus maintenant sentir que par des conseils, des vœux, des bénédictions. La nature et la reconnaissance lui présentent alors les auteurs de ses jours sous l'aspect d'une divinité domestique et tutélaire. Ce n'est plus un devoir dont il s'acquitte envers eux, c'est un culte qu'il leur rend toute sa vie ; et le sentiment qui l'attache à eux ne peut plus être exprimé par les mots de respect, de reconnaissance ou d'amour ; c'est désormais la *piété filiale* adorant la *piété paternelle*.

Voilà, législateurs, les vérités que la nature a gravées dans nos cœurs ; voilà son code sur la *puissance paternelle*. Il faut l'avouer, il n'est pas entièrement semblable à celui que nous trouvons dans nos livres ; et le dernier état de notre législation, en provoquant quelques-uns des résultats que je viens de vous offrir, n'y arrive pas par les mêmes moyens. Dans son code, l'homme a substitué l'intérêt au sentiment ; il a méconnu, étouffé la voix de la nature ; et, au lieu de reconnaître la *puissance*, il a créé le *despotisme* paternel.

Sur cette importante partie de la législation, comme sur beaucoup d'autres, les Français étaient et sont encore gouvernés par des principes différens, opposés ; et les principes sont plus ou moins rigoureux, plus ou moins relâchés, selon que la partie du sol français où ils sont professés est régie par le droit écrit ou par le droit coutumier.

La législation des Romains, si conforme en beaucoup de points à la nature, si fidèle interprète de la raison, s'écarte de l'une et de l'autre d'une manière bien étrange lorsqu'elle s'occupe de la *puissance paternelle* : elle méconnaît alors et le droit naturel et le droit des gens, et prend pour règles uniques ses institutions civiles.

Aussi *Justinien* reconnaît-il que la puissance paternelle, telle qu'elle était exercée chez les Romains, était toute particulière à ce peuple.

Sous l'empire de cette législation, et par le droit ancien, le père de famille avait une puissance égale à celle du maître sur l'esclave. Relativement au père de famille, le fils de famille n'était pas même considéré comme une *personne*, mais comme une *chose* dont le père de famille avait l'absolue propriété; il pouvait en user, en abuser. Le père pouvait, sous cette législation, charger de fers son fils; il pouvait le vendre, il pouvait le tuer.

Cette *puissance* durait pendant toute la vie du père de famille, et embrassait alors tous ses biens.

Cette législation peint avec une rare fidélité, et le législateur qui l'a créée, et les féroces compagnons de ses brigandages, et la barbarie du siècle et des lieux auxquels elle a pu convenir.

Mais, en même temps que *Romulus* marquait ainsi cette législation d'une ineffaçable empreinte, il lui conférait ce principe de vie, ce caractère de durée, on dirait presque d'éternité, que cet homme extraordinaire a imprimé à toutes ses institutions.

Elle conserva toute sa sévérité aussi long-temps que les mœurs des Romains conservèrent toute leur âpreté : elle ne fléchit qu'avec elles.

Ainsi *Numa* décida que le père ne pourrait vendre le fils qui se serait marié de son consentement; et, par la suite, ce droit de vendre ne fut permis que dans le cas d'extrême misère des parens, pour des enfans qui viendraient de naître, et sous la condition de pouvoir toujours les racheter.

Ainsi, mais après une longue succession de siècles, le

droit de vie et de mort fut restreint à celui d'une correction modérée.

Enfin, le droit accordé au père de famille de s'emparer de tous les biens de son fils éprouva des restrictions considérables par les lois qui enlevèrent au père de famille la jouissance de divers *pécules*.

Mais, telle qu'elle est modifiée suivant le dernier état du *droit romain* admis en France, la *puissance paternelle* rappelle encore, par les principes sur lesquels elle repose, par les distinctions qu'elle établit, et par quelques-uns de ses résultats, sa sauvage origine et son farouche auteur.

En effet, dans le dernier état des choses, la *puissance paternelle* n'est fondée que sur les principes du droit civil : elle est étrangère à toutes les affections que le droit naturel commande.

Le père seul est investi de cette puissance; et malgré les droits donnés par la nature, mais sans doute en conséquence de cette antique législation qui plaçait jadis l'épouse sous la *puissance paternelle*, la mère n'a aucune participation à cette puissance.

Dans le dernier état de cette législation, le fils de famille reste de droit sous la puissance paternelle pendant toute la vie de son père. Il y est maintenu quand même il aurait soixante ans, à moins qu'il ne plaise au père de l'émanciper.

Comme sous l'empire de l'ancienne législation, le fils de famille marié, non émancipé, n'a point sur ses enfans cette puissance que son père exerce sur lui, ils sont encore sous la puissance de son père ; conséquence révoltante, mais nécessaire et exacte, du principe sur lequel toute la théorie de cette législation est établie.

Relativement aux biens qui appartiennent au fils de famille, la loi conserve toute sa première injustice.

A l'exception des *pécules*, tout appartient au père ; le père a la propriété des biens d'une certaine nature, et la jouissance de tous les autres pendant tout le temps que subsistera la *puissance paternelle*, c'est-à-dire pendant toute sa vie.

Pendant la vie de son père le fils de famille, même majeur, ne peut s'obliger pour cause de prêt.

Il ne peut tester, même avec le consentement de son père.

Voilà, sauf quelques exceptions de détails, les principes fondamentaux qui gouvernent encore aujourd'hui les départemens de la république soumis au régime du droit écrit.

Il suffit de les énoncer pour prouver qu'ils sont contraires à toute idée de liberté, d'industrie, de commerce; qu'ils contrarient, dénaturent et anéantissent dans son principe la *puissance paternelle* elle-même, qu'ils flétrissent la vie, et nuisent à la prospérité générale.

L'on observera peut-être que ces principes ne sont jamais suivis à la rigueur; que l'émancipation antérieure au mariage ou par mariage obvie à tous les abus : l'on prouvera alors qu'il est jugé depuis long-temps que cette législation est incompatible avec nos mœurs, et que son abrogation a été nécessaire.

Quelques-uns des principes du droit écrit sur cette matière ont été adoptés par quelques coutumes. Ils y paraissent en d'autant plus grand nombre, ils y dominent avec d'autant plus de force, que les départemens gouvernés par ces coutumes sont plus voisins de ceux qui sont régis par le droit écrit.

Mais ces coutumes si différentes, si opposées entre elles sur tous les autres points de législation, ont été aussi divisées, aussi opposées, soit dans le choix qu'elles ont fait de diverses parties du système de la *puissance paternelle*, soit dans les modifications plus ou moins prononcées qu'elles ont fait éprouver aux dispositions qu'elles empruntaient dans ce système au droit romain.

Ainsi, à l'inconvénient résultant de l'admission d'un système peu moral dans son principe et dans ses conséquences, cette fusion a ajouté l'inconvénient aussi grave résultant d'une multitude de contradictions nouvelles, introduites dans cette multitude de législations coutumières déjà si discordantes et si opposées entre elles sur tous les autres points.

Et le désordre résultant de toutes ces législations opposées se fait d'autant plus sentir, lorsqu'il s'agit de la *puissance paternelle*, que si ce statut, en tant qu'il donne au père la jouissance des biens du fils de famille, est un statut réel qui n'a conséquemment de pouvoir que sur les biens de son territoire ; ce même statut, en tant qu'il met le fils de famille dans l'incapacité d'agir, de contracter et de tester, est un statut personnel dont l'effet se règle par la loi du lieu où le père avait son domicile au temps de la naissance du fils de famille ; et ce statut étend son empire sur la personne du fils de famille, en quelque lieu que le père et le fils aillent par la suite demeurer.

Il faut donc avouer qu'entre les lois civiles qui jusqu'à ce moment ont régi nos personnes et nos biens, il n'en est pas une seule qui ait besoin d'une plus prompte, d'une plus entière réforme, et qui, ramenée à ce que la nature ordonne, doive recevoir une plus uniforme application.

Ne pouvant, sur cette importante question, trouver aucun secours dans la loi romaine ; ne trouvant dans les coutumes que des vues imparfaites ; marchant entre l'exagération et la faiblesse, le législateur a dû consulter la nature et la raison.

La nature et la raison exigent évidemment l'établissement et l'exercice de la *puissance paternelle*.

Jusqu'à la majorité, cette puissance est dans les mains ³⁷²⁻³⁷³ des auteurs de nos jours, moyen de défense et de direction ; et si cette puissance est donnée par la nature au père et à la mère, il est facile de reconnaître que la raison exige que le père seul puisse l'exercer, et que la mère ne commence à en jouir réellement qu'à l'instant où elle devient veuve.

Après la majorité, la puissance paternelle est toute de ³⁷¹ conseil et d'assistance ; elle se borne dans ses effets à obtenir du fils de famille des témoignages éternels de respect et de reconnaissance.

Elle appartient au père et à la mère; elle exige le consentement de l'un et de l'autre au mariage du fils de famille; elle donne à l'un et à l'autre le pouvoir de récompenser la piété filiale et de punir l'ingratitude.

Voilà la puissance paternelle.

Voilà, d'après la nature et la raison, l'étendue, mais aussi voilà les bornes de cette puissance.

384 C'est un droit fondé sur la nature et confirmé par la loi qui donne au père et à la mère, pendant un temps limité et sous certaines conditions, la surveillance de la personne, l'administration et la jouissance des biens de leurs enfans.

Le projet que j'ai l'honneur de vous présenter ne contient qu'une partie des dispositions qui constituent la plénitude de cette puissance. Tout ce qui est relatif au consentement des père et mère, exigé pour le mariage de leurs enfans, est porté au titre de cette institution; et ce qui a trait à la liberté de disposer se trouvera sous le titre *des Testamens*.

Le projet actuel s'occupe donc principalement, je dirais presque uniquement, de l'effet de cette puissance pendant la minorité du fils de famille.

371 L'article 1er est le seul du projet qui impose à l'enfant un devoir qu'il devra remplir à tout âge; toutes les autres dispositions de ce titre le supposent dans les liens de la minorité; et c'est sous cet unique point de vue que la puissance paternelle y est traitée.

Le législateur commence par déclarer que l'enfant, à tout âge, doit honneur et respect à ses père et mère. En étendant à la vie entière la durée de cette obligation, le législa-
372 teur a obéi à la nature et à la morale; il a écouté la nature, la raison et l'intérêt de la société, lorsque, par l'article qui suit, il prononce que l'enfant né ne reste sous l'autorité paternelle que jusqu'à sa majorité ou son émancipation.

Il règle ensuite que le père seul exerce cette autorité du- ³⁷³
rant le mariage.

Le législateur a dû prévoir que quelquefois les exemples, ³⁷⁶
les exhortations d'un père, que les privations qu'il imposera,
que les peines légères qu'il fera subir, seront insuffisantes,
inefficaces pour maintenir dans le devoir un enfant peu heureusement né, pour corriger de perverses inclinations. Il appelle alors l'autorité publique au secours de la magistrature
paternelle. Dans certains cas, le magistrat ne fait que *léga-
liser*, pour ainsi dire, ne fait qu'ordonner l'exécution pure
et simple de la volonté du père.

La loi du 24 août 1792 établissait dans cette occasion un
tribunal de famille qui pouvait admettre, mais qui pouvait
rejeter la plainte du père; la décision de ce tribunal ne pouvait être exécutée qu'en vertu de l'ordonnance du juge rendue en connaissance de cause.

Cet ordre de chose était inconvenant, inefficace.

Il créait un procès entre le père et le fils; procès que le
père ne pouvait perdre sans compromettre son autorité.

Il n'établissait aucune nuance relativement à l'âge et à la
situation de l'enfant.

Le projet produit ces distinctions; il règle le pouvoir du
père par des considérations prises de l'âge de l'enfant et de
sa situation.

Autant il est raisonnable de donner au père le droit de ³⁷⁶⁻³⁷⁷
faire enfermer, de sa seule autorité, et pour quelques jours,
un enfant de douze ans, autant il serait injuste de lui abandonner et de laisser, pour ainsi dire à sa discrétion, un adolescent d'une éducation soignée, et qui annoncerait des talens précoces. Quelque confiance que méritent les pères, la
loi ne doit cependant pas être basée sur la fausse supposition que tous sont également bons et vertueux; la loi doit
tenir la balance avec équité, et le législateur ne doit pas oublier que les lois dures préparent souvent les révolutions des
États.

Le président et le commissaire du tribunal doivent donc être autorisés à peser les motifs d'un père qui veut faire enfermer un jeune homme au-dessus de seize ans. Il doit leur être permis de refuser l'ordre d'arrêter et de fixer la durée de la détention.

382   Il faut des précautions plus sévères encore lorsque l'enfant dont un père demande l'arrestation a des biens personnels, ou lorsqu'il exerce déjà un état dans la société. Si cet enfant a pour père un dissipateur, il est hors de doute que le père cherchera à le dépouiller, qu'il se vengera des refus de l'enfant, et que peut-être il lui fera acheter sa liberté.

Il est même de toute justice, dans cette dernière hypothèse, que l'enfant soit autorisé à se pourvoir devant le président et le commissaire du tribunal d'appel contre la décision du président du tribunal de première instance, qui aura dû recevoir une exécution provisoire.

380   Le concours de l'autorité pour l'arrestation du fils de famille n'est accordé qu'avec de grandes précautions, si le père qui se plaint est remarié. La loi ne lui suppose plus alors la même tendresse ni la même impartialité.

378   Mais, dans tous les cas, les motifs de la plainte ne paraîtront jamais dans aucun acte, pas même dans l'ordre d'arrestation. Donner de la publicité à des erreurs, à des faiblesses de jeunesse, en éterniser le souvenir, ce serait marcher directement contre le but qu'on se propose ; et de ces punitions mêmes qui ne sont infligées à l'enfance que pour épargner des tourmens à l'âge mûr, ce serait faire naître des chagrins qui flétriraient le reste de la vie.

381   En accordant les mêmes droits à la mère survivante non remariée, le projet veut que, dans tous les cas, elle ne puisse faire détenir un enfant qu'avec le concours des deux plus proches parens paternels, et par voie de réquisition, sur laquelle le juge devra prononcer en connaissance de cause.

Le législateur a dû prévoir que la mère, trop faible ou trop

légèrement alarmée, pourrait peut-être trop facilement recourir à ces moyens extrêmes; d'un autre côté, il a dû
penser qu'une veuve sans défense, dont toutes les actions
sont exposées à la critique de la malignité, devait se ménager, dans le concours des deux plus proches parens paternels, des témoins impartiaux qui pussent toujours attester la
nécessité de cette mesure de rigueur, et qui fussent les ga-
rans de sa bonne administration.

Un des articles du projet accorde la même puissance et [383]
les mêmes droits aux père et mère des enfans naturels légalement reconnus.

D'après ce que nous avons déjà dit, on doit penser que cette
disposition ne se trouvait pas dans le droit romain. L'adoption
ou la légitimation pouvait seule, dans ce cas, donner au père
la puissance paternelle; c'est toujours la conséquence très-
exacte du principe qui, dans leur législation, tirait la puissance paternelle du seul droit civil. Mais le législateur qui a
reconnu que cette puissance, uniquement fondée sur la nature, ne recevait de la loi civile qu'une confirmation, a dû,
pour être conséquent, accorder au père ou à la mère qui reconnaissent légalement leur enfant naturel, et sur cet enfant, une puissance et des droits semblables à ceux auxquels
donne naissance une union légitime. C'est ainsi, et d'après
le même principe, que, dans le projet relatif au mariage,
vous avez vu le législateur exiger de l'enfant naturel qui
veut se marier, le consentement du père ou de la mère naturels qui l'auront légalement reconnu.

Après avoir constitué la puissance paternelle, établi les [384]
devoirs qu'elle impose, les droits qu'elle accorde, fixé ses
limites et sa durée; après avoir ainsi, de concert avec la nature, donné des alimens, des défenseurs à l'enfance, des
soins, des instructions, une bonne éducation à la jeunesse,
c'est-à-dire après avoir établi quels sont les droits onéreux
attachés à l'exercice de la *puissance paternelle*, le législateur
a dû en déterminer les droits utiles.

La loi romaine accorde au père (sauf l'exception de divers pécules) tout ce qui appartiendra au fils de famille pendant la vie du père.

La plupart des coutumes ne reconnaissent point de droit utile attaché à l'exercice de la *puissance paternelle*, et celle de Paris garde sur ce point le silence le plus absolu ; car il ne faut pas confondre avec le droit dont nous parlons celui qui résultait du droit de *garde noble* ou *bourgeoise* accordé au *survivant* sur les biens des enfans restés en minorité.

Ainsi, une législation accorde tout pendant que l'autre ne donne rien.

C'est encore en évitant ces deux extrêmes que le gouvernement propose la disposition que contient le 14ᵉ article du projet.

Il y distingue l'exercice de la puissance paternelle durant le mariage de l'exercice de cette même puissance après sa dissolution.

Au premier cas, il donne au père la jouissance des biens de ses enfans jusqu'à l'âge de dix-huit ans accomplis, ou jusqu'à l'émancipation qui pourra avoir lieu avant cet âge.

Après la dissolution du mariage, il accorde les mêmes droits au père ou à la mère survivans.

Dans l'un et l'autre cas, le législateur exige qu'à l'époque où l'enfant aura accompli sa dix-huitième année, les père et mère cessent de conserver la jouissance des biens de leurs enfans, parce que si les pères jouissaient des biens de leurs enfans jusqu'à la majorité de ces derniers, on aurait à craindre que, pour se conserver cet avantage dans toute son étendue, ils ne se refusassent à consentir à une émancipation ou à un mariage dont pourraient dépendre le bonheur et la fortune de leurs enfans.

Enfin, en prononçant par cet article que la mère jouit, dans cette circonstance, des droits qu'il accorde au père, le législateur établit un droit égal, une égale indemnité là où la nature avait établi une égalité de peines, de soins et d'af-

fections; il répare, par cette équitable disposition, l'injustice de plusieurs siècles; il fait, pour ainsi dire, entrer pour
la première fois la mère dans la famille, et la rétablit dans
les droits imprescriptibles qu'elle tenait de la nature, droits
sacrés, trop méprisés par les législations anciennes, reconnus, accueillis par quelques-unes de nos coutumes, et notamment par celle de Paris; mais qui, effacés dans nos
Codes, auraient dû se retrouver écrits en caractères ineffaçables dans le cœur de tous les enfans bien nés.

Mais en même temps que, fidèle interprète de la nature, 386
le moderne législateur rend le nom de mère à toute sa dignité, en même temps, gardien austère des bonnes mœurs,
il refuse à celui des père et mère contre lequel le divorce
aura été prononcé la jouissance accordée par l'article 14.
Celui contre lequel le divorce a été prononcé a, par un délit
grave, brisé les nœuds les plus sacrés : pour lui il n'y a plus
de famille.

Enfin, une dernière disposition prononce que cette jouissance cessera à l'égard de la mère dans le cas d'un second
mariage. Quelques motifs parlaient en faveur des mères qui
ne se marient que pour conserver à leurs enfans l'établissement formé par leur père; mais cette exception ne peut effacer l'inconvenance qu'il y aurait à établir en principe que
la mère peut porter dans une autre famille les revenus des
enfans du premier lit, et enrichir ainsi son époux à leur
préjudice.

COMMUNICATION OFFICIELLE.

Conformément à l'arrêté du Corps législatif, le projet
de loi fut transmis au Tribunat le 25 ventose an XI,
et le tribun Vesin en fit le rapport à l'assemblée générale
le 1er germinal (22 mars 1803).

RAPPORT FAIT PAR LE TRIBUN VESIN.

Tribuns, chargé de vous faire un rapport sur le projet de loi, titre IX du Code civil, en vous parlant de la puissance paternelle, je ne chercherai pas à la définir, à vous en montrer l'origine. Que le pouvoir des pères sur leurs enfans dérive du droit naturel ou du droit civil, ou plutôt qu'il participe en même temps de l'un et de l'autre, il nous suffit qu'il soit reconnu par tous les peuples policés, qu'il soit l'un des plus fermes liens de la société, pour qu'il ne s'élève pas le moindre doute sur la nécessité d'accorder aux pères et mères une autorité, une puissance sur leurs enfans; autorité toute de défense et de protection dans le premier âge, et qui acquiert ensuite une consistance, une intensité proportionnée aux besoins de l'adolescence, environnée de tous les écueils et des passions qui l'assiégent.

371   Le premier article du projet de loi constitue les devoirs des enfans.

L'enfant, à tout âge, porte l'article 365-371, doit honneur et respect à ses père et mère.

Quoique cet article ne contienne pas, à proprement parler, de disposition législative, et que, sous ce rapport, dans la discussion du Conseil d'Etat, il ait été proposé de le rejeter, on a observé avec raison que les auteurs du projet avaient cru utile de placer à la tête du titre les devoirs que la qualité de fils impose, de même que dans le titre *du Mariage* on a inséré une disposition qui retrace les devoirs des époux; et que cet article, contenant d'ailleurs les principes dont les autres ne font que développer les conséquences, doit devenir un point d'appui pour les juges. Ces observations ont été accueillies.

372   Il reste sous leur autorité jusqu'à sa majorité ou son émancipation. C'est la disposition de l'article 366-372.

Cette puissance, cette autorité des parens doit avoir un

terme; les enfans, à leur tour, deviennent capables de se conduire par eux-mêmes et d'administrer leurs biens. Les législateurs n'ont été divisés que sur la fixation de l'époque où cette autorité devait prendre fin; époque qui a varié chez les différens peuples, et qui, en France même, était soumise à une limitation différente, d'après la diversité des coutumes et des usages.

Il est inutile de rappeler qu'à Lacédémone, chez les Romains, cette puissance était extrême, je dirai même barbare, puisque les pères avaient sur leurs enfans le droit de vie et de mort : aussi, quoique, dans une grande partie de la France, on eût adopté les lois romaines, nous n'avions pas pris d'elles la puissance paternelle telle qu'elles l'avaient établie.

Mais, parce que le droit romain était trop rigoureux, faudra-t-il pour cela tomber dans l'excès contraire? et il est entre ces deux extrêmes un terme moyen que le projet de loi qui vous est soumis a parfaitement saisi. Il prononce que l'enfant reste sous l'autorité de ses parens jusqu'à sa majorité ou son émancipation, et ce doit être là le terme de sa durée.

La majorité est, en effet, l'âge auquel on est présumé par la loi avoir acquis la maturité d'esprit suffisante pour bien gouverner ses affaires. Si cette définition est exacte, s'il est vrai de dire que, quoique avant l'âge de vingt-un ans, quelques individus mieux organisés, plus favorisés de la nature, ou mieux dirigés par l'éducation qu'ils ont reçue, aient acquis cette force d'esprit jugée nécessaire pour se diriger par soi-même, cette minorité n'est malheureusement que l'exception, eu égard à ce nombre de jeunes gens sans expérience qui seraient abandonnés au mouvement de leurs passions; et c'est alors une conséquence forcée, que l'autorité des pères et mères a dû être bornée à la majorité des enfans.

Le droit civil de la France, et dans cette acception je comprends et le droit romain qui régissait le pays de droit écrit, et le droit coutumier; le droit civil de la France, dis-je, embrassait tant de diversités de jurisprudences, qu'étant arrivés à cette heureuse époque où il est permis aux législateurs d'introduire dans les lois cette uniformité si désirée, et qu'une révolution comme la nôtre a seule rendue praticable, il est impossible de ne pas entrer dans une espèce de composition entre ces divers usages, en tempérant d'un côté ce que le droit romain pouvait avoir de trop rigoureux, et, de l'autre, en fortifiant le ressort de la puissance paternelle dans les pays coutumiers.

Il n'est pas inutile de répéter qu'on distinguait ci-devant une majorité coutumière, et une majorité d'ordonnances. Cette distinction dérivait de certaines coutumes qui avaient fixé la majorité à vingt ans, et des ordonnances qui, plus conformes au droit romain, la fixaient à vingt-cinq ans. Encore même la majorité de coutumes n'était dans certains pays qu'une sorte d'émancipation qui donnait le droit d'administrer, mais non pas celui d'aliéner les immeubles patrimoniaux. Ici, le fils majeur n'avait pas la simple administration: là, il pouvait tout aliéner, tout hypothéquer, même emprunter indéfiniment. Dans tel pays même, il pouvait être restitué contre les aliénations faites avant l'âge de vingt-cinq ans, quoique après la majorité fixée par la coutume, sans être obligé d'employer aucun des moyens qui donnent lieu à la restitution des majeurs de vingt-cinq ans.

Dans cet état des choses, en maintenant le dernier état de la législation, le nouveau projet adopte un tempérament qui fixe irrévocablement tant de systèmes différens, et ne peut que réunir toutes les opinions; et l'article, tel qu'il a été rédigé, n'a pas éprouvé de contradiction dans son examen. Le maintien de l'autorité des parens sur leurs enfans, jusqu'à l'âge de vingt-un ans, a paru à la section dans le vœu de la nature et dans celui de la loi, puisque la majorité a été fixée à cet âge, et que les enfans mâles ne peuvent même se marier qu'à vingt-cinq ans sans le consentement de leurs parens. Si l'âge de vingt-un ans pouvait paraître trop long, eu égard à la maturité d'esprit de quelques enfans, le remède est dans même la loi : l'émancipation qui peut avoir lieu dans ces cas obvie à tous les inconvéniens, et laisse le principe entier.

Le père seul exerce cette autorité durant le mariage; c'est la disposition de l'article 367-373, sur lequel il n'a pas été fait d'observation. Le père est considéré en effet comme le chef de la famille, par les principes que vous avez déjà admis en traitant du mariage; il est dans l'ordre, et c'est une conséquence qu'il en ait les prérogatives. Ce pouvoir, s'il était en même temps partagé entre plusieurs, s'affaiblirait par cela même, et tournerait en sens contraire de l'objet de son institution. Le projet de loi n'entend pas par là ne pas associer la mère à cette magistrature; elle l'exerce à son tour, et prend la place du père, s'il vient à manquer. Son consentement est nécessaire pour le mariage de ses enfans, et elle a, comme son mari, la jouissance de leurs biens jusqu'à l'âge de dix-huit ans, ou jusqu'à l'émancipation, qui peut avoir lieu avant cet âge. Dans l'ancienne jurisprudence, dans les principes du droit romain surtout, lorsque la puissance paternelle était une sorte de droit de propriété des pères sur leurs enfans, qui n'étaient pour ainsi dire pas considérés comme des personnes, mais comme des choses dont ils pouvaient user et abuser, la femme n'avait pas cessé d'être sous la puissance de son père : il n'était pas étonnant qu'elle ne participât point alors à cette magistrature de famille; mais ces principes ont changé avec nos mœurs : c'est un pouvoir de protection, d'intérêt pour les enfans, et la mère est à juste titre admise à le partager. Ceux qui ont le même intérêt doivent jouir des mêmes droits : il serait bien difficile de justifier la proposition contraire.

L'article 368-374 est une conséquence des précédens. De ce pouvoir des parens sur leurs enfans doivent sortir tous les moyens de correction nécessaires pour le rendre utile et profitable aux enfans mêmes, et c'est là l'objet principal des ar-

373

374-375 et suiv.

ticles 369-375 et suivans, jusques et compris l'article 377-383;
et c'est ici qu'on peut s'étayer de l'autorité de Montesquieu :
« On remarque, dit-il, que dans les pays où l'on a mis dans
« les mains paternelles plus de récompenses et de punitions,
« les familles sont mieux réglées; les pères sont l'image du
« créateur de l'univers, qui, quoiqu'il puisse conduire les
« hommes par son amour, ne laisse pas de se les attacher par
« les motifs de l'espérance et de la crainte. » Les punitions,
ou plutôt les corrections, peuvent devenir nécessaires ; la loi
fondamentale de la puissance paternelle serait incomplète
si elle n'organisait pas les moyens de répression. Les exemples des parens, leurs exhortations, ne sont pas toujours des
moyens suffisans pour maintenir dans le devoir certains de
leurs enfans qui auront contracté des vices ou de mauvaises
inclinations : l'autorité publique vient se joindre alors à la
magistrature paternelle, mais avec des ménagemens compatibles avec l'intérêt de la famille.

La loi de 1792 avait voulu obtenir les mêmes résultats, mais
par d'autres moyens : elle avait créé un tribunal de famille
qui pouvait bien admettre, mais ne pas sanctionner ensuite
la plainte du père ; encore fallait-il toujours recourir au juge,
qui rendait une ordonnance en connaissance de cause.

Le remède était quelquefois pire que le mal, puisqu'il
créait un procès entre le père et le fils, dont le sort pouvait
compromettre l'autorité paternelle, qu'il ne faut pas avilir
en cherchant à la fortifier.

379-377   La loi de 1792 ne faisait aucune différence relativement à
l'âge, à la situation des enfans. Le nouveau projet de loi ménage, au contraire, les intérêts respectifs. Si l'enfant est âgé
de moins de seize ans commencés, le père pourra le faire détenir pendant un mois, sans que le président du tribunal
puisse se dispenser de délivrer l'ordre d'arrestation. Depuis
l'âge de seize ans, au contraire, jusqu'à la majorité ou l'é-
mancipation, le père peut bien requérir l'arrestation de son
fils pendant six mois au plus ; mais le président du tribunal,

après en avoir conféré ou délibéré avec le commissaire du gouvernement, peut délivrer ou refuser cet ordre; et, dans le premier cas, même abréger le temps de sa durée. Les pères méritent sans doute beaucoup de confiance, mais tous ne sont pas également bons, également vertueux; et la loi a dû trouver un moyen de prévenir les abus du pouvoir qu'elle leur accorde, et tenir la balance avec équité.

Les erreurs des enfans doivent être étouffées dans le sein 378 des familles; aussi point de formalités judiciaires, ni de motifs de plainte, ni écritures : rien ne doit rester, si ce n'est l'ordre d'arrestation, dans lequel les motifs ne doivent pas même être énoncés. Le père doit seulement souscrire une obligation de payer tous les frais et de fournir les alimens convenables : il était sans doute impossible de mieux prévoir, de mieux distribuer les ménagemens et les convenances dans les familles.

Le père peut toujours abréger la durée de la détention par 379 lui ordonnée ou requise.

La rédaction de cet article se prête, pour ainsi dire, au repentir des enfans et à la bonté des pères; elle est imitative de leur tendresse. Si l'enfant retombait dans de nouveaux écarts, la détention pourrait être de nouveau requise et ordonnée conformément aux articles précédens.

La loi n'est pas faite seulement pour les pères; l'intérêt 380 des enfans y est soigneusement ménagé, selon qu'ils ont des biens personnels, ou que les parens sont remariés.

L'expérience n'a que trop prouvé que les secondes noces sont ordinairement funestes aux enfans d'un premier mariage. La loi ne suppose plus alors au père la même tendresse ni la même impartialité pour ses enfans d'un premier mariage. Quand même, dans ce cas, l'enfant dont il requerrait l'arrestation serait âgé de moins de seize ans, le père serait toujours tenu de se conformer à l'article 371-377; c'est-à-dire que l'ordre d'arrestation ne serait alors délivré qu'après le plus sérieux examen avec le commissaire du gouvernement;

et que le président ne serait pas forcé à le délivrer, qu'il pourrait même abréger la durée de sa détention.

381 La mère survivante et non remariée ne peut faire détenir un enfant qu'avec le concours des deux plus proches parens paternels, et par voie de réquisition, conformément à l'article 371-377.

Le législateur semble n'avoir, dans cet article, multiplié les précautions et les garanties pour les enfans que pour donner un soutien à la faiblesse, ou plutôt pour ne pas laisser peser sur une mère toute la responsabilité d'une mesure de rigueur.

382 Si l'enfant a des biens personnels, ou s'il exerce un état, sa détention doit être délibérée avec plus de formalités. Les dispositions de l'article 371-377 sont renouvelées. Après mûre délibération, l'arrestation peut être refusée ou abrégée. Les motifs de cette précaution de la loi se manifestent par eux-mêmes : un mauvais père, un dissipateur, pourrait souvent chercher à dépouiller son fils, ou lui faire même acheter sa liberté par des sacrifices.

ib. Tel est, tribuns, le système et l'ensemble des dispositions de la loi qui vous est soumise. Mais son objet ne serait pas entièrement rempli, si elle n'avait pas pourvu au moyen de réparer quelques injustices, les surprises même qui pourraient être faites aux présidens des tribunaux de première instance. L'article 376-382 veut que, dans ce cas, l'enfant détenu puisse adresser un mémoire au commissaire du gouvernement près le tribunal d'appel ; celui-ci, après s'être fait rendre compte par celui de première instance, doit en faire le rapport au président du tribunal d'appel, qui, après en avoir donné avis au père, et pris tous les renseignemens, peut révoquer ou modifier l'ordre délivré par le président du tribunal de première instance. La commission avait observé sur cet article que le recours du fils au commissaire près le tribunal d'appel ne serait pas sans inconvéniens ; que ce recours, pour être utile, devait amener une discussion en connaissance de cause, et que dès lors on retombait dans les inconvéniens que les précédens articles avaient voulu prévenir.

Mais on répond à cette objection en observant que ces craintes disparaissent lorsqu'il est clairement exprimé que tout doit être traité, en cas de pourvoi, comme devant le président et le commissaire de première instance, c'est-à-dire secrètement; que le pourvoi ne suspend pas l'ordre d'arrestation, et que cette disposition de la loi prévient et paralyse toutes les surprises, toutes les intrigues des localités, et empêche qu'elle puisse jamais être un moyen de despotisme entre les mains des pères ou mères contre leurs enfans.

L'article 377-383 introduit un droit nouveau en assimilant, quant aux moyens de correction, les enfans naturels légalement reconnus aux enfans légitimes, puisqu'il leur applique les dispositions des articles 370, 371, 372 et 373-376, 377, 378 et 379. 383

Vous ne serez pas alarmés de cette innovation, tribuns; elle est puisée dans la nature. Si elle ne se trouve pas dans notre législation actuelle, c'est parce que, dans le droit romain, l'adoption ou la légitimation, qui pouvaient seules donner aux pères la puissance paternelle, toute de droit civil, est une conséquence forcée de notre nouvelle législation sur ces enfans naturels, qui a étendu leurs droits et amélioré leur sort.

Déjà, dans le titre *du Mariage*, vous avez exigé, pour l'enfant naturel qui se marie, le consentement de ses père et mère naturels qui l'auront reconnu légalement. Pourquoi, lorsque la loi a voulu que des enfans malheureux, abandonnés, pussent retrouver un père qui les avoue, refuserait-elle aux parens tous les moyens de faire respecter une autorité que nous reconnaissons être en grande partie fondée sur la nature?

Après avoir constitué la puissance paternelle, établi les devoirs des enfans et les obligations des parens, le législateur fixe les droits des pères et mères sur les biens de leurs 384-387 enfans pendant leur minorité, et établit en cela un droit nouveau, tant pour les pays de droit écrit que pour les pays coutumiers.

Le père, durant le mariage, porte l'article 378-384, et, après la dissolution du mariage, les survivans des père et mère, auront la jouissance des biens de leurs enfans, jusqu'à l'âge de dix-huit ans accomplis ou jusqu'à l'émancipation, qui pourrait avoir lieu avant l'âge de dix-huit ans, avec cette restriction de l'article 381-387, que cette jouissance ne doit pas s'étendre aux biens que les enfans pourront acquérir par un travail et une industrie séparés, ni à ceux qui leur seront donnés ou légués sous la condition expresse que les père et mère n'en jouiront pas.

Ces deux articles établissent une différence entre le maintien de la puissance paternelle jusqu'à l'âge de vingt-un ans et les droits d'usufruit sur les biens de leurs enfans, dont ils ne peuvent jouir que jusqu'à l'âge de dix-huit ans, sauf l'émancipation pour les deux cas.

L'intérêt seul des enfans a déterminé cette distinction : ils peuvent, à cet âge, administrer leurs biens par eux-mêmes. Tel mariage, tel établissement pourrait se présenter, que leur bonheur ou leur fortune en dépendrait ; la loi n'a pas voulu que, par l'appât de la conservation de cet usufruit, le père pût être induit à ne pas consentir au mariage ou à l'émancipation de son fils.

384   Vous applaudirez, tribuns, à la disposition de l'article 378-384, qui associe les mères à la jouissance de cet usufruit si elles survivent à la dissolution du mariage. Le législateur répare, par cet article, comme l'observe l'orateur du gouvernement, l'injustice de plusieurs siècles, et fait, pour ainsi dire, entrer pour la première fois la mère dans la famille, et la rétablit dans le droit imprescriptible qu'elle tenait de la nature. Jamais un plus grand acte de justice.

386   L'article 380-386 fait cesser cette jouissance pour celui des père et mère contre lequel le divorce aurait été prononcé, et

même dans le cas d'un second mariage : celui des deux époux qui se sépare de la famille, ou qui brise les nœuds les plus sacrés, pourrait-il y être compté encore et en conserver les droits?

La section de législation m'a chargé de vous proposer l'adoption de ce projet de loi.

Le Tribunat vota l'adoption du projet dans sa séance du lendemain, et désigna MM. Albisson, Vesin et Sahuc, pour porter son vœu au Corps législatif.

DISCUSSION DEVANT LE CORPS LÉGISLATIF.

DISCOURS PRONONCÉ PAR LE TRIBUN ALBISSON.

(Séance du 3 germinal an XI. — 24 mars 1803.)

Législateurs, le projet d'un *Code civil* uniforme dans toute l'étendue de la France, conçu depuis long-temps par tout ce que la science des lois et le patriotisme ont produit parmi nous de juriconsultes et de magistrats distingués; solennellement annoncé par la première de nos assemblées représentatives ; négligé d'abord, contrarié ensuite dans tous les sens avec un acharnement déplorable, pendant les orages de la révolution, par les ennemis de tout ordre et de toute raison; soutenu, malgré cette foule de contrariétés et de dégoûts ; entrepris et suivi jusqu'au bout avec un courage et une patience inépuisables par celui de nos concitoyens que la reconnaissance nationale a fait asseoir depuis au timon de l'État à côté du sauveur de la République : ce projet, grâce à l'infatigable sollicitude d'un gouvernement éclairé et fort de ses intentions et de la confiance publique, au zèle et à l'activité de ses coopérateurs constitutionnels dans la formation de la loi ; ce projet marche rapidement vers le but qu'il doit atteindre ; et chaque jour, épurant ou sanctionnant le travail de celui qui l'a précédé, prépare à celui qui doit le suivre de nouveaux objets de méditations, de nouveaux motifs de détermination, et la jouissance d'un nouveau bienfait.

Déjà, législateurs, vous avez consacré les maximes fondamentales de toute bonne législation, relativement à la publication, aux effets et à l'application des lois en général; maximes qui, sans appartenir spécialement au *Code civil*, ont dû néanmoins trouver leur place en tête de ce Code qui, *plus que tout autre*, comme vous disait à cette occasion un orateur du gouvernement, *embrasse l'universalité des choses et des personnes.*

Passant de là au *Code civil* proprement dit, vous avez successivement imprimé le caractère de la loi aux vues soumises à votre sagesse, concernant la jouissance et la privation des *droits civils;* la forme et la conservation des actes destinés à constater l'*état civil* des individus; la détermination des signes, quelquefois équivoques, du vrai *domicile;* les caractères que doit avoir l'absence pour appeler la surveillance de la loi sur les biens et les droits des *absens :* tous objets également intéressans pour la facilité et la sûreté des transactions privées et pour le maintien de l'ordre social.

Vous avez ensuite constitué la famille, élément primitif et nécessaire de toute société civile, en sanctionnant les règles relatives à la formation du *mariage,* aux obligations résultant de ce lien sacré, à sa dissolution, aux signes civils de la *paternité légale,* aux preuves de la *filiation légitime,* à la législation de la *paternité* et de la *filiation* purement *naturelles.*

La famille ainsi constituée, il reste à compléter son organisation par la circonscription juste et exacte de l'étendue, de la durée et des limites de la *puissance paternelle.*

Tel est, législateurs, le sujet sur lequel vous avez à délibérer aujourd'hui, et qui fait la matière d'un projet de loi que le Tribunat a accueilli par un vote d'adoption dont nous sommes chargés de vous exposer les motifs.

L'autorité des pères et des mères sur leurs enfans, que le conflit des lois et l'insouciance du pouvoir législatif minaient depuis des siècles, dont la décadence progressive des mœurs précipitait sensiblement la ruine, et que l'esprit révolutionnaire d'insubordination et d'indépendance avait déjà marquée du sceau de la proscription, cette autorité a sa racine dans le cœur même de l'homme et dans sa destination à l'état de société.

Si le pur état de nature avait jamais pu exister, les fruits d'une conjonction fortuite et passagère, inconnus de leur père, que nulle affection morale, nul besoin n'auraient retenu auprès de leur mère après l'extinction du désir qui l'avait attiré; abandonnés de celle-ci, sinon d'abord après sa délivrance, du moins dès qu'ils auraient pu se passer d'elle; moment qui, probablement, aurait été peu éloigné dans l'état supposé; ces êtres, étrangers les uns aux autres, n'auraient jamais connu entre eux, ni avec les auteurs de leurs jours, aucun rapport de parenté ni de subordination.

Je ne m'occuperai donc pas de cet état, qui n'est qu'une pure abstraction, et dont l'existence possible est un problème, même pour l'écrivain de nos jours, bien cher d'ailleurs aux âmes sensibles, qui l'a assez préconisé pour en faire la base, ou tout au moins la première donnée d'un système sur l'échelle sociale.

L'homme est, par nature, un être sociable. Il n'a jamais existé qu'en société mieux ou moins bien organisée, et toute société se compose nécessairement d'une agrégation de familles.

Mais toute famille est une petite république, dont le père et la mère sont les chefs naturels. Là, les enfans trouvent dès leur naissance tous les secours, tous les soins, toutes les attentions dont un être faible et incapable de rien faire par lui-même a besoin pour subsister et croître. Là, sous les yeux et la direction de la tendresse et de la prévoyance, son intelligence se développe, le cercle de ses connaissances s'agrandit, ses affections sympathiques germent et se reproduisent au-dehors, son cœur s'ouvre à l'amour et à la reconnaissance, et le lien moral de la parenté se forme.

L'adolescence appelle une autre sorte de sollicitude. Il faut lutter avec des passions naissantes, non dans la vue de les étouffer, ce qui est hors de toute puissance humaine, mais pour leur donner une direction noble et utile.

Les pères et mères y doivent naturellement tous leurs soins ; et leur propre intérêt les leur rendra précieux, s'ils pensent que de cette direction, bonne ou mauvaise, dépendra infailliblement le bonheur ou le malheur de leur vie entière ; que, vertueux et utile à sa patrie, l'homme qu'ils sont chargés de former honorera leurs cheveux blancs ; que, vicieux et fardeau honteux de la société, il en sera l'opprobre.

C'est donc la nature elle-même qui a posé les fondemens de ce que nous appelons le pouvoir des pères et mères sur leurs enfans. Or, leur intérêt étant égal et leur obligation solidaire, les peines, les soins, la sollicitude se partageant également entre eux, ce pouvoir ne devrait-il pas leur appartenir concurremment et sans prérogative de part ni d'autre ? La raison dicte qu'un tel partage ne saurait subsister sans détruire le pouvoir ; et la nature a résolu la question en donnant à l'homme des moyens de supériorité et de prééminence qui ne peuvent lui être contestés. Ainsi, c'est au mari, comme chef de la société conjugale, que la puissance sur les enfans doit appartenir pendant la durée de la société, pour passer ensuite à la femme après sa dissolution.

J'ai dit ce que nous appelons le pouvoir ; car il faut remarquer que l'autorité des pères et des mères sur leurs enfans n'ayant directement d'autre cause ni d'autre but que l'intérêt de ceux-ci, n'est pas, à proprement parler, un droit, mais seulement un moyen de remplir dans toute son étendue et sans obstacle un devoir indispensable et sacré. Il est seulement vrai que ce devoir, une fois rempli, donne aux pères et mères un véritable droit, le droit légal d'exiger de leurs enfans, pendant tout le temps de leur vie, du respect et des secours.

C'est d'après ces principes, avoués par la nature et la raison, qu'il faut juger de la nécessité d'une réforme dans notre législation antérieure touchant l'étendue et la durée de la puissance paternelle.

Jusqu'ici, rien de plus incohérent et de plus contradictoire que cette législation. Il suffit, pour s'en convaincre, de jeter un coup-d'œil rapide sur l'histoire du pouvoir paternel chez les peuples dont la législation a influé plus ou moins sur la nôtre, et chez nous-mêmes, à compter de l'époque de l'anarchie féodale ; histoire qui n'est guère, jusqu'à ce jour, que celle de ses excès, de ses bizarreries ou de sa nullité.

Chez les Gaulois nos ancêtres, les pères, au rapport de César, avaient droit de vie et de mort sur leurs enfans.

Chez les Romains, qui les subjuguèrent, et dont les lois ont régi jusqu'à présent une grande partie de la France, les pères, dont la puissance ne finissait de leur gré qu'avec leur vie, pouvaient impunément et de leur seule volonté, dans le premier état de leur législation, charger leurs enfans de fers, les condamner pour leur vie aux travaux rustiques, et les mettre à mort. Nulle autre puissance ne contrebalançait un si énorme pouvoir, et nulle dignité ne pouvait en affranchir.

Ils avaient le droit de les vendre jusqu'à trois fois. La liberté que ces enfans pouvaient obtenir de leurs deux premiers maîtres les remettait au pouvoir de leur père. Un troisième affranchissement pouvait seul la leur rendre entière, et les soustraire au joug paternel. Liberté, propriété, sûreté, ces droits imprescriptibles de l'homme social étaient nuls pour les enfans en puissance, et pour leur entière descendance, jusqu'au dernier terme de sa durée ; et, comme ce terme n'était autre que celui de la vie du chef de la famille, il n'était pas rare de voir plusieurs générations gémir à la fois sous l'empire d'un aïeul commun, dont ils pouvaient être tentés de déplorer la longévité.

Les conséquences d'une telle législation étaient, dans certains cas, fort bizarres. Pour n'en citer qu'un exemple, quoi de plus étrange que le pouvoir qu'elle laissait au père d'enlever à son fils jusqu'à l'espérance d'avoir jamais sur ses enfans ni sur aucun de ses descendans la puissance à laquelle il le tenait soumis lui-même? Il lui suffisait pour cela d'émanciper son fils déjà marié et ayant des enfans, ou d'émanciper ses petits-enfans, en le retenant lui sous sa puissance.

Je passe sur les autres effets de la puissance paternelle, telle que les premières lois de Rome l'avaient établie, sur les restrictions et les adoucissemens que quelques-uns ont reçus des lois postérieures. Le dernier état de cette puissance, dans les pays appelés de *droit écrit*, vous a été exposé par l'orateur du gouvernement avec tant de fidélité, de précision et d'intérêt, qu'il y aurait de la témérité à se flatter de vous en présenter avec succès un second tableau.

Dans les pays appelés *coutumiers*, presque autant de divagations et de contrariétés que de coutumes différentes sur un point aussi important que celui de l'autorité des parens sur leurs enfans; et comment aurait-on obtenu à cet égard quelque chose de cohérent et de coordonné du bouleversement que firent dans les droits des individus et dans la consistance des familles ces siècles de barbarie où la violence féodale, imposant silence aux lois et à la raison, et méconnaissant tout autre droit que celui du plus fort, asservit les corps et les esprits sous le despotisme avilissant du caprice et des volontés arbitraires du moindre châtelain qui pouvait compter quelques centaines d'hommes sur son territoire usurpé, et les ranger sous sa bannière?

Quelles lumières attendre des débris d'un tel désordre? C'est pourtant de ces débris que se formèrent les premières compilations de la plupart des coutumes que l'habitude rendit ensuite assez tolérables pour donner prise à la ténacité, et lui fournir les moyens de résister, à beaucoup d'égards, à la sagesse de leurs réformateurs.

Si quelques-unes ont obtenu et mérité une réputation honorable, elles la doivent, ou aux lumières qu'elles empruntèrent de leur voisinage avec les provinces qui avaient conservé l'usage du droit romain, ou à la résistance que l'énergie et le courage opposèrent dans leur territoire à l'invasion désastreuse du régime féodal.

Mais, dans leur généralité, le pouvoir paternel avait été assez méconnu pour autoriser *Loisel* à mettre en principe dans ses Institutes coutumières, que *droit de puissance paternelle n'a lieu*.

C'est dans cet état de législation que le gouvernement a proposé le projet de loi dont il est temps de m'occuper.

« L'enfant à tout âge, dit le premier article, doit honneur 371 « et respect à ses père et mère. »

Ce n'est là, au premier aperçu, qu'un précepte de morale ; mais au sortir de la tourmente qui a tant bouleversé de têtes, tant menacé d'une subversion totale toute idée de subordination et de révérence filiale, ce précepte devait précéder des dispositions toutes relatives à une autorité temporaire, pour rappeler sans cesse aux enfans que, si la loi les affranchit, à des époques fixes de leur âge, de l'autorité de leurs parens, il n'est point de moment de leur vie, point de circonstance, point de situation où ils ne leur doivent honneur et respect. On a d'ailleurs sagement remarqué que ce précepte, placé en tête de la loi, *deviendra pour les juges un point d'appui en beaucoup d'occasions*, telles, par exemple, que des contestations d'intérêt entre des enfans et leurs parens, où ceux-là passant, dans leurs moyens d'attaque ou de défense, les bornes que le respect doit leur prescrire, se mettraient dans le cas d'y être ramenés par des admonitions ou des actes d'animadversion plus ou moins sévères, selon la nature de leur offense.

Les dispositions législatives qui suivent ce précepte de morale respirent toutes l'esprit de prévoyance, de sagesse et d'intérêt, qui devait présider à l'importante réforme qu'elles devaient opérer.

Il s'agissait d'établir le pouvoir des pères et des mères sur des bases avouées par la nature, la raison et l'intérêt social. Il fallait donc que la loi le réglât de manière que son ressort ne fût ni trop tendu ni trop relâché ; qu'elle prît pour cela un juste milieu entre le despotisme des uns et la licence des autres ; qu'elle fixât sa durée et ses limites par une juste application de son principe fondamental, qui n'est autre, je ne saurais trop le répéter, que l'intérêt des enfans et celui de la société.

Une simple lecture de ses dispositions suffit pour convaincre de leur sagesse et de leur fidélité aux principes conservateurs de la vraie magistrature domestique.

L'enfant reste sous l'autorité de ses père et mère jusqu'à sa majorité ou son émancipation.

L'époque de la maturité de sa raison est réglée par l'autorité de la loi, ou déclarée par le jugement de son père : il est donc juste, il importe à la société qu'il puisse, à cette époque, se conduire lui-même et pourvoir à ses intérêts.

« Les liens de la sujétion des enfans, dit *Locke*, sont sem-
« blables à leurs langes et à leurs premiers habillemens. L'âge
« et la raison les délivrent de ces liens, et les mettent dans
« leur propre et libre disposition (a). »

373   Les effets de cette autorité, qui est commune au père et à la mère, mais que la loi confie exclusivement au père durant le mariage, s'étendent à la personne et aux biens de l'enfant.

374   Celui-ci ne peut quitter la maison de son père sans son consentement : un seul cas peut l'y autoriser ; c'est celui où, se sentant pressé du désir de servir sa patrie, et de marcher sur les traces des héros à qui la République est redevable de sa stabilité et du rang glorieux qu'elle tient parmi les puissances

_____

(a) *Du gouvernement civil.*

de l'Europe, il s'enrôle volontairement sous ses drapeaux signalés par tant de victoires. Mais, dans ce cas même, la loi toujours sage ne le lui permet qu'à une époque qui la rassure contre l'explosion d'une effervescence juvénile ; et si elle l'émancipe pour ce seul acte, ce n'est qu'à l'âge où un conseil de famille aurait pu le faire, et trois ans après celui où ses propres parens auraient pu l'émanciper.

Toute puissance directrice ou régulatrice suppose l'attribution d'une force coërcitive quelconque. 375

La loi donne au père *qui aura des sujets de mécontentement très-graves sur la conduite de son enfant* des moyens de correction gradués sur l'âge plus ou moins avancé de l'enfant, et sur la présomption plus ou moins fondée de l'impartialité et du désintéressement du père. Elle prend en même temps toutes les précautions qu'a pu lui inspirer la conservation de la vie et de la réputation de l'enfant, qui ne doit recevoir aucune atteinte de l'exercice passager d'une correction domestique. Elle ouvre en même temps à l'enfant une voie de réclamation contre une rigueur dont il pourrait montrer l'injustice.

Si l'enfant a moins de seize ans *commencés*, le père peut, par le seul effet de sa volonté, le faire détenir pendant un mois au plus ; et le président du tribunal d'arrondissement doit sur sa demande délivrer l'ordre de son arrestation. 376

Depuis quinze ans et un jour jusqu'à la majorité ou l'émancipation, le père peut seulement requérir sa détention pendant six mois au plus ; et le juge, après en avoir conféré avec le commissaire du gouvernement, peut refuser de déférer à sa réquisition, ou abréger la durée de la détention requise. Mais, dans aucun cas, nulle écriture ni formalité judiciaire autre que l'ordre d'arrestation, qui ne doit pas même énoncer de motifs, ne conservera le souvenir de la correction jugée nécessaire. 377 378

Le père sera cependant tenu de souscrire une soumission de payer tous les frais, et de fournir les alimens convenables.

380   S'il est remarié, il n'a pas le droit de faire détenir, par le seul effet de sa volonté, son fils du premier lit, fût-il âgé de moins de seize ans commencés. La loi ne lui laisse plus, dans ce cas, que le droit de réquisition.

382   Même restriction si l'enfant a des biens personnels, uo s'il exerce déjà un état.

381   La mère veuve et non remariée n'a également que le droit de réquisition, et ne peut même l'exercer qu'avec le concours des deux plus proches parens paternels.

382   Dans tous les cas, l'enfant détenu peut réclamer, par un mémoire adressé au commissaire du gouvernement près le tribunal d'appel, la justice du président de ce tribunal contre l'ordre de son arrestation ; et ce magistrat peut le rétracter ou le modifier, après en avoir donné avis au père, et recueilli tous les renseignemens propres à éclairer sa religion.

383   Quatre de ces dispositions, clairement désignées dans le projet, sont communes aux pères et mères des enfans naturels légalement reconnus.

384   Après avoir ainsi réglé les droits des parens sur la personne de leurs enfans, le projet passe aux droits qu'il a paru juste et convenable de leur attribuer sur leurs biens.

   Le père, durant le mariage, et, après sa dissolution, le survivant des père et mère, auront la jouissance des biens de leurs enfans jusqu'à l'âge de dix-huit ans accomplis, ou jusqu'à l'émancipation, qui pourrait avoir lieu avant cet âge, sous les charges spécifiées dans le projet.

386   Mais cette jouissance est refusée à celui des père et mère contre lequel le divorce aurait été prononcé, et elle cesse à l'égard de la mère, dans le cas d'un second mariage ; dispositions pleines de moralité et de prévoyance.

387   Enfin, l'encouragement dû au travail et à l'industrie, et le respect pour les volontés raisonnables consignées dans un acte de libéralité, exigeaient que cette jouissance ne s'étendît pas aux biens que les enfans pourraient acquérir par un travail et une industrie séparés, ni à ceux qui leur seront don-

nés ou légués, sous la condition expresse que leurs père et mère n'en jouiront pas : et le projet en a fait une dernière disposition formelle.

Tel est, législateurs, le projet de loi que le Tribunat a accueilli par un vote d'adoption, et tels sont les motifs qui ont déterminé ce vote que nous venons, en son nom, mes collègues Vesin, Sahuc et moi, vous proposer de sanctionner par vos suffrages.

Le Corps législatif rendit son décret d'adoption dans la même séance, et la promulgation eut lieu le 13 germinal an XI (3 avril 1803).

TITRE DIXIÈME.

De la Minorité, de la Tutelle et de l'Émancipation.

DISCUSSION DU CONSEIL D'ÉTAT.

(Procès-verbal de la séance du 26 frimaire an X. — 17 décembre 1801.)

M. Berlier présente le projet de loi *sur la minorité, la tutelle et l'émancipation.*

Le chapitre 1er, intitulé *des Mineurs*, est soumis à la discussion.

Il est ainsi conçu :

388   Art. 1er. « Le mineur est l'individu de l'un ou de l'autre « sexe qui n'a point encore atteint l'âge de vingt-un ans ac-« complis. »

ap. 388   Art. 2. « Jusqu'à l'âge de dix-huit ans accomplis, le mi-« neur, considéré comme absolument incapable de se con-« duire lui-même et de régir ses biens, est placé sous la di-« rection d'un tuteur. »

Art. 3. « A dix-huit ans accomplis, le mineur peut obtenir « par l'émancipation l'administration de ses biens; il ne peut « agir pour le surplus qu'avec l'assistance d'un curateur. »

388 et ap.   Le Consul Cambacérès dit que la première question à examiner est celle de savoir à quel âge la majorité sera acquise.

M. Defermon dit que, dans tous les temps, la majorité a été fixée à vingt-cinq ans.

M. Berlier répond que, d'une part, le projet de loi relatif aux actes de l'état civil, actuellement soumis à la discussion devant le Corps législatif, renferme plusieurs dispositions qui supposent la majorité acquise à vingt-un ans, qu'ainsi la critique est tardive.

Qu'en second lieu, malgré l'empire des anciennes habitudes, aucun des tribunaux consultés n'a réclamé contre la nouvelle fixation, introduite d'ailleurs par la loi du 29 septembre 1792, et pratiquée depuis.

Qu'enfin il a bien fallu faire coïncider la majorité civile avec la majorité politique, que la Constitution fixe à vingt-un ans.

LE CONSUL CAMBACÉRÈS dit qu'il ne revient point sur la fixation de l'âge de majorité, puisque la Constitution paraît l'avoir adoptée; mais qu'il croit devoir s'arrêter sur l'article 2. Il résulte de cet article que le terme de la pupillarité est marqué à dix-huit ans, comme il l'était dans les pays coutumiers, et non à quatorze comme dans les pays de droit écrit : or, il n'y a plus, entre l'âge de vingt-un ans et celui de dix-huit, la proportion qui existait entre ce dernier et celui de vingt-cinq. Ensuite l'article semble ne point faire de distinction entre les mineurs quels qu'ils soient et les majeurs, et supposer que les premiers sont toujours sous la direction d'un tuteur. Cependant cette disposition ne pourrait être appliquée aux mineurs fils de famille; car le père est plus qu'un tuteur; il gouverne son fils en vertu de la puissance paternelle, et sans qu'il soit besoin de lui déférer la tutelle.

M. TRONCHET répond qu'on ne considère comme mineur que celui qui n'est plus sous la puissance paternelle; car un tuteur est inutile à l'enfant que régit encore cette puissance.

M. BERLIER dit que la suite du projet établit suffisamment la distinction réclamée par le Consul *Cambacérès*.

M. REGNAUD (de Saint-Jean-d'Angely) dit que, dans le projet du Code civil, on avait distingué plusieurs espèces de tutelles, et que de ce nombre était la tutelle accordée au père; que l'article semble revenir à cette idée : en ne faisant aucune distinction entre les mineurs, il paraît avoir en vue de déterminer comment la puissance paternelle se concilie avec la tutelle.

M. PORTALIS dit que, quand le père est mort, la mère peut être tutrice; mais que, quand c'est la mère qui est morte, la situation de l'enfant ne change pas, parce qu'il demeure, comme auparavant, sous la direction de son père.

M. Regnaud (de Saint-Jean-d'Angely) pense que le projet, au lieu de définir d'abord les mineurs, devrait définir d'abord les tutelles, décider en quel cas elles ont lieu, et exclure le cas où le mineur est sous la puissance de son père.

M. Tronchet dit qu'il ne peut pas y avoir d'équivoque, puisque la loi placée après celle sur la puissance paternelle porte pour titre : *de la Minorité, de la Tutelle et de l'Emancipation.*

Au reste, il y a quelque différence entre l'état du père, suivant que la mère est morte ou vivante. Dans ce dernier cas, l'autorité du père s'étend sur toute la famille ; dans le premier, la tutelle peut lui être refusée. Le père père et le père tuteur ne sont pas la même chose.

Le Consul Cambacérès dit que ces explications lèvent toute difficulté ; mais que la rédaction ne présente pas l'idée qu'on vient d'énoncer, et qu'il convient de la rendre assez claire pour prévenir les doutes.

M. Portalis demande la suppression de l'article 2 et de l'article 3, parce que leurs dispositions se trouvent répétées ailleurs.

L'article 1er est adopté.

L'article 2 et l'article 3 sont retranchés.

Le chapitre II intitulé *de la Tutelle* est soumis à la discussion.

La section 1re *de la Tutelle des père et mère* est ainsi conçue :

390   Art. 4. « Après la dissolution du mariage arrivée par le « décès de l'un des époux, la tutelle des enfans mineurs et « non émancipés appartient de plein droit au survivant des « père et mère. »

ap. 390   Art. 5. « La mère tutrice gagnera les fruits de la même « manière que le père, et sous les seules exceptions expliquées « au titre *de la Puissance paternelle.* »

Art. 6. « Le père tuteur et la mère tutrice sont tenus de Ib.
« faire procéder à un inventaire, à moins qu'il n'y ait excep-
« tion à ce sujet, portée, soit au contrat de mariage, soit au
« testament dont, en ce cas, les dispositions seront suivies.

« Ils doivent faire procéder par un conseil de famille com-
« posé, comme il sera dit ci-après, à la nomination d'un su-
« brogé tuteur. »

Art. 7. « Si lors du décès du mari la femme reste sans en- 39?
« fans, mais enceinte, il sera nommé un curateur à l'enfant
« à naître.

« A la naissance de cet enfant, la mère en deviendra tu-
« trice ; et le curateur en sera de plein droit le subrogé
« tuteur. »

Art. 8. « Il n'y aura pas lieu à cette création de curatelle ap. 393
« quand il existera d'autres enfans : le subrogé tuteur agira,
« s'il y a lieu, pour les enfans nés et à naître. »

Art. 9. « La mère n'est point tenue d'accepter la tutelle ; 394
« néanmoins, et en cas qu'elle la refuse, elle devra en rem-
« plir les devoirs jusqu'à ce qu'elle ait fait nommer un
« tuteur. »

L'article 4 est soumis à la discussion. 390

LE CONSUL CAMBACÉRÈS dit qu'il n'est peut-être pas prudent
de déférer indistinctement et de plein droit la tutelle à la
mère survivante : elle peut être encore trop jeune et trop
inexpérimentée pour exercer une semblable charge ; elle peut
même être mineure. Il faudrait du moins l'obliger à n'agir
qu'avec l'assistance d'un conseil de famille.

M. TRONCHET dit qu'à défaut du père, la mère est la personne la plus affectionnée de toutes celles qui peuvent prendre soin du mineur. On lui défère la tutelle par honneur ;
mais on ne l'oblige pas à l'accepter lorsqu'elle trouve cette
charge au-dessus de ses forces. En second lieu, il y a des cas
spécifiés dans la suite du projet où la tutelle est refusée à la
mère et même au père. Enfin la loi suppose qu'il y aura toujours un conseil de famille.

Le Consul Cambacérès dit que le projet, en appelant in-distinctement à la tutelle le survivant du père et de la mère, refuse au père le droit de déférer la tutelle à la mère par son testament; car il suppose que la mère devient tutrice de plein droit. Cependant beaucoup de femmes n'ont ni assez de connaissances ni assez de caractère pour bien administrer une famille. Elles sont très-propres à soigner l'éducation de leurs enfans; il est donc juste de la leur laisser; il l'est également d'exiger que les enfans ne puissent se marier sans le consentement de leur mère; mais l'administration des biens ne doit être déférée à la femme survivante que par un conseil de famille ou par le testament du père, auquel il faut même permettre de l'exclure.

M. Tronchet dit que l'opinion du Consul *Cambacérès* a deux parties.

La question de savoir si le père doit avoir le droit d'exclure la mère appartient à la section II.

La question de savoir si la mère doit être admise à la tutelle par un conseil de famille est décidée par le vœu de la nature qui appelle la mère de préférence à tous autres parens.

On objecte la faiblesse de son sexe; mais il y a beaucoup de femmes capables de bien administrer un patrimoine, et qui le gouvernent d'autant mieux, qu'elles se défient assez de leurs lumières pour recourir aux conseils d'hommes sages. On verra même dans la suite que, dans les cas importans, le tuteur doit recourir au conseil de famille. Ainsi la mère tutrice trouverait auprès d'elle un secours nécessaire et forcé.

Quant à la minorité de la mère, ce ne serait qu'une exception à la règle générale.

M. Berlier dit que la disposition qu'on discute se lie essentiellement avec la proposition comprise au projet de loi relatif à la *puissance paternelle*, de faire jouir la mère en cas de viduité des fruits provenant des biens de son enfant mineur; et l'embarras actuel naît de ce que cette proposition a été ajournée.

En effet, la suppose-t-on adoptée, comme M. *Berlier* croit qu'elle doit l'être ? les difficultés relatives à la tutelle s'évanouiraient. La mère faisant, dans cette hypothèse, *les fruits siens* comme *mère*, l'on conçoit que, sous le rapport des revenus qui lui seraient *personnellement* attribués, il n'y aurait plus à argumenter, dans l'intérêt du mineur, du plus ou moins d'aptitude de la *tutrice*.

A l'égard des capitaux, il est certain qu'elle ne pourrait y toucher que dans les cas et les formes prévus par la loi ; et sous ce rapport encore nul inconvénient pour le mineur : la loi veille pour lui, ce qui serait fait en contravention serait nul de plein droit.

Ces inconvéniens écartés, reste toute la force due à la qualité de mère ; et c'est ce qu'a déterminé l'avis de la section.

M. *Berlier* avoue, au surplus, que la solution dépend beaucoup de celle de savoir si, hors le cas du convol, la mère fera les fruits siens, ainsi que cela était proposé par le projet ajourné.

LE CONSUL CAMBACÉRÈS pense que, par le droit commun, toute femme est présumée avoir besoin d'un tuteur, et que la mère ne peut être admise à la tutelle que par exception. Mais, continue le Consul, comment adopter un article qui exige tant d'exceptions et tant d'explications? Il y aurait bien moins de difficulté à permettre au père d'exclure sa femme de la tutelle : il peut, mieux qu'un autre, juger si elle a la capacité nécessaire.

Ce qu'on a dit de l'usufruit accordé à la mère tient au système général de l'administration des biens du pupille. Le Consul combat ce système : son opinion est que la mère ne doit pas avoir la jouissance des biens qui appartiennent au pupille du côté paternel. Il est préférable de régler les dépenses du mineur, et de placer les économies qu'on peut faire sur ses revenus. Ce serait le réduire à une condition trop dure que de l'abandonner à la discrétion de la mère, lorsqu'il est parvenu à un âge voisin de la majorité. Au reste, dans tous les temps, la mauvaise administration des tutrices a fait naître une foule de procès. L'inconvénient serait encore bien plus grand aujourd'hui que les mœurs ont perdu de leur gravité. Il convient donc de se rapprocher des lois romaines, et de faire une distinction entre le père et la mère par rapport à la tutelle.

M. MALEVILLE propose de déclarer que la mère devient tutrice de plein droit, toutes les fois qu'elle n'est exclue ni par le testament du père ni par le conseil de famille; mais que, dans le cas de l'exclusion, elle perd l'usufruit des biens de ses enfans.

M. REGNAUD (de Saint-Jean-d'Angely) dit qu'il faut avant tout décider si la mère aura l'usufruit des biens de ses enfans mineurs, parce que le tuteur n'opérant par lui-même que sur les revenus du pupille, la difficulté tombe s'ils appartiennent à la mère.

Quant à l'exception proposée, on pourrait l'adopter en ce sens que la mère serait exclue par la nomination que ferait le père d'un autre tuteur. On pourrait aussi autoriser le subrogé tuteur a provoquer son exclusion, et, dans tous les cas, l'entourer d'un conseil de famille. Enfin il importe de décider si la mère mineure pourra être tutrice; car l'article 44 du projet paraît le supposer.

L'opinant demande que ces diverses questions soient examinées.

M. TRONCHET dit que la première question à examiner est celle de savoir si la mère aura l'usufruit des biens.

Il pense qu'il est aussi juste de le lui accorder sur les biens laissés par le père, que de l'accorder au père sur les biens laissés par elle.

LE CONSUL CAMBACÉRÈS dit que, d'abord, il est dans son opinion d'autoriser la femme à ôter à son mari l'usufruit de ceux de ses biens qui n'auraient pas fait partie de leur communauté. Ceci posé, il serait très-extraordinaire qu'un fils fût privé jusqu'à vingt-un ans des biens que son père lui a laissés, et réduit quelquefois à voir ses revenus alimenter l'inconduite de sa mère.

M. Tronchet répond que les mêmes motifs devraient aussi faire refuser au père l'usufruit des biens de la mère.

Le Consul Cambacérès répond que la distinction qu'il fait entre le père et la mère vient de ce qu'il n'admet de puissance que dans ce dernier.

M. Tronchet dit que l'usufruit des biens des enfans mineurs est accordé, pendant le mariage, au père et à la mère conjointement, comme une récompense de leurs soins; que le même motif de reconnaissance subsiste après le mariage, et ne permet pas de faire de distinction entre eux. S'ils abusaient de ces avantages, il faudrait que le conseil de famille fût admis à réclamer au nom et pour l'intérêt du mineur.

M. Berlier ajoute aux motifs déduits par M. *Tronchet*, qu'il en est un autre puisé dans l'intérêt des mœurs. N'est-il pas en effet contre l'honnêteté publique que le premier acte qui signale l'entrée d'un enfant dans la carrière civile soit une discussion d'intérêts pécuniaires entre lui et l'auteur de ses jours? Faut-il qu'entre personnes aussi étroitement liées un compte de revenus devienne souvent la cause d'un procès?

Si la mère, continue l'opinant, est tenue de suppléer aux revenus de son enfant en cas d'insuffisance, pourquoi ne profiterait-elle pas de l'excédant, s'il y en a? Qu'y a-t-il en cela qui choque la justice?

Enfin M. *Berlier* fait observer que l'usufruit n'est pas dénié au père, et que si l'usage a long-temps établi sur ce point, entre le père et la mère, une différence désavouée par la nature, il est temps de restituer à celle-ci des droits qu'ont réclamés pour elle tous les projets présentés depuis dix ans.

Le Consul Cambacérès dit que le législateur assied ses lois sur une base fausse, lorsqu'il les fait dans la supposition qu'il n'existe que de bons parens. Le législateur doit supposer, au contraire, qu'il peut y avoir des pères et des mères indignes de leur caractère, et contre lesquels il est nécessaire de prendre des précautions. Or, il paraît dur d'obliger un jeune homme de vingt ans à mendier en quelque sorte une somme légère dont il a besoin, d'une mère qui consomme tous les revenus des biens que lui a laissés son père. Cette réflexion a amené les observations que le Consul a faites sur l'âge de la pupillarité.

Mais, dit-on, il faut éviter les procès : il faut aussi, répond le Consul, que chacun puisse jouir de ses droits, et que la crainte des procès ne détermine pas le législateur à sacrifier les intérêts de l'un aux intérêts de l'autre.

M. RÉAL dit qu'autrefois, et lorsque la majorité était fixée à vingt-cinq ans, les tutelles des mères engendraient peu de procès ; qu'elles en font naître encore moins depuis que la majorité est fixée à vingt-un ans, et qu'en général elles sont peu dispendieuses.

M. MALEVILLE dit qu'on voit souvent des veuves rétablir l'ordre dans les affaires de leurs maris.

M. REGNAUD (de Saint-Jean-d'Angely) dit que, si la mère n'est pas tutrice, elle sera dans la dépendance du tuteur pour les dépenses d'éducation.

M. BOULAY ajoute qu'elle deviendrait étrangère à ses enfans, et que si on lui refuse l'usufruit de leurs biens, elle sera plus portée à se remarier.

LE PREMIER CONSUL dit qu'on pourrait lui donner l'usufruit des biens sans lui donner la tutelle.

La suite de la discussion est ajournée.

Le surplus du titre est ainsi conçu :

SECTION II. — *De la Tutelle déférée par le père ou la mère.*

397   Art. 10. « Le droit de choisir un tuteur n'appartient qu'au « dernier mourant des père et mère envers ses enfans. »

392   Art. 11. « Ce choix ne peut être fait que de l'une des ma- « nières suivantes :

    « 1°. Par acte de dernière volonté ;

    « 2°. Par une déclaration faite, ou devant le juge de paix

« assisté de son greffier, ou devant deux notaires, ou devant
« un notaire en présence de deux témoins. »

Art. 12. « Le tuteur élu par le père ou la mère n'est pas 401
« tenu d'accepter la tutelle, s'il n'est d'ailleurs dans la classe
« de ceux que le conseil de famille peut en charger.

« En cas d'acceptation, le conseil de famille procédera ap. 401
« simplement au choix d'un subrogé tuteur. »

SECTION III. — *De la Tutelle des ascendans.*

Art. 13. « Lorsque l'enfant mineur n'a ni père ni mère, et 402 à 404
« qu'il ne lui a pas été choisi un tuteur par le dernier mou-
« rant de ses père et mère, la tutelle appartient de droit à
« son plus proche ascendant mâle.

« En cas de concours de deux ascendans au même degré, la
« tutelle est dévolue à l'ascendant paternel : il sera procédé
« au choix du subrogé tuteur comme en l'article précédent. »

SECTION IV. — *De la Tutelle déférée par le conseil de famille.*

Art. 14. « Lorsqu'il y a lieu de donner un tuteur à un mi- 405-406
« neur, le juge de paix de son domicile peut d'office convo-
« quer le conseil de famille. »

Art. 15. « Tous créanciers du mineur ou autres parties 406
« intéressées peuvent en requérir le juge de paix, à la charge
« d'avancer les frais. »

Art. 16. « L'obligation de provoquer dans le plus bref dé- ap. 406
« lai la convocation du conseil de famille est spécialement
« imposée aux parens et alliés mâles et majeurs, résidans
« dans le canton ou arrondissement de justice de paix où le
« mineur est domicilié.

« Si le défaut ou le retard de cette convocation a porté
« préjudice aux intérêts du mineur, lesdits parens ou alliés
« en seront responsables dans l'ordre de la proximité de leurs
« degrés, en sorte que ceux du degré plus éloigné ne soient
« atteints qu'en cas d'insolvabilité de ceux du degré plus
« prochain. »

Art. 17. « Le conseil de famille sera composé de six parens 407

« ou alliés au plus , et de quatre au moins, dont moitié du
« côté paternel, et moitié du côté maternel, pris parmi ceux
« qui résident dans l'arrondissement communal ou de sous-
« préfecture.

410 « Le juge pourra néanmoins, lorsqu'il croira que le bien
« du mineur le requiert, faire citer au conseil de proches
« parens qui seraient domiciliés hors de l'arrondissement
« communal. »

407-409 Art. 18. « Les membres du conseil de famille seront dési-
« gnés par le juge de paix, en observant l'ordre de proximité.

« A défaut de parens ou alliés en nombre suffisant, soit
« dans les deux lignes, soit dans l'une des deux, il sera
« pourvu à leur remplacement par des voisins ou amis éga-
« lement désignés par le juge de paix. »

411 Art. 19. « Les délais pour comparaître devant le juge de
« paix seront par lui réglés à jour fixe, mais de manière qu'il
« y ait toujours entre la citation notifiée et le jour indiqué
« pour la réunion du conseil un intervalle de vingt-quatre
« heures au moins par chaque distance de trois myriamètres. »

413 Art. 20. « Les parens ou alliés convoqués, et qui, sans ex-
« cuses légitimes, ne comparaîtront point, encourront une
« amende qui ne pourra excéder cinquante francs, et sera
« prononcée sans appel par le juge de paix. »

414 Art. 21. « S'il y a excuse suffisante, et qu'il convienne, soit
« d'attendre le membre absent, soit de le remplacer, en ce
« cas, comme en tout autre où l'intérêt du mineur semblera
« l'exiger, le juge de paix pourra ajourner l'assemblée ou la
« proroger. »

415 Art. 22. « Cette assemblée se tiendra de plein droit chez le
« juge de paix, à moins qu'il ne désigne lui-même un autre
« local. La présence des trois quarts au moins de ses mem-
« bres sera nécessaire pour qu'elle délibère. »

416 Art. 23. « Lorsque le conseil de famille sera assemblé, les
« fonctions du juge de paix se borneront à la direction et à la
« rédaction des délibérations de ce conseil.

« En cas de partage, et si le conseil de famille ne peut s'ac-
« corder sur le choix du départageant, il sera nommé par le
« juge de paix. »

Art. 24. « Après la nomination du tuteur, le conseil de fa- 420-422
« mille procédera au choix d'un subrogé tuteur dont les fonc-
« tions consisteront à agir pour les intérêts du mineur, lors-
« qu'ils seront en opposition avec ceux du tuteur. »

Art. 25. « Le tuteur ne votera point pour la nomination du 423
« subrogé tuteur.

« Celui-ci ne remplacera pas de plein droit le tuteur, lors- 424
« que la tutelle deviendra vacante ; mais il devra en ces cas,
« sous peine de dommages et intérêts qui pourraient en ré-
« sulter pour le mineur, provoquer la nomination d'un nou-
« veau tuteur.

« Les fonctions du subrogé cessent à la même époque que 425
« la tutelle. »

Art. 26. « Lorsqu'une partie des biens du mineur est située av 417
« dans des départemens continentaux trop éloignés de son
« domicile, le tuteur peut nommer un ou plusieurs adminis-
« trateurs particuliers salariés et gérant sous sa surveillance. »

Art. 27. « Quand le mineur domicilié en France possédera 417
« des biens dans les colonies, ou réciproquement, le tuteur
« pourra requérir les parens ou amis du lieu où sont situés
« les biens d'outre-mer de nommer un prototuteur pour l'ad-
« ministration spéciale de ces biens.

« En ce cas, le tuteur et le prototuteur seront indépendans,
« et non responsables l'un envers l'autre pour leur gestion
« respective. »

Art. 28. « Nul ne peut être contraint d'accepter la tutelle, ap 417
« s'il n'est du nombre de ceux qui ont été assignés pour com-
« poser le conseil de famille. »

Art. 29. « L'ami ou voisin ne peut y être contraint qu'à 432
« défaut absolu de parens ou alliés capables d'exercer la tu-
« telle. »

Art. 30. « Le tuteur agit et administre en cette qualité, du 418

« jour de sa nomination, si elle a eu lieu en sa présence, si-
« non du jour qu'elle lui a été notifiée. »

419   Art. 31. « La tutelle est une charge personnelle qui ne
« passe point aux héritiers du tuteur.

   « Ceux-ci sont seulement responsables de la gestion qu'a
« eue leur auteur; et s'ils sont majeurs, ils sont tenus de la
« continuer jusqu'à la nomination d'un nouveau tuteur. »

SECTION V. — *Des Causes qui dispensent de la Tutelle.*

427   Art. 32. « Sont dispensés de la tutelle,
   « Les membres des autorités établies par les titres II, III
« et IV de l'Acte constitutionnel ;
   « Les juges au tribunal de cassation, commissaires et sub-
« stituts près la même Cour ;
   « Les commissaires de la comptabilité nationale ;
   « Les préfets ;
   « Tout citoyen exerçant une fonction publique dans un
« département autre que celui où la tutelle s'établit. »

428   Art. 33. « Sont également dispensés de la tutelle,
   « Les militaires en activité de service,
   « Et ceux qui remplissent hors du territoire français une
« mission du gouvernement. »

430   Art. 34. « Les citoyens de la qualité exprimée aux deux
« articles précédens, qui ont accepté la tutelle postérieure-
« ment aux fonctions, services ou missions qui en dispensent,
« ne seront plus admis à s'en faire décharger pour cette
« cause. »

431   Art. 35. « Ceux, au contraire, à qui lesdites fonctions,
« services ou missions auront été conférés postérieurement à
« l'acceptation et gestion d'une tutelle, pourront, s'ils ne
« veulent la conserver, faire convoquer un conseil de famille
« pour y être procédé à leur remplacement.

   « Si, à l'expiration de ses fonctions, services ou missions,
« le nouveau tuteur réclame sa décharge, ou que l'ancien
« redemande la tutelle, elle lui sera rendue. »

Art. 36. « Tout individu âgé de soixante-cinq ans accom- 433
« plis peut refuser d'être tuteur. »

Art. 37. « Tout individu atteint d'une infirmité grave et 434
« dûment justifiée est dispensé de la tutelle.

« Il peut même s'en faire décharger si cette infirmité est
« survenue depuis sa nomination. »

Art. 38. « Deux tutelles sont, pour chaque personne, une 435
« juste dispense d'en accepter une troisième.

« Celui qui, époux ou père, sera déjà chargé d'une tu-
« telle, ne peut être tenu d'en accepter une seconde. »

Art. 39. « Ceux qui ont cinq enfans légitimes sont dispen- 436
« sés de toute tutelle autre que celle desdits enfans, quand
« il y a lieu.

« Les enfans morts dans les armées françaises seront tou-
« jours comptés pour opérer cette dispense.

« Les autres enfans morts ne seront comptés qu'autant
« qu'ils auront eux-mêmes laissé des enfans actuellement
« existans. »

Art. 40. « La survenance d'enfans pendant la tutelle ne 437
« pourra autoriser à l'abdiquer. »

Art. 41. « Si le tuteur nommé est présent à la délibération 438
« qui lui défère la tutelle, il doit sur-le-champ, et sous
« peine d'être déclaré non-recevable dans toute réclamation
« ultérieure, proposer ses excuses, sur lesquelles le conseil
« de famille délibérera.

« Si le tuteur n'a pas assisté à cette délibération, il pourra, 439
« dans le délai réglé par l'article 19, à partir de la notifica-
« tion qui lui aura été faite de sa nomination, obtenir du
« juge de paix l'ordre de convoquer, à jour fixe, le conseil
« de famille pour délibérer sur ses excuses.

« Après ce délai il sera non-recevable. »

Art. 42. « Si ses excuses sont rejetées, il pourra se pour- 440
« voir devant les tribunaux pour les faire admettre ; mais il
« sera, pendant le litige, tenu d'administrer provisoirement. »

Art. 43. « S'il parvient à se faire exempter de la tutelle, les 441

« frais d'instance seront personnellement supportés par les
« nominateurs ; au cas contraire, il y sera condamné lui-
« même. »

SECTION VI. — *Des Exclusions et des destitutions de la Tutelle.*

442   Art. 44. « Sont exclus de la tutelle, et ne peuvent être
« membres des conseils de famille,

    « 1°. Les mineurs, excepté le père ou la mère ;

    « 2°. Les interdits ;

    « 3°. Les femmes autres que la mère et les ascendantes ;

    « 4°. Tous ceux qui ont, ou dont les père et mère ont
« avec le mineur un procès dans lequel l'état de ce mineur,
« sa fortune, ou une partie notable de ses biens sont com-
« promis. »

443   Art. 45. « Sont aussi exclus de la tutelle et des conseils de
« famille, et même destituables dans le cas où il s'agirait
« d'une tutelle antérieurement déférée, tous ceux qui ont
« été ou viendraient à être condamnés à une peine afflictive
« ou infamante.

    « Cette cause d'exclusion et de destitution est commune
« même au père et à la mère, qui, en ce cas, perdent les
« fruits. »

444   Art. 46. « Seront destitués de la tutelle ceux dont l'incon-
« duite notoire serait d'une dangereuse influence sur les
« mœurs du mineur, ou dont la mauvaise gestion attesterait
« l'incapacité.

    « La preuve de ces faits ne sera point admise contre les
« père et mère. »

445   Art. 47. « Tout individu destitué d'une tutelle pour in-
« conduite ne pourra être membre d'un conseil de famille. »

446   « Art. 48. « La poursuite de la destitution appartient au
« subrogé tuteur.

    « Tout créancier ou parent du mineur peut aussi s'adresser
« au juge de paix, qui, lorsqu'il y aura lieu, convoquera le
« conseil de famille pour délibérer sur la destitution. »

Art. 49. « Toute délibération du conseil de famille qui 447 « prononcera l'exclusion ou la destitution du tuteur sera « motivée, et ne pourra être prise qu'après avoir entendu « ou appelé le tuteur. »

Art. 50. « Si le tuteur adhère à la délibération, il en sera 448 « fait mention, et le nouveau tuteur entrera aussitôt en « fonctions.

« S'il y a opposition ou réclamation, le subrogé tuteur « poursuivra l'homologation de la délibération devant le tri- « bunal de première instance, qui prononcera sauf l'appel.

« Le tuteur destitué peut lui-même, en ce cas, assigner « le subrogé tuteur pour se faire déclarer maintenu en la tu- « telle. »

Art. 51. « La cause ne sera sujette au tour de rôle ni 449 « devant le tribunal de première instance, ni devant celui « d'appel; elle y sera instruite et jugée comme affaire ur- « gente et privilégiée. »

SECTION VII. — *De l'Administration du tuteur.*

Art. 52. « Le tuteur prendra soin de la personne du mineur. 450 « Il administrera ses biens en bon père de famille, et ré- « pondra des dommages-intérêts qui pourraient résulter d'une « mauvaise gestion.

« Il ne peut ni acheter les biens du mineur ni les prendre « à ferme, ni accepter la cession d'aucun droit ou créance « contre son mineur. »

Art. 53. « Dans les dix jours qui suivront celui de sa no- 451 « mination, dûment connue de lui, le tuteur requerra la « levée des scellés s'ils ont été apposés, et fera procéder im- « médiatement à l'inventaire des biens du mineur, en pré- « sence du subrogé tuteur.

« S'il lui est dû quelque chose par le mineur, il devra le « déclarer dans l'inventaire, à peine d'être déchu de sa « créance. »

Art. 54. « Dans le mois qui suivra la clôture de l'inven- 45.

« taire, le tuteur fera vendre, en présence du subrogé tu-
« teur, aux enchères reçues par un officier public, et après
« des affiches ou publications dont le procès-verbal de vente
« fera mention, tous les meubles autres que ceux que le
« conseil de famille l'aurait autorisé à conserver en nature. »

453   Art. 55. « Les père et mère, tant qu'ils ont la jouissance
« propre et légale des biens du mineur, sont dispensés de
« vendre les meubles, s'ils préfèrent de les garder pour les
« remettre en nature.

« Dans ce cas, ils en feront faire, à leurs frais, une esti-
« mation à juste valeur, par un expert qui sera nommé par
« le subrogé tuteur et prêtera serment devant le juge de
« paix : ils rendront la valeur estimative de ceux des meubles
« qu'ils ne pourraient représenter en nature. »

Art. 56. « Le tuteur même, le père ou la mère ne peut
« emprunter pour le mineur, ni aliéner ou hypothéquer ses
« biens immeubles, sans y être autorisé par un conseil de
« famille.

« Cette autorisation ne devra être accordée que pour les
« objets suivans ; savoir :

« Ou le paiement d'une dette onéreuse ou exigible ;

« Ou des réparations d'une nécessité urgente ;

« Ou le besoin de procurer au mineur une profession ou
« un établissement avantageux.

« Dans tous ces cas, le conseil de famille n'accordera son
« autorisation qu'après qu'il aura été constaté, par un
« compte sommaire présenté par le tuteur, que les deniers,
« effets mobiliers et revenus du mineur sont insuffisans.

« Le conseil de famille indiquera dans le même acte les
« immeubles qui devront être vendus de préférence, et
« toutes les conditions qu'il jugera utiles. »

457   Art. 57. « Les délibérations du conseil de famille relatives
« à cet objet ne seront exécutées qu'après que le tuteur en
« aura demandé et obtenu l'homologation devant le tribunal
« civil de première instance, qui n'y statuera qu'avec con-

« naissance de cause, en la chambre du conseil, et après
« avoir entendu le commissaire du gouvernement. »

Art. 58. « La vente se fera publiquement, en présence du 459
« subrogé tuteur, aux enchères, qui seront reçues par un
« commissaire du tribunal civil, ou autre officier public par
« lui délégué, et à la suite de trois affiches apposées de dé-
« cade en décade aux lieux accoutumés dans le canton.

« Chacune de ces affiches sera visée et certifiée par le
« maire des communes où elles auront eu lieu. »

Art. 59. « Les formalités exigées par les trois articles pré- 460
« cédens, pour l'aliénation des biens du mineur, ne s'appli-
« quent point au cas où la jouissance indivise d'un objet non
« partageable rend la licitation nécessaire ou forcée.

« Seulement, et en ce cas, la licitation ne pourra se faire
« que devant un officier public, après trois affiches apposées
« et visées comme il est dit en l'article précédent : les étran-
« gers y seront nécessairement admis. »

Art. 60. « Le tuteur ne peut en aucun cas répudier, soit 461 à 463
« une donation, soit une succession échue au mineur ; mais
« son acceptation pure et simple, ou sous bénéfice d'inven-
« taire, ne préjudiciera point à la faculté que le mineur de-
« venu majeur aura soit d'accepter, soit de renoncer. »

Art. 61. « Tout tuteur, autre que le père ou la mère, ne 464
« peut introduire en justice une action relative aux droits
« immobiliers du mineur, ni acquiescer à une demande re-
« lative aux mêmes droits, sans l'autorisation du conseil de
« famille. »

Art. 62. « Le tuteur, autre que le père ou la mère, ne peut 465
« provoquer un partage qu'avec l'autorisation du conseil de
« famille : il pourra, sans cette autorisation, répondre à une
« demande en partage dirigée contre son mineur; mais,
« dans l'un et l'autre cas, le partage sera purement provi-
« sionnel, sauf ce qui est dit ci-après. »

Art. 63. « Pour être définitif et obtenir à l'égard du mi- 466
« neur tout l'effet qu'il aurait entre majeurs, le partage,

« dans le cas même où la tutelle est exercée par le père ou
« la mère, devra être fait en justice.

« Il sera précédé d'une estimation faite par experts nom-
« més par le tribunal civil du lieu de l'ouverture de la suc-
« cession.

« Ces experts, après avoir affirmé leur estimation devant
« le président du même tribunal, procéderont à la division
« des héritages et à la formation des lots, qui seront tirés au
« sort et en présence soit d'un commissaire du tribunal, soit
« d'un officier public par lui délégué, lequel fera la déli-
« vrance des lots. »

ap. 466 Art. 64. « Dans le cas où le partage en justice est provoqué
« au nom du mineur et dans son intérêt, les frais de justice
« seront par lui supportés.

« Au cas contraire, ils seront supportés par tous les copar-
« tageans. »

468 Art. 65. « Le tuteur qui aura des sujets de mécontente-
« ment graves sur la conduite du mineur pourra porter ses
« plaintes à un conseil de famille, et y provoquer la réclusion
« du mineur dans une maison de correction, conformément
« à ce qui est statué à ce sujet au titre de la puissance pa-
« ternelle. »

SECTION VIII.— *Des comptes de la Tutelle.*

469 Art. 66. « Tout tuteur est, de plein droit, comptable de
« sa gestion lorsqu'elle finit. »

470 Art. 67. « Tout tuteur, autre que le père et la mère, peut
« être tenu, même durant la tutelle, de rendre au subrogé
« tuteur des comptes sommaires et provisoires aux époques
« que le conseil de famille aurait jugé à propos de fixer, sans
« néanmoins que le tuteur puisse être astreint à en rendre
« plus d'un chaque année.

« Les comptes mentionnés en cet article seront rendus sans
« frais, sur papier non timbré, et sans aucune formalité de
« justice. »

Art. 68. « Lors de l'entrée en exercice de toute tutelle, ap. 470 et 455
« autre que celle des père et mère, le conseil de famille rè-
« glera, selon l'importance des biens régis, la somme à laquelle
« commencera, pour le tuteur, l'obligation d'employer l'ex-
« cédant des revenus sur la dépense, et la peine des intérêts
« en cas de non emploi.

« A défaut par le tuteur d'avoir fait expliquer sur ce point Ib. et 456
« le conseil de famille, il devra, du moment de la recette,
« les intérêts de toute somme non employée, quelque mo-
« dique qu'elle soit. »

Art. 69. « Le compte définitif de tutelle sera rendu aux 471
« dépens du mineur, lorsqu'il aura atteint sa majorité ; le
« tuteur en avancera les frais.

« Ce compte, appuyé de pièces justificatives, sera présenté
« dans un conseil de famille convoqué devant le juge de paix.

« On devra y allouer au tuteur toutes dépenses suffisam
« ment justifiées et dont l'objet sera jugé utile : les frais de
« voyage que le tuteur aurait faits pour suivre et défendre
« les intérêts du mineur seront compris dans ces dépenses. »

Art. 70. « La somme à laquelle sera fixé le reliquat dû 474
« par le tuteur portera intérêt, sans demande, à compter de
« la clôture du compte.

« Les intérêts de ce qui sera dû au tuteur par le mineur
« ne courront que du jour de l'apurement, suivi d'une
« sommation de payer. »

Art. 71. « Si l'ayant-compte conteste le résultat du compte 473
« présenté, et que le conseil de famille ne parvienne point à
« rapprocher les parties, elles seront renvoyées devant les
« tribunaux. »

Art. 72. « Au cas contraire, le conseil de famille nommera ap. 473
« un conseil spécial pris, autant que faire se pourra, parmi
« les jurisconsultes ou hommes de loi, lequel examinera par-
« ticulièrement le compte et toutes les pièces y relatives, et
« recevra tous les renseignemens qui lui seront fournis. »

Art. 73. « Le traité qui interviendra avec l'ayant-compte, 472

« de l'avis de ce conseil spécial, sera valable comme tout
« autre acte fait entre majeurs. »

SECTION IX. — *Des garanties relatives à la tutelle.*

Art. 74. « En cas d'insolvabilité d'un tuteur qui a mal
« géré, les parens qui ont concouru à sa nomination, ou ont
« été appelés pour y concourir, deviendront responsables,
« chacun divisément et sans solidarité, des dommages-
« intérêts dus au mineur.

« Cette règle n'a lieu que pour le cas où l'insolvabilité du
« tuteur existait déjà au temps de sa nomination : si elle est
« survenue depuis, la responsabilité pèse toute entière sur le
« subrogé tuteur, à moins qu'il ne l'ait dénoncée à temps à
« la famille, et provoqué un changement de tuteur. »

Art. 75. « La responsabilité du subrogé tuteur aura lieu
« aussi, dans le cas où, soit le tuteur désigné par le père ou
« la mère, soit l'ascendant tuteur, seraient devenus insolva-
« bles, à moins qu'il n'ait fait les diligences prescrites par
« l'article précédent. »

Art. 76. « Lorsque de telles diligences auront eu lieu, et
« n'auront pas été suivies d'un changement de tuteur, les
« parens convoqués pour y pourvoir seront responsables
« comme il est dit en l'article 79. »

Art. 77. « L'action en garantie établie par les articles pré-
« cédens se prescrit par le laps d'une année, depuis le jour
« où le compte définitif aura été présenté.

475   « Toute action du mineur contre son tuteur, relativement
« aux faits de la tutelle, se prescrit par dix ans, à compter
« de la majorité. »

CHAPITRE III.

De l'Émancipation.

476   Art. 78. « Le mineur est émancipé de plein droit par le
« mariage. »

477   Art. 79. « Le mineur qui est sous puissance de père ou
« de mère n'est jamais émancipé par le simple bénéfice

« d'âge ; mais il pourra, à dix-huit ans accomplis, être éman-
« cipé par la volonté de son père, ou, à défaut de père, par
« la volonté de sa mère, exprimée soit devant le juge de paix
« assisté de son greffier, soit devant deux notaires, soit enfin
« devant un seul notaire, en présence de deux témoins. »

Art. 80. « Tout autre mineur est émancipé de plein droit, 478
« lorsqu'il a atteint l'âge de dix-huit ans accomplis, à moins
« que dans le cours du mois qui précède cette époque, un
« conseil de famille dûment assemblé ne l'en ait jugé inca-
« pable. »

Art. 81. « Dans ce dernier cas, le conseil de famille devra, ap. 478
« chaque année, dans le mois correspondant à celui où il aura
« déclaré le mineur incapable, s'assembler de nouveau pour
« déclarer si l'incapacité continue.

« A défaut d'une telle déclaration, l'émancipation s'opérera
« de plein droit. »

Art. 82. « Le tuteur remettra au mineur émancipé un état 480
« sommaire, et sans frais, de la situation de sa fortune ; il
« l'aidera dans sa gestion par la communication de toutes les
« pièces qui y sont relatives : le tout sans préjudicier au
« compte définitif dû à la majorité. »

« Art. 83. « Le mineur émancipé passera les baux dont la 481
« durée n'excédera point neuf ans ; il recevra ses revenus,
« en donnera décharge, et fera tous les actes qui ne sont que
« de pure administration, sans être restituable contre ces
« actes, dans tous les cas où le majeur ne le serait pas lui-
« même. »

Art. 84. « Il ne pourra intenter une action immobilière, ni 482
« y défendre, même recevoir et donner décharge d'un ca-
« pital mobilier, sans l'assistance d'un curateur.

« Les fonctions de curateur seront, dès le moment de l'é-
« mancipation, remplies par celui qui était tuteur. »

Art. 85. « Le mineur émancipé ne peut valablement s'en- 484
« gager par promesse ou obligation que jusqu'à concurrence
« d'une année de ses revenus.

« S'il s'oblige au–delà, ses créanciers n'auront d'action sur
« ses biens que pour une somme égale à cette année de re-
« venu, et, par concours entre eux, au marc le franc de
« leurs créances. »

485-486   Art. 86. « Dans le cas prévu par la seconde partie de l'ar-
« ticle précédent, le curateur du mineur émancipé autrement
« que par le mariage convoquera le conseil de famille pour
« y faire déclarer le mineur déchu du bénéfice de l'émanci-
« pation.

« La délibération que le conseil de famille prendra sur cet
« objet ne sera point sujette à homologation ; elle ne sera
« susceptible d'aucun recours ; et, dès ce jour, le mineur
« rentrera en tutelle, et y restera jusqu'à sa majorité accom-
« plie. »

487   Art. 87. « Le mineur émancipé qui fait un commerce est
« réputé majeur pour les faits relatifs à ce commerce. »

(Procès–verbal de la séance du 22 vendémiaire an XI. — 14 octobre 1802.)

M. BERLIER présente une nouvelle rédaction du titre *de la
Minorité, de la Tutelle et de l'Émancipation.*

CHAPITRE Ier.
De la Minorité.

388 et ap.
cet art.   Articles 1, 2 et 3 (*les mêmes que ceux de la rédaction précédente*).

M. BERLIER rappelle la discussion qui a eu lieu dans la
séance du 26 frimaire an X.

Il en résulte que le Conseil a été d'avis de réduire ce chapitre à l'article 1er, et de retrancher les deux autres articles.

LE CONSUL ajourne la discussion du chapitre Ier après les
chapitres suivans, afin de ne rien préjuger sur l'émancipation.

Le chapitre II, intitulé *de la Tutelle*, est soumis à la discussion.

La section Ire est ainsi conçue :

SECTION Ire. — *De la Tutelle des père et mère.*

Articles 4, 5 et 6 (*les mêmes que ceux du procès-verbal de* 390 et ap. cet art.
la séance précédente).

Art. 7. « Si, lors du décès du mari, la femme reste en- 393
« ceinte, il sera nommé un curateur à l'enfant à naître.

« A la naissance de l'enfant, la mère en deviendra tutrice ;
« et le curateur en sera de plein droit le subrogé tuteur. »

Art. 8. « Quand il existera d'autres enfans, le subrogé ap. 393
« tuteur remplira en même temps les fonctions de curateur.»

Art. 9. « La mère n'est point tenue d'accepter la tutelle ; 394
« néanmoins, et en cas qu'elle refuse, elle devra en remplir
« les devoirs jusqu'à ce qu'elle ait fait nommer un tuteur. »

Art. 10. « Le père qui se remarie conserve la tutelle : elle 395
« cesse à l'égard de la mère qui contracte un second mariage.»

Les articles 4 et 5 sont discutés. 390 et ap.

Le Consul Cambacérès dit qu'il convient de se fixer d'abord sur la question de savoir si la tutelle appartiendra de plein droit à la mère, sans que le père puisse la lui ôter.

M. Berlier dit que tel est l'avis de la section.

Cependant l'opinion contraire y a été discutée ; mais on a craint que l'exclusion de la mère ne diminuât dans les enfans le respect qu'ils lui doivent, et cette considération a déterminé à maintenir l'ordre naturel de la vocation à la tutelle, toutes les fois que la mère n'en sera point exclue par les causes générales qui en rendent indigne ou incapable.

Le Consul Cambacérès dit que le droit de nommer un tuteur dérive de la puissance paternelle. Aussi voit-on que les Romains n'avaient placé la tutelle légitime qu'après la tutelle testamentaire.

Il est vrai que, dans le système présenté, la mère est appelée à l'exercice d'un pouvoir qui jusqu'ici n'avait appartenu qu'au père. Toutefois, elle ne le partage pas avec lui ; en sorte qu'il n'y aurait pas de contradiction à laisser au père le droit de choisir le tuteur de ses enfans, et à ne faire commencer la tutelle légitime de la mère que lorsqu'il n'y a pas de tutelle testamentaire.

Dans ce dernier système, la tutelle testamentaire vient nécessairement en premier ordre.

M. BERLIER dit qu'indépendamment des raisons qu'il a exposées, la section s'est encore déterminée à donner la tutelle légitime à la mère, par la considération qu'elle recueille à son profit les revenus de ses enfans mineurs, et qu'ainsi, en administrant leurs biens, elle administre en quelque sorte sa propre chose.

C'est, continue M. *Berlier*, un point de droit tout nouveau dont il faut coordonner les effets; et la législation romaine ne peut plus ici servir d'exemple ni de régulateur.

Si cependant la mère, par son inconduite ou son incapacité, mettait les capitaux même en péril, la famille serait là, soit pour l'écarter de la tutelle, soit pour la lui retirer, si elle lui avait été déférée : tel est le remède en cette matière.

LE CONSUL CAMBACÉRÈS dit qu'il y a de l'inconvénient à mettre ainsi la famille aux prises avec la mère. Le père, d'ailleurs, est meilleur juge que la famille de la capacité de sa femme : il la nommera certainement, s'il est convaincu qu'elle est en état d'administrer; mais s'il ne la croit pas capable de bien gérer, et qu'il ne puisse cependant lui ôter la tutelle, ses derniers momens seront empoisonnés par le sentiment pénible qu'il laisse ses enfans exposés à de grands dangers.

La section propose d'ailleurs la règle dans toute la latitude qu'on peut lui donner. Elle n'accorde pas même au père le droit qui appartient au célibataire, de mettre des conditions au don de la partie de sa fortune dont la loi lui laisse la libre disposition; elle lui refuse tout moyen doux de limiter, à l'égard de la mère, le pouvoir de la tutelle : ne pourrait-on pas autoriser le père à nommer un cotuteur? Il a été décidé que la mère remariée perdrait la jouissance des biens de ses enfans, et néanmoins la section lui conserve la tutelle.

Le Consul ouvre la discussion sur la question de savoir si la tutelle légitime passera de plein droit à la mère, sans que le père puisse l'en priver.

M. Bigot-Préameneu propose de déférer la tutelle légitime à la mère quant à la garde de ses enfans, et de ne lui donner au même titre l'administration des biens qu'autant que le père n'en aurait pas autrement ordonné. Ainsi le tuteur nommé par le père ne pourrait être que pour les biens, sauf à la famille à provoquer la destitution de la mère, s'il y avait des causes assez graves.

M. Portalis est d'avis que le père doit être libre de choisir un tuteur pour ses enfans. L'administration des biens des enfans peut sans doute être séparée de la surveillance de leur éducation; mais de droit commun, le tuteur est naturellement chargé de cette double fonction. Ainsi le père l'ôtera implicitement à la mère lorsqu'il nommera un autre tuteur. Cette manière d'exclure n'a rien d'offensant : il n'en serait pas de même de l'exclusion formelle et positive.

M. Treilhard dit qu'on pourrait, en déférant de plein droit la tutelle à la mère, accorder au père le droit de nommer un conseil avec lequel elle serait obligée de se concerter.

Le Consul Cambacérès admet qu'on laisse à la mère le titre de tutrice, pourvu que le père soit autorisé à former un conseil d'une ou de plusieurs personnes sans le consentement desquelles la tutrice ne puisse agir.

Il ne croit pas cependant qu'une femme puisse s'offenser d'être privée d'une administration de biens : la seule privation qui pourrait lui être pénible serait celle de la garde de ses enfans.

On a allégué, en faveur du système de la section, que la mère jouit des revenus du mineur. Ce motif n'oblige pas nécessairement à lui donner l'administration des biens : un autre peut administrer ; il suffit qu'il verse le produit des revenus entre les mains de la mère tutrice. Et s'il arrivait que celle-ci pourvût avec trop de parcimonie à l'éducation et à l'entretien des mineurs, l'administrateur ne devrait-il pas avoir une action contre elle ?

M. Bigot-Préameneu dit que, dans la ci-devant Bretagne, les conseils de tutelle étaient en usage et se mêlaient de l'administration ; que néanmoins ils ont toujours été peu utiles, parce que, n'étant pas responsables, leur intervention dégénérait en pure formalité, et que jamais ils ne contestaient les propositions de la tutrice.

Toutes ces observations sont renvoyées à la section.

ap. 390   L'article 6, sur la proposition de M. *Bigot-Préameneu*, est renvoyé à la section *de l'Administration du tuteur*.

393   L'article 7 est discuté.

M. Tronchet demande qu'on emploie dans cet article l'expression *curateur au ventre*. Elle est en usage dans la langue des lois ; elle est d'ailleurs plus laconique et désigne mieux les fonctions de curateur que celle de curateur à l'enfant à naître, qui semble supposer que le curateur ne doive s'occuper de l'enfant qu'après sa naissance, tandis que sa surveillance a également pour objet d'empêcher la supposition d'enfant.

L'article est adopté avec cet amendement.

ap. 393
et 394   Les articles 8 et 9 sont adoptés.

395   L'article 10 est discuté.

M. Tronchet observe que cet article décide deux questions : d'un côté, il prive, dans tous les cas, de la tutelle la mère qui se remarie ; de l'autre, il n'en prive jamais le père remarié.

Les rédacteurs du projet de Code civil avaient suivi la jurisprudence, qui prive toujours de la tutelle la mère remariée, parce qu'en effet, de sa part, le convol en secondes noces suppose que sa tendresse pour ses enfans est diminuée.

Un second mariage peut faire douter aussi de l'affection du père ; et il est des circonstances où ce doute se convertit en certitude : tel serait le cas où un homme opulent épouserait sa servante. D'après ces considérations, les rédacteurs proposaient d'obliger le père à déclarer à la famille le mariage qu'il se propose de contracter, et d'autoriser la famille à décider s'il doit conserver la tutelle.

M. *Tronchet* voudrait que le père et la mère fussent également soumis à cette formalité, et que lorsqu'ils l'auraient négligée, ils fussent privés de la tutelle.

M. BERLIER dit que c'est d'après les observations de quelques tribunaux d'appel que la section s'est écartée du système des rédacteurs du projet de Code civil par rapport au père.

On a craint qu'un conseil de famille injuste ou prévenu n'empêchât un mariage projeté pour l'intérêt même des enfans.

Il a semblé d'ailleurs trop dur de faire dépendre du consentement d'une famille un droit que le père tient directement de la loi.

Quant aux mères remariées, pourquoi les priverait-on indistinctement de la tutelle, même lorsqu'elles l'ont bien administrée ? Sur ce point, l'opinion personnelle de M. *Berlier* serait qu'elles ne fussent point exposées à perdre la tutelle par le seul fait d'un second mariage : n'est-ce point assez, continue-t-il, qu'en ce cas elles perdent les revenus des biens de leurs enfans ? Avec un tel frein, les mères d'enfans riches se remarieront bien rarement : quant aux veuves d'artisans, laboureurs, etc., il importe qu'elles se remarient, même pour l'intérêt de leurs enfans en bas âge, qui retrouvent un appui dans le second mari de leur mère.

M. BIGOT-PRÉAMENEU dit qu'il existe entre le père et la mère une différence qu'il importe de ne pas perdre de vue. Le père, en se remariant, demeure le maître de ses affaires ; il n'a besoin que de lui-même pour opérer le bien de ses enfans : au contraire, la mère qui se remarie cesse de s'appartenir. Ainsi, si on lui laisse la tutelle, il convient de rendre du moins son mari responsable.

395 et 396   M. *Bigot-Préameneu* propose de rétablir les articles 10, 11, 12 et 13 du projet de Code civil, lesquels sont ainsi conçus :

Art. 10. « Si le père veut se remarier, il est tenu, avant « l'acte du mariage, de convoquer le conseil de famille, qui « décide si la tutelle doit lui être conservée.

« Il en est de même de la mère. »

Art. 11. « Si le père n'a pas rempli l'obligation qui lui est « imposée par le précédent article, il est privé de plein droit « de la jouissance des biens de ses enfans mineurs, et de- « vient comptable à partir du jour de la célébration de son « second mariage. »

Art. 12. « Si c'est la mère qui s'est remariée sans avoir « rempli la même obligation, la tutelle ne peut lui être con- « servée, et son nouveau mari est solidairement responsable « de la gestion, à compter du jour de l'acte de mariage. »

Art. 13. « Le conseil de famille ne peut conserver la tu- « telle à la mère qui se remarie après avoir rempli l'obliga- « tion prescrite par l'article 10 qu'en lui donnant pour co- « tuteur ce second mari, qui devient solidairement respon- « sable de la gestion. »

Le Consul Cambacérès dit qu'il serait bien dur d'obliger le père à soumettre à la famille le mariage qu'il se propose de contracter.

Mais, au lieu de soumettre le père à la formalité humi- liante de l'aveu de la famille sur son mariage, ne pourrait- on pas donner une action à la famille, ou plutôt encore au ministère public, pour le faire déclarer déchu de la tutelle, si son nouveau mariage compromettait en effet les intérêts de ses enfans ?

A l'égard de la mère, le père devrait être autorisé à lui ôter, par son testament, jusqu'au titre de tutrice, dans le cas où elle se remarierait. Si le père n'avait rien statué, ou qu'on crût devoir refuser au père le droit dont on vient de parler, il faudrait que la mère fût obligée à consulter la famille sur son mariage, et que l'omission de cette formalité rendît son second mari responsable de la gestion.

Il est des dispositions très-sages dans les articles que M. *Bigot-Préameneu* vient de rappeler; mais il n'est pas juste de confondre le père et la mère, car le mariage du père ne change pas l'état de la famille : elle conserve toujours le même chef, tandis que la mère remariée passe dans une autre famille et sous l'autorité de son second mari. Cette distinction a déjà servi de base aux articles adoptés au titre *de la Puissance paternelle*, aux termes desquels le père remarié conserve la jouissance des biens de ses enfans, tandis qu'au contraire la mère les perd si elle contracte un second mariage.

M. Berlier dit qu'on pourrait retrancher du titre toutes les dispositions relatives au père remarié. Il demeurerait sous l'empire des principes généraux qui privent de la tutelle pour inconduite, mauvaise administration et autres cas déterminés. La loi ne s'expliquerait donc que sur la mère remariée, et alors on pourrait adopter les dispositions du projet de Code civil qui la concernent.

Toutes ces observations sont renvoyées à la section.

La section II est ainsi conçue :

SECTION II. — *De la Tutelle déférée par le père ou la mère.*

Art. 11. « Le droit individuel de choisir un tuteur parent 397 « ou même étranger n'appartient qu'au dernier mourant « des père et mère. »

Art. 12. « Ce droit ne peut être exercé que de l'une des ap. 397 et 392 « manières suivantes :

« 1°. Par acte de dernière volonté ;

« 2°. Par une déclaration faite, ou devant le juge de paix

« assisté de son greffier, ou devant deux notaires, ou devant
« un notaire en présence de deux témoins. »

401 Art. 13. « Le tuteur élu par le père ou la mère n'est pas
« tenu d'accepter la tutelle, s'il n'est d'ailleurs dans la
« classe des personnes qu'à défaut de cette élection spéciale
« le conseil de famille eût pu en charger. »

397 L'article 11 est discuté.

Le Consul Cambacérès demande si la mère conserve le
droit de nommer le tuteur lorsqu'elle a été elle-même privée de la tutelle, ou lorsqu'elle est remariée.

Dans ce dernier cas, lui sera-t-il permis de faire porter
son choix sur son second mari?

M. Tronchet propose de n'accorder à la mère le droit de
nommer le tuteur que lorsqu'elle-même est tutrice.

Le Consul Cambacérès dit que la seconde des questions
qu'il a proposées réste encore à décider.

Il ne voudrait pas que la loi prononçât l'exclusion du second
mari, mais que sa nomination pût être contestée par la famille : les tribunaux prononceraient.

M. Tronchet dit que la difficulté vient de ce qu'on a
supprimé les dispositions présentées dans le projet de Code
civil, suivant lesquelles le tuteur nommé par la mère devait
être confirmé par la famille, lorsqu'il n'y avait pas contre
lui de causes d'exclusion.

M. Berlier dit que les causes d'exclusion existant pour
tous les tuteurs, la confirmation de la famille est inutile à
l'égard de celui auquel elles ne peuvent être appliquées ; et
que, si l'on entend que la famille peut rejeter sans motifs
celui que la loi n'exclut pas, c'est réduire l'élection faite par
la mère à une simple désignation. Cette réponse à l'observation générale de M. *Tronchet* n'empêche pas qu'on n'examine
la question particulière proposée par le Consul.

M. Treilhard dit que le projet ne s'éloigne pas de l'idée
du Consul *Cambacérès*. Il n'exclut pas de la tutelle le second
mari de la mère ; mais il oblige la mère tutrice à faire agréer

à la famille le mari qu'elle choisit. Ainsi la famille défère à celui-ci la tutelle. Il est vrai qu'il peut s'être depuis rendu indigne de la confiance qu'il avait d'abord méritée ; mais les causes d'exclusion remédient à cet inconvénient.

M. Bigot-Préameneu dit que le consentement de la famille au mariage ne doit pas empêcher de soumettre à sa confirmation le choix de la mère, si, en mourant, elle nomme son second mari tuteur. En effet, lorsque la famille a consenti à ce que la mère, en se remariant, conservât la tutelle, elle a pu être rassurée par la confiance qu'elle avait en la mère elle-même ; on ne doit pas en conclure qu'elle aura nécessairement la même confiance dans le second mari, quand il demeurera seul tuteur.

L'article est adopté avec l'amendement que la nomination faite par la mère de son second mari sera soumise à la confirmation de la famille.

Les articles 12 et 13 sont adoptés.

ap. 397,
392 et 401

La section III est ainsi conçue :

SECTION III. — *De la Tutelle des ascendans.*

Art. 14. « Lorsque l'enfant mineur n'a ni père ni mère, et 402 à 404
« qu'il ne lui a pas été choisi un tuteur par le dernier mou-
« rant de ses père et mère, la tutelle appartient de droit à
« son plus proche ascendant mâle.

« En cas de concours de deux ascendans au même degré,
« la tutelle est dévolue à l'ascendant paternel : il sera pro-
« cédé au choix du subrogé tuteur comme en l'article pré-
« cédent. »

M. Berlier fait remarquer au Conseil que cet article diffère du projet de Code civil en ce que la confirmation de la famille n'est pas exigée. Peut-être, dit-il, est-ce trop donner aux ascendans, souvent très-âgés et peu habiles.

M. Tronchet dit qu'il existe entre les deux projets une différence encore plus importante : elle consiste en ce que la section exclut les aïeules de la tutelle de droit, tandis qu'elles y étaient appelées par le projet de Code civil.

M. Berlier répond que l'intention de la section n'a pas été d'exclure absolument les aïeules de la tutelle, mais qu'il lui a paru dangereux d'admettre de plein droit des personnes en qui la faiblesse du sexe est jointe à la faiblesse de l'âge. En leur ôtant la vocation de loi, on leur a laissé la faculté d'être nommées par le conseil de famille, qui appréciera celles qui peuvent porter un tel fardeau.

Le Consul Cambacérès dit que, dans tous les cas, la préférence doit être accordée aux ascendans de la ligne paternelle, en déférant la tutelle à l'ascendant mâle, lorsqu'il est en concurrence avec sa femme; que l'esprit de famille ne peut être véritablement conservé que dans cette ligne; et que, si cet avis n'est pas adopté, il faut rédiger l'article de manière à autoriser toutes les conventions qui dérogeront à la loi.

M. Berlier dit que la mère a des titres qui n'appartiennent pas à l'aïeule paternelle, ni même à aucun ascendant mâle de cette ligne : elle a porté l'enfant dans son sein, elle l'a élevé; elle doit nécessairement avoir pour lui une affection plus vive que l'ascendante d'un degré supérieur. En cette matière la distinction des lignes n'est rien; et la mère d'ailleurs a sur l'aïeule l'avantage de n'être pas affaiblie par les années.

M. Portalis dit que la question est oiseuse, parce que l'aïeule s'excusera d'accepter la tutelle lorsqu'elle ne se sentira pas assez de force pour la gérer.

M. Treilhard dit qu'on doit craindre que des conseils perfides et intéressés ne déterminent l'aïeule à se charger de la tutelle quoiqu'elle soit très-incapable.

M. Réal dit que cette considération doit faire préférer les dispositions du projet de Code civil.

M. Berlier dit qu'une aïeule n'est pas toujours d'un âge assez avancé pour qu'il lui soit impossible d'administrer la tutelle. C'est par cette raison que le projet permet qu'elle soit nommée tutrice, s'il n'y a pas d'autres tuteurs *légitimes*.

Mais il reste à examiner si, en étendant ses droits, on la fera concourir avec les ascendans mâles, ou si la tutelle sera, à son égard, légitime et nécessaire, ou seulement dative.

M. Bigot-Préameneu rappelle que le projet de Code civil fait intervenir la famille pour prononcer sur le concours entre l'ascendant et l'ascendante.

M. Tronchet accorde que les ascendantes ne soient exclues que lorsqu'il y a des ascendans ; mais il reste à décider si l'aïeul d'un degré plus éloigné exclura l'aïeule d'un degré plus proche.

M. Treilhard dit que la tutelle est un office viril ; la mère n'y est appelée que par une exception qu'il serait peut-être convenable de faire disparaître, à plus forte raison ne faut-il point y appeler l'aïeule.

Le Consul Cambacérès dit que, dans son opinion, la mère elle-même devrait être exclue de la tutelle, en lui laissant cependant la garde de ses enfans.

Toutes ces observations sont renvoyées à la section.

La section IV est ainsi conçue :

section iv. — *De la Tutelle déférée par le conseil de famille.*

Art. 15, 16, 17, 18 et 19 (*les mêmes que les articles* 14, 15, 16, 17 et 18 *de la rédaction qui précède*). 405 à 407 et 409

Art. 20. « Le délai pour comparaître sera réglé par le 411
« juge de paix à jour fixe, mais de manière qu'il y ait tou-
« jours, entre la citation notifiée et le jour indiqué pour la
« réunion du conseil, un intervalle de trois jours au moins,
« quand toutes les parties citées résideront dans la commune,
« ou dans la distance de deux myriamètres.

« Toutes les fois que, parmi les parties citées, il s'en trou-
« vera de domiciliées au-delà de cette distance, le délai sera
« augmenté d'un jour par trois myriamètres. »

Art. 21. « Tout parent, allié ou ami convoqué, et qui, 413
« sans excuse légitime, ne comparaîtra point, encourra une

« amende qui ne pourra excéder cinquante francs, et sera
« prononcée sans appel par le juge de paix. »

414 à 425
et 432

Art. 22, 23, 24, 25, 26, 27, 28, 29, 30 et 31 (*les mêmes
que les articles* 20, 21, 22, 23, 24, 25, 26, 27, 28, 29 et 30
de la rédaction précédente).

419

Art. 32. « La tutelle est une charge personnelle qui ne
« passe point aux héritiers du tuteur ; ceux-ci seront seule-
« ment responsables de la gestion de leur auteur ; et s'ils
« sont majeurs, ils seront tenus de la continuer jusqu'à la
« nomination d'un nouveau tuteur. »

405 et 406

Les articles 15, 16 et 17 sont discutés.

M. Tronchet observe, sur l'article 17, qu'il est nécessaire
d'examiner d'abord si la responsabilité sera solidaire entre
parens au même degré.

M. Defermon dit que, si la responsabilité n'était ainsi réglée, les parens du degré le plus éloigné en porteraient le
poids autant que ceux du degré le plus proche.

M. Bigot-Préameneu dit que la section a entendu proposer qu'il y aurait responsabilité solidaire entre les parens
de chaque degré, mais qu'elle serait bornée aux parens résidant dans l'arrondissement.

M. Treilhard pense que cette limitation aux parens présens est indispensable : il serait possible en effet que les
autres ignorassent la mort du père. D'ailleurs, comme le
juge doit convoquer d'office, on peut, sans exposer les intérêts du mineur, restreindre l'obligation des parens.

Le Consul Cambacérès dit que la nouvelle organisation des
justices de paix ayant donné plus d'étendue aux arrondisse-
mens, il arrivera souvent que tous les parens domiciliés dans
le même ressort ne seront réellement pas instruits de la mort
du père, et qu'ainsi l'article deviendra injuste à leur égard.
Cette considération doit décider à ne rendre indéfiniment
responsable que les parens qui se trouvent dans la résidence
du défunt, et les autres en cas de négligence seulement. Une

disposition plus étendue serait vexatoire ; elle exposerait des parens de bonne foi à se voir recherchés, après un laps de temps considérable, pour n'avoir pas fait des actes conservatoires dont ils ignoraient la nécessité.

Il n'en est pas ici comme dans le cas d'une assemblée de famille : tous ceux qui doivent se trouver à une telle assemblée, ayant été avertis, n'ont pas d'excuse, et sont punissables s'ils ne s'y rendent.

M. BIGOT-PRÉAMENEU voudrait que la responsabilité ne portât que sur les plus proches parens qui se trouvent dans sa résidence.

M. TREILHARD dit qu'elle doit s'étendre même aux plus éloignés, pourvu qu'ils soient dans la résidence, et en suivant l'ordre établi par le projet.

M. BIGOT-PRÉAMENEU met peu de confiance dans la solidarité : en général elle est nulle. Dans la ci-devant Bretagne, où elle était établie, les juges la trouvaient si dure, qu'ils en affranchissaient toujours sous quelque prétexte. Quant à la responsabilité personnelle, il est inutile que la loi s'en explique, puisqu'elle est de droit.

M. THIBAUDEAU dit que la responsabilité qu'on propose présente beaucoup de difficultés. On pourrait charger le juge de paix de convoquer la famille, ou l'officier de l'état civil de donner avis du décès aux parens.

M. TREILHARD observe que les parens peuvent n'être pas connus de l'officier de l'état civil.

M. TRONCHET dit que la responsabilité, faute de convocation, lui a toujours paru avoir des inconvéniens ; et d'ailleurs l'expérience en a prouvé l'inutilité. Elle n'avait lieu en effet que dans la ci-devant Bretagne ; et cependant, dans toutes les autres parties de la France, les intérêts des mineurs n'étaient pas compromis, parce que le ministère public veillait pour eux et faisait apposer les scellés.

Les articles sont renvoyés à la section pour les rédiger d'après les amendemens proposés par le Consul *Cambacérès*.

407   L'article 18 est discuté.

M. Bigot-Préameneu demande que le conseil de famille soit toujours formé en nombre impair.

Le Consul Cambacérès ne voudrait pas que tous les parens fussent appelés, quel que soit leur degré; il voudrait qu'on appelât les plus proches, fussent-ils même hors de l'arrondissement; autrement il pourrait arriver que des frères même se trouveraient exclus de l'assemblée, et des parens des degrés plus éloignés ne seraient convoqués que jusqu'à concurrence d'un certain nombre. Les parens résidant hors de l'arrondissement pourraient proposer leur excuse et seraient remplacés par ceux du degré subséquent. On fait concourir les parens de chaque ligne dans une porportion aussi égale qu'il serait possible, et le concours entre les degrés de chaque ligne serait réglé : on pourrait, par exemple, appeler ensemble les frères et les oncles.

L'article sera rédigé conformément à ces amendemens.

409   L'article 19 est discuté.

Le Consul Cambacérès demande que la convocation ne soit pas étendue aux voisins. Les rapports de voisinage ne sont plus d'aucune considération dans les mœurs actuelles. Or, il serait injuste de soumettre à une responsabilité gênante des citoyens que le hasard fait demeurer quelquefois momentanément auprès du père décédé, et qui leur était peut-être inconnu. Il n'en est pas de même des amis, ou du moins de ceux qui avaient des rapports habituels avec le décédé. Ceux-ci pourraient être appelés; et la commune renommée, ainsi que la déclaration des gens de la maison, suffiraient pour les faire connaître.

M. Tronchet propose de faire désigner par le juge de paix ceux qui doivent former l'assemblée.

M. Treilhard pense que ce choix ne devrait avoir tout au plus lieu que sur une liste fournie par les parens, c'est-à-dire par ceux qui ont intérêt à la nomination du tuteur.

L'article est adopté avec l'amendement proposé par le Consul.

L'article 20 est adopté.   4u

L'article 21 est discuté.   413

M. Bigot-Préameneu propose d'autoriser les parens à comparaître par un fondé de pouvoir.

Le Consul Cambacérès dit que si cette facilité leur était refusée, les plus proches parens se trouveraient quelquefois dans l'impossibilité de concourir au choix du tuteur. Cependant, ajoute le Consul, afin que la nomination ne soit pas remise à l'arbitrage d'un seul ou d'un trop petit nombre d'électeurs, il conviendra de ne pas permettre que plusieurs se fassent représenter par le même fondé de pouvoir.

M. Berlier dit qu'on pourrait échapper à l'inconvénient dont a parlé le Consul en exigeant que chaque procuration désignât l'individu qu'entend élire le parent qui la donne.

Le Consul Cambacérès répond que le fondé de pouvoir doit être autorisé à voter, parce que c'est la délibération qui détermine le choix. D'ailleurs, si celui qui est nommé s'excuse, il importe qu'on le remplace aussitôt.

L'article est adopté avec les amendemens proposés par le Consul *Cambacérès* et par M. *Bigot-Préameneu.*

La suite de la discussion est ajournée.

(Procès-verbal de la séance du 29 vendémiaire an XI. — 21 octobre 1802.)

On reprend la discussion de la section IV du chapitre II du titre *de la Minorité, de la Tutelle et de l'Émancipation.*

Les articles 22 et 23 sont adoptés.   414-415

L'article 24 est discuté.   416

M. Tronchet propose de charger le juge paix de départager : la nomination du tuteur serait trop différée s'il fallait s'en rapporter à un autre départageant ; car il ne serait pas naturel de choisir un membre de l'assemblée ; et cependant on ne pourrait appeler, pour départager, une personne absente, sans recommencer la délibération en sa présence.

L'article est adopté avec l'amendement de M. *Tronchet.*

sect. 5   Les articles 25 et 26 sont ajournés pour former une section nouvelle.

av. 417   L'article 27 est discuté.

M. Treilhard pense que le tuteur ne doit user que sous l'autorisation de la famille, de la faculté que lui accorde cet article; autrement il pourrait consumer en frais le patrimoine du mineur.

M. Berlier répond que, lors du compte de tutelle, ces frais d'administration ne lui seraient pas alloués en dépense s'ils étaient jugés inutiles.

L'article est adopté avec l'amendement de M. *Treilhard.*

417   L'article 28 est discuté.

M. Tronchet propose de faire toujours nommer le tuteur par les membres de la famille résidant au lieu où la succession est ouverte, parce qu'il peut arriver qu'un mineur résidant en France n'ait point de parens dans les colonies où une partie de ses biens est située, et réciproquement.

Le Consul Cambacérès propose de décider que si le pupille réside en France, ses parens de France nomment le tuteur qui gérera ses biens dans les colonies; que si ce tuteur s'excuse, il sera pourvu sur les lieux à son remplacement.

L'article est adopté avec cet amendement.

417   L'article 29 est discuté.

M. Bigot-Préameneu demande la suppression de cet article.

Il observe que la disposition qu'il renferme fournirait un motif de refus aux parens les plus proches; car il peut arriver qu'ils n'aient pas été appelés à l'assemblée : si l'absent peut alléguer une excuse valable, il sera libre de refuser la tutelle

M. Treilhard ajoute que d'ailleurs il est possible que tous

les individus appelés à l'assemblée, ou soient incapables de la tutelle, ou aient le droit de refuser.

Le Consul Cambacérès consent à la suppression de l'article, pourvu que l'on conserve à l'absent le droit de s'excuser lorsqu'il y aura des parens plus proches capables de la tutelle.

L'article est supprimé.

La proposition du Consul est adoptée et renvoyée à la section V.

L'article 3o est supprimé.

Les articles 31 et 32 sont adoptés.

On reprend la discussion des articles 25 et 26.

Ils sont adoptés pour être placés dans une section particulière.

La section V est soumise à la discussion. Elle est ainsi conçue :

SECTION V.—*Des Causes qui dispensent de la tutelle.*

Art. 33, 34 et 35 (*les mêmes que les articles* 32, 33 et 34 *de la première rédaction*).

Art. 36. « Ceux, au contraire, à qui lesdites fonctions, ser- « vices ou missions auront été conférés postérieurement à « l'acceptation et gestion d'une tutelle, pourront, s'ils ne « veulent la conserver, faire convoquer un conseil de famille « pour y être procédé à leur remplacement.

« Si, à l'expiration de ses fonctions, services ou missions, « le nouveau tuteur réclame sa décharge, ou que l'ancien « redemande la tutelle, elle pourra lui être rendue par le « conseil de famille. »

Art. 37 et 38 (*les mêmes que les articles* 36 et 37 *de la ré-* « *daction du premier procès-verbal*).

Art. 39. « Deux tutelles sont pour toutes personnes une « juste dispense d'en accepter une troisième.

« Celui qui, époux ou père, sera déjà chargé d'une tu- « telle, ne pourra être tenu d'en accepter une seconde, ex- « cepté celle de ses enfans. »

Ib.

418-419

sect. 5.

427-428
et 430

431

433-434

435

436 Art. 40. « Ceux qui ont cinq enfans légitimes sont dis-
« pensés de toute tutelle autre que celle desdits enfans.

« Les enfans morts en activité de service dans les armées
« de la République seront toujours comptés pour opérer
« cette dispense.

« Les autres enfans morts ne seront comptés qu'autant
« qu'ils auront eux-mêmes laissé des enfans actuellement
« existans. »

437 Art. 41. « La survenance d'enfans pendant la tutelle ne
« pourra autoriser à l'abdiquer. »

438 Art. 42. « Si le tuteur nommé est présent à la délibération
« qui lui défère la tutelle, il devra sur-le-champ, et sous
« peine d'être déclaré non-recevable dans toute réclamation
« ultérieure, proposer ses excuses, sur lesquelles le conseil
« de famille délibérera. »

439 Art. 43. « Si le tuteur nommé n'a pas assisté à la délibé-
« ration qui lui a déféré la tutelle, il pourra faire convoquer
« le conseil de famille pour délibérer sur ses excuses.

« Ses diligences à ce sujet devront avoir lieu dans le délai
« de trois jours à partir de la notification qui lui aura été
« faite de sa nomination, lequel délai sera augmenté d'un
« jour par trois myriamètres de distance du lieu de son do-
« micile à celui de l'ouverture de la tutelle : passé ce délai,
« il sera non recevable. »

440-441 Art. 44 et 45 (*les mêmes que les articles* 42 *et* 43 *du premier
procès-verbal*).

427 L'article 33 est adopté.

428 L'article 34 est discuté.

M. TREILHARD trouve cet article trop vague. Un citoyen
capable d'être tuteur peut être chargé, au moment de la
nomination, d'une mission de très-courte durée; il ne serait
pas juste qu'elle devînt pour lui une excuse. Il y a d'ailleurs
des missions secrètes qui ne peuvent être alléguées.

LE CONSUL CAMBACÉRÈS dit que tout se concilierait si l'on

faisait dépendre de la volonté du gouvernement l'application de l'excuse : ce serait le gouvernement qui, d'après la connaissance qu'il aurait de la nature et de la durée de la mission, déciderait si elle doit excuser de la tutelle.

M. Bérenger dit que l'intérêt public a toujours été un motif de dispenser de la tutelle : il doit, sans doute, l'emporter sur l'intérêt particulier du mineur. Il est même des circonstances où l'on ne pourrait, sans injustice, faire céder à cet intérêt du mineur l'intérêt du tuteur élu ; tel serait le cas où ce dernier ne pourrait gérer la tutelle sans sacrifier son état et la subsistance de sa famille : il conviendrait donc de donner plus de latitude aux motifs de dispense.

L'article est adopté avec l'amendement proposé par le Consul.

Les articles 35, 36, 37 et 38 sont adoptés. 430 à 434

L'article 39 est discuté. 435

M. Regnaud (de Saint-Jean-d'Angely) demande si la disposition est bornée aux pères des militaires morts des suites de leurs blessures.

M. Berlier répond qu'elle s'applique indistinctement aux pères de tous ceux qui sont morts au service de la République, quelle que soit la cause de leur mort.

L'article est adopté.

Les articles 40, 41, 42, 43, 44 et 45 sont adoptés. 436 à 441

La section VI est ainsi conçue :

SECTION VI. — *De l'Incapacité, des Exclusions et Destitutions de la tutelle.*

Art. 46. « Ne peuvent être tuteurs ni membres des conseils 442 « de famille,

« 1°. Les mineurs, excepté le père ou la mère ;

« 2°. Les interdits ;

« 3°. Les femmes, autres que la mère et les ascendantes ;

« 4°. Tous ceux qui ont ou dont les père ou mère ont avec « le mineur un procès dans lequel l'état de ce mineur, sa

« fortune ou une partie notable de ses biens sont compromis. »

441-443   Art. 47. « Sont exclus de la tutelle, et même destituables
« dans le cas où il s'agirait d'une tutelle antérieurement
« déférée,

    « 1°. Ceux qui ont été ou viendraient à être condamnés à
« une peine afflictive ou infamante;

    « 2°. Les gens d'une inconduite notoire;

    « 3°. Ceux dont la gestion attesterait l'incapacité. »

445   Art. 48. « Tout individu qui aura été exclu ou destitué
« d'une tutelle ne pourra être membre d'un conseil de
« famille. »

446   Art. 49. « La poursuite de la destitution appartient au
« subrogé tuteur.

    « Tout créancier ou parent du mineur peut aussi s'adresser
« au juge de paix, qui, lorsqu'il y aura lieu, convoquera le
« conseil de famille pour délibérer sur la destitution. »

447   Art. 50. « Toute délibération du conseil de famille qui
« prononcera l'exclusion ou la destitution du tuteur sera
« motivée, et ne pourra être prise qu'après avoir entendu ou
« appelé le tuteur. »

448   Art. 51. « Si le tuteur adhère à la délibération, il en sera
« fait mention, et le nouveau tuteur entrera aussitôt en
« fonctions.

    « S'il y a réclamation, le subrogé tuteur poursuivra l'ho-
« mologation de la délibération devant le tribunal de pre-
« mière instance, qui prononcera, sauf l'appel.

    « Le tuteur destitué peut lui-même, en ce cas, assigner
« le subrogé tuteur pour se faire déclarer maintenu en la
« tutelle. »

449   Art. 52. « Les parens ou alliés qui auront requis la convo-
« cation pourront intervenir dans la cause, qui sera ins-
« truite et jugée comme affaire urgente. »

442 à 445   Les articles 46, 47 et 48 sont adoptés.

446   L'article 49 est discuté.

Le Consul Cambacérès demande pourquoi la section n'accorde pas aussi l'action en destitution aux parens les plus proches.

M. Berlier répond qu'on a cru ne devoir imposer qu'au subrogé tuteur l'obligation de poursuivre la destitution ; mais qu'on n'a pas entendu exclure les parens les plus proches de la faculté d'exercer cette action.

Le Consul Cambacérès pense qu'il serait utile de déclarer explicitement que les parens, jusqu'au degré de cousin germain inclusivement, ont le droit de poursuivre à leurs frais, devant les tribunaux, la destitution du tuteur. Ils déféreraient aux juges la délibération de la famille, si elle tendait à maintenir la tutelle à celui qui l'exercerait.

L'article est adopté avec l'amendement du Consul.

Les articles 50, 51 et 52 sont adoptés.   447 à 449

La section VII est ainsi conçue :

SECTION VII. — *De l'Administration du tuteur.*

Art. 53. « Le tuteur prendra soin de la personne du mineur.   450

« Il administrera ses biens en bon père de famille, et ré-
« pondra des dommages-intérêts qui pourraient résulter
« d'une mauvaise gestion.

« Il ne peut ni acheter les biens du mineur, ni les prendre
« à ferme, à moins que le conseil de famille n'ait autorisé le
« subrogé tuteur à lui en passer bail, ni accepter la cession
« d'aucun droit ou créance contre son pupille. »

Art. 54, 55, 56 et 57 (*les mêmes que les articles* 53, 54,   451 à 453
55 et 56 *du premier procès-verbal*).   et 457

Art. 58. « Les délibérations du conseil de famille, relatives   458
« à cet objet, ne seront exécutées qu'après que le tuteur en
« aura demandé et obtenu l'homologation devant le tribunal
« civil de première instance, qui y statuera en la chambre du
« conseil, et après avoir entendu le commissaire du gou-
« vernement. »

Art. 59. « La vente se fera publiquement, en présence du   459

« subrogé tuteur, aux enchères, qui seront reçues par un
« commissaire du tribunal civil, ou autre officier public par
« lui délégué, et à la suite de trois affiches apposées par
« trois dimanches consécutifs aux lieux accoutumés dans le
« canton.

« Chacune de ces affiches sera visée et certifiée par le maire
« des communes où elles auront lieu. »

460　Art. 60. « Les formalités exigées par les trois articles précé-
« dens pour l'aliénation des biens du mineur ne s'appliquent
« point au cas où il deviendrait nécessaire de liciter sur la
« provocation d'un copropriétaire indivis.

« Seulement, et en ce cas, la licitation ne pourra se faire
« que devant un officier public, après trois affiches apposées
« et visées comme il est dit en l'article précédent : les étran-
« gers y seront nécessairement admis. »

461 à 465　Art. 61, 62 et 63 (*les mêmes que les articles* 60, 61 et 62
du premier procès-verbal).

466　Art. 64. « Pour obtenir, à l'égard du mineur, tout l'effet
« qu'il aurait entre majeurs, le partage, dans le cas même
« où la tutelle est exercée par le père ou la mère, devra être
« fait en justice.

« Il sera précédé d'une estimation faite par experts nom-
« més par le tribunal civil du lieu de l'ouverture de la suc-
« cession.

« Ces experts, après avoir affirmé leur estimation devant
« le président du même tribunal, procéderont à la division
« des héritages, et à la formation des lots, qui seront tirés au
« sort et en présence soit d'un commissaire du tribunal, soit
« d'un officier public par lui délégué, lequel fera la déli-
« vrance des lots. »

ap. 466　Art. 65. « Dans le cas où le partage en justice est provoqué
« au nom du mineur et dans son intérêt, les frais de justice
« seront par lui supportés ;

« Au cas contraire, ils seront supportés par tous les copar-
« tageans. »

Art. 66 (*le même que l'article 65 du premier procès-verbal*). 468

L'article 53 est adopté. 450

L'article 54 est discuté. 451

M. TRONCHET dit que la dernière disposition de cet article paraît sans objet, puisque le tuteur ne peut se prétendre créancier sans rapporter le titre de sa créance.

M. JOLLIVET répond qu'on doit pourvoir à ce qu'il ne puisse faire revivre sa créance en supprimant la quittance qu'il a donnée.

L'article est adopté.

Les articles 55 et 56 sont adoptés. 452-453

L'article 57 est discuté. 457

LE CONSUL CAMBACÉRÈS pense que cet article est trop précis. Il est encore d'autres cas que ceux qu'il spécifie, où l'intérêt du mineur peut exiger l'aliénation d'un immeuble ou d'un emprunt.

La garantie du mineur dépend surtout de l'impuissance où doit être le tuteur d'aliéner ou d'emprunter sans y avoir été autorisé.

M. TRONCHET rappelle que les anciennes lois se bornaient à défendre les aliénations, hors les circonstances où elles étaient commandées par une *nécessité absolue*, ou par un *avantage évident du mineur.* Elles embrassaient ainsi tous les cas.

La rédaction proposée par M. *Tronchet* est adoptée.

Les articles 58 et 59 sont adoptés. 458-459

L'article 60 est discuté. 460

M. BIGOT-PRÉAMENEU pense qu'il conviendrait d'exiger une estimation préalable.

M. RÉAL dit que cette formalité entraîne des frais trop considérables, surtout lorsqu'il faut ensuite entamer une procédure pour obtenir l'autorisation de vendre au-dessous de l'estimation.

L'article est adopté.

461 à 463 L'article 61 est discuté.

M. Berlier observe que, dans cet article, la section s'est écartée du projet de Code civil. Elle a pensé que le tuteur ne devait pas avoir le droit de priver, même provisoirement, son pupille d'une succession ou d'une libéralité quelconque.

M. Tronchet dit que les rédacteurs du projet, en donnant au tuteur le pouvoir de répudier une succession ou une donation, pourvoyaient néanmoins à la sûreté du mineur, en l'autorisant à reprendre la succession ou la donation à sa majorité.

M. Treilhard dit que cette garantie paraît suffisante.

M. Berlier observe qu'elle peut ne pas l'être, parce que le mineur serait obligé de prendre les choses dans l'état où elles se trouveraient à sa majorité.

M. Jollivet pense que le pouvoir qu'on propose de donner au tuteur est dans l'intérêt du mineur; car la succession qui lui échoit peut être tellement embarrassée, que le tuteur, pour la liquider, soit forcé de dépenser une partie du patrimoine de son pupille.

M. Tronchet ajoute que si la succession est onéreuse, le mineur, après avoir vu consumer en frais une partie de ses biens actuels, peut demeurer encore chargé des dettes du défunt.

Ces diverses observations sont renvoyées à la section.

464 L'article 62 est discuté.

M. Tronchet demande qu'on retranche l'exception exprimée dans cet article en faveur des pères et mères, puisque la loi ne leur accorde pas le droit d'aliéner les biens du mineur.

L'article est adopté avec cet amendement.

465-466 Les articles 63 et 64 sont adoptés sauf rédaction.

ap. 466 L'article 65 est discuté.

M. Treilhard demande la suppression de cet article. Il observe que quand le partage est reconnu nécessaire et juste, c'est la chose qui doit en supporter les frais.

L'article est supprimé.

L'article 66 est adopté.   468

La section VIII est ainsi conçue :

SECTION VIII. — *Des Comptes de tutelle.*

Art. 67. « Tout tuteur est de plein droit comptable de sa   469
« gestion lorsqu'elle finit. »

Art. 68. « Tout tuteur, autre que le père et la mère, peut   470
« être tenu, même durant la tutelle, de remettre au subrogé
« tuteur des états de situation de sa gestion aux époques que
« le conseil de famille aura jugé à propos de fixer, sans néan-
« moins que le tuteur puisse être astreint à en rendre plus
« d'un chaque année.

« Ces états de situation seront rédigés et remis sans frais
« sur papier non timbré, et sans aucune formalité de justice. »

Art. 69, 70, 71, 72, 73 et 74 (*les mêmes que les articles* 68,   454-456-
69, 70, 71, 72 et 73 *de la rédaction contenue au premier pro-*   471 à 474
cès-verbal).

Les articles 67 et 68 sont adoptés.   469-470

L'article 69 est discuté.   454-456

M. Bigot-Préameneu rappelle, sur la dernière disposition
de cet article, que le droit actuel donne au tuteur un délai
de six mois pour faire emploi.

M. Berlier dit que le tuteur peut mettre sa responsabilité
à couvert, en soumettant au conseil de famille les obstacles
qu'il rencontre à faire emploi avec plus ou moins de célérité.

Le Consul Cambacérès dit que si l'on ne donne au tuteur
un délai suffisant pour chercher un placement sûr et avantageux, on l'expose à mal placer.

L'article est adopté avec l'amendement proposé par M. *Bigot-Préameneu.*

Les articles 70, 71, 72, 73 et 74 sont renvoyés à la section   471 à 474
pour en retrancher les dispositions qui blessent le droit que
le pupille acquiert par la majorité, de régler par lui-même
ses affaires.

La section IX est ainsi conçue :

SECTION IX. — *Des Garanties relatives à la tutelle.*

Art. 75, 76, 77 et 78 (*les mêmes que les articles* 75, 76, 77 *et* 78 *de la rédaction contenue au premier procès-verbal*).

L'article 75 est discuté.

M. MALEVILLE dit que la responsabilité qu'établit cet article n'a existé jusqu'ici que dans le cas où il y avait dol de la part des nominateurs.

M. BIGOT-PRÉAMENEU dit que la loi de la ci-devant Bretagne, qui rendait les nominateurs responsables, n'a jamais été exécutée.

M. TRONCHET observe qu'il est difficile de répondre de la solvabilité d'un individu, parce qu'il est difficile de la connaître.

M. JOLLIVET propose de ne pas rendre les nominateurs responsables. Le mineur trouve une garantie suffisante de leur choix dans l'intérêt qu'ils ont de ne pas exposer à la dilapidation une succession que peut-être ils recueilleront un jour.

M. BÉRENGER ajoute qu'il ne convient pas de rendre la fortune de plusieurs citoyens incertaine, dans la vue d'assurer celle d'un seul.

Les articles 75, 76, 77, et la première partie de l'article 78, sont supprimés.

La seconde partie de ce dernier article est adoptée.

La suite de la discussion du titre est ajournée.

(Procès-verbal de la séance du 6 brumaire an XI. — 28 octobre 1802.)

On reprend la discussion du titre *de la Minorité*, *de la Tutelle et de l'Émancipation.*

388 et 2p. M. BERLIER reproduit le chapitre *de la Minorité*, dont la discussion avait été ajournée dans la séance du 22 vendémiaire.

Le Consul Cambacérès dit que les articles 2 et 3 entrent 388 et sp. dans le chapitre *de l'Émancipation.*

Ils sont renvoyés à ce chapitre.

Le Consul Cambacérès dit que la seule question que présente l'article 1er est celle de savoir s'il ne convient pas de reculer la majorité à un âge plus avancé.

Ce changement pourrait être utile ; mais comme depuis long-temps la majorité est fixée à vingt-un ans, et que d'ailleurs il paraît conséquent de faire coïncider la majorité civile avec la majorité politique, il y aurait peut-être quelque inconvénient à abroger le droit établi.

L'article est adopté.

M. Berlier présente le chapitre III, intitulé *de l'Émancipation ;* il est ainsi conçu :

De l'Émancipation.   ch. 3

Art. 79, 80, 81, 82, 83, 84, 85, 86, 87 et 88 (*les mêmes que les articles 78, 79, 80, 81, 82, 83, 84, 85, 86 et 87 de la rédaction contenue au premier procès-verbal*).

L'article 79, premier du chapitre, est adopté.   476

L'article 80 est discuté.   477

M. Portalis pense que la volonté des père et mère, et même de la famille, ne doit pas, à l'égard de l'émancipation, être subordonnée à la condition que le mineur aura dix-huit ans accomplis ; on s'exposerait à compromettre quelquefois son établissement, car il peut dépendre de son émancipation.

Cependant il importe de fixer pour l'émancipation un âge au-dessous de dix-huit ans ; car l'émancipation ne serait plus qu'un cruel abandon si elle mettait le mineur hors de tutelle lorsque sa faiblesse a encore besoin de protection.

M. Maleville ajoute que d'ailleurs un tuteur pourrait

chercher à se délivrer de la tutelle par une émancipation prématurée.

M. Berlier propose de n'accorder qu'aux pères et mères le pouvoir d'émanciper le mineur au-dessous de dix-huit ans, pourvu qu'il en ait au moins quinze.

Cette proposition est adoptée.

La condition de l'âge de dix-huit ans est maintenue à l'égard de la famille.

478   L'article 81 est discuté.

Le Consul Cambacérès propose de ne pas admettre l'émancipation de plein droit, mais d'autoriser seulement le mineur à demander son émancipation lorsqu'il a atteint dix-huit ans, et de faire statuer par le tribunal.

Cet amendement est adopté.

ap.   L'article 82 est rejeté comme ne se conciliant pas avec les dispositions adoptése.

480-481   Les articles 83 et 84 sont adoptés.

482   L'article 85 est discuté.

Le Consul Cambacérès demande la suppression de la dernière disposition, attendu qu'il est quelquefois utile de donner au mineur un autre curateur que l'individu qui a rempli les fonctions du tuteur, ne fût-ce que pour préparer l'action en reddition de compte de tutelle.

L'article est adopté avec cet amendement.

484   L'article 86 est discuté.

M. Maleville demande si cet article donne au mineur le droit d'emprunter jusqu'à concurrence des revenus cumulatifs de toutes les années qui doivent s'écouler jusqu'à sa majorité, ou seulement jusqu'à concurrence du revenu de chaque année.

M. Berlier répond que cette faculté n'est donnée au mineur que pour le revenu de chaque année.

Le Consul Cambacérès pense que le mineur ne doit jamais pouvoir emprunter sans l'autorisation de la famille.

M. Treilhard observe qu'un mineur peut emprunter indirectement en achetant à crédit. La disposition de l'article serait utile pour ce cas : il faut l'empêcher de dépenser de cette manière au-delà de son revenu de l'année. Cependant il est nécessaire d'accorder ce terme, afin de ne pas exposer à des pertes les fournisseurs de bonne foi.

Le Consul Cambacérès dit que cette règle serait une faible garantie pour ces fournisseurs : aucun d'eux ne peut connaître exactement les revenus du mineur ni la somme jusqu'à concurrence de laquelle ils sont déjà engagés. Il serait plus juste de valider les créances pour les fournitures qui n'excéderaient pas les besoins présumés du pupille, suivant son état et ses facultés.

Les deux propositions du Consul sont adoptées.

L'article 87 est discuté.   485-486

M. Berlier dit que, quoique cet article semble se rattacher à l'article précédent, il est essentiel de maintenir le principe qu'il établit, et qui tend à replacer sous la tutelle le mineur qui aura abusé de l'émancipation.

Car si la voie de l'emprunt lui est interdite sans l'autorisation de sa famille, il pourra, sans cette autorisation, faire des achats et autres simples actes relatifs à son administration : mais s'il a contracté des obligations immodérées, et que les tribunaux aient été dans le cas de les réduire, il ne conviendrait pas de lui laisser une administration dans laquelle il aurait si mal répondu à l'attente de sa famille.

Sous ce rapport, l'émancipation acquiert un degré d'utilité immense : ce sera un stage dans lequel chacun craindra de malverser ; et l'on sent quelle influence ces premières années peuvent avoir sur le reste de la vie.

L'article est adopté sauf rédaction.

L'article 88 est adopté.   487

M. Berlier présente une nouvelle rédaction du titre, faite

38.

d'après les amendemens adoptés dans les séances des 22 et 29 vendémiaire, et dans celle de ce jour.

Le Conseil l'adopte en ces termes :

CHAPITRE Ier.

De la Minorité.

388   Art. 1er. (*le même que l'article 1er de la première rédaction*)

CHAPITRE II.

De la Tutelle.

Section 1re. — *De la Tutelle des père et mère.*

390   Art. 2 (*le même que l'article 4 de la rédaction contenue au procès-verbal du 20 frimaire an X*).

391   Art. 3. « Pourra néanmoins le père nommer à la mère « survivante et tutrice un conseil spécial, sans l'avis duquel « elle ne pourra faire aucun acte relatif à la tutelle.

« Si le père spécifie les actes pour lesquels le conseil sera « nommé, la tutrice sera habile à faire les autres sans son « assistance. »

392   Art. 4. « Cette nomination de conseil ne pourra être faite « que de l'une des manières suivantes :

« 1°. Par acte de dernière volonté ;

« 2°. Par une déclaration faite ou devant le juge de paix « assisté de son greffier, ou devant deux notaires, ou devant « un notaire en présence de deux témoins. »

393   Art. 5. « Si lors du décès du mari la femme reste enceinte, « il sera nommé un curateur au ventre.

« A la naissance de l'enfant la mère en deviendra tutrice, « et le curateur en sera de plein droit le subrogé tuteur. »

ap. 393   Art. 6 (*le même que l'article 8 de la rédaction contenue au procès-verbal du 22 vendémiaire an XI*).

394   Art. 7 (*le même que l'article 9 de la rédaction du 20 frimaire an X*).

395   Art. 8. « Si la mère tutrice veut se remarier, elle devra,

« avant l'acte de mariage, convoquer le conseil de famille ,
« qui décidera si la tutelle doit lui être conservée.

« A défaut de cette convocation, elle perdra la tutelle de
« plein droit, et son nouveau mari sera solidairement res-
« ponsable de l'indue gestion qui aura eu lieu depuis le nou-
« veau mariage. »

Art. 9. « Lorsque le conseil de famille , dûment convoqué, 396
« conservera la tutelle à la mère, il lui donnera nécessaire-
« ment pour cotuteur le second mari, qui deviendra solidai-
« rement responsable, avec sa femme, de la gestion posté-
« rieure au mariage. »

SECTION II. — *De la Tutelle déférée par le père ou la mère.*

Art. 10 (*le même que l'article* 11 *de la rédaction contenue* 397
au procès-verbal du 22 vendémiaire an XI).

Art. 11. « Ce droit ne peut être exercé que dans les formes 398
« prescrites par l'article 4 , et sous les exceptions et modifi-
« cations ci-après. »

Art. 12. « La mère remariée, et non maintenue dans la 399
« tutelle des enfans de son premier mariage, ne peut leur
« choisir un tuteur. »

Art. 13. « Lorsque la mère remariée, et maintenue dans la 400
« tutelle, aura fait choix de son second mari , ou de quelque
« parent ou allié de ce second mari, pour être tuteur des
« enfans de son premier mariage, ce choix ne sera valable
« qu'autant qu'il sera confirmé par le conseil de famille. »

Art. 14 (*le même que l'article* 13 *de la rédaction contenue* 401
au procès-verbal du 22 vendémiaire an XI).

SECTION III.— *De la Tutelle des ascendans.*

Art. 15. « Lorsqu'il n'a pas été choisi au mineur un tuteur 402
« par le dernier mourant de ses père et mère, la tutelle ap-
« partient de droit à son aïeul paternel; à défaut de celui-ci,
« à son aïeul maternel; et ainsi en remontant, de manière
« que l'ascendant paternel soit toujours préféré à l'ascendant
« maternel du même degré. »

403 Art. 16. « Si, à défaut de l'aïeul paternel et de l'aïeul ma-
« ternel du mineur, la concurrence se trouvait établie entre
« deux ascendans du degré supérieur qui appartinssent tous
« deux à la ligne paternelle du mineur, la tutelle passera de
« droit à celui des deux qui se trouvera être l'aïeul paternel
« du père du mineur. »

404 Art. 17. « Si la même concurrence a lieu entre deux
« bisaïeuls de la ligne maternelle, la nomination sera faite
« par le conseil de famille, qui ne pourra néanmoins que
« choisir l'un des deux ascendans en concours. »

SECTION IV. — *De la Tutelle déférée par le conseil de famille.*

405 Art. 18. « Lorsqu'un enfant mineur et non émancipé res-
« tera sans père ni mère, ni tuteur élu par ses père ou mère,
« ni ascendans mâles, comme aussi lorsque le tuteur de l'une
« des qualités ci-dessus exprimées se trouvera ou dans le cas
« des exclusions dont il sera parlé ci-après, ou valablement
« excusé, il sera pourvu par un conseil de famille à la nomi-
« nation d'un tuteur. »

406 Art. 19. « Ce conseil sera convoqué, soit sur la réquisi-
« tion et à la diligence des parens du mineur, de ses créan-
« ciers ou d'autres parties intéressées, soit même d'office, et
« à la poursuite du juge de paix du domicile du mineur ; au-
« quel effet toute personne pourra dénoncer à ce juge de paix
« le fait qui donnera lieu à la nomination d'un tuteur. »

407 Art. 20. « Le conseil de famille sera composé, non com-
« pris le juge de paix, de six parens ou alliés pris tant dans
« la commune où la tutelle sera ouverte que dans la distance
« de deux myriamètres, moitié du côté paternel, moitié du
« côté maternel, et en suivant l'ordre de proximité dans
« chaque ligne.

« Le parent sera préféré à l'allié du même degré, et parmi
« les parens de même degré, le plus âgé à celui qui le sera
« moins. »

408 Art. 21. « Les frères germains du mineur et les maris des-

« sœurs germaines sont seuls exceptés de la limitation de
« nombre posée en l'article précédent.

« S'ils sont six ou au-delà, ils seront tous membres du
« conseil de famille, qu'ils composeront à eux seuls, avec les
« ascendantes s'il y en a.

« S'ils sont en nombre inférieur, les autres parens ne se-
« ront appelés que pour compléter le conseil. »

Art. 22. « Lorsque les parens ou alliés se trouveront en   409
« nombre insuffisant sur les lieux ou dans la distance dési-
« gnée par l'article 20, le juge de paix appellera, soit des
« parens ou alliés domiciliés à plus grandes distances, soit
« dans la commune même des citoyens connus pour avoir eu
« des relations habituelles d'amitié avec le père ou la mère
« du mineur. »

Art. 23. « Le juge de paix pourra, lors même qu'il y au-   410
« rait sur les lieux un nombre suffisant de parens ou alliés,
« permettre de citer, à quelque distance qu'ils soient domi-
« ciliés, des parens ou alliés plus proches en degrés ou de
« mêmes degrés que les parens ou alliés présens ; de manière
« toutefois que cela s'opère en retranchant quelques-uns de
« ces derniers, et sans excéder le nombre réglé par les pré-
« cédens articles. »

Art. 24 (*le même que l'article 20 de la rédaction contenue*   411
au procès-verbal du 22 vendémiaire an XI).

Art. 25. « Les parens, alliés ou amis ainsi convoqués, se-   412
« ront tenus de se rendre en personne, ou de se faire repré-
« senter par un mandataire spécial.

« Le fondé de pouvoir ne peut représenter plus d'une per-
« sonne. »

Art. 26 (*le même que l'article 21 de la rédaction contenue*   413
au procès-verbal du 22 vendémiaire an XI).

Art. 27 et 28 (*les mêmes que les articles 21 et 22 de la ré-*   414-415
daction contenue au procès-verbal du 20 frimaire an X).

Art. 29. « Le conseil de famille sera présidé par le juge   416

« de paix, qui y aura voix délibérative et prépondérante en
« cas de partage. »

ap. 416
et 454

Art. 30. « Lorsqu'une partie des biens du mineur sera si-
« tuée dans des départemens continentaux trop éloignés de
« son domicile, le conseil de famille pourra autoriser le tu-
« teur à nommer un ou plusieurs administrateurs particuliers
« salariés, et gérant sous la responsabilité du tuteur. »

417

Art. 31. « Quand le mineur domicilié en France possédera
« des biens dans les colonies, ou réciproquement, l'admi-
« nistration spéciale des biens d'outre-mer sera donnée à un
« protuteur.

« En ce cas, le tuteur et le protuteur seront indépendans,
« et non responsables l'un envers l'autre pour leur gestion
« respective. »

418

Art. 32 (*le même que l'article* 30 *de la rédaction contenue au
procès-verbal du* 20 *frimaire an X*).

419

Art. 33 (*le même que l'article* 32 *de la rédaction contenue au
procès-verbal du* 22 *vendémiaire an XI*).

SECTION V. — *Du Subroge Tuteur.*

420

Art. 34. « Dans toute tutelle il y aura un subrogé tuteur
« nommé par le conseil de famille.

« Ses fonctions consisteront à agir pour les intérêts du mi-
« neur, lorsqu'ils seront en opposition avec ceux du tuteur.»

421

Art. 35. « Lorsque les fonctions du tuteur seront dévolues
« à une personne de l'une des qualités exprimées aux sec-
« tions I, II et III ci-dessus, ce tuteur devra, avant d'entrer
« en fonctions, faire convoquer, pour la nomination d'un
« subrogé tuteur, un conseil de famille composé comme il
« est dit en la section IV.

« S'il s'est ingéré dans la gestion avant d'avoir rempli cette
« formalité, le conseil de famille, convoqué soit sur la réqui-
« sition des parens ou créanciers, soit d'office par le juge de
« paix, pourra, s'il y a eu du dol de la part du tuteur, lui

« retirer la tutelle, sans préjudice des indemnités dues au
« mineur. »

Art. 36. « Dans les autres tutelles, la nomination du su- 422
« brogé tuteur aura lieu immédiatement après celle du tu-
« teur. »

Art. 37. « En aucun cas, le tuteur ne votera pour la no- 423
« mination du subrogé tuteur, lequel sera pris, hors le cas
« de frères germains, dans celle des deux lignes à laquelle
« le tuteur n'appartiendra point. »

Art. 38. « Le subrogé tuteur ne remplacera pas de plein 424
« droit le tuteur, lorsque la tutelle deviendra vacante; mais
« il devra, en ce cas, sous peine des dommages-intérêts qui
« pourraient en résulter pour le mineur, provoquer la nomi-
« nation d'un nouveau tuteur. »

Art. 39. « Les fonctions du subrogé tuteur cesseront à la 425
« même époque que la tutelle. »

SECTION VI. — *Des Causes qui dispensent de la tutelle.*

Art. 40 et 41 (*ces articles sont les mêmes que les articles 32* 427-428
et 33 de la rédaction donnée au procès-verbal du 20 frimaire
an X).

Art. 42. « Si la mission est non authentique et contestée, 429
« la dispense ne sera prononcée qu'après que le gouverne-
« ment se sera expliqué par la voie du ministre dans le dé-
« partement duquel se placera la mission articulée comme
« excuse. »

Art. 43. « Les citoyens de la qualité exprimée aux trois 430
« articles précédens, qui ont accepté la tutelle postérieure-
« ment aux fonctions, services ou missions qui en dispensent,
« ne seront plus admis à s'en faire décharger pour cette
« cause. »

Art. 44. « Ceux, au contraire, à qui lesdites fonctions, 431
« services ou missions auront été conférés postérieurement à
« l'acceptation et gestion d'une tutelle, pourront, s'ils ne
« veulent la conserver, faire convoquer dans le mois un con-

« seil de famille pour y être procédé à leur remplace-
« ment.

« Si, à l'expiration de ses fonctions, services ou missions,
« le nouveau tuteur réclame sa décharge, ou que l'ancien
« redemande la tutelle, elle pourra lui être rendue par le
« conseil de famille. »

433-434   Art. 45 et 46 (*les mêmes que les articles 36 et 37 de la rédaction contenue au procès-verbal du 20 frimaire an X*).

435   Art. 47. « Deux tutelles sont pour toutes personnes une
« juste dispense d'en accepter une troisième.

« Celui qui, époux ou père, sera déjà chargé d'une tutelle,
« ne pourra être tenu d'en accepter une seconde, excepté
« celle de ses enfans. »

436   Art. 48 (*le même que l'article 40 donné au procès-verbal du
29 vendémiaire an XI*).

437   Art. 49 (*le même que l'article 40 de la rédaction contenue au
procès-verbal du 20 frimaire an X*).

438-439   Art. 50 et 51 (*les mêmes que les articles 42 et 43 du procès-
verbal du 29 vendémiaire an XI*).

440-441   Art. 52 et 53 (*les mêmes que les articles 42 et 43 de la rédaction présentée dans la séance du 20 frimaire an X*).

SECTION VII.— *De l'Incapacité, des Exclusions et Destitutions
de la tutelle.*

442 à 445   Art. 54, 55 et 56 (*les mêmes que les articles 46, 47
et 48 de la rédaction contenue au procès-verbal du 29 vendémiaire an XI*).

446   Art. 57. « Toutes les fois qu'il y aura lieu à une destitu-
« tion de tuteur, elle sera prononcée par le conseil de famille,
« convoqué à la diligence du subrogé tuteur, ou d'office par
« le juge de paix.

« Celui-ci ne pourra se dispenser de faire cette convocation,
« quand elle sera formellement requise par un ou plusieurs
« parens ou alliés du mineur, au degré de cousin-germain,
« ou à des degrés plus proches. »

Art. 58 (*le même que l'article* 49 *de la rédaction contenue* 447
au procès-verbal du 20 *frimaire an X*).

Art. 59 *et* 60 (*les mêmes que les articles* 51 *et* 52 *de la ré-* 448-449
daction rapportée au procès-verbal du 29 *vendémiaire an XI*).

SECTION VIII. — *De l'Administration du tuteur.*

Art. 61 (*le même que l'article* 53 *de la rédaction du procès-* 450
verbal du 29 *vendémiaire an XI*).

Art. 62 , 63 *et* 64 (*les mêmes que les articles* 53 , 54 *et* 55 451 à 453
du procès-verbal du 20 *frimaire an X*).

Art. 65. « Lors de l'entrée en exercice de toute tutelle 454
« autre que celle des père et mère, le conseil de famille ré-
« glera par aperçu, et selon l'importance des biens régis, la
« somme à laquelle pourra s'élever la dépense annuelle du
« mineur, ainsi que celle d'administration de ses biens. »

Art. 66. « Ce conseil déterminera positivement la somme 455
« à laquelle commencera, pour le tuteur, l'obligation d'em-
« ployer l'excédant des revenus sur la dépense ; cet emploi
« devra être fait dans le délai de six mois, passé lequel le
« tuteur devra les intérêts à défaut d'emploi. »

Art. 67. « Si le tuteur n'a pas fait déterminer par le con- 456
« seil de famille la somme à laquelle doit commencer l'em-
« ploi, il devra, après le délai exprimé dans l'article précé-
« dent, les intérêts de toute somme non employée , *quelque*
« *modique qu'elle soit.* »

Art. 68. « Le tuteur, même le père ou la mère, ne peut 457
« emprunter pour le mineur, ni aliéner ou hypothéquer ses
« biens immeubles, sans y être autorisé par un conseil de
« famille.

« Cette autorisation ne devra être accordée que pour cause
« d'une nécessité absolue ou d'un avantage évident.

« Dans le premier cas, le conseil de famille n'accordera
« son autorisation qu'après qu'il aura été constaté, par un
« compte sommaire présenté par le tuteur, que les deniers,
« effets mobiliers et revenus du mineur sont insuffisans. .

« Le conseil de famille indiquera, dans tous les cas, les
« immeubles qui devront être vendus de préférence, et
« toutes les conditions qu'il jugera utiles. »

438 à 460   Art. 69, 70 et 71 (*les mêmes que les articles* 58, 59 *et* 60
de la rédaction rapportée au procès-verbal du 29 *vendémiaire
an XI.*)

461   Art. 72. « Le tuteur ne pourra accepter ni répudier une
« succession échue au mineur, sans une autorisation préa-
« lable du conseil de famille : l'acceptation n'aura lieu que
« sous bénéfice d'inventaire. »

462   Art. 73. « Dans le cas où la succession répudiée au nom
« du mineur n'aurait pas été acceptée par un autre, elle
« pourra être reprise soit par le tuteur, autorisé à cet effet
« par une nouvelle délibération du conseil de famille, soit
« par le mineur devenu majeur, mais dans l'état où elle se
« trouvera lors de la reprise, et sans pouvoir attaquer les
« ventes et autres actes qui auraient été légalement faits du-
« rant la vacance, sur les curateurs ou commissaires à la
« succession. »

463   Art. 74. « La donation faite au mineur ne pourra être ac-
« ceptée par le tuteur qu'avec l'autorisation du conseil de
« famille.

« Elle aura, à l'égard du mineur, le même effet qu'à l'é-
« gard du majeur. »

464   Art. 75. « Aucun tuteur ne pourra introduire en justice
« une action relative aux droits immobiliers du mineur, ni
« acquiescer à une demande relative aux mêmes droits, sans
« l'autorisation du conseil de famille. »

465   Art. 76. « La même autorisation sera nécessaire au tuteur
« pour provoquer un partage ; mais il pourra, sans cette
« autorisation, répondre à une demande en partage dirigée
« contre le mineur. »

466   Art. 77. « Pour obtenir, à l'égard du mineur, tout l'effet
« qu'il aurait entre majeurs, le partage devra être fait en
« justice, et précédé d'une estimation faite par experts nom-

« més par le tribunal civil du lieu de l'ouverture de la suc-
« cession.

« Les experts, après avoir prêté, devant le président du
« même tribunal, le serment de bien et fidèlement remplir
« leur mission, procéderont à la division des héritages et à
« la formation des lots, qui seront tirés au sort et en pré-
« sence soit d'un commissaire du tribunal, soit d'un officier
« public par lui délégué, lequel fera la délivrance des lots.

« Tout autre partage ne sera considéré que comme provi-
« sionnel. »

Art. 78. « Le tuteur ne pourra transiger au nom du mi- 467
« neur qu'après y avoir été autorisé par le conseil de fa-
« mille, et de l'avis de trois jurisconsultes désignés par le
« commissaire du gouvernement près le tribunal civil.

« La transaction ne sera valable qu'autant qu'elle aura
« été homologuée par le tribunal civil, après avoir entendu
« le commissaire du gouvernement. »

Art. 79 (*le même que l'article 65 de la première rédaction,* 468
procès-verbal du 20 frimaire an X).

SECTION IX. — *Des Comptes de tutelle.*

Art. 80 (*le même que l'article 66 de la première rédaction,* 469
procès-verbal du 20 frimaire an X).

Art. 81 (*le même que l'article 68 de la rédaction contenue au* 470
procès-verbal du 29 vendémiaire an XI).

Art. 82. « Le compte définitif de tutelle sera rendu aux 471
« dépens du mineur, lorsqu'il aura atteint la majorité ; le
« tuteur en avancera les frais.

« On y allouera au tuteur toutes dépenses suffisamment
« justifiées et dont l'objet sera utile. »

Art. 83. « Tout traité qui pourra intervenir entre le tu- 472
« teur et le mineur devenu majeur sera nul s'il n'a été pré-
« cédé de la reddition d'un compte détaillé et de la remise
« des pièces justificatives ; le tout constaté par un récépissé
« de l'oyant-compte, dix jours au moins avant le traité. »

473 Art. 84. « Si le compte donne lieu à des contestations, « elles seront poursuivies et jugées comme les autres contes- « tations en matière civile. »

474 Art. 85. « La somme à laquelle s'élevera le reliquat dû par « le tuteur portera intérêt sans demande, à compter de la « clôture du compte.

« Les intérêts de ce qui sera dû au tuteur par le mineur « ne courront que du jour de la sommation de payer qui « aura suivi la clôture du compte. »

475 Art. 86. « Toute action du mineur contre son tuteur re- « lativement aux faits de la tutelle se prescrit par dix ans, « à compter de la majorité. »

CHAPITRE III.
De l'Émancipation.

476 Art. 87 (*le même que l'article* 78 *de la première rédaction, procès-verbal du* 20 *frimaire an X*).

477 Art. 88. « Le mineur, même non marié, pourra être « émancipé par son père, ou, à défaut de père, par sa « mère, lorsqu'il aura atteint l'âge de quinze ans révolus.

« Cette émancipation s'opérera par la seule déclaration du « père ou de la mère, reçue par le juge de paix assisté de « son greffier. »

478 Art. 89. « Le mineur resté sans père ni mère pourra aussi, « mais seulement à l'âge de dix-huit ans accomplis, être « émancipé, si le conseil de famille l'en juge capable.

« En ce cas, l'émancipation résultera de la délibération « qui l'aura autorisée, et de la déclaration que le juge de « paix, comme président du conseil de famille, aura faite « dans le même acte, *que le mineur est émancipé.* »

479 Art. 90. « Lorsque le tuteur n'aura fait aucune diligence « pour l'émancipation du mineur dont il est parlé dans l'ar- « ticle précédent, et qu'un ou plusieurs parens ou alliés de « ce mineur, au degré de cousin germain ou à des degrés « plus proches, le jugeront capable d'être émancipé, ils

« pourront requérir le juge de paix de convoquer le conseil
« de famille pour délibérer à ce sujet.

« Le juge de paix devra déférer à cette réquisition. »

Art. 91 et 92 (*les mêmes que les articles* 82 *et* 83 *de la pre-* 480et481
mière rédaction, procès-verbal du 26 *frimaire an X*).

Art. 93. « Il ne pourra intenter une action immobiliaire, 482
« ni y défendre, même recevoir et donner décharge d'un
« capital mobilier, sans l'assistance d'un curateur qui en
« surveillera l'emploi. »

Art. 94. « Le mineur émancipé ne pourra faire d'emprunts, 483
« sous aucun prétexte, sans une délibération du conseil de
« famille, homologuée par le tribunal civil.

« A l'égard des obligations qu'il aurait contractées par 484
« voie d'achats ou autrement, elles seront réductibles en cas
« d'excès : les tribunaux prendront à ce sujet en considéra-
« tion la fortune du mineur, la bonne ou mauvaise foi des
« personnes qui auront contracté avec lui, l'utilité ou l'inu-
« tilité des dépenses. »

Art. 95. « Tout mineur émancipé dont les engagemens 485
« auraient été réduits en vertu de l'article précédent pourra
« être privé du bénéfice de l'émancipation, laquelle lui sera
« retirée en suivant les mêmes formes que celles qui auront
« eu lieu pour la lui conférer. »

Art. 96. « Dès le jour où l'émancipation aura été révo- 486
« quée, le mineur rentrera en tutelle et y restera jusqu'à sa
« majorité accomplie. »

Art. 97 (*le même que l'article* 87 *de la première rédaction,* 487
procès-verbal du 20 *frimaire an X*).

Le Consul ordonne que le titre ci-dessus sera communiqué par le secrétaire général du Conseil au président de la
section de législation du Tribunat.

COMMUNICATION OFFICIEUSE.

Le 11 brumaire an XI (2 novembre 1802), le projet fut communiqué officieusement à la section de législation du Tribunat, qui l'examina le 25 brumaire et les jours suivans.

OBSERVATIONS DE LA SECTION.

Le rapporteur est entendu au nom de la commission chargée d'examiner le projet.

Le rapport fait, la discussion est ouverte sur chacun des articles.

On ne rappellera que ceux qui ont donné lieu à des observations.

CHAPITRE II.

389-390   Art. 2. La section pense que le premier article de ce chapitre doit énoncer en termes précis quelle est, durant le mariage, la qualité du père par rapport aux biens personnels de ses enfans mineurs, soit pour ce qui concerne la propriété de ces biens seulement s'il a droit à la jouissance, soit pour ce qui concerne la jouissance et la propriété; si l'une et l'autre appartiennent à ses enfans. Jamais jusqu'à ce jour le père ne fut qualifié de tuteur de ses enfans avant la dissolution du mariage. Si, pendant que le mariage existe, la loi n'admettait aucune différence entre le père et le tuteur proprement dit, il faudrait que le père fût, par rapport aux biens personnels de ses enfans, assujetti durant le mariage à toutes les conditions et charges que la loi impose au tuteur; il faudrait que le père fût sous la surveillance d'un subrogé tuteur, sous la dépendance d'un conseil de famille, etc.; ce qui répugne à tous les principes constamment reçus.

Il paraît évident que, jusqu'à la dissolution du mariage, le véritable titre du père, et le seul qu'il puisse avoir dans l'hypothèse dont il est ici question, est celui d'administrateur.

C'est sur cette observation qu'est fondée la disposition suivante que la section adopte.

« Le père est, durant le mariage, administrateur des « biens personnels de ses enfans mineurs.

« Il est comptable quant à la propriété et aux revenus des « biens dont il n'a pas la jouissance, et quant à la propriété « seulement de ceux des biens dont la loi lui donne l'usufruit.

« Tout ce qui intéresse la propriété des biens sera réglé « par la disposition de la section VIII. »

Cette disposition doit être placée en tête du chapitre II, dont l'article 1er deviendrait alors le second.

Quant à ce dernier article, on désire que, si la mort civile opère la dissolution du mariage, on substitue aux mots *par le décès de l'un des époux*, les mots suivans, *par la mort naturelle ou civile de l'un des époux*. Cette substitution préviendra toute incertitude, et dispensera de la nécessité de consulter une autre portion du Code.

Art. 4. On pense que la déclaration portant nomination de conseil de la part du père à la mère survivante et tutrice peut valablement être faite devant tout juge de paix, et qu'il n'importe point si le déclarant est ou n'est pas domicilié dans son ressort. Ainsi, au lieu des mots *devant le juge de paix*, on propose de dire *devant un juge de paix*. 392

On propose aussi de dire *ou devant notaires*, au lieu des mots *ou devant deux notaires, ou devant un notaire, en présence de deux témoins;* ces détails appartenant à la loi sur l'organisation du notariat, qui doit les régler.

Art. 5. La section adopte, sur le premier alinéa, les rectifications suivantes : 393

1°. Au lieu de, « la femme *reste* enceinte, » on dira, « la femme *est* enceinte; »

2°. Au lieu de *curateur au ventre*, on dira *curateur à l'enfant à naître;*

3°. On terminera le même alinéa par les mots *par le conseil de famille*; ce qui déterminera clairement par qui le curateur doit être nommé.

Cet alinéa sera donc ainsi conçu :

« Si, lors du décès du mari, la femme est enceinte, il
« sera nommé un curateur à l'enfant à naître par le conseil
« de famille. »

ap. 393   Art. 6. On pense que la rédaction suivante doit être pré-férée. Alors on verra sur-le-champ de quels enfans et de quel curateur il est ici question.

« Quand il existera d'autres enfans mineurs non émanci-
« pés, leur subrogé tuteur remplira en même temps les
« fonctions de curateur à l'enfant à naître. »

395   Art. 8. Il est dit dans cet article que la mère tutrice qui se remarie avant d'avoir convoqué le conseil de famille perd la tutelle de plein droit : mais, comme l'expression littérale de la loi semblerait autoriser le nouveau mari à prétendre en pareil cas qu'il n'est responsable que de l'indue gestion qui aurait eu lieu depuis le nouveau mariage, on demande que l'article soit conçu de manière qu'il ne puisse y avoir aucune méprise sur le véritable esprit de la loi, qui est que le mari réponde du défaut de gestion comme de l'indue gestion.

On propose en conséquence de dire : « et son nouveau
« mari sera solidairement responsable avec elle depuis le
« nouveau mariage. »

Cette nouvelle rédaction, plus concise que la première, n'admet aucune restriction, tandis que l'autre paraît offrir un sens limitatif.

400   Art. 13. Sur cet article, on observe que la mère remariée et maintenue dans la tutelle ne doit pas jouir du même degré de confiance que la tutrice non remariée. Il est toujours à craindre que le choix qu'elle fera d'un tuteur aux enfans de son premier mariage ne se ressente de l'influence de l'auto-rité maritale. Sans choisir un parent ou allié de son nouveau mari, ne pourrait-elle pas nommer un étranger dont le choix

lui aurait été dicté par le mari même? et cependant, d'après la disposition de l'article, une telle nomination n'aurait pas besoin d'être confirmée par le conseil de famille. On pense que la disposition, au lieu d'être restreinte aux parens et alliés du mari, doit être étendue à tous ceux que la femme aurait pu choisir.

On propose de dire :

« Lorsque la mère remariée et maintenue dans la tutelle
« aura fait choix d'un tuteur aux enfans de son premier ma-
« riage, ce choix ne sera valable qu'autant qu'il sera con-
« firmé par le conseil de famille. »

L'amendement est adopté.

Art. 17. On propose de retrancher comme inutiles les 404 mots *en concours*, qui terminent cet article. Adopté.

Art. 19. La section vote aussi le retranchement des mots 406 *auquel effet*, qui lui ont paru inutiles.

Art. 21. On a oublié de comprendre dans cet article les 408 ascendans valablement excusés de la tutelle. Quoiqu'ils ne puissent être contraints d'accepter la qualité de tuteur, ils ne doivent pas pour cela être exclus du conseil de famille. La section pense qu'il est utile que la loi s'explique à cet égard.

Le second alinéa serait alors rédigé de la manière suivante :

« S'ils sont six ou au-delà, ils seront tous membres du
« conseil de famille, qu'ils composeront seuls avec les ascen-
« dantes et les ascendans valablement excusés, s'il y en a. »

Art. 22. Après les mots *lorsque les parens ou alliés*, on 409 propose d'ajouter *de l'une ou l'autre ligne*. Cette addition a paru indispensable pour qu'on ne croie pas qu'il est permis de compléter le nombre des parens ou alliés d'une ligne en appelant des parens ou alliés de l'autre ligne.

Tel est l'esprit de l'article 19, et tel est l'avis de la section.

Art. 28. Après les mots, *la présence des trois quarts au* 415 *moins de ses membres*, la section pense qu'il conviendrait d'ajouter *convoqués*. Par ce moyen, le juge de paix ne serait point compté dans ce nombre, puisque c'est lui qui convoque, et il y aurait toujours au moins trois membres de l'une des deux lignes prenant part à la délibération. Car, en n'y comprenant pas le juge de paix, le nombre des délibérans serait nécessairement de cinq au moins.

ap. 416
et 454

Art. 30. On propose de supprimer cet article, vu que d'une part la disposition de l'article 65 est suffisante pour remplir le vœu de la loi, et que de l'autre cet article 30 tendrait à limiter le sens de l'article 65 : suivant ce dernier article, le conseil de famille ne doit refuser au tuteur aucun des moyens et secours qu'il reconnaît nécessaires pour faciliter sa gestion. Suivant l'article 30, le conseil de famille ne pourrait autoriser le tuteur à nommer un ou deux administrateurs particuliers que dans le cas où une partie des biens du mineur serait située dans des départemens continentaux trop éloignés de son domicile; en sorte que s'il y avait près du domicile du tuteur des exploitations immenses à faire, ou des manufactures considérables à régir au profit du mineur, et que le tuteur n'eût pas, soit le temps, soit les connaissances nécessaires pour s'en charger lui-même, il ne pourrait être admis à nommer un administrateur spécial, par cela seul que ces objets ne se trouveraient pas dans des départemens trop éloignés de son domicile. Cela serait évidemment contraire à l'intérêt du mineur, et c'est à raison de cet intérêt qu'on demande que l'article 30 soit supprimé.

La section, en exprimant son vœu sur le retranchement de cet article, pense aussi que les autres dispositions de la loi, surtout l'article 31, feront assez connaître que le mineur ne peut avoir qu'un seul tuteur pour tous les biens situés dans les départemens continentaux de la France.

417

· Art. 31. Comme il n'est question dans cet article que des biens des colonies, on pense qu'au lieu de dire, *l'administration spéciale des biens d'outre-mer*, il sera plus exact de dire *l'administration spéciale de ces biens*.

Les biens des colonies sont des biens d'outre-mer ; mais

tous les biens d'outre-mer ne sont pas des biens des colonies ; par exemple, ceux situés à Belle-Ile, en Corse, etc.

La section adopte le changement proposé.

Art. 35. 1°. Après les mots *sur la réquisition des parens ou créanciers*, on a oublié d'ajouter, comme dans l'article 19, *ou autres parties intéressées*. La disposition doit s'étendre à toute personne qui a intérêt que le tuteur soit parfaitement en règle. 421

2°. Aux mots *s'il y a eu du dol*, on propose de retrancher *du*, et de dire *s'il y a eu dol*.

L'addition et le retranchement sont adoptés.

Art. 38. Après les mots *lorsque la tutelle deviendra vacante*, on propose d'ajouter *ou qu'elle sera abandonnée par absence*. 424

Cette addition présente une idée distincte, et il en résultera que la disposition aura prévu tous les cas qui sont à prévoir.

On propose de placer, immédiatement après l'article 39, une disposition destinée à remplir une lacune qui se trouve dans le projet. Aucun article ne prévoit les cas où l'on est dispensé d'accepter la qualité de subrogé tuteur, ceux où l'on doit être exclu de cette qualité, ceux enfin où l'on peut en être destitué. Quoique les fonctions de subrogé tuteur soient plus faciles à remplir que les fonctions de tuteur, on a pensé que, sur tous ces points, les règles devaient être les mêmes. Mais il est indispensable de le dire ; autrement les tribunaux, ne voyant aucune route tracée, continueront de suivre à cet égard leurs anciennes lois ou leurs anciens usages ; et l'on serait privé de l'avantage précieux d'une législation fixe et uniforme.

La section adopte la disposition suivante, qui sera placée section V, après l'article 39.

« Les dispositions ci-après relatives aux dispenses, inca-
« pacités, exclusions ou destitutions de la tutelle, s'appli-
« queront aux subrogés tuteurs.

« Néanmoins le tuteur ne pourra provoquer la destitution

« du subrogé tuteur, ni voter dans les conseils de famille
« qui seront convoqués pour cet objet. »

Le but de ce dernier alinéa est d'empêcher que le surveillant puisse jamais être sous la dépendance du surveillé.

428   Art. 41. La section pense qu'au lieu de dire, *et ceux qui remplissent hors du territoire de la République une mission du gouvernement*, il n'y aura point d'équivoque en disant *et tous autres citoyens qui remplissent*, etc. Le mot *ceux* semble s'appliquer aux militaires dont il est parlé dans la même disposition.

430   Art. 43. Cet article commence par ces mots : *les citoyens de la qualité exprimée aux trois articles précédens*, etc. Il convient de retrancher le mot *trois*, et de dire *aux articles précédens*. En effet, l'article 43 ne peut se référer qu'aux articles 40 et 41 ; et quant à l'article 42, il ne spécifie aucune qualité de citoyens.

La section adopte le retranchement proposé.

431   Art. 44. *Si, à l'expiration de ses fonctions*, etc.

Il y a sans doute ici une erreur typographique.

Il faut dire *ces*, et non *ses*. Avec ce dernier pronom, le mot *fonctions* semble s'appliquer au nouveau tuteur, tandis qu'au contraire ce mot ne doit avoir trait qu'à l'ancien.

Tel est l'avis de la section.

Ib. et
432   Après avoir examiné l'article 44, et avant de passer à l'examen des articles suivans, on a pensé qu'il pourrait souvent arriver que, non loin de la commune où la tutelle est ouverte, mais cependant à plus de deux myriamètres, il se trouverait quelque parent en état de gérer la tutelle. Il n'est pas juste, a-t-on dit, qu'un individu étranger à la famille soit alors forcé d'accepter la qualité de tuteur. L'article 22 n'accorde au juge de paix la faculté d'appeler des amis au conseil de famille qu'à défaut de parens ou d'alliés domiciliés dans la distance de deux myriamètres. L'esprit de la loi n'est pas équivoque ; il est aisé de voir que, dans la règle générale, les parens ou alliés doivent être préférés aux amis :

même dans le cas de l'article 22, les amis ne sont pas nécessairement appelés. Le juge de paix peut appeler des parens ou alliés domiciliés à de plus grandes distances; et cependant l'article 22 ne concerne que la formation des conseils de famille.

Quant à la nomination du tuteur, on peut dire avec beaucoup plus de raison encore que des fonctions si importantes, qui entraînent de si grandes obligations et une si grande responsabilité, ne doivent pas être trop facilement confiées à des étrangers, surtout malgré eux. La tutelle est une charge de famille; c'est un point sur lequel il ne peut y avoir diversité d'opinion. Cette charge doit donc être naturellement dévolue à un membre de la famille. Quand il ne s'en trouve aucun en état et à portée de la remplir, il est indispensable de nommer un étranger : alors cet étranger tient lieu de parent; mais il n'est pas naturel que l'étranger soit contraint d'accepter s'il indique un parent qui puisse gérer lui-même.

De ces réflexions générales on a conclu qu'il fallait tracer un cercle hors duquel seulement l'étranger fût non recevable à réclamer. Quatre myriamètres à partir de la commune où la tutelle est ouverte ont paru présenter une distance suffisante. Par ce moyen on ne sera pas obligé d'aller chercher trop loin les parens pour les nommer tuteurs. D'un autre côté, des parens peu éloignés ne pourront pas, sous prétexte qu'ils n'ont point été appelés au conseil de famille, se décharger de la tutelle sur un étranger.

Tel est le motif de la disposition suivante, qu'on propose de rédiger en ces termes :

« L'étranger ne peut être forcé d'accepter la tutelle que « dans le cas où il n'existerait pas dans la distance de quatre « myriamètres de parens ou alliés en état de gérer la tutelle. »

Cette disposition est adoptée, et sera placée immédiatement après l'article 44.

Art. 53. On a observé qu'il pouvait y avoir des cas où les nominateurs contesteraient l'excuse proposée, et succombe-

raient en définitif sans mériter d'être condamnés aux frais de
l'instance. Si, par exemple, l'individu qui réclame l'exemp-
tion n'a pas d'abord produit toutes les preuves dont il justifie ensuite devant les tribunaux, ou si la validité de ces
preuves était de nature à ne pouvoir être appréciée que par
la justice, en ce cas il serait injuste de condamner les nominateurs aux frais : ceux-ci, en contestant, n'avaient fait que
leur devoir.

De cette observation on a conclu que la disposition pénale
relative aux nominateurs devait être conçue en termes purement facultatifs, et non en termes impératifs.

La rédaction suivante est adoptée.

« S'il parvient à se faire exempter de la tutelle, ceux qui
« auront rejeté l'excuse pourront être condamnés aux frais
« de l'instance ; s'il succombe, il y sera condamné lui-
« même. »

Ib. et
443-444 Sur cet article trois observations ont été présentées :

1°. On ne doit point confondre le cas de la condamnation
à une peine afflictive ou infamante avec les autres cas. Le
premier doit emporter de plein droit l'exclusion ou la destitution du tuteur ; les autres cas peuvent donner lieu à contestation.

2°. Un individu peut être à l'abri du reproche d'inconduite, et néanmoins il peut être notoirement insolvable.
L'insolvabilité ne doit-elle pas produire le même effet que
l'inconduite ? Ne doit-on pas dire la même chose à l'égard
de l'infidélité dans la gestion ? Sur ces divers points, la section a voté pour l'affirmative.

3°. Ceux qui ont fait faillite, et n'ont point été réhabilités,
ont paru aussi devoir être rangés dans la classe des incapables.

443-444 D'après les différentes observations faites sur l'article 53,
la section pense que l'article 55 doit être rédigé ainsi qu'il
suit :

« La condamnation à une peine afflictive ou infamante
« emporte de plein droit l'exclusion de la tutelle : elle em-

« porte aussi la destitution , dans le cas où il s'agirait d'une
« tutelle antérieurement déférée.

« Sont exclus de la tutelle , ou même destituables , s'ils
« sont en exercice,

« 1°. Les gens d'une inconduite et d'une insolvabilité no-
« toires ;

« 2°. Ceux dont la mauvaise gestion attesterait l'incapa-
« cité ou l'infidélité ;

« 3°. Ceux qui ont fait faillite et qui n'ont point été réha-
« bilités. »

Art. 59. *Le tuteur destitué*, etc. On propose d'ajouter le mot 448
exclu, et de dire *le tuteur exclu ou destitué*, etc.

Cette addition a paru nécessaire à cause des tuteurs de
droit.

La section adopte l'addition proposée.

Sur l'art. 61 , on observe que, pour prévenir toute incer- 450
titude résultant de la diversité de jurisprudence, il serait
utile de placer entre le premier et le second alinéa de cet
article la disposition suivante :

« Il (le tuteur) exercera les actions du mineur, tant en
« demandant qu'en défendant. » Adopté.

Art. 62. Au premier alinéa on propose de retrancher les 451
mots, *le tuteur requerra la levée des scellés, s'ils ont été ap-*
posés. Ces mots ont paru inutiles, puisque le tuteur ne peut
pas faire procéder à l'inventaire qu'il n'ait fait lever les scellés. On pense aussi que la disposition doit s'appliquer au tuteur de plein droit comme au tuteur élu. D'après ces observations, le premier alinéa sera rédigé ainsi :

« Le tuteur fera procéder dans les dix jours à l'inventaire
« des biens du mineur, en présence du subrogé tuteur. »

Cette nouvelle rédaction est adoptée.

Sur le second alinéa , on observe que la peine de déchéance, telle qu'elle est établie par cet article, est une disposition si rigoureuse, qu'on ne saurait prendre trop de
précautions pour mettre chacun dans l'impossibilité de ne

pas la connaître, en exigeant que le notaire avertisse le tuteur de cette disposition, et que le procès-verbal en contienne la mention formelle ; le tuteur qui, malgré cet aver-
tissement, se sera mis dans le cas de la déchéance, n'aura
plus à se plaindre de la loi.

En conséquence, la section est d'avis que le second alinéa
doit être ainsi conçu :

« Si le tuteur est créancier du mineur, il le déclarera dans
« l'inventaire à peine de déchéance, et ce, sur la réquisition
« que l'officier public sera tenu de lui en faire, et dont men-
« tion sera faite au procès-verbal. »

459   Art. 70. Au lieu de, *par un commissaire du tribunal civil
ou autre officier public par lui délégué*, la section pense que
toute espèce de vague disparaîtra, en disant, *par un membre
du tribunal civil ou par un notaire commis par le tribunal.*

460   Art. 71. Il paraît juste de ne pas rendre applicables à la licitation des biens du mineur les formalités exigées par les articles 68 et 69 pour l'aliénation de ces biens ; car il n'est ici
question que de la licitation forcée : mais on estime que
toutes celles prescrites par l'article 70 doivent s'appliquer
également aux deux cas, afin de prévenir les collusions frau-
duleuses, toujours préjudiciables au mineur, pour lequel la
société doit veiller sans cesse. C'est par le même motif que la
disposition doit être conçue de manière qu'il soit évident que
la licitation ne peut avoir lieu si un jugement ne l'a pas ordonné.

On propose de rédiger ainsi l'article :

« Les formalités exigées par les articles 68 et 69 pour l'a-
« liénation des biens du mineur ne s'appliquent point au
« cas où un jugement aurait ordonné la licitation sur la pro-
« vocation d'un copropriétaire par indivis. Seulement, et en
« ce cas, la licitation ne pourra se faire que dans la forme
« prescrite par l'article précédent.

« Les étrangers y seront nécessairement admis. »

Cette nouvelle rédaction est adoptée.

Art. 72. Le bénéfice d'inventaire entraîne à sa suite des 461 formalités si dispendieuses, qu'on croit devoir proposer un changement dans la dernière partie de cet article. Il est incontestable que la loi ne veut pas que le mineur puisse jamais, par une acceptation sans réserve, être considéré comme le majeur qui s'est porté héritier pur et simple. Le moyen de rendre la disposition de la loi d'une exécution plus facile, et son résultat non moins efficace, est, en supprimant les mots, *l'acceptation n'aura lieu que sous bénéfice d'inventaire*, d'y substituer ceux-ci, *l'acceptation n'obligera jamais le mineur au-delà des forces de la succession.*

Le surplus de l'article serait maintenu.

La section adopte cette proposition.

Art. 73. La section vote le retranchement des mots *sur les* 462 *curateurs ou commissaires à la succession*, qu'on lit à la fin de l'article. Le Code de procédure judiciaire déterminera les formalités des actes qui seront faits durant la vacance de la succession, et le nom des officiers sur lesquels on sera tenu de les faire.

Art. 77. Deux modifications sont proposées à l'égard du 466 second alinéa.

1°. Après les mots *devant le président du même tribunal*, on propose d'ajouter *ou autre juge par lui délégué*. On se fonde sur ce que le président du tribunal ne pourra pas toujours recevoir lui-même le serment des experts.

2°. Au lieu de *en présence, soit d'un commissaire du tribunal, soit d'un officier public par lui délégué*, on propose de dire, *en présence, soit d'un membre du tribunal civil, soit d'un notaire commis par le tribunal.*

Ce dernier changement a déjà été arrêté pour l'article 70. Le motif est le même pour l'article 77.

La section adopte les deux propositions.

Art. 80. La section pense que les mots *de plein droit* sont 469 inutiles : elle en vote le retranchement.

CHAPITRE III.

De l'Émancipation.

482　　**Art. 87.** On propose de terminer cet article en ajoutant les mots *et qui sera nommé par un conseil de famille.* Cette addition dissipera jusqu'au plus léger doute.

483　　**Art. 88.** On propose de terminer l'article en ajoutant *après avoir entendu le commissaire du gouvernement.*

L'article 69 du chapitre II porte ces mêmes mots : il convient de les répéter ici, puisqu'il y a parité de raison. Adopté.

ch. 3 et
481　　Examen fait de ce chapitre, on pense qu'il est essentiel de déclarer par une disposition précise que, pour tout acte qui excède les bornes d'une pure administration, sauf les cas prévus par les articles 87 et 88, le mineur émancipé doit observer les mêmes formes que celui qui ne l'est pas.

On propose en conséquence la rédaction suivante, qui sera placée immédiatement après l'article 90.

« Tous autres actes que ceux énoncés dans les articles 87
« et 88, et qui ne seront pas de pure administration, ne
« pourront être faits que sous l'assistance d'un curateur, et
« suivant les formes prescrites à l'égard du mineur non
« émancipé. »

RÉDACTION DÉFINITIVE DU CONSEIL D'ÉTAT.

(Procès-verbal de la séance du 18 frimaire an XI. — 9 décembre 1802.)

M. Berlier, d'après la conférence tenue avec le Tribunat, présente la rédaction définitive du titre *de la Minorité, de la Tutelle et de l'Émancipation.*

Elle est ainsi conçue :

CHAPITRE Ier.

De la Minorité.

388　　**Art. 1er.** « Le mineur est l'individu de l'un ou de l'autre
« sexe qui n'a point encore l'âge de vingt-un ans accomplis. »

CHAPITRE II.

De la Tutelle.

SECTION Ire. — *De la Tutelle des père et mère.*

Art. 2. « Le père est, durant le mariage, administrateur 389
« des biens personnels de ses enfans mineurs.

« Il est comptable, quant à la propriété et aux revenus,
« des biens dont il n'a pas la jouissance ; et quant à la pro-
« priété seulement, de ceux des biens dont la loi lui donne
« l'usufruit. »

Art. 3. « Après la dissolution du mariage, arrivée par la 390
« mort naturelle ou civile de l'un des époux, la tutelle des
« enfans mineurs et non émancipés appartient de plein droit
« au survivant des père et mère. »

Art. 4. « Pourra néanmoins le père nommer à la mère sur- 391
« vivante et tutrice un conseil spécial, sans l'avis duquel
« elle ne pourra faire aucun acte relatif à la tutelle.

« Si le père spécifie les actes pour lesquels le conseil sera
« nommé, la tutrice sera habile à faire les autres sans son as-
« sistance. »

Art. 5. « Cette nomination de conseil ne pourra être faite 392
« que de l'une des manières suivantes :

« 1°. Par acte de dernière volonté ;

« 2°. Par une déclaration faite ou devant le juge de paix
« assisté de son greffier, ou devant notaire. »

Art. 6. « Si, lors du décès du mari, la femme est enceinte, 393
« il sera nommé un curateur au ventre par le conseil de fa-
« mille.

« A la naissance de l'enfant, la mère en deviendra tutrice,
« et le curateur en sera de plein droit le subrogé tuteur. »

Art. 7. « La mère n'est point tenue d'accepter la tutelle ; 394
« néanmoins, et en cas qu'elle la refuse, elle devra en rem-
« plir les devoirs jusqu'à ce qu'elle ait fait nommer un tu-
« teur. »

Art. 8. « Si la mère tutrice veut se remarier, elle devra, 395

« avant l'acte de mariage, convoquer le conseil de famille,
« qui décidera si la tutelle doit lui être conservée.

« A défaut de cette convocation, elle perdra la tutelle de
« plein droit, et son nouveau mari sera solidairement res-
« ponsable de toutes les suites de la tutelle qu'elle aura in-
« dûment conservée. »

396   Art. 9. « Lorsque le conseil de famille, dûment convoqué,
« conservera la tutelle à la mère, il lui donnera nécessaire-
« ment pour cotuteur le second mari, qui deviendra soli-
« dairement responsable, avec sa femme, de la gestion pos-
« térieure au mariage. »

SECTION II. — *De la Tutelle déférée par le père ou la mère.*

397   Art. 10. « Le droit individuel de choisir un tuteur parent
« ou même étranger n'appartient qu'au dernier mourant
« des père et mère. »

398   Art. 11. « Ce droit ne peut être exercé que dans les formes
« prescrites par l'article 4, et sous les exceptions et modifica-
« tions ci-après. »

399   Art. 12. « La mère remariée et non maintenue dans la
« tutelle des enfans de son premier mariage ne peut leur
« choisir un tuteur. »

400   Art. 13. « Lorsque la mère remariée, et maintenue dans
« la tutelle, aura fait choix d'un tuteur aux enfans de son
« premier mariage, ce choix ne sera valable qu'autant qu'il
« sera confirmé par le conseil de famille. »

401   Art. 14. « Le tuteur élu par le père ou la mère n'est pas
« tenu d'accepter la tutelle, s'il n'est d'ailleurs dans la classe
« des personnes qu'à défaut de cette élection spéciale le
« conseil de famille eût pu en charger. »

SECTION III. — *De la Tutelle des ascendans.*

402   Art. 15. « Lorsqu'il n'a pas été choisi au mineur un tuteur
« par le dernier mourant de ses père et mère, la tutelle ap-
« partient de droit à son aïeul paternel; à défaut de celui-ci,
« à son aïeul maternel; et ainsi en remontant, de manière

« que l'ascendant paternel soit toujours préféré à l'ascendant
« maternel du même degré. »

Art. 16. « Si, à défaut de l'aïeul paternel et de l'aïeul 403
« maternel du mineur, la concurrence se trouvait établie
« entre deux ascendans du degré supérieur, qui appartins-
« sent tous deux à la ligne paternelle du mineur, la tutelle
« passera de droit à celui des deux qui se trouvera être l'aïeul
« paternel du père du mineur. »

Art. 17. « Si la même concurrence a lieu entre deux bis- 404
« aïeuls de la ligne maternelle, la nomination sera faite par
« le conseil de famille, qui ne pourra néanmoins que choisir
« l'un de ces deux ascendans. »

SECTION IV. — *De la Tutelle déférée par le conseil de famille.*

Art. 18. « Lorsqu'un enfant mineur et non émancipé res- 405
« tera sans père ni mère, ni tuteur élu par ses père ou mère,
« ni ascendans mâles; comme aussi lorsque le tuteur de l'une
« des qualités ci-dessus exprimées se trouvera ou dans le cas
« des exclusions dont il sera parlé ci-après, ou valablement
« excusé, il sera pourvu par un conseil de famille à la nomi-
« nation d'un tuteur. »

Art. 19. « Ce conseil sera convoqué, soit sur la réquisition 406
« et à la diligence des parens du mineur, de ses créanciers
« ou d'autres parties intéressées, soit même d'office, et à la
« poursuite du juge de paix du domicile du mineur. Toute
« personne pourra dénoncer à ce juge de paix le fait qui don-
« nera lieu à la nomination d'un tuteur. »

Art. 20. « Le conseil de famille sera composé, non compris 407
« le juge de paix, de six parens ou alliés, pris tant dans la
« commune où la tutelle sera ouverte que dans la distance
« de deux myriamètres, moitié du côté paternel, moitié du
« côté maternel, et en suivant l'ordre de proximité dans
« chaque ligne.

« Le parent sera préféré à l'allié du même degré; et, parmi
« les parens du même degré, le plus âgé à celui qui le sera
« moins. »

408   Art. 21. « Les frères germains du mineur et les maris des
      « sœurs germaines sont seuls exceptés de la limitation de
      « nombre posée en l'article précédent.

        « S'ils sont six ou au-delà, ils seront tous membres du con-
      « seil de famille, qu'ils composeront seuls, avec les veuves
      « d'ascendans et les ascendans valablement excusés, s'il y en a.

        « S'ils sont en nombre inférieur, les autres parens ne se-
      « ront appelés que pour compléter le conseil. »

409   Art. 22. « Lorsque les parens ou alliés de l'une ou de
      « l'autre ligne se trouveront en nombre insuffisant sur les
      « lieux, ou dans la distance désignée par l'article 19, le juge
      « de paix appellera, soit des parens ou alliés domiciliés à de
      « plus grandes distances, soit dans la commune même, des
      « citoyens connus pour avoir eu des relations habituelles
      « d'amitié avec le père ou la mère du mineur. »

410   Art. 23. « Le juge de paix pourra, lors même qu'il y au-
      « rait sur les lieux un nombre suffisant de parens ou alliés,
      « permettre de citer, à quelque distance qu'ils soient domi-
      « ciliés, des parens ou alliés plus proches en degrés ou de
      « même degré que les parens ou alliés présens, de manière
      « toutefois que cela s'opère en retranchant quelques-uns de
      « ces derniers, et sans excéder le nombre réglé par les pré-
      « cédens articles. »

411   Art. 24. « Le délai pour comparaître sera réglé par le juge
      « de paix à jour fixe, mais de manière qu'il y ait toujours
      « entre la citation notifiée et le jour indiqué pour la réunion
      « du conseil un intervalle de trois jours au moins, quand
      « toutes les parties citées résideront dans la commune ou
      « dans la distance de deux myriamètres.

        « Toutes les fois que parmi les parties citées il s'en trouvera
      « de domiciliées au-delà de cette distance, le délai sera aug-
      « menté d'un jour par trois myriamètres. »

412   Art. 25. « Les parens, alliés ou amis ainsi convoqués, se-
      « ront tenus de se rendre en personne ou de se faire repré-
      « senter par un mandataire spécial.

« Le fondé de pouvoir ne peut représenter plus d'une per-
« sonne. »

Art. 26. « Tout parent, allié ou ami convoqué, et qui, 413
« sans excuse légitime, ne comparaîtra point, encourra une
« amende qui ne pourra excéder cinquante francs, et sera
« prononcée sans appel par le juge de paix. »

Art. 27. « S'il y a excuse suffisante, et qu'il convienne soit 414
« d'attendre le membre absent, soit de le remplacer, en ce
« cas comme en tout autre où l'intérêt du mineur semblera
« l'exiger, le juge de paix pourra ajourner l'assemblée ou la
« proroger. »

Art. 28. « Cette assemblée se tiendra de plein droit chez le 415
« juge de paix, à moins qu'il ne désigne lui-même un autre
« local. La présence des trois quarts au moins de ses membres
« convoqués sera nécessaire pour qu'elle délibère. »

Art. 29. « Le conseil de famille sera présidé par le juge de 416
« paix, qui y aura voix délibérative et prépondérante en cas
« de partage. »

Art. 30. « Quand le mineur domicilié en France possédera 417
« des biens dans les colonies ou réciproquement, l'adminis-
« tration spéciale de ses biens sera donnée à un protuteur.

« En ce cas, le tuteur et le protuteur seront indépendans,
« et non responsables l'un envers l'autre pour leur gestion
« respective. »

Art. 31. « Le tuteur agira et administrera en cette qualité 418
« du jour de sa nomination, si elle a lieu en sa présence; si-
« non du jour qu'elle lui aura été notifiée. »

Art. 32. « La tutelle est une charge personnelle qui ne 419
« passe point aux héritiers du tuteur. Ceux-ci seront seule-
« ment responsables de la gestion de leur auteur; et s'ils
« sont majeurs, ils seront tenus de la continuer jusqu'à la
« nomination d'un nouveau tuteur. »

SECTION V. — *Du Subrogé tuteur.*

Art. 33. « Dans toute tutelle il y aura un subrogé tuteur 420
« nommé par le conseil de famille.

x.   40

« Ses fonctions consisteront à agir pour les intérêts du mi-
« neur lorsqu'ils seront en opposition avec ceux du tuteur. »

421   Art. 34. « Lorsque les fonctions de tuteur seront dévolues
« à une personne de l'une des qualités exprimées aux sec-
« tions I, II et III ci-dessus, ce tuteur devra, avant d'entrer
« en fonctions, faire convoquer, pour la nomination du su-
« brogé tuteur, un conseil de famille composé comme il est
« dit en la section IV.

« S'il s'est ingéré dans la gestion avant d'avoir rempli cette
« formalité, le conseil de famille convoqué, soit sur la ré-
« quisition des parens, créanciers ou autres parties intéres-
« sées, soit d'office par le juge de paix, pourra, s'il y a eu
« dol de la part du tuteur, lui retirer la tutelle, sans préju-
« dice des indemnités dues au mineur. »

422   Art. 35. « Dans les autres tutelles, la nomination du su-
« brogé tuteur aura lieu immédiatement après celle du tu-
« teur. »

423   Art. 36. « En aucun cas, le tuteur ne votera pour la no-
« mination du subrogé tuteur, lequel sera pris, hors le cas
« de frères germains, dans celle des deux lignes à laquelle le
« tuteur n'appartiendra point. »

424   Art. 37. « Le subrogé tuteur ne remplacera pas de plein
« droit le tuteur, lorsque la tutelle deviendra vacante, ou
« qu'elle sera abandonnée par absence ; mais il devra, en ce
« cas, sous peine des dommages-intérêts qui pourraient en
« résulter pour le mineur, provoquer la nomination d'un
« nouveau tuteur. »

425   Art. 38. « Les fonctions de subrogé tuteur cesseront à la
« même époque que la tutelle. »

426   Art. 39. « Les dispositions contenues dans les sections VI
« et VII ci-après s'appliqueront aux subrogés tuteurs.

« Néanmoins, le tuteur ne pourra provoquer la destitu-
« tion du subrogé tuteur, ni voter dans les conseils de fa-
« mille qui seront convoqués pour cet objet. »

SECTION VI.—— *Des Causes qui dispensent de la tutelle.*

Art. 40. « Sont dispensés de la tutelle,   427
« Les membres des autorités établies par les titres II, III
« et IV de l'Acte constitutionnel ;
« Les juges au tribunal de cassation, commissaires et sub-
« stituts près le même tribunal ;
« Les commissaires de la comptabilité nationale ;
« Les préfets ;
« Tous citoyens exerçant une fonction publique dans un
« département autre que celui où la tutelle s'établit. »

Art. 41. « Sont également dispensés de la tutelle,   428
« Les militaires en activité de service, et tous autres ci-
« toyens qui remplissent, hors du territoire de la République,
« une mission du gouvernement. »

Art. 42. « Si la mission est non authentique et contestée, 429
« la dispense ne sera prononcée qu'après que le gouverne-
« ment se sera expliqué par la voie du ministre dans le dé-
« partement duquel se placera la mission articulée comme
« excuse. »

Art. 43. « Les citoyens de la qualité exprimée aux articles 430
« précédens qui ont accepté la tutelle postérieurement aux
« fonctions, services ou missions qui en dispensent, ne seront
« plus admis à s'en faire décharger pour cette cause. »

Art. 44. « Ceux, au contraire, à qui lesdites fonctions,   431
« services ou missions auront été conférés postérieurement à
« l'acceptation et gestion d'une tutelle, pourront, s'ils ne
« veulent la conserver, faire convoquer dans le mois un con-
« seil de famille, pour y être procédé à leur remplacement.
« Si, à l'expiration de ces fonctions, services ou missions,
« le nouveau tuteur réclame sa décharge, ou que l'ancien
« redemande la tutelle, elle pourra lui être rendue par le
« conseil de famille. »

Art. 45. « Tout citoyen non parent ni allié ne peut être   432
« forcé d'accepter la tutelle que dans le cas où il n'existerait

« pas, dans la distance de quatre myriamètres, des parens
« ou alliés en état de gérer la tutelle. »

433   Art. 46. « Tout individu âgé de soixante-cinq ans accom-
« pli peut refuser d'être tuteur. Celui qui aura été nommé
« avant cet âge pourra, à soixante-dix ans, se faire déchar-
« ger de la tutelle. »

434   Art. 47. « Tout individu atteint d'une infirmité grave et
« dûment justifiée est dispensé de la tutelle.

« Il pourra même s'en faire décharger, si cette infirmité
« est survenue depuis sa nomination. »

435   Art. 48. « Deux tutelles sont pour toutes personnes une
« juste dispense d'en accepter une troisième.

« Celui qui, époux ou père, sera déjà chargé d'une tutelle,
« ne pourra être tenu d'en accepter une seconde, excepté
« celle de ses enfans. »

436   Art. 49. « Ceux qui ont cinq enfans légitimes sont dispensés
« de toute tutelle autre que celle desdits enfans.

« Les enfans morts en activité de service dans les armées
« de la République seront toujours comptés pour opérer
« cette dispense.

« Les autres enfans morts ne seront comptés qu'autant
« qu'ils auront eux-mêmes laissé des enfans actuellement
« existans. »

437   Art. 50. « La survenance d'enfans pendant la tutelle ne
« pourra autoriser à l'abdiquer. »

438   Art. 51. « Si le tuteur nommé est présent à la délibération
« qui lui défère la tutelle, il devra sur-le-champ, et sous
« peine d'être déclaré no   recevable dans toute réclamation
« ultérieure, proposer ses excuses, sur lesquelles le conseil
« de famille délibérera. »

439   Art. 52. « Si le tuteur nommé n'a pas assisté à la délibéra-
« tion qui lui a déféré la tutelle, il pourra faire convoquer le
« conseil de famille pour délibérer sur ses excuses.

« Ses diligences à ce sujet devront avoir lieu dans le délai
« de trois jours, à partir de la notification qui lui aura été

« faite de sa nomination ; lequel délai sera augmenté d'un
« jour par trois myriamètres de distance du lieu de son do-
« micile à celui de l'ouverture de la tutelle : passé ce délai ,
« il sera non recevable. »

Art. 53. « Si ses excuses sont rejetées, il pourra se pour- 440
« voir devant les tribunaux pour les faire admettre ; mais il
« sera, pendant le litige, tenu d'administrer provisoirement. »

Art. 54. « S'il parvient à se faire exempter de la tutelle , 441
« ceux qui auront rejeté l'excuse pourront être condamnés
« aux frais de l'instance.

« S'il succombe, il y sera condamné lui-même. »

SECTION VII. — *De l'Incapacité, des Exclusions et Destitutions
de la tutelle.*

Art. 55. « Ne peuvent être tuteurs ni membres des conseils 442
« de famille,
« 1°. Les mineurs, excepté le père ou la mère ;
« 2°. Les interdits ;
« 3°. Les femmes , autres que la mère et les ascendantes ;
« 4°. Tous ceux qui ont ou dont les père ou mère ont avec
« le mineur un procès dans lequel l'état de ce mineur, sa
« fortune ou une partie notable de ses biens sont compromis. »

Art. 56. « La condamnation à une peine afflictive ou infa- 443
« mante emporte de plein droit l'exclusion de la tutelle ;
« elle emporte de même la destitution dans le cas où il s'agi-
« rait d'une tutelle antérieurement déférée. »

Art. 57. « Sont aussi exclus de la tutelle , et même desti- 444
« tuables, s'ils sont en exercice,
« 1°. Les gens d'une inconduite notoire ;
« 2°. Ceux dont la gestion attesterait l'incapacité ou l'infi-
« délité. »

Art. 58. « Tout individu qui aura été exclu ou destitué 445
« d'une tutelle ne pourra être membre d'un conseil de
« famille. »

Art. 59. « Toutes les fois qu'il y aura lieu à une destitu- 446

« tion de tuteur, elle sera prononcée par le conseil de famille,
« convoqué à la diligence du subrogé tuteur, ou d'office par
« le juge de paix.

« Celui-ci ne pourra se dispenser de faire cette convoca-
« tion, quand elle sera formellement requise par un ou plu-
« sieurs parens ou alliés du mineur, au degré de cousin
« germain ou à des degrés plus proches. »

447 Art. 60. « Toute délibération du conseil de famille qui
« prononcera l'exclusion ou la destitution du tuteur sera
« motivée, et ne pourra être prise qu'après avoir entendu ou
« appelé le tuteur. »

448 Art. 61. « Si le tuteur adhère à la délibération, il en sera
« fait mention, et le nouveau tuteur entrera aussitôt en
« fonctions.

« S'il y a réclamation, le subrogé tuteur poursuivra l'ho-
« mologation de la délibération devant le tribunal de pre-
« mière instance, qui prononcera, sauf l'appel.

« Le tuteur exclu ou destitué peut lui-même, en ce cas,
« assigner le subrogé tuteur pour se faire déclarer maintenu
« en la tutelle. »

449 Art. 62. « Les parens ou alliés qui auront requis la convo-
« cation pourront intervenir dans la cause, qui sera ins-
« truite et jugée comme affaire urgente. »

SECTION VIII. — *De l'Administration du tuteur.*

450 Art. 63. « Le tuteur prendra soin de la personne du mineur,
« et le représentera dans tous les actes civils.

« Il administrera ses biens en bon père de famille, et ré-
« pondra des dommages-intérêts qui pourraient résulter
« d'une mauvaise gestion.

« Il ne peut ni acheter les biens du mineur, ni les prendre
« à ferme, à moins que le conseil de famille n'ait autorisé le
« subrogé tuteur à lui en passer bail, ni accepter la cession
« d'aucun droit ou créance contre son pupille. »

451 Art. 64. « Dans les dix jours qui suivront celui de sa no-

« mination, dûment connue de lui, le tuteur requerra la
« levée des scellés, s'ils ont été apposés, et fera procéder
« immédiatement à l'inventaire des biens du mineur en
« présence du subrogé tuteur.

« S'il lui est dû quelque chose par le mineur, il devra le
« déclarer dans l'inventaire, à peine de déchéance, et ce,
« sur la réquisition que l'officier public sera tenu de lui en
« faire, et dont mention sera faite au procès-verbal. »

Art. 65. « Dans le mois qui suivra la clôture de l'inven- 452
« taire, le tuteur fera vendre, en présence du subrogé tu-
« teur, aux enchères reçues par un officier public, et après
« des affiches ou publications dont le procès-verbal de vente
« fera mention, tous les meubles autres que ceux que le
« conseil de famille l'aurait autorisé à conserver en na-
« ture. »

Art. 66. « Les père et mère, tant qu'ils ont la jouissance 453
« propre et légale des biens du mineur, sont dispensés de
« vendre les meubles, s'ils préfèrent de les garder pour les
« remettre en nature.

« Dans ce cas, ils en feront faire, à leurs frais, une esti-
« mation à juste valeur, par un expert qui sera nommé par
« le subrogé tuteur et prêtera serment devant le juge de
« paix : ils rendront la valeur estimative de ceux des meubles
« qu'ils ne pourraient représenter en nature. »

Art. 67. « Lors de l'entrée en exercice de toute tutelle, 454
« autre que celle des père et mère, le conseil de famille ré-
« glera par aperçu et selon l'importance des biens régis la
« somme à laquelle pourra s'élever la dépense annuelle du
« mineur, ainsi que celle d'administration de ses biens.

« Le même acte spécifiera si le tuteur est autorisé à s'aider,
« dans sa gestion, d'un ou plusieurs administrateurs particu-
« liers, salariés et gérant sous sa responsabilité. »

Art. 68. « Ce conseil déterminera positivement la somme 455
« à laquelle commencera, pour le tuteur, l'obligation d'em-
« ployer l'excédant des revenus sur la dépense ; cet emploi

« devra être fait dans le délai de six mois, passé lequel le tu-
« teur devra les intérêts, à défaut d'emploi. »

456   Art. 69. « Si le tuteur n'a pas fait déterminer par le con-
« seil de famille la somme à laquelle doit commencer l'em-
« ploi, il devra, après le délai exprimé dans l'article précé-
« dent, les intérêts de toute somme non employée, quelque
« modique qu'elle soit. »

457   Art. 70. « Le tuteur, même le père ou la mère, ne peut
« emprunter pour le mineur, ni aliéner ou hypothéquer ses
« biens immeubles, sans y être autorisé par un conseil de
« famille.

« Cette autorisation ne devra être accordée que pour cause
« d'une nécessité absolue ou d'un avantage évident.

« Dans le premier cas, le conseil de famille n'accordera
« son autorisation qu'après qu'il aura été constaté par un
« compte sommaire présenté par le tuteur que les deniers,
« effets mobiliers et revenus du mineur sont insuffisans.

« Le conseil de famille indiquera, dans tous les cas, les
« immeubles qui devront être vendus de préférence, et
« toutes les conditions qu'il jugera utiles. »

458   Art. 71. « Les délibérations du conseil de famille relatives
« à cet objet ne seront exécutées qu'après que le tuteur en
« aura demandé et obtenu l'homologation devant le tribunal
« de première instance, qui y statuera en la chambre du
« conseil, et après avoir entendu le commissaire du gouver-
« nement. »

459   Art. 72. « La vente se fera publiquement, en présence du
« subrogé tuteur, aux enchères, qui seront reçues par un
« membre du tribunal civil, ou par un notaire à ce commis,
« et à la suite de trois affiches apposées par trois dimanches
« consécutifs, aux lieux accoutumés dans le canton.

« Chacune de ces affiches sera visée et certifiée par le
« maire des communes où elles auront eu lieu. »

460   Art. 73. « Les formalités exigées par les articles 69 et 70
« pour l'aliénation des biens du mineur ne s'appliquent

« point au cas où un jugement aurait ordonné la licitation,
« sur la provocation d'un copropriétaire par indivis.

« Seulement, en ce cas, la licitation ne pourra se faire
« que dans la forme prescrite par l'article précédent : les
« étrangers y seront nécessairement admis. »

Art. 74. « Le tuteur ne pourra accepter ni répudier une 461
« succession échue au mineur sans une autorisation préa-
« lable du conseil de famille : l'acceptation n'aura lieu que
« sous bénéfice d'inventaire. »

Art. 75. « Dans le cas où la succession répudiée au nom 462
« du mineur n'aurait pas été acceptée par un autre, elle
« pourra être reprise soit par le tuteur autorisé à cet effet
« par une nouvelle délibération du conseil de famille, soit
« par le mineur devenu majeur, mais dans l'état où elle se
« trouvera lors de la reprise, et sans pouvoir attaquer les
« ventes et autres actes qui auraient été légalement faits du-
« rant la vacance. »

Art. 76. « La donation faite au mineur ne pourra être 463
« acceptée par le tuteur qu'avec l'autorisation du conseil de
« famille.

« Elle aura, à l'égard du mineur, le même effet qu'à l'é-
« gard du majeur. »

Art. 77. « Aucun tuteur ne pourra introduire en justice 464
« une action relative aux droits immobiliers du mineur, ni
« acquiescer à une demande relative aux mêmes droits, sans
« l'autorisation du conseil de famillle. »

Art. 78. « La même autorisation sera nécessaire au tuteur 465
« pour provoquer un partage ; mais il pourra, sans cette
« autorisation, répondre à une demande en partage dirigée
« contre le mineur. »

Art. 79. « Pour obtenir à l'égard du mineur tout l'effet 466
« qu'il aurait entre majeurs, le partage devra être fait en
« justice, et précédé d'une estimation faite par experts nom-
« més par le tribunal civil du lieu de l'ouverture de la suc-
« cession. »

« Les experts, après avoir prêté, devant le président du
« même tribunal ou autre juge par lui délégué, le serment
« de bien et fidèlement remplir leur mission, procéderont à
« la division des héritages et à la formation des lots, qui
« seront tirés au sort, et en présence, soit d'un membre du
« tribunal, soit d'un notaire par lui commis, lequel fera la
« délivrance des lots.

« Tout autre partage ne sera considéré que comme provi-
« sionnel. »

467   Art. 80. « Le tuteur ne pourra transiger au nom du mi-
« neur qu'après y avoir été autorisé par le conseil de famille,
« et de l'avis de trois jurisconsultes désignés par le commis-
« saire du gouvernement près le tribunal civil.

« La transaction ne sera valable qu'autant qu'elle aura été
« homologuée par le tribunal civil, après avoir entendu le
« commissaire du gouvernement. »

468   Art. 81. « Le tuteur qui aura des sujets de mécontente-
« mens graves sur la conduite du mineur pourra porter ses
« plaintes à un conseil de famille, et, s'il y est autorisé par
« ce conseil, provoquer la réclusion du mineur, conformé-
« ment à ce qui est statué à ce sujet au titre *de la Puissance*
« *paternelle.* »

SECTION IX. — *Des Comptes de la tutelle.*

469   Art. 82. « Tout tuteur est comptable de sa gestion lors-
« qu'elle finit. »

470   Art. 83. « Tout tuteur, autre que le père et la mère, peut
« être tenu, même durant la tutelle, de remettre au subrogé
« tuteur des états de situation de sa gestion, aux époques que
« le conseil de famille aurait jugé à propos de fixer, sans
« néanmoins que le tuteur puisse être astreint à en fournir
« plus d'un chaque année.

« Ces états de situation seront rédigés et remis, sans frais,
« sur papier non timbré, et sans aucune formalité de jus-
« tice. »

Art. 84. « Le compte définitif de tutelle sera rendu aux 471
« dépens du mineur, lorsqu'il aura atteint sa majorité ou
« obtenu son émancipation : le tuteur en avancera les frais.

« On y allouera au tuteur toutes dépenses suffisamment
« justifiées et dont l'objet sera utile. »

Art. 85. « Tout traité qui pourra intervenir entre le tuteur 472
« et le mineur devenu majeur sera nul, s'il n'a été précédé
« de la reddition d'un compte détaillé et de la remise des
« pièces justificatives ; le tout constaté par un récépissé de
« l'oyant-compte, dix jours au moins avant le traité. »

Art. 86. « Si le compte donne lieu à des contestations, 473
« elles seront poursuivies et jugées comme les autres contes-
« tations en matière civile. »

Art. 87. « La somme à laquelle s'élevera le reliquat dû 474
« par le tuteur portera intérêt, sans demande, à compter
« de la clôture du compte.

« Les intérêts de ce qui sera dû au tuteur par le mineur ne
« courront que du jour de la sommation de payer qui aura
« suivi la clôture du compte. »

Art. 88. « Toute action du mineur contre son tuteur, re- 475
« lativement aux faits de la tutelle, se prescrit par dix ans,
« à compter de la majorité. »

CHAPITRE III.

De l'Émancipation.

Art. 89. « Le mineur est émancipé de plein droit par le 476
« mariage. »

Art. 90. « Le mineur même non marié pourra être éman- 477
« cipé par son père, ou, à défaut de père, par sa mère,
« lorsqu'il aura atteint l'âge de quinze ans révolus.

« Cette émancipation s'opérera par la seule déclaration du
« père ou de la mère, reçue par le juge de paix assisté de
« son greffier. »

Art. 91. « Le mineur resté sans père ni mère pourra aussi, 478
« mais seulement à l'âge de dix-huit ans accomplis, être

« émancipé, si le conseil de famille l'en juge capable.

« En ce cas, l'émancipation résultera de la délibération
« qui l'aura autorisée, et de la déclaration que le juge de
« paix, comme président du conseil de famille, aura faite
« dans le même acte, que *le mineur est émancipé*. »

479   Art. 92. « Lorsque le tuteur n'aura fait aucune diligence
« pour l'émancipation du mineur dont il est parlé dans l'ar-
« ticle précédent, et qu'un ou plusieurs parens ou alliés de
« ce mineur, au degré de cousins germains ou à des degrés
« plus proches, le jugeront capable d'être émancipé, ils
« pourront requérir le juge de paix de convoquer le conseil
« de famille, pour délibérer à ce sujet.

« Le juge de paix devra déférer à cette réquisition. »

480   Art. 93. « Le compte de tutelle sera rendu au mineur
« émancipé, assisté d'un curateur qui lui sera nommé par le
« conseil de famille. »

481   Art. 94. « Le mineur émancipé passera les baux dont la
« durée n'excédera point neuf ans ; il recevra ses revenus,
« en donnera décharge, et fera tous les actes qui ne sont que
« de pure administration, sans être restituable contre ces
« actes, dans tous les cas où le majeur ne le serait pas lui-
« même. »

482   Art. 95. « Il ne pourra intenter une action immobiliaire, ni
« y défendre, même recevoir et donner décharge d'un ca-
« pital mobilier, sans l'assistance de son curateur, qui, en
« ce dernier cas, surveillera l'emploi du capital reçu. »

483   Art. 96. « Le mineur émancipé ne pourra faire d'em-
« prunts, sous aucun prétexte, sans une délibération du
« conseil de famille, homologuée par le tribunal civil, après
« avoir entendu le commissaire du gouvernement. »

484   Art. 97. « Il ne pourra non plus vendre ni aliéner ses im-
« meubles, ni faire aucun autre acte que ceux de pure ad-
« ministration, sans observer les formes prescrites au mineur
« non émancipé.

« A l'égard des obligations qu'il aurait contractées par

« voie d'achat ou autrement, elles seront réductibles en cas
« d'excès ; les tribunaux prendront, à ce sujet, en considé-
« ration la fortune du mineur, la bonne ou mauvaise foi
« des personnes qui auront contracté avec lui, l'utilité ou
« l'inutilité des dépenses. »

Art. 98. « Tout mineur émancipé dont les engagemens 485
« auraient été réduits en vertu de l'article précédent pourra
« être privé du bénéfice de l'émancipation, laquelle lui sera
« retirée, en suivant les mêmes formes que celles qui auront
« eu lieu pour la lui conférer. »

Art. 99. « Dès le jour où l'émancipation aura été révoquée, 486
« le mineur rentrera en tutelle, et y restera jusqu'à sa ma-
« jorité accomplie. »

Art. 100. « Le mineur émancipé qui fait un commerce est 487
« réputé majeur pour les faits relatifs à ce commerce. »

M. TRONCHET observe, sur l'article 29, qu'il serait néces- 416
saire d'expliquer où le tuteur sera nommé.

M. BERLIER dit que ces détails obligeraient de trop multiplier les articles du titre.

LE CONSEIL arrête qu'ils seront rejetés dans une loi orga-
nique.

La rédaction du titre est adoptée.

M. Berlier fut nommé avec MM. Emmery et Miot pour
présenter le projet qui précède au Corps législatif dans
sa séance du 25 ventôse an XI (16 mars 1803), et pour
en soutenir la discussion dans celle du 5 germinal.

PRÉSENTATION AU CORPS LÉGISLATIF,

ET EXPOSÉ DES MOTIFS, PAR M. BERLIER.

Législateurs, déjà plusieurs projets de loi destinés à faire
partie du Code civil vous ont été présentés, et déjà quelques-uns ont obtenu votre sanction.

Nous vous apportons aujourd'hui la suite, mais non la fin de ce grand travail.

Le titre qui va vous être soumis est celui qui traite *de la Minorité*, *de la Tutelle et de l'Émancipation*.

Sa division en trois chapitres répond à chacune des matières indiquées dans son texte.

Nous allons en motiver les principales dispositions.

De la Minorité.

388   Le premier chapitre, relatif à la minorité, se compose d'un seul article.

Cet article, en réglant que *le mineur est l'individu de l'un ou de l'autre sexe qui n'a point encore l'âge de vingt-un ans accomplis*, statue par là même qu'on est majeur à cet âge.

Cette disposition a été maintenue, quoiqu'elle se trouvât en opposition avec des souvenirs récens ; car, avant la loi du 20 septembre 1792, la minorité durait jusqu'à l'âge de vingt-cinq ans, sur presque tous les points du territoire français.

L'exemple de plusieurs États voisins dont les lois faisaient cesser la minorité à un âge moins avancé ; celui plus frappant encore de quelques-unes de nos anciennes provinces, comme l'*Anjou* et le *Maine*, où la minorité cessait à vingt ans, sans que l'ordre public ni les intérêts privés en souffrissent ; les développemens surtout de notre organisation morale, qui se trouvaient avancés en raison des progrès que les lumières avaient faits depuis plusieurs siècles : toutes ces circonstances sollicitaient depuis long-temps une réforme, et peut-être elles n'eussent point prévalu contre d'anciennes habitudes sans la révolution, qui, en ébranlant tout, dut froisser beaucoup d'intérêts, mais détruisit aussi beaucoup de préjugés.

Alors on osa examiner la question, et l'on reconnut que l'incapacité civile résultant de la minorité, portée au-delà du vrai, mettait la société en perte réelle de toute la somme de travaux et de transactions qu'y eût versée l'individu paralysé par la loi.

On reconnut aussi que la capacité naturelle était la vraie mesure de la capacité légale ; et, comme on ne pouvait méconnaître que cette capacité existait, sinon chez tous les individus, du moins chez le plus grand nombre, à vingt-un ans, le terme de la minorité fut fixé à cet âge.

Il ne peut être aujourd'hui question de changer cette importante disposition ; car la législation des onze années qui viennent de s'écouler, indépendamment des motifs qui la fondèrent, est ici fortifiée par la Constitution, qui, en fixant la majorité *politique* à vingt-un ans, a adopté elle-même la mesure indiquée pour la majorité *civile*, et a voulu les mettre en harmonie.

De la Tutelle.

Tout mineur n'est pas nécessairement en tutelle ; celui [389] dont les père et mère sont vivans trouve en eux des protecteurs naturels, et s'il a quelques biens personnels, l'administration en appartient à son père.

La tutelle commence au décès du père ou de la mère ; car [390] alors, en perdant un de ses protecteurs naturels, le mineur réclame déjà une protection plus spéciale de la loi.

Mais quel sera, dans ce cas, le caractère de la tutelle ? Quel sera-t-il, dans le cas où le mineur aura perdu non seulement son père ou sa mère, mais tous les deux ?

Ici, comme sur beaucoup d'autres points, il y avait à se décider entre des usages fort opposés.

Dans une grande partie de la France, toute tutelle était *dative*, c'est-à-dire donnée par le juge d'après le choix fait par la famille assemblée.

Dans d'autres parties du territoire français, et plus spécialement dans les pays de droit écrit, on admettait la tutelle *légitime* et la tutelle *testamentaire* : ainsi le père avait de droit la tutelle de son fils, et l'ascendant celle du petit-fils, si le père n'avait par son testament désigné un autre tuteur.

Le projet a adopté ce dernier système comme plus conforme au vœu de la nature, et comme honorant davantage ce qu'il y a de plus sacré parmi les hommes, le caractère de père de famille.

Mais en même temps il a paru juste de faire participer les mères aux honneurs de la tutelle *légitime*.

Autrefois elles pouvaient être tutrices de leurs enfans, mais ce n'était que par une espèce de dérogation au droit commun, *nisi à principe filiorum tutelam specialiter postulent*, disait la loi romaine.

Cependant, avaient-elles pour leurs enfans moins de tendresse et d'affection que leur père? Et, en leur accordant comme un droit ce qu'elles n'obtenaient que comme une grâce, ne sera-ce pas leur rendre justice, et relever leur caractère trop long-temps méconnu?

Cette proposition a d'ailleurs une connexion intime avec celle qui vous a été faite, dans le projet relatif à la *puissance paternelle*, d'accorder à la mère survivante les fruits provenant des biens de son enfant, jusqu'à ce que celui-ci ait atteint l'âge de dix-huit ans; car, en jouissant pour elle, elle administrera pour son enfant, et l'ancienne objection tirée du peu de capacité qu'on lui supposait pour administrer des biens se réduira à bien peu de chose, quand on réfléchira que la mère doit avoir l'usufruit *légal* de ces mêmes biens dont on avait craint jusqu'à ce jour de lui confier l'administration.

391 Si toutefois le père de famille, vrai juge de la capacité de sa femme, a lui-même conçu cette inquiétude, il pourra, sans lui ôter la tutelle, lui désigner un conseil, et cette exception satisfera sans doute à l'intérêt du mineur.

395 Ce même intérêt appelait une autre exception, dans le cas où la tutrice se remarierait.

Sans vouloir frapper de défaveur ces secondes unions, qui, dans les campagnes et chez les artisans, ont souvent pour objet de rendre un nouveau protecteur à des orphelins, il en résulte toujours que la femme passe dans une nouvelle société, dont le chef est étranger à ses enfans ; et si ce fait ne saurait, sans injustice, lui faire perdre la tutelle de plein droit, du moins suffit-il pour appeler la famille à délibérer si elle doit lui être conservée.

Dans ce cas encore, si la mère maintenue dans la tutelle 400 choisit un tuteur par son testament, ce choix devra être confirmé par la famille.

Aux exceptions près que nous venons de tracer, il a paru 390 juste de traiter les mères comme les pères eux-mêmes, et, en effaçant de trop fortes inégalités entre les deux sexes, de resserrer par les droits civils les liens de la nature.

Ainsi les pères et mères auront de plein droit la tutelle de leurs enfans : ainsi le dernier mourant pourra par son tes— 397 tament leur choisir un tuteur ; et ce dernier acte de sa volonté a paru le titre le plus respectable après celui qui l'avait appelé lui-même à la tutelle.

Au-delà vient la tutelle des ascendans, qui fait partie en- 402 à 404 core de la tutelle légitime.

Mais la tutelle que nous venons d'envisager comme un droit est aussi une charge.

Une mère (ce cas sera rare) pourrait trouver le fardeau 394 trop pesant ; un ascendant très-âgé pourra craindre d'y succomber ; l'excuse déduite du sexe, ou celle offerte par l'âge viendront à leur secours ; mais leur volonté seule réglera l'exercice ou l'abandon de leurs droits ; car il a paru dangereux de les subordonner à la confirmation d'un conseil de famille qui pourrait capricieusement refuser sa sanction à l'ordre tracé par la nature ; il eût, dans cette hypothèse, été plus simple et moins injurieux de rendre la tutelle purement dative.

Si cependant le tuteur, soit légitime, soit testamentaire, était sans conduite, ou atteint de quelques-unes des autres causes qui excluent de la tutelle, le conseil de famille pourra et devra en poursuivre l'application.

C'est ainsi que les intérêts civils du mineur seront garantis sans altérer la dévolution légitime, et sans que l'exception se mette à la place du principe.

405   Mais un enfant peut rester sans père, mère ni ascendans, et sans que le dernier mourant de ses père et mère lui ait désigné de tuteur; et c'est ici qu'en l'absence des personnes présumées lui porter une affection supérieure à toutes les autres affections, le concours des collatéraux deviendra nécessaire et la tutelle essentiellement dative.

407-408   Pour parvenir à une bonne organisation des conseils de famille, il a paru nécessaire de les rendre peu nombreux, de n'y admettre que les plus proches parens de chaque ligne, et d'obvier à l'influence d'une ligne sur l'autre, par l'appel d'un nombre égal de parens pris dans chacune.

On appellera donc les trois plus proches parens de chaque ligne. Voilà (sauf le cas des frères germains et majeurs, s'ils excèdent ce nombre) la limite qu'on a cru devoir adopter; elle portera le conseil de famille au nombre de sept, en y comprenant le juge de paix, qui en sera membre et président, et dont le caractère impartial dirigera les résultats vers le bien et l'utilité du mineur.

Ainsi disparaîtront beaucoup d'intrigues et principalement celles à la faveur desquelles on portait souvent sur un parent éloigné et peu affectionné la charge que devait naturellement supporter le parent le plus proche; abus qui existait déjà du temps de *Domat*, et dont il se plaint en son discours préliminaire sur le titre *des Tutelles*.

On n'a pourtant pas dû ériger en principe que le plus proche parent serait toujours et nécessairement tuteur; c'eût été étendre la tutelle légitime au-delà de ses justes limites, et il est possible que quelquefois un cousin convienne mieux qu'un oncle, ou que l'emploi soit plus facile ou moins onéreux pour lui : on aura toutes les garanties convenables quand, par son organisation, le conseil de famille offrira intérêt d'affection et esprit de justice.

Nous venons, citoyens législateurs, d'examiner les diverses espèces de tutelles détaillées dans les quatre premières sections du chapitre en discussion.

Le surplus de ce chapitre, contenant les règles relatives à toutes les tutelles, n'offre que peu de difficultés et d'observations.

En toute tutelle il doit y avoir un subrogé tuteur dont les fonctions, assez analogues à celles des curateurs des pays coutumiers, sont expliquées en la section V. *420*

La VIe section exprime les causes qui dispensent de la tutelle, et la VIIe celles qui en excluent. *sect. 6 et 7.*

La plupart des dispositions rédigées sur ces points divers s'écartent peu de l'ancien état de la législation, et leurs différences n'ont pas même besoin d'être analysées.

Nous en dirons à peu près autant des VIIIe et IXe sections, relatives à l'administration du tuteur et à la reddition des comptes de tutelles. *sect. 8 et 9.*

Cependant il est quelques objets d'un ordre supérieur et sur lesquels il nous a semblé que nous devions plus particulièrement fixer votre attention.

Ainsi, par exemple, le projet contient des vues nouvelles au sujet des transactions qui pourront avoir lieu durant la tutelle. *467*

Les principes admis jusqu'à ce jour, sans repousser ces transactions, en rendaient l'usage impraticable ; car elles ne pouvaient valoir qu'autant qu'elles profitaient au pupille, et que celui-ci s'en contentait, *si hoc pupillo expediat;* et ce point de fait, toujours subordonné à la volonté future du mineur, écartait nécessairement un contrat aussi peu solide.

De cette manière, toutes les difficultés dans lesquelles un mineur était engagé devenaient un dédale d'où l'on ne pouvait sortir qu'à grands frais, parce que les issues conciliatoires étaient fermées, et que si le tuteur n'osait rien faire qui eût l'air d'altérer un droit équivoque, de son côté l'adversaire du pupille ne voulait point traiter avec un homme dont le caractère ne lui offrait aucune garantie.

De là la ruine de plus d'un mineur; de là aussi de nombreuses entraves pour beaucoup de majeurs.

Il convenait de mettre un terme à de si grands inconvéniens, et le projet y a pourvu en imprimant un caractère durable aux transactions pour lesquelles le tuteur aura été autorisé par le conseil de famille, de l'avis de trois jurisconsultes désignés par le commissaire du gouvernement, et après que le tribunal civil aura homologué la transaction sur les conclusions du même commissaire.

Tant de précautions écartent toute espèce de danger; elles subviennent aussi aux besoins de la société, qui, en accordant une juste sollicitude aux mineurs, doit aussi considérer les majeurs; elles donnent enfin à l'administration du tuteur son vrai complément. Que serait-ce en effet qu'un administrateur qui ne trouverait pas dans la législation un moyen d'éviter un mauvais procès, ni de faire un arrangement utile?

475 Le projet qui vous est soumis contient un autre changement assez grave dans la durée de l'action qui existera contre le tuteur, à raison de son administration.

Jusqu'à ce jour, cette action n'a, en général, reçu pour limites que celles de la plus longue prescription immobiliaire, prescription dont la mesure était différente selon les pays, mais qui dans un grand nombre allait jusqu'à trente ans.

Quelle que doive être désormais la plus longue prescription, il a paru, dans le cas particulier, convenable de s'arrêter à celle de dix ans; car si le pupille est très-favorable, il est impossible de ne pas prendre en considération aussi la situation du tuteur lui-même.

La tutelle fut pour lui, tant qu'elle dura, un acte onéreux, une charge de famille dont les embarras ne doivent pas être immodérément prolongés contre lui: en accordant

au pupille dix ans après sa majorité pour l'exercice de toutes
les actions relatives à la tutelle, on fait assez ; et tout excès
en cette matière serait un mal réel pour la société toute
entière.

Enfin il existe un point sur lequel nous avons à justifier,
non les dispositions écrites, mais le silence du projet : c'est
la *responsabilité* qui était demandée contre les parens *nominateurs*, en cas d'insolvabilité du tuteur.

fin du ch. 2 et 475

Cette responsabilité était établie par les lois romaines, et
elle était spécialement admise par quelques coutumes, notamment par celle de Bretagne ; mais en général elle était
étrangère aux pays coutumiers.

A-t-on remarqué dans ces pays que les intérêts des mineurs y fussent plus compromis qu'ailleurs ?

Cette réflexion, qui seule eût pu faire écarter la responsabilité dont il s'agit, n'est cependant point la plus forte ; car
il est reconnu et avoué que, dans les lieux même où la loi
avait établi la responsabilité, elle était tombée en désuétude
et n'était appliquée par les tribunaux que dans le cas d'un
dol évident ; tant il est vrai que cette règle était odieuse
vis-à-vis de parens qui avaient de bonne foi rempli cette
charge de famille.

Comment d'ailleurs pour l'intérêt d'un seul tenir en suspens
la fortune d'une famille entière, et d'une famille innocente ?

N'y aura-t-il pas aussi quelquefois recours contre le subrogé tuteur s'il a mal rempli son mandat ?

Toutes ces considérations ont dû faire rejeter ce vain épouvantail.

La garantie des bons choix, la seule propre à rendre oiseuse
et sans application la question qu'on examine, se trouvera
dans la bonne composition des conseils de famille, et le
projet qui vous est offert aura par cela seul résolu beaucoup
de difficultés, s'il a atteint ce but principal.

Après avoir vu le mineur en *tutelle*, il reste à le considérer
dans un autre état.

De l'Émancipation.

476   Nous ne nous arrêterons point sur la disposition du projet qui fait résulter l'émancipation du mariage ; elle n'a pas besoin d'être justifiée.

477-478   Mais que sera-ce que l'émancipation qui, même hors ce cas, pourra avoir lieu durant la minorité ?

Cette institution serait mal comprise si on lui appliquait les idées de l'émancipation romaine, de cet acte par lequel un père mettait hors de sa puissance son fils souvent majeur.

Il ne s'agit ici que du mineur, et du mineur qui n'a ni père ni mère, comme de celui qui les a tous deux ou l'un d'eux.

Notre projet considère le mineur sous le rapport de la capacité qu'il a pour administrer ses biens et en toucher les revenus.

Il règle à quel âge et de quelle manière le mineur deviendra habile à ce sujet, non plus comme autrefois en obtenant des lettres du prince, appelées *lettres de bénéfice d'âge*, mais en remplissant les conditions qui seront prescrites par la loi.

Ces premières notions posées, et bien que l'émancipation embrasse tous les mineurs, on distinguera entre eux ceux qui ont père et mère ou l'un des deux, et ceux qui n'en ont point.

Le mineur qui a ses père et mère ne pourra recevoir l'émancipation que de son père ; si l'un des deux est mort, le droit d'émanciper le mineur appartiendra au survivant.

Si le mineur n'a ni père ni mère, l'émancipation sera accordée par le conseil de famille.

Mais l'émancipation accordée par le père ou la mère différera de celle accordée par le conseil de famille dans deux points qu'il convient de fixer.

Le père ou la mère pourra émanciper le mineur dès l'âge de quinze ans ; les affections de la nature garantissent ici que l'émancipation sera dans l'intérêt de l'enfant ; mais le conseil de famille ne pourra émanciper que le mineur âgé de dix-huit ans, parce qu'il y aurait à craindre qu'un simple tuteur, pour se décharger du poids de la tutelle, ne supposât à son pupille une capacité précoce, qu'il ne le persuadât au conseil de famille, et que l'émancipation ne devînt ainsi un funeste abandon.

Autre différence : s'il s'agit d'un mineur qui soit sous la 479 tutelle d'un simple parent ou d'un étranger, et que ce tuteur, soit pour se maintenir dans une grande gestion ou par tout autre motif, laisse passer à son mineur l'âge de dix-huit ans sans solliciter son émancipation, que l'on suppose méritée par une bonne conduite et une capacité suffisante, tout parent du mineur au degré de cousin-germain ou à des degrés plus proches pourra lui-même provoquer la réunion du conseil de famille pour délibérer sur l'émancipation ; mais cette faculté n'aura jamais lieu contre un père administrateur ou tuteur, ni contre une mère tutrice, parce qu'ils sont juges suprêmes en cette partie, et que leur autorité ne doit, jusqu'à la majorité de leurs enfans, recevoir d'autres limites que celle qu'y mettra leur propre volonté.

Après avoir posé cette double distinction relative à ces deux espèces de mineurs, si l'attention se porte sur les effets de l'émancipation, on verra qu'ils sont les mêmes pour tous les émancipés.

Administrer ses biens et toucher ses revenus, tel est le 481 droit qu'acquerra l'émancipé ; mais il sera loin d'avoir tous les droits du majeur.

Ainsi, il ne pourra vendre ni aliéner ses immeubles que 484 selon les formes prescrites pour les autres mineurs, ni recevoir un capital mobilier sans l'assistance d'un curateur.

Il ne pourra même faire d'emprunt ; *les prêts*, fléau de 483 l'inexpérience, ne doivent pas exister pour un mineur même émancipé.

Cependant, puisqu'il est appelé à l'administration de ses 481-484 biens, il doit avoir les moyens d'y pourvoir.

Il aura donc la faculté d'acheter les choses utiles à son entretien et à l'exploitation de ses biens ; mais, jusque dans l'exercice de cette faculté, il sera placé sous une législation spéciale ; car s'il contractait des obligations immodérées, les tribunaux pourront les réduire en prenant en considération la fortune de l'émancipé, la nature de ses dépenses et la bonne ou mauvaise foi des personnes qui auront contracté avec lui.

485   Dans ce cas, il y aura preuve d'inconduite, ou tout au moins de mauvaise administration ; et ceci a fait naître l'idée d'une disposition tendant à faire rentrer en tutelle l'émancipé qui se serait rendu indigne ou montré incapable de gérer ses biens.

Dans cette disposition, le gouvernement a aperçu des résultats d'une grande utilité ; car l'émancipation deviendra un stage pour la jeunesse.

L'émancipé craindra d'en perdre le bénéfice ; et, averti que son sort dépend de sa conduite, il contractera dès le commencement de sa carrière civile les bonnes habitudes qui doivent avoir une si heureuse influence sur le reste de la vie : ce point de législation peut seul produire une révolution utile dans l'ordre moral.

Tel est, citoyens législateurs, le plan général du projet de loi sur la Minorité, la Tutelle et l'Émancipation.

Si nous n'avons motivé que ses dispositions principales, et spécialement celles qui s'écartent le plus de l'ancienne législation, nous avons cru devoir nous arrêter là, dans une matière qui n'offre au surplus que des détails nombreux sans doute, mais simples, faciles, et peu susceptibles de commentaires.

COMMUNICATION OFFICIELLE AU TRIBUNAT.

Cette communication eut lieu le 27 ventose an XI (18 mars 1803), et M. Huguet vint faire le rapport à l'assemblée générale du Tribunat le 3 germinal (24 mars).

RAPPORT FAIT PAR LE TRIBUN HUGUET.

Tribuns, je viens vous faire connaître l'opinion de votre section de législation sur le projet de loi relatif *à la Minorité, à la Tutelle et à l'Émancipation.*

C'est une des lois du Code civil qui doit appeler plus particulièrement et votre intérêt et votre sollicitude. Elle détermine d'une manière positive les règles qui seront à suivre pour l'administration des personnes et des biens des enfans mineurs, de ces êtres faibles qui réclament, par l'intérêt qu'ils inspirent, l'appui et toute la bienveillance de l'autorité publique.

Ce n'est point une législation nouvelle qui vous est soumise; ce n'est point un système nouveau qui vous est présenté; c'est un choix de préceptes, de maximes et de règles déjà éprouvés par l'expérience des siècles, et que la raison a justifiés depuis long-temps; c'est un choix fait, soit dans le droit écrit, soit dans le droit coutumier, des meilleures institutions sur cette matière.

C'est dans les lois diverses qui régissent en cette partie les différentes contrées de la France qu'on a puisé avec habileté ce qui était le plus conforme à nos mœurs, le plus convenable à nos habitudes, et le plus juste, pour n'en faire qu'une seule loi uniforme et générale.

Vous n'aurez point à examiner si les dispositions du projet de loi sont admissibles, ce fait est reconnu; mais seulement votre jugement s'exercera comparativement sur chacune de ces institutions pour se fixer sur la meilleure.

Ainsi, par exemple, le droit coutumier en général veut qu'à l'égard du père la tutelle soit dative, qu'il ne puisse être le tuteur de ses enfans sans avoir l'avis de sa famille confirmé par le juge; le droit écrit, au contraire, veut que le père en soit l'administrateur né, le tuteur naturel, légitime et de droit. Vous aurez à vous décider entre ces deux règles. C'est ainsi que vous jugerez le projet de loi.

Pour vous mettre à même de le faire, je vais vous rendre
compte de ses dispositions.

Je me permettrai très-peu de réflexions; il est inutile de
tout dire à des hommes éclairés : souvent il me suffira de
vous présenter le simple texte de la loi pour vous mettre à
même de l'apprécier ; ma tâche sera plus courte, et vos momens, si précieux d'ailleurs à la chose publique, seront plus
ménagés.

Ce projet de loi est le dixième titre du Code civil.

Il est divisé en trois chapitres.

Le premier traite *de la minorité;*

Le second, *de la tutelle ;*

Et le troisième, *de l'émancipation.*

CHAPITRE Ier.

De la Minorité.

388   Il est composé d'un seul article.

Il porte : « Le mineur est l'individu de l'un ou de l'autre
« sexe qui n'a point encore l'âge de vingt-un ans accomplis. »

Cet article m'entraîne malgré moi dans l'examen d'une
question souvent controversée; celle de savoir si la majorité
doit continuer à être fixée à vingt-un ans, ou si on doit la
rétablir à vingt-cinq ans.

Dans l'ancien droit français, la majorité était pour les
garçons à quatorze ans, et pour les filles à douze ans; à cet
âge ils n'avaient plus besoin de tuteurs.

Mais, lors de la rédaction des coutumes, dans le quin-
zième siècle, l'étude du droit romain avait fait tant de progrès, que la disposition relative à la majorité à vingt-cinq
ans qu'il contient fut adoptée dans une très-grande partie
de nos coutumes.

Il me semble qu'alors on aurait pu prendre un juste milieu, celui précisément que propose le projet de loi.

Et en effet, si la majorité à quatorze ans présentait et
présenterait encore aujourd'hui beaucoup d'inconvéniens, il

faut en convenir, la majorité à vingt-cinq ans, qui est un autre extrême, n'en présente pas moins.

L'interdiction des personnes jusqu'à vingt-cinq ans, la privation jusqu'à cet âge de l'exercice de leurs droits civils, est autant préjudiciable à leurs intérêts personnels que nuisible au grand intérêt de la société.

Les laisser privés de toutes actions civiles jusqu'à ce qu'ils aient atteint le tiers présumé de leur vie, vouloir qu'ils soient jusqu'à ce temps sous la dépendance d'autrui, c'est enchaîner des hommes faits, c'est leur ôter tout essor, c'est amortir leurs facultés, ces facultés avec lesquelles ils peuvent entreprendre des améliorations nécessaires et faire des contrats et des transactions utiles.

C'est le temps de l'effervescence des passions, nous dit-on : la maturité de l'homme n'est qu'à vingt-cinq ans ; ce n'est qu'à cet âge qu'il est propre à gérer ses affaires. Vain langage! faux calcul!

C'est le temps des passions! Mais qui peut précisément en fixer l'époque? Et quand ce serait vrai, est-il dit qu'il faille les encourager, les souffrir, les entretenir? n'est-il pas possible de leur opposer une digue, et de chercher dans les institutions des moyens d'en arrêter le cours? Je crois que la fixation de la majorité à vingt-un ans a nécessairement ce but.

Et en effet, peut-on espérer que les hommes seront plus sages, plus propres à exercer leurs droits civils lorsque leurs passions se seront enracinées jusqu'à vingt-cinq ans?

J'aime mieux que de bonne heure on les force à exercer leur raison, dussent-ils même commettre quelques erreurs ; j'aime mieux qu'il soit dit à cet adolescent, à ce jeune homme de dix-huit à vingt ans, sensible, encore pur et plus susceptible d'impressions : Les passions vont vous assiéger, mais mettez-vous en garde, défendez-vous, luttez contre : car dans un an ou deux vous serez appelé à la dignité de l'homme en société ; vous jouirez de vos droits civils : les actes que vous ferez feront le bonheur ou le malheur de votre vie entière. Et je crains, je l'avoue, qu'un pareil langage soit inutile ou trop tardif à cet homme qui se serait laissé entraîner par ses passions jusqu'à vingt-cinq ans.

Ainsi, je soutiens que la fixation de la majorité à vingt-un ans est un des moyens les plus propres pour former les hommes et les rendre capables pour l'exercice de leurs droits civils.

Pour justifier encore mon assertion, je n'ai besoin que de vous conduire un instant par la pensée dans ces départemens où la majorité a été de tout temps à vingt ans : là, vous y verrez des hommes jeunes encore, bons administrateurs de leurs biens, économes, déjà propres à l'exercice de leurs droits, et déjà même difficultueux sur leurs propres intérêts : ne serait-ce pas parce que de bonne heure ils sont appelés à l'exercice de leurs droits civils?

Lorsque les partisans du droit romain ont introduit parmi nous la majorité à vingt-cinq ans, ils n'ont pas eu un succès complet. Dans les coutumes du Maine, de l'Anjou, de la Normandie, du Hainaut, de Valenciennes, de Lille, de Lorraine, et quelques autres, la majorité a été conservée à vingt ou vingt-un ans.

Dans la coutume de Paris même, le mineur de vingt ans a la faculté de disposer de ses meubles, acquêts, conquêts et immeubles.

Pour fait de commerce, c'est-à-dire pour des actes qui souvent ne laissent pas de temps à la réflexion, on est majeur à vingt ans ; ne sont-ce pas là autant d'exceptions à la règle du droit romain?

Il en existait encore d'un autre genre. On exerçait la magistrature avec des lettres de dispense d'âge à dix-huit ans : on remplissait des fonctions ou des offices au-dessous de vingt-cinq ans, à la faveur de pareilles lettres. Toutes ces exceptions ne déposaient-elles point contre le système de la majorité à vingt-cinq ans?

Au surplus, ce n'est point aujourd'hui une innovation. Depuis la loi de 1792, la majorité a été fixée à vingt-un ans; il n'en est résulté aucun inconvénient, et je soutiens même que depuis on en a aperçu les avantages. Les progrès des lumières depuis plus d'un siècle ont rendu cette disposition nécessaire ou au moins sans dangers. D'ailleurs elle est déjà consacrée par l'Acte constitutionnel qui appelle les citoyens à exercer leurs droits politiques à vingt-un ans.

Je crois avoir justifié le premier chapitre.

CHAPITRE II.

De la Tutelle.

Il est divisé en neuf sections.

La première traite de la tutelle des père et mère;

La seconde, de la tutelle déférée par le père et la mère;

La troisième, de la tutelle des ascendans;

La quatrième, de la tutelle déférée par le conseil de famille;

La cinquième, du subrogé tuteur;

La sixième, des causes qui dispensent de la tutelle;

La septième, de l'incapacité, des exclusions et destitutions de la tutelle;

La huitième, de l'administration du tuteur;

Et la neuvième, des comptes de la tutelle.

SECTION 1re. — *De la Tutelle des père et mère.*

Notre droit coutumier, excessivement prévoyant pour l'intérêt des mineurs, n'admet point en général la tutelle naturelle, la tutelle légitime, la tutelle de droit ni la tutelle testamentaire; il veut que, dans toute espèce de tutelle, sans aucune exception pour personne, l'autorité publique intervienne toujours dans la nomination des tuteurs, que toutes les tutelles soient datives, soient données par le juge après avoir pris l'avis des parens des mineurs; ainsi un père, une mère, des ascendans, ne peuvent être tuteurs que par la nomination du juge. C'est en considération et pour le plus grand intérêt des mineurs que ce système s'est établi.

Le droit écrit, au contraire, appuyé sur des raisons moins soupçonneuses, plus analogues à la nature, veut que le père, la mère, les ascendans, soient tuteurs nés, tuteurs légitimes et de droit de leurs enfans. Il autorise la tutelle testamentaire.

Votre section de législation a pensé que le droit écrit devait, à cet égard, l'emporter sur le droit coutumier; que la puissance du père, son autorité, ses sentimens et ses affections naturelles, ne pouvaient, sans faire injure à ce qu'il y avait de plus sacré, être soumis à un jugement; que les tutelles, au lieu d'être datives, devaient, à l'égard des père, mère et ascendans, être de droit : et c'est une des principales bases et le système principal du projet de loi.

389   Ainsi le père, durant le mariage, est l'administrateur des biens personnels de ses enfans; si, par des exceptions particulières, il n'en a pas l'usufruit, alors il est comptable des biens dont il n'a pas la jouissance.

390   Après la dissolution du mariage, c'est le survivant des père et mère qui est de plein droit tuteur de ses enfans.

391   Le père, cependant, peut, par son testament ou autrement, nommer à la mère survivante, pour tous ou certains actes relatifs à la tutelle, un conseil spécial.

393   Si, lors du décès du mari, la femme est enceinte, il est nommé par un conseil de famille un curateur à l'enfant conçu.

A la naissance de l'enfant, la mère est tutrice de plein droit, le curateur reste subrogé tuteur.

394   La mère n'est point forcée à accepter la tutelle, mais elle doit en remplir les devoirs jusqu'à ce qu'elle ait fait nommer un tuteur.

395   Si elle veut se remarier, elle doit, avant, faire décider par un conseil de famille si la tutelle lui sera conservée; sinon elle perdra la tutelle de plein droit, et son nouveau

mari sera solidairement responsable avec elle de toutes les suites de la tutelle.

Enfin, si le conseil de famille décide qu'elle doit conserver 396 la tutelle, alors son second mari est curateur avec elle. Telles sont les dispositions de cette première section.

SECTION II. — *De la Tutelle déférée par le père ou la mère.*

Il était tout naturel, en donnant la tutelle de droit aux 397-398 père et mère, de leur conférer aussi le droit de choisir, d'élire un tuteur à leurs enfans, soit par testament, soit par acte public ; c'était une suite de cette première confiance que leur donne la loi.

Ainsi, le droit individuel de choisir un tuteur parent ou étranger n'appartient qu'au dernier mourant des père et mère. Ce sera par testament ou par acte devant un juge de paix ou un notaire que ce droit sera exercé.

La mère remariée, et non maintenue dans la tutelle, ne 399-400 pourra faire choix de ce tuteur. Si elle a été maintenue, elle pourra faire ce choix, mais il ne sera valable qu'autant qu'il sera confirmé par un conseil de famille.

Le tuteur élu par le père ou la mère n'est pas tenu d'ac- 401 cepter cette tutelle, à moins qu'il ne soit dans la classe de ceux que le conseil de famille aurait pu en charger.

SECTION III. — *De la Tutelle des ascendans.*

Cette section établit la tutelle de droit à l'égard des ascen- 402 à 404 dans. Ainsi, lorsqu'il n'a pas été choisi au mineur un tuteur par le père ou la mère, la tutelle appartient de droit à l'aïeul paternel ; ou, à défaut de celui-ci, à l'aïeul maternel : ainsi, en remontant, en cas de concurrence, ce sera toujours à l'aïeul paternel du mineur ; et s'il y a concurrence entre les bisaïeuls maternels, un conseil de famille en décidera.

SECTION IV. — *De la Tutelle déférée par le conseil de famille.*

Nous avons traité, dans les articles précédens, de la tutelle 405 des père et mère, de la tutelle testamentaire et de la tutelle des ascendans.

Nous avons maintenant à examiner de quelle manière les mineurs seront pourvus de tuteur dans le cas où ils resteraient sans père ni mère, ni ascendans, ni tuteur élu par les premiers.

406   Alors un conseil de famille sera convoqué devant le juge de paix par toutes personnes intéressées, même d'office par le juge, et encore toute personne pourra lui dénoncer le fait qui donnera lieu à la nomination d'un tuteur.

407   Ce conseil de famille sera composé, outre le juge de paix, de six parens ou alliés pris dans la commune ou dans la distance de deux myriamètres, moitié du côté paternel, et moitié du côté maternel.

Le parent sera préféré à l'allié, le plus âgé au plus jeune.

408   Les frères germains et les maris des sœurs germaines sont seuls exceptés de la limitation du nombre; s'ils sont six ou au-delà, ils seront tous membres du conseil de famille; les veuves des ascendans, on a cru leur devoir cette déférence, seront admises aussi dans ce conseil.

S'ils ne sont pas en nombre, d'autres parens seront appelés pour composer le conseil.

409   Si, dans la commune ou dans la distance de deux myriamètres, il ne se trouve pas assez de parens pour composer le conseil, le juge de paix alors appellera des citoyens connus pour avoir eu des relations habituelles d'amitié avec le père ou la mère du mineur.

410   Il pourra cependant, à quelque distance que soient les parens ou alliés les plus proches en degré, les faire appeler; et alors les moins proches en degré seront retranchés, de manière que le conseil de famille ne soit toujours composé que du même nombre de parens.

411   Les délais pour comparaître seront fixés par le juge de paix, de manière qu'il y ait toujours un intervalle de trois jours pour ceux habitant dans la commune, et augmenté d'un jour par trois myriamètres pour ceux plus éloignés.

412   Les parens ainsi convoqués seront tenus de se rendre en

personne, ou de se faire représenter par un mandataire spécial, qui ne pourra dans aucun cas représenter qu'un seul
parent.

Tout parent doit au mineur, à ce membre faible et inté- 413
ressant de sa famille, sa protection, son appui et ses lumières.
S'il ne comparaît point pour composer le conseil de famille,
il témoigne alors une insouciance coupable, il doit encourir
une amende : la loi la fixe ; elle ne pourra excéder 5o francs,
et sera prononcée par le juge de paix sans appel : s'il y a ex- 414
cuse suffisante, et qu'il convienne d'attendre le membre absent ou de le remplacer, le juge de paix pourra proroger
l'assemblée.

Elle se tiendra chez lui, à moins qu'il ne désigne un autre 415
local. La présence des trois quarts des membres convoqués
suffira pour que cette assemblée délibère.

Ce conseil de famille ainsi formé sera présidé par le juge 416
de paix, qui y aura voix délibérative et prépondérante en cas
de partage.

Quand le mineur domicilié en France possédera des biens 417
dans les colonies ou réciproquement, l'administration spéciale de ces biens sera donnée à un protuteur qui sera indépendant du tuteur, et non responsable l'un envers l'autre.

Les tuteurs administreront du jour de leur nomination, si 418
elle a lieu en leur présence, sinon du jour qu'elle leur sera
notifiée.

Enfin, la tutelle est une charge personnelle qui ne passe 419
point aux héritiers du tuteur ; ils sont responsables de la gestion de leur auteur : s'ils sont majeurs, ils seront tenus de
la continuer jusqu'à la nomination d'un nouveau tuteur.

Telles sont les dispositions de cette quatrième section :
vous y avez vu l'organisation d'un conseil de famille, d'un
tribunal domestique placé entre le tuteur et le mineur, où ses
intérêts seront discutés et jugés. Toutes ces dispositions sont
si claires, si précises, qu'elles n'ont besoin ni de commentaire ni d'explication.

SECTION V. — *Du Subrogé tuteur.*

420-421   Les dispositions dont je viens de vous rendre compte organisent les diverses tutelles ; mais il peut arriver, ou plutôt il arrivera souvent, que les tuteurs auront des intérêts contraires aux mineurs ; d'ailleurs on a pensé que, dans tous les cas possibles, il était utile, pour le plus grand intérêt des mineurs, de placer à côté des tuteurs, même des père et mère et ascendans auxquels on confère la tutelle de droit, de placer, dis-je, un subrogé tuteur qui, sans s'immiscer dans l'administration confiée au tuteur, serait cependant là pour, dans certains cas, le surveiller et lui porter secours. C'est une espèce de modification fort ingénieuse et fort utile, soit à la rigueur du droit coutumier, qui veut que toutes les tutelles soient datives, soit à l'extrême facilité du droit écrit, qui admet les tutelles de droit. Or, cette section organise des subrogés tuteurs ; elle veut que dans toute tutelle il en soit nommé un par le conseil de famille pour agir pour les intérêts des mineurs lorsqu'ils seront en opposition avec les intérêts du tuteur ; et alors elle oblige le tuteur de droit à faire convoquer, avant d'entrer en fonctions, le conseil de famille pour faire nommer un subrogé tuteur, à peine de lui retirer la tutelle, sans préjudice des indemnités dues au mineur en cas de dol de la part de ce tuteur.

422   Dans le cas des autres tutelles qui ne sont pas de droit, la nomination du subrogé tuteur se fera immédiatement après celle du tuteur.

423   Le tuteur ne votera pas pour la nomination du subrogé tuteur ; celui-ci sera pris, hors le cas des frères germains, dans la ligne à laquelle le tuteur n'appartiendra pas.

424   Le subrogé tuteur, lorsque la tutelle deviendra vacante, ne remplacera pas de plein droit le tuteur ; il sera tenu de provoquer la nomination d'un nouveau tuteur.

425   Les fonctions de subrogé tuteur cesseront à la même époque que la tutelle.

Ils pourront être dispensés ou révoqués pour les mêmes 426 motifs applicables aux tuteurs, et dont je vais vous entretenir.

Le tuteur ne pourra jamais provoquer la destitution du subrogé tuteur, ni voter dans les conseils de famille qui seront convoqués pour cet objet.

SECTION VI. — *Des Causes qui dispensent de la tutelle.*

Il est de principe que la tutelle est une charge publique 427 dont généralement on ne peut se dispenser d'accepter et de remplir les fonctions; cependant il est des cas où l'intérêt général et des circonstances particulières et majeures nécessitent des exceptions : c'est d'elles que s'occupe cette partie du projet.

Ainsi sont dispensés de la tutelle les membres des autorités établies par les titres II, III et IV de l'Acte constitutionnel;

Les juges du tribunal de cassation, les commissaires et substituts près ce même tribunal;

Les commissaires près la comptabilité, les préfets, tout citoyen exerçant une fonction publique hors du département où la tutelle s'établit, les militaires en activité de service, et 428 tous autres citoyens qui remplissent, hors du territoire de la République, une mission du gouvernement. Si cette mission 429 est contestée, on ne prononcera sur les dispenses qu'après que le gouvernement, par la voie du ministre, se sera expliqué.

Si les citoyens dispensés ont accepté la tutelle lorsqu'ils 430 étaient en fonctions, ils ne seront pas recevables à s'en faire décharger.

Si ces fonctions leur sont déférées postérieurement à l'ac- 431 ceptation, ils feront convoquer, dans le mois de leur nomination, le conseil de famille, pour être procédé à leur remplacement.

Si, à l'expiration de leurs fonctions, ils veulent reprendre la tutelle, ils seront les maîtres de la demander au conseil de famille.

432   On ne peut être forcé à accepter une tutelle lorsqu'on n'est ni parent ni allié, à moins qu'il n'existe aucun parent en état de gérer la tutelle dans la distance de quatre myriamètres.

434   Tout individu atteint d'une infirmité grave peut être dispensé de la tutelle, ou s'en faire décharger si cette infirmité est survenue depuis.

435   Deux tutelles dispensent encore d'une troisième.

436   Ceux qui ont cinq enfans légitimes sont aussi dispensés de toute tutelle autre que celle desdits enfans. Les enfans morts en activité de service dans les armées de la République seront toujours comptés pour opérer cette dispense. Les autres morts ne le seront qu'autant qu'ils auront laissé des enfans existans.

437   Cependant la survenance d'enfans pendant la tutelle ne pourra autoriser à l'abdiquer.

438   Si le tuteur nommé est présent à la délibération qui le nomme, il faudra sur-le-champ qu'il propose ses excuses, à peine d'y être déclaré non recevable.

439   S'il n'est pas présent, il fera convoquer le conseil de famille pour délibérer sur ses excuses.

Ses diligences seront faites dans les trois jours de la notification de la nomination, sinon il y sera encore déclaré non recevable.

440   Si ses excuses sont rejetées, il pourra se pourvoir devant les tribunaux pour les faire admettre ; mais pendant ce temps il sera tenu d'administrer provisoirement.

441   Enfin, s'il parvient à se faire exempter de la tutelle, ceux qui auront rejeté l'excuse pourront être condamnés aux frais de l'instance. S'il succombe, il y sera condamné lui-même.

Telles sont, tribuns, les dispositions du projet de loi sur les excuses ; elles ont paru justes à votre section de législation, bien motivées et dignes de votre approbation.

SECTION VII.—*De l'Incapacité, des Exclusions et Destitutions de la tutelle.*

Si on ne peut généralement refuser la tutelle d'enfans mi- 44¹
neurs, du moins si on ne peut s'en faire dispenser qu'autant
qu'on est dans les cas prévus par la section dont je viens de
vous rendre compte, il est cependant des individus qui sont
incapables d'être tuteurs; d'autres qui, quoique capables,
doivent en être exclus; d'autres enfin qui, déjà nommés,
doivent être destitués. C'est ce dont s'occupe cette partie du
projet de loi.

Ne peuvent être tuteurs ni membres du conseil de famille :

1°. Les mineurs, excepté le père ou la mère, parce que
les mineurs étant eux-mêmes privés de l'exercice des droits
civils, et à cause de la faiblesse de leur âge sous la puissance
d'autrui, sont incapables d'avoir personne dans leur dépendance.

Quant à l'exception relative aux père et mère mineurs, elle
a éprouvé quelques difficultés dans votre section ; mais ayant
admis la tutelle de droit à l'égard des père et mère, il a paru
injuste de les en priver quoique mineurs. D'abord ces circonstances seront fort rares, le mariage n'étant permis qu'à
dix-huit ans ; ce serait donc tout au plus à dix-neuf ans qu'ils
seraient dans le cas d'être tuteurs : or, fera-t-on les frais
d'une tutelle extraordinaire qui n'aurait d'exercice que pendant un an ou deux au plus.

Le mariage émancipe les père et mère, les met hors de la
puissance d'un tuteur, les place chefs d'une famille. Certes
ils peuvent bien sans inconvénient être tuteurs de droit de
leurs enfans pendant le court espace de temps qu'ils ont à
parcourir pour atteindre leur majorité, du moins votre section l'a pensé ainsi.

2°. Ne peuvent être tuteurs, les interdits, parce qu'ils
sont aussi privés de leurs droits civils, et aussi sous la puissance d'autrui ;

3°. Les femmes, autres que la mère et les ascendantes :

4°. Tous ceux qui ont, ou dont les père et mère ont avec le mineur un procès dans lequel l'État de ce mineur, sa fortune ou une partie notable de ses biens sont compromis.

443 La condamnation à une peine afflictive ou infamante emporte de plein droit l'exclusion de la tutelle; elle emporte de même la destitution, dans le cas où il s'agirait d'une tutelle déjà déférée.

444 Sont aussi exclus de la tutelle et même destituables les gens d'une inconduite notoire, ceux dont la gestion attesterait l'incapacité ou l'infidélité.

445 Tout individu exclu ou destitué ne pourra être membre d'un conseil de famille.

446 Toutes les fois qu'il y aura lieu à une destitution de tuteur, elle sera prononcée par le conseil de famille, convoqué à la diligence du subrogé tuteur, ou d'office par le juge de paix. Celui-ci ne pourra se dispenser de faire cette convocation quand elle sera formellement requise par un ou plusieurs parens ou alliés du mineur, au degré de cousin-germain ou à des degrés plus proches.

447 Toute délibération du conseil de famille qui prononcera l'exclusion ou la destitution du tuteur sera motivée, et ne pourra être prise qu'après avoir entendu ou appelé le tuteur.

448 Si le tuteur adhère à la délibération, il en sera fait mention, et le nouveau tuteur entrera aussitôt en fonction.

S'il y a réclamation, le subrogé tuteur poursuivra l'homologation de la délibération devant le tribunal de première instance, qui prononcera sauf l'appel : le tuteur lui-même pourra assigner le subrogé tuteur pour se faire maintenir dans la tutelle.

449 Les parens qui auront provoqué cette destitution pourront intervenir dans la cause, qui sera instruite et jugée comme affaire urgente.

Telles sont encore, tribuns, les dispositions de cette partie du projet de loi qui a paru à votre section bien conçue, nettement exprimée, et remplir complètement le but qu'on s'était proposé.

SECTION VIII.—*Relative à l'administration du tuteur.*

Après avoir organisé la nomination des tuteurs, il fallait 450 sans doute leur prescrire les règles qu'ils ont à suivre dans leur administration ; il fallait leur prescrire les devoirs qu'ils ont à remplir envers les personnes et les biens des mineurs confiés à leurs soins : c'est ce dont s'occupe cette section.

Le tuteur prendra soin de la personne du mineur, et le représentera dans tous les actes civils. Il administrera ses biens en bon père de famille, et répondra des dommages et intérêts qui pourraient résulter d'une mauvaise gestion.

Il ne peut ni acheter les biens du mineur ni les prendre à ferme, à moins que le conseil de famille n'ait autorisé le subrogé tuteur à lui en passer bail, ni accepter la cession de droits ou créances contre son pupille.

Dans les dix jours qui suivront celui de sa nomination, il 451 fera lever les scellés, et fera faire l'inventaire des biens du mineur en présence du subrogé tuteur.

S'il lui est dû quelque chose par le mineur, il devra le déclarer dans l'inventaire, à peine de déchéance, et ce, sur la réquisition que l'officier public sera tenu de lui en faire, et dont mention sera faite au procès-verbal.

Je m'arrête un instant sur cette dernière disposition. Un tuteur créancier légitime de son mineur pourrait oublier ou négliger de déclarer dans l'inventaire sa créance ; il avait paru d'abord injuste de l'en priver : mais au moyen de cette dernière disposition, qui porte qu'il sera interpellé par le notaire de déclarer s'il est créancier de son pupille, alors il ne pourra plus prétexter de son ignorance ou de son oubli ; et s'il est dans le cas de perdre une créance légitime, ce sera par son fait ; il n'aura rien à reprocher à la rigueur de la loi.

Dans le mois qui suivra la clôture de l'inventaire, le tu- 452 teur fera vendre, en présence du subrogé tuteur, aux enchères reçues par un officier public, et après les affiches ou publications dont le procès-verbal fera mention, tous les meubles autres que ceux que le conseil de famille l'aurait autorisé à conserver en nature.

453   Les père et mère, tant qu'ils ont la jouissance propre et légale des biens des mineurs, sont dispensés de vendre les meubles, s'ils préfèrent les garder pour les remettre en nature. Dans ce cas, ils en feront faire à leurs frais l'estimation par un expert nommé par le subrogé tuteur : ils rendront la valeur estimative des meubles qu'ils ne pourront représenter en nature.

454   Lors de l'entrée en exercice de toute tutelle autre que celle des père et mère, le conseil de famille réglera par aperçu la somme à laquelle pourra s'élever la dépense annuelle du mineur, ainsi que celle de l'administration de ses biens. Le tuteur pourra aussi être autorisé à s'aider dans sa gestion d'un ou plusieurs administrateurs particuliers, salariés et gérans, sous sa responsabilité.

455   Ce sera le conseil de famille qui déterminera positivement la somme à laquelle commencera pour le tuteur l'obligation d'employer l'excédant des revenus sur la dépense. Cet emploi devra être fait dans le délai de six mois, passé lequel le tuteur devra les intérêts de plein droit.

456   Si le tuteur ne prend pas les précautions ci-dessus indiquées, il sera comptable des intérêts de toute somme, quelque modique qu'elle soit.

457   Le tuteur, même le père ou la mère, ne peut emprunter pour le mineur, ni aliéner ou hypothéquer ses biens immeubles sans y être autorisé par un conseil de famille : cette autorisation ne pourra être accordée que pour cause d'une nécessité absolue ou d'un avantage évident.

Dans le premier cas, le conseil de famille n'accordera son autorisation qu'après qu'il aura été constaté, par un compte sommaire présenté par le tuteur, que les deniers, effets mobiliers et revenus du mineur sont insuffisans ; alors le conseil indiquera les immeubles qui devront être vendus de préfé- rence. Cette délibération sera homologuée en justice ; la vente 458-459 s'en fera publiquement devant un juge du tribunal ou un notaire commis, et après trois affiches préalables.

L'autorisation du conseil de famille ne sera pas nécessaire, 460 si un majeur propriétaire par indivis avec le mineur provoque la vente par licitation ; mais cette vente se fera toujours en justice ou devant un notaire commis par le tribunal, comme il vient d'être dit.

Le tuteur ne pourra accepter ni répudier aucune succession 461 sans l'autorisation du conseil ; l'acceptation n'aura lieu que sous bénéfice d'inventaire.

La succession répudiée, si elle n'a pas été acceptée par un 462 autre, pourra être reprise par le tuteur, toujours d'après une autorisation du conseil de famille, ou par le mineur devenu majeur, mais dans l'état où il la trouvera lors de la reprise.

La donation faite au mineur ne pourra être acceptée par le 463 tuteur qu'avec l'autorisation du conseil de famille.

Il faudra également cette autorisation au tuteur pour for- 464-465 mer ou acquiescer à toute demande en justice qui serait relative à des droits immobiliers ou à des demandes en partage.

Le partage, pour avoir le même effet qu'il aurait entre 466 majeurs, devra être fait en justice, précédé d'une estimation par experts, qui procéderont à la formation des lots, qui seront tirés au sort en présence d'un juge ou d'un notaire commis. Autrement tout partage qui ne sera pas fait dans ces formes ne sera considéré que comme provisionnel.

Le tuteur ne pourra transiger qu'autant qu'il y sera auto- 467 risé par un conseil de famille, et de l'avis de trois jurisconsultes désignés par le commissaire du gouvernement ; et la transaction sera homologuée en justice.

Enfin, si le tuteur a des sujets de mécontentement graves 468 sur la conduite du mineur, il pourra porter ses plaintes au conseil de famille et provoquer la réclusion du mineur, ainsi qu'il est dit dans le titre *de la Puissance paternelle*.

Vous venez d'entendre, tribuns, toutes les dispositions relatives à l'administration du tuteur ; il faut en convenir, on ne pouvait établir avec plus de soin et avec plus de prévoyance les règles de cette matière.

SECTION IX. — *Des Comptes de la tutelle.*

469   Il est dans la nature des choses et dans la justice que tout administrateur soit comptable. Un tuteur étant un véritable administrateur, il doit donc des comptes, et il n'était pas nécessaire, à cet égard, de loi.

Mais il était de la prévoyance du législateur d'établir des règles et des formes pour ces comptes et pour ce qui en est la suite ; c'est sur quoi dispose encore cette partie du projet de loi.

470   Tout tuteur, autre que le père et la mère, sera tenu de remettre une fois par an au subrogé tuteur des états, sur papier libre, et sans aucune formalité de justice, de situation de sa gestion.

471   Le compte définitif est rendu au mineur à sa majorité, à ses frais, avancés par le tuteur.

472   Tout traité qui interviendra entre le tuteur et le mineur devenu majeur sera nul, s'il n'a rendu ses comptes au moins dix jours avant.

474   La somme due par le tuteur portera intérêt sans demande, à compter de la clôture du compte.

Les intérêts des sommes dues au tuteur ne courront que du jour de la sommation de payer, qui aura suivi la clôture du compte.

475   Enfin, toute action du mineur contre son tuteur se prescrit par dix ans, à compter du jour de sa majorité.

CHAPITRE III et DERNIER.

De l'Émancipation.

Si la minorité doit durer vingt-un ans, si jusqu'à cet âge le mineur est privé de l'exercice de ses droits civils, s'il ne peut aliéner ni hypothéquer ses immeubles, il peut être utile cependant de lui donner, avant cet âge, la faculté de recevoir ses revenus, de régir et administrer par lui-même ses biens, si sa conduite, si la maturité de sa raison le permettent ainsi : c'est ce qu'on appelle l'émancipation, consacrée de tout temps, soit par le droit écrit, soit par le droit coutumier. C'est sur quoi dispose le projet de loi dans ce dernier chapitre.

D'abord il confirme le principe reconnu depuis long-temps, c'est que le mariage émancipe le mineur. 476

Ensuite il distingue deux émancipations, l'émancipation du père ou de la mère, et l'émancipation de la famille. 477

Le mineur non marié pourra être émancipé par son père, ou, à défaut du père, par sa mère, lorsqu'il aura atteint l'âge de quinze ans révolus. Cette émancipation se fera par la seule déclaration du père, reçue par le juge de paix.

Le mineur resté sans père ni mère pourra aussi, mais seulement à l'âge de dix-huit ans accomplis, être émancipé par une délibération d'un conseil de famille s'il en est jugé capable, présidé par le juge de paix, qui prononcera que le mineur est émancipé. 478

Si le tuteur ne fait aucunes diligences pour cette émancipation, les parens pourront les faire s'ils le jugent nécessaire. A leur réquisition, le juge de paix devra convoquer le tribunal de famille ; le compte de tutelle sera rendu au mineur émancipé, assisté du curateur qui lui sera nommé. 479

480

L'émancipé passera les baux dont la durée n'excédera point neuf ans, recevra ses revenus, et fera tous les actes de pure administration, sans être restituable contre ces actes. 481

Au surplus, quant à ses droits immobiliers, il sera tou- 482 à 484 jours considéré comme un mineur, et n'aura pas plus de droit que lui.

A l'égard des obligations qu'il aurait contractées par voie d'achat, elles seront réductibles en cas d'excès ; les tribunaux prendront en considération la fortune du mineur, la bonne ou la mauvaise foi des personnes qui auront traité avec lui, l'utilité ou l'inutilité des dépenses.

485   Et lorsque les obligations de ce mineur émancipé auront été réduites comme excessives, il pourra être privé du bénéfice de l'émancipation, et dès lors il rentrera en tutelle.

487   Enfin, le mineur émancipé (a) qui fait un commerce est réputé majeur pour les faits relatifs à ce commerce.

tit. 10   Telles sont, tribuns, toutes les dispositions de ce projet de loi ; ma tâche est terminée.

Je vous ai démontré la nécessité et l'utilité de conserver la majorité à vingt-un ans.

Je vous ai fait connaître les diverses tutelles, celle de droit déférée d'après le vœu de la nature aux pères, mères et ascendans ; celle testamentaire déférée aux pères et mères, et celle déférée par des conseils de famille, dont je vous ai indiqué l'organisation.

Je vous ai entretenus des subrogés tuteurs, toujours attachés aux tutelles comme des surveillans utiles à l'intérêt des mineurs. Je vous ai parlé des causes qui dispensent de la tutelle et de celles qui motivent, et l'incapacité, et les exclusions, et les destitutions ; je vous ai tracé les formes et les règles que le tuteur aura à observer dans l'administration des biens du mineur et dans les comptes qu'il aura à lui rendre.

Enfin, je vous ai parlé de l'émancipation, de ce prix de

(a) Ainsi, le mineur ne pourra faire le commerce qu'autant qu'il aura été émancipé.

L'article 5 de l'ordonnance du commerce veut que le mineur ait vingt ans. D'après le système de la majorité à vingt-un ans, on aurait pu penser que cette majorité, pour fait de commerce, aurait dû être aussi avancée ; mais on a craint beaucoup d'inconvéniens, et on s'est déterminé pour cette disposition de la loi qui veut que le mineur soit émancipé avant qu'il puisse entreprendre le commerce.

sagesse donné au mineur lorsqu'il est en état d'administrer ses biens et ses revenus.

Je vous ai présenté peu de réflexions sur les dipositions de détail de ce projet de loi, parce que leur précision et leur clarté n'en comportent point : j'ai donc cru qu'il devait suffire de vous en faire la simple exposition ; et qu'il fallait de confiance m'abandonner à vos lumières, bien assuré que vous ne manqueriez pas de juger comme il doit l'être un projet de loi qui, dans ce genre, présente toute la perfection qu'on peut désirer.

La section de législation m'a chargé de vous en proposer l'adoption.

Le Tribunat vota de suite l'adoption du projet de loi, et MM. Huguet, Leroy et Costaz apportèrent son vœu au Corps législatif dans la séance du 5 germinal an XI (26 mars 1803), où M. Leroy prononça le discours suivant.

DISCUSSION DEVANT LE CORPS LÉGISLATIF.

DISCOURS PRONONCÉ PAR LE TRIBUN LEROY.

Législateurs, nous venons vous apporter le vœu d'adoption émis par le Tribunat en faveur du projet de loi, titre X du Code civil, relatif à la *minorité*, à la *tutelle* et à l'*émancipation*.

De tous les droits que l'homme exerce sous l'empire des lois, il n'en est point qui soit plus éminemment social que le droit de propriété. La cause et l'objet de la société sont peut-être également dans ces mots : *avoir* et *conserver*. Les autres droits sont sacrés, sans doute ; mais ils le sont surtout, parce qu'ils sont la sauve-garde du droit de propriété. Aussi, un des signes les moins équivoques des vues libérales d'un législateur, un des caractères les plus certains de la bonté de son ouvrage, c'est la protection religieusement tutélaire assurée à ce premier des avantages de la vie civile. Ordinairement cette protection doit être négative. Il est des cas où elle doit être essentiellement agissante.

L'homme, en général, n'a besoin que de n'être pas gêné dans l'exercice de son activité, de son industrie, de son intelligence. Les membres de la cité sont mis à l'abri des usurpations de la violence, contre lesquelles l'état de nature ne leur offrait aucune garantie. La faiblesse de chacun d'eux est devenue, pour ainsi dire, la force du pouvoir public lui-même, admirables effets de la sociabilité de l'homme, ouvrage admirable du génie observateur qui les coordonne.

Mais les institutions des hommes, tout heureuses qu'elles soient, ne peuvent changer l'ordre de la nature : or, nous ne sommes pas faibles seulement relativement aux autres, nous pouvons l'être encore par nous-mêmes.

Une longue enfance nous tient sans défense devant toutes les difficultés de la vie. Malheureux que nous sommes, nous n'avons pas même la conscience de notre insuffisance! Autre misère de l'espèce humaine! l'âge et l'expérience avaient éclairé l'esprit d'un individu ; des vices d'organisation sont développés par les passions, par des peines profondes. Je cherche en vain ce trait propre qui distingue l'homme dans la chaîne des êtres vivants, je cherche en vain sa céleste empreinte : la raison a fui.

L'humanité réclamait dans ces deux cas un appui spécial de la société. Le dernier est réglé par un projet de loi sur lequel vous aurez à délibérer dans quelques jours, et qui est relatif à l'*interdiction*. Le premier l'est par le projet dont je vais avoir l'honneur de vous entretenir.

Le gouvernement, en méditant cette matière, qui n'est pas nouvelle, n'a guère eu qu'à soumettre au principe de l'uniformité les diverses règles, résultat des coutumes et du droit écrit qui se partageaient la France avant la révolution.

Il a dû pourtant opérer les modifications convenables. Nous allons discuter le projet de loi, guidés par cette double considération, dont l'effet doit être de nous mettre à portée de le bien apprécier.

Ce projet se divise en trois chapitres. Le premier traite de la minorité; le second de la tutelle, et se subdivise en neuf sections intitulées, 1° de la tutelle des père et mère; 2° de la tutelle déférée par le père ou la mère; 3° de la tutelle des ascendans; 4° de la tutelle déférée par le conseil de famille; 5° du subrogé tuteur; 6° des causes qui dispensent de la tutelle; 7° de l'incapacité, des exclusions et destitutions de la tutelle; 8° de l'administration du tuteur; 9° des comptes de la tutelle. Le troisième chapitre traite de l'émancipation. Nous allons les parcourir successivement.

De la Minorité.

Le chapitre Ier ne renferme qu'une seule disposition. D'après cette disposition, la minorité durera jusqu'à vingt-un ans accomplis. 388

Avant la loi du 20 septembre 1792, la majorité ne commençait, dans presque toute la France, qu'à vingt-cinq ans; cette loi a fixé à vingt-un ans le terme de la minorité : il n'y a donc ici une innovation que par rapport au temps antérieur. Il nous paraît aisé de la justifier.

La majorité est une institution sociale qui, comme toutes les autres, varia toujours suivant les gouvernemens, les mœurs, les climats. A Rome, elle fut reculée jusqu'à vingt-cinq ans. Elle a lieu à quinze en Turquie. Nous ne vivons pas sous le ciel brûlant qui permit au législateur de celle-ci de compter sur des facultés hâtives. Le despotisme des pères n'est pas chez nous, comme chez les enfans du farouche Romulus, le ressort principal de la machine politique.

Chez les Francs, la majorité commença aussi à quinze ans. Ce peuple guerrier pensait qu'on était un homme, un citoyen, dès qu'on était soldat. On sait que cet ordre de choses ne changea que lorsque leurs armes, devenues plus pesantes, ne purent plus être portées dans un âge si tendre. La minorité fut alors prolongée jusqu'à vingt-un ans. Nous honorons aussi les vertus militaires ; mais nos mœurs ne sont plus assez simples, nos intérêts sociaux assez peu compliqués, pour que la législation qui consacrerait parmi nous, à l'exemple des Francs, la majorité à quinze ans, ne fît pas à ceux qui seraient l'objet de cette faveur un présent seulement funeste.

De tels extrêmes ont donc pu se réaliser ailleurs avec l'aveu de la sagesse ; ils seraient pour nous des excès sans motifs.

Quelques-unes de nos provinces, comme la Normandie, reconnaissaient la majorité à vingt ans, et ne se plaignirent jamais de cet usage. Nous faisons la même observation par rapport à toute la France, sur celle de vingt-un ans, établie depuis dix ans. Cette majorité convient donc à nos mœurs.

Ajoutons que l'intérêt de la société est d'étendre le plus possible la vie civile de chacun de ses membres. La loi de 1792 l'étendit véritablement de quatre années pour la plus grande partie de la France. L'état de nos lumières nous autorisait à conserver cette conquête faite sur la nullité de l'enfance. Enfin, la Constitution admettant dès vingt-un ans à l'exercice des droits de citoyen, il eût été peu conséquent de déclarer incapable de l'administration de ses affaires celui qui était reconnu capable de prendre part à l'administration, par excellence, de l'État.

Je passe à l'examen du chapitre II.

De la Tutelle.

390   La tutelle est le pouvoir donné par la loi à un citoyen pour défendre celui à qui la faiblesse de son âge ne permet pas de se défendre lui-même. La nature a fait les parens les plus sûrs défenseurs de leurs enfans, en les faisant leurs amis les plus tendres. La mission du législateur se borne donc à les suppléer. Le projet de loi statue qu'en cas de mort naturelle

ou civile, la tutelle des enfans mineurs et non émancipés appartiendra de plein droit au survivant des père et mère. Cette disposition ne fait que rappeler ce qui était en vigueur dans la portion de la France régie par le droit écrit, et où la mère était préférée à tout autre, sans qu'il fût même besoin du rescrit du prince, voulu par les lois romaines. Dans la France coutumière, les mères ne pouvaient être tutrices qu'autant que, sur un avis de parens, elles étaient agréées par le juge. Cette précaution était humiliante pour les mères. La constitution physique des femmes, leur éducation, ne donnent peut-être pas aux mères tout ce qui rend propre à une bonne administration ; mais les pères aiment-ils comme elles ? Oh ! que ce sentiment exquis de la tendresse maternelle suppléera puissamment quelque infériorité de connaissances !

D'ailleurs, les inconvéniens qui pourraient résulter d'une 391 capacité non parfaite sont écartés par le projet. Il est réservé au père le droit de nommer par acte de dernière volonté, ou par une déclaration faite devant le juge de paix ou devant notaire, un conseil spécial à la mère survivante, pour l'assister, soit dans tous les actes de son administration, soit dans une partie de ces actes qu'il désignera. Ainsi, une mère ne connaîtra plus ni la honte d'être déclarée indigne de veiller au bonheur de ses enfans, ni la destinée cruelle de voir confier aux soins d'un autre ceux dont elle a payé si cher l'existence.

Mais la mère se remarie. Le projet veut qu'avant l'acte de 395 mariage elle convoque le conseil de famille, qui décidera si la tutelle doit lui être conservée. A défaut de cette convocation, elle perdra la tutelle de plein droit, et son nouveau mari sera solidairement responsable envers elle des suites de son silence. Il le sera également de la gestion postérieure à son mariage, dans le cas où le conseil de famille conserverait la tutelle à la mère. Ces diverses précautions répondent aux craintes qu'il est naturel de concevoir sur la tendresse d'une mère qui contracte une nouvelle union : cet indice pourtant est quelquefois trompeur. Il est de certaines positions où les veuves, pour l'intérêt même de leurs mineurs, sont obligées de se remarier. Le projet tempère donc sagement la rigueur du droit romain, qui dépouillait la mère de la tutelle par le seul fait des secondes noces.

397   Le projet de loi suppose le père et la mère décédés. Un tuteur aura pu être donné au mineur, toujours indifféremment, par le dernier mourant. Ainsi, celui des parens que la mort vient arracher au fils dont il était le seul appui sentira des regrets moins déchirans ; il lui laisse un ami, le choix de son cœur : il meurt, et sa tendresse vivra encore près de cet enfant que la nature abandonne.

402 à 404   Le père et la mère sont morts, et n'ont pas fait choix d'un tuteur. Dans ce cas, la tutelle appartiendra de droit à l'aïeul paternel, à son défaut à l'aïeul maternel, et ainsi en remontant, toujours en préférant le côté paternel. Cette prédilection pour la ligne paternelle est une suite nécessaire de l'organisation même de la famille.

405.   Mais il peut ne pas y avoir d'ascendans. Les tuteurs, ainsi que nous aurons occasion de l'exposer, peuvent être exclus, valablement excusés : alors le soin de pourvoir les enfans
406   d'un tuteur est remis à un conseil de famille. Ce conseil sera convoqué à la première réquisition des parties intéressées,
407   ou même d'office par le juge de paix. Six parens ou alliés le
409   formeront dans les cas ordinaires. Si les parens ou alliés ne se trouvent pas en nombre suffisant sur les lieux ; si les distances ou toute autre cause ne permettent pas au juge de paix de les appeler, il est autorisé à les remplacer par des citoyens de la commune connus pour avoir eu des relations habituelles d'amitié avec le père ou la mère du mineur. La composition du conseil de famille garantit les sentimens affectueux qui doivent l'animer ; le juge de paix qui le préside leur donnera la direction de l'impartialité.

Cette bonne composition du conseil de famille nous a paru

justifier assez le silence que garde le projet sur les cautions
à demander au tuteur, ainsi que l'exigeaient dans certains
cas les lois romaines. La tutelle est un fardeau ; il était devenu sans motif d'en augmenter le poids. L'usage qui voulait que les parens nominateurs fussent tenus de la mauvaise
administration des tuteurs, en cas d'insolvabilité, n'était pas
moins déraisonnable : la famille a rempli son devoir quand
elle a fait son choix avec toutes les précautions de la bonne
foi, avec tous les soins de la tendresse.

Législateurs, j'ai parcouru les quatre premières sections
du chapitre second qui embrasse toutes les espèces de tutelle,
et j'en ai discuté les dispositions principales.

La section qui vient après traite, ainsi que nous l'avons 420
annoncé, du subrogé tuteur, qui n'est autre chose que le
curateur des pays coutumiers. La curatelle est le complément
de la tutelle. Il est possible que le tuteur, souvent parent du
mineur, ait des intérêts communs en opposition même avec
les siens. Le législateur ne devait pas laisser la fidélité aux
prises avec l'intérêt. Dans ce cas, un autre protecteur est
donné au mineur dans la personne d'un subrogé tuteur. Il est
pourvu à ce que l'installation du tuteur et celle du subrogé
tuteur soient toujours simultanées.

Il est pris des mesures aussi pour garantir l'indépendance 423
de la surveillance de ce subrogé tuteur. Le tuteur ne sera
point choisi dans la même ligne que lui ; il ne pourra prendre
part à sa nomination ; il ne pourra jamais provoquer sa destitution, ni voter dans les conseils de famille dont la convocation aurait cet objet.

Après avoir ainsi complété l'organisation de la tutelle, le 427
projet détermine les cas où l'on peut en être dispensé. Sans
doute, et nous croyons l'avoir établi en commençant ce discours, la tutelle est une charge publique ; mais la société qui
la défère la défère au nom d'un intérêt particulier. Si d'autres devoirs qu'elle a imposés au nom de l'intérêt général
sont incompatibles avec les soins que réclame la tutelle, il

est raisonnable que ces premières obligations ne soient pas sacrifiées aux secondes. Le projet de loi précise avec une sage discrétion les diverses dispenses, ainsi fondées sur des considérations d'utilité commune.

432   La tutelle est une charge publique; mais c'est aussi, et d'abord, une charge de famille. Ce sera donc un cas légitime de dispense que celui d'un étranger qui refusera d'accepter une tutelle, parce qu'il y aura sur les lieux ou dans les environs un parent ou un allié capable de la gérer. La loi qui

433-434   en charge un individu doit vouloir qu'il ait les moyens d'atteindre le but qu'elle se propose. Un âge trop avancé, des infirmités graves, présentaient des excuses qui ont été ac-

435   cueillies. Une attention trop partagée pourrait nuire à l'administration ; deux tutelles dispenseront d'une troisième; un époux qui peut être déjà occupé de son ménage, de ses enfans, ne sera pas forcé d'accepter une seconde tutelle, si ce

436   n'est celle de ses enfans. Cinq enfans légitimes autoriseront aussi à refuser toute autre tutelle que celle de ses enfans. Cette faveur était due à la fécondité conjugale que l'on trouve toujours avec les mœurs et l'amour du travail, ces honorables principes de la prospérité des nations. Les enfans morts seront compris dans le nombre, s'ils ont eux-mêmes laissé des enfans actuellement existans.

Les enfans morts en activité de service dans les armées de la République seront toujours comptés. Les Romains, dont la législation consacrait à peu près la même exception, la motivaient avec une noblesse vraiment touchante. *Hi qui pro republicá ceciderunt, in perpetuum per gloriam vivere intelliguntur.* Ces braves étaient censés vivre toujours, leur gloire ne pouvant mourir.

sect. 7   La septième section détermine les incapacités, les occasions
et suiv.   d'exclusion et de destitution de la tutelle. La huitième trace la marche de l'administration des tuteurs. La neuvième déclare leur responsabilité, établit diverses mesures de garantie tout à la fois dans leurs intérêts et dans ceux du mineur. J'i-

miterai le silence de l'orateur du gouvernement sur ces trois sections, renfermant des dispositions presque en tous points conformes à notre ancienne législation, offrant d'ailleurs des détails, importans à la vérité, mais qui ne sont susceptibles d'aucun développement utile. Je me tairai également sur les deux innovations qu'elles présentent, et que le même orateur n'a point dissimulées.

La première a pour objet de donner plus de solidité aux transactions faites par le tuteur; la seconde de le délivrer, au bout de dix années, de la crainte d'aucune tracasserie de la part d'un mineur ingrat ou cupide. Je ne pourrais que reproduire ici des motifs qui vous ont été parfaitement développés lors de la présentation du projet de loi.

467-475

Il me reste à vous parler de l'émancipation.

De l'Émancipation.

Il ne s'agit point ici de l'émancipation si fameuse des Romains, et par laquelle un père affranchissait son fils de la puissance paternelle. Des historiens ont prétendu qu'originairement cette émancipation n'était qu'une vente. L'étymologie du mot, et la formule long-temps en usage que prononçait le père dans cette circonstance, semblent confirmer leur opinion. *Mancipo tibi hunc filium qui meus est*, disait le père à un étranger, en présence de sept témoins, dont l'un tenait une balance à la main, comme pour peser la pièce de monnaie, prix du marché.

ch. 3.

Et nous aussi, nous avons consacré dans nos lois la puissance paternelle; mais on l'y chercherait en vain avec ces traits barbares. Nous l'y reconnaîtrons ce que la nature la fit, une puissance d'amour et de protection. Mais quoique l'émancipation qui nous occupe doive aussi produire l'effet de mettre l'enfant qui en sera l'objet hors de l'autorité de ses père et mère, c'est surtout l'effet qu'elle doit avoir relativement aux biens de cet enfant que nous sommes appelés à considérer.

L'émancipation est un état moyen entre la minorité et la majorité. La distinction établie entre ces deux états repose sur la considération que l'homme n'est, en général, capable de diriger ses affaires qu'à un certain âge. Nous avons fixé cette époque à vingt-un ans. Cette institution, toute positive qu'elle soit, n'en a pas moins son origine dans la nature elle-même, qui nous paraît n'avoir opéré qu'à cet âge le développement des facultés. Mais l'instruction nous apprend que ce développement est plus précoce chez quelques-uns. N'est-il pas conséquent de rendre proportionnellement plus précoces aussi les résultats qu'il doit avoir devant les lois? Si cette condescendance du législateur n'est jamais aveugle, si l'exercice qu'il veut en faire peut être un aiguillon pour les vertus à naître, une récompense pour celles déjà manifestées; si la loi a toujours en réserve un moyen de réparer une erreur, de punir l'hypocrisie ou d'intimider les penchans vicieux, on sera forcé de convenir que le vœu de la société ne sera pas moins rempli que celui de la raison : or, la réunion de tous ces avantages nous paraît être renfermée dans la partie du projet soumise en ce moment à votre attention.

C'est au père, c'est à la mère, c'est au conseil de famille que le droit d'émancipation est confié. Qui pourrait mieux apprécier le mineur que ceux qui l'ont sans cesse sous les yeux? Qui pourrait promettre plus de circonspection dans l'exercice même de leur bienveillance que ceux à qui la nature a rendu si précieux le bonheur de celui qui en sera l'objet?

477   C'est à quinze ans révolus que l'on pourra être émancipé. Quelque heureuse que soit notre organisation, quelques moyens nouveaux qu'ajoute l'éducation, cet âge manquera toujours de cette connaissance des hommes et des choses, de l'expérience, ce don du temps. La loi devait donc au mineur émancipé un dernier appui dans les momens difficiles de son 480 à 484 administration. Dans ce cas aussi elle lui donne un curateur, mais ce n'est plus un maître, c'est un conseil, c'est un ami. Les articles 475, 476, 477 et 478-481, 482, 483 et 484 du

projet de loi, réalisent cette idée tutélaire qui nous montre
le mineur laissé libre dans l'administration de ses biens, et
mis pourtant à l'abri du danger de l'inexpérience.

Restait le cas des obligations onéreuses que le mineur 484-485
émancipé pouvait contracter par voie d'achat ou autrement.
Les tribunaux pourront les réduire en cas d'excès ; mais alors
le mineur pourra être dépouillé du bienfait de l'émancipation, remis en tutelle, et il y restera jusqu'à sa majorité accomplie : disposition sage, offrant tout à la fois la sauve-garde
d'une confiance trop facile, et une juste punition du désordre
et des dissipations.

Je terminerai en vous rappelant deux dispositions déjà
consacrées par la jurisprudence actuelle.

La première est celle qui déclare le mineur émancipé de 476
plein droit par le mariage. Comment ne pas reconnaître capable du soin de ses biens celui que l'on a reconnu capable
des soins d'époux et de père ?

La seconde porte que le mineur émancipé qui fait un com- 487
merce est réputé majeur pour les faits qui y sont relatifs. La
société devait cette faveur au commerce, dont tous les moyens
sont paralysés si ses transactions ne sont pas irrévocables.

Législateurs, je touche au terme de la carrière que j'avais
à parcourir. Si je vous ai exposé avec quelque exactitude les
motifs qui ont déterminé l'assentiment du Tribunat, il est
maintenant établi dans vos consciences comme dans les nôtres
que le projet de loi que je viens d'analyser présente l'heureuse combinaison des dispositions diverses de l'ancienne législation de la France appropriées par la sagesse à notre
nouvelle situation politique, à nos mœurs, à l'état de nos lumières. Or, tous les caractères d'une bonne loi de ce genre
nous paraissent signalés dans ce peu de mots. Nous pensons
donc que le titre X du Code civil relatif à la *minorité*, à la
tutelle et à l'*émancipation*, n'est pas moins digne que ceux
auxquels vous avez déjà apposé le sceau de la volonté natio-

nale, d'être offert à l'attente du peuple français comme à sa reconnaissance.

C'est d'après ces considérations qu'au nom du Tribunat nous en votons l'adoption.

Le Corps législatif rendit son décret d'adoption le même jour, et la promulgation de ce titre eut lieu le 15 germinal an XI (5 avril 1803).

TITRE ONZIÈME.

De la Majorité, de l'Interdiction et du Conseil judiciaire.

DISCUSSION DU CONSEIL D'ÉTAT.

(Procès-verbal de la séance du 13 brumaire an XI. — 4 novembre 1802.)

M. Emmery présente le titre *de la Majorité et de l'Inter-diction.*

Il est ainsi conçu :

Art. 1er. « La majorité est fixée à vingt-un ans accomplis. 488 « A cet âge on est capable de tous les actes de la vie civile, « sauf la restriction portée au titre *du Mariage.* »

Art. 2. « Le majeur qui est dans un état habituel d'imbé- 489 « cillité, de démence ou de fureur, doit être interdit, même « lorsque cet état présente des intervalles lucides. »

Art. 3. « Tout parent est recevable à provoquer l'interdic- 490 « tion de son parent; il en est de même de l'un des époux à « l'égard de l'autre. »

Art. 4. « Dans le cas de fureur, si l'interdiction n'est pro- 491 « voquée ni par l'époux ni par les parens, elle doit être de- « mandée par la partie publique. »

Art. 5. « Toute demande en interdiction sera portée de- 492 « vant le tribunal de première instance. »

Art. 6. « Les faits d'imbécillité, de démence ou de fureur, 493 « seront articulés par écrit. Ceux qui poursuivront l'inter- « diction présenteront les témoins et les pièces. »

Art. 7. « Le tribunal ordonnera que le conseil de famille, 494 « formé selon le mode déterminé au titre *de la Minorité, de* « *la Tutelle et de l'Émancipation,* donne son avis sur l'état de « la personne dont l'interdiction est demandée. »

Art. 8. « Ceux qui auront provoqué l'interdiction seront 495

« admis au conseil de famille pour y exposer leurs motifs;
« mais ils n'y auront pas voix délibérative. »

496   Art. 9. « Après avoir reçu l'avis du conseil de famille, le
« tribunal interrogera le défendeur à la chambre du conseil;
« s'il ne peut s'y présenter, il sera interrogé dans sa demeure
« par l'un des juges à ce commis, assisté du greffier. »

497   Art. 10. « Après le premier interrogatoire, le tribunal
« commettra, s'il y a lieu, un administrateur provisoire
« pour la conservation du mobilier et l'administration des
« immeubles du défendeur. »

498   Art. 11. « Le jugement sur une demande en interdiction
« ne pourra être rendu qu'à l'audience publique, les parties
« entendues ou appelées, et sur les conclusions du commis-
« saire du gouvernement. »

499   Art. 12. « En rejetant la demande en interdiction, le tri-
« bunal pourra néanmoins, si les circonstances l'exigent,
« ordonner que le défendeur ne pourra désormais emprun-
« ter, intenter procès, aliéner ni grever ses biens d'hypo-
« thèques, sans l'assistance d'un conseil qui lui sera nommé
« par le même jugement. »

500   Art. 13. « En cas d'appel du jugement rendu en première
« instance, le tribunal d'appel pourra, s'il le juge nécessaire,
« interroger de nouveau, ou faire interroger par un com-
« missaire, la personne dont l'interdiction est demandée. »

501   Art. 14. « Tout jugement portant interdiction ou nomina-
« tion d'un conseil, sera, à la diligence des demandeurs,
« levé, signifié à partie, et inscrit, dans les dix jours, sur
« les tableaux qui doivent être affichés dans la salle de l'au-
« ditoire et dans les études des notaires de l'arrondissement.»

502   Art. 15. « L'interdiction prononcée aura son effet du jour
« du jugement : tous actes passés postérieurement par l'in-
« terdit seront nuls de droit. »

503   Art. 16. « Les actes antérieurs au jugement pourront être
« annulés, si la cause de l'interdiction existait notoirement à
« l'époque où ces actes ont été faits. »

Art. 17. « Après la mort d'un individu, les actes par lui 504
« faits ne pourront être attaqués pour cause de démence
« qu'autant que son interdiction aurait été prononcée ou
« provoquée avant son décès, à moins que la preuve de la
« démence ne résulte de l'acte même qui est attaqué. »

Art. 18. « S'il n'y a pas d'appel du jugement d'interdic- 505
« tion rendu en première instance, ou, s'il est confirmé sur
« l'appel, il sera pourvu à la nomination d'un tuteur et d'un
« subrogé tuteur à l'interdit, suivant les règles prescrites au
« titre *de la Minorité, de la Tutelle et de l'Émancipation.*
« L'administrateur provisoire cessera ses fonctions, et rendra
« compte au tuteur, s'il ne l'est pas lui-même. »

Art. 19. « Le mari est de droit le tuteur de sa femme in- 506
« terdite. »

Art. 20. « La femme pourra être nommée tutrice de son 507
« mari. En ce cas, le conseil de famille réglera la forme et
« les conditions de l'administration, sauf le recours devant
« les tribunaux de la part de la femme qui se croirait lésée
« par l'arrêté de la famille. »

Art. 21. « Nul, à l'exception des époux, des ascendans 508
« et descendans, ne sera tenu de conserver la tutelle d'un
« interdit au-delà de dix ans. A l'expiration de ce délai, le
« tuteur pourra demander et devra obtenir son remplace-
« ment. »

Art. 22. « L'interdit est assimilé au mineur pour sa per- 509
« sonne et pour ses biens : les règlemens sur la tutelle des
« mineurs s'appliqueront à la tutelle des interdits. »

Art. 23. « Les revenus d'un interdit doivent être essen- 510
« tiellement employés à adoucir son sort et à accélérer sa
« guérison. Selon les caractères de sa maladie et l'état de sa
« fortune, le conseil de famille pourra arrêter qu'il sera
« traité dans son domicile, ou qu'il sera traité dans une
« maison de santé, et même dans un hospice. »

Art. 24. « Lorsqu'il sera question du mariage de l'enfant 511
« d'un interdit, la dot ou l'avancement d'hoirie et les autres

« conventions matrimoniales seront réglées par le conseil de
« famille. »

512   Art. 25. « L'interdiction cesse avec les causes qui l'ont
« déterminée ; néanmoins la main-levée ne sera prononcée
« qu'en observant les formalités prescrites pour parvenir à
« l'interdiction ; et l'interdit ne pourra reprendre l'exercice
« de ses droits qu'après le jugement de main-levée. »

488   L'article 1er est adopté.

489-513   L'article 2 est discuté.

M. MALEVILLE dit que cet article n'admet l'interdiction
que pour cause d'imbécillité, de démence et de fureur : cependant les lois romaines l'autorisaient encore pour cause de
prodigalité ; et leur disposition était, à cet égard, reçue dans
toute la France. Il serait néanmoins possible que des parens
avides, dans la seule vue de se conserver une riche succession, abusassent de ce moyen pour requérir l'interdiction
d'un homme qui ne ferait qu'user du droit qu'a tout propriétaire de disposer de son bien selon ses goûts ; aussi la
faculté de provoquer l'interdiction devrait-elle être réservée
à ceux à qui les dissipations du prodigue peuvent occasioner
des pertes : or, tels sont évidemment ceux que les lois obligent à lui fournir des alimens lorsqu'il aura dissipé son bien ;
tels sont encore ses enfans, auxquels il doit des moyens
d'exister, puisqu'il leur a donné la vie. M. *Maleville* désirerait donc que l'interdiction pour cause de prodigalité fût
conservée, mais que la demande n'en fût permise qu'aux ascendans, beaux-pères et belles-mères, gendres et belles-
filles, frères et sœurs du prodigue, et qu'elle ne fût accordée
à aucun autre individu, hors le cas où il agirait pour les
enfans. Il serait même nécessaire qu'à défaut de parens qui
prissent l'intérêt des enfans, le ministère public fût chargé
de requérir l'interdiction.

M. BOULAY dit que les lois ont érigé en principe qu'il est
de l'intérêt de la République que chacun conserve son patri-

moine; car celui qui l'a dissipé tombe à la charge de l'Etat.

M. Treilhard dit que l'article 12 paraît présenter un moyen contre la prodigalité ; cet article porte :

« En rejetant la demande en interdiction, le tribunal « pourra néanmoins, si les circonstances l'exigent, ordonner « que le défendeur ne pourra désormais emprunter, intenter « procès, aliéner ni grever ses biens d'hypothèques, sans « l'assistance d'un conseil qui lui sera nommé par le même « jugement. »

Or, il y a une espèce de prodigalité qui approche de la démence, et à laquelle dès lors on pourrait appliquer la disposition de cet article. Ce serait couvrir d'un voile honnête l'interdiction du dissipateur.

M. Regnaud (de Saint-Jean-d'Angely) adopte les principes de M. *Maleville*, mais il craint qu'il ne soit très-difficile de les appliquer.

Comment, en effet, déterminer les véritables caractères de la prodigalité? Peut-on déclarer prodigue celui qui fait de trop grandes libéralités, celui qui administre mal ses biens, celui qui se livre à des spéculations dans lesquelles ses espérances sont trompées? Si l'on parcourt les diverses manières possibles de se ruiner, on sera convaincu qu'il n'en est presque aucune qui doive être imputée à une véritable prodigalité et dont on puisse faire une cause d'interdiction. Les procès en interdiction pour prodigalité n'ont presque toujours produit que du scandale dans le public et la division dans les familles.

Quant à l'article 12, il n'est point applicable au prodigue : on pourrait sans doute l'invoquer contre l'homme qui dissiperait ses biens par des actes d'une nature telle qu'ils caractérisent l'aliénation d'esprit; mais celui qui les dissipera au jeu, par exemple, sera cependant dans son bon sens, et les tribunaux ne pourraient, sans outrager évidemment la vérité, le déclarer en démence.

M. Bigot-Préameneu dit que, si la prodigalité devenait

une cause d'interdiction, il y aurait lieu de craindre que l'intérêt personnel n'en abusât pour tourmenter, ou même pour faire priver de l'exercice de ses droits celui qui ne mériterait pas de les perdre : mais on pourrait la regarder comme un motif suffisant de donner un conseil.

Le Consul Cambacérès dit que si les demandes en interdiction pour cause de prodigalité ont été quelquefois injustes, ce n'est point un motif pour écarter tous moyens de réprimer des désordres capables de compromettre la société. Un prodigue peut devenir un homme dangereux, et l'État ne peut pas être indifférent sur le sort des familles. Il faut donc examiner avant tout si le Code civil ne doit pas contenir une disposition relative aux prodigues.

M. Maleville dit qu'il a vu beaucoup d'individus qui méritaient d'être interdits et qui cependant ne l'ont pas été; mais que jamais il n'a vu interdire personne qui ne fût dans le cas de l'être.

M. Berlier trouve la question très-délicate. Il est, dit-il, si difficile de *définir le prodigue*, qu'inévitablement son interdiction sera toujours arbitraire.

Celui-là sera-t-il prodigue (dans le sens donnant ouverture à l'action judiciaire) qui, ayant 10,000 francs de revenu, en aura dépensé le double en une année, sans augmentation de ses capitaux? Si on l'interdit dès les premiers temps, ne sera-ce pas, dans la prévoyance de l'avenir, le mettre hors d'état de réparer lui-même ses affaires? Si au contraire l'interdiction est tardive, à quoi servira-t-elle?

Si l'on examine la question dans l'intérêt public, la prodigalité est sans doute un vice, car le bien n'est jamais dans les extrêmes; mais le prodigue nuit-il plus à la société que l'avare?

Si la question est traitée dans l'intérêt des familles, de quel droit un collatéral peut-il se prévaloir? Et à l'égard des enfans, l'exercice d'un tel droit vis-à-vis de leur père ne sera-t-il pas souvent odieux?

Environné de tant de difficultés, M. *Berlier* pense que les rédacteurs du projet de Code civil ont pris un parti très-sage en n'admettant pas l'interdiction pour cause de prodigalité.

On vient de proposer, comme parti moyen, de donner un conseil au prodigue; ce tempérament atténue les inconvéniens, mais il ne les détruit pas.

L'opinant désirerait que l'on pût définir clairement les cas pour lesquels l'action en prodigalité pourrait être intentée, et les personnes au nom desquelles elle pourrait l'être. Des règles sagement restrictives auraient peut-être quelque utilité; mais, dans le vague de la question, on y aperçoit plus d'abus que d'avantages.

M. Bigot–Préameneu dit que, chez les Grecs et chez les Romains, on connaissait l'interdiction pour cause de prodigalité. Les Romains se servaient même, pour la prononcer, d'une formule remarquable. Elle portait : *Quando tua bona paterna avitaque nequitiâ tuâ disperdis, liberosque tuos ad egestatem perducis, ob eam rem tibi eâ re commercioque interdico.*

On objecte que cette espèce d'interdiction est attentatoire au droit de propriété; qu'elle n'est propre qu'à favoriser de présomptifs héritiers, souvent d'avides collatéraux.

Cette objection n'est pas fondée. Les exemples d'attaques injustes sont rares : il est de notoriété que les tribunaux se montraient sévères contre les collatéraux; et l'interdiction n'était presque jamais prononcée quand celui que l'on avait traduit en justice pour prodigalité n'était ni époux ni père.

Ce n'est point le droit de propriété que l'on attaque; c'est pour conserver au prodigue une propriété, qu'on lui ôte le droit de s'en dépouiller en se livrant à des passions coupables.

Mais, en même temps, il ne faut pas porter le remède au-delà de ce qui est nécessaire. L'interdiction pour prodigalité, telle qu'on la prononçait, mettait l'interdit, quant à ses biens, sous l'autorité d'un curateur, comme un mineur l'é-

tait sous celle de son tuteur. Il en résultait une sorte de dégradation de la personne. On ne doit établir de peines que
celles qui sont nécessaires ; et on peut atteindre le but qu'on
se propose par la nomination d'un conseil : le prodigue continuera d'exercer ses droits en son nom ; il sera seulement
forcé de prendre et de suivre les conseils d'un homme sage,
qui sauveront son patrimoine et le rameneront sans scandale
à une vie raisonnable.

M. Treilhard dit qu'il est d'autant plus touché de la difficulté de fixer avec précision les caractères de la prodigalité,
qu'on doit plus redouter de porter atteinte aux droits de
propriété : les lois en respectent même les abus, quand ils
ne sont pas accompagnés de caractères qui décèlent un dérangement d'esprit : c'est par cette raison qu'on a défini la
propriété, non seulement le droit d'user, mais encore le
droit d'abuser de sa chose. Il y aurait donc trop d'inconvéniens à mettre la prodigalité simple au rang des causes d'interdiction ; mais comme la prodigalité excessive devient une
véritable démence, comme le joueur, par exemple, est un
individu dont les organes sont viciés, on peut sans difficulté
appliquer à ces sortes de prodigues les dispositions de l'article 12.

M. Tronchet dit que les rédacteurs du projet de Code
civil avaient supprimé l'interdiction pour cause de prodigalité, en la considérant,

Par rapport à sa nature,

Par rapport aux personnes appelées à la provoquer,

Par rapport à ses effets.

Considérée dans sa nature, la cause de cette interdiction
est difficile à établir, à moins qu'elle ne le soit par des actions publiques. Ainsi l'homme qui dépense chaque jour au
jeu ou dans la débauche au-delà de sa fortune est certainement un prodigue ; mais quand la prodigalité ne se manifeste
pas par des signes aussi éclatans, comment le prouver ?
Fera-t-on rendre compte à un citoyen de l'état de sa for-

tune, de l'usage qu'il en fait, de la manière dont il l'administre, des projets qu'il a conçus pour l'améliorer? ce serait autoriser une vexation destructive du droit de propriété.

Sous le second point de vue, la demande en interdiction est odieuse de la part de la femme et des enfans.

La femme non commune en biens n'a pas un intérêt légal à empêcher les dissipations de son mari. La femme commune en biens peut user d'un moyen plus honnête de prévenir les dangers dont elle est menacée : c'est la séparation.

Les enfans ne peuvent pas être admis à scruter la conduite de leur père; le respect qu'ils lui doivent s'y oppose.

Enfin, dans ses effets, cette sorte d'interdiction est inutile; car elle ne peut être poursuivie que quand la fortune du prodigue est déjà dérangée.

Il est donc préférable de traiter l'individu notoirement prodigue comme un homme en démence; et, dans la réalité, celui-là est certainement privé de la raison, qui se réduit à la misère par le jeu et par la débauche.

Quant à l'État, il n'a pas d'intérêt à l'interdiction d'un prodigue. Ses dissipations ne diminuent pas la masse des richesses nationales ; elles se bornent à déplacer les biens.

La prodigalité est même, sous un rapport, moins nuisible que l'avarice, puisqu'elle tient dans la circulation ce que l'avarice en retire, et répand ainsi des richesses que celle-ci rend inutiles à tous.

M. Portalis discute les trois motifs qui ont déterminé les rédacteurs du projet de Code civil.

En considérant l'interdiction du prodigue dans sa nature, on a dit qu'il est difficile de fixer les limites au-delà desquelles commence la prodigalité, parce que la propriété est le droit d'user et d'abuser.

Ce motif pourrait faire impression, s'il s'agissait d'introduire une action nouvelle et jusqu'ici inconnue ; mais comme la prodigalité est depuis long-temps une cause d'interdiction, l'expérience et l'usage ont éclairé sur la manière de recon-

naître quand elle existe. Celui-là n'est sans doute pas considéré comme prodigue, qui n'abuse que dans une certaine
mesure du droit de disposer de ses biens. L'interdiction n'est
que pour celui qui, par de folles dissipations, anéantit son
patrimoine. C'est aux tribunaux à peser les faits de prodigalité qui sont allégués.

A la vérité, il y a toujours un peu d'arbitraire dans la manière de juger ces sortes de procès ; mais le même inconvénient se rencontre dans d'autres matières et tient à la nature
des choses : sera-ce une raison de ne pas porter de loi ? Non,
sans doute ; car ce serait rendre le jugement encore plus arbitraire. Dans les matières où il n'y a rien d'arbitraire, les
lois doivent déterminer l'application des principes qu'elles
consacrent ; dans les matières où le législateur ne peut aller
jusque là, les lois doivent du moins poser des principes pour
guider la décision du juge.

Sous le rapport des personnes, il ne suffit pas de s'arrêter
à la femme et aux enfans ; la famille aussi doit être comptée
pour quelque chose. Il faut voir encore le ministère public,
qui est chargé de réprimer les scandales capables de troubler
l'ordre.

Quant aux effets de l'interdiction du prodigue, ils ne sont
pas aussi illusoires qu'on le prétend. Si l'interdiction ne conserve pas au dissipateur la totalité de sa fortune, elle lui en
conserve du moins les débris d'autant plus intéressans pour
lui qu'ils sont sa dernière ressource. Elle signale le prodigue
à la société, afin que personne ne traite avec lui.

On a dit que peu importe au trésor public dans quelles
mains les biens sont placés, pourvu qu'ils demeurent dans
l'État.

Ce n'est pas ici une question de finances, c'est une question de mœurs et d'intérêt social. Le corps de la société a intérêt que ses membres ne se réduisent pas à un état qui les
incite au crime, à ce que chacun ait un patrimoine qui devienne la garantie de sa conduite. Il est d'ailleurs du devoir

de la société de protéger les citoyens contre eux-mêmes : ce principe est la base des lois sur l'interdiction pour démence ou fureur, des lois sur les tutelles. Le prodigue, comme le mineur, comme le furieux, est dans une position qui appelle la protection des lois, d'autant que les vices et les passions auxquels on doit attribuer ses excès sont de nature à inquiéter la société.

La prodigalité, a-t-on dit, répand les richesses et les rend utiles. Cette prodigalité qui consomme et qui reçoit l'équivalent de ce qu'elle donne n'est pas celle dont s'occupent les lois : la vraie prodigalité dissipe sans objet; elle ne produit que désordre et scandale : aussi les lois l'appellent-elles *nequitia*.

Il est possible que l'action contre les prodigues soit mal reçue dans une capitale où les goûts, les fantaisies, le luxe ont tant d'empire, où l'esprit d'ordre et d'économie sont moins connus : mais dans les départemens, où l'esprit de famille et les principes d'une sage administration se sont mieux conservés, cette action ne trouvera que des apologistes.

Voyons maintenant si l'article 12 peut suppléer l'interdiction pour prodigalité ; il est difficile d'en être persuadé. La prodigalité, poussée à un certain degré, dégénère, il est vrai, en démence ; mais comme elle n'en a pas le nom, le juge ne lui appliquera pas les dispositions de cet article.

Le Consul Cambacérès dit que puisque l'on est d'accord qu'il y a des prodigues, et que la prodigalité est un mal, la conséquence de cet assentiment doit être de chercher un remède.

On a objecté que le remède viendrait trop tard, qu'il ne sauverait au prodigue que les débris de sa fortune. Mais outre que ces débris sont précieux, l'interdiction lui conservera le nouveau patrimoine que des successions peuvent lui former.

On a dit que l'article 12 donne aux juges assez de latitude pour lier le prodigue ; c'est une erreur. Les effets de l'article 12 sont restreints par l'article 2, au cas où l'interdiction a été demandée pour démence ou fureur. Les tribunaux ne se croiront donc pas autorisés à l'appliquer à l'individu contre lequel on n'alléguera que des faits de prodigalité. Si l'on veut qu'il s'étende jusque là, il faut s'en expliquer : il faut dire, par exemple, que le prodigue sera traité comme l'homme en démence, et que le juge pourra lui donner un conseil.

On a craint les abus de l'interdiction pour prodigalité : cependant il serait difficile d'en citer peut-être un seul exemple. Rarement ces demandes réussissaient, parce que la prodigalité est trop difficile à établir ; rarement même elles étaient formées, parce qu'il y avait, pour lier le prodigue, d'autres moyens qui n'existent plus, comme l'exhérédation, les substitutions, etc.

Mais, dit-on, il sera donc permis de fouiller dans les affaires de celui qu'on voudra interdire, de lui faire rendre compte de la manière dont il use de sa propriété, de faire valoir contre lui des spéculations fausses et malheureuses ? Non, car il ne sera permis d'invoquer que des faits notoires. Quant aux fausses spéculations, il est impossible de les considérer comme des actes de prodigalité.

Ainsi, rien ne s'oppose à ce qu'on prenne des mesures pour défendre le prodigue contre ses propres excès ; et dès lors il faut y pourvoir, afin qu'on ne dise pas que, dans un siècle où il y a tant de dissipateurs, la loi a entendu donner à chacun la faculté de se ruiner.

M. EMMERY dit que la section n'a jamais entendu prohiber l'interdiction du dissipateur : elle avait cru cependant ne devoir pas mettre directement la prodigalité au nombre des causes d'interdiction. Elle avait pensé que l'article 12 donnait aux tribunaux le pouvoir d'enchaîner le prodigue ; on vient de prouver que, tel qu'il est présenté, il ne produirait pas cet effet ; mais on peut en changer la rédaction, et dire que si des faits de prodigalité sont articulés au soutien de la demande en interdiction pour démence, les tribunaux, en rejetant la cause de démence, seront néanmoins autorisés à donner un conseil sans l'intervention duquel celui contre lequel l'interdiction aura été demandée ne pourra ni aliéner ni engager ses biens.

Le Consul Cambacérès propose de dire que les faits notoires de prodigalité pourront donner lieu à l'interdiction ou à la nomination d'un conseil.

Cette proposition est adoptée.

La suite de la discussion du titre est ajournée.

(Procès-verbal de la séance du 20 brumaire an XI. — 11 novembre 1802.)

On reprend la discussion du titre *de la Majorité et de l'Interdiction*, présenté dans la séance du 13 brumaire.

Les articles 3, 4, 5, 6, 7, 8, 9, 10, 11, 12 et 13 sont ^{490 à 500} adoptés.

⁵⁰¹

L'article 14 est discuté.

M. Bigot-Préameneu pense qu'un jugement sujet à appel ne doit pas être affiché.

M. Regnaud (de Saint-Jean-d'Angely) dit que cette formalité est nécessaire pour empêcher des tiers d'être trompés.

M. Tronchet dit que cette considération avait déterminé les rédacteurs du projet de Code civil à proposer de former un tableau à quatre colonnes, dont l'une aurait contenu le nom de la personne contre laquelle serait intervenu le jugement; la seconde, son domicile ; la troisième, la mention du jugement de première instance ; la quatrième, la mention du jugement qui, sur l'appel, aurait confirmé ou infirmé le premier. Il est nécessaire, en effet, que le soupçon qui s'élève contre celui dont l'interdiction est poursuivie soit connu du public.

M. Bigot-Préameneu dit qu'il est cependant bien rigoureux de proclamer ainsi, avant que le tribunal d'appel ait rendu son jugement, le nom d'un citoyen auquel on peut avoir intenté un procès injuste.

M. Emmery observe que cet article renvoie les détails d'exécution à un règlement , et que d'ailleurs l'article 18 fait apercevoir à quelle époque le jugement d'interdiction aura son
effet.

M. Bigot-Préameneu adopte cette observation , et ajoute
que d'ailleurs la présomption est contre celui que frappe déjà
un premier jugement.

L'article est adopté.

502 à 504   Les articles 15, 16 et 17 sont adoptés.

505   L'article 18 est discuté.

M. Bigot-Préameneu dit que, pour mettre le système
complet en harmonie, il conviendrait de réduire à un mois
le délai de l'appel.

M. Tronchet voudrait que le jugement de première instance fût exécuté provisoirement. L'interdiction en effet n'est
prononcée que pour l'intérêt de l'interdit ; la loi ne doit donc
pas l'abandonner pendant un mois aux suggestions et aux
intrigues.

M. Treilhard observe qu'on ne peut nommer par provision un tuteur à celui qu'on veut interdire. Quel rôle joue-
rait ce tuteur ? Il ne plaiderait pas sans doute contre le jugement qui l'aurait nommé ; et s'il plaidait pour le soutenir, le
défendeur à l'interdiction ne serait plus défendu , puisqu'il
ne pourrait l'être qu'avec l'assistance du tuteur qui serait
son adversaire.

M. Portalis dit que , comme la demande en interdiction
peut être fondée, il est nécessaire de prendre des précautions
provisoires en faveur du défendeur ; car il ne suffit pas de
pourvoir à la sûreté des biens , il faut souvent pourvoir encore à la sûreté de la personne. La loi doit donc autoriser le
juge à prendre de ces sortes de précautions lorsque les circonstances l'exigent.

M. Treilhard dit que ces précautions ne sont qu'un inci-
dent sur lequel les juges statuent suivant les circonstances ;

mais la question principale est de savoir si le jugement de première instance recevra provisoirement son exécution par la nomination du tuteur; ce qui ne lui paraît pas admissible.

M. EMMERY dit que ces deux questions ont une étroite analogie.

Il pense qu'on leverait toutes les difficultés en ajoutant à l'article 10 que l'administrateur pourra être également chargé du soin de la personne.

Cet amendement est adopté.

L'article est également adopté.

Les articles 19, 20, 21, 22 et 23 sont adoptés. 506 à 510

L'article 24 est discuté. 511

LE CONSUL CAMBACÉRÈS dit que la famille ne doit être appelée qu'à donner un avis soumis ensuite aux tribunaux. Sans cette précaution, les enfans pourraient abuser de la disposition établie par cet article.

L'article est adopté avec cet amendement.

L'article 25 est adopté. 512

Le titre est renvoyé à la section pour en présenter une rédaction conforme aux amendemens adoptés dans la séance du 13 de ce mois et dans celle de ce jour.

(Procès-verbal de la séance du 4 frimaire an XI. — 25 novembre 1802.)

M. EMMERY présente une nouvelle rédaction du titre *de la Majorité, de l'Interdiction et du Conseil judiciaire*, faite d'après les amendemens adoptés dans les séances des 13 et 20 brumaire derniers.

LE CONSEIL l'adopte en ces termes :

CHAPITRE Ier.

De la Majorité.

Art. 1er (*le même que l'article 1er de la rédaction du 13 bru-* 488 *maire an XI*).

CHAPITRE II.
De l'Interdiction.

489 à 496   Art. 2, 3, 4, 5, 6, 7, 8 et 9 (*les mêmes que ceux du pro-cès-verbal du 13 brumaire an XI*).

497   **Art. 10.** « Après le premier interrogatoire, le tribunal « commettra, s'il y a lieu, un administrateur provisoire pour « prendre soin de la personne et des biens du défendeur. »

498 à 510   Art. 11, 12, 13, 14, 15, 16, 17, 18, 19, 20, 21, 22 et 23 (*les mêmes que ceux de la rédaction contenue au procès-verbal du 13 brumaire an XI*).

511   **Art. 24.** « Lorsqu'il sera question du mariage de l'enfant « d'un interdit, la dot ou l'avancement d'hoirie, et les autres « conventions matrimoniales, seront réglées par un avis du « conseil de famille, homologué par le tribunal sur les con-« clusions du commissaire du gouvernement. »

512   **Art. 25** (*le même que celui du procès-verbal du 13 brumaire an XI*).

CHAPITRE III.
Du Conseil judiciaire.

513   **Art. 26.** « Il peut être défendu aux prodigues d'intenter « procès, d'emprunter, d'aliéner ni de grever leurs biens « d'hypothèque, sans l'assistance d'un conseil qui leur est « nommé par le tribunal. »

514   **Art. 27.** « Cette défense peut être provoquée par ceux qui « ont droit de demander l'interdiction ; leur demande doit « être instruite et jugée de la même manière. »

Le Consul ordonne que le titre ci-dessus sera communiqué par le secrétaire général du Conseil au président de la section de législation du Tribunat.

COMMUNICATION OFFICIEUSE.

Cette communication fut faite le 5 frimaire an XI

(26 novembre 1802); la section du Tribunat examina le projet dans sa séance du 10 frimaire, et arrêta les observations suivantes.

OBSERVATIONS.

La section entend un rapport au nom d'une commission sur le projet de loi intitulé *de la Majorité*, *de l'Interdiction et du Conseil judiciaire.*

Après des observations générales sur l'ensemble du projet, on passe à la discussion article par article.

On rappellera seulement ceux sur lesquels la section propose des observations. 491

Art. 4. En remplacement de cet article la section propose la rédaction suivante :

« Si l'interdiction n'est provoquée ni par l'époux ni par « les parens, elle peut être demandée par le commissaire « du gouvernement près le tribunal de première instance. »

Il résulte de l'article du projet que la partie publique ne doit demander l'interdiction que dans un seul des cas énoncés en l'article 2, qui est celui de la fureur, et lorsque l'interdiction n'est provoquée ni par l'époux ni par les parens.

Mais la section pense que ce droit doit être conféré à la partie publique dans tous les cas, lorsque l'interdiction n'est provoquée ni par l'époux, ni par les parens, ou lorsqu'il n'y en a point.

Si, dans le cas de la fureur, la société a un intérêt plus direct à faire demander l'interdiction, et de plus à prendre d'autres mesures qui rentrent dans le domaine de la police, afin d'éviter des accidens, il ne paraît pas moins certain que dans les autres cas la même disposition doit avoir lieu, soit dans l'intérêt de l'individu pour l'empêcher de tomber dans la misère, soit dans celui de la société qui serait obligée de lui donner asile dans un de ses hospices.

Cependant, dans le cas d'imbécillité et de démence, même lorsqu'il y aurait un époux ou des parens qui négligeraient de provoquer l'interdiction, il peut se présenter des circonstances d'après lesquelles il y aurait de l'inconvénient à faire au ministère public un devoir de cette provocation. C'est pour concilier ce que peuvent exiger les circonstances avec ce qu'on doit généralement aux citoyens qui sont dans un état d'imbécillité ou de démence, que cette mesure est confiée au ministère public par forme de pouvoir discrétionnel, en disant, non pas *qu'il doit*, mais *qu'il peut provoquer* l'interdiction.

Enfin, il a paru à propos de déterminer précisément le fonctionnaire public revêtu de ce pouvoir. Ce ne peut être que le commissaire du gouvernement. Les officiers chargés de la sûreté publique ne peuvent l'être lorsqu'il s'agit de prévenir les accidens.

492   Art. 5. D'après la rédaction proposée sur l'article 4, il devient nécessaire de substituer à ces mots de l'article 5, *devant le tribunal de première instance*, ceux-ci : *devant ce tribunal.*

495   Art. 8. La section propose de substituer à cet article la rédaction suivante :

« Ceux qui auront provoqué l'interdiction ne feront point « partie du conseil de famille.

« L'époux ou l'épouse de la personne dont on provoque « l'interdiction est admis au conseil de famille, sans voix « délibérative.

« Il en est de même des enfans qui peuvent être appelés « au conseil de famille, et n'y ont point voix délibérative, « encore qu'ils n'aient point provoqué l'interdiction. »

La rédaction du premier paragraphe a pour objet d'établir d'une manière précise que, si ceux qui auraient provoqué l'interdiction se trouvaient dans le cas d'être membres du conseil de famille, d'après le mode qui en est prescrit au titre *des Tutelles*, ils seront alors remplacés par d'autres parens ou amis pour la formation du conseil, dans lequel ils ne doivent avoir que l'admission.

Quant aux deux nouveaux paragraphes que la section

propose, elle s'est décidée sur ce qu'il lui a paru moral que l'époux et les enfans de celui qu'il est question d'interdire ne puissent jamais être obligés, pour eux-mêmes, de délibérer sur cette matière. Indépendamment de cette répugnance, qu'il est à propos de ménager, la sagesse doit prescrire cette mesure, sous le rapport de l'intérêt de celui dont l'interdiction est provoquée.

Cette disposition était écrite dans le projet présenté au gouvernement par les quatre jurisconsultes qui en avaient été chargés au titre *de l'Interdiction*, chapitre **II**, art 10; et elle est trop raisonnable pour ne pas la rappeler.

Art. 9. La section propose d'ajouter à la fin de cet article, 496 *dans l'un et l'autre cas, le commissaire du gouvernement sera présent à l'interrogatoire.*

Il est sans doute peu d'affaires aussi importantes qu'une interdiction, et en cette matière l'interrogatoire est la pièce la plus essentielle. Lorsqu'un juge ne peut voir celui dont on provoque l'interdiction, il désire au moins une espèce de tableau de ses mouvemens, de ses traits, de son attitude, de tout ce qui, en un mot, peut peindre son état physique et moral, qu'on ne retrouvera souvent qu'imparfaitement dans le récit froid et presque inanimé de ses réponses.

Il est donc bien intéressant que l'interrogatoire se fasse devant tout le tribunal.

Cependant, lorsqu'il est question de se déplacer, il faut, quoiqu'à regret, se contenter d'un juge commis par le tribunal; mais au moins doit-il être assisté du commissaire du gouvernement, dont la surveillance doit être aussi éclairée qu'active dans une matière aussi importante; surtout si on fait attention que, dans plusieurs cas, le commissaire du gouvernement peut être le moteur, d'après les articles précédens.

D'ailleurs, l'article du projet, en parlant seulement du tribunal, laissait du doute sur la question de savoir si le commissaire du gouvernement devait ou non être présent à l'interrogatoire.

Tels sont les motifs de l'addition proposée.

498 **Art. 11.** La section propose de supprimer les derniers mots, *et sur les conclusions du commissaire du gouvernement.*

Il faudrait employer ces mots sur plusieurs articles ; ils devraient même se trouver à l'article 10 ; pour éviter ces répétitions, il a paru plus convenable d'en faire une règle générale dans un article qu'on proposera dans la suite.

499 **Art. 12.** La section propose de substituer à cet article la rédaction suivante :

« En rejetant la demande en interdiction, le tribunal
« pourra néanmoins, si les circonstances l'exigent, ordonner
« que le défendeur ne pourra désormais plaider, transiger,
« emprunter, recevoir un capital mobilier, ni en donner dé-
« charge, aliéner, ni grever ses biens d'hypothèques, sans
« l'assistance d'un conseil qui lui sera nommé par le même
« jugement. »

Ces expressions *intenter procès* employées dans l'article du projet, ne sont relatives qu'au cas de la demande. Le mot *plaider* comprend ce cas et celui de la défense.

Ensuite, la section a pensé que l'interdit devait être assimilé à un mineur non émancipé, et que celui à qui on donne un conseil devait être comparé à un mineur émancipé. Il paraît donc dans l'ordre de prendre, à l'égard de celui qui a un conseil, les mêmes précautions prescrites par rapport au mineur émancipé par l'article 7 du chapitre III du projet de loi sur *la minorité, la tutelle et l'émancipation*, où l'on voit que le mineur émancipé ne peut recevoir et donner décharge d'un capital mobilier sans l'assistance d'un curateur. Il y a parité de raison.

502 **Art. 15.** La section propose de substituer à cet article la rédaction suivante :

« Tout jugement portant interdiction ou nomination d'un

« conseil aura son effet du jour qu'il aura été rendu. Tous
« actes passés postérieurement par l'interdit, ou par celui au-
« quel un conseil aura été nommé, sans l'assistance de ce
« conseil, sont nuls de droit. »

La disposition prise dans le projet de loi relativement à
l'interdit doit avoir également lieu par rapport à celui à qui
il a été nommé un conseil; et c'est ici le lieu de s'en expliquer, dès que l'article précédent prescrit la nomination d'un
conseil dans le cas où l'on ne croirait pas devoir aller jusqu'à
l'interdiction.

Art. 16. D'après la rédaction proposée sur l'article précé- 503
dent, il devient nécessaire de dire, *les actes antérieurs au
jugement qui a prononcé l'interdiction*, en laissant subsister le
reste de l'article.

L'article 15, d'après la rédaction proposée, prononcera la
nullité des actes postérieurs au jugement, passés, soit par
l'interdit, soit par celui à qui il a été nommé un conseil,
sans l'assistance de ce conseil. L'article 16 est relatif aux actes
antérieurs. Ce qui y est prescrit ne peut avoir lieu que par
rapport à l'interdit : il convient donc de marquer la restriction pour que l'application ne se fasse pas au cas de la simple
nomination du conseil.

Art. 18. La section propose en remplacement de cet article 505
la rédaction suivante :

« S'il n'y a pas d'appel du jugement d'interdiction rendu
« en première instance, ou, s'il est confirmé, sur l'appel,
« l'interdit sera pourvu d'un tuteur et d'un subrogé tuteur,
« suivant les règles prescrites au titre *des Tutelles*. L'admi-
« nistrateur provisoire cessera ses fonctions, et rendra compte
« au tuteur, s'il ne l'est pas lui-même. »

L'article du projet, en disant *il sera pourvu à la nomination
d'un tuteur et d'un subrogé tuteur à l'interdit*, laisse supposer
que, dans tous les cas, il faut une nomination de tuteur à
l'interdit. Il en est cependant dans lesquels il n'y a pas lieu
à une nomination; ce qui arrive non seulement dans le cas de

l'article 19, mais encore si l'interdit a des ascendans. Dans tous les cas, il y a une tutelle de droit, et cela a paru être rappelé dans la rédaction proposée.

509 Art. 22. La section propose de dire : *les lois sur la tutelle*, au lieu de ces mots : *les réglemens sur la tutelle*. Tout ce qu'on a voulu rappeler est *législation*, et non *règlement*.

513 Art. 26. Par les mêmes raisons, déduites sur l'article 12, la section propose la rédaction suivante :

« Il peut être défendu aux prodigues de plaider, transi-
« ger, emprunter, recevoir un capital mobilier, ni en don-
« ner décharge, aliéner ni grever leurs biens d'hypothèques,
« sans l'assistance du conseil qui leur est nommé par le
« tribunal. »

514 Art. 27. Après avoir dit, *cette défense peut être provoquée par ceux qui ont droit de demander l'interdiction*, il convient d'ajouter, *excepté toutefois le commissaire du gouvernement*, en laissant subsister le reste de l'article.

La section, sur l'article 4, a émis le vœu que l'interdiction pût être provoquée par le commissaire du gouvernement, au moins dans certains cas. Mais elle ne pense pas que ce droit doive être conféré à ce magistrat, lorsqu'il ne s'agit que de la provocation de la nomination d'un conseil pour cause de prodigalité. Il y a alors un moindre intérêt pour l'individu et pour la société; et on craindrait, en attribuant cette faculté au commissaire du gouvernement, de porter quelque atteinte à la liberté individuelle. On a donc cru devoir proposer cette exception, dans l'hypothèse que la rédaction proposée sur l'article 4 soit admise.

La section pense que c'est par une simple omission que l'on n'a pas appliqué au prodigue, auquel il a été nommé un conseil, la disposition établie en l'article 15. Cela pourrait, à la vérité, s'induire de la rédaction proposée par la section sur cet article. Il est cependant à propos de l'exprimer, pour lever toute équivoque, par un nouvel article.

On propose en conséquence la rédaction suivante :

« La disposition de l'article 15 est applicable au prodigue
« pour lequel la nomination d'un conseil aura été ordonnée. »

Enfin, d'après ce qui a été dit sur l'article 11, la section 515
propose de terminer par un nouvel article ainsi conçu :

« En matière d'interdiction et de nomination de conseil,
« tout jugement sera rendu sur les conclusions du commis-
« saire du gouvernement. »

Le projet ayant été rapporté à la section du Conseil
d'État, il s'engagea entre elle et la section du Tribunat
une conférence pour s'entendre sur les changemens proposés.

RÉDACTION DÉFINITIVE DU CONSEIL D'ÉTAT.

(Procès-verbal de la séance du 21 ventose an XI. — 12 mars 1803.)

M. Emmery, d'après la conférence tenue avec le Tribunat,
présente la rédaction définitive du titre *de la Majorité*, *de
l'Interdiction et du Conseil judiciaire.*

Le Conseil l'adopte en ces termes :

CHAPITRE Ier.

De la Majorité.

Art. 1er. « La majorité est fixée à vingt-un ans accomplis. 488
« A cet âge on est capable de tous les actes de la vie civile,
« sauf la restriction portée au titre *du Mariage.* »

CHAPITRE II.

De l'Interdiction.

Art. 2. « Le majeur qui est dans un état habituel d'imbé- 489
« cillité, de démence ou de fureur, doit être interdit, même
« lorsque cet état présente des intervalles lucides. »

Art. 3. « Tout parent est recevable à provoquer l'interdic- 490

« tion de son parent; il en est de même de l'un des époux à
« l'égard de l'autre. »

491   Art. 4. « Dans le cas de fureur, si l'interdiction n'est pro-
« voquée ni par l'époux ni par les parens, elle doit l'être par
« le commissaire du gouvernement, qui, dans les cas d'im-
« bécillité ou de démence, peut aussi la provoquer contre
« un individu qui n'a ni époux, ni épouse, ni parent connu. »

492   Art. 5. « Toute demande en interdiction sera portée devant
« le tribunal de première instance. »

493   Art. 6. « Les faits d'imbécillité, de démence ou de fu-
« reur, seront articulés par écrit. Ceux qui poursuivront
« l'interdiction présenteront les témoins et les pièces. »

494   Art. 7. « Le tribunal ordonnera que le conseil de famille,
« formé selon le mode déterminé à la section IV du cha-
« pitre II du titre *de la Minorité, de la Tutelle et de l'Éman-*
« *cipation*, donne son avis sur l'état de la personne dont
« l'interdiction est demandée. »

495   Art. 8. « Ceux qui auront provoqué l'interdiction ne pour-
« ront faire partie du conseil de famille; cependant l'époux
« ou l'épouse et les enfans de la personne dont l'interdiction
« sera provoquée pourront y être admis sans y avoir voix
« délibérative. »

496   Art. 9. « Après avoir reçu l'avis du conseil de famille, le
« tribunal interrogera le défendeur à la chambre du conseil;
« s'il ne peut s'y présenter, il sera interrogé dans sa de-
« meure par l'un des juges à ce commis, assisté du greffier.
« Dans tous les cas, le commissaire du gouvernement sera
« présent à l'interrogatoire. »

497   Art. 10. « Après le premier interrogatoire, le tribunal
« commettra, s'il y a lieu, un administrateur provisoire pour
« prendre soin de la personne et des biens du défendeur. »

498   Art. 11. « Le jugement sur une demande en interdiction
« ne pourra être rendu qu'à l'audience publique, les parties
« entendues ou appelées. »

499   Art. 12. « En rejetant la demande en interdiction, le tri-

« bunal pourra néanmoins, si les circonstances l'exigent,
« ordonner que le défendeur ne pourra désormais plaider,
« transiger, emprunter, recevoir un capital mobilier ni en
« donner décharge, aliéner, ni grever ses biens d'hypothè-
« que, sans l'assistance d'un conseil qui lui sera nommé par
« le même jugement. »

Art. 13. « En cas d'appel du jugement rendu en première 500
« instance, le tribunal d'appel pourra, s'il le juge néces-
« saire, interroger de nouveau, ou faire interroger par un
« commissaire, la personne dont l'interdiction est deman-
« dée. »

Art. 14. « Tout jugement portant interdiction ou nomina- 501
« tion d'un conseil sera, à la diligence des demandeurs,
« levé, signifié à partie, et inscrit, dans les dix jours, sur
« les tableaux qui doivent être affichés dans la salle de l'audi-
« toire et dans les études des notaires de l'arrondissement. »

Art. 15. « L'interdiction ou la nomination d'un conseil 502
« aura son effet du jour du jugement; tous actes passés pos-
« térieurement par l'interdit ou sans l'assistance du conseil
« seront nuls de droit. »

Art. 16. « Les actes antérieurs à l'interdiction pourront 503
« être annulés, si la cause de l'interdiction existait notoire-
« ment à l'époque où ces actes ont été faits. »

Art. 17. « Après la mort d'un individu, les actes par lui 504
« faits ne pourront être attaqués pour cause de démence,
« qu'autant que son interdiction aurait été prononcée ou
« provoquée avant son décès, à moins que la preuve de la
« démence ne résulte de l'acte même qui est attaqué. »

Art. 18. « S'il n'y a pas d'appel du jugement d'interdic- 505
« tion rendu en première instance, ou s'il est confirmé sur
« l'appel, il sera pourvu à la nomination d'un tuteur et d'un
« subrogé tuteur à l'interdit, suivant les règles prescrites au
« titre *de la Minorité, de la Tutelle et de l'Émancipation.*
« L'administrateur provisoire cessera ses fonctions, et rendra
« compte au tuteur, s'il ne l'est pas lui-même. »

x.   45

506   Art. 19. « Le mari est de droit le tuteur de sa femme in-
« terdite. »

507   Art. 20. « La femme pourra être nommée tutrice de son
« mari. En ce cas, le conseil de famille réglera la forme et
« les conditions de l'administration ; sauf le recours devant
« les tribunaux de la part de la femme qui se croirait lésée
« par l'arrêté de la famille. »

508   Art. 21. « Nul, à l'exception des époux, des ascendans et
« descendans, ne sera tenu de conserver la tutelle d'un in-
« terdit au-delà de dix ans. Al'expiration de ce délai, là tuteur
« pourra demander et devra obtenir son remplacement. »

509   Art. 22. « L'interdit est assimilé au mineur pour sa per-
« sonne et pour ses biens ; les lois sur la tutelle des mineurs
« s'appliqueront à la tutelle des interdits. »

510   Art. 23. « Les revenus d'un interdit doivent être essen-
« tiellement employés à adoucir son sort et à accélérer sa
« guérison. Selon les caractères de sa maladie et l'état de sa
« fortune, le conseil de famille pourra arrêter qu'il sera
« traité dans son domicile, ou qu'il sera placé dans une
« maison de santé et même dans un hospice. »

511   Art. 24. « Lorsqu'il sera question du mariage de l'enfant
« d'un interdit, la dot ou l'avancement d'hoirie, et les au-
« tres conventions matrimoniales, seront réglées par un avis
« du conseil de famille, homologué par le tribunal sur les
« conclusions du commissaire du gouvernement. »

512   Art. 25. « L'interdiction cesse avec les causes qui l'ont
« déterminée ; néanmoins, la main-levée ne sera prononcée
« qu'en observant les formalités prescrites pour parvenir à
« l'interdiction ; et l'interdit ne pourra reprendre l'exercice
« de ses droits qu'après le jugement de main-levée. »

CHAPITRE III.

Du Conseil judiciaire.

513   Art. 26. « Il peut être défendu aux prodigues de plaider,
« de transiger, d'emprunter, de recevoir un capital mobilier

« et d'en donner décharge, d'aliéner ni de grever leurs biens
« d'hypothèque, sans l'assistance d'un conseil qui leur est
« nommé par le tribunal. »

Art. 27. « La défense de procéder sans l'assistance d'un 514
« conseil peut être provoquée par ceux qui ont droit de de-
« mander l'interdiction ; leur demande doit être instruite et
« jugée de la même manière.

« Cette défense ne peut être levée qu'en observant les
« mêmes formalités. »

Art. 28. « Aucun jugement en matière d'interdiction ou de 515
« nomination de conseil ne pourra être rendu, soit en pre-
« mière instance, soit en cause d'appel, que sur les conclu-
« sions du commissaire du gouvernement. »

M. Emmery fut nommé avec MM. Treilhard et Gouvion-
Saint-Cyr pour présenter ce projet au Corps législatif dans
sa séance du 28 ventose an XI (19 mars 1803), et pour
en soutenir la discussion dans celle du 8 germinal.

PRÉSENTATION AU CORPS LÉGISLATIF,

ET EXPOSÉ DES MOTIFS, PAR M. EMMERY.

Législateurs, nous vous apportons le complément de la
première partie du Code civil.

Tout ce qui concerne les personnes sera réglé, lorsqu'aux
lois qui vous ont été présentées depuis le commencement
de la session on pourra joindre celle sur *la Majorité*, *l'Interdiction* et *le Conseil judiciaire*.

Le titre de cette loi annonce sa division en trois chapitres.

Le premier, relatif à la majorité, ne comprend qu'un seul 488
article, en vertu duquel la majorité resterait fixée à vingt-
un ans accomplis.

Les progrès de la civilisation, en bien comme en mal,
ont déterminé l'innovation faite sur ce point il y a douze

cissemens nécessaires ; parce que, si l'interdiction était provoquée par d'autres parens plus éloignés, l'époux, l'épouse
ou les enfans seraient intéressés personnellement à contredire une démarche qui réfléchirait désagréablement sur eux ;
parce que, lors même que l'époux, l'épouse ou les enfans,
cédant à la nécessité la plus impérieuse, auraient eux-
mêmes formé la demande à fin d'interdiction, ils ne voudraient pas toujours associer le public aux révélations qu'ils
seraient disposés à faire à la famille, dont l'avis, donné en
pleine connaissance de cause, serait ensuite d'un plus grand
poids.

496   Après que la famille a donné son avis, le défendeur est
interrogé à la chambre du conseil, à moins qu'il ne puisse
s'y présenter ; auquel cas il est interrogé dans sa demeure
par un des juges, assisté du greffier, et toujours en présence
du commissaire du gouvernement.

Lorsque cet interrogatoire ne peut pas avoir lieu en présence de tout le tribunal, ce n'est pas trop que deux magistrats y assistent et puissent former leur opinion sur d'autres
et moins fugitives impressions que celles que laisse après
elle la lecture d'un procès-verbal. Le maintien, l'air, le ton,
le geste du répondant déterminent autant, et quelquefois
plus que ses paroles, le véritable sens de sa réponse, qui
sera mieux saisie, plus sainement interprétée, par ceux qui
l'auront vu et entendu faire.

500   Le tribunal d'appel sera toujours le maître d'interroger ou
de faire interroger de nouveau la personne dont l'interdiction est demandée ; on ne saurait prendre trop de précaution pour préparer un jugement en dernier ressort sur une
question d'état.

499   Il est possible qu'une personne dont l'interdiction aura
été demandée pour cause d'imbécillité ou de démence ne
paraisse pas être en cet état, mais qu'il soit bien prouvé
qu'à raison de la faiblesse de son esprit, ou de l'ascendant
de quelque passion dominante, elle soit peu capable de la

direction de ses affaires. Alors le juge serait embarrassé, si la loi ne lui permettait pas d'employer un autre remède que celui de l'interdiction.

Le juge, en semblables circonstances, pourra intimer la défense de plaider, transiger, emprunter, recevoir des remboursemens, aliéner ni hypothéquer, sans l'assistance d'un conseil qui sera nommé par le jugement.

Vous apercevez, législateurs, la différence notable qui existe entre l'interdiction absolue et le simple assujétissement à prendre, dans certains cas spécifiés, l'avis d'un conseil.

Ceux auxquels on donne un conseil ne sont pas incapables des actes de la vie civile. Ils ne peuvent s'obliger, en contractant dans les cas prévus, sans l'assistance de leur conseil ; mais, en général, ils sont habiles à contracter, ils peuvent se marier, ils peuvent faire un testament ; ce que ne peuvent pas les interdits pour cause d'imbécillité, de démence ou de fureur.

Tout l'objet de la nomination d'un conseil étant de prévenir le préjudice que pourraient éprouver ceux en faveur desquels elle est faite, ce serait aller directement contre le but qu'on se propose, si ceux-ci pouvaient être obligés à renoncer aux avantages certains qu'ils se seraient procurés sans l'intervention de leur conseil.

Le jugement portant interdiction ou nomination d'un conseil doit être rendu à l'audience publique. On impose au demandeur l'obligation de le faire lever, signifier à partie, et inscrire, dans les dix jours, sur les tableaux qui doivent être affichés dans la salle de l'auditoire, et dans les études des notaires de l'arrondissement. Ces précautions sont prises dans l'intérêt des tiers : il faudra, pour en assurer l'observation, descendre dans quelques détails qui seraient au-dessous de la majesté de la loi. Il y sera pourvu par des règlemens d'administration publique, dès que le notariat sera tout-à-fait organisé. 498-501

497-505   Aussitôt après le premier interrogatoire, le tribunal saisi de la demande peut, s'il y a lieu, commettre un administrateur provisoire pour prendre soin de la personne et des biens du défendeur : mais après! le jugement définitif cette administration provisoire cesse ; il faut un tuteur et un protuteur à la personne interdite.

Il peut arriver qu'elle soit en tutelle lors de son interdiction ; alors la tutelle continue, sinon le tuteur et le protu-

506-507   teur sont établis dans les formes accoutumées. Cependant le mari est de droit tuteur de sa femme interdite, et la femme peut être nommée tutrice à son mari.

508   On a compris que le tuteur d'un interdit, s'il était obligé à porter sa charge tant que durerait l'interdiction, serait de pire condition que le tuteur d'un mineur.

La minorité a son terme certain, marqué par la loi ; l'interdiction n'en a d'autre que la vie, dont la durée est incertaine et peut se prolonger dans une très-longue suite d'années.

On a dû poser en principe qu'après dix ans de gestion, le tuteur de l'interdit serait remplacé, s'il demandait à l'être, à moins que la tutelle ne fût exercée par un mari, par une épouse, par un ascendant ou par un descendant de l'interdit ; car la loi n'impose pas à ceux-ci un devoir nouveau : l'obligation de protéger, de défendre l'être infortuné qui les touche d'aussi près, vient de la nature ; et ils ne voudront pas enfreindre ses sacrés préceptes, tant qu'ils auront la possibilité de les accomplir.

509-510   En général, l'interdit est assimilé au mineur pour tout ce qui concerne sa personne et ses biens ; ses revenus doivent être essentiellement employés à adoucir son sort et à accélérer sa guérison. Cette dernière disposition de la loi n'aurait peut-être pas le même degré d'utilité, si en pareil cas le cri de l'humanité n'était pas trop souvent étouffé, et si l'intérêt ne parlait pas beaucoup plus haut qu'elle. Il est bon que les magistrats soient avertis que la loi condamne la sordide économie qu'on voudrait exercer sur l'infortune la plus touchante et la plus digne de pitié.

S'il est question de marier l'enfant d'un interdit, les conventions matrimoniales seront réglées par un conseil de famille, dont l'avis aura toujours besoin d'être homologué par le tribunal, sur les conclusions du commissaire du gouvernement. Dans l'intention de la loi, cette homologation ne doit pas être une vaine formalité ; le tribunal, le commissaire du gouvernement sont étroitement obligés, par les devoirs de leur place, de s'assurer que les intérêts de l'enfant et ceux de l'interdit ne sont pas sacrifiés à des intérêts opposés qui peuvent exister au sein même de leur famille. 511

L'interdiction et la nomination d'un conseil produisent leur effet, à l'égard des tiers, du jour du jugement. Tous actes postérieurs passés par l'interdit sont nuls de droit ; il en est de même de ceux qu'il est défendu de faire sans l'assistance d'un conseil, si la défense n'a pas été respectée. 502

Les actes antérieurs à la défense de contracter sans conseil sont inattaquables : quant à ceux antérieurs à l'interdiction, ils peuvent être annulés si la cause de l'interdiction existait notoirement à l'époque où ils ont été faits. Celui qui contracte avec une personne notoirement imbécile, notoirement en démence, est lui-même notoirement de mauvaise foi : on suppose que la notoriété de la cause de l'interdiction existe par rapport à lui, et ne lui laisse aucun prétexte pour affecter une ignorance tout-à-fait invraisemblable. 503

Après la mort d'une personne interdite, on ne peut plus attaquer, pour cause d'imbécillité ou de démence, les actes par elle faits de son vivant. Deux cas sont exceptés : 504

1°. Si l'interdiction avait été sinon prononcée, du moins provoquée avant le décès de cette personne ;

2°. Si la preuve de la démence résultait de l'acte même qui serait attaqué.

Les motifs de l'exception, dans le dernier cas, sont d'une évidence frappante et n'ont pas besoin de développement.

Il faut prendre garde que, dans le premier cas, on ne prescrit pas aux juges l'obligation de rejeter ou d'admettre des actions qui peuvent être légitimes et fondées, et néanmoins paraître suspectes par cela même qu'elles sont tardives; on laisse aux tribunaux le pouvoir de peser les circonstances, qui se présentent sous tant de combinaisons différentes, qu'elles mettent en défaut la sagacité du plus habile législateur.

512 Enfin, l'interdiction cesse avec les causes qui l'ont déterminée; mais, par respect pour le jugement qui l'a prononcée, et plus encore pour la sûreté publique, il faut qu'il intervienne un jugement de main-levée, et que les mêmes formalités qui ont précédé et accompagné le premier garantissent encore la sagesse du second : alors seulement l'interdit peut reprendre l'exercice de ses droits.

ch. 3 Le troisième et dernier chapitre est relatif aux prodigues. Vous avez pu remarquer, citoyens législateurs, que jusqu'à présent il n'en avait pas été question. On a même douté long-temps s'il y avait des mesures à prendre contre la prodigalité.

513 Elle est sans doute l'abus de la propriété; mais la propriété elle-même ne se compose-t-elle pas du droit d'user et du droit d'abuser? Comment, dit-on, punir un homme parce qu'il a joui de son droit, parce qu'il a fait de sa chose, non pas le meilleur, non pas même un bon usage, mais enfin un usage qui n'était pas défendu, et qui lui convenait à lui propriétaire, maître à ce titre de disposer de sa propriété selon son bon plaisir?

Cependant les Romains, par qui la propriété avait été définie *jus utendi, abutendi*, les Romains eux-mêmes admirent l'interdiction des prodigues : c'est que l'objet d'une sage législation doit être d'établir ce qui convient le mieux à la société pour qui les lois sont faites, sans s'attacher avec une minutieuse précision à toutes les conséquences que le raisonnement peut faire sortir d'un principe abstrait.

L'État, intéressé à la conservation des familles, ne peut admettre que le droit de propriété soit pour un citoyen le droit de ruiner sa famille en contentant de misérables fantaisies ou même de honteux caprices.

Sans doute le propriétaire peut impunément abuser de sa chose, et le *jus abutendi* est respecté, puisque l'acte fait par le propriétaire libre est toujours valable ; la preuve de prodigalité ne résulte pas d'un seul abus, ni même de plusieurs, en choses de peu d'importance. Mais si l'abus tourne en habitude, il n'y a plus moyen de dissimuler que le dissipateur est une espèce de fou qui manque de discernement pour se conduire, et auquel il serait dangereux de laisser l'entier et libre exercice d'un droit dont il n'use pas, dont il ne sait pas user, mais dont il abuse continuellement.

Ce n'était pas pour le punir d'avoir fait des actes qu'il avait eu réellement le droit de faire, qu'on interdisait le prodigue, mais parce qu'on le voyait incapable d'exercer son droit de propriété avec sagesse et en suivant les lumières de la droite raison.

La loi romaine disait expressément que le prodigue resterait en curatelle *quamdiù sanos mores receperit*, tant que ses habitudes ne seraient pas rectifiées, et que ses mœurs ne seraient pas devenues saines et pures ; par où nous voyons que la loi romaine portait plus son attention et sa sévérité sur le principe des actions du prodigue que sur ses actions mêmes : en effet, la prodigalité est presque toujours la suite d'autres passions pernicieuses, d'autres penchans très-condamnables. Ce sont ces vices qu'on attaque en ôtant au prodigue les moyens d'abuser de sa fortune.

On ne vous propose cependant pas, législateurs, d'user à l'égard du prodigue du remède extrême de l'interdiction. Il a paru qu'il suffisait de lui donner un conseil sans lequel il ne pourrait plaider, transiger, emprunter, recevoir un capital mobilier, en donner décharge, aliéner, ni grever ses biens d'hypothèques. Déjà je vous ai fait remarquer en quoi diffèrent essentiellement l'interdiction et la dation de conseil. Ce que j'ai dit à cet égard me paraît propre à justifier la mesure proposée relativement aux prodigues.

514   Ceux qui ont droit de demander l'interdiction pour cause d'imbécillité et de démence pourront provoquer contre les prodigues la défense de plaider, de contracter sans conseil ; leur demande sera instruite et jugée suivant les règles prescrites pour l'interdiction : il en sera de même lorsqu'il sera question de lever cette défense.

COMMUNICATION OFFICIELLE AU TRIBUNAT.

Le projet fut adressé au Tribunat avec l'exposé des motifs, le 30 ventose an XI (21 mars 1803), et M. Bertrand de Greuille en fit le rapport à l'assemblée générale dans la séance du 5 germinal suivant.

RAPPORT FAIT PAR LE TRIBUN BERTRAND DE GREUILLE.

Tribuns, je viens, au nom de la section de législation, vous offrir le résultat de ses méditations sur le onzième titre du Code civil, il traite de la *majorité*, de l'*interdiction*, du *conseil judiciaire*, et cette division indique naturellement celle que je dois suivre dans la discussion à laquelle je vais me livrer.

488   La majorité qui, dans notre ancienne législation, avait été portée à l'âge de vingt-cinq ans, se trouve par le projet actuel fixée à celui de vingt-un ans accomplis. Cette disposition n'est plus une innovation, puisque déjà la loi du 20 septembre 1792, et le décret du 21 janvier suivant, l'ont introduite parmi nous : ainsi, depuis plus de dix années, elle a pleinement produit dans la société tous ses effets civils; elle a servi de base à une multitude de transactions importantes; des partages se sont opérés, des ventes se sont consommées

sous ses favorables auspices, et ce serait, sans contredit, jeter aujourd'hui l'inquiétude dans l'esprit de ces nombreux contractans, que d'altérer en quelque sorte la bonne foi de leurs conventions par l'anéantissement du principe qui les a déterminées, ou sans lequel au moins elles n'auraient jamais été légalement consenties.

Ce danger d'une législation sans cesse vacillante, appuyé de l'approbation que vous avez donnée au projet de loi qui fixe la cessation de la minorité à vingt-un ans, pourrait me dispenser d'entrer dans des développemens plus étendus. Mais lorsqu'il s'agit de fixer les lois d'un grand peuple, lorsque des idées nouvelles viennent s'entrechoquer avec des souvenirs anciens, il faut tout entendre, tout dire, tout aplanir : je ne dois donc pas dissimuler ici les regrets manifestés par quelques bons esprits sur l'abandon de la règle autrefois en usage ; et je dois une réponse aux plus sérieuses de leurs objections, ne fût-ce que par respect pour la pureté des motifs qui les ont dictées.

Ils ont invoqué l'usage contraire de tous les peuples policés ; ils ont argumenté de la séduction, qui assiége ordinairement l'inexpérience d'un jeune homme de vingt-un ans ; ils l'ont représenté entraîné par l'effervescence de son âge, cédant avec facilité à tous les genres de corruption qui l'entourent et le pressent, et cherchant inutilement le guide, le protecteur et l'appui sans lequel on le verrait bientôt consumer sa fortune, dégrader sa jeunesse, avilir son âme, pour vieillir ensuite dans la honte, la misère et le malheur.

Il faut convenir que ces craintes peuvent être justifiées par le scandale de quelques exemples propres à effrayer l'imagination des hommes sensibles et vertueux ; mais à côté de cet affligeant tableau ne puis-je pas placer en opposition l'espoir consolant qu'offrent avec avantage les grands et heureux changemens qui, depuis la révolution, se sont opérés dans les choses et dans les personnes ? Ne dois-je pas d'abord porter votre attention sur ces nombreux lycées qui s'organisent par tout le territoire français, et où les enfans iront en foule recevoir les impressions durables des premières leçons de sagesse et de morale? D'un autre côté, la jeunesse n'est plus aujourd'hui ce qu'elle était naguère : le germe de la liberté a devancé chez elle les progrès de la raison; les ressorts de son esprit ont pris plus de mouvement et d'activité. En général, elle se dirige vers le but le plus utile comme le plus honorable; tourmentée du besoin d'apprendre, on la voit se livrer avec une noble ardeur à tous les genres d'instruction et de connaissances : or, l'étude et les sciences élèvent l'âme. Elles nourrissent les cœurs; elles mûrissent l'esprit; elles forment le caractère; elles apprennent à connaître et à aimer ce qui est bien, à discerner et à fuir ce qui est mal; elles enchaînent les passions fougueuses; elles suppléent aux fructueuses leçons de l'expérience.

Ainsi le jeune homme parvenu à sa vingt-unième année peut utilement jouir de toute l'étendue de ses droits civils. En le livrant alors à lui-même, on le rend plus attentif à la nature et aux conséquences des engagemens qu'il contracte. Il en connaît, il en apprécie toute l'importance, toute la stabilité. Il sait que sa jeunesse ne servira plus, comme autrefois, de prétexte pour en faire prononcer la nullité, et cette idée le met en garde contre les tentations d'une dissipation insensée.

L'usage des peuples policés sur lequel on s'appuie n'était pas même général dans toute la France. Les coutumes de Normandie, d'Amiens, de Bretagne, de Douai, d'Anjou, etc., avaient introduit une majorité précoce de vingt ans, que l'on a pratiquée pendant des siècles sans de graves inconvéniens. Enfin la Constitution proclame l'individu qui a atteint sa vingt-unième année citoyen de la République; à cet âge, elle lui confie ses plus chers intérêts, elle lui confère toute la dignité de l'homme libre, et il faut bien que le droit civil se trouve en harmonie avec le droit politique.

D'un autre côté, l'émancipation qui aura précédé l'âge de

la majorité n'aura-t-elle pas déjà préparé le jeune homme à
la nécessité d'user de son patrimoine avec discrétion et économie ? N'offrira-t-il pas aussi à la société et aux bonnes
mœurs la garantie précieuse d'une éducation épurée par
l'action bienfaisante de notre nouvelle magistrature paternelle , et ne doit-on pas également compter au besoin sur les
salutaires effets des remontrances officieuses et énergiques de
quelques parens estimables et attentifs ? Si néanmoins on
avait encore à gémir sur de honteux écarts, ces écarts peu
fréquens serviraient de préservatif. Eh ! depuis quand , au
reste, l'abus que l'on peut faire d'une chose détruit-il son
excellence, et doit-il empêcher son admission ? Certes , on
a trop souvent abusé de la religion et de la philosophie. Dira-
t-on pour cela qu'il faut proclamer l'athéisme, ou se rouler
dans la fange de la sottise et des préjugés ? Non , sans doute :
gardons-nous donc de faire un pas rétrograde; laissons la
majorité fixée à vingt-un ans ; n'enlevons pas à nos enfans
ce grand et utile moyen d'émulation ; mais préparons leur
jeune cœur par nos soins affectueux , par de nombreux sacrifices pour le développement de leurs talens, par de sages
avis , et surtout par de sévères exemples, à recevoir le bienfait de cette nouvelle majorité , et à jouir avantageusement
pour la patrie et pour eux-mêmes de l'intégralité de leurs
droits civils et politiques.

Toutefois cette jouissance doit être soumise aux restrictions
portées au titre *du Mariage.*

En effet , cet acte, le plus saint, le plus grave de tous ceux
que l'homme vivant en société peut contracter, a une influence trop directe sur le bonheur ou le malheur de la vie ,
pour ne pas l'entourer de toute la sagesse, la prévoyance et
l'affection paternelles. Il tient de si près à la nature , que le
législateur a dû se mettre en garde contre tous les caprices
ou les fantaisies d'une imagination ardente , et contre les faciles égaremens d'un cœur susceptible de trop de faiblesse.
Il a dû craindre que le choix d'un époux , rejeté par un père,

ne fût plutôt décidé par l'entraînante impétuosité de la plus brûlante des passions, que déterminé par le sentiment et la réflexion. D'ailleurs, on n'introduit pas dans une famille une personne étrangère, on ne l'identifie pas, pour ainsi dire, avec elle, sans éprouver le besoin de l'y voir reçue et accueillie avec tous les égards dont elle doit apprendre à se rendre digne. Ce n'est donc qu'après une longue et judicieuse épreuve que l'autorité de la loi, accompagnée de toutes les formes de respect dû à l'autorité paternelle, peut venir suppléer un consentement qu'elle suppose alors avoir été mal à propos refusé à un attachement épuré par le temps et la résistance, et fortifié par la tendresse et l'estime réciproques. Une indiscrète précipitation dans une matière aussi délicate pourrait transformer le plus doux et le plus nécessaire de tous les liens dans la plus pesante et la plus insupportable de toutes les chaînes. L'amendement indiqué par le projet est donc basé sur une prudence désirable, et il ne fait, au surplus, que reproduire ici un principe que vous avez déjà consacré lors de l'assentiment que vous avez donné au titre du Code civil sur le *mariage*.

Mais l'homme devenu majeur n'est pas à l'abri de tous les maux qui fondent trop souvent sur sa frêle existence. Soit erreur de la nature, soit maladie, tous ses organes, toute la symétrie de son être, toutes les habitudes de son corps se trouvent quelquefois dans un état de contraction ou d'affaissement. Son esprit ne se prête qu'à des conceptions désordonnées, il ne peut plus administrer sa personne et ses biens : il devient même, pour tous ses concitoyens, un objet de pitié, de dérision ou de crainte ; et s'il demeure habituellement dans cette pénible et douloureuse position, son intérêt, celui de la société, s'accordent également pour exiger impérieusement qu'on le prive de l'exercice de ses droits civils, ou, en d'autres termes, qu'il soit pourvu à son interdiction : c'est aussi ce que l'article 483-489 du projet, en cela conforme à la loi romaine, a sagement et utilement ordonné.

L'article suivant attribue à l'époux et à tout autre parent 490 indistinctement le droit de provoquer cette interdiction. Il est juste, en effet, de donner aux membres d'une famille les moyens de conserver la fortune et la vie à celui d'entre eux qui, par sa désorganisation morale et physique, est menacé de perdre l'une et l'autre. Ils ont un intérêt direct et personnel à cette conservation, et de plus une solidarité d'honneur et d'affection qui doit leur mériter toute confiance.

Cependant, il peut se trouver des parens peu dignes de ce 491 titre, dont la négligence ou l'indifférence appellent hautement, et surtout dans le cas de fureur, l'intervention du ministère public. Il peut se faire aussi qu'un homme se trouve atteint de folie dans un pays éloigné, sans connaissances et sans amis; enfin, les enfans naturels, qui n'ont d'autre protection que celle de la loi, d'autres parens que les agens de la loi, ne peuvent pas être laissés abandonnés à eux-mêmes, et livrés à tous les hasards dangereux d'un délire habituel. L'article 485-491 obvie à tous ces graves inconvéniens. Il porte : « Dans le cas de fureur, si l'interdiction n'est provoquée ni par l'époux ni par les parens, elle doit l'être par le « commissaire du gouvernement, qui, dans les cas d'imbé- « cillité ou de démence, peut aussi la provoquer contre un « individu qui n'a ni époux, ni épouse, ni parens connus. »

Il est bon d'observer ici que les dispositions de cet article restreignent l'action du ministère public au seul cas de fureur, et ne l'autorisent point à la diriger contre l'homme en état de démence ou d'imbécillité qui se trouverait abandonné de sa famille. Quelques personnes ont pensé que cette restriction de pouvoir n'était pas sans danger; elles ont appréhendé l'insouciance trop ordinaire de parens peu fortunés, laissant dans la misère et la divagation leur parent imbécile. Elles ont craint qu'il ne demeurât à la charge de la société, qui se verrait forcée de le recueillir pour le déposer dans un de ces asiles, dernière ressource de l'homme souffrant et malheureux. Elles en concluaient qu'il fallait investir le magistrat chargé du ministère public d'un pouvoir discrétionnel, pour agir d'office lorsqu'il aurait inutilement stimulé l'affection ou le zèle engourdi d'une famille.

Mais il faut avouer aussi qu'il n'était pas sans inconvénient de laisser sur ce point trop de latitude au commissaire du gouvernement. Les familles sont ordinairement jalouses de cacher avec soin des infirmités de ce genre; elles s'en affligent, elles en craignent la publicité, elles redoutent l'inutile caquetage des amis, les malignes observations des ennemis ; elles appréhendent surtout qu'une portion de l'humiliation du père ne rejaillisse sur ses enfans : ainsi, soit intérêt, amour-propre, bienséance ou affection, elles s'enveloppent du mystère, et elles déguisent la nature du mal, sans cependant négliger aucun des soins ou des remèdes nécessaires pour rendre au malade la santé, la raison, et par suite la jouissance de ses biens. Le zèle indiscret d'un commissaire romprait infailliblement cette touchante harmonie, dérangerait toutes ces combinaisons salutaires; son ministère serait au moins désobligeant, s'il n'était pas nuisible ; et l'homme en démence perdrait beaucoup aux froissemens et aux désagrémens que ferait éprouver à ses parens l'éclat scandaleux d'une procédure intempestive et irréfléchie.

Ces considérations, puisées dans l'honneur et l'intérêt des familles, ont dû faire donner la préférence au système adopté, comme offrant d'ailleurs des chances plus favorables à l'humanité.

492-500   Les articles 486 et 494-492 et 500 désignent le tribunal de première instance, et en cas de pourvoi, celui d'appel, comme devant connaître et juger définitivement ces sortes de demandes. L'importance de la matière se refusait à toute autre indication.

493 à 495   Les articles suivans prescrivent la forme et l'instruction. Il faut articuler les faits d'imbécillité, de démence ou de fureur; il faut réunir les principaux parens en conseil de famille, pour donner leur avis sur les causes et la nécessité de

l'interdiction demandée; mais ceux qui l'auront provoquée n'auront pas voix délibérative dans le conseil : car ils ne peuvent être juges du mérite de leur propre demande, et le défendeur à l'interdiction aura, par ce moyen, plus d'avantage pour résister avec succès aux efforts injustes et possibles d'une cupidité malfaisante et criminelle. Les enfans et l'époux de celui qu'il est question d'interdire seront aussi privés du droit de prendre part à la délibération du conseil. Il eût été en effet inconvenant et peu moral de les mettre dans la cruelle obligation de prononcer contre un père ou un époux malheureux et humilié, qu'ils doivent uniquement et constamment entourer de soins, de respect et de tendresse.

Vient ensuite l'interrogatoire, toujours nécessaire, du dé- 496 fendeur à l'interdiction. Il est fait par tout le tribunal réuni en la chambre du conseil, d'abord, afin de ne pas affecter trop vivement, par la présence du public, la timidité présumable d'un individu, trop alarmé déjà de se voir soumis à une épreuve aussi pénible et aussi délicate; en second lieu, par ménagement pour sa réputation, et même par égard pour son amour-propre, dans le cas où l'inculpation d'aliénation ne se trouverait pas suffisamment justifiée. Cette prévoyance était, au reste, d'autant plus désirable, qu'elle fournit également aux juges les moyens de considérer plus attentivement les traits, les mouvemens, l'attitude du défendeur, et de fixer par suite leur opinion sur la faiblesse ou l'énergie de ses facultés intellectuelles. Au surplus, si celui qu'il s'agit d'interdire est hors d'état de se transporter au tribunal, le soin de l'interroger dans sa demeure est confié à l'un des juges, qui y procède en présence du commissaire du gouvernement; et c'est tout ce qu'il est possible de faire pour parvenir à connaître le moral d'un homme dont l'esprit, déjà trop affaibli par la maladie, serait sans doute effrayé d'un plus grand appareil.

Cependant une demande en interdiction peut, par sa na- 497

46.

ture, par les formes qu'elle exige, par les actes qu'elle né-
cessite, entraîner des délais qui deviendraient préjudiciables
aux intérêts du défendeur à l'interdiction. Le projet de loi
éloigne à cet égard toutes les craintes, en autorisant, s'il y a
lieu, la nomination d'un administrateur provisoire chargé de
499 sa personne et de ses biens. Il va plus loin; il suppose à l'article 493-499 que la demande en interdiction a dû être rejetée, parce que l'aliénation n'est qu'instantanée, d'une nature peu alarmante, et qui affaiblit la raison sans la détruire
entièrement. Alors, et suivant les circonstances, le tribunal
est autorisé à pourvoir le défendeur à l'interdiction d'un
conseil, sans l'assistance duquel il lui est défendu d'emprunter, d'aliéner, de grever ses biens ou même d'intenter procès.
Heureuse et sage disposition! qui ménage à la justice la faculté de n'employer la sévérité et la rigueur de l'interdiction que dans les cas les plus pressans et les moins équivoques, et qui, en conservant à l'homme faible la disposition
de ses revenus, le met en même temps dans l'impossibilité
légale de devenir le jouet de ces êtres vils qui ne rougiraient
pas de tendre des piéges à sa facilité pour engloutir sa fortune et le précipiter dans le malheur.

501   Au reste, les jugemens d'interdiction ou de nomination de
conseil doivent être affichés dans la salle de l'auditoire et chez
les notaires de l'arrondissement : ainsi le veut l'article 495-
501. Ce sont là des avertissemens publics, propres à éclairer
tous les citoyens sur l'incapacité de l'interdit; et ces avertissemens concilient tous les intérêts.

502-503   Les deux articles suivans sont la conséquence rigoureuse
de l'interdiction définitivement prononcée, ou même de la
simple nomination d'un conseil. Il est évident en effet que
tous les actes passés postérieurement à l'un et à l'autre de ces
jugemens par celui qui en est l'objet sont nuls de plein droit;
et que ceux qui l'ont précédé doivent être également annulés, s'il est judiciairement et notoirement prouvé que la cause

de la demande en interdiction existât à l'époque où ces actes ont été faits : ce sont autant de vérités qu'on affaiblirait par une discussion qui n'ajouterait rien à la conviction.

Le principe consacré par l'article 498-504 n'est pas moins 504 respectable. Il porte : « Après la mort d'un individu, tous « les actes par lui faits ne pourront être attaqués pour cause « de démence qu'autant que son interdiction aurait été pro- « noncée ou provoquée avant son décès, à moins que la preuve « de la démence ne résulte de l'acte même qui est attaqué. »

L'homme pendant la vie duquel et contre lequel on n'a pas cru devoir intenter l'action en interdiction est censé avoir joui jusqu'au dernier moment de la plénitude de ses facultés. Il ne peut pas être permis de troubler ses cendres, d'injurier sa mémoire par des recherches flétrissantes et ré-troactives. Il a contracté, parce qu'il en avait le droit, le pouvoir, la volonté, qui ne lui ont jamais été contestés : d'où il suit que les actes qu'il a souscrits sont nécessairement va-lides, à moins que la preuve de la démence ne se trouve dans l'acte même que l'on attaque, parce que dans ce cas cette preuve de l'incapacité du contractant résulte de son propre fait, qu'elle est claire, précise, irréfragable, qu'elle est indépendante du témoignage incertain des hommes, et qu'il est au surplus impossible que la justice puisse consa-crer des dispositions qui appartiennent évidemment à la folie, au lieu d'être le fruit de la raison, de la réflexion et d'une saine liberté d'esprit.

Plusieurs autres articles du projet qui traitent encore de 503-509 l'interdiction sont peu susceptibles de développement; ils en sont l'effet immédiat : c'est ainsi que l'interdit, ayant perdu la libre jouissance de sa personne et de ses biens, doit nécessairement passer sous la puissance d'un tiers; et ce tiers ne peut être autre qu'un tuteur ou un subrogé tuteur nommé avec les formes et les précautions indiquées au titre des *tutelles*. Ce tuteur doit recevoir les comptes de l'admi-nistrateur provisoire dont il a été parlé plus haut; c'est le

premier acte de sa tutelle, parce que lui seul a le droit de
stipuler en définitif les intérêts de l'interdit : mais ce droit
est lui-même soumis aux restrictions imposées aux tuteurs
des mineurs, parce que l'interdit est placé, par une fiction
de la loi, dans l'état de minorité, et qu'ainsi sa personne et
ses biens doivent être environnés de la même prévoyance
pour en assurer de plus en plus la conservation.

510   Néanmoins, il est expressément recommandé au tuteur
d'employer essentiellement les revenus de l'interdit à adoucir son sort et à hâter sa guérison. Cette disposition équitable
en elle-même a le double avantage d'assurer, d'un côté, à
l'interdit l'espèce et la continuité des soins dont il peut avoir
besoin, et de l'autre, de prévenir les chicanes trop multi-
pliées que quelques héritiers inquiets et intéressés pourraient
susciter à un tuteur attentif, humain et complaisant. Une
sage économie est toujours désirable ; mais la parcimonie
fatigue les malades, ils languissent au milieu des privations
et des contrariétés de tout genre. Cet état n'accélère pas le
rétablissement de la santé, et surtout celui d'un homme en
démence ou en fureur, qui a plus que tout autre besoin de
tranquillité. On a donc dû laisser sur ce point au tuteur une
large étendue de pouvoir ; on a dû aussi lui imposer l'obligation de ne faire transférer le malade dans une maison de
santé, ou même dans un hospice, que sur l'avis du conseil
de famille, d'abord parce que les secours qu'il reçoit dans
son domicile sont en général plus appropriés à son état,
par l'affection et la patience qui les administrent ; en second
lieu, parce que sa translation dans une maison de santé, et
particulièrement dans un hospice, pourrait déplaire à la famille ; ce qui porte à croire que le déplacement ne sera ef-
fectué, si elle est consultée, que lorsque la nature du mal
ou la modicité de la fortune de l'interdit en imposeront
l'absolue nécessité.

506 à 508   « Le mari est, de droit, le tuteur de sa femme interdite. »
C'est le vœu de l'article 500-506 du projet.

« Réciproquement, la femme pourra être nommée tutrice
« de son mari ; mais dans ce cas le conseil de famille réglera
« la forme et les conditions de l'administration. » C'est ce
que détermine l'article suivant. La restriction qu'il contient
est un préservatif contre l'inexpérience ordinaire des personnes du sexe dans la régie des biens et dans les affaires qui
en sont la suite. Les autres dispositions de cet article et du
précédent sont tout à la fois un hommage rendu à la puissance maritale et à la tendresse conjugale. Combien ils seront
efficaces ces soins empressés et touchans qui seront dictés par
le cœur et le sentiment ! Aussi les auteurs du projet ont tellement présumé de leur douce et salutaire influence, qu'ils
n'ont pas voulu que des époux, des pères, des enfans, pussent s'abstenir de conserver la tutelle d'un interdit, et ils
n'ont accordé la faculté d'y renoncer qu'aux étrangers, ou
même aux autres parens, qui auraient suffisamment payé
leur dette à l'amitié ou aux bienséances de famille, en exerçant pendant dix ans un aussi triste ministère.

Après avoir précieusement conservé les plus grands et les
plus chers intérêts de l'interdit, le projet de loi déploie
toute sa sollicitude en faveur de ses enfans. C'est déjà trop
pour eux du fardeau imposé à leur tendresse et à leur sensibilité ; il ne faut pas qu'ils restent victimes de l'humiliant
et pénible état de leur père ; il faut leur faciliter les moyens
de s'établir ; il faut donc qu'une autorité bienveillante et
légale remplace autant que possible l'affection et la générosité d'un père qui ne peut plus être consulté, puisqu'il n'a
plus de volonté : c'est encore le conseil de famille qui vient,
dans ce cas, interposer son officieuse autorité. Il règle la dot,
les avantages et toutes les autres conventions matrimoniales ;
mais cette opération est soumise aux réquisitions du commissaire et à l'homologation du tribunal, qui s'assure, avant
de l'accorder, que les sacrifices que l'on exige du père sont
basés sur sa fortune, qu'ils ne sont pas exorbitans, et tels
qu'ils puissent absorber les dépenses nécessaires qu'en-

traîne la ténacité de la maladie sous laquelle il gémit.

512   Cette maladie, cependant, peut céder aux efforts de l'art et
de la nature; alors l'interdit, qui a recouvré la santé et la raison, doit être admis à reprendre l'exercice de tous ses droits;
mais il convient d'apporter, dans la distribution de cet acte
de justice, la même circonspection, la même prudence, qui
ont été mises en usage, lorsqu'il s'est agi de les lui ravir. Il
faut s'assurer de la nouvelle capacité de l'interdit, il ne faut
pas se préparer des regrets par une démarche précipitée, et
uniquement fondée sur des apparences trompeuses ou men-
songères; aussi, dans ce cas, le projet de loi impose-t-il aux
juges l'obligation d'observer la même marche et les mêmes
formalités que lorsqu'ils ont dû prononcer l'interdiction;
par ce moyen on est à l'abri de toute inconsidération, et on
a de plus, pour garantie particulière et spéciale de l'équité
du jugement, la connaissance personnelle que les juges ont
eue de l'état de l'interdit, lorsqu'ils ont été contraints de lui
appliquer toute la sévérité de la loi.

Ainsi vous voyez, tribuns, que toutes les précautions de
convenance, de sagesse et de justice ont été prises pour
soustraire la personne et les biens de l'interdit aux grands
abus qui pourraient résulter de son inquiétante situation : il
ne me reste donc plus qu'à vous entretenir de la troisième
partie du projet de loi, qui traite du *conseil judiciaire*.

L'article 507-513 veut qu'il en puisse être nommé au prodigue, qui, sans l'assistance de ce conseil, sera privé de la faculté d'emprunter, d'aliéner, de grever, d'hypothéquer ses
biens, et même de recevoir le remboursement de ses capitaux.

513   Les Romains avaient rangé dans la même classe les prodigues et les insensés; ils avaient considéré les uns et les
autres comme ne sachant ni acquérir ni conserver, abusant
de tout, dissipant tout, consumant tout. Ils les voyaient également sans règle dans leurs dépenses, sans but et sans fin
dans leurs projets, ne connaissant que le gaspillage, la pro-
fusion et le désordre; aussi leurs lois, calculant uniquement

sur l'identité des résultats, avaient-elles enlevé aux uns et aux autres indistinctement la disposition, l'administration et la jouissance de leurs biens, pour les confier à un tuteur dont elles avaient ordonné qu'ils fussent pourvus, comme s'ils fussent restés en pleine minorité.

Le projet actuel n'a pas cru devoir traiter les prodigues avec la même rigueur que les insensés. Il a pensé que ceux-ci, totalement privés de leur raison, ne sont susceptibles d'aucune réflexion, d'aucun sentiment qui puisse faire espérer leur retour à des principes d'ordre et à des idées d'économie ; tandis que les prodigues, quoique entraînés par des habitudes et un mouvement désordonnés, sont néanmoins parfois accessibles aux représentations de l'amitié, aux combinaisons de l'intérêt personnel, et qu'ainsi le flambeau de l'expérience peut encore luire pour eux et leur faire sentir le besoin d'une conduite plus réservée.

D'ailleurs, si le prodigue excède toute proportion dans ses dépenses, on peut dire au moins qu'il en agit ainsi parce qu'il en a le droit, et surtout la volonté bien constante ; tandis que l'insensé ne peut rien vouloir par lui-même ; car la volonté suppose une pensée qui la précède et la détermine, et l'insensé n'a point de pensée proprement dite : il n'a que les jeux fugitifs d'une imagination incandescente et déréglée. Or, s'il existe une différence aussi prononcée dans les facultés morales de l'un et de l'autre, la loi doit nécessairement en introduire une dans la manière de les traiter ; et c'est ce que fait le projet. Il prive l'insensé de la jouissance de ses revenus, et il le met dans la position d'un mineur à l'égard de son tuteur ; tandis qu'il enveloppe seulement le prodigue des liens de l'émancipation, et qu'ainsi il lui conserve l'entière jouissance du produit de ses biens, sans pouvoir vendre, aliéner et hypothéquer ses propriétés, hors la présence du conseil qui l'assiste. Cette interdiction partielle est d'une rigoureuse justice ; car la loi est l'ennemie du désordre : elle doit donc veiller pour le prodigue qui

ne surveille rien et absorbe tout. Elle doit veiller particulièrement pour sa femme et ses enfans, auxquels il doit au
moins des alimens ; elle doit veiller même pour ses autres
parens, qui, par honneur, par générosité ou par importunité,
peuvent être un jour contraints de réparer son inconduite
aux dépens de leur propre aisance. C'est donc avec raison
que le projet de loi a créé des conseils judiciaires, et qu'il
confie aux parens du prodigue le droit d'en provoquer la
514 nomination. La demande doit en être formée devant les
tribunaux, instruite et jugée de la même manière que celle
de l'interdiction, parce qu'il faut mettre l'homme accusé de
prodigalité dans la possibilité de justifier que le dérangement
de sa fortune appartient non à l'abus qu'il en a fait, mais à
de fausses combinaisons, à des spéculations malheureuses,
ou à d'autres causes indépendantes de sa volonté. Par ce
moyen, la justice est éclairée sur les vrais motifs qui ont
déterminé la demande, et elle n'est point exposée à favoriser
injustement les avides prétentions de quelques héritiers
présomptifs, ou de quelques collatéraux trop empressés.

Telles sont, tribuns, les différentes dispositions du projet
de loi qui est aujourd'hui soumis à votre approbation. Elles
sont si sages, si concordantes entre elles, si paternelles, que,
quelque faible que soit le résultat de mes efforts, il est difficile que vous ne soyez pas convaincus de leur importance
et de leur utilité. Il n'aura pas échappé à votre sagacité que
toute l'économie de ce projet repose entièrement sur la double
et judicieuse similitude qu'il introduit entre l'interdit et le
mineur non émancipé, d'une part ; et de l'autre entre l'individu placé sous l'empire du conseil judiciaire, et le mineur parvenu à l'émancipation. Il assure ainsi la puissante
protection de la loi à la faiblesse et au malheur, qui déran-
gent trop souvent l'harmonie sociale ; il conserve les biens et
la paix des familles ; il ouvre le cœur à toutes les affections
morales, à tous les sentimens généreux ; il maintient tous
les droits, il ménage tous les intérêts ; il est donc digne de

prendre une place honorable dans ce nouveau Code, monument durable de sagesse et de lumières, que le gouvernement pourra bientôt offrir avec gloire à la reconnaissance de tous les Français.

La section de législation vous propose par mon organe d'en voter l'adoption.

Le Tribunat vota l'adoption du projet dans la même séance, et MM. Bertrand de Greuille, Tarrible et Portiez, apportèrent son vœu au Corps législatif, le 8 germinal an XI (29 mars 1803).

DISCUSSION DEVANT LE CORPS LÉGISLATIF.

DISCOURS PRONONCÉ PAR LE TRIBUN TARRIBLE.

Législateurs, le Code civil se déploie devant vous, en laissant toujours apercevoir la chaîne qui lie ses diverses parties.

L'état civil vous a été présenté d'abord avec les élémens qui le constituent, les formes qui le constatent, et les causes qui font encourir sa privation.

A ces premières règles se rattachaient celles relatives au domicile, dont la fixation est nécessaire, soit pour la solennité des mariages, soit pour l'ordre des juridictions, soit enfin pour la régularité d'un grand nombre d'actes civils.

L'absence ne rompt pas les liens civils, mais elle jette sur l'existence de l'absent une incertitude qui appelait des dispositions particulières.

Parmi les diverses sources de l'état civil, la plus féconde et la plus pure est le mariage. Vous avez vu les formes et les conditions qui constituent ce contrat fondamental, les devoirs qu'il impose, les droits qu'il confère aux époux.

Mais la fragilité des choses humaines a exigé qu'à côté de l'image touchante du mariage l'on plaçât l'affligeant tableau de sa dissolution par la mort naturelle, par la mort civile et par le divorce.

Le mariage vous a conduits à la procréation des enfans. Vous avez reconnu qu'à lui seul est dévolu le privilége de désigner avec simplicité et certitude la famille à laquelle ils appartiennent, tandis qu'une reconnaissance émanée d'une opinion versatile, combattue quelquefois par les préjugés ou par l'intérêt, est le seul moyen que les mœurs aient permis de laisser aux enfans naturels pour retrouver un père.

Des époux, des enfans composent la famille, et dans son sein vous avez vu s'élever cette magistrature sainte qui, sous le nom de puissance paternelle, donne au père le droit de gouverner, de commander, de réprimer.

Votre sollicitude sur le sort des enfans qui, dans un âge encore tendre, ont eu le malheur de perdre les auteurs de leurs jours, avait devancé la loi sur la minorité. Elle a dû être satisfaite de ses dispositions toutes paternelles, qui remettent le dépôt sacré des enfans, de leur éducation, de leurs biens, entre les mains des parens, des alliés, même des amis, et qui promettent comme une récompense le bienfait d'une émancipation anticipée à la maturité précoce du mineur et aux soins vigilans du tuteur.

Il ne manquait au premier livre que de déterminer l'âge auquel l'homme civilisé acquiert le plein exercice de ses droits, et d'indiquer les dérangemens physiques et moraux qui le ramènent à l'état et aux besoins de l'enfance ; c'est le sujet du projet de loi que le Tribunat vient, par mon organe, discuter devant vous.

488   Le citoyen naît dans l'État avec l'investiture des droits civils ; mais il ne peut les exercer en naissant.

Comme ses facultés physiques ne se développent que par degrés, ce n'est aussi que par degrés que son discernement se forme, qu'il acquiert la connaissance des hommes et des choses, qu'il apprend l'art de gouverner ses affaires et l'art plus difficile encore de se gouverner lui-même.

La raison a son enfance comme l'habitude du corps ; et, pendant ce temps de faiblesse, le mineur, placé sous les ailes de la puissance paternelle ou sous les soins vigilans d'un tuteur, ne peut défendre ni exercer ses droits que par leur organe.

Mais il est un terme où ces appuis doivent être retirés, et où le mineur doit se soutenir par ses propres forces.

Comment assigner ce terme? sera-ce par le degré de maturité que le mineur aura atteint? il flotterait dans une incertitude funeste; il varierait selon la trempe de l'esprit, le caractère, l'éducation du mineur; et plus souvent encore selon les opinions, les intérêts ou les passions de ceux qui seraient appelés à décider cette question importante.

L'âge, chez toutes les nations, est la mesure sur laquelle on a déterminé l'époque de la majorité.

Elle est simple, uniforme, commune à tous : elle apprend au mineur et à ceux qui ont des intérêts à démêler avec lui, le moment précis où il entre dans le plein exercice de ses droits.

La solution de cette première difficulté en crée une seconde qui a partagé les opinions.

Les uns ont désiré de voir reculer encore la majorité jusqu'à l'âge de vingt-cinq ans.

Les autres ont pensé qu'elle devait demeurer fixée à vingt-un ans.

Les premiers ont invoqué à l'appui de leur opinion l'exemple des Romains, l'usage antique de presque toutes les nations de l'Europe et d'une grande partie de la nation française en particulier.

Ils ont cru reconnaître que la raison humaine n'atteignait sa perfection qu'à cet âge.

Ils ont fait remarquer qu'à l'âge de vingt-un ans les passions sont à leur plus haut degré d'effervescence; qu'il est prudent de les contenir encore sous le joug de la puissance paternelle ou tutélaire, jusqu'à ce que la violence de leur feu se soit tempérée.

Les seconds ont dit, avec les auteurs du projet du Code ci-

vil, que, « dans notre siècle, mille causes concouraient à
« former plutôt la jeunesse ; que l'esprit de société et d'in-
« dustrie, plus généralement répandu, donnait aux âmes un
« ressort qui supplée aux leçons de l'expérience, et qui dis-
« pose chaque individu à porter plus tôt le poids de sa desti-
« née. »

Le Tribunat a donné son assentiment à cette dernière
opinion.

La nature, toujours simple et concordante dans ses des-
seins, a marqué dans l'homme le moment du développement
de ses facultés morales par celui de ses facultés physiques.

Dans le cercle si court de la vie, une fausse prudence ne
doit pas étendre l'âge de la minorité aux dépens de celui de
la virilité. Ne laissons pas énerver l'homme dans les chaînes
d'une trop longue dépendance. Lorsqu'on lui aura montré
ses rapports avec les objets qui l'environnent, lorsqu'on lui
aura inspiré le sentiment de sa dignité, on pourra, sans de
grands risques, lui laisser essayer ses forces.

Dans aucun âge il n'aura plus d'ardeur et plus d'activité
pour tout travail qui lui offrira des bénéfices à acquérir.

Il lui sera peut-être plus difficile de conserver ; mais, en
déliant le majeur, la loi n'entend pas le soustraire au respect
et à la déférence qu'il doit à son père, ou à l'homme généreux qui en a rempli envers lui les pénibles devoirs. Ainsi,
lorsque leur autorité aura cessé, leurs sages conseils l'environneront encore, ils lui montreront les écueils à redouter,
les périls à fuir, les piéges à éviter.

Qu'on ne soit pas trop effrayé du danger des passions. Elles
sont le ressort qui donne à notre être la vie et le mouvement ;
la science du législateur consiste, non à les enchaîner, mais
à les bien diriger.

Que, si elles entraînaient la jeunesse dans quelque écart,
du sein même du mal naîtrait le remède le plus salutaire.

L'erreur est sans doute le partage de la faible humanité ;
mais ses leçons sont aussi les meilleures : elles se gravent bien

plus profondément que celles d'un froid exemple ou d'une austère doctrine.

Et, dans un siècle qui a répandu les lumières sur tous les points de la surface de notre territoire, qui, en généralisant l'instruction, a aussi généralisé les idées, leur a donné plus de profondeur et de justesse ; dans un siècle où une éducation précoce et mieux dirigée a presque associé l'enfance aux combinaisons et aux calculs de l'âge mûr, ne craignons pas que l'âge de vingt-un ans soit trop souvent celui de l'inexpérience et de l'erreur.

L'illusion la plus dangereuse à cette époque de la vie serait celle de cette passion brûlante qui, croyant voir dans l'objet aimé toutes les perfections réunies, des charmes ravissans, ne trouve de bonheur que dans sa possession.

Mais ses efforts impuissans viendront se briser contre le rocher de la volonté paternelle, qui tient sous sa dépendance le mariage des enfans jusqu'à l'âge de vingt-cinq ans.

Ainsi, l'indication de la nature, l'élan rapide que nos mœurs et notre organisation sociale donnent à l'esprit vers les connaissances utiles, la maturité précoce qui en est le fruit, la survivance des liens du respect à ceux de l'autorité, les leçons salutaires de l'expérience, la barrière opposée aux mariages inconvenans, tout concourt à justifier l'utilité de la loi qui fixera la majorité à vingt-un ans.

Mais l'homme, devenu majeur, ne cesse pas plus d'être sous la surveillance de la loi qu'il ne cesse d'être sous son empire. 489-513

Il peut tomber dans un état de démence qui ne lui permette pas d'user des facultés qui appartiennent à son âge, ou bien une folle prodigalité peut le porter à en abuser.

L'interdiction absolue est nécessaire à l'égard de l'insensé. Privé de l'usage de sa raison, il ne peut connaître les rapports de justice, de convenance ou d'intérêt que peuvent présenter les divers objets : il ne peut apporter dans les actes civils le discernement et la volonté qui en forment l'essence. La nature, en le jetant dans cet état déplorable, a opéré son interdiction dès avant qu'elle soit prononcée par un jugement.

Cet être infortuné, replongé dans des ténèbres plus épaisses que celles de l'enfance, doit être remis sous la conduite d'un tuteur qui prévoie et agisse pour lui.

La prodigalité est un genre de folie; elle a besoin de secours ou de remèdes semblables.

Il est digne de remarque que le projet du Code civil de l'an VIII garde un silence parfait sur les prodigues; et qu'à la place du conseil judiciaire énoncé dans le chapitre III de ce titre, il se contente d'offrir un *conseil volontaire* à celui qui, sans avoir perdu l'usage total de sa raison, se défie de sa faiblesse et craint d'être exposé à des surprises.

Les auteurs du projet se seraient-ils enveloppés dans ces expressions ambiguës par la crainte de blesser le droit de propriété, ou dans l'espérance de voir le prodigue, éclairé par quelques lueurs de raison, venir se ranger de lui-même sous l'égide tutélaire d'un conseil?

Quoi qu'il en soit de ces conjectures, les doutes seuls de ces hommes consommés commandent à celui qui tente de les résoudre le respect et l'examen le plus approfondi.

Entrons donc dans cette discussion, et voyons les résultats auxquels elle nous conduira.

Le prodigue, suivant l'acception reçue dans tous les temps, est celui qui n'a ni fin ni mesure dans ses dépenses, et qui dissipe tout son patrimoine par de vaines profusions.

L'orateur romain le désigne comme dissipant sa fortune en festins, en présens, en jeux, en chasses et en dépenses, qui ne laissent après elles que des traces fugitives ou nulles.

Toutes les nations policées ont regardé les prodigues comme entachés d'un vice honteux et répréhensible.

Les lois de Solon les déclaraient infâmes, et les bannissaient des assemblées publiques.

D'autres peuples de la Grèce leur refusaient la sépulture dans le tombeau de leurs ancêtres.

Les lois romaines les punirent d'une manière plus convenable au genre de désordre qu'elles voulaient arrêter. Le préteur, suivant une formule antique, adressait au prodigue ces paroles austères : « Puisque tu dissipes, par ta mauvaise « conduite, l'héritage de tes pères, et que tu réduis tes en- « fans à l'indigence, je t'interdis l'administration et l'aliéna- « tion de tes biens. »

La loi qui vous est présentée reconnaît aussi la nécessité de réprimer ce vice.

Mais, moins sévère que les lois des peuples anciens, elle ne prononce pas des peines contre une passion qui peut n'être que l'effet d'une organisation malheureuse; elle lui impose un frein : elle ne frappe pas, elle n'avilit pas; elle éclaire, elle dirige. Elle donne au prodigue un conseil dont l'assistance lui est nécessaire pour agir, engager ou aliéner.

La voix du Tribunat ne s'est élevée que pour rendre hommage à la sagesse de cette disposition.

Elle ne blesse pas les attributs de la propriété.

Elle concilie avec l'intérêt public celui de la famille et celui du prodigue lui-même.

Le droit du propriétaire est sans doute de disposer de ses biens au gré de sa volonté.

Mais pourra-t-on nier que le droit d'en régler l'usage n'entre aussi dans le domaine de la loi?

Et la loi ne doit-elle pas vouloir, ne doit-elle pas ordonner ce qui est dans l'intérêt des individus, dans celui des familles, dans celui de la nation pour qui elle est faite?

Peut-elle être indifférente à ce qui tient aux bonnes mœurs, à l'esprit public, à la force de l'âme, à toutes les vertus?

Or, législateurs, voyez d'un côté le père de famille sage, prévoyant, économe;

Voyez de l'autre le prodigue en proie à ses passions déréglées.

L'un fait fructifier tout ce qui est dans ses mains laborieuses et vigilantes.

L'autre s'abandonne à une négligence qui jette sur tout ce qu'il possède le germe du dépérissement.

Celui-là conserve et augmente par degrés l'héritage paternel;

Celui-ci le dissipe et le dévore.

L'économe, enhardi par de mûres combinaisons, sait prendre son essor et se livrer à ces spéculations heureuses qui, en répandant les utiles fruits de son industrie ou de ses travaux, ramènent autour de lui les richesses et l'abondance.

Le prodigue, toujours tourmenté par de vains et insatiables désirs, n'est occupé que du soin de se procurer les moyens de les satisfaire par des sacrifices sans bornes et sans mesure.

L'application constante de l'un tend à soigner l'éducation de ses enfans, à leur inspirer l'amour de l'ordre et du travail, à en former des citoyens utiles et vertueux.

La vanité corruptrice de l'autre abandonne sa famille dans une honteuse ignorance, et ne lui inspire qu'un goût de superfluités qui l'énerve, et la laissera sans force contre l'indigence prête à l'accabler.

Le goût du bien naît dans l'âme du premier avec la puissance de l'opérer. Des affections pures, une douce sensibilité, le portent à répandre des bienfaits et des secours sur ses proches, sur ses amis, sur tous ceux qui gémissent sous le poids des maux ou de l'infortune.

L'âme du second s'use, s'épuise, se dessèche dans l'excès des jouissances; et ses richesses, s'écoulant rapidement, vont se perdre dans les égoûts du vice et de la débauche.

La propriété, dans laquelle l'homme sage voit le berceau et l'asile de sa famille, l'attache au gouvernement qui la protége, aux lois qui maintiennent l'ordre, aux institutions qui préviennent les secousses politiques.

Le prodigue, réduit bientôt au dénûment par des profusions déréglées, devient comme étranger au sol qui l'a vu naître. Si la voix de la patrie se fait entendre, on ne trouvera chez lui qu'un cadavre, que des ruines; ou, si son âme a con-

servé encore quelque énergie, vous le verrez, dans les mouvemens politiques, attiser le feu de la sédition ; ce sera un
factieux. Catilina commença par la prodigalité ; il finit par
la rébellion.

Il était donc important, il était donc nécessaire d'aborder
d'un pas ferme la question de la prodigalité, et d'opposer à
ce vice une digue qui pût arrêter ses désordres et ses ravages.

L'esprit public en recevra une influence salutaire, et le
gouvernement un plus ferme appui.

Une femme, des enfans innocens seront sauvés des horreurs
et de la flétrissure de l'indigence.

Le prodigue lui-même, lorsque son œil dessillé sera en
état de mesurer la profondeur de l'abîme où il se précipitait,
bénira la main puissante et secourable qui l'aura arrêté et
suspendu au milieu de sa chute.

J'ai exposé le système général du projet de loi, et les motifs qui l'ont fait adopter par le Tribunat.

Il me reste encore à discuter les détails, qui ont paru aussi
parfaitement concordans avec leurs principes.

Il est divisé en trois chapitres intitulés : le premier, *de la
majorité* ; le second, *de l'interdiction* ; le troisième, *du conseil
judiciaire*.

Un seul article compose le premier, et indique avec une
précision admirable l'époque de la majorité, ses droits, et la
modification qu'ils ont dû recevoir. Il dit tout dans ce petit
nombre de paroles : 488

« La majorité est fixée à vingt-un ans accomplis. A cet
« âge on est capable de tous les actes de la vie civile, sauf
« la restriction portée au titre *du Mariage*. »

L'interdiction exigeait de plus grands développemens, et 489
l'ordre naturel demandait d'abord l'indication des cas auxquels elle pouvait être appliquée.

L'article 483-489 les désigne en ces termes :

« Le majeur qui est dans un état habituel d'imbécillité,

« de démence ou de fureur, doit être interdit, même lorsque
« cet état présente des intervalles lucides. »

L'imbécillité est une faiblesse d'esprit causée par l'absence
ou l'oblitération des idées.

La démence est une aliénation qui ôte à celui qui en est
atteint l'usage de sa raison.

La fureur n'est qu'une démence portée à un plus haut degré, qui pousse le furieux à des mouvemens dangereux pour
lui-même et pour les autres.

L'homme, dans ces trois états, est privé de la faculté de
comparer et de juger.

L'imbécile ne le peut, parce que son esprit, incapable de
recevoir ou de retenir des perceptions, n'a aucun objet de
comparaison.

L'insensé, le furieux, ne le peuvent pas non plus, parce
que les objets ne se représentent souvent à leur esprit que
sous des formes fantastiques, éloignées de la réalité.

Du défaut de cette faculté dérivent, d'un côté, l'impuissance d'administrer, d'agir, d'exprimer une volonté éclairée
sur les choses qui les intéressent; et de l'autre, la nécessité
de remettre à un tuteur le gouvernement de leur personne et
de leurs biens.

Les lueurs équivoques de la raison qui reparaissent quelquefois chez les insensés et les furieux n'étaient pas un motif
suffisant pour modifier l'interdiction, ou pour en interrompre
la continuité.

499   Mais l'imbécillité a une infinité de nuances ou de degrés
dont le plus haut est celui qui a été désigné, et le plus faible
peut être marqué par l'ignorance, qui donne à chacun (si
j'ose m'exprimer ainsi) sa part d'imbécillité sur les objets
qu'il ne connaît pas.

Les degrés intermédiaires peuvent présenter un état tel que,
sans ôter l'administration à l'imbécile, on puisse se contenter
de lui donner un conseil qui l'éclaire et le dirige dans les
actes les plus importans.

C'est à ce cas particulier qu'il faut rapporter l'article 493-499, qui veut qu'en rejetant la demande en interdiction , le tribunal puisse néanmoins, si les circonstances l'exigent, ordonner que le défendeur ne pourra désormais plaider, transiger , emprunter, etc. , sans l'assistance d'un conseil qui lui sera nommé par le même jugement.

L'interdiction intéresse principalement les parens et les 490 époux; le droit de la provoquer est accordé à eux seuls. Leur existence exclut le concours du ministère public, parce qu'on a craint, avec raison , que son zèle, rendu superflu par les soins de la famille, n'aboutît qu'à divulguer, contre le vœu de celle-ci, l'état affligeant d'un de ses membres.

La provocation directe n'est remise entre les mains du mi- 491 nistère public que dans le cas de la fureur , dont la surveillance entre dans ses attributions, et dans celui où l'imbécile ou l'insensé n'a ni parens ni époux.

Après avoir indiqué les cas où l'interdiction est applicable, 492 et les personnes qui peuvent la provoquer, le projet de loi règle les tribunaux qui doivent en connaître , la forme de la procédure à suivre, et les effets qu'elle doit produire.

L'interdiction ne détruit pas l'état civil, mais elle en suspend l'exercice relativement aux actes qui exigent le concours de la volonté ou du consentement de celui qui en est frappé.

La connaissance d'une matière aussi délicate ne pouvait être confiée qu'aux tribunaux de première instance, dont la juridiction embrasse les intérêts de la plus haute importance.

L'avidité, le dessein coupable de ravir, à l'aide de l'ordre aveugle des successions, des biens que la volonté et une juste prédilection du propriétaire auraient pu transmettre en de plus dignes mains, plusieurs autres causes, pouvaient inspirer une provocation calomnieuse. Il fallait environner ce propriétaire de tous les moyens de défense propres à repousser et à confondre la calomnie.

Ils se retrouvent dans les formes tutélaires que le projet de loi a prescrites pour l'exercice de cette action.

Point d'essai de conciliation : il serait impossible avec le véritable insensé ; il serait outrageant à l'égard de celui qui aurait conservé l'intégrité de sa raison.

493 à 496   Les faits qui caractérisent l'imbécillité, la démence ou la fureur, doivent être articulés par écrit.

Le tribunal en recherche la preuve dans les pièces et les témoignages produits par le provocateur, dans l'opinion du conseil de famille, et enfin dans les réponses du défendeur lui-même.

La réunion de ces trois moyens doit mettre la vérité dans tout so jour.

Les rapports des preuves, soit écrites, soit testimoniales, avec les faits articulés, commencent à dévoiler jusqu'à quel point on doit croire à leur réalité.

Les relations habituelles des parens avec le prétendu insensé les mettent à portée de juger son état ; tandis que l'intérêt de la famille, balancé entre le besoin de ménager l'opinion publique et celui de veiller à la conservation des biens, leur fait un devoir de le bien juger.

Leur avis, mûri dans une délibération à laquelle les provocateurs ne participent pas, ne peut qu'être d'un très-grand poids aux yeux du tribunal.

La religion des juges trouvera de nouveaux traits de lumière dans l'épreuve de l'interrogatoire, qui sera fait par le tribunal lui-même dans la chambre du conseil, ou bien par un juge assisté du commissaire et du greffier, dans la demeure du provoqué, lorsqu'il ne pourra se transporter.

C'est en effet dans ces communications familières, dégagées d'un appareil imposant et de la présence gênante du public, que l'esprit de l'interrogé conservera toute sa liberté. C'est dans la concordance des réponses avec les questions, dans la chaîne et la liaison des idées, que l'état de sa raison se manifestera.

498   Mais ensuite une discussion solennelle déploiera dans toute leur latitude les divers genres de preuves et les moyens

de défense. Elle éclairera tout à la fois le tribunal et le public, elle donnera à l'homme provoqué la plus forte garantie du respect dû à son indépendance.

C'est là le but rassurant de l'article 492-498, portant que le jugement sur une demande en interdiction ne peut être rendu qu'à l'audience publique, les parties entendues ou appelées.

L'appel est le creuset où s'épure un premier jugement. Il 500 est réservé à la partie qui se croit lésée; et le tribunal supérieur est investi du pouvoir de répéter l'épreuve de l'interrogatoire.

Il importe que l'interdiction ou la nomination d'un conseil 501 soit connue de ceux qui ont des intérêts à discuter avec l'interdit. L'inscription du jugement sur des tableaux affichés dans la salle de l'auditoire et dans l'étude des notaires de l'arrondissement les avertira qu'ils ne peuvent traiter validement avec lui les affaires placées sous le sceau de l'interdiction.

Les effets du jugement portant interdiction ou nomination 502 d'un conseil sont définis avec la plus grande précision dans l'article 496-502.

« Tous actes, dit cet article, passés postérieurement « par l'interdit, ou sans l'assistance d'un conseil, seront nuls « de droit. »

Mais quel sera le sort de ceux passés avant le jugement? 503

Le projet de loi sépare ici très-judicieusement la cause des interdits d'avec la cause de ceux qui ont été simplement pourvus d'un conseil.

Il garde le silence sur ces derniers, parmi lesquels il faut compter d'avance les prodigues. Ce silence indique clairement que les actes antérieurs au jugement qui donne à un homme faible ou à un prodigue l'assistance d'un conseil doivent recevoir leur pleine exécution. Et en cela le projet de loi se conforme aux principes de tous les temps, qui, ne reconnaissant dans l'un ni dans l'autre aucune incapacité ab-

solue, ne la font commencer qu'avec le jugement qui la prononce.

A l'égard des vrais interdits, qui ne peuvent être que des
furieux, des insensés ou de parfaits imbéciles, incapables
de contracter, la différence de leur état en doit produire une
dans la décision qui les concerne. Aussi lit-on dans l'article 497–503 que les actes antérieurs à l'interdiction pourront être annulés, si la cause de l'interdiction existait notoirement à l'époque où ces actes ont été faits.

504   Mais après la mort d'un individu, continue l'article 498–
504, les actes par lui faits ne pourront être attaqués pour
cause de démence qu'autant que son interdiction aurait été
prononcée ou provoquée avant son décès, à moins que la
preuve de la démence ne résulte de l'acte même qui est attaqué.

Ces restrictions sont le fruit d'une sagacité profonde. Avec
la vie d'un individu finit le moyen le plus sûr de résoudre le
problème de sa capacité. Il aurait été trop dangereux de livrer à la cupidité des héritiers, et à l'incertitude de quelques
preuves équivoques, la mémoire d'un homme qui ne peut
plus la défendre, et le sort des engagemens qu'il a contractés.
Ainsi la loi les met sagement à l'abri de toute querelle, à
moins que les preuves évidentes de la démence ne fussent
déjà consignées, soit dans une procédure antérieure au décès, soit dans l'acte même que l'on attaque.

505-509   Le projet de loi s'occupe, dans les six articles suivans, des
soins à donner à la personne et aux biens de l'interdit.

Il les assimile aux mineurs, et leur rend communes les
dispositions relatives à la tutelle de ces derniers.

506   Le mari est le protecteur naturel de sa femme : il doit devenir son tuteur lorsqu'elle tombe dans la démence.

507   Dans le cas contraire, les auteurs du projet ne craignent
pas de compromettre la dignité du mari en autorisant le
conseil de famille à déférer la tutelle à son épouse.

Ils augurent assez bien de l'amour conjugal pour croire

qu'il ne s'éteindra pas avec la vie morale de son objet.

Ils présument que la femme conservera, pour la personne révérée de son époux, ce tendre empressement, ces précautions attentives, ces soins affectueux que son état rend doublement nécessaires, et que nul autre ne saurait imiter.

Mais en même temps ils ont senti qu'en retirant ainsi la femme du cercle resserré des occupations domestiques pour l'élever au gouvernement de la famille, il était prudent de l'environner des sages avis de la parenté, qui demeurent néanmoins subordonnés eux-mêmes à la sagesse supérieure des tribunaux.

La tutelle des mineurs a pour terme fixe leur majorité ; 508 celle des interdits n'en a d'autre que la durée incertaine de leur état ou de leur vie. Il n'était pas juste que le tuteur collatéral ou étranger fût retenu trop long-temps sous le poids de ce triste et pénible ministère.

On ne pouvait envisager du même œil les époux, les pères et les enfans. Que les soins réciproques qu'ils se doivent soient inépuisables comme le sentiment qui les inspire! c'est le vœu de la nature, et ce serait l'offenser que de les regarder comme un fardeau. Le projet de loi a très-bien marqué ces nuances; il promet que nul ne sera retenu dans la tutelle d'un interdit au-delà de dix ans ; mais il excepte de la règle les époux, les ascendans et les descendans.

Les dispositions touchantes des articles 504 et 505 –510 510-511 et 511 n'ont pas besoin d'analyse pour justifier leur utilité ; elles ne frappent pas seulement l'esprit, elles remuent le cœur et y réveillent les sentimens du respect et de la reconnaissance.

Elles annoncent que les revenus d'un interdit doivent être essentiellement employés à adoucir son sort et à accélérer sa guérison.

Elles indiquent les divers lieux où il pourra être traité selon les caractères de sa maladie et l'état de sa fortune.

Elles étendent leur prévoyance jusqu'à l'établissement des enfans et aux moyens de le procurer.

Elles confient le soin de régler ces divers objets à la sagesse et au zèle du conseil de famille.

Le législateur semble quitter sa voix imposante pour emprunter le langage d'un père dont la tendre sollicitude pourvoit à tous les besoins de ses enfans.

512   Le vœu de la loi est que l'interdit recouvre l'usage de sa raison; s'il s'accomplit, l'interdiction doit cesser avec sa cause; mais il importe que ce rétablissement soit constaté par les mêmes procédés qui ont servi à constater le dérangement : des témoins seront donc entendus, le conseil de famille sera consulté, l'interdit sera interrogé, et il ne pourra reprendre l'exercice de ses droits qu'après le jugement qui aura levé son interdiction. Telle est la sage disposition qui termine le chapitre second.

ch. 3.   Le chapitre troisième traite du conseil judiciaire à donner aux prodigues; les dispositions qu'il contient sont énoncées très-simplement.

513   Il peut être défendu aux prodigues de plaider, de transiger, d'emprunter, de recevoir un capital mobilier et d'en donner décharge, d'aliéner et de grever leurs biens d'hypothèques, sans l'assistance d'un conseil qui leur est nommé par le tribunal.

514   Cette défense peut être provoquée par ceux qui ont droit de demander l'interdiction. Elle doit être instruite, jugée et levée de la même manière.

J'ai développé, dans la première partie de ce discours, les raisons qui justifient la censure des prodigues, et les mesures proposées à leur égard.

Leur assimilation parfaite aux interdits, relativement à la provocation, à l'instruction, au jugement, à la réintégration, démontre que ces procédures reposent sur les mêmes bases et présentent les mêmes motifs d'admission. Je ne pourrais

que répéter les réflexions dont j'ai accompagné leur analyse :
je les termine ici.

Je vous ai exposé fidèlement, législateurs, les impressions
que le projet de loi a faites sur le Tribunat. Il a vu dans son
ensemble qu'une connaissance profonde du cœur humain et
de nos mœurs avait déterminé l'époque de la majorité ; que
la pitié avait prêté un appui secourable à la faiblesse ou à
l'égarement de la raison ; qu'enfin une juste sévérité avait
donné des entraves aux prodigues.

Il a reconnu dans ses détails l'empreinte de la sagesse, de
la prudence, de la régularité et de la justice ; il a donné un
assentiment unanime à toutes ses dispositions.

Le Corps législatif décréta le projet dans la même
séance, et la promulgation en fut faite le 18 germinal
an XI (8 avril 1803).

FIN DU DIXIÈME VOLUME.

5ᵉ DES DISCUSSIONS.

www.ingramcontent.com/pod-product-compliance
Lightning Source LLC
Chambersburg PA
CBHW031534210326
41599CB00015B/1889